中国塑料工业年鉴

CHINA PLASTIC INDUSTRY YEARBOOK

2024

中国塑料加工工业协会　主编

中国出版集团

中译出版社

图书在版编目（CIP）数据

中国塑料工业年鉴. 2024 / 中国塑料加工工业协会
主编. -- 北京 ： 中译出版社，2025. 3. -- ISBN 978-7-
5001-8200-9

Ⅰ. F426.7-54

中国国家版本馆CIP数据核字第20259L4H66号

中国塑料工业年鉴·2024

ZHONGGUO SULIAO GONGYE NIANJIAN · 2024

出版发行	中译出版社
地　　址	北京市丰台区右外西路 2 号院中国国际出版交流中心 3 号楼 10 层
电　　话	(010)68359373, 68359827（发行部）
邮　　编	100069
电子邮箱	book@ctph.com.cn
网　　址	http://www.ctph.com.cn
出 版 人	刘永淳
出版统筹	杨光捷
总 策 划	范　伟
策划编辑	赵　青
责任编辑	马雨晨
文字编辑	马雨晨
装帧设计	北京竹页文化传媒有限公司
排　　版	北京竹页文化传媒有限公司
印　　刷	北京瑞禾彩色印刷有限公司
经　　销	新华书店
规　　格	787 毫米 ×1092 毫米　1/16
印　　张	31.5
字　　数	1005 千字
版　　次	2025 年 3 月第 1 版
印　　次	2025 年 3 月第 1 次印刷

ISBN 978-7-5001-8200-9　定价：420.00 元

编 委 会

程田青　山西省塑料行业协会会长
周晓梅　新疆维吾尔自治区塑料协会秘书长
韦　明　安徽省塑料协会会长
吴旅良　江西省塑料工业协会会长
吴伟杰　汕头市塑胶行业商会会长
于　建　清华大学化工系高分子研究所教授
杨卫民　中国塑协专家委员会主任
傅　强　四川大学高分子科学与工程学院教授
陈　宇　北京华腾新材料股份有限公司董事长
韩新伟　浙江明日控股集团股份有限公司董事长
李建军　金发科技股份有限公司首席战略官
左满伦　广东联塑科技实业有限公司总裁
张建均　公元股份有限公司董事局主席
宋旭彬　广东海兴塑胶有限公司总经理
马　君　宏岳塑胶集团有限公司董事长
梁　斌　浙江精诚模具机械有限公司董事长
林云青　康泰塑胶科技股份有限公司总裁
金亚雪　宁波利时日用品有限公司总经理
金红阳　浙江伟星新型建材股份有限公司总经理
刘方毅　山东英科环保再生资源股份有限公司董事长
苌向阳　河北雄发新材料科技发展有限公司总经理
张利敏　三友控股集团有限公司董事长
李忠烈　四川省犍为罗城忠烈塑料有限责任公司董事长
林　为　泉州三盛橡塑发泡鞋材有限公司总经理
杨桂生　合肥杰事杰新材料股份有限公司董事长
关晓春　南京科亚化工成套装备公司副总经理
茹正伟　百兴集团有限公司总经理
马平三　佛山佛塑科技集团股份有限公司总裁
马川圳　广东金明精机股份有限公司董事长
张建群　山东通佳机械有限公司董事长
张立斌　武汉华丽环保科技有限公司总经理
宋晓玲　新疆天业（集团）有限公司董事长
林永飞　江苏绿源新材料有限公司董事长
郑元和　长虹塑料集团有限公司英派瑞塑料股份有限公司董事长

曹志强　白山市喜丰塑料（集团）股份有限公司董事长

吴劲松　南京聚锋新材料有限公司董事长

刘文静　蓝帆医疗股份有限公司董事长

宋玉平　河北世纪恒泰富塑业有限公司董事长

委　员　孟庆君　中国塑料加工工业协会副秘书长

贾　宁　中国塑料加工工业协会副秘书长

周家华　中国塑料加工工业协会兼职副秘书长

张　胜　中国塑料加工工业协会兼职副秘书长

梁家杰　中国塑料加工工业协会兼职副秘书长

赵　艳　中国塑料加工工业协会兼职副秘书长

赵克武　中国塑料加工工业协会兼职副秘书长

夏　冶　中国塑料加工工业协会兼职副秘书长

罗维满　中国塑协双向拉伸聚丙烯薄膜专业委员会主任

夏　瑜　中国塑协复合膜制品专业委员会主任

程　杰　中国塑协异型材及应用专业委员会主任

徐建新　中国塑协注塑制品专业委员会主任

朱山宝　中国塑协板片材专业委员会主任

王学保　中国塑协塑料编织制品专业委员会主任

王美瑞　中国塑协人造革合成革专业委员会主任

袁国清　中国塑协泡沫塑料EPS（可发性聚苯乙烯）专业委员会主任

孙　锋　中国塑协硬质PVC（聚氯乙烯）发泡制品专业委员会主任

罗宏宇　中国塑协滚塑专业委员会主任

周　军　中国塑协塑料节水器材专业委员会主任

彭　智　中国塑协塑料再生利用专业委员会主任

黄志刚　中国塑协降解塑料专业委员会主任

周祖武　中国塑协氟塑料加工专业委员会主任

季德虎　中国塑协多功能母料专业委员会主任

郑文革　中国塑协工程塑料专业委员会主任

王焕清　中国塑协流延薄膜专业委员会主任

洪晓冬　中国塑协镀铝膜专业委员会主任

田　松　中国塑协聚苯乙烯挤出发泡板材专委会主任

黄伟兵　中国塑协塑料鞋专委会主任

岑建达　中国塑协热塑性弹性体专委会主任

单向东　中国塑协线缆材料专委会主任

编　者（人名以姓氏笔画为序）

刁晓倩　王玮　王康　王晶　王玉梅　王占杰　王庆圆　王瑞华
王慧凯　韦华　毛维琴　文承昊　龙洁　田辉　史春才　冯庶君
吕方　朱文玮　朱吴兰　刘敏　刘卫东　刘汉龙　刘均科　汤丽春
孙军　李静霞　杨松伟　杨桂兰　吴旅良　汪建萍　沈友良　张成明
张春辉　张培超　陈艺兰　陈清清　武向宁　苗丹　苑会林　范艳
林佳丽　李德虎　周波　周晓梅　周家华　周鸿勋　周肇枢　郑天禄
赵克武　赵明佑　段同生　侯培民　施珣若　姚亚生　贺盛喜　夏冶
高学文　郭书丽　陶永亮　黄勇　黄金红　韩简吉　曾成均　谢鹏程
窦俊岭　蔡连开　谭钢林
中国塑料加工工业协会
中国塑协农用薄膜专业委员会
中国塑协改性塑料专业委员会
中国塑协中空制品专业委员会
中国塑协人造革合成革专业委员会
中国塑协异型材及应用专业委员会
中国塑协聚氨酯制品专业委员会
中国塑协板片材专业委员会
中国塑协塑料编织制品专业委员会
中国塑协塑料管道专业委员会
中国塑协双向拉伸聚丙烯薄膜专业委员会
中国塑协双向拉伸聚酯薄膜专业委员会
中国塑协泡沫塑料 EPS 专业委员会
中国塑协硬质 PVC 发泡制品专业委员会
中国塑协滚塑专业委员会
中国塑协氟塑料加工专业委员会
中国塑协多功能母料专业委员会
中国塑协塑木制品专业委员会
中国塑协塑料助剂专业委员会
中国塑协流延薄膜专业委员会
中国塑协塑料家居用品专业委员会
中国塑协热塑性弹性体专业委员会
中国塑协电池薄膜专业委员会
中国塑协阻燃材料及应用专业委员会

中国塑协注塑制品专业委员会

中国塑协塑料节水器材专业委员会

中国塑协塑料配线器材专业委员会

中国塑协复合膜制品专业委员会

中国塑协工程塑料专业委员会

中国塑协线缆材料专业委员会

中国塑协降解塑料专业委员会

中国塑协塑料鞋专业委员会

中国塑协塑料再生利用专业委员会

中国塑料机械工业协会

中国石油和化学工业联合会

中国氯碱工业协会

中国包装联合会

出版说明 ①

《中国塑料工业年鉴》自 2001 年创刊，至今已出版了 22 卷。因具有内容翔实、资料完整、数据权威等特点，它已成为塑料行业从业者了解行业、研究行业的权威工具书，同时也是国家各级领导机构、企事业单位、研究所、高等院校查阅资料、了解信息、指导工作的重要参考书，具有很高的应用和收藏价值。

《中国塑料工业年鉴·2024》为第 23 卷，与前 22 卷在时间和内容上保持连续性，设有"专论""政策与法规""综述""各地区塑料工业""主要制品行业""会展""塑料标准化"等栏目；全面客观地记录了 2023—2024 年中国塑料工业坚持新发展理念，积极应对风险挑战，以供给侧结构性改革为主线，以科技创新为动力，实现持续稳步增长的重大事件和丰硕成果。

《中国塑料工业年鉴·2024》由中国塑料加工工业协会主编，中译出版社出版、发行。中国塑料加工工业协会各分支机构、中国石油和化学工业联合会、中国塑料机械工业协会、中国氯碱工业协会，以及其他各省级行政区塑料行业协会等单位领导与专家给予了大力支持。

《中国塑料工业年鉴》编委会向所有关心、支持和参与撰稿、组织、筹划及宣传工作的领导、专家、作者和朋友们表示衷心的感谢！诚请广大读者对《中国塑料工业年鉴·2024》编写、出版中的不足之处给予批评、指正！

《中国塑料工业年鉴》编委会

2024 年 7 月

---

① 本书中大部分内容写于 2024 年及以前。如无特殊说明，书中所有数据及引用材料均由中国塑料加工工业协会提供，个别文字表述与数据在本书中略有更新或修改。涉及进出口相关的数据，"我国""全国""国内"等一般指"中国大陆"。——编者注

★ **PET/PLA 超临界 CO₂ 发泡片板材生产线**

★ **挤出塑料网材系列生产线**

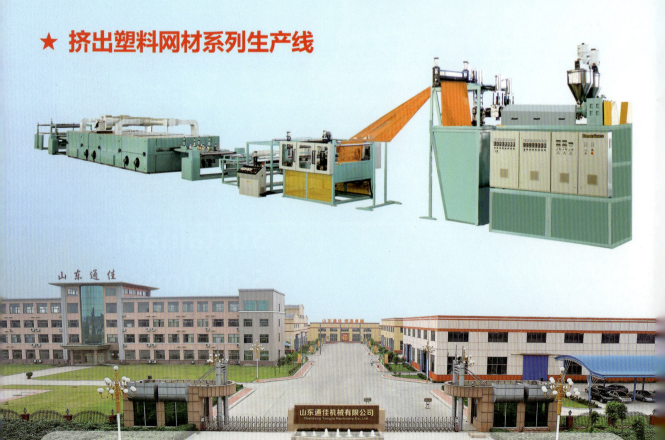

☎ 0537-2271966 13505370162 (微信同号) 地址：山东省济宁国家高新区 327 国道 96 号

★ 超大型伺服驱动两板直锁式注塑机

★ 全智能中空吹塑成型机

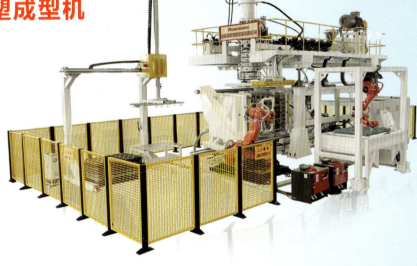

川路塑胶
有责任·更信任

—— 塑料管道 型材门窗 ——

有责任·更信任

38年来，川路专业致力于为人们提供自然健康的饮用水与温馨舒适的生活空间。

地址：中国·成都国家经济技术开发区　　管材(Tel)：028*84855666　　型材(Tel)：028*84845053　　http://www.chuanlugroup.com

ISO9001 ISO14001 ISO10012
OHSAS18001 IATF16949

尼龙扎带/Cable Ties 接线端子/Terminal Blocks 高分子合金电缆桥架/Macromolecule Alloy Cable Tray 钢钉线卡/Cable Clips

电缆固定头/Cable Glands 非金属电能计量箱/Non-metal Watt-hour Metering Cabinet 高分子聚合物板桩/Polymer Sheet Pile

配线器材/Wiring Accessories 冷压端子/Terminals 配线槽/ Wiring Ducts 快速连接器/Fast Connectors

CHS® 长虹塑料集团英派瑞塑料股份有限公司
CHANGHONG PLASTICS GROUP IMPERIAL PLASTICS CO., LTD

营销中心：中国浙江省乐清市柳市长征路71-85号   生产基地：安徽省芜湖县新芜经济开发区快速通道4999号
电话：0577-62752005 62753005   传真：0577-62758005   网址：http//www.chs.com.cn   邮箱：info@chs.com.cn

邀请函
INVITATION

2026 中国国际塑料展
China International Plastics Exhibition

暨第七届 塑料新材料 新技术 新装备 新产品展览会

📅 **展会时间**
2026年10月28日—30日

📍 **展会地点**
南京国际博览中心

指导单位: 中国轻工业联合会
主办单位: 中国塑料加工工业协会
支持单位: 中国塑料机械工业协会
承办单位: 中国塑料加工工业协会及所属分支机构
协办单位: 江苏省塑料加工工业协会等地方行业协会

展会亮点
Exhibition Highlights

超 **60** 亿元
成交及意向成交额

40 余场
高质量活动

100+
科研院所

- 携手各地方行业商协会、上下游产业链及产业集群，共同搭建科技、贸易、交流、服务平台;
- 来自全球的塑料行业知名企业参展，欧洲、美洲、亚洲等地塑料行业机构组团参观，展会国际化水平不断提升;
- 同期举办"中国塑料行业科技大会"及40余场高质量系列活动，带来大量科技创新成果及产品、技术和市场信息，全面提升展会价值;
- 近百家科研院所集中亮相，开展科技成果项目展示和产学研转化交流活动，彰显展会科技含量。

联系我们 Contact Us

电话: 010-65226803/6807/6810　65281529

官方网址: www.cppia.com.cn

邮箱: chinanewplastics@163.com

第三十八届中国国际塑料橡胶工业展览会

Chinaplas
国际橡塑展

变革·协作·
共塑可持续

上海
国家会展中心
（虹桥）

20
26

4·21
/
4·24

   CHINAPLAS 国际橡塑展 🔍

📞 香港 (852) 2811 8897 ｜ 深圳 (86-755) 8232 6251 ｜ 上海 (86-21) 5187 9766
✉ Chinaplas.PR@adsale.com.hk 🌐 www.adsale.com.hk

www.国际橡塑展.com
www.ChinaplasOnline.com

主办单位　　　　　　　　　赞助单位　　　　　　　　O2O 战略合作伙伴　　　　　大会指定网上媒体

目　录

主要制品行业

会　展

塑料标准化

专　　论

坚定信心，团结奋进
——共谱中国塑业高质量发展新篇章

中国塑料加工工业协会八届四次理事（扩大）会议工作报告

中国轻工业联合会兼职副会长、中国塑料加工工业协会理事长　王占杰

一、2023 年工作回顾

2023 年是全面贯彻落实党的二十大精神的开局之年，是实施"十四五"规划承前启后的关键一年，也是全面建设社会主义现代化国家开局起步的重要一年。在习近平新时代中国特色社会主义思想的指引下，在中央社会工作部、国务院国有资产监督管理委员会（简称国务院国资委）、中国轻工业联合会（简称中轻联）党委的正确领导下，在全体会员、相关单位的大力支持下，中国塑料加工工业协会（简称中国塑协）围绕 2023 年年初制定的 7 大类 27 项重点工作计划，在贯彻落实行业发展规划、推动行业科技创新及绿色低碳可持续发展、做好"四个"有效服务、搭建行业交流与合作平台、加强党支部和协会建设等方面做了大量卓有成效的工作，充分履行引导和服务行业发展、维护行业利益等职能，为促进行业高质量发展发挥了重要作用。同时，协会的自身建设能力和服务水平也得到了很大提升。

（一）加强运行监测，促进行业稳定发展

2023 年，中国塑协注重收集行业数据，加强实地调研，了解行业情况，拓展信息获取渠道，捕捉行业最新动态，采取定性和定量相结合的方法分析行业趋势，为行业发展提供月度、半年度、年度运行情况通报，有针对性地对行业运行中出现的问题提出对策和建议，促进全行业健康、稳定发展。

据国家统计局数据，2023 年，全国塑料制品行业汇总统计企业完成产量 7488.5 万吨，同比增长 3.0%。据海关总署数据，2023 年塑料制品出口额 1008.1 亿美元，同比下降 3.9%；进口额 171.9 亿美元，同比下降 12.3%；贸易顺差 836.2 亿美元，占全国进出口商品顺差总额的 10%。整体来看，2023 年，随着国家颁布并实施的一系列政策措施效果持续显现，全国塑料工业生产继续恢复，新动能行业增长较快，塑料行业克服各种困难，经济运行总体平稳。

（二）切实履行职责，提升服务行业水平

指导行业发展。持续宣传落实《塑料加工业"十四五"发展规划指导意见》《塑料加工业"十四五"科技创新指导意见》两项指导意见精神。在技术改造、科技项目征集、公开征求意见等工作中，分别以两个指导意见内容为核心进行项目布局、推荐和推广，在对外发言、分支机构会议及文件中充分体现两个指导意见精神。两个指导意见的实施为深化塑料行业供给侧结构性改革，加快行业转变发展方式，助力行业的供给高端化、结构合理化、创新科学化、产业绿色化等方面发挥了积极作用。

服务政府工作。支持落实产业政策，宣传解读国务院各部门发布的一系列扩内需、促消费、稳增长的利好政策。为国家制定相关政策广泛征求行业意见和建议并反馈给相关部门，增强政策的科学性、合理性。对工业和信息化部（简称工信部）《2023 年推进轻工业平稳增长的工作方案》《"十四五"工业绿色发展规划》及"关于开展中小企业数字化转型城市试点工作"，以及国家发展和改革委员会（简称国家发展改革委）"塑料行业智能化发展情况材料"等制定修订的多项征集意见被采纳，同政府相关部门关于产业投资、涉及行业的国际关系、相关领域行业调研等情况进行对接交流。主动承接政府职能，为行业发展创造良好的营商环境。开展聚氨酯泡沫行业一氟二氯乙烷（HCFC-141b）淘汰及六溴环十二烷（HBCD）替代品调研项目等工作。编写《塑料加工业低碳发展指南》。

反映行业诉求。深入行业调研，提振稳定发展信心。按照习近平总书记《关于在全党大兴调查研究的工作方案》及调研工作务求"深、实、细、准、效"等相关要求，把主题教育调查研究同推动行业高质量发展相结合，梳理出推动行业高质量发展的重点工作，分赴全国多地 600 余家企业调研，了解情况，沟通信息。所到之处宣讲国家稳经济增长相关政策，提振信心，并及时向政府部门反映行业企

业的意见、建议，积极为行业争取合理利益。研究、解决好塑料加工不应被纳入化工领域环保要求、废弃塑料回收利用等相关问题。促进塑料行业科技创新平台和塑料全产业链创新体系建设，引导行业可持续高质量发展。

维护行业权益。协会通过调研征集行业企业意见，推进促成《合成树脂工业污染物排放标准》（GB 31572—2015）中将塑料加工业从合成树脂工业定义中剥离，为下一步制定行业独立的排污标准打下基础。

打造特色园区。联合中国轻工业联合会培育共建安徽省萧县"中国绿色合成革产业基地"、广东省揭阳市"中国塑料时尚鞋之都·揭阳"、江西省抚州市宜黄县"中国塑编产业基地"等特色产业集群，并综合区域资源禀赋和产业发展基础，打通产业集群内的企业链条和产业链条，推动产业转型升级，助力区域经济发展。

倡导行业自律。引导、督促会员单位依法合规生产、经营，树立行业诚信意识，建立良好的行业营商环境，推动行业有序发展。2023年开展了第1批、第2批信用等级评价工作，其中初评20家，复评35家，涉及塑料管道、农用薄膜（简称农膜）、塑料家居用品、节水器材等产业领域。第3批信用等级评价工作于2023年11月启动。

壮大会员队伍。规范会员管理，发展壮大会员力量，改善会员结构，增强协会凝聚力。2023年，新发展会员单位194家。截至2023年年底，协会共有会员单位5469家。

开展公益科普。组织行业专家及企业家介绍塑料制品的历史、生产过程、特点、应用领域、使用方法等知识，共同策划举办"聚氨酯软泡（海绵）的性能特点及应用""塑木复合材料 以塑代木绿色发展""大美滚塑 旋动未来"等3期《话说塑料》大讲堂"，让公众更加全面、客观、正确地了解和认识塑料制品在国民经济建设、日常生活以及科技发展中起到的重要作用。

（三）坚持创新驱动，引领行业高质量发展

强化科技创新。坚持功能化、轻量化、精密化、生态化、智能化的"五化"科技创新方向，对标国际先进水平，在新能源功能性应用膜材料、无溶剂环保材料、废弃塑料高值化利用、高功能性工程塑料等重点领域，组织技术攻关。搭建"政产学研金用"集成创新平台，组织多主题会议，包括：第三届中国塑料行业科技大会，创新成果发布会，塑料行业及各子

行业新材料、新技术、新成果、新产品交流会，专家委员会年会，科技咨询委员会会议。促进行业技术交流和创新，推动塑料加工行业科技创新转型升级。

加强标准化工作。以服务会员企业为己任，以申报工业和信息化部2023年百项团体标准应用示范项目为契机，以申报国家标准《塑料制品碳足迹核算通则》为抓手，引导协会各分支机构积极推进行业标准化工作。在全国塑料制品标准化技术委员会（TC48）坚持主任办公会制度，主持并参与研究标委会结构调整。协同全国塑料制品标准化技术委员会（TC48）、全国食品直接接触材料及制品标准化技术委员会塑料制品分技术委员会（TC397/SC6）、全国生物基材料及降解制品标准化技术委员会（TC380）等标委会，组织行业企业对标国际先进标准，参与国标、行标的制定修订和宣传贯彻，帮助协调解决制标工作中出现的矛盾和问题，引领行业规范发展。召开中国塑协团体标准化技术委员会（简称团标委）年会2次，组织团标委开展标准化知识和制标能力提升的培训，面向全行业的标准化知识普及、"双碳"标准、企业标准领跑者、食品接触塑料制品标准化及管理要求等专题培训4次，完成5个批次16项协会团体标准（简称团标）、16项"企业标准领跑者"评价标准（简称评标）、4项双编号标准的立项。主持和牵头《一次性生物基可降解塑料或纸质制品替代不可降解一次性塑料制品温室气体减排量的核算方法》《塑料制品碳足迹核算通则》《塑料制品污染物排放治理指南》《塑料制品工业大气污染防治可行技术指南》等涉及"双碳"、绿色环保等行业重大团标的立项、制定，科学合理地推动行业绿色发展。全年完成团标立项77项，发布30项。

深化"三品"行动。"三品"行动是国家大力提升消费品产品和服务供给能力、夯实扩大内需战略的供给基础、增强消费对经济增长的拉动作用、推动消费品工业持续平稳增长的重要措施。2023年协会组织的5家企业8个产品成功申报中国轻工业联合会的"升级和创新消费品"，推荐全国轻工业优秀管理者6人、质量管理小组6个、质量信得过班组4个。开展中国工业大奖塑料加工行业的申报工作，推荐企业奖1项、项目奖2项。

组织推优推强。组织各类奖项的申报和推荐，筹备设立"中国塑料加工工业协会科技创新成就奖"。鼓励企业进行科技成果鉴定、科学技术奖等奖项申报，激发企业自主创新能力。对塑料行业企业申报国家级专精特新"小巨人"企业开展限定性条

件审核。完成 24 家企业科学技术奖励申报。指导 4 家企业申报轻工业设计中心认定。指导 1 家企业申报并获得中国轻工业数字化转型创新成果奖。完成 6 家企业 6 个项目的科技成果鉴定申请。征集企业技术需求 55 项，科技成果转化需求 29 项。完成 2022 年度中国轻工业企业竞争力、塑料行业骨干企业、科技竞争力、品牌竞争力、装备制造行业企业竞争力的推荐及申报工作。2023 年共组织 15 个子行业 149 家企业参加推荐和申报塑料行业科技竞争力、骨干企业竞争力、品牌竞争力和装备制造行业评价。

（四）助力"双碳"目标，引领行业绿色发展

践行绿色理念。编制《中国塑料加工业绿色发展报告（2023）》，推动塑料工业绿色转型发展。引导新型环保功能材料的使用。推动行业落实国家绿色、低碳、可持续发展相关政策，引导行业加大绿色科技投入，降低生产能耗与挥发性有机化合物（VOC）排放，开展生态化工艺技术创新，在行业推行可循环、易回收、可降解替代材料和产品研发，服务塑料行业健康发展。为《工业战略性新兴产业目录》收集行业骨干企业意见，征集典型案例并进行宣传推广。

加强塑料废弃物污染治理工作。为《塑料废弃物污染防治公约》做好技术支持，积极参加由生态环境部、国家发展改革委和工业和信息化部等部委及其支持机构召集的会议，向国家主管部门反映塑料加工业实际情况，提出我国参加国际谈判的意见、建议，维护行业的正当权益和国家发展利益。积极拓展与美团外卖、中华环保基金会的合作，推动"双易"塑料外卖包装的产品孵化和优化升级。与中国石油和化学工业联合会、中国物资再生协会共同作为再生塑料绿色供应链联合工作组（GRPG）领导小组成员，打通再生塑料产业链上下游的通道，促进塑料再生利用产业的多方融合。向生态环境部报送《我国塑料污染源分析、生产领域解决塑料污染工作现状与建议》等文件，反映塑料加工业为解决废弃物污染所做的工作。申报全球环境基金小额赠款计划—塑料污染治理创新型项目。预研究全球环境基金"基于绿色循环的塑料垃圾全生命周期管理项目"的设计框架。

（五）积极搭建平台，推进交流合作

举办高质量的"展"与"会"。聚焦行业需求，发挥展会平台作用，促进科技与经贸合作。在相关部门、地方行业协会、产业链上下游行业协会的组织参展、观展支持及媒体的宣传支持下，成功举办第五届中国国际塑料展、中国塑料绿色智造展览会。持续创办中国国际塑料展云展平台，线上线下融合办展，扩大观众群体的覆盖范围，帮助塑料行业大中小企业在优质产品展示、技术信息发布、产业交流合作、服务行业发展、推动产业进步等多方面实现数字赋能，促进行业的数字化发展。

加强行业交流合作。成功召开以"绿色数智、共塑发展"为主题的第四届中国塑料产业链高峰论坛和 2023 新材料功能化高端论坛。与河南省周口市淮阳区人民政府共同签署《塑料产业绿色可持续发展合作协议》，共促产业链协同发展。

召集地方协（商）会研究行业发展问题。召开全国塑料行业协（商）会工作交流会，全国 29 个省、市及地区的行业协（商）会代表共 50 余人参加了会议，研究新形势下协（商）会如何努力为行业发展做好服务工作，围绕全国和各地塑料行业运行情况及协（商）会工作开展经验交流，对促进全国塑料行业高质量发展具有积极意义。

（六）开展国际交流，促进国际合作

2023 年，协会分别组团到访美国、墨西哥、日本、印度尼西亚、马来西亚等国参观展会，开展专题交流，了解行业发展、市场变化、循环经济等相关情况，对国内企业提出参与国际化建议。并与日本塑料工业联盟、印尼塑料原料工业协会、马来西亚塑料橡胶厂商工会签署交流协定，服务会员企业，助推拓展海外市场，提升国际影响力、竞争力。

随着国际市场的变化及国际贸易壁垒和摩擦问题的增加，协会专门组织开展应对交流及学习，并积极组织相关子行业企业参与国外反倾销调查等应对工作。对商务部关于原产于日本的进口偏二氯乙烯—氯乙烯共聚树脂所适用反倾销措施的期终复审调查进行回复和协调。

（七）加强协会建设，提升行业引领水平

突出政治引领。协会在中央社会工作部、中轻联总社党委的领导下，以深入开展主题教育为主线，以推动党建和业务深度融合为核心，以推动行业高质量发展为落脚点，全面加强党支部的思想、政治、组织、作风等的建设，为打造水平更优、效率更高、更加专业、更有公信力的一流协会提供了坚强的政治和组织保证。

加强队伍建设。协会努力建设结构合理、素质优良、纪律严明、作用突出的队伍。一是组织公开社会招聘，不断选拔优秀人才。二是组织信息部主任助理、经济合作部主任助理管理岗位公开竞聘，为加强协会秘书处工作增添新生力量。三是留住人才、用好人才。根据年轻同志的个性特点、发展潜力，为其制定职业发展规划，将实现年轻同志自我价值和协会工作目标相结合，搭舞台、压担子、加强"传帮带"。四是务实推进协会秘书处工作人员年度绩效考核、分支机构重点工作目标考核以及分支机构秘书长考评的工作机制。五是加强能力建设及内部培训，培养具备职业技能的优质人才。

组织重要会议和活动。成功召开八届三次理事会议、八届三次及四次常务理事会议，全面总结成绩和经验，谋划布置下一阶段的目标任务，审议通过重要事项。充分发挥理事会自身优势和独特作用，为行业发展协调信息、项目、专家等行业优质资源，大力推进行业共性技术研发、产学研合作、技术服务等方面的交流合作平台建设，努力为行业健康发展做出贡献。

加强分支机构服务与管理。2023年3次举办分支机构工作会议，总结工作成绩和不足，提出工作计划和安排。按照《中国塑协分支机构管理办法》相关要求和协会工作计划，完成中国塑协土工合成材料专委会成立工作。同时结合专委会实际情况，完成医用塑料、电池薄膜、弹性体、氟塑料、农用薄膜、塑料管道、密胺、阻燃、塑料配线器材、硬质聚氯乙烯（PVC）发泡、塑木、聚苯乙烯发泡板材（XPS）以及专家委员会等13个专委会的换届工作。对塑料绳网专委会、合成树脂专委会、涂布专委会的成立开展前期调研工作。

优化信息宣传。围绕协会重点工作，充分发挥协会、各分支机构的官网、微信公众号，以及《中国塑协通讯》《中国塑料工业年鉴》等的宣传作用，对行业和协会活动进行宣传报道，提升行业及协会的传播力、引导力、影响力和公信力。2023年，协会微信公众号共计推送文章560余篇，关注人数超25700人，其中，新增约6900人，增幅30%，其影响力不断增强。优化《中国塑协通讯》的板块布局，加大信息量，增强其可读性、权威性。出版《中国塑料工业年鉴·2023》，汇总梳理各地区、各子行业、各类产品门类的发展数据和分析论述，系统反映我国塑料加工业取得的成果、存在的问题和发展的趋势。

各位代表，2023年，协会坚定信心，完成了相关工作任务，取得了一定成绩，但距离广大会员对我们的要求还有差距与不足，主要表现在与会员单位沟通交流的深度、服务会员单位的水平还有待进一步提升，对行业政策报道的深度和及时性有待提高，在标准制定修订过程中的引领作用有待加强等，我们需要不断改进和提升。

目前，在世界经济复苏艰难的背景下，我国经济总体回升向好，同时也面临新的困难与挑战。我国经济具有巨大的发展韧性和潜力，长期向好的基本面没有改变。塑料制品与人民生活密不可分，应用面广，是实现"双碳"目标的贡献者，但该领域的人均消费仍未达到世界先进水平，注定有较大发展空间、应用潜力和市场韧性。这给我们下一步工作提出了更高的要求。

二、2024年主要工作计划

2024年是中华人民共和国成立75周年，是落实国家"十四五"规划的攻坚之年，我们将以习近平新时代中国特色社会主义思想为指导，全面贯彻落实党的二十大精神，坚持稳中求进的工作总基调，牢记初心使命，坚定行业发展信心，持续推进中国塑业可持续高质量发展。

2024年，协会提出了7方面32项重点工作计划，我们要做好以下重点工作。

（一）贯彻行业发展规划

完整、准确、全面贯彻新发展理念，贯彻党中央的各项决策部署，深入贯彻落实《塑料加工业"十四五"发展规划指导意见》《塑料加工业"十四五"科技创新指导意见》，稳定传统产业，壮大新兴产业，布局未来产业，着手启动"十五五"规划预研。全面推进中国塑业现代化体系建设，为构建新发展格局贡献塑业力量。

（二）强化科技创新引领

科技创新永远在路上。要坚定"五化"的科技创新方向，对标国际先进水平，加强应用导向的科技创新和基础研究，加强产业链集成创新，以科技创新推动产业创新，改造提升传统产业，助力构建行业新发展格局。

大力推进行业新质创新体系建设，促进产业链全要素生产力提升，发挥协会拥有的专家智库优势，做好科技成果评价、企业创新服务和成果转化工作，为企业提供科技咨询。要做好行业科技调研和科技创新相关政策收集研究，向有关部门提出相关报告和政策等，协助制定行业创新发展建议。用好、用足相关政策，加快设备更新改造进程。

要加强高质量标准化体系建设。尽快形成科学适用、结构合理、衔接配套、国际接轨的行业高质量标准体系。继续编制有关"双碳"、再生资源、塑料行业排放指南等的团体标准，有序开展团标立项、意见征求及信息发布等工作。

（三）全力打造新质生产力

2024 年《政府工作报告》提出，"加快发展新质生产力"。习近平总书记在主持二十届中共中央政治局第十一次集体学习时指出，"发展新质生产力是推动高质量发展的内在要求和重要着力点""新质生产力已经在实践中形成并展示出对高质量发展的强劲推动力、支撑力"。目前，塑料加工业面临着产能结构性过剩、有效需求不足、效益下滑、环保压力大等诸多挑战。在新时代，更需要摒弃传统的发展模式，积极探索新的发展路径，把握好发展新质生产力的精髓要义，立足行业实际，全力打造新质生产力，为实现可持续发展奠定基础。

（四）推动行业绿色发展

要引领行业企业深刻领会"双碳"目标的战略意义、学习掌握与"双碳"目标相关的国家政策文件和具体操作细节。组织行业厘清、建立"双碳"标准体系和立项相关标准，完成好相关系列的国家、行业、团体等重点标准的制定，组织编制《中国塑料加工业绿色发展报告（2024）》，推动行业绿色低碳发展。完成好国家标准《塑料制品碳足迹核算标准》、团体标准《塑料制品污染物排放治理指南》《塑料制品大气污染防治可行性技术指南》等行业重点标准的制定，科学规范行业绿色发展。与应用领域沟通、探索废旧塑料污染治理路径，通过全链条协同，促进行业绿色低碳发展。

配合好塑料废弃物污染相关的国际文书谈判工作，全力做好技术支持等工作，维护行业利益。

（五）做好有效服务

及时宣传贯彻国家相关政策。发挥网站、微信、杂志等平台的宣传作用，及时、准确地将国家相关政策传达给会员单位，帮助行业企业学习好、理解好、掌握好国家稳经济增长系列政策措施精神，推动行业企业应知尽知、应享尽享。

深入行业企业开展调研。深入做好行业调研，梳理调研企业名单，对重点地区、地方行业协会等进行调研走访，了解企业诉求及意见建议，增强与企业间的黏性，与地方行业协会、产业集群开展更多合作，同时推广协会重大活动。

加强诚信自律体系建设。完成 2023 年第 3 批信用等级评价工作。2024 年开展 2 次信用等级评价工作，大力倡导企业依法经营、诚信自律，为行业发展营造良好的营商环境。

继续推进产业集群建设。积极与政府、园区沟通交流，培育特色产业集群，共建生产基地，充分发挥中轻联和中国塑协在培育与发展塑料制品产业集群方面的共建、服务和引领功能，优化塑料制品产业集群的资源配置，推动产业转型升级，促进区域经济发展，将特色区域、产业集群、特色企业的培育发展作为支撑塑料制品行业迈向高质量发展之路的重要举措。

加强行业经济运行监测。在现有数据来源的基础上，继续拓展数据来源，提高行业运行监测质量。加强对行业发展趋势性问题的研究和预判，围绕行业发展中的热点、难点问题，及时向有关部门反映行业、企业诉求，做好产业预警工作，促进行业平稳发展。

主动承接政府相关项目。加强与相关部门沟通与联系，承接政府及相关单位购买服务项目工作。

积极承担技术咨询服务。承担相关技术咨询服务工作。为企业提供技术支持与服务、为政府及相关部门制定修订政策提出意见建议。

积极开展技能人才培训。规划和组织协会内部培训、行业培训及行业职业技能培训相关工作，提升协会工作人员的专业水平，服务企业新质技能人才需要。

（六）搭建交流合作平台

搭建平台，促进交流合作。办好 2024 年第六届中国国际塑料展、第四届中国塑料行业科技大会及系列专题会议、第三届中国塑料薄膜行业高质量发展研讨会，促进行业科技创新与交流合作，为行业高质量发展赋能。

深化协商学会间合作。组织召开 2024 年全国塑料行业协商学会工作交流会，交流全国和各地塑料行业运行情况及协商学会工作经验，研究新形势下协会如何努力为行业发展做好服务工作。

促进产业链协同创新发展。搭建塑料行业全链条交流互鉴、开放合作平台，促进塑料行业强链、补链、延链，推动塑料加工产业链现代化。推进与贺州市人民政府签订战略合作框架协议，共同推动贺州市母粒、可降解新材料产业高质量发展。推进与河南省周口市淮阳区人民政府共同签署《塑料产业绿色可持续发展合作协议》的相关工作。

深入开展国际交流与合作。承办好第三十三届亚洲塑料论坛。组织企业赴美国、墨西哥等国家进行商务调研，加强与塑料行业国际组织的交流与合作，提高南京展会的国际影响力。组织举办塑料管道等子行业的国际交流活动。

举办重要会议与活动。组织好协会35周年纪念活动、八届四次理事会议、八届五次及六次常务理事会议、2024年分支机构工作会议、行业专题会议、专题交流研讨会，各分支机构要办好相关年会、论坛、交流会等子行业重要活动，做好活动的各项准备和组织安排工作。

（七）加强协会自身建设

加强党建工作引领。强化政治建设，搞好党风廉政建设。巩固主题教育成果，开展党纪学习教育。创新工作思路，谋划党建工作，探索推进党建工作与协会重点工作深度融合，持续与企业开展党建、联建，深入企业开展调研，务实转化调查成果，以高质量党建引领行业高质量发展。

加强团队建设。团队自身建设是协会能够长期发挥行业引领作用的基础。下一步，协会要按照中央社会工作部的要求，主动适应新的定位、新的职能，迎接新的挑战；进一步完善和细化各项制度，规范运作，将自身建设成为政府靠得住、行业离不开、企业信得过、服务有特色的国内一流专业协会。

规范分支机构工作。按照《中国塑协分支机构管理办法》的有关规定，配合完成专委会换届工作，保持与分支机构的联动，加强对分支机构的有效管理，完善分支机构运行机制，确保其正常运行和健康发展。

加强会员服务与管理。细致梳理会员名录，加强对会员的动态管理，及时掌握会员变动情况，不断发展壮大会员队伍，努力改善会员结构，积极组织会员参与行业研究、交流，实现会员发展、管理、服务相互促进，增强会员凝聚力，创新会员工作方法。

优化信息宣传管理。持续跟踪行业运行情况，提高信息汇总综合能力，打造有特色的行业信息平台，并在官网和公众号开辟专门板块，进一步塑造协会口碑，增强行业影响力。

各位代表，回顾过去，我们感谢各理事单位以及相关单位一直以来的支持；展望未来，我们肩负大家的期待。让我们以党的二十大精神和两会精神为指引，深入学习贯彻习近平新时代中国特色社会主义思想，秉持中国塑协"服务、创新、协调、绿色、忠诚"的理念，守正创新、担当作为，开创协会工作新局面，确保完成全年发展目标任务，促进各项工作迈上新台阶。努力打造水平更高、效率更优、更加专业、更有公信力的一流协会，引领我国塑料行业可持续高质量发展。

中国塑料加工业 2023 年度发展报告

中国塑料加工工业协会

2023年，中国经济顶住外部压力、克服内部困难，整体呈现出持续回升、向好的态势。与总体经济发展呈现出的"稳中求进、以进促稳、先立后破"特征相呼应，我国塑料加工业表现出"稳增渐进"的发展态势。

一、总体运行情况

随着中国经济的持续壮大，我国塑料加工业处于相对稳定的发展状态。据国家统计局数据，2023年我国塑料制品行业汇总统计企业完成产量7488.5万吨，同比增长3.0%。2023年，行业整体向着功能化、轻量化、精密化、生态化、智能化的"五化"创新方向发展，产能利用率持续提升，数字化转型进程加速推进。分析指出，我国塑料加工业的市场规模将稳中向好，塑料制品的产量和消费量将保持相对稳步增长。

二、2023年塑料制品产量分析

（一）我国塑料制品全年产量

据国家统计局数据，2023年，全国塑料制品行业汇总统计企业完成产量7488.5万吨，同比增长3.0%，仍有上升潜力。就产量增长率而言，基本与2019年的增长率3.9%相差无几。详见图1。

2023年，工业和信息化部等3部门联合印发了

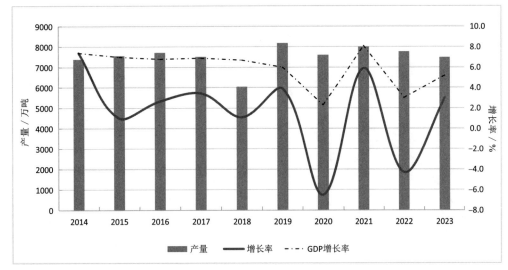

数据来源：国家统计局。

图 1　2014—2023 年我国塑料制品年产量及增长率

《轻工业稳增长工作方案（2023—2024 年）》，提到 2023—2024 年轻工业增加值平均增速将在 4% 左右，规模以上企业（简称规上企业）营业收入规模将突破 25 万亿元。塑料加工业作为我国轻工业的支柱产业之一，其 2023 年产量的同比增长率紧跟轻工业增加值平均增速，基本达到预期目标。在国家政策的支持与引导下，随着下游行业的需求增长，塑料行业将继续保持稳定增长。值得注意的是，由于整个行业仍处于上升阶段，面对各类潜在挑战，塑料行业还需加快产业结构优化、努力创新、抓住转型升级"窗口期"、推进绿色可持续发展等进程。

（二）我国塑料制品月度产量

2023 年，塑料制品各月产量呈现"先抑后扬再稳"的走势。随着 6 月份国务院常务会议后陆续出台的各项稳增长政策逐步落地、落实，下半年各月度产量同比均保持增长态势，特别是 7 月产量，同比增幅为 9.8%，比 6 月增加了 5.8 个百分点。详见表 1、图 2。

表 1　2023 年 2—12 月全国塑料制品产量情况

月份	月度产量／万吨	月止累计产量／万吨	同比增幅／%	累计增幅／%
2	558.4	1116.8	−7.4	−7.4
3	732.9	1838.6	−2.1	−2.6
4	638.7	2380.2	0.6	−1.7
5	630.1	2935.0	−3.3	−2.0
6	666.0	3536.3	4.0	−0.7
7	651.0	4164.2	9.8	0.5
8	635.5	4781.1	6.0	1.0
9	681.8	5438.0	4.0	−0.6
10	655.5	6090.7	3.6	1.2
11	670.0	6658.8	2.3	0.6
12	698.4	7488.5	2.8	3.0

数据来源：国家统计局。

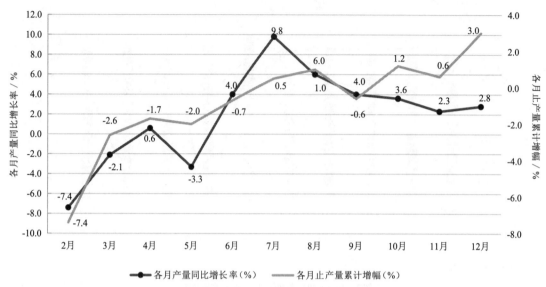

数据来源：国家统计局。

图2　2023年全国塑料制品产量同比和累计增长情况

（三）塑料制品各细分领域产品产量

具体到塑料制品各细分领域的产品产量。包括塑料板管型材、塑料丝绳及编织品、塑料包装箱及容器、塑料零件等在内的其他塑料制品的年度产量及其占比依然最高，年度产量为4651.7万吨，占比达62.1%；其次是塑料薄膜，年度产量为1695.4万吨，占比达22.6%，其中，农用薄膜的年度产量为82.1万吨，同比增长6.8%；此外，泡沫塑料的年度产量同比增长6.1%。日用塑料的年度产量同比下降7.1%，塑料人造革及合成革的年度产量同比下降1.1%。详见表2。

表2　2023年塑料制品各细分领域产品年度产量、产量增幅及产量占比

类别		年度产量 / 万吨	产量增幅 / %	产量占比 / %
塑料薄膜	总量	1695.4	2.1	22.6
	农用薄膜（单项）	82.1	6.8	1.1
泡沫塑料		266.9	6.1	3.6
日用塑料		563.2	−7.1	7.5
塑料人造革及合成革		229.2	−1.1	3.1
其他塑料制品		4651.7	−5.9	62.1
塑料制品总量		7488.5	3.0	100.0

数据来源：国家统计局。

塑料薄膜全年产量按降序排在前5名的省份依次是浙江省、广东省、江苏省、福建省、山东省；农用薄膜产量按降序排在前5名的省份依次是山东省、云南省、甘肃省、广东省、湖北省；泡沫塑料产量按降序排在前5名的省份依次是广东省、浙江省、江苏省、福建省、河南省。值得注意的是，作为日用塑料制品的主产省份，广东省该细分品类的年度产量同比下降4.4%，浙江省该细分品类的年度产量同比下降7.5%。作为塑料人造革及合成革的主产省份，福建省该细分品类

的年度产量同比增长 1.4%，广东省该细分品类的年度产量同比增长 11.7%，但多数其他主要产区的微降，还是对该细分品类的全年产量造成了影响。

（四）我国各区域塑料制品产量

从区域情况（统计数据未含港澳台地区产量）来看，2023 年，东部 11 省区塑料制品产量为 4737.8 万吨，同比下降 0.9%，全国占比 63.3%，相较于 2022 年增长 1.8 个百分点；中部 6 省塑料制品产量为 1489.0 万吨，同比下降 9.5%，全国占比 19.9%，相较于 2022 年下降 1.6 个百分点；西部 12 省区塑料制品产量为 1109.7 万吨，同比下降 5.2%，全国占比 14.8%，相较于 2022 年下降 0.3 个百分点。详见表 3。

表 3　2023 年我国各区域塑料制品产量及全国占比

区域	产量 / 万吨	全国占比 / %
东部地区	4737.8	63.3
中部地区	1489.0	19.9
西部地区	1109.7	14.8
东北地区	152.0	2.0

（五）我国主要省区塑料制品产量

从省区情况来看，广东、浙江、江苏、湖北、山东、福建等省依然是我国塑料制品的传统大省。2023 年全国塑料制品产量按降序排在前 10 名的省区中，东部地区占据半数，广东省全年完成产量 1450.7 万吨，同比增幅为 2.5%，全国占比 19.4%；浙江省全年完成产量 1295.5 万吨，同比增幅为 3.2%，全国占比 17.3%。相比于其他省区，广东与浙江两省有着深厚的轻工业底蕴、多元的产业结构以及完善的产业配套与区位聚集发展等优势，其塑料制品产量持续保持稳定。2023 年全国塑料制品产量按降序排在前 10 名的省区共贡献了占全国 78.9% 的产量，与 2022 年基本保持在同等水平，且相比于其他省区的产量，其优势还在进一步加大。详见表 4。

表 4　2023 年我国主要省区产量、产量增幅及全国占比

省区	产量 / 万吨	产量增幅 / %	全国占比 / %
广东	1450.7	2.5	19.4
浙江	1295.5	3.2	17.3
江苏	578.1	−0.3	7.7
湖北	476.7	24.4	6.4
山东	468.3	5.1	6.3
福建	458.0	−7.7	6.1
安徽	352.0	−7.9	4.7
重庆	292.0	0.4	3.9
河南	271.5	85.5	3.6
四川	259.3	−9.0	3.5

(续表)

省区	产量 / 万吨	产量增幅 / %	全国占比 / %
以上地区合计	5902.1	—	78.9
其他省区	1586.4	—	21.1
全国	7488.5	3.0	100

（六）全国塑料加工专用设备产量

我国塑料加工专用设备的生产集中度相对较高，浙江与广东两省产量长期占据全国产量的七成。2023 年，全国塑料加工专用设备产量同比微降 0.7%，产量波动较小，基本维持了平稳。详见表 5。

表 5 2023 年各省份塑料加工专用设备生产情况

地区	数量 / 台	同比增幅 / %
浙江	116 594	3.3
广东	114 449	−1.5
重庆	18 276	16.3
江苏	16 098	−23.6
上海	12 429	−3.6
其他地区	15 889	—
全国	293 735	−0.7

三、2023 年塑料加工业效益分析

据国家统计局数据，2023 年全国塑料制品行业规上企业营业收入为 21 112.0 亿元，同比下降 1.6%，实现利润 1153.0 亿元，同比下降 1.6%，营业收入利润率为 5.5%。

（一）塑料制品各细分领域营收情况

具体到塑料制品细分领域，塑料零件及其他塑料制品制造的全年营业收入为 7501.6 亿元，占整个塑料制品 2023 年营业收入的 35.5%，尽管同比下降 2.2%，但依然处于营收首位。全年营业收入排在第 2 名的是塑料薄膜制造，为 3781.0 亿元；塑料板、管、型材制造紧随其后，为 3340.0 亿元；人造草坪制造的全年营业收入为 92.0 亿元，虽然营收最低，但实现了 11.8% 的同比增长，相比于其他类别，其增幅水平最高。详见表 6。

表 6 2023 年各细分品类全年累计营收及同比增幅

类别	营收 / 亿元	累计同比增幅 / %	占比 / %
塑料薄膜制造	3781.0	1.1	17.9
塑料板、管、型材制造	3340.0	−4.1	15.8
塑料丝、绳及编织品制造	1284.8	−3.5	6.1
泡沫塑料制造	825.3	1.5	3.9

类别	营收 / 亿元	累计同比增幅 / %	占比 / %
塑料人造革、合成革制造	774.2	−1.0	3.7
塑料包装箱及容器制造	1623.0	0.2	7.7
日用塑料制品制造	1890.2	−2.9	9.0
人造草坪制造	92.0	11.8	0.4
塑料零件及其他塑料制品制造	7501.6	−2.2	35.5
塑料制品行业	21 112.0	−1.6	100.0

（二）我国塑料制品行业利润情况分析

2023 年，在国内经济内生动力有待加强、市场需求不振的背景下，全国塑料制品行业规上企业主营业务收入同比下降 1.6%，与之存在联动关系的营业成本也呈同比下降态势。但是，近年来塑料行业在生产工艺方面的技术创新与产业升级，以及单位工作时间内的生产效率不断提升，以及更佳的成本控制（特别是原料价格相对稳定）等因素，保证了行业企业生产经营的相对稳定。自 2023 年年初以来，随着行业的逐步回暖，一直处于负增长状态的累计利润总额同比增幅也在逐月收窄，为来年由负转正奠定了有利基础。详见表 7。

表 7　2023 年 2—12 月全国塑料制品行业月度累计利润总额及同比增幅

月份	当月止累计利润总额 / 亿元	同比增幅 / %	月份	当月止累计利润总额 / 亿元	同比增幅 / %
2 月	107.9	−25.1	8 月	645.4	−2.6
3 月	189.4	−19.4	9 月	736.5	−3.4
4 月	266.0	−11.7	10 月	850.4	−0.6
5 月	357.9	−11.7	11 月	1008.1	−0.4
6 月	456.9	−6.1	12 月	1153.0	−1.6
7 月	544.6	−4.6			

需要注意的是，产成品存货 2023 年全年累计同比上升 4.2%，行业企业仍须时刻警惕因库存增速显著而导致的业绩承压。详见表 8。

表 8　2023 年 2—12 月全国塑料制品行业月度累计产成品存货及同比增幅

月份	当月止累计产成品存货 / 亿元	同比增幅 / %	月份	当月止累计产成品存货 / 亿元	同比增幅 / %
2 月	1127.9	5.6	8 月	1187.9	1.9
3 月	1155.9	4.5	9 月	1183.5	1.6
4 月	1167.7	2.7	10 月	1207.7	1.9
5 月	1171.6	1.4	11 月	1219.3	2.9
6 月	1161.5	1.2	12 月	1219.8	4.2
7 月	1174.4	1.2			

四、2023 年塑料制品出口分析

据海关总署数据，2023 年塑料制品出口额为 1008.1 亿美元，同比下降 3.9%，进口额为 171.9 亿美元，同比下降 12.3%，贸易顺差 836.2 亿美元。塑料制品行业的外贸运行与我国整体外贸运行的平稳态势相一致。2023 年，外部需求持续低迷，塑料制品年度出口增长率 6 年来首次由正变负。即便如此，2023 年我国塑料制品出口总金额依然达到了 2022 年的 93.5%。并且，随着行业企业在国际市场竞争力的不断提升，出口金额依旧

处于高位。详见图 3。

五、行业现存主要困难和问题

（一）需求收缩预期转弱，行业利润受到压缩

市场有效需求不足是当前塑料加工业发展的突出矛盾。整个 2023 年，行业整体盈利水平依然有待提高，"增收不增利"的情况越发显著，行业利润额增长情况长期不见起色，经济提振和消费复苏未达预期。客观来说，塑料加工业当前仍处于低迷周期，行业下游需求并未出现"报复性反弹"。

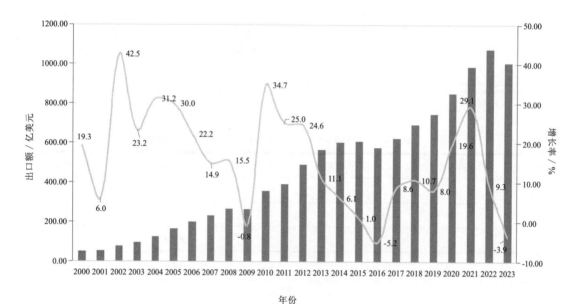

图 3　2000—2023 年我国塑料制品出口额增长情况

（二）产业结构优化不足，行业"内卷"严重

当前，行业困境主要是由于部分企业存在落后的经营理念、低端产品易陷入恶性竞争、企业变革和管理提升停滞不前等因素造成的。2023 年，塑料加工业在规模持续增长的同时，低端产能过剩、低附加值产品居多、无序竞争过度等现象，直接导致了行业"内卷"问题的日益凸显，威胁到了行业的健康发展，影响了优质企业的正常运作。对此，进一步优化产业结构，同时进一步加强规范现行行业体制，刻不容缓。

（三）科技创新能力不强，行业整体竞争力偏弱

目前，我国塑料加工业部分高技术含量、高附加值产品还需要依赖进口，国产替代能力仍需提

升。加之业内中小企业偏多，企业存在现代化运营管理体系不健全、经营管理效率较低、产学研融合不够深入等问题，整个行业在科技创新、高新工艺研发、技术升级等方面能力不强，产品更新换代的速度较慢，行业的科技创新与整体竞争力偏弱。

（四）国际市场持续低迷，出口形势越发严峻

当前，受全球性经济下滑等影响，外贸行业正在遭受前所未有的挑战，我国塑料制品出口由此也受到日趋复杂的外贸环境和政策结构的影响，外贸企业面临的局面更加困难。此外，汇率出现较大波动，人民币贬值压力犹存，这也进一步促使海外原材料采购成本变高。对此，塑料加工业

中的外贸企业需要适时调整自身营销策略，而依托海外产能、对进口长期有需求的企业同样亟须增强自身抗风险能力。

六、行业前瞻分析及发展建议

（一）把握发展机遇，坚持以稳求进

2024 年，尽管全球通胀问题已得到阶段性缓解，但导致全球经济下行的短期和长期因素依然存在，全球经济增速继续放缓已成为普遍共识。受此影响，我国塑料加工业将面临更为复杂、严峻的市场挑战。不过，依托于我国经济逐步回升、长期向好的基本面，国内积极因素的累积将为行业的稳步发展提供有力支撑，塑料加工业实现高质量可持续发展的前景依然不变。对此，塑料加工业企业要立足实际，坚持深化供给侧结构性改革，时刻注重需求侧管理，努力以创新为引领，持续增强核心竞争力，特别是在关键技术、核心技术等方面，要敢于攻坚、勇于探索，加快核心优势产品向高端化发展，做到以稳求进、以进促稳。

（二）坚持创新引领，提质降本增效

贯彻落实创新驱动发展战略，不仅是巩固壮大国家实体经济的根基，同样也是各大行业的发展之钥。现今，加大产品研发力度，以创新及差异化的新品突围市场，已然成为行业企业的共识。我国塑料加工业需要进一步集中固有的优势资源，加速核心技术攻坚，破解"卡脖子"技术难题，通过新材料研发，开拓更多市场应用场景，满足更加多元化的功能需求。面对行业"内卷"，坚持提质降本增效会成为有效手段。行业企业需要加强质量管理、技术创新和人才培养等方面的工作，持续提高产品质量、降低生产成本和提高生产效率，从而实现可持续发展和长期盈利。

（三）践行绿色理念，把握发展机遇

2023 年，在"双碳"目标下，我国新能源产业布局更加广泛，新发展机遇也如雨后春笋般涌现，其中尤以新能源汽车、智能家电等为代表。作为各大产业的重要辅助者，塑料加工业对于新能源产业的进一步发展也具有较大促进作用。对此，行业企业应该把握发展机遇，在实现"双碳"目标和推动全社会产业绿色转型这一宏大进程中提供关键支撑。随着我国可持续发展战略的逐步实施，环保诉求下的政策导向将不断推动可循环、易回收、可降解替代材料和产品研发，从而促进行业绿色低碳发展。

（四）强化国际竞争力，改变营销模式

作为塑料制品生产大国，我国塑料制品不仅类别齐全，价格与质量方面的双重优势也赋予了其较强的出口竞争力，取得了国际市场的广泛认可。但是，我国塑料加工业在技术创新、绿色环保及可持续发展方面仍有待提升。为此，行业企业需要持续聚焦于新技术、新材料等前沿领域，增进国际交流与合作，强化自身的产品竞争力与技术优势，此外，营销模式的创新对于进一步拓展海外市场同样至关重要。我国已成为全球互联网技术创新的引领者。跳出固有运营模式，借助互联网新颖、高效的传播方式，如以云商平台、短视频等来助推品牌形象的打造、产品的宣传与营销等，值得中国塑料加工业进一步探索与尝试。

七、结语

塑料加工业作为我国轻工业的支柱性产业之一，在总产值、资产总计、从业人员、出口额等指标上占轻工业总量的 10% 以上。因此，塑料加工业未来的进一步发展与整个轻工业的发展息息相关。为落实政府关于保增长、扩内需、调结构的总体要求，确保行业稳定发展，塑料加工业要加快结构调整，推进产业升级。未来，预计国家和各级政府将出台一系列扩大有效投资、提振市场信心、促进行业增长、稳定外贸发展的组合政策。我国塑料加工业发展长期向好的基本面不仅不会改变，而且将越发稳固。对于中国塑料加工业的高质量可持续发展，我们应该抱有更加坚定的信心。

中国塑料加工业绿色发展报告

塑料是典型的资源节约型和环境友好型材料，绝大部分塑料具有可再生和循环利用的特性，在食品安全、环境保护、节能降耗、农业增产、高精尖产业和战略性新兴产业等绿色发展方面发挥着积极、重要的作用。

绿色发展是以人与自然和谐共生为价值取向、以低碳循环为发展原则、以生态文明建设为目标的可持续发展模式。当今世界，绿色发展已经成为全球人类社会发展的主流趋势，也是塑料行业持续坚持的方向。

为认真贯彻党中央和国家战略部署，全面促进中国塑料加工业的绿色发展，依据《"十四五"循环经济发展规划》《"十四五"工业绿色发展规划》《"十四五"节能减排综合工作方案》，以及碳达峰、碳中和、绿色发展、生态化、可持续发展等相关政策精神，按照《塑料加工业"十四五"发展规划指导意见》和《塑料加工业"十四五"科技创新指导意见》相关要求，充分发挥塑料制造业在实现"双碳"目标中的重要减碳作用，从塑料全生命周期角度出发，引导行业加大科技投入，深入开展生态化工艺技术创新，节能降耗，降低排放，全面实现清洁生产；以制造高性能、高性价比的塑料制品为导向，加快推进废弃塑料回收、再生及高值化利用，推动生物质等可再生资源制备塑料制品研发，实现塑料加工业可持续高质量发展。

一、中国塑料加工业概况

中国塑料加工业是以塑料加工成型为核心，集合成树脂、助剂、生物基塑料、改性塑料、再生塑料、降解塑料、塑料机械与模具等产业于一体的新兴制造业，是我国现代工业体系中的重要制造产业之一，也是民生产业，是先进高分子材料产业的重要组成部分。

塑料制品以合成树脂为主要原料，采用挤出、注塑、中空成型、压延、滚塑、层压、模塑等加工方式制备。中国塑料加工业从20世纪50年代以作坊式手工业起步，1958年自产聚氯乙烯树脂后开始有计划发展；20世纪60—70年代逐步向全面规划、统一管理发展，生产塑料鞋、薄膜、板片材、管材、型材及门窗、日用品等产品；改革开放后，中国塑料制品产量以超过12%的速度增长，远远高于世界塑料行业4%的平均增长速度；2001年起，中国塑料加工业发展迅猛，产量、产值、出口均以两位数增长，"十五"期间，塑料制品产量实现了翻番增长，由2001年的1185万吨增至2005年的2199万吨，年均增长率达16%，居世界第一位；"十一五"期间，中国塑料制品产量从2006年的2802万吨增长到2010年的5830万吨，年均增长20%，技术水平上与发达国家的差距进一步缩小；"十二五"期间，中国塑料制品产量由2011年的5474万吨增长到2015年的7561万吨，年均增长8%左右，自此产业进入结构调整阶段；"十三五"后，中国塑料制品产量低位增长，主营收入、利润增长率保持稳定增长，注重提升品种、品质、品牌，推进转型升级，行业逐步向高质量发展迈进；"十四五"期间，2022年，全国塑料制品行业汇总统计企业完成产量7771.6万吨，规上企业20 271家，营业收入22 853亿元，实现利润总额1321.8亿元，塑料制品出口额1078.1亿美元，实现6年连续增长。

二、中国塑料加工业绿色发展现状

近年，中国塑料加工业着眼于塑料产品的环境友好全生命周期，强调塑料制品生产过程的低碳与绿色环保、使用过程的低能耗与长寿命、废弃后不破坏生态环境并可再利用的生态化方向，将资源节约型、环境友好型作为转型升级的重要着力点，将节能减排作为转方式、调结构的重要抓手，大力推进技术改造，推广节能环保新技术、新装备和新产品，进一步完善节能减排工作体系。行业工效、产能大幅提升，清洁生产先进工艺技术得到广泛应用，原辅材料绿色化替代、产品绿色设计推进机制初步建立，在节能、降耗、增效、低碳、环保等方面有较大提升，资源综合利用方式不断完善，技术装备水平不断提高。

（一）引领塑料加工行业绿色可持续发展

中国塑料加工工业协会高度重视行业可持续发展，按照相关政策要求，围绕行业发展需求开展工作，引领、推进绿色可持续发展。近年，《塑料加工业"十四五"发展规划指导意见》和《塑料加工业"十四五"科技创新指导意见》相继发布，提出功能化、轻量化、精密化、生态化、智能化的发展方向，推进节能减排及清洁生产技术应用，在废弃塑料污染治理工作中研发推广可循环、易回收、可降解的替代产品和技术。举办多场中国塑料技术创新与可持续发展交流及展览会，推动相关技术进步，促进废弃塑料污染治理工作。联合外卖平台组织推荐"易回收、易再生"塑料包装容器，纳入降解塑料包装推荐名录；成立以院士牵头的"废弃塑料回收及高值化利用"工作组，以及专家、企业参加的"海洋废塑料防治"工作组，针对我国废弃塑料的回收利用进行专题研究；与国内外相关行业组织签署包括塑料可持续发展主题在内的合作协议并举办交流活动，共同推进塑料行业的绿色发展；发布《中国塑料加工工业协会行业自律公约》，推进新工艺、新设备、新材料、新技术研发应用；倡导环保、安全、节能减排，推动塑料制品设计和生产过程中合理减量化、运输和生产中防止塑料颗粒的泄漏，推广可降解塑料的科学使用，推动废弃产品高质、高值回收利用等工作。

与中国轻工业联合会、中国石油和化学工业联合会、中国包装联合会联合发布《加快塑料污染治理，推进生态文明建设》倡议书，提出"推动塑料工业在原料生产、加工、销售、使用等全产业链环节的污染防治工作"；积极参与国家发展改革委、生态环境部等部门关于一次性塑料制品废弃物回收利用、废塑料加工利用企业准入条件等的相关研究、咨询课题；积极为我国政府相关部门参加联合国治理塑料废弃物污染谈判工作提供技术支持。

中国塑协还组织会员企业认真贯彻国家禁止废塑料等垃圾进口政策，加强废弃塑料制品回收利用等政策，支持并参与废弃塑料回收利用处置技术体系的建立，推动塑料食品接触材料的规范回收和安全使用，引导薄膜等塑料产品向单材化、易回收方向发展，推进生物可降解材料的应用。

（二）中国塑料加工工业绿色发展主要成果

中国塑料加工工业强化推进节能降耗工作，通过提高设备精度和效能、改变加热模式，推广使用新装备新技术，如体积拉伸流变、高扭矩高效节能挤出系统，伺服电机改造，集红外与热传导于一体的双效加热、变频电磁加热等塑料加工节能技术；采用光伏等清洁新能源，风冷水冷降温、余热回用等技术，实现高效运行和节能降耗。通过设备和技术升级，注塑制品、滚塑制品加工实现节电约60%，塑料管道、塑料薄膜、塑料编织产品加工实现节电约40%，模塑聚苯乙烯泡沫塑料实现吨蒸汽节省20%以上，行业整体能源利用效率和节能降耗水平得到了大幅提升。

1. 科技创新成果促进绿色可持续发展

行业围绕绿色可持续发展，通过技术创新，在产品源头设计、先进加工工艺、设备智能改造等方面的研发力度不断增强。

以超临界二氧化碳（CO_2）、氮气（N_2）为绿色发泡剂特征的釜压发泡先进加工工艺和装备实现产业化，促进聚丙烯、热塑性弹性体等微孔发泡材料的规模化生产和在汽车、冷链物流、运动防护、消费电子等领域的高值化应用；超临界微孔发泡注塑系统 N_2 发泡产品减重20%—30%，实现减量化；微发泡工艺在生产过程中降低锁模力40%—60%，降低了产品能耗。

通过改进工艺技术，在达到产品性能标准的基础上，降低薄膜厚度，减少原材料使用量，节约资源，如研究聚丙烯（PP）与聚乙烯（PE）配混比例对薄膜力学性能、热合性能的影响，优化共混比例，依据材料流变特性调整各层树脂的挤出机分段温度、螺杆转速，开发薄型（50mm）高强度共挤膜，可用于10kg重型包装，实现成功减材。聚酯薄膜制备采用熔体一体化拉膜技术，减少原料二次挤出加热熔融；双螺杆挤出拉膜技术减少回收造粒环节，降低能源消耗；采用水性涂层材料在线涂布技术，降低生产能耗，降低人力成本，减少废气排放及有害废弃物的产生；借助层叠加工技术和多层熔体层间交织取向共挤出增强技术，提升材料的力学强度，实现减量15%—30%；进行材料耐热和耐水性能研究，开发直接用作蒸煮包装的75μm耐蒸煮功能膜，替代85μm耐蒸煮复合膜（PA/RCPP），实现功能性包装减材。

完成光伏电池背板用聚偏氟乙烯薄膜研发，为光伏能源的更好利用创造了条件；研发涂覆型大棚膜，实现低投入高产出，节约能源；实现全生物降解材料聚乳酸（PLA）、聚羟基烷酸酯、聚对苯二甲酸-己二酸丁二醇酯、聚碳酸亚丙酯等材料的性能改善和成本降低，推动全降解材料发展；推广使用无卤阻燃塑料材料和制品，有效提高了塑料制品的环保性，使绿色高效环保阻燃材料的应用领域日益扩大。

2. 产品绿色设计水平进一步提升

产品绿色设计是塑料行业高质量发展的重要内容之一。推进产品绿色设计工作，具有显著的节能减碳、减少环境污染等社会综合效益，更是主动应对全球产业重构重组挑战，推动形成以国内大循环为主体、国内国际双循环相互促进的新发展格局的战略需要。应从设计源头进行绿色、节能减排，以可循环、易回收、可降解为导向，加大科技创新力度，研发性能达标、绿色环保、经济适用的塑料制品。

行业在绿色设计中，研究部分塑料包装制品由刚性向柔性发展以实现易回收和节能减排，如塑料软包装代替刚性塑料瓶设计，加工的消耗能源减少约50%，使用的塑料原料减少约60%；开发可多次循环使用、多用途塑料包装制品；通过材料创新、加工工艺创新实现原材料减量；推广使用功能性单材化塑料制品，便于回收利用，如聚乙烯（Polyethylene，简称"PE"）、聚丙烯（Polypropylene，简称"PP"）材质薄膜单材化设计，产品阻氧性可达到0.1–2cc/（m²·day），满足使用要求；改进制品标识标志工艺，减少包装印刷；采用无溶剂复合或热复合薄膜产品设计，实现低碳节能。通过绿色设计，实现源头减量、易回收、长寿命、反复使用，促进低碳节能绿色发展。

在一次性塑料制品生产中采用生物降解塑料、生物基塑料等环保材料；在保证产品质量的基础上，设计在原材料中适当添加再生塑料，减少能耗和生产成本。

在应用领域拓展绿色材料产品设计，如用于光伏发电的聚酯光伏背板基膜、水轮发电机的特种聚酯电气绝缘膜、新能源汽车的印制电路板（PCB）聚酯抗蚀干膜、片式多层陶瓷电容器（MLCC）制备用聚酯薄膜、漆面转移膜、聚酯窗贴基膜、特种聚酯电气绝缘膜、高强度热封型聚酯薄膜、聚酯热收缩薄膜等绿色薄膜产品。

3. 标准化助力绿色化发展

在国家产业结构调整与环境污染综合治理的政策背景下，中国塑料加工业积极开展"工业节能与绿色标准化项目"研究，制定修订绿色工厂、绿色产品评价等国家、行业和团体系列标准，规范生产和保证产品质量，促进行业绿色发展。反映行业诉求，促成GB 31572—2015《合成树脂工业污染物排放标准》以修改单方式进行修订；参与生态环境部《排污单位自行监测技术指南橡胶和塑料制品》《排污许可证申请与核发技术规范橡胶和塑料制品工业》等标准的制定修订与宣传贯彻。推动国家及地方相关部门制定或修订了一批促进塑料绿色可持续发展的相关政策、法规及标准文件。

4. 塑料应用促进低碳和节能减排

由于塑料制品具有体轻、耐腐蚀、可保温隔热等独有特点，在一些领域采用塑料制品，可实现减少能源消耗、提升运行效率和减碳的目的。

推广高性能树脂基复合材料在航空航天领域的应用，可降低飞行器结构重量，提高结构效率，进而增加其有效载荷，增强其续航能力、机动性能和生存能力，降低能耗和运行成本等。

以车用塑料代替钢材，可使整车重量减少10%，油耗下降6%—8%，减少尾气排放量4%—10%；应用塑料农用薄膜，可使粮食作物增产10%—30%，果蔬经济作物增产30%—50%；塑料管道比其他传统管道介质输送节约动力消耗10%以上；塑料节水器应用可实现水肥一体化，推进了高效节水和设施农业自动化进程；PVC门窗比铝合金门窗节能80%左右；有机保温材料（模塑聚苯乙烯发泡板材、挤出聚苯乙烯发泡板材、聚氨酯发泡板材）的应用，在建筑保温材料贡献率中占比约80%，为建筑领域的低碳节能贡献力量。

聚偏二氟乙烯（PVDF）薄膜用于光伏电池背板，实现了非凡的耐低温性能和耐气候老化性能，以及优异的韧性、耐穿刺性能、耐磨性、水汽和氧气阻隔性等诸多性能，应用于燃煤电厂、垃圾焚烧等领域的氟塑料热交换器时，可实现节煤3—6g/kWh；使用某些塑料制作风电叶片等部件，可为风能发电做出贡献；聚四氟乙烯纤维及滤料在燃煤电厂、钢铁厂、水泥厂、垃圾焚烧厂等的环保除尘设备上的应用，为节能减排和大气污染治理提供技术和材料支撑；将聚四氟乙烯中空纤维膜及其组件用于电子废水、煤矿废水、建筑废水、城市污水、半导体强酸性污水、油田回注水等污水及废水的处理和海水淡化处理，可提高重污染减排的能力。

5. 废弃塑料回收再利用可有效减少塑料污染

我国是世界上最早成体系和规模地生产、使用再生塑料的国家。我国废弃塑料回收加工企业及原料区域性集中度较高，已形成一批较大规模的再生塑料回收交易市场和加工集散地。在我国已建成的25个再生资源—循环经济产业园中，有21个涉及废弃塑料回收利用。我国再生塑料年产量约1800万吨，多年以来为废弃塑料污染治理做出了巨大贡献。

我国是处理废弃塑料量最大的国家，有处理各类型废弃塑料的成功经验和专业工人。现阶段，国内回收渠道基本畅通，以拾荒、工厂废料回收以及家电、汽车拆解回收为主；所涉及回收的废弃塑料类型主要覆盖聚对苯二甲酸乙二醇酯（PET）、聚乙烯（PE）、聚丙烯（PP），以及线缆材料、日用塑料制品、农用棚膜等。国内已有年产万吨以上、符合美国食品药品监督管理局（FDA）标准的 PET 再生料生产，有年产 3 万吨的 PET 化学再生料生产，以及万吨级回收地膜化学再生料中试等一批行业技术先进的再生塑料生产线。

废弃塑料高值、高质的回收、加工、改性及循环再利用，既促进了塑料废弃物的污染治理，又使符合标准要求的再生塑料得到了科学的回收利用，对于实现国家"双碳"目标具有重要作用。据测算，生产 1 吨聚乙烯需要约 2.3 吨原油，若能回收 3000 万吨塑料原料，可节约 7000 万吨原油（相当于我国大庆油田一年半的产量）与 70% 能耗，并可大幅减少二氧化碳与二氧化硫排放。

6. 环保型助剂的应用稳步推进

我国塑料助剂产品注重"绿色、低碳、清洁"研发。用于提高再生塑料性能的助剂、用于改善生物降解材料性能的专用助剂以及生物基助剂也备受关注。

食品相关塑料制品加工全部使用环保添加剂。聚氯乙烯硬制品加工基本完成铅盐热稳定剂的环保替代工作。合成革产业以烯烃类树脂替代增塑剂制造烯烃类人造革，以环保增塑剂和生物质增塑剂制备聚氯乙烯人造革，以水替代苯制备超细纤维合成革。

中国塑料加工业积极支持国家《蒙特利尔议定书》《斯德哥尔摩公约》的履约工作。在农用大棚膜中防雾剂的制作中，以 C6 环保氟系表面活性剂替代 C8（PPOA/PFOS，PFOA 指全氟辛酸，PFOS 指全氟辛烷磺酰基化合物）氟系表面活性剂；聚氨酯甲酸酯（PU）、聚苯乙烯发泡板材（XPS）用氢氯氟碳化合物（HCFCs）发泡剂淘汰替代和 EPS、XPS 用阻燃剂六溴环十二烷（HBCD）的淘汰替代工作，通过工艺调节和设备改造，使用环境友好型全水发泡体系（聚氨酯）、戊烷系发泡剂（聚氨酯）、CO_2（XPS）发泡剂代替消耗臭氧层物质的含 HCFCs 发泡剂，使用甲基八溴醚、溴化苯乙烯-丁二烯共聚物（溴化 SBS）阻燃剂代替对人体和其他生物产生危害的 HBCD 阻燃剂。"十三五"期间，PU、聚苯乙烯挤出发泡板材（XPS）等产业淘汰含氢氯氟烃（HCFCs）发泡剂约 19 065 吨，相当于减排温室气体 2562.4 万吨；"十四五"期间，两个行业约可以实现减排相当于 30 540 万吨二氧化碳当

量的温室气体。氢氟烃（HFCs）是消耗臭氧层物质（ODS）的主要替代品之一，因其高全球变暖潜能值（GWP）也将继 HCFCs 淘汰之后开始进行削减。

7. 清洁生产、VOC 排放治理成效显著

我国绝大部分塑料制品加工过程的 VOC 和粉尘排放量很低，符合国家相关排放要求，满足国家和地方环保部门要求。部分因工艺要求必须使用含 VOC 的塑料制品，如人造革、合成革、印刷膜、复合膜等，从源头削减、过程控制和末端处理三方面采取了行之有效的技术保障措施，成功实现了有机溶剂在制造单元的循环利用或能量回收，严格依照标准控制了生产过程的 VOC 排放。如：人造革、合成革行业采用多塔回收 N,N-二甲基甲酰胺（DMF）技术，"去 DMF 化"实施率达 30%；印刷复合膜行业骨干企业投入使用的新型 VOC 处理装置，在复合工序，采用"排风调节—浓缩—活性炭纤维吸附—蒸汽脱附—冷凝分离—精馏脱水"工艺回收的乙酸乙酯纯度达 99.5% 以上，可循环用于复合或印刷；在印刷工序，针对单一酯类油墨，采用"排风调节—吸附—高温氮气脱附—冷凝气液分离—精馏去除高沸物"工艺得到的酯类溶剂纯度在97.5% 以上，可循环用于印刷，回收处理的酯类溶剂满足全厂需求，实现了 VOC 的有效回收和治理。

（三）面临形势、发展机遇及存在的主要问题

1. 面临形势

（1）绿色低碳发展已成为共识。

我国塑料行业正处在转变发展方式、优化产业结构、转换增长动能的窗口期，其绿色发展是全面推进高质量发展，实现碳达峰碳中和目标的必然途径。加快构建以国内大循环为主体、国内国际双循环相互促进的新发展格局，也要求不断增加绿色低碳产品供给，加快传统发展模式向绿色低碳发展转型。绿色低碳发展理念正在成为行业全领域、全过程的普遍要求，能源利用效率、资源利用水平和清洁生产水平等指标将成为企业管理的重要指标。

（2）绿色发展已成为国际竞争力的重要组成部分。

目前大部分发达国家已经实现碳达峰，绿色发展基础较好，一些发达经济体正积极谋划并推行碳关税机制、塑料制品添加一定比例回收料等政策。2022 年 3 月，第五届联合国环境大会通过了《终结塑料污染（草案）》，在 2024 年年底前制定对塑料制品全生命周期管控的、具有法律约束力的国际公约。2023 年 9 月 4 日，在政府间谈判委员

会（INC）第二次会议上，公布了《关于塑料污染（包括海洋环境）的具有法律约束力的国际文书》的零草案。我国是世界塑料生产、消费和出口第一大国，将担负起绿色发展的更大责任，在应对挑战的过程中，我们也将进一步提升国际竞争力。

2. 发展机遇

近年来，绿色发展作为新发展理念（创新、协调、绿色、开放、共享）之一，已成为全面建成小康社会伟大征程中的重要组成部分。节能环保是快速推进生态文明建设的重要举措，绿色发展是行业实现可持续发展的必由之路，也为行业企业带来了很多发展机遇。

（1）产业整合加速有利于推进绿色水平提升。

行业准入门槛逐步提高，环境保护上升到国家战略层面，国家治理大气污染、环保督察力度不断加大，部分企业因排放不达标而被整改、限产、关停，行业整合加速，为行业整体实现绿色可持续发展、提升产业水平创造了条件。

（2）绿色政策有力推动行业绿色发展。

为推动绿色可持续发展，国家出台的政策向绿色产品倾斜，如税收优惠、财政补贴等助力政策，鼓励绿色消费的政策促进了绿色产品市场建立。国家推动的"一带一路"建设、长江经济带发展、长三角一体化等国家重大战略为产业协同绿色发展带来了新的契机。新发展格局也要求不断增加绿色低碳产品供给，加快传统发展模式向绿色低碳发展转型。加快出台对废弃塑料污染进行治理的相关政策，推动塑料回收再利用行业的技术创新和转型升级等。

3. 存在的主要问题

（1）塑料加工全链条应对塑料污染治理工作的能力弱。

目前，行业应对塑料污染的全链条治理工作能力相对不强，从塑料制品生产、流通、消费到回收利用、末端处置全链条治理体系还不够健全，塑料废弃物分类收集处理力度相对不大，光电分选设备、X射线分选仪等部分核心设备的总体智能化水平与国际较高水平还有一定的差距，资源化利用水平较低。同时，我国在宏观层面对废塑料回收利用行业发展的综合规划尚未完善，相关制度仍不健全，具体政策扶持力度不够。废弃塑料与其他废弃物混合处理的现状影响了回收塑料的品质，目前仍缺乏废旧塑料分类技术规范、回收过程控制和认证制度，以及对采购使用再生塑料并达到产品安全要求企业的认定和管理细则。除此之外，还存在城乡发展不均、规模化不足等问题。

塑料废弃物污染治理需要政府加大治理力度、统筹规划，也需要企业主动作为、履行责任，更需要广大消费者积极参与，自觉履行生活垃圾分类投放的义务，形成全社会共同参与的良好氛围。

（2）废弃塑料的回收利用技术水平有待提高。

塑料回收再利用的方法有物理再生、化学回收、能量回收等，目前我国塑料回收再利用以物理再生为主。一些热固性塑料、塑料结构件、功能件废弃后，因组分复杂、难分类、难分离，大多采用焚烧处置。难分类、难分离、难二次加工的共混复合型、交联型废弃高分子材料的高值、高效规模化回收再利用和产业化示范仍需进一步加强。

（3）降解塑料技术的应用领域尚需拓宽。

降解塑料的应用不仅可以减少废弃塑料对环境造成的影响，同时也可助力实现资源循环和利用，应继续加大对该领域的开发研究。其中，生物降解塑料是主流产品，但其产业发展面临成本高、性能普适性不够等问题，其聚合、加工、改性技术与装备等需要创新，检测评价与标准体系仍需完善，应用领域拓展、废弃后的回收与处置技术等工作需要加强。

（4）对塑料的科学准确宣传力度不够。

针对随意丢弃一次性塑料制品造成的环境污染问题，国家相关部门出台了有序禁止和限制部分一次性塑料制品的生产、销售和使用政策，提出了可循环、易回收、可降解的治理方法和全链条的综合治理要求、管理措施及办法。但有些机构在执行过程中，对政策解读不清，超范围执行，误导了民众，造成一些媒体、大众误解为"禁止"使用所有塑料制品。同时，一些关于塑料的缺乏科学依据的言论，不利于塑料行业健康发展。

社会对废弃塑料回收行业缺少理性认识，民众普遍认为利用再生塑料制成的产品是劣质产品，从而对使用它们的意愿不高。转变这些不科学的认识和舆论，将是一项长期的任务。

三、发展目标和主要工作

中国塑料加工业要全面实施行业绿色发展战略，抓住新机遇，应对新挑战，坚持生态优先、绿色发展。要围绕规划"双碳"目标，促进绿色升级，推动节能降耗，减少环境污染，加强绿色设计、推进回收利用，科学推广降解塑料应用，注重绿色法规完善绿色制度，推进绿色循环经济园区建设等方面开展 9 项重点工作，实现能源效率稳步提升、碳排放强度持续下降、产业绿色发展能级提升。计划到 2025 年，塑料加工行业单位工业增加值二氧化碳排放降低 18%，规上企业单位增加值能耗降低 13.5%。

（一）规划"双碳"目标，加快低碳发展

要深入贯彻国家碳达峰碳中和工作部署，加强塑料行业碳达峰碳中和顶层设计和系统谋划，积极引导、研发、推广可循环、易回收、可降解的新技术、新产品，推进塑料制品的资源化、减量化、综合利用，落实碳达峰碳中和目标任务，构建塑料全生命周期的碳足迹核算体系。构建符合国情的碳核算标准，完善塑料制品从石油或原辅材料的源头生产到摆放在货架上的生命周期碳足迹核算体系，开展从服役后到再利用阶段的生命周期碳足迹研究，完善塑料产业绿色全生命周期碳足迹跟踪机制，为企业、技术、产品及供应链的碳核算与评价分析提供依据。逐步建立企业全生命周期的碳中和管理体系，支持企业长期的碳减排、碳达峰、碳中和发展目标，打造行业示范标杆，强化品牌影响力，逐步构建行业产业链全生命周期碳足迹核算体系。

减少塑料加工碳排放的主要工作方向包括降低过程耗能和减少塑料原料单耗。应采用变频调速电机、高效挤出设备、远红外等新型节电加热元件，改善塑料原料加工性能，推进塑料加工业节能降耗。减少塑料原料损耗、降低塑料制品单耗，是降低塑料制品碳排放的重要途径。要减少塑料原料在生产、运输和使用过程中的损耗，做好塑料加工企业边角料回收利用、回收料高值化利用，开展绿色设计及制造等，提高塑料加工业低碳发展水平。

（二）加快结构调整，促进绿色升级

塑料行业要在传统发展基础上转型创新，促进资源节约和绿色环保，实现塑料加工行业可持续发展。要继续推动供给侧结构性改革，加快落后产能出清，多措并举加快行业实施绿色化升级改造，优化产业结构，形成新的、更高级的产业结构。推动绿色制造领域生态化发展，培育百家绿色工厂。

鼓励有条件的企业提高生产效能，推动节能降耗。开发利用光伏、风电等清洁能源。提升能源利用效率，加大绿色低碳技术推广力度，积极支持企业开发新的节水、节能、节电、节材等关键技术，组织制定技术推广方案，促进先进、适用的低碳新技术、新工艺、新设备、新材料推广应用，推进生产制造工艺节能升级改造。促进资源利用循环化转型，推进原生资源协同利用、再生资源循环利用，推动工业固体废物（简称固废）和水资源节约利用，削减工业固废、废水。

（三）推行清洁生产，减少环境污染

全行业实施清洁生产水平提升工程，制定并发布子行业清洁生产指标体系文件，指导和推动企业依法实施清洁生产。针对人造革合成革行业、油墨印刷行业等子行业的工艺环节，研发推广减污工艺和设备，开展应用示范，大力提升清洁生产水平。人造革合成革行业到 2025 年产值综合能耗下降 10%。规上龙头企业在 2023 年全部达到二级清洁生产标准，2025 年大型骨干企业产值 10 亿以上企业全部达到清洁生产一级标准；吨产量新鲜水取水量下降 10%，DMF 使用减少 20%。复合膜行业"十四五"末端治理，如蓄热式氧化器（RTO）溶剂回收等环保技术的应用比例达到 100%，行业 VOCs 回收装置覆盖率达到 95% 以上，溶剂型油墨使用比例降低 10 个百分点，溶剂型胶黏剂使用量降低 20%。

（四）加强绿色设计，促进可持续发展

大力推行绿色设计、优化产品结构，以利于塑料制品回收利用；提高再生材料占比，实现源头减量。加快塑料产品全生命周期资源消耗、能源消耗、污染物排放、人体健康影响等要素的基础数据库建设。推广系统考虑产品全生命周期资源消耗、碳排放的绿色产品设计，推进资源、能源高效利用的绿色工厂设计，强化布局集聚化、结构绿色化、链接生态化的绿色园区设计理念。围绕延长产品使用寿命、原材料减量使用、提高生产效率、减少碳排放，选用节能环保型原辅材料、可重复利用的材料来生产产品，积极支持企业开发和应用绿色产品设计软件、产品识别系统软件，以及绿色设计技术的研究和推广。

（五）倡导循环发展，推进回收利用

构建科学的塑料循环利用体系，优化生活垃圾分类、收运、处置系统，做好塑料废弃物等生活垃圾源头分类、收集与回收利用设施建设，优化与城市生活垃圾终端处理设施衔接，实现垃圾分类的精细化管理。

建立健全塑料制品生产、流通、使用、回收处置等环节的管理制度，落实生产者、消费者、销售者等各方的责任，科学处置塑料废弃物，规范再生塑料生产企业行为，引导和鼓励开发功能化改性塑料的回收利用技术工艺，试点建立农膜行业回收体系。

培育一批骨干企业，提高产业集中度。提升废弃饮料瓶、塑料快递包装袋、塑料餐饮具等一次性废弃塑料的回收利用率。鼓励开发废弃塑料高值化循环制造技术及装备，实现塑料产业领域的节能降碳。

（六）加强技术研究，推动降解塑料应用

要加大对降解材料的降解机理研究及相关研究在产品种类、行业标准、应用规范、回收处理等方面的应用力度，围绕生产、加工、使用、回收、处理等环节，统筹谋划全产业链布局，综合各方力量研究编制发展规划和发展路径，实现全生命周期的可持续发展。要统筹生物降解材料和塑料循环利用的关系，形成互为补充的合成材料可持续发展产业布局。

（七）优化标准体系，完善绿色制度

构建绿色制造标准体系，加快有关能耗、水耗、碳排放、节能管理等的标准制定修订及其宣传贯彻应用，推进建立统一的绿色产品认证制度。在绿色技术和产品、资源节约和循环利用、新能源、能耗和污染物协同控制技术等重点领域，推动引导制定一批绿色技术标准。制定与完善绿色设计、可回收性、关键指标测试方法、塑料拆解回收、再利用等方面的标准，推动立法。明确绿色技术关键性能和技术指标，组织开展标准推广和应用。

组织开展行业绿色工厂、绿色产品的评价和认定工作。

（八）完善绿色支撑，强化平台建设

要打造绿色公共服务平台，贯通绿色供应链管理，完善绿色低碳转型长效机制。组织绿色发展、应对气候变化等领域国内外交流合作，开展行业出口产品的碳足迹、碳税影响研究。

依托行业协会，定期开展行业调查研究，加快绿色技术支撑服务平台建设。积极鼓励并联合相关中介服务机构开展绿色技术研发、设计、咨询、检测、评估与展示等方面的专业服务。

要推进各项政策研究，向政府有关部门反映情况，争取得到国家财政支持。向国家有关部门建议设立塑料废弃物回收利用国家专项资金、老旧设备淘汰补偿机制，对从事废弃塑料回收利用的生产企业给予税收优惠政策，对废弃塑料高值化利用研发项目给予资金支持。

（九）加强社会宣传，科学引导应用

加强塑料行业绿色低碳发展舆论宣传引导，激励科技人员参与塑料科普宣传工作，传播塑料行业绿色低碳发展理念，分享绿色发展实践经验。通过专题论坛、技术展示、交流会、展会等多层次、多形式的宣传，传播普及绿色低碳发展知识，配合农业部门开展地膜覆膜适宜性评估，在适宜地区推广无膜栽培，调整种植结构、减少覆膜作物种植面积，实现地膜减量化。倡导可回收包装物的分类与回收，提升消费者绿色低碳消费意识及重复利用、分类回收利用的环保意识，增强大众对塑料制品的科学认识，为塑料行业的绿色发展营造良好舆论氛围。

（十）培育产业集群，助推园区建设

培育绿色产业集群建设。统筹规划，切实从顶层设计、执行标准、政策引导、技术创新、能力建设等方面加大力度，创新机制。促进绿色产业园区能源高效清洁利用、资源节约集约循环利用、基础设施建设提升、园区产业优化升级、运行管理绿色智慧水平提升等，计划培育2个塑料行业绿色产业集群，全面助推绿色生态产业园区的建设。

（十一）支持"公约"谈判，推动绿色发展

联合国对塑料制品全生命周期管控的国际公约制定开展了相关工作。国际文书的零草案中，将会包括塑料原料和塑料助剂管控、塑料制品绿色设计制造、回收料使用、塑料废弃物收集和处置、回收料可追溯等方面，这将给塑料产业链带来深远影响。

要进一步梳理行业和子行业绿色发展情况，为政府主管部门评估公约影响提供服务。要提早做好相关准备，推进有利于回收利用、减少塑料废弃物、行业绿色发展的工作。探索建立中国塑料回收过程控制和产品认证体系，不断提高回收料可追溯化利用水平，打造中国塑料制品绿色设计制造新形象。

附件

部分促进塑料绿色可持续发展相关
政策法规及标准文件

一、政策法规

2015 年 12 月，工业和信息化部发布《废塑料综合利用行业规范条件》及《废塑料综合利用行业规范条件公告管理暂行办法》。

2016 年 7 月，工业和信息化部发布《工业绿色发展规划（2016—2020 年）》。

2016 年 9 月，工业和信息化部办公厅发布《关于开展绿色制造体系建设的通知》。

2017 年 1 月，工业和信息化部、商务部、科技部联合发布《关于加快推进再生资源产业发展的指导意见》。

2017 年 4 月，国家发展改革委、科技部、工业和信息化部等 14 个部委联合印发《关于印发〈循环发展引领行动〉的通知》。

2017 年 7 月，国务院办公厅印发《禁止洋垃圾入境推进固体废物进口管理制度改革实施方案》。

2017 年 8 月，环境保护部办公厅、发展改革委办公厅、工业和信息化部办公厅、公安部办公厅、商务部办公厅、工商总局办公厅等发布《关于联合开展电子废物、废轮胎、废塑料、废旧衣服、废家电拆解等再生利用行业清理整顿的通知》。

2017 年 10 月，工业和信息化部发布《关于加快推进环保装备制造业发展的指导意见》。

2017 年 12 月，环境保护部修订完成并公布《限制进口类可用作原料的固体废物环境保护管理规定》（已废止）。

2017 年 12 月，生态环境部与国家市场监督管理总局联合发布《进口可用作原料的固体废物环境保护控制标准—冶炼渣》等 11 项国家环境保护标准，其中 1 项标准涉及废塑料——《进口可用作原料的固体废物环境保护控制标准—废塑料》（GB 16487.12—2017 代替 GB 16487.12—2005，自 2021 年 1 月 1 日起废止）。

2018 年 12 月，生态环境部、商务部、国家发展改革委、海关总署联合发布《关于调整〈进口废物管理目录〉的公告》（已废止）。

2018 年 12 月，国务院办公厅印发《"无废城市"建设试点工作方案》。

2019 年 2 月，国家发展改革委联合有关部门印发《绿色产业指导目录（2019）版》。

2019 年 4 月，国家发展改革委、科技部联合发布《关于构建市场导向的绿色技术创新体系的指导意见》。

2019 年 3 月，工业和信息化部办公厅、国家开发银行办公厅发布《两部门关于加快推进工业节能与绿色发展的通知》。

2020 年 1 月，国家发展改革委、生态环境部发布《国家发展改革委、生态环境部关于进一步加强塑料污染治理的意见》。

2020 年 3 月，国家发展改革委、司法部印发《关于加快建立绿色生产和消费法规政策体系的意见》的通知。

2020 年 10 月，中国共产党第十九届中央委员会第五次全体会议通过《中共中央关于制定国民经济和社会发展第十四个五年规划和二〇三五年远景目标的建议》。

2020 年 12 月，生态环境部公布《碳排放权交易管理办法（试行）》。

2021 年 2 月，国务院印发《关于加快建立健全绿色低碳循环发展经济体系的指导意见》。

2021 年 2 月，科技部印发《国家高新区绿色发展专项行动实施方案》。

2021 年 2 月，国家发展改革委、财政部、中国人民银行、银保监会、国家能源局联合发布《关于引导加大金融支持力度　促进风电和光伏发电等行业健康有序发展的通知》。

2021 年 4 月，中国人民银行、国家发展改革委、证监会联合发布《绿色债券支持项目目录（2021 年版）》。

2021 年 9 月，国家发展改革委、生态环境部发布《国家发展改革委、生态环境部关于印发"十四五"塑料污染治理行动方案的通知》。

2021 年 9 月，工业和信息化部、人民银行、银保监会、证监会联合发布《关于加强产融合作推动工业绿色发展的指导意见》。

2021 年 9 月，中共中央、国务院发布《中共中央　国务院关于完整准确全面贯彻新发展理念做好碳达峰碳中和工作的意见》。

2021 年 10 月，中共中央办公厅、国务院办公厅印发《关于推动城乡建设绿色发展的意见》。

2021 年 10 月，国务院印发《2030 年前碳达峰行动方案》。

2021 年 11 月，工业和信息化部印发《"十四五"工业绿色发展规划》。

2022 年 1 月，国家发展改革委、国家能源局发布《关于完善能源绿色低碳转型体制机制和政策措施的意见》。

2023 年 1 月 9 日，工业和信息化部、国家发展改革委、财政部、生态环境部、农业农村部、国家市场监督管理总局印发《加快非粮生物基材料创新发展三年行动方案》。

二、塑料相关绿色标准

2016 年 9 月，工业和信息化部、国家标准化管理委员会印发《绿色制造标准体系建设指南》。

GB/T 32161—2015《生态设计产品评价通则》。

GB/T 32162—2015《生态设计产品标识》。

GB/T 32163.2—2015《生态设计产品评价规范 第 2 部分：可降解塑料》。

GB/T 36132—2018《绿色工厂评价通则》。

GB/T 33761—2017《绿色产品评价通则》。

NY/T 658—2015《绿色食品 包装通用准则》。

T/CISA 104—2018《绿色设计产品评价技术规范钢塑复合管》。

GB/T 24256—2009《产品生态设计通则》。

GB/T 33635—2017《绿色制造 制造企业绿色供应链管理 导则》。

GB/T 39256—2020《绿色制造 制造企业绿色供应链管理　信息化管理平台规范》。

GB/T 39257—2020《绿色制造 制造企业绿色供应链管理 评价规范》。

GB/T 39258—2020《绿色制造 制造企业绿色供应链管理 采购控制》。

GB/T 39259—2020《绿色制造 制造企业绿色供应链管理 物料清单要求》。

GB/T 37866—2019《绿色产品评价 塑料制品》。

GB/T 39084—2020《绿色产品评价 快递封装用品》。

GB/T 37422—2019《绿色包装评价方法与准则》。

GB/T 37099—2018《绿色物流指标构成与核算方法》。

GB/T 35612—2017《绿色产品评价 木塑制品》。

QB/T 5597—2021《人造革与合成革工业 绿色园区评价要求》。

QB/T 5598—2021《人造革与合成革工业 绿色工厂评价要求》。

QB/T 5042—2017《聚氨酯合成革绿色工艺技术要求》。

GB/T 12723—2013《单位产品能源消耗限额编制通则》。

GB/T 41008—2021《生物降解饮用吸管》。

GB/T 41010—2021《生物降解塑料与制品降解性能及标识要求》。

GB/T 18006.2—1999《一次性可降解餐饮具降解性能试验方法》。

GB/T 18006.3—2020《一次性可降解餐饮具通用技术要求》。

GB/T 38727—2020《全生物降解物流快递运输与投递用包装塑料膜、袋》。

GB/T 38082—2019《生物降解塑料购物袋》。

GB/T 35795—2017《全生物降解农用地面覆盖薄膜》。

GB/T 32163.2—2015《生态设计产品评价规范 第 2 部分：可降解塑料》。

GB/T 20197—2006《降解塑料的定义、分类、标志和降解性能要求》。

YY/T 1806.1—2021《生物医用材料体外降解性能评价方法 第 1 部分：可降解聚酯类》。

YZ/T 0160.2—2017《邮政业封装用胶带 第 2 部分：生物降解胶带》。

QB/T 2461—1999《包装用降解聚乙烯薄膜》。

GB/T 37547—2019《废塑料分类及代码》。

GB/T 37821—2019《废塑料再生利用技术规范》。

GB/T 39171—2020《废塑料回收技术规范》。

GB/T 40006.1—2021《塑料 再生塑料 第 1 部分：通则》。

GB/T 40006.2—2021《塑料 再生塑料 第 2 部分：聚乙烯（PE）材料》。

GB/T 40006.3—2021《塑料 再生塑料 第 3 部分：聚丙烯（PP）材料》。

GB/T 40006.5—2021《塑料 再生塑料 第 5 部分：丙烯腈—丁二烯—苯乙烯（ABS）材料》。

GB/T 40006.6—2021《塑料 再生塑料 第6部分：聚苯乙烯（PS）和抗冲击聚苯乙烯（PS-I）材料》。

GB/T 40006.7—2021《塑料 再生塑料 第7部分：聚碳酸酯（PC）材料》。

GB/T 40006.8—2021《塑料 再生塑料 第8部分：聚酰胺（PA）材料》。

GB/T 40006.9—2021《塑料 再生塑料 第9部分：聚对苯二甲酸乙二醇酯（PET）材料》。

GB/T 41638.1—2022《塑料 生物基塑料的碳足迹和环境足迹 第1部分：通则》。

QB/T 4881—2015《再生和回收塑料制品安全技术条件》。

HJ 364—2022《废塑料污染控制技术规范》。

HJ/T 231—2006《环境标志产品技术要求 再生塑料制品》。

政策与法规

工业和信息化部等八部门
关于加快传统制造业转型升级的指导意见

工信部联规〔2023〕258号

各省、自治区、直辖市及计划单列市、新疆生产建设兵团工业和信息化主管部门、发展改革委、教育厅（委、局）、财政厅（局），中国人民银行上海总部、各省、自治区、直辖市及计划单列市分行，国家税务总局各省、自治区、直辖市及计划单列市税务局，国家金融监督管理总局各监管局，中国证监会各派出机构，有关中央企业：

传统制造业是我国制造业的主体，是现代化产业体系的基底。推动传统制造业转型升级，是主动适应和引领新一轮科技革命和产业变革的战略选择，是提高产业链供应链韧性和安全水平的重要举措，是推进新型工业化、加快制造强国建设的必然要求，关系现代化产业体系建设全局。为加快传统制造业转型升级，提出如下意见。

一、发展基础和总体要求

党的十八大以来，在以习近平同志为核心的党中央坚强领导下，我国制造业已形成了世界规模最大、门类最齐全、体系最完整、国际竞争力较强的发展优势，成为科技成果转化的重要载体、吸纳就业的重要渠道、创造税收的重要来源、开展国际贸易的重要领域，为有效应对外部打压、世纪疫情冲击等提供了有力支撑，为促进经济稳定增长作出了重要贡献。石化化工、钢铁、有色、建材、机械、汽车、轻工、纺织等传统制造业增加值占全部制造业的比重近80%，是支撑国民经济发展和满足人民生活需要的重要基础。与此同时，我国传统制造业"大而不强""全而不精"问题仍然突出，低端供给过剩和高端供给不足并存，创新能力不强、产业基础不牢，资源约束趋紧、要素成本上升，巩固提升竞争优势面临较大挑战，需加快推动质量变革、效率变革、动力变革，实现转型升级。

加快传统制造业转型升级要以习近平新时代中国特色社会主义思想为指导，深入贯彻党的二十大精神，落实全国新型工业化推进大会部署，坚持稳中求进工作总基调，完整、准确、全面贯彻新发展理念，加快构建新发展格局，统筹发展和安全，坚持市场主导、政府引导，坚持创新驱动、系统推进，坚持先立后破、有保有压，实施制造业技术改造升级工程，加快设备更新、工艺升级、数字赋能、管理创新，推动传统制造业向高端化、智能化、绿色化、融合化方向转型，提升发展质量和效益，加快实现高质量发展。

到2027年，传统制造业高端化、智能化、绿色化、融合化发展水平明显提升，有效支撑制造业比重保持基本稳定，在全球产业分工中的地位和竞争力进一步巩固增强。工业企业数字化研发设计工具普及率、关键工序数控化率分别超过90%、70%，工业能耗强度和二氧化碳排放强度持续下降，万元工业增加值用水量较2023年下降13%左右，大宗工业固体废物综合利用率超过57%。

二、坚持创新驱动发展，加快迈向价值链中高端

（一）**加快先进适用技术推广应用**。鼓励以企业为主体，与高校、科研院所共建研发机构，加大研发投入，提高科技成果落地转化率。优化国家制造业创新中心、产业创新中心、国家工程研究中心等制造业领域国家级科技创新平台布局，鼓励面向传统制造业重点领域开展关键共性技术研究和产业化应用示范。完善科技成果信息发布和共享机制，制定先进技术转化应用目录，建设技术集成、熟化和工程化的中试和应用验证平台。

（二）**持续优化产业结构**。推动传统制造业优势领域锻长板，推进强链延链补链，加强新技术新产品创新迭代，完善产业生态，提升全产业链竞争优势。支持传统制造业深耕细分领域，孵化新技术、开拓新赛道、培育新产业。持续巩固"去产能"成果，依法依规淘汰落后产能，坚决遏制高耗能、高排放、低水平项目盲目上马。完善高耗能、高排放、低水平项目管理制度，科学

细化项目管理目录，避免对传统制造业按行业"一刀切"。

（三）**深入实施产业基础再造工程。**支持企业聚焦基础零部件、基础元器件、基础材料、基础软件、基础工艺和产业技术基础等薄弱领域，加快攻关突破和产业化应用，强化传统制造业基础支撑体系。深化重点产品和工艺"一条龙"应用，强化需求和场景牵引，促进整机（系统）和基础产品技术互动发展，支持企业运用首台（套）装备、首批次材料、首版次软件实施技术改造，扩大创新产品应用市场。

（四）**着力增品种提品质创品牌。**聚焦消费升级需求和薄弱环节，大力开发智能家居、绿色建材、工艺美术、老年用品、婴童用品等领域新产品。推动供给和需求良性互动，增加高端产品供给，加快产品迭代升级，分级打造中国消费名品方阵。实施卓越质量工程，推动企业健全完善先进质量管理体系，提高质量管理能力，全面提升产品质量。加快企业品牌、产业品牌、区域品牌建设，持续保护老字号，打造一批具有国际竞争力的"中国制造"高端品牌。推动传统制造业标准提档升级，完善企业技术改造标准，用先进标准体系倒逼质量提升、产品升级。

三、加快数字技术赋能，全面推动智能制造

（五）**大力推进企业智改数转网联。**立足不同产业特点和差异化需求，加快人工智能、大数据、云计算、5G、物联网等信息技术与制造全过程、全要素深度融合。支持生产设备数字化改造，推广应用新型传感、先进控制等智能部件，加快推动智能装备和软件更新迭代。以场景化方式推动数字化车间和智能工厂建设，探索智能设计、生产、管理、服务模式，树立一批数字化转型的典型标杆。加快推动中小企业数字化转型，推动智改数转网联在中小企业先行先试。完善智能制造、两化融合、工业互联网等标准体系，加快推进数字化转型、智能制造等贯标，提升评估评价公共服务能力，加强工业控制系统和数据安全防护，构建发展良好生态。

（六）**促进产业链供应链网络化协同。**鼓励龙头企业共享解决方案和工具包，带动产业链上下游整体推进数字化转型，加强供应链数字化管理和产业链资源共享。推动工业互联网与重点产业链"链网协同"发展，充分发挥工业互联网标识解析体系和平台作用，支持构建数据驱动、精准匹配、可信交互的产业链协作模式，开展协同采购、协同制造、协同配送、产品溯源等应用，建设智慧产业链供应链。支持重点行业建设"产业大脑"，汇聚行业数据资源，推广共性应用场景，服务全行业转型升级和治理能力提升。

（七）**推动产业园区和集群整体改造升级。**推动国家高新区、科技产业园区等升级数字基础设施，搭建公共服务平台，探索共享制造模式，实施整体数字化改造。以国家先进制造业集群为引领，推动产业集群数字化转型，促进资源在线化、产能柔性化和产业链协同化，提升综合竞争力。探索建设区域人工智能数据处理中心，提供海量数据处理、生成式人工智能工具开发等服务，促进人工智能赋能传统制造业。探索平台化、网络化等组织形式，发展跨物理边界虚拟园区和集群，构建虚实结合的产业数字化新生态。

四、强化绿色低碳发展，深入实施节能降碳改造

（八）**实施重点领域碳达峰行动。**落实工业领域和有色、建材等重点行业碳达峰实施方案，完善工业节能管理制度，推进节能降碳技术改造。开展产能置换政策实施情况评估，完善跨区域产能置换机制，对能效高、碳排放低的技术改造项目，适当给予产能置换比例政策支持。积极发展应用非粮生物基材料等绿色低碳材料。建立健全碳排放核算体系，加快建立产品碳足迹管理体系，开展减污降碳协同创新和碳捕集、封存、综合利用工程试点示范。有序推进重点行业煤炭减量替代，合理引导工业用气增长，提升工业终端用能电气化水平。

（九）**完善绿色制造和服务体系。**引导企业实施绿色化改造，大力推行绿色设计，开发推广绿色产品，建设绿色工厂、绿色工业园区和绿色供应链。制定修订一批低碳、节能、节水、资源综合利用、绿色制造等重点领域标准，促进资源节约和材料合理应用。积极培育绿色服务机构，提供绿色诊断、研发设计、集成应用、运营管理、评价认证、培训等服务。发展节能节水、先进环保、资源综合利用、再制造等绿色环保装备。强化绿色制造标杆引领，带动更多企业绿色化转型。

（十）**推动资源高效循环利用**。分类制定实施战略性资源产业发展方案，培育创建矿产资源高效开发利用示范基地和示范企业，加强共伴生矿产资源综合利用，提升原生资源利用水平。积极推广资源循环生产模式，大力发展废钢铁、废有色金属、废旧动力电池、废旧家电、废旧纺织品回收处理综合利用产业，推进再生资源高值化循环利用。推动粉煤灰、煤矸石等工业固废规模化综合利用，在工业固废集中产生区、煤炭主产区、基础原材料产业集聚区探索工业固废综合利用新模式。推进工业废水循环利用，提升工业水资源集约节约水平。

（十一）**强化重点行业本质安全**。引导企业改造有毒、有害、非常温等生产作业环境，提高工作舒适度，通过技术改造改善安全生产条件。深化"工业互联网＋安全生产"，增强安全生产感知、监测、预警、处置和评估能力。加大安全应急装备在重点领域推广应用，在民爆等高危行业领域实施"机械化换人、自动化减人"。支持石化化工老旧装置综合技术改造，培育智慧化工园区，有序推进城镇人口密集区危险化学品生产企业搬迁改造和长江经济带沿江化工企业"搬改关"。

五、推进产业融合互促，加速培育新业态新模式

（十二）**促进行业耦合发展**。推进石化化工、钢铁、有色、建材、电力等产业耦合发展，推广钢化联产、炼化集成、资源协同利用等模式，推动行业间首尾相连、互为供需和生产装置互联互通，实现能源资源梯级利用和产业循环衔接。大力发展生物制造，增强核心菌种、高性能酶制剂等底层技术创新能力，提升分离纯化等先进技术装备水平，推动生物技术在食品、医药、化工等领域加快融合应用。支持新型功能性纤维在医疗、新能源等领域应用。搭建跨行业交流对接平台，深挖需求痛点，鼓励企业开展技术产品跨行业交叉应用，拓展技术产品价值空间，打造一批典型案例。

（十三）**发展服务型制造**。促进传统制造业与现代服务业深度融合，培育推广个性化定制、共享制造、全生命周期管理、总集成总承包等新模式、新场景在传统制造业领域的应用深化。推动工业设计与传统制造业深度融合，促进设计优化和提升，创建一批国家级工业设计中心、工业设计研究院和行业性、专业性创意设计园区，推动仓储物流服务数字化、智能化、精准化发展，增强重大技术装备、新材料等领域检验检测服务能力，培育创新生产性金融服务，提升对传统制造业转型升级支撑水平。

（十四）**持续优化产业布局**。支持老工业基地转型发展，加快产业结构调整，培育产业发展新动能。根据促进制造业有序转移的指导意见和制造业转移发展指导目录，充分发挥各地资源禀赋、产业基础优势，结合产业链配套需求等有序承接产业转移，提高承接转移承载力，差异化布局生产力。在传统制造业优势领域培育一批主导产业鲜明、市场竞争力强的先进制造业集群、中小企业特色产业集群。支持与共建"一带一路"国家开展国际产能合作，发挥中外中小企业合作区等载体作用，推动技术、装备、标准、服务等协同走出去。

六、加大政策支持力度，营造良好发展环境

（十五）**加强组织领导**。在国家制造强国建设领导小组领导下，加强战略谋划、统筹协调和重大问题研究，推动重大任务和重大政策加快落地。各地区各部门协同联动，鼓励分行业、分地区制定实施方案，细化工作举措、出台配套政策、抓好推进落实，形成一批优秀案例和典型经验。充分发挥行业协会等中介组织桥梁纽带作用，加强政策宣贯、行业监测、决策支撑和企业服务。

（十六）**加大财税支持**。加大对制造业技术改造资金支持力度，以传统制造业为重点支持加快智改数转网联，统筹推动高端化、智能化、绿色化、融合化升级。落实税收优惠政策，支持制造业高质量发展。支持传统制造业企业参与高新技术企业、专精特新中小企业等培育和评定，按规定充分享受受财政奖补等优惠政策。落实企业购置用于环保、节能节水、安全生产专用设备所得税抵免政策，引导企业加大软硬件设备投入。

（十七）**强化金融服务**。充分利用现有相关再贷款，为符合条件的传统制造业转型升级重点项目提供优惠利率资金支持。发挥国家产融合作平台、工业企业技术改造升级导向计划等政策作用，引导银行机构按照市场化、法治化原则加大对传统制造业转型升级的信贷支持，优化相关金融产品和服务。鼓励产业投资基金加大传统制造业股权投资支持力度。发挥多层次资本市场作用，支持符合条件的传统制造业企业通过股票、债券等多种融资方式进行技术改造或加大研发投入，通过并购重组实现转型升级。

（十八）**扩大人才供给**。优化传统制造业相关中职、高职专科、职业本科专业设置，全面实践中国特色学徒制，鼓励建立校企合作办学、培训、实习实训基地建设等长效机制，扩大高素质技术技能人才培养规模。实施"制造业人才支持计划"，推进新工科建设，布局建设一批未来技术学院、现代产业学院、专业特色学院，建设"国家卓越工程师实践基地"，面向传统制造业领域培养一批数字化转型人才、先进制造技术人才、先进基础工艺人才和具有突出技术创新能力、善于解决复杂工程问题的工程师队伍。

工业和信息化部
国家发展改革委
教育部
财政部
中国人民银行
税务总局
金融监管总局
中国证监会
2023 年 12 月 28 日

国家发展改革委等部门关于发布《工业重点领域能效标杆水平和基准水平（2023 年版）》的通知

发改产业〔2023〕723 号

（本文有删减）

各省、自治区、直辖市及计划单列市、新疆生产建设兵团发展改革委、工业和信息化主管部门、生态环境厅（局）、市场监管局（厅、委）、能源局：

为贯彻党的二十大关于统筹产业结构调整、推动制造业绿色发展、推进工业等领域清洁低碳转型的精神，落实中央经济工作会议关于推动传统产业改造升级的要求，按照《关于严格能效约束推动重点领域节能降碳的若干意见》（发改产业〔2021〕1464 号），经商有关方面，现发布《工业重点领域能效标杆水平和基准水平（2023 年版）》，并就有关事项通知如下。

一、拓展重点领域范围

结合工业重点领域产品能耗、规模体量、技术现状和改造潜力等，进一步拓展能效约束领域。在此前明确炼油、煤制焦炭、煤制甲醇、煤制烯烃、煤制乙二醇、烧碱、纯碱、电石、乙烯、对二甲苯、黄磷、合成氨、磷酸一铵、磷酸二铵、水泥熟料、平板玻璃、建筑陶瓷、卫生陶瓷、炼铁、炼钢、铁合金冶炼、铜冶炼、铅冶炼、锌冶炼、

电解铝等 25 个重点领域能效标杆水平和基准水平的基础上，增加乙二醇，尿素，钛白粉，聚氯乙烯，精对苯二甲酸，子午线轮胎，工业硅，卫生纸原纸、纸巾原纸，棉、化纤及混纺机织物，针织物、纱线，粘胶短纤维等 11 个领域，进一步扩大工业重点领域节能降碳改造升级范围。

二、强化能效水平引领

对标国内外生产企业先进能效水平，确定工业重点领域能效标杆水平。根据行业实际情况、发展预期、生产装置整体能效水平等，统筹考虑如期实现碳达峰目标、保持生产供给平稳、便于企业操作实施等因素，结合各行业能耗限额标准制定修订工作，科学划定各行业能效基准水平。重点领域能效标杆水平、基准水平视行业发展和标准制定修订情况进行动态调整。强化能效标杆引领作用和基准约束作用，鼓励和引导行业企业立足长远发展，高标准实施节能降碳改造升级。

三、推动分类改造升级

依据能效标杆水平和基准水平，分类实施改造

升级。对拟建、在建项目，应对照能效标杆水平建设实施，推动能效水平应提尽提，力争全面达到标杆水平。对能效介于标杆水平和基准水平之间的存量项目，鼓励加强绿色低碳工艺技术装备应用，引导企业应改尽改、应提尽提，带动全行业加大节能降碳改造力度，提升整体能效水平。对能效低于基准水平的存量项目，各地要明确改造升级和淘汰时限，制订年度改造和淘汰计划，引导企业有序开展节能降碳技术改造或淘汰退出，在规定时限内将能效改造升级到基准水平以上，对于不能按期改造完毕的项目进行淘汰。对此前明确的炼油、煤制焦炭、煤制甲醇、煤制烯烃、煤制乙二醇、烧碱、纯碱、电石、乙烯、对二甲苯、黄磷、合成氨、磷酸一铵、磷酸二铵、水泥熟料、平板玻璃、建筑陶瓷、卫生陶瓷、炼铁、炼钢、铁合金冶炼、铜冶炼、铅冶炼、锌冶炼、电解铝等 25 个领域，原则上应在 2025 年底前完成技术改造或淘汰退出；对本次增加的乙二醇，尿素，钛白粉，聚氯乙烯，精对苯二甲酸，子午线轮胎，工业硅，卫生纸原纸，纸巾原纸，棉、化纤及混纺机织物，针织物、纱线，粘胶短纤维等 11 个领域，原则上应在 2026 年底前完成技术改造或淘汰退出。

四、做好工作统筹衔接

各地要及时总结前期在重点领域能效摸底、技术改造实施方案制定、重点节能降碳项目推进等方面相关工作经验，结合重点领域能效水平范围拓展，根据当地产业发展条件，及时将新增领域纳入本地区重点领域节能降碳工作，做到统筹考虑、稳扎稳打、有序衔接、压茬推进。要不断优化完善本地区节能降碳技术改造实施方案，逐步建立动态更

新调整机制，确保政策衔接有序，方案稳步实施，形成一批可借鉴、可复制、可推广的典型经验，扎实有序推动各重点领域节能降碳改造升级。

五、完善相关配套政策

充分利用已有政策工具，通过中长期贷款、绿色信贷、绿色债券、气候投融资、阶梯电价、工业节能监察、环保监督执法等手段，加大节能降碳市场调节和督促落实力度。推动金融机构在风险可控、商业可持续的前提下，向节能降碳改造升级项目提供高质量金融服务，落实节能专用装备、技术改造、资源综合利用等税收优惠政策，加快企业改造升级步伐，提升行业整体能效水平。

各地方要深刻认识、高度重视严格能效约束推动重点领域节能降碳工作的重要性，立足本地发展实际，坚持系统观念，尊重市场规律，细化工作要求，强化责任落实，稳妥有序推动节能降碳技术改造，切实避免"一刀切"管理和"运动式"减碳，确保产业链供应链稳定和经济社会平稳运行。

本通知自印发之日起执行，《关于发布〈高耗能行业重点领域能效标杆水平和基准水平（2021年版）〉的通知》（发改产业〔2021〕1609 号）同时废止。

国家发展改革委
工业和信息化部
生态环境部
市场监管总局
国家能源局
2023 年 6 月 6 日

国家发展改革委等部门
关于加快建立产品碳足迹管理体系的意见

发改环资〔2023〕1529 号

各省、自治区、直辖市及计划单列市、新疆生产建设兵团发展改革委、工业和信息化主管部门、市场监管局（厅、委）、住房城乡建设厅（委）、交通运输厅（局、委）：

为深入贯彻落实《中共中央 国务院关于完整准确全面贯彻新发展理念做好碳达峰碳中和工作的意见》，按照《2030 年前碳达峰行动方案》部署要求，加快提升我国重点产品碳足迹管理水平，促进

相关行业绿色低碳转型，积极引导绿色低碳消费，助力实现碳达峰碳中和目标，提出以下意见。

一、总体要求

（一）指导思想。以习近平新时代中国特色社会主义思想为指导，全面贯彻党的二十大精神，深入贯彻习近平经济思想和习近平生态文明思想，完整、准确、全面贯彻新发展理念，加快构建新发展格局，着力推动高质量发展，按照党中央、国务院碳达峰碳中和重大战略决策有关部署，推动建立符合国情实际的产品碳足迹管理体系，完善重点产品碳足迹核算方法规则和标准体系，建立产品碳足迹背景数据库，推进产品碳标识认证制度建设，拓展和丰富应用场景，发挥产品碳足迹管理体系对生产生活方式绿色低碳转型的促进作用，为实现碳达峰碳中和提供支撑。

（二）工作原则

——系统推进，急用先行。以市场需求迫切、减排贡献突出、供应链带动作用明显的产品为重点，按照成熟一批、推进一批、持续完善的原则，积极推进产品碳足迹管理体系建设，稳步有序扩大覆盖产品范围。

——创新驱动，技术融合。将创新作为提高碳足迹管理水平的关键，强化碳足迹核算和数据库构建相关技术方法的原始创新、集成创新和消化吸收再创新，引导碳足迹管理与大数据、区块链、物联网等技术交叉融合。

——政府引导，市场主导。建立健全产品碳足迹管理相关法规制度和管理机制，强化基础能力建设，构建公平有序市场环境，积极引导企业按照自愿原则推进产品碳足迹管理相关工作，支持相关行业加快绿色低碳转型。

——以我为主，开放合作。面向碳达峰碳中和目标，立足国情实际和发展阶段，科学制定有关法规政策标准，以我为主建立产品碳足迹管理体系，积极参与国际碳足迹相关标准制定修订和国际计量比对，充分吸收借鉴国际有益经验，加强产品碳足迹相关国际交流合作，促进国际互认。

（三）主要目标

到2025年，国家层面出台50个左右重点产品碳足迹核算规则和标准，一批重点行业碳足迹背景数据库初步建成，国家产品碳标识认证制度基本建立，碳足迹核算和标识在生产、消费、贸易、金融领域的应用场景显著拓展，若干重点产品碳足迹核算规则、标准和碳标识实现国际互认。

到2030年，国家层面出台200个左右重点产品碳足迹核算规则和标准，一批覆盖范围广、数据质量高、国际影响力强的重点行业碳足迹背景数据库基本建成，国家产品碳标识认证制度全面建立，碳标识得到企业和消费者的普遍认同，主要产品碳足迹核算规则、标准和碳标识得到国际广泛认可，产品碳足迹管理体系为经济社会发展全面绿色转型提供有力保障。

二、重点任务

（四）制定产品碳足迹核算规则标准。市场监管总局会同国家发展改革委等有关部门加快研制产品碳足迹核算基础通用国家标准，明确产品碳足迹核算边界、核算方法、数据质量要求和溯源性要求等。国家发展改革委商有关部门确定拟优先制定核算规则标准的重点产品。工业和信息化部、住房城乡建设部、交通运输部、农业农村部等行业主管部门组织有关行业协会、龙头企业、科研院所等，按照团体标准先行先试、逐步转化为行业标准或国家标准的原则，研究制定重点产品碳足迹核算规则标准，条件成熟的可直接制定国家标准或行业标准。由行业主管部门会同发展改革、市场监管等部门发布规则标准采信清单，为企业、机构提供统一规范的规则标准。

（五）加强碳足迹背景数据库建设。在确保方法统一和数据准确可靠的基础上，行业主管部门和有条件的地区可以根据工作需要建立相关行业碳足迹背景数据库，为企业开展产品碳足迹核算提供公共服务。鼓励相关行业协会、企业、科研单位在注明数据来源的基础上，依法合规收集整理本行业相关数据资源，发布细分行业领域产品碳足迹背景数据库。行业主管部门要加强对相关行业协会、企业、科研单位的指导，规范各类数据库建设，适时组织开展同行评议、交叉验证以及数据溯源性核验，持续提高数据质量。在保证数据安全的前提下，鼓励国际碳足迹数据库供应商按照市场化原则与中国碳足迹数据库开展合作，据实更新相关背景数据。

（六）建立产品碳标识认证制度。在制定产品碳足迹核算规则和标准、建立相关背景数据库的基础上，国家层面建立统一规范的产品碳标识认证制度，通过明确标注产品碳足迹量化信息，引导企业节能降碳。国家发展改革委、市场监管总局会同工业和信息化部、住房城乡建设部、交通运输部等部门研究制定产品碳标识认证管理办法，明确适用范围、标识式样、认证流程、管理要求等，有序规范和引导各地区各层级探索开展产品碳足迹管理相关工作。鼓励企业按照市场化原则自愿开展产品碳标识认证，引导其在产品或包装物、广告等位置标注和使用碳标识。

（七）**丰富产品碳足迹应用场景**。充分发挥碳足迹管理对企业绿色低碳转型的促进作用，将产品碳足迹水平作为重要指标，推动企业对标国际国内先进水平、查找生产和流通中的薄弱环节，支持企业开展工艺流程改造、强化节能降碳管理，挖掘节能降碳潜力。鼓励龙头企业根据行业发展水平和企业自身实际建立产品碳足迹管理制度，带动上下游企业加强碳足迹管理，推动供应链整体绿色低碳转型。适时将碳足迹管理相关要求纳入政府采购需求标准，加大碳足迹较低产品的采购力度。以电子产品、家用电器、汽车等大型消费品为重点，有序推进碳标识在消费品领域的推广应用，引导商场和电商平台等企业主动展示商品碳标识，鼓励消费者购买和使用碳足迹较低的产品。支持银行等金融机构将碳足迹核算结果作为绿色金融产品的重要采信依据。

（八）**推动碳足迹国际衔接与互认**。加强国际碳足迹方法学研究，跟踪国际组织和主要经济体碳足迹相关管理制度、认证规则及实施成效，结合我国实际将有关国际标准有序转化为国家标准、行业标准。坚持以我为主，充分发挥双多边对话机制作用，加强与国际相关方的沟通对接，积极参与国际碳足迹相关标准规则的制定修订，推动与主要贸易伙伴在碳足迹核算规则和认证结果方面衔接互认。鼓励行业协会、科研单位、企业、机构等积极参与碳足迹相关国际活动和学术交流，与外方在方法学研究、技术规范制定、专业人才培养等方面加强交流合作。

三、保障措施

（九）**完善政策支持**。国家发展改革委、工业和信息化部、财政部、住房城乡建设部、交通运输部、农业农村部、市场监管总局等部门加强碳足迹核算规则研究和标准研制、背景数据库建设等。鼓励社会资本投资商用碳足迹背景数据库建设，引导金融机构逐步建立以产品碳足迹为导向的企业绿色低碳水平评价制度。

（十）**强化能力建设**。国家发展改革委联合相关部门建立产品碳足迹管理专家工作组，为确定年度重点产品清单、研究碳足迹管理机制、制定碳标识认证管理办法等重点工作提供技术支持。行业主管部门和各地区组织开展碳足迹管理工作培训，宣传解读政策要点和管理要求，指导行业协会、骨干企业、院校和社会化培训机构等发挥积极作用，规范有序开展碳足迹相关职业培训，提升从业人员专业能力水平。支持碳足迹核算、认证、管理、咨询等服务机构加强自身能力建设，为行业企业提供科学严谨、系统规范的专业化服务。

（十一）**提升数据质量**。市场监管总局指导有关部门和单位加强碳足迹数据质量计量保障体系建设，强化碳计量技术研究与应用。行业主管部门和企业在碳足迹核算和背景数据库建设中，优先选用具有计量溯源性的数据，并对核算结果和数据进行不确定度分析。鼓励在碳足迹背景数据库建设中使用5G、大数据、区块链等技术，发挥工业互联网标识解析体系作用，提升数据监测、采集、存储、核算、校验的可靠性与即时性。支持行业协会、科研单位、企业等合作开展多层次、多维度数据分析和计量比对，完善数据质量控制体系。探索开展碳标识认证同行评议制度，强化认证机构互相监督。加强行业管理，引入信用惩戒和退出机制，探索建立认证机构"黑名单"制度，严厉打击各类弄虚作假和虚标滥标行为。

（十二）**加强知识产权保护**。国家知识产权局负责探索研究碳足迹核算方法、碳足迹背景数据库等领域知识产权保护制度，培育和发展知识产权纠纷调解组织、仲裁机构、公证机构。鼓励行业协会、商会建立知识产权保护自律和信息沟通机制。完善知识产权对外转让审查制度，依法管理涉及国家安全的碳足迹有关技术对外转让行为。

四、组织实施

（十三）**加强统筹协调**。产品碳足迹管理体系覆盖范围广、涉及行业多、社会影响大，各地区各有关部门要高度重视。国家发展改革委加强工作统筹协调，深入研究重大问题，确定年度工作计划，加强日常工作调度，扎实推进重点任务，会同有关部门建立健全我国产品碳足迹管理体系。

（十四）**明确职责分工**。工业和信息化部、住房城乡建设部、交通运输部、农业农村部、市场监管总局等部门负责相关行业重点产品碳足迹核算规则、标准拟定和推广实施。国家发展改革委、市场监管总局会同工业和信息化部、住房城乡建设部、交通运输部等部门负责产品碳标识认证相关工作。国家发展改革委、工业和信息化部、交通运输部、商务部、市场监管总局负责跟踪国际碳足迹有关动态，按职责与国际组织和主要经济体开展协调对接。

（十五）鼓励先行先试。各地区发展改革委要会同有关方面推进本地区碳足迹管理相关工作。粤港澳大湾区要积极推进产品碳足迹认证试点建设，加快形成有益经验和制度成果。鼓励有条件的地区根据自身实际，对国家公布的核算规则标准之外的产品先行开展碳足迹核算规则研究和标准研制，条件成熟的可适时纳入国家产品碳足迹管理体系。对国家已出台碳足迹核算规则和标准的相关产品，各地区不再出台或及时废止相关地方规则和标准。

国家发展改革委
工业和信息化部
市场监管总局
住房城乡建设部
交通运输部
2023 年 11 月 13 日

国家发展改革委等部门
关于做好 2023 年降成本重点工作的通知

发改运行〔2023〕645 号

公安部、民政部、司法部、人力资源社会保障部、自然资源部、生态环境部、住房城乡建设部、交通运输部、水利部、农业农村部、商务部、国资委、海关总署、税务总局、市场监管总局、金融监管总局、证监会、统计局、知识产权局、能源局、林草局、民航局、外汇局，中国国家铁路集团有限公司，各省、自治区、直辖市及计划单列市、副省级省会城市、新疆生产建设兵团发展改革委、工信厅（经信委、经信厅、经信局、工信局）、财政厅（局），人民银行上海总部、各分行、营业管理部、各省会（首府）城市中心支行、各副省级城市中心支行：

近年来，各地区、各有关部门按照党中央决策部署，高效统筹疫情防控和经济社会发展，加大对经营主体纾困支持力度，推动降低实体经济企业成本工作取得显著成效。为深入贯彻中央经济工作会议精神，保持政策连续性稳定性针对性，2023 年降低实体经济企业成本工作部际联席会议将重点组织落实好 8 个方面 22 项任务。

一、总体要求

以习近平新时代中国特色社会主义思想为指导，全面贯彻落实党的二十大精神，坚持稳中求进工作总基调，完整、准确、全面贯彻新发展理念，加快构建新发展格局，着力推动高质量发展，更好统筹疫情防控和经济社会发展，大力推进降低实体经济企业成本，支持经营主体纾困发展，助力经济运行整体好转。坚持全面推进与突出重点相结合，坚持制度性安排与阶段性措施相结合，坚持降低显性成本与降低隐性成本相结合，坚持降本减负与转型升级相结合，确保各项降成本举措落地见效，有力有效提振市场信心。

二、增强税费优惠政策的精准性针对性

（一）完善税费优惠政策。2023 年底前，对月销售额 10 万元以下的小规模纳税人免征增值税，对小规模纳税人适用 3% 征收率的应税销售收入减按 1% 征收增值税，对生产、生活性服务业纳税人分别实施 5%、10% 增值税加计抵减。2024 年底前，对小型微利企业年应纳税所得额不超过 100 万元的部分减按 25% 计入应纳税所得额，按 20% 的税率缴纳企业所得税；对个体工商户年应纳税所得额不超过 100 万元的部分，在现行优惠政策基础上减半征收个人所得税。将减半征收物流企业大宗商品仓储设施用地城镇土地使用税政策、减免残疾人就业保障金政策，延续实施至 2027 年底。

（二）加强重点领域支持。落实税收、首台（套）保险补偿等支持政策，促进传统产业改造升级和战略性新兴产业发展。对科技创新、重点产业链等领域，出台针对性的减税降费政策，将符合条件行业企业研发费用税前加计扣除比例由 75% 提高至 100% 的政策作为制度性安排长期实施。

（三）开展涉企收费常态化治理。建立健全涉企收费监管长效机制，及时修订完善相关制度，推动涉企收费治理逐步纳入法治化常态化轨道。聚焦政府部门及下属单位、公用事业、金融等领域收费，持续开展涉企违规收费整治。继续引导行业协会商会主动减免、降低和取消经营困难企业尤其是中小微企业的收费。

三、提升金融对实体经济服务质效

（四）营造良好的货币金融环境。实施好稳健的货币政策，综合运用多种货币政策工具，保持流动性合理充裕，保持广义货币 M2 和社会融资规模增速同名义经济增速基本匹配。保持人民币汇率在合理均衡水平上的基本稳定。

（五）推动贷款利率稳中有降。持续发挥贷款市场报价利率（LPR）改革效能和存款利率市场化调整机制的重要作用，推动经营主体融资成本稳中有降。

（六）引导金融资源精准滴灌。用好用足普惠小微贷款支持工具，继续增加小微企业的首贷、续贷、信用贷。加快敢贷愿贷能贷会贷长效机制建设，继续开展小微、民营企业信贷政策导向效果评估，引导金融机构加大制造业中长期贷款投放力度，加强对创新型、科技型、专精特新中小企业信贷支持。

（七）持续优化金融服务。健全全国一体化融资信用服务平台网络，深化地方征信平台建设，提升征信机构服务能力，扩展中小微企业信用信息共享覆盖面，提高征信供给质量和效率。推动信用评级机构提升评级质量和服务水平，发挥揭示信用风险、辅助市场定价、提高市场效率等积极作用。持续优化应收账款融资服务平台功能。继续实施小微企业融资担保降费奖补政策，促进中小微企业融资增量扩面，降低融资担保成本。

（八）支持中小微企业降低汇率避险成本。强化政银企协作，加大中小微企业汇率风险管理支持力度。推动银行优化外汇衍生品管理和服务，通过专项授信、数据增信、线上服务和产品创新等方式，降低企业避险保值成本。

四、持续降低制度性交易成本

（九）营造公平竞争市场环境。实施公平竞争审查督查。开展民生领域反垄断执法专项行动，加大滥用行政权力排除、限制竞争反垄断执法力度。进一步完善市场准入制度，稳步扩大市场准入效能评估试点，深入开展违背市场准入负面清单案例归集和通报。加强知识产权保护和运用，实施知识产权公共服务普惠工程。

（十）持续优化政务服务。深化商事制度改革，加大"证照分离"改革推进力度，推进市场准入准营退出便利化，加快建设更加成熟定型的全国统一经营主体登记管理制度，优化各类经营主体发展环境。

（十一）规范招投标和政府采购制度。积极推动招标投标法和政府采购法修订，健全招标投标和政府采购交易规则，进一步规范政府采购行为，着力破除对不同所有制企业、外地企业设置的不合理限制和壁垒。完善招标投标交易担保制度，全面推广保函（保险），规范保证金收取和退还，清理历史沉淀保证金。完善招标投标全流程电子化交易技术标准和数据规范，推进 CA 数字证书跨区域兼容互认，不断拓展全流程电子化招标投标的广度和深度，降低企业交易成本。

五、缓解企业人工成本压力

（十二）继续阶段性降低部分社会保险费率。延续实施阶段性降低失业保险、工伤保险费率政策，实施期限延长至 2024 年底。

（十三）延续实施部分稳岗政策。对不裁员、少裁员的企业，继续实施普惠性失业保险稳岗返还政策。

（十四）加强职业技能培训。开展大规模职业技能培训，共建共享一批公共实训基地。继续实施技能提升补贴政策，参加失业保险 1 年以上的企业职工或领取失业保险金人员取得职业资格证书或职业技能等级证书的，可按标准申请技能提升补贴。

六、降低企业用地原材料成本

（十五）降低企业用地成本。修改完善《工业项目建设用地控制指标》，推广应用节地技术和节地模式。继续推进工业用地"标准地"出让。落实工业用地配置政策，鼓励采用长期租赁、先租后让、弹性年期供应等方式供应产业用地，切实降低企业前期投入。

（十六）加强重要原材料和初级产品保供稳价。做好能源、重要原材料保供稳价工作，继续对煤炭进口实施零关税政策。夯实国内资源生产保障能力，加强重要能源、矿产资源国内勘探开发和增储上产，完善矿业权出让收益征管政策。加强原材料产需对接，推动产业链上下游衔接联动。加强市场监管，强化预期引导，促进大宗商品市场平稳运行。

七、推进物流提质增效降本

（十七）完善现代物流体系。加强国家物流枢纽、国家骨干冷链物流基地布局建设，提高现代物流规模化、网络化、组织化、集约化发展水平。

（十八）调整优化运输结构。深入实施国家综合货运枢纽补链强链，推动跨运输方式一体化融合。深入实施多式联运示范工程建设，加快研究推进多式联运"一单制"。提升铁水联运发展水平，推动2023年港口集装箱铁水联运量同比增长15%左右。

（十九）继续执行公路通行费相关政策。深化高速公路差异化收费。严格落实鲜活农产品运输"绿色通道"政策。

八、提高企业资金周转效率

（二十）加大拖欠中小企业账款清理力度。深入落实《保障中小企业款项支付条例》，推动健全防范和化解拖欠中小企业账款长效机制，加强拖欠投诉受理、处理，提升全流程工作效率，对拖欠金额大、拖欠时间久、多次投诉的问题线索重点督促，保护中小企业合法权益。

九、激励企业内部挖潜

（二十一）引导企业加强全过程成本控制和精细化管理。鼓励企业优化生产制造、供应链管理、市场营销等全过程成本控制，大力发展智能制造、绿色制造，加快工业互联网融合应用，增强柔性生产和市场需求适配能力，促进产销协同、供需匹配。

（二十二）支持企业转型升级降本。加大专精特新"小巨人"企业发展支持力度，继续推进中小企业数字化转型试点。加快科技成果、专利技术等转化运用和产业化。

各有关方面要进一步完善降成本工作协调推进机制，加强会商，密切跟踪重点任务进展情况，扎实推进各项政策落地见效。加强降成本政策宣传，让企业了解并用好各项优惠政策。深入开展企业成本调查研究，充分听取企业意见建议，不断完善相关政策。降低实体经济企业成本工作部际联席会议将继续加强对好经验、好做法的梳理，并做好宣传和推广。

国家发展改革委
工业和信息化部
财政部
人民银行
2023 年 5 月 31 日

国家碳达峰试点建设方案

为全面贯彻党的二十大精神，认真贯彻落实党中央、国务院决策部署，按照《中共中央　国务院关于完整准确全面贯彻新发展理念做好碳达峰碳中和工作的意见》和国务院《2030 年前碳达峰行动方案》有关部署要求，制定本方案。

一、总体要求

（一）指导思想。以习近平新时代中国特色社会主义思想为指导，全面贯彻党的二十大精神，深入贯彻习近平经济思想和生态文明思想，完整、准确、全面贯彻新发展理念，加快构建新发展格局，着力推动高质量发展，按照国家碳达峰碳中和工作总体部署，在全国范围内选择 100 个具有典型代表性的城市和园区开展碳达峰试点建设，聚焦破解绿色低碳发展面临的瓶颈制约，激发地方主动性和创造性，通过推进试点任务、实施重点工程、创新政策机制，加快发展方式绿色转型，探索不同资源禀赋和发展基础的城市和园区碳达峰路径，为全国提供可操作、可复制、可推广的经验做法，助力实现碳达峰碳中和目标。

（二）工作原则

——坚持积极稳妥。聚焦碳达峰碳中和重点领域和关键环节，将探索有效做法、典型经验、政策机制以及不同地区碳达峰路径作为重点，尊重客观规律，科学把握节奏，不简单以达峰时间早晚或峰值高低来衡量工作成效。

——坚持因地制宜。充分考虑不同试点的区位特点、功能定位、资源禀赋和发展基础，因地制宜确定试点建设目标和任务，探索多元化绿色低碳转型路径。

——坚持改革创新。牢固树立绿水青山就是金山银山的理念，持续深化改革、开展制度创新、加强政策供给，不断完善有利于绿色低碳发展的政策机制。

——坚持安全降碳。统筹发展和安全，坚持先立后破，妥善防范和化解探索中可能出现的风险挑战，切实保障国家能源安全、产业链供应链安全、粮食安全和群众正常生产生活。

二、主要目标

到2025年，试点城市和园区碳达峰碳中和工作取得积极进展，试点范围内有利于绿色低碳发展的政策机制基本构建，一批可操作、可复制、可推广的创新举措和改革经验初步形成，不同资源禀赋、不同发展基础、不同产业结构的城市和园区碳达峰路径基本清晰，试点对全国碳达峰碳中和工作的示范引领作用逐步显现。

到2030年，试点城市和园区经济社会发展全面绿色转型取得显著进展，重点任务、重大工程、重要改革如期完成，试点范围内有利于绿色低碳发展的政策机制全面建立，有关创新举措和改革经验对其他城市和园区带动作用明显，对全国实现碳达峰目标发挥重要支撑作用，为推进碳中和奠定良好实践基础。

三、建设内容

（一）确定试点任务。试点城市和园区要根据国家碳达峰行动总体部署，结合所在地区工作要求，系统梳理自身碳达峰碳中和工作基础与进展，深入分析绿色低碳转型面临的关键制约，围绕能源绿色低碳转型、产业优化升级、节能降碳增效以及工业、建筑、交通等领域清洁低碳转型，谋划部署试点建设任务。

（二）实施重点工程。试点城市和园区要结合试点目标，在能源基础设施、节能降碳改造、先进技术示范、环境基础设施、资源循环利用、生态保护修复等领域规划实施一批重点工程，形成对试点城市和园区碳达峰碳中和工作的有力支撑。要加强对配套工程建设的各类要素保障，推动重点工程项目有序实施。

（三）强化科技创新。试点城市和园区要加强科技支撑引领，支持科研单位、高校、企业等围绕绿色低碳开展应用基础研究和关键技术研发。要创新绿色低碳技术推广应用机制，大力培育绿色低碳产业，支持和引导企业积极应用先进适用的绿色低碳技术，努力形成新的产业竞争优势。要加强碳达峰碳中和专业人才培养、引进和使用，推动完善碳达峰碳中和学科体系。

（四）完善政策机制。试点城市要深入剖析当前绿色低碳发展存在的体制机制短板，加快建立和完善有利于绿色发展的财政、金融、投资、价格政策和标准体系，创新碳排放核算、评价、管理机制，推动城市能效与碳效整体提升。试点园区要加快建立以碳排放控制为导向的管理机制，着力提升园区绿色低碳循环发展水平。

（五）开展全民行动。试点城市和园区要着力加强对公众的生态文明科普教育，普及"双碳"基础知识。要大力推广绿色低碳生活理念，促进绿色消费，创新探索绿色出行、制止浪费、垃圾分类等方面体制机制。要引导企事业单位加强能源资源节约，提升绿色发展水平，切实增强各级干部推进绿色低碳发展的理论水平和业务能力。

四、组织实施

（一）确定试点名单。统筹考虑各地区碳排放总量及增长趋势、经济社会发展情况等因素，首批在15个省区开展碳达峰试点建设（名额分配安排见附件1）。试点城市建设主体原则上为地级及以上城市，试点园区建设主体为省级及以上园区。有关省区发展改革委要根据碳达峰碳中和工作实际、本地区城市和园区绿色低碳发展水平等情况，按照分配名额提出碳达峰试点城市和园区建议名单，报本地区人民政府同意后，于2023年11月15日前报国家发展改革委确认。国家发展改革委将根据首批试点推进情况，组织开展后续试点建设。

（二）编制实施方案。有关省区发展改革委要指导试点城市和园区按照《碳达峰试点实施方案编制指南》（附件2）要求，结合自身实际科学编制试点实施方案，明确重点任务、改革举措、重大项目和工作进度安排，报国家发展改革委审核并按照审核意见进行修改完善，经本地区人民政府同意后，以试点所在省区省级发展改革委或所在城市人民政府名义印发，并抄报国家发展改革委。

（三）**开展试点建设**。各试点城市人民政府和试点园区管理机构要切实担负起主体责任，完善工作机制，明确各方职责，按照实施方案扎实开展建设。有关省区发展改革委要认真履行指导责任，督促试点城市和园区推进各项重点工作，及时协调解决试点建设中遇到的困难和问题，加大政策和资金支持力度，确保工作取得实效。国家发展改革委将会同有关方面统筹现有资金渠道，对符合要求的试点建设项目予以支持。鼓励金融机构支持碳达峰试点城市和园区建设，综合运用绿色信贷、绿色债券、绿色基金等金融工具，按市场化方式加大对相关绿色低碳项目的支持力度。

（四）**加强总结评估**。有关省区发展改革委要组织试点城市和园区定期开展建设情况总结评估，

系统梳理试点工作进展成效，深入分析试点建设中遇到的问题，及时将有关情况报送国家发展改革委。国家发展改革委将会同有关方面加强对试点工作指导和督促检查，组织行业专家和专业机构提供政策指导和技术帮扶，对试点成效突出的城市和园区予以通报表扬，对工作进度滞后、试点效果不彰的试点及所在地区进行督促并责令限期整改。

（五）**做好经验推广**。试点城市和园区要及时梳理总结有推广价值的经验模式、典型案例和成功做法，归纳后形成信息上报。有关省区发展改革委要将行之有效的经验做法在本地区率先推广，推动转化为地方性法规、政策制度、标准规范等。国家发展改革委将组织开展多种形式的试点经验交流活动，宣传推广绿色低碳发展创新模式和典型经验。

附件：
1. 首批国家碳达峰试点名额安排
2. 碳达峰试点实施方案编制指南

附件1

首批国家碳达峰试点名额安排

表1 首批国家碳达峰试点名额安排

地区	名额	地区	名额
河北省	3	山东省	3
山西省	2	河南省	2
内蒙古自治区	3	湖北省	2
辽宁省	2	湖南省	2
黑龙江省	2	广东省	3
江苏省	3	陕西省	2
浙江省	2	新疆维吾尔自治区	2
安徽省	2		

附件 2

碳达峰试点实施方案编制指南

一、工作基础

（一）**实施主体概况**。简述试点城市区位交通、自然条件、经济发展状况、产业结构和布局；试点园区区位条件、占地面积、园区发展建设情况、经济产业发展水平、园区主导产业和重点企业发展状况等。

（二）**能耗和碳排放情况**。简述城市或园区近年能源结构、能源供需关系、能源生产、能源消费、主要资源消耗等情况。分析试点城市或园区碳排放总量和强度变化情况、能源消费总量和强度变化情况、各重点领域碳排放增长情况等。

（三）**绿色低碳发展基础**。总结城市和园区近年来产业结构调整、重点领域能效提升、绿色低碳管理等方面情况。梳理碳达峰碳中和相关工作

基础和进展，包括体制机制建设情况、已实施的具体政策措施、绿色低碳科技创新研究与推广情况等。

（四）**碳减排难点分析**。结合本地区经济社会发展实际和资源环境禀赋，分析绿色低碳转型和碳达峰碳中和工作面临的主要困难和短板弱项，有针对性提出改进相关领域工作的政策措施。

二、建设目标

提出碳达峰试点工作的总体目标和实施路径，明确推进碳达峰行动的路线图、施工图，以及重点任务举措等。视情提出重点领域、重点行业碳达峰试点目标。可参考表1和表2列出的指标，并根据实际情况补充或删减。

表 1　碳达峰试点城市建设参考指标

序号	类别	具体指标	单位	2022 年	2025 年	2030 年
1	绿色低碳发展指标	单位 GDP 能源消费量	吨标准煤 / 万元			
2		单位 GDP 二氧化碳排放量	吨 / 万元			
3		单位工业增加值二氧化碳排放量	吨 / 万元			
4	绿色低碳发展指标	战略性新兴产业增加值占比	%			
5		土地资源产出率	亿元 / 平方千米			
6		第三产业占比	%			
7	能源绿色低碳转型指标	非化石能源消费占比	%			
8		电能占终端用能的比重	%			
9		需求侧响应能力	%			
10		综合能源站、微电网、源网荷储一体化等新模式新业态规模	个			
11		可再生能源发电总装机容量	千瓦			

（续表）

序号	类别	具体指标	单位	2022 年	2025 年	2030 年
12	城乡建设绿色低碳发展指标	新建建筑中星级绿色建筑占比	%			
13		达到最高节能改造标准建筑占比	%			
14		城镇建筑可再生能源替代率	%			
15		建筑垃圾资源化利用率	%			
16	交通领域低碳发展指标	新能源汽车市场渗透率	%			
17		新能源汽车保有量	辆			
18		城市绿色出行比例	%			
19	循环经济助力降碳指标	9 种主要再生资源循环利用率	%			
20		工业余能回收利用率	%			
21		大宗固废综合利用率	%			
22		主要资源产出率年均复合增速	%			
23		城市生活垃圾资源化利用率	%			
24	碳汇能力巩固提升指标	城市森林覆盖率	%			
25		植树造林（或抚育森林、草原）面积	公顷			
26	绿色低碳创新指标	绿色低碳技术研究与试验发展经费投入强度	%			

表 2 碳达峰试点园区建设参考指标

序号	类别	具体指标	单位	2022 年	2025 年	2030 年
1	绿色低碳发展指标	工业增加值平均增长率	%			
2		单位工业增加值综合能耗	吨标准煤 / 万元			
3		单位工业增加值二氧化碳排放量	吨 / 万元			
4	能源绿色低碳转型指标	非化石能源消费占比	%			
5		可再生能源使用比例	%			
6		工业余热回收利用率	%			

（续表）

序号	类别	具体指标	单位	2022 年	2025 年	2030 年
7	建筑领域绿色发展指标	新建建筑中星级绿色建筑占比	%			
8		新建厂房屋顶光伏覆盖率	%			
9		公共建筑单位面积能耗	MJ/m²			
10	交通领域绿色发展指标	货物清洁运输比例	%			
11		园区新能源、清洁能源动力交通工具保有量（或占比）	辆（%）			
12	循环发展指标	一般工业固体废物综合利用率	%			
13		工业用水重复利用率	%			
14	绿色低碳创新指标	绿色低碳技术研究与试验发展经费投入强度	%			

三、主要任务

综合考虑功能定位、区位特点、经济发展水平、资源禀赋等，合理部署碳达峰试点建设任务，包括但不限于以下内容。

（一）试点城市主要建设任务

1. 推动能源绿色低碳转型。结合本地能源禀赋，在保障能源安全供应的基础上，合理确定能源绿色低碳转型路径。可再生能源资源丰富的地区，要加大可再生能源开发和利用力度，提升可再生能源生产和消费占比。可再生能源资源禀赋一般的地区，要进一步扩大绿电和绿证交易规模，同时充分挖掘本地区分布式可再生能源开发潜力，为本地能源供给提供有效补充。

2. 提升能源资源利用效率。把节约能源资源摆在突出位置，在能源开发、储存、加工转换、输送分配、终端使用等环节全面提升能源利用效率，优化和改造区域能源系统，实现能源梯级高效利用。加强工业、建筑、交通等重点领域节能管理，对区域重点用能单位开展节能诊断，挖掘节能潜力。构建废弃物循环利用体系，充分发挥循环经济助力降碳作用。

3. 推动重点行业碳达峰。产业结构偏重的城市和资源型城市，要推进产业结构优化，着力提高重点行业能效水平，推动企业开展清洁能源替代、电气化改造、工业流程再造、二氧化碳捕集利用等节能降碳改造。产业结构较优的城市，要推动优势产业加速向高端化、智能化、绿色化转型，大力发展战略性新兴产业，在完成碳达峰碳中和目标任务过程中锻造新的产业竞争优势。推动重点行业企业建立绿色用能监测与评价体系，引导企业提升绿色能源使用比例。

4. 加快城乡建设低碳转型。推行绿色低碳城乡规划设计理念，提高新建建筑节能标准，推进既有建筑节能改造，推广绿色低碳建材和绿色建造方式。因地制宜推进清洁供暖。严寒、寒冷地区城市要充分利用可再生能源和工业余热供暖，逐步降低化石能源供暖比例；夏热冬冷地区城市要推广各类高效热泵产品，扩大地热能、空气热能等可再生能源应用规模。

5. 促进交通运输绿色低碳发展。加快推动交通运输工具装备低碳转型，大力推广新能源汽车，推动公共领域车辆全面电气化替代，淘汰老旧交通工具。优化大宗货物运输结构，加强铁路专用线建设和内河高等级航道建设，因地制宜推进铁水联运、公铁联运、海铁联运。加强交通绿色基础设施建设，完善充电桩、换电站等配套设施，推进交通枢纽场站绿色升级。发展智能交通，推动各类运输方式系统对接、数据共享，提升运输效率。

（二）试点园区主要建设任务

1. 加快提升能源清洁化利用效率。开展园区节能诊断，系统分析园区能源利用状况，充分挖掘园区能源节约潜力，推进节能降碳改造，推广高效节能设备。推动园区用能系统再造，开展一体化供用能方案设计，加快园区用能电气化改造，推广综合能源站、源网荷储一体化、新能源微网等绿色高效供用能模式，推动能源梯级高效利用。积极推广应用各类清洁能源替代技术产品，提升园区清洁能源利用水平。

2. 推动园区产业高质量发展。聚焦园区主导产业，加快产业链延链补链强链，形成产业协同效应。以节能降碳为导向，推进园区存量产业绿色低碳转型升级，推动重点企业实施工艺流程绿色低碳再造。提升园区绿色制造水平，推动新一代信息技术与制造业深度融合，大力发展绿色低碳产业。

3. 提升基础设施绿色低碳水平。提升园区建筑、交通、照明、供热等基础设施节能低碳水平，新建基础设施优先采用绿色设计、绿色建材和绿色建造方式。完善园区污水处理设施、垃圾焚烧设施、危险废物处理设施等环境基础设施。加强园区能源、碳排放智慧监测管理设施建设，运用新一代信息技术提升绿色低碳管理水平。

4. 大力推动资源循环利用。开展园区物质流分析，加快提升资源产出率和循环利用率。优化园区空间布局，深挖产业关联性，深入开展园区循环化改造，促进物料循环利用、废物综合利用、能量梯级利用、水资源再生利用，推进工业余压余热、废气废液废渣资源化利用。

5. 提升减污降碳协同能力。深入分析园区污染物排放类型，探索开展大气污染物与二氧化碳排放协同控制和改造提升。支持污染治理技术和节能降碳技术在园区开展综合性示范应用，大力推动园区减污降碳协同增效。综合运用清洁生产审核、环境污染第三方治理等方式，协同提高节能降碳减污水平。

四、科技创新

聚焦区域绿色低碳科技需求，加强重点技术研发和产业化应用。对于科教基础和创新能力较强的城市，要加大绿色低碳技术创新研发力度，积极参与前沿技术标准研究制定，探索绿色低碳技术研发应用推广新机制，进一步激发企业创新活力。对于科技创新基础相对薄弱的城市，要鼓励引导企业应用先进适用绿色低碳技术，开展绿色低碳先进技术产业化示范。具备条件的试点城市，要积极支持属地高校建设"双碳"相关学科专业，加强专业人才培养。园区要根据自身产业特色和发展需求，引导企业加强自主创新，开展与高校、科研院所的联合创新，支持企业开展绿色低碳先进技术工程示范和产业应用。

五、重点工程

结合试点主要任务，提出能源基础设施、节能降碳改造、绿色低碳先进技术示范、环境基础设施、循环经济发展、生态保护修复等领域拟开展的重点工程项目，包括项目内容、建设期限、预期效果等，并说明拟实施的重点工程项目对试点建设的支撑作用。

六、政策创新

围绕支持绿色低碳发展的财政、金融、投资、价格等重要政策创新，以及碳排放统计核算、项目碳排放评价、产品碳足迹管理等配套制度开展先行探索，根据试点主要任务安排，紧密联系本地区工作实际，在重点领域开展先行先试，重点阐述政策机制创新的任务目标、内容、创新点及实施路径。

七、全民行动

在政府机关、企事业单位、群团组织、社会组织中开展生态文明科普教育，普及碳达峰碳中和基础知识能力。推动吃、穿、住、行、用、游等领域消费绿色转型，推进生活垃圾减量化资源化，推动形成绿色低碳的生产生活方式。指导区域内重点用能单位深入研究碳减排路径，"一企一策"制定节能降碳专项工作方案。强化干部教育培训，切实增强推动绿色低碳发展的本领。

八、保障措施

提出组织领导、政策支持、资金保障、监督考评、宣传推广等方面的务实举措，保障试点工作顺利推进。

国务院办公厅关于印发
《专利转化运用专项行动方案（2023—2025 年）》
的通知

国办发〔2023〕37 号

（本文有删减）

专利转化运用专项行动方案（2023—2025 年）

各省、自治区、直辖市人民政府，国务院各部委、各直属机构：

《专利转化运用专项行动方案（2023—2025 年）》已经国务院同意，现印发给你们，请认真贯彻执行。

为贯彻落实《知识产权强国建设纲要（2021—2035 年）》和《"十四五"国家知识产权保护和运用规划》，大力推动专利产业化，加快创新成果向现实生产力转化，开展专利转化运用专项行动，制定本方案。

一、总体要求

以习近平新时代中国特色社会主义思想为指导，全面贯彻落实党的二十大精神，聚焦大力推动专利产业化，做强做优实体经济，有效利用新型举国体制优势和超大规模市场优势，充分发挥知识产权制度供给和技术供给的双重作用，有效利用专利的权益纽带和信息链接功能，促进技术、资本、人才等资源要素高效配置和有机聚合。从提升专利质量和加强政策激励两方面发力，着力打通专利转化运用的关键堵点，优化市场服务，培育良好生态，激发各类主体创新活力和转化动力，切实将专利制度优势转化为创新发展的强大动能，助力实现高水平科技自立自强。

到 2025 年，推动一批高价值专利实现产业化。高校和科研机构专利产业化率明显提高，全国涉及专利的技术合同成交额达到 8000 亿元。一批主攻硬科技、掌握好专利的企业成长壮大，重点产业领域知识产权竞争优势加速形成，备案认定的专利密集型产品产值超万亿元。

二、大力推进专利产业化，加快专利价值实现

（一）**梳理盘活高校和科研机构存量专利**。建立市场导向的存量专利筛选评价、供需对接、推广应用、跟踪反馈机制，力争 2025 年底前实现高校和科研机构未转化有效专利全覆盖。由高校、科研机构组织筛选具有潜在市场价值的专利，依托全国知识产权运营服务平台体系统一线上登记入库。有效运用大数据、人工智能等新技术，按产业细分领域向企业匹配推送，促成供需对接。基于企业对专利产业化前景评价、专利技术改进需求和产学研合作意愿的反馈情况，识别存量专利产业化潜力，分层构建可转化的专利资源库。加强地方政府部门、产业园区、行业协会和全国知识产权运营服务平台体系等各方协同，根据存量专利分层情况，采取差异化推广措施。针对高价值存量专利，匹配政策、服务、资本等优质资源，推动实现快速转化。在盘活存量专利的同时，引导高校、科研机构在科研活动中精准对接市场需求，积极与企业联合攻关，形成更多符合产业需要的高价值专利。

（二）**以专利产业化促进中小企业成长**。开展专精特新中小企业"一月一链"投融资路演活动，帮助企业对接更多优质投资机构。推动专项支持的企业进入区域性股权市场，开展规范化培育和投后管理。支持开展企业上市知识产权专项服务，加强与证券交易所联动，有效降低上市过程中的知识产权风险。

（三）**推进重点产业知识产权强链增效**。以重点产业领域企业为主体，协同各类重大创新平台，培育和发现一批弥补共性技术短板、具有行业领先优势的高价值专利组合。围绕产业链供应链，建立关键核心专利技术产业化推进机制，推动扩大产业规模和效益，加快形成市场优势。支持建设产业知识产权运营中心，组建产业知识产权创新联合体，遵循市场规则，建设运营重点产业专利池。深入实施创新过程知识产权管理国际标准，出台标准与专利

协同政策指引，推动创新主体提升国际标准制定能力。面向未来产业等前沿技术领域，鼓励探索专利开源等运用新模式。

（四）培育推广专利密集型产品。加快完善国家专利密集型产品备案认定平台，以高新技术企业、专精特新企业、科技型企业等为重点，全面开展专利产品备案，2025年底前实现全覆盖，作为衡量专利转化实施情况的基础依据。围绕专利在提升产品竞争力和附加值中的实际贡献，制定出台专利密集型产品认定国家标准，分产业领域开展统一认定。培育推广专利密集型产品，健全专利密集型产业增加值核算与发布机制，加强专利密集型产业培育监测评价。

三、打通转化关键堵点，激发运用内生动力

（五）强化高校、科研机构专利转化激励。探索高校和科研机构职务科技成果转化管理新模式，健全专利转化的尽职免责和容错机制，对专利等科技成果作价入股所形成国有股权的保值增值实施按年度、分类型、分阶段整体考核，不再单独进行个案考核。对达成并备案的专利开放许可，依法依规予以技术合同登记认定。推动高校、科研机构加快实施以产业化前景分析为核心的专利申请前评估制度。强化职务发明规范管理，建立单位、科研人员和技术转移机构等权利义务对等的知识产权收益分配机制。加强产学研合作协议知识产权条款审查，合理约定权利归属与收益分配。支持高校、科研机构通过多种途径筹资设立知识产权管理资金和运营基金。推动建立以质量为导向的专利代理等服务招标机制。

（六）强化提升专利质量促进专利产业化的政策导向。各地区、各有关部门在涉及专利的考核中，要突出专利质量和转化运用的导向，避免设置专利申请量约束性指标，不得将财政资助奖励政策与专利数量简单挂钩。在各级各类涉及专利指标的项目评审、机构评估、企业认定、人才评价、职称评定等工作中，要将专利的转化效益作为重要评价标准，不得直接将专利数量作为主要条件。出台中央企业高价值专利工作指引，引导企业提高专利质量效益。启动实施财政资助科研项目形成专利的声明制度，加强跟踪监测和评价反馈，对于授权超过5年没有实施且无正当理由的专利，国家可以无偿实施，也可以许可他人有偿实施或无偿实施，促进财政资助科研项目的高价值专利产出和实施。

（七）加强促进转化运用的知识产权保护工作。加强地方知识产权综合立法，一体推进专利保护和运用。加强知识产权保护体系建设。

四、培育知识产权要素市场，构建良好服务生态

（八）高标准建设知识产权市场体系。完善专利权转让登记机制，完善专利开放许可相关交易服务、信用监管、纠纷调解等配套措施。创新先进技术成果转化运用模式。优化全国知识产权运营服务平台体系，支持国家知识产权和科技成果产权交易机构链接区域和行业交易机构，在知识产权交易、金融、专利导航和专利密集型产品等方面强化平台功能，搭建数据底座，聚焦重点区域和产业支持建设若干知识产权运营中心，形成线上线下融合、规范有序、充满活力的知识产权运用网络。建立统一规范的知识产权交易制度，推动各类平台互联互通、开放共享，实现专利转化供需信息一点发布、全网通达。建立知识产权交易相关基础数据统计发布机制，健全知识产权评估体系，鼓励开发智能化评估工具。建立专利实施、转让、许可、质押、进出口等各类数据集成和监测机制。2024年底前，完成技术合同登记与专利转让、许可登记备案信息共享，扩大高校、科研机构专利实施许可备案覆盖面。

（九）推进多元化知识产权金融支持。加大知识产权融资信贷政策支持力度，稳步推广区域性股权市场运营管理风险补偿基金等机制安排，优化知识产权质物处置模式。开展银行知识产权质押融资内部评估试点，扩大银行业金融机构知识产权质押登记线上办理试点范围。完善全国知识产权质押信息平台，扩展数据共享范围。探索创业投资等多元资本投入机制，通过优先股、可转换债券等多种形式加大对企业专利产业化的资金支持，支持以"科技成果＋认股权"方式入股企业。探索推进知识产权证券化，探索银行与投资机构合作的"贷款＋外部直投"等业务模式。完善知识产权保险服务体系，探索推行涉专利许可、转化、海外布局、海外维权等保险新产品。

（十）完善专利转化运用服务链条。引导树立以促进专利产业化为导向的服务理念，拓展专利代理机构服务领域，提供集成化专利转化运用解决方案。培育一批专业性强、信用良好的知识产权服务机构和专家型人才，参与服务各级各类科技计划项目，助力核心技术攻关和专利转化运用。加大知识产权标准化数据供给，鼓励开发好使管用的信息服

务产品。面向区域重大战略、重点产业领域、国家科技重大项目、国家战略科技力量，深入开展专利转化运用服务精准对接活动。加快推进知识产权服务业集聚区优化升级，到 2025 年，高质量建设 20 个国家知识产权服务业集聚发展示范区。

（十一）**畅通知识产权要素国际循环。** 发挥自由贸易试验区、自由贸易港的示范引领作用，推进高水平制度型开放，不断扩大知识产权贸易。加快国家知识产权服务出口基地建设。推出更多技术进出口便利化举措，引导银行为技术进出口企业提供优质外汇结算服务。鼓励海外专利权人、外商投资企业等按照自愿平等的市场化原则，转化实施专利技术。建立健全国际大科学计划知识产权相关规则，支持国际科技合作纵深发展。探索在共建"一带一路"国家、金砖国家等开展专利推广应用和普惠共享，鼓励国际绿色技术知识产权开放实施。

五、强化组织保障，营造良好环境

（十二）**加强组织实施。** 坚持党对专利转化运用工作的全面领导。成立由国家知识产权局牵头的专利转化运用专项行动工作专班，落实党中央、国务院相关决策部署，研究重大政策、重点项目，协调解决难点问题，推动各项任务落实见效。各地区

要加强组织领导，将专利转化运用工作纳入政府重要议事日程，落实好专项行动各项任务。2023 年启动第一批专利产业化项目，逐年滚动扩大实施范围和成效。

（十三）**强化绩效考核。** 各地区要针对专利产业化项目中产生的高价值专利和转化效益高的企业等，定期做好分类统计和总结上报。国家知识产权局要会同相关部门定期公布在专项行动中实现显著效益的高价值专利和企业。将专项行动绩效考核纳入国务院督查事项，对工作成效突出的单位和个人按国家有关规定给予表彰。

（十四）**加大投入保障。** 落实好支持专利转化运用的相关税收优惠政策。各地区要加大专利转化运用投入保障，引导建立多元化投入机制，带动社会资本投向专利转化运用。

（十五）**营造良好环境。** 实施知识产权公共服务普惠工程，健全便民利民知识产权公共服务体系，推动实现各类知识产权业务"一网通办"和"一站式"服务。加强宣传引导和经验总结，及时发布先进经验和典型案例，在全社会营造有利于专利转化运用的良好氛围。

国务院办公厅
2023 年 10 月 17 日

科技部关于印发
《社会力量设立科学技术奖管理办法》的通知

国科发奖〔2023〕11 号

社会力量设立科学技术奖管理办法

各有关单位：

　　为引导社会力量设立科学技术规范健康发展，科技部研究制定了《社会力量设立科学技术管理办法》。现印发给你们，请遵照执行。

第一章　总　则

　　第一条　为引导社会力量设立科学技术奖（以下简称社会科技奖）规范健康发展，提高社会科技整体水平，根据《中华人民共和国科学技术进步

法》《国家功勋荣誉表彰条例》《国家科学技术奖励条例》等法律法规，制定本办法。

　　第二条　本办法适用于社会科技奖的设立、运行、指导服务和监督管理等工作。

　　第三条　本办法所称社会科技奖指国内外的组织或者个人（以下设奖者）利用非财政性经费，在中华人民共和国境内面向社会设立，奖励在基础研究、应用研究、技术开发以及推进科技成果转化应用等活动中为促进科学技术进步作出突出贡献的

个人、组织的经常性科学技术奖。

第四条 有下列情形之一的，不属于本办法所称的科学技术奖：

（一）年度考核、绩效考核、目标考核、责任制考核；

（二）属于业务性质的展示交流、人才评价、技能评定、水平评价、信用评价、技术成果评定、学术评议、论文评选、认证认可、质量分级等资质评定、等级评定、技术考核，以及依据各类标准等进行的认定评定；

（三）属于比赛竞赛类、展览展会类、信息发布类的评选；

（四）以本单位内部机构和工作人员为对象的评选；

（五）以选树宣传先进典型为目的的评选。

仅以科技管理、科技服务和图书、期刊、专利、产品、视听作品等为对象的评选，以及与科学技术不直接相关的奖励活动，按照《评比达标表彰活动管理办法》等有关规定管理。

第五条 社会科技奖应当培育和弘扬社会主义核心价值观和科学家精神，遵循依法办奖、公益为本、诚实守信的基本原则，走专业化、特色化、品牌化、国际化发展道路。

（一）坚持以科技创新质量、绩效、贡献为核心的评价导向，突出奖励真正作出创造性贡献的科学家和一线科技人员；

（二）坚持学术性、荣誉性，控制奖励数量，提升奖励质量，避免与相关科技评价简单、直接挂钩；

（三）坚持"谁办奖、谁负责"，严格遵守法律法规和国家政策，履行维护国家安全义务，不得泄露国家秘密，不得损害国家安全和公共利益。

第六条 面向全国或者跨国（境）的社会科技奖由国务院科学技术行政部门进行指导服务和监督管理，国家科学技术奖励工作办公室负责日常工作，所在省、自治区、直辖市科学技术行政部门等协助做好有关工作。

面向区域的社会科技奖由所在省、自治区、直辖市科学技术行政部门进行指导服务和监督管理。

科学技术行政部门可以根据工作需要，聘请有关方面专家、学者组成咨询委员会，支撑社会科技奖的监督管理决策。

第二章 奖励设立

第七条 国家鼓励国内外的组织或者个人设立科学技术奖，支持在重点学科和关键领域创设高水平、专业化的奖项，鼓励面向青年和女性科技工作者、基础和前沿领域研究人员设立奖项。

设奖者应当具备完全民事行为能力，自觉遵守国家法律法规和有关政策。

第八条 设奖者应当委托一家具备开展科学技术奖励活动能力和条件的非营利法人作为承办机构。设奖者为境内非营利法人的，可自行承办。设奖者为境外组织或者个人的，应当委托境内非营利法人承办，并按照有关规定管理。

承办机构应当符合以下条件：

（一）熟悉科学技术奖励所涉学科和行业领域发展态势；

（二）在有关部门批准的活动地域和业务范围内开展活动；

（三）遵纪守法、运作规范，组织机构健全、内部制度完善，未被有关部门列入科研诚信严重失信行为数据库、社会组织活动异常名录或者严重违法失信名单等。

承办机构负责社会科技奖的日常管理、评审组织等事宜，不得再以任何形式委托第三方承办或者合作承办。

第九条 设奖者或者承办机构应当及时向科学技术行政部门书面报告设立科学技术奖有关情况，并按照要求提供真实有效的材料。

书面报告原则上应当包含征询行业管理部门或者业务主管单位等对设奖的指导意见和建议情况，并包括以下内容：

（一）设奖目的以及必要性、奖励名称、设奖者、承办机构、资金来源、奖励范围与对象、奖励周期等基本信息；

（二）与已有同类社会科技奖的差异说明。

第十条 社会科技奖应当制定奖励章程，树立正确价值导向，强调奖项学术性和荣誉性，避免与相关科技评价简单直接挂钩，并明确以下事项：

（一）设奖目的、奖励名称、设奖者、承办机构、资金来源、奖励周期等基本信息；

（二）奖励范围与对象；

（三）奖项设置、评审标准、授奖数量等；

（四）组织机构、受理方式和评审机制等；

（五）奖励方式；

（六）争议处理方式；

（七）撤销机制和罚则等。

第十一条 奖励名称应当符合设奖宗旨，与承办机构性质相适应，科学、确切、简洁并符合以下要求：

（一）未经有关部门批准，不得冠以"国家""中国""中华""全国""亚洲""全球""国际""世界"以及类似含义字样，名称中带有上述字样的组织设奖并在奖励名称中使用组织名称的，应当使用全称；

（二）不得使用与国家科学技术奖、省部级科学技术奖或者其他已经设立的社会科技奖、国际知名科技奖相同或者容易混淆的名称；

（三）不得违背公序良俗，不得侵犯他人权益，以组织名称、自然人姓名以及商标、商号等冠名的，应当取得合法授权；

（四）以功勋荣誉获得者（"共和国勋章""七一勋章""八一勋章""友谊勋章"等勋章获得者，国家荣誉称号获得者，党中央、国务院、中央军委单独或者联合授予的荣誉称号获得者）姓名冠名的，还应当经国务院科学技术行政部门报有关部门批准。

第十二条 社会科技奖应当具有与科学技术奖励活动相适应的资金来源和规模，在奖励活动中不得直接或者通过其他方式变相收取任何费用。

资金使用应当相对独立，专款专用。

第十三条 社会科技奖应当科学设置，并符合以下要求：

（一）承办机构在同一学科或者行业领域承办的奖励，应当做好统筹设计，注重精简规范；

（二）下设子奖项不得超过一级，各子奖项间应当界限清晰；

（三）设立奖励等级的，一般不得超过三级，对作出特别重大贡献的，可以授予特等奖；

（四）按照少而精的原则，严格控制授奖数量和比例，合理设置不同奖励等级授奖数量。

第三章 奖励运行

第十四条 承办机构应当通过固定网站或者其他公开渠道如实公开奖励名称、设奖者、承办机构、奖励章程、办公场所和联系方式等基本信息，主动接受社会公众和媒体监督。

第十五条 承办机构应当建立科学合理、规范有效的奖励受理、评审、监督等机制，并向社会公布。

第十六条 承办机构应当建立健全科技保密审查机制，通过不涉密承诺等方式，确保不得受理涉及国防、国家安全领域的保密项目及其完成人参评社会科技奖。

第十七条 承办机构应当在奖励活动中坚持公开、公平、公正的原则，坚持分类评价，完善同行评议，遵循科技伦理规范，加强科研诚信和作风学风建设。

承办机构应当设立由精通相关学科或者行业领域专业知识、具有较高学术水平和良好科学道德的专家组成的专家委员会。评审专家应当独立开展奖励评审工作，不受任何组织或者个人干涉，不得利用奖励评审牟取不正当利益。

第十八条 社会科技奖应当坚持公开授奖制度，鼓励实行物质奖励与精神奖励相结合的奖励方式。授奖前应当征得拟授奖对象的同意。

第十九条 社会科技奖宣传应当以促进学科发展或者行业科技进步、推动提升公民科学素养等为目的，强化荣誉导向。不得进行虚假宣传误导社会公众。

第二十条 社会科技奖如遇变更奖励名称、设奖者、承办机构、奖项设置、授奖数量和奖励周期等重大事项，承办机构原则上应当征询行业管理部门或者业务主管单位等的指导意见和建议后，及时向科学技术行政部门书面报告，并提供相关的变更材料。

第二十一条 社会科技奖决定停办，承办机构应当在停办时主动向科学技术行政部门书面报告。

第四章 指导服务

第二十二条 科学技术行政部门对社会科技奖的设立、运行提供政策指导和咨询服务，推动社会科技奖规范化发展。

第二十三条 科学技术行政部门鼓励支持具备一定科技评审力量、资金实力和组织保障的社会科技奖向国际化方向发展，培育具有世界影响力的国际奖项。

第二十四条 科学技术行政部门鼓励代表性较强、影响力较大的社会科技奖承办机构共同制定发布社会科技奖设立和运行团体标准，引导推动行业自律。

第二十五条 科学技术行政部门根据书面报告情况，编制符合本办法要求的社会科技奖目录，向全国评比达标表彰工作协调小组备案后，在统一的社会科技奖信息公开平台上公布目录。

社会科技奖目录根据实际情况及时更新，实行动态管理。

第二十六条 科学技术行政部门对运行规范、社会影响力大、业内认可度高的社会科技奖适时组织重点宣传或者专题报道，营造尊重劳动、尊重知识、尊重人才、尊重创造的良好氛围。

第五章 监督管理

第二十七条 科学技术行政部门通过定期评价和及时监督相结合方式，加强事中事后监管。公开举报受理渠道，接受监督举报，发挥社会监督、公众监督、行业监督、部门监督的作用，形成监督合力。

第二十八条 承办机构应当在每年 3 月 31 日前向科学技术行政部门报送上一年度社会科技奖活动开展情况。

第二十九条 科学技术行政部门建立完善科学合理的第三方评价机制，委托第三方机构开展社会科技奖评估，并公布评估结果。

第三十条 科学技术行政部门对发现的异常甚至违法违规行为及时调查处理，必要时提请全国评比达标表彰工作协调小组实施部门联合惩戒，以适当方式向社会公布。

第三十一条 有下列情形之一的，由科学技术行政部门责令限期整改。

（一）未按照要求提交变更报告、年度报告的；

（二）未按照要求进行奖励信息公开的；

（三）未按照奖励章程开展奖励活动的；

（四）有其他违法违规行为，尚未造成不良社会影响的。

第三十二条 有下列情形之一的，由科学技术行政部门视情节轻重给予从社会科技奖目录移除、通报有关部门依法依规查处等处理。

（一）存在本办法第三十一条情形，拒不整改的；

（二）存在虚假宣传误导社会公众的；

（三）违法收取或者变相收取费用的；

（四）有其他违法违规行为，造成不良社会影响的。

第三十三条 以科学技术奖名义设立但不符合本办法要求的奖励活动，按照《评比达标表彰活动管理办法》等有关规定严肃处理。

第六章 附 则

第三十四条 各省、自治区、直辖市科学技术行政部门可以依照本办法，制定本行政区域内社会科技奖管理办法。

第三十五条 本办法自发布之日起实施。

本办法发布前已经设立的社会科技奖，应当按照本办法要求对照检查，不符合要求的及时整改。

科技部
2023 年 2 月 6 日

六部门关于
开展 2023 年绿色建材下乡活动的通知

工信厅联原函〔2023〕50 号

各省、自治区、直辖市及计划单列市、新疆生产建设兵团工业和信息化主管部门、住房和城乡建设厅（委、局）、农业农村（农牧）厅（局、委）、商务主管部门、市场监管局（厅、委）、乡村振兴局，各有关单位：

为深入贯彻党的二十大关于建设现代化产业体系、全面推进乡村振兴的决策部署，加快绿色建材生产、认证和推广应用，促进绿色消费，助力美丽乡村建设，推动乡村产业振兴，工业和信息化部、住房和城乡建设部、农业农村部、商务部、国家市场监督管理总局、国家乡村振兴局决定在 2022 年试点工作基础上，进一步深入推进，联合开展 2023 年绿色建材下乡活动。有关事项通知如下：

一、活动主题

绿色建材进万家 美好生活共创建

二、活动时间

2023 年 1 月—2023 年 12 月

三、试点地区

按照部门指导、市场主导、试点先行原则，在2022年已批复第一批试点地区的基础上，根据不同区域发展需求和实际，再选择第二批5个左右试点地区开展活动，有意愿的地区可依据本通知要求形成工作方案，向指导部门提出申请。

四、组织形式

（一）参与活动的产品原则上应为获得绿色建材认证的产品，具体获证产品清单和企业名录由绿色建材产品认证技术委员会另行发布，供试点地区参考。试点地区可结合实际制定本地清单名录，对于未获得绿色建材产品认证的产品，试点地区应明确产品技术要求，确保产品符合要求。对于符合认证条件的产品，各地区应加快开展认证活动。

（二）试点地区召开活动启动会后，下沉市、区（县）、乡（镇）、村，通过举办公益宣讲、专场、巡展等不同形式的线上线下活动，加快节能低碳、安全性好、性价比高的绿色建材推广应用。已批复的7个试点地区，在充分总结活动经验基础上，积极探索活动新模式，继续深入开展2023年绿色建材下乡活动，发挥引领示范作用。

（三）试点地区引导绿色建材生产企业、电商平台、卖场商场等积极参与活动。有条件的地区应对绿色建材消费予以适当补贴或贷款贴息。针对农房、基建等不同应用领域，发挥绿色建造解决方案典型示范作用，提供系统化解决方案，方便消费者选材。活动做好消费维权工作，明确消费维权投诉方式，为消费者提供咨询投诉维权服务。

（四）试点地区选择具有建材产业基础和区位优势的县域、乡镇等，发挥"链主"企业带动作用，促进绿色建材产业链上下游、大中小企业发展，推动绿色建材生产、认证、流通、应用、服务全产业链发展，打造特色产业集群。支持企业针对农村市场开发贴近施工、应用的绿色建材产品和整体解决方案。

（五）由中国建筑材料联合会、绿色建材产品认证技术委员会牵头，组织相关单位成立活动推进组，会同试点地区开展下乡活动。充分发挥第三方作用，完善公共平台，加强行业自律，做好上下游对接，协调组织企业等积极参与，鼓励企业、电商、卖场等让利于民。

（六）试点地区做好活动总结，11月底前将总结报告分别报送工业和信息化部、住房和城乡建设部、农业农村部、商务部、国家市场监督管理总局、国家乡村振兴局。

五、活动要求

（一）明确部门职责。试点地区有关部门加强配合、形成政策合力。工业和信息化主管部门要开展原材料工业"三品"行动，推动绿色建材产品品种增加，产品品质提升，树立绿色建材品牌影响力。住房和城乡建设主管部门要结合现代宜居农房建设和农房节能改造，开展绿色建材下乡活动，推广新型建造方式，推动绿色建材应用。商务主管部门要鼓励电商平台、线下卖场开设销售专区，加大推介力度，促进绿色消费。市场监管部门要督促相关认证机构依法依规开展绿色建材产品认证活动，严格查处认证违法违规行为。农业农村主管部门要强化绿色建材下乡活动与乡村基础设施建设、农村厕所革命等工作的统筹协调。乡村振兴主管部门要充分调动广大农民群众参与绿色建材下乡活动的积极性，引导树立绿色消费理念，倡导乡村建设项目推广应用绿色建材。

（二）做好安全保障。试点地区制定活动方案、安全方案等，细化措施、责任到人、落实到位，严防事故发生。

（三）注重舆论引导。运用新闻媒体、微博微信、广播电视等渠道，加大绿色建材科普宣传力度，加强活动全过程全覆盖宣传引导，为绿色建材推广应用营造良好舆论环境。

六、联系方式

工业和信息化部（原材料工业司）：010-68205576 / 5596

中国建筑材料联合会：010-57811075

绿色建材产品认证技术委员会：010-62252317

工业和信息化部办公厅
住房和城乡建设部办公厅
农业农村部办公厅
商务部办公厅
国家市场监督管理总局办公厅
国家乡村振兴局综合司
2023 年 3 月 9 日

三部门关于开展 2023 年重点新材料 首批次应用保险补偿机制试点工作的通知

工业和信息化部办公厅

财政部办公厅

银保监会办公厅

关于开展 2023 年重点新材料首批次应用保险补偿机制试点工作的通知

工信厅联原函〔2023〕10 号

（本文有删减）

各省、自治区、直辖市及计划单列市、新疆生产建设兵团工业和信息化、财政主管部门，各银保监局，有关中央企业：

根据《关于开展重点新材料首批次应用保险补偿机制试点工作的通知》（工信部联原〔2017〕222 号）要求，为做好 2023 年重点新材料首批次应用保险补偿机制试点工作，现就有关事项通知如下：

一、生产《重点新材料首批次应用示范指导目录（2021 年版）》内新材料产品（相关品种详见附件），且于 2022 年 1 月 1 日至 2022 年 12 月 31 日期间投保重点新材料首批次应用综合保险的企业，符合首批次保险补偿工作相关要求，可提出保费补贴申请。承保保险公司符合《关于开展重点新材料首批次应用保险试点工作的指导意见》（保监发〔2017〕60 号）相关要求，且完成重点新材料首批次应用保险产品备案。

二、申请保费补贴的产品应由新材料用户单位直接购买使用，用户单位为关联企业及贸易商的不得提出保费补贴申请。原则上单个品种的保险金额不低于 5000 万元。

三、已获得保险补贴资金的项目，原则上不得提出续保保费补贴申请。用于享受过保险补偿政策的首台套装备的材料不在本政策支持范围。

四、请各地工业和信息化主管部门和有关中央企业组织本地区或所属企业做好申报工作。保费补贴申请材料具体要求见附件，申报形式采用线上申报，网址 https://xclcygx.miit.gov.cn。

五、有关单位要高度重视、严格把关，按照《重点新材料首批次应用保险补偿机制试点工作指引》有关要求，压实主体责任，认真组织做好初审工作，现场核查申报材料的真实性，杜绝骗保骗补等行为；我们将组织专家审核，重点支持相关产业链材料推广应用，确保财政资金使用效果。初审意见请于 2023 年 2 月 28 日前报送工业和信息化部（原材料工业司）。

工业和信息化部办公厅

财政部办公厅

银保监会办公厅

2023 年 1 月 13 日

三部门关于
支持首台（套）重大技术装备平等参与
企业招标投标活动的指导意见

工信部联重装〔2023〕127号

各省、自治区、直辖市及计划单列市、新疆生产建设兵团工业和信息化、发展改革主管部门，国资委，中央企业，各有关单位：

为支持首台（套）重大技术装备平等参与企业招标投标活动，促进首台（套）重大技术装备推广应用，根据《招标投标法》等相关法律法规及政策文件，现提出如下意见。

一、规范招标要求

（一）国有资金占控股或者主导地位的企业项目，招标首台（套）重大技术装备同类型产品的，适用本意见。本意见所指首台（套）重大技术装备需符合重大技术装备推广应用目录（以下简称推广应用目录）内装备及主要参数。推广应用目录可在中国招标投标公共服务平台、省级招标投标公共服务平台、重大技术装备招标投标信息平台查询。

（二）招标投标活动要严格执行招标投标法律法规及有关政策文件，不得要求或者标明特定的生产供应商，不得套用特定生产供应商的条件设定投标人资格、技术、商务条件，不得变相设置不合理条件或歧视性条款，限制或排斥首台（套）重大技术装备制造企业参与投标。

（三）招标活动不得超出招标项目实际需要或套用特定产品设置技术参数，鼓励通过市场调研、专家咨询论证等方式，深入开展需求调查，形成需求研究报告。招标首台（套）重大技术装备同类型产品时，招标文件中应公布推广应用目录中涉及的主要参数指标，并按照招标项目的具体特点和实际需要，提出技术条件，可以参考引用推广应用目录中的主要参数。

（四）对于已投保的首台（套）重大技术装备，一般不再收取质量保证金。

二、明确评标原则

（五）首台（套）重大技术装备参与招标投标活动，仅需提交首台（套）相关证明材料，即视同满足市场占有率、应用业绩等要求。评标办法应当有利于促进首台（套）重大技术装备推广应用，不得在市场占有率、应用业绩等方面设置歧视性评审标准。

（六）评标办法应明确重大技术装备不得在境外远程操控，在中国境内运营中收集和产生的个人信息和重要数据应当在境内存储。对于不符合《网络安全法》《数据安全法》《个人信息保护法》等有关国家安全法律法规的，经评标委员会认定，应否决其投标。

（七）评标办法应落实支持重大技术装备攻关创新、促进绿色低碳循环发展、维护产业链供应链安全稳定等要求，将技术创新、资源能源利用效率、售后服务、后续供应、特殊或紧急情况下的履约能力等纳入评审指标范畴。

三、加强监督检查

（八）工业和信息化主管部门联合有关部门及各省级工业和信息化主管部门，充分利用现有检查队伍和资源，通过"双随机、一公开"等方式对相关重大技术装备招标投标活动实施监督检查。鼓励通过政府购买服务方式获取必要的支撑服务。

（九）各级工业和信息化主管部门要加强与招标投标行政监督、纪检监察、财政税收、国有资产监督管理等部门的沟通联系和协作配合。建立首台（套）重大技术装备参与招标投标问题线索联合处置、督导督办机制，依法从严查处违法违规行为。

（十）开通首台（套）重大技术装备招标投标领域妨碍全国统一大市场建设问题线索和意见建议征集窗口，畅通市场主体信息反馈渠道，归集首台（套）重大技术装备招标投标负面行为。负面行为清单等信息在重大技术装备公共服务平台、重大技术装备招标投标信息平台上公布。

工业和信息化部
国家发展和改革委员会
国务院国有资产监督管理委员会
2023年8月16日

工业和信息化部　国家发展改革委　商务部
关于印发轻工业稳增长工作方案
（2023—2024年）的通知

工信部联消费〔2023〕101号

轻工业稳增长工作方案（2023—2024年）

各省、自治区、直辖市、计划单列市及新疆生产建设兵团工业和信息化、发展改革、商务主管部门：

现将《轻工业稳增长工作方案（2023—2024年）》印发给你们，请结合实际，认真贯彻落实。

轻工业是我国国民经济的优势产业、民生产业，在国际上具有较强竞争力。2022年轻工业增加值占全部工业的16.2%，是工业经济稳增长的重要力量。为贯彻落实党的二十大和中央经济工作会议精神，全面落实政府工作报告部署，按照部工作要点任务要求，把稳增长摆在首要位置，推动质的有效提升和量的合理增长，努力实现工业经济发展主要预期目标，制定轻工业稳增长工作方案（2023—2024年）。

一、指导思想

以习近平新时代中国特色社会主义思想为指导，全面贯彻党的二十大精神，落实中央经济工作会议和党中央、国务院决策部署，坚持稳中求进工作总基调，立足新发展阶段，完整、准确、全面贯彻新发展理念，构建新发展格局，以推动高质量发展为主题，以满足人民日益增长的美好生活需要为目的，把实施扩大内需战略同深化供给侧结构性改革有机结合，坚持问题导向、目标导向，着力稳住重点行业，发挥重点区域带动作用，着力优化供给结构，提升产业链整体效率，着力创新消费场景，提振扩大消费需求，促进轻工业平稳增长，为实现经济运行整体向好提供支撑。

二、主要目标

2023—2024年轻工业增加值平均增速4%左右，规上企业营业收入规模突破25万亿元。重点行业规模稳中有升，主要产品国际市场份额保持稳定。新增长点快速发展，推广300项以上升级和创新产品，轻工百强企业竞争力进一步增强，培育升级50个规模300亿元以上轻工特色产业集群。轻工业在扩内需、促消费中的作用更加凸显，高端化、数字化、绿色化发展稳步推进，"增品种、提品质、创品牌"成效扩大，产业发展质量效益不断提升。

三、工作举措

（一）着力稳住重点行业

家居用品。 组织国家高端智能化家用电器创新中心加快智能技术、关键零部件、新材料应用等关键共性技术突破。实施家居产业高质量发展行动方案，开展智能家居互联互通发展行动，强化标准引领和平台建设，促进家用电器、家具、五金制品、照明电器等行业融合发展。积极开发推广绿色智能家用电器、休闲娱乐、个人护理和母婴家用电器、健康厨卫、智能化多场景照明系统、天然材质家具、功能型家具、智能锁具等产品。推广柔性化生产、个性化定制、全屋定制等新模式。推动照明电器行业与农业、文旅、教育、城市景观和乡村建设等领域融合应用。开展"百企千县万村美丽家居"行动，推动绿色智能家居产品进乡村，营造美丽村居生活。举办家居焕新季等活动，鼓励有条件的地方开展绿色智能家电下乡和以旧换新活动。

塑料制品。 扩大特种工程塑料、高端光学膜、电池隔膜等在国防军工、航空航天、新能源、电子信息、交通等方面的应用。推广新型抗菌材料等医用塑料，在医疗器械、耗材及药品包装等方面发挥塑料制品优势。加快塑料节水器材、长寿命功能性农用薄膜、保温隔热板、特种管材、塑料门窗异型材等生产应用。开展加厚高强度地膜、全生物降解地膜达标行动，提升高质量农膜供应保障能力。

造纸。 推进林纸一体化建设，科学利用竹浆、蔗渣、秸秆及其他非木原料，提高国内原料供给能力。加快高等级绝缘纸、特种纸基复合材料制造技术突破，提升纸及纸板、纸制品产品品质。开发适合婴幼儿和老年人群的护理卫生产品，细分应用场景，加强纸制品和包装纸设计研发，适应多元化个性化市场需求。提高热电联产比例和效率，扩大生物质能源应用，组织实施一批节能降碳技术改造项目，开展节能降碳技术示范应用，提高行业节能降碳水平。

皮革。 开发高端绿色化、时尚化和功能化皮革材料，扩大在汽车、家居等领域应用。建设高端新型绿色鞋材公共服务平台，加快推广应用具有减震、回弹、轻量、环保等功能的高性能鞋底材料。开展皮革时尚日、设计周等活动，建设品牌设计数据库，加强脚型大数据采集应用，采用3D设计、虚拟仿真设计和视觉化呈现，开发个性化、时尚化、功能化皮革和毛皮制品及鞋类产品。推进无铬鞣制、固体废弃物资源化再利用技术的研发和推广应用，提升制革制鞋装备技术智能化水平。支持推广真皮标志，发展生态皮革，建立皮革产品质量追溯体系，挖掘皮革文化。

电池。 围绕提高电池能量密度、降低热失控等方面，加快铅蓄电池、锂离子电池、原电池等领域关键技术及材料研究应用。大力发展高安全性锂离子电池、铅炭电池、钠离子电池等产品，扩大在新能源汽车、储能、通信等领域应用。搭建产业供需合作平台，推动电池行业与电动自行车等下游行业加强技术、产品、服务等方面对接，促进融通发展。

食品。 加快培育传统优势食品产区和地方特色食品产业，引导各地立足优势资源，加强粮油、畜禽水产等优质原料基地建设。引导传统优势食品产区进一步发挥集聚效应，加强产业链上下游协同配套，进一步壮大乳制品、肉制品、白酒等特色食品产业集群。深入挖掘文化内涵，促进非物质文化遗产以及历史文化元素融入地方特色食品品牌，加快焙烤食品、酿酒、调味品等传统制作技艺传承创新。引导食品产业与康养、旅游、科普、娱乐等产业融合发展，拓展功能性食品、运动营养食品、特殊医学用途配方食品等消费市场。

（二）培育壮大新增长点

老年用品。 深入实施促进老年用品产业发展的指导意见，建设老年用品创新平台，发布老年用品产品推广目录，大力发展功能性老年服装服饰、智能化日用辅助产品、安全便利养老照护产品、康复训练及健康促进辅具、适老化环境改善产品，丰富老年用品品种。按照适老化要求推动智能终端持续优化升级，提升适老产品设计、研发、检测、认证能力。编制老年用品产业标准体系建设指南，加快老年用品标准制定修订。培育老年用品产业园区，聚焦细分行业培育一批研发能力强、具有自主知识产权的骨干企业，引导厂商针对老年人常用产品功能，设计制作专门的简易使用手册和视频教程。鼓励地方设立专项支持老年人家庭住宅及家具设施适老化改造。加强老年用品知识科普宣传，增强消费者质量品牌意识。

婴童用品。 加强环保新材料制备技术和智能技术研发应用。大力推广教育类、模型类、户外及运动类婴童用品。推进与文化产业融合，举办玩具和婴童用品创意设计大赛，推动新国潮、博物馆、文旅IP等品牌授权，提升品牌价值和产品附加值。实施品质育儿与产品质量安全工程，普及哺育、出行、玩耍、教育类婴童用品。

文体休闲用品。 加快发展方便快捷办公用品、绿色健康文具用品、多功能智能化运动健身器材，引导和创造消费需求。利用体育赛事等活动，加快推广冰雪和户外运动器材、运动休闲自行车等产品。推动"书法进课堂"，推广文房四宝产品，传承民族优秀文化。以推进乡村文化体育设施建设为契机，大力开发符合需求的体育器材、乐器、文化用品等，丰富乡村精神文化生活。制定工艺美术高质量发展产业政策，开展工艺美术大师进校园、进园区活动，培育工艺美术特色区域和大师工作室，支持工艺美术双创平台示范项目建设。结合地方特色举办工艺美术行业技能培训和研修班，提升行业从业人员水平。

生物制造。 加快生物制造产业发展顶层设计，加大各类创新资源投入力度，提升产品附加值和市场竞争力。加快非粮原料应用，大力拓展秸秆等大宗农林废弃物原料资源，提升非粮生物质低成本糖化技术工艺水平，促进生物制造可持续发展。支持有条件的地区开展生物基材料、非粮原料生物能源等产品应用试点，促进优质产品推广应用。加强特色植物原料开发创新，推动活性原料生物制造规模化生产，加大在食品、化妆品等行业的应用。

预制化食品。 实施推动食品工业预制化发展行动方案，顺应方便快捷、营养健康食品消费需求，大力发展方便食品、自热食品、米面制品、预加工菜肴等产品形态。积极推动产业链延伸拓展，强化农企利益联结，共享全产业链增值收益，助力一、二、三产业融合协调发展。开展气调保鲜等关键共性技术研究，提升加工装备和关键工艺自动化水平，鼓励传统食品工业园区吸引产业链上下游配套企业集聚发展。加强预制化食品标准制定修订工作，加快管理创新和商业模式创新，积极培育新产业新业态，拓展多元消费场景。

（三）充分激发内需潜力

大力实施"三品"战略。组织行业和重点地区大力开展"三品"全国行系列活动，打造轻工新品、名品、精品矩阵。强化设计赋能，在轻工领域新增若干国家级工业设计中心、设计园区和设计小镇，加速工业设计向研发、制造、销售等环节拓展。在箱包、制鞋、家居、珠宝、陶瓷、玩具和婴童用品、自行车、塑料制品等领域开展设计大赛，加强原创设计、创意设计。编制《升级和创新消费品指南（轻工）》，推广300项以上升级和创新消费品。培育一批产业特色鲜明、具有较强影响力的轻工区域品牌，加强地方标志性轻工产品培育。在家用电器、家具、照明电器、五金制品、皮革、化妆品、钟表、眼镜、生活用纸等行业开展品牌建设。

搭建高质量展览展示平台。用好中国国际中小企业博览会、APEC中小企业技术交流暨展览会等高规格平台，促进轻工中小企业国际合作、项目投资和技术交流。组织举办食品工业"三品"成果展。支持举办家用电器、家具、五金制品、皮革、玩具和婴童用品、塑料制品、自行车等国际展会，推介行业内新技术、新产品、新材料，开展新品首发、首展、首秀活动，推动项目洽谈、国际合作、产业链上下游对接，激发市场消费活力。

联动线上线下拓展消费场景。开展"网上年货节""双品网购节""吃货节"等形式多样的促销活动。大力发展智能家居体验馆、智能电器生活馆、健康照明体验中心等新零售业态，培育50家以上智能家居体验中心。培育老年用品展会、博览会，举办老年用品产业发展大会，开展"孝老爱老购物节"活动，满足老年人多层次、多样化需求。

（四）积极稳住出口优势

稳定传统出口市场。引导家用电器、皮革、家具、五金制品、照明电器、玩具等行业优化出口产品结构，提升全球产业链分工地位，积极参加国际展览展示活动，提高品牌产品出口比例，巩固传统出口市场。支持家用电器、皮革等行业龙头企业"走出去"，建设海外设计研发机构及营销渠道，加快建立国际化品牌。组织玩具行业深入开展认证供应商计划，推动皮革行业持续开展"国际动物福利（水貂／狐／貉）示范场"认定，畅通传统市场出口贸易。

积极开拓新兴市场。指导轻工行业加强"一带一路"、RCEP地区市场研究，引导企业合理安排产业布局投资。推动自行车产业在广西、海南等地建设国际化产业基地、研发中心和贸易中心。支持东南亚、中亚、东北亚等轻工产品边境贸易专业市场建设。推动各地积极利用现有资金渠道支持中小微企业参加境外展会扩大订单。加快推动通过中欧班列运输轻工产品，支持跨境电商、海外仓等外贸新业态发展。

加强外贸公共服务。建立完善与国际接轨的标准体系和产品认证制度，提高技术性贸易措施应对能力。推动做好自由贸易协定原产地证书签证和便利通关等工作，引导和帮助轻工企业在协定伙伴国或地区享受关税减免。积极推进检验检疫电子证书国际合作，提升贸易便利化水平。积极参与多双边经贸谈判，助力我国优势轻工产品出口。组织对轻工中小微企业进行出口政策培训，引导企业生产符合要求的产品。组织轻工国际产能合作联盟加强与出口国政府机构、行业组织沟通交流，为轻工企业"走出去"提供信息咨询服务。

（五）推动产业生态协调发展

强化龙头企业带动作用。组织开展轻工百强、科技百强和细分行业十强企业宣传推广活动，树立高质量发展和科技创新的先进典范，引领行业转型升级。利用百链千企等产融对接平台，聚焦食品、家用电器、造纸、电池、家具等重点行业和领域，支持产业链重点企业发展。建立重点企业联系服务机制，通过设立产业联盟和企业沙龙，增强为企服务能力。

培育一批专精特新企业。开展"轻工产业带中国行"活动，在江苏、浙江、广东、福建、山东等地率先开展试点，为中小企业提供政策解读、平台对接、技术交流等线上线下联动服务，提升中小企业发展质量。发挥智能制造系统解决方案供应商联盟作用，帮助轻工中小企业开展诊断咨询服务，加快开发降本增效、提质扩能的智能化解决方案。培育一批轻工领域专精特新"小巨人"企业、制造业单项冠军企业，开展大中小企业融通发展行动。

梯度培育轻工产业集群。培育50个轻工"三品"示范城市，支持塑料制品、五金制品、照明电器、化妆品、玩具、文教体育等行业培育一批中小企业特色产业集群。鼓励现有轻工集群加快发展和优化升级，发展协同制造、精益制造和服务型制造，支持建设一批轻工领域新型工业化示范基地。大力培育轻工领域先进制造业集群，支持智能家用电器、泛家居、皮革等重点产业集群向世界级产业集群迈进。举办千亿级产业集群发展大会，交流推广集群转型升级经验。

推动产业在国内有序转移。 优化中西部地区发展环境，加强园区和基地基础设施建设，提升专业配套服务能力，吸引轻工优势企业和重大项目落地。探索东部地区与中西部、东北地区开展园区结对、企业结对、订单结对，推动制造环节有序转移。落实关于促进制造业有序转移的指导意见和产业发展与转移指导目录、西部地区鼓励类产业目录、产业结构调整指导目录、鼓励外商投资产业目录。鼓励有意愿的地区举办制造业转移发展对接活动，促进转移项目落地。鼓励皮革、家具、家用电器等龙头企业到中西部地区投资，提升中西部地区产业技术发展水平。

（六）提升产业链现代化水平

开展强链稳链行动。 优化轻工领域制造业创新中心布局，推动企业积极创建各级技术创新中心、工业设计中心、重点实验室，集聚创新服务机构，提供优质的产品研发、质量控制等服务，完善提升创新公共服务体系。针对家用电器、皮革、洗涤用品等行业薄弱环节，加快研制技术创新路线图和产业链图谱，推动行业关键原材料、零部件、装备技术突破，巩固优势产业领先地位。开展运动休闲自行车转型升级行动，对标国际先进水平提升产业核心竞争力。深入实施重点产品、工艺"一条龙"应用计划，促进产业链创新成果示范应用。

强化数字赋能转型。 推动重点轻工行业数字化改造，建设一批智能制造示范工厂和优秀场景，培育若干5G工厂。发挥消费品行业数字化转型促进中心作用，为轻工企业数字技术应用、标准研制、人才培养提供多样化服务，支持制鞋、家具、家用电器等行业开展个性化定制和柔性生产，重塑产品生产新模式。发挥工业互联网标识解析节点作用，推动重点领域质量安全追溯建设。组织行业协会举办中国轻工业信息化大会，展示数字化转型典型成果。

推动绿色安全发展。 制定电动自行车行业规范条件，修订日用玻璃行业规范条件，做好铅蓄电池行业规范公告管理，促进行业规范发展。支持轻工企业进行技术改造和设备更新，推广绿色低碳先进技术。培育一批轻工领域绿色产品、绿色工厂、绿色供应链管理企业等，加速形成轻工业绿色竞争优势。指导企业落实安全生产主体责任，规范安全生

产条件，提升本质安全水平。

四、保障措施

（一）加强政策支持。 利用现有资金渠道，支持轻工企业智能制造、绿色制造和基础领域技术突破。落实好支持中小微企业发展相关政策，提高轻工中小微企业抗风险能力。发挥国家产融合作平台作用，综合运用信贷、债券、基金、保险等各类金融工具和专项再贷款等政策工具，支持轻工企业创新发展。落实好稳外贸政策措施，进一步加大出口信用保险支持力度，优化汇率避险服务。

（二）加强标准引领。 加强市场急需、跨界融合、质量提升等方面标准供给，加快家用电器、婴童用品、学生用品、运动器材、电动自行车等重点产品强制性国家标准制定修订，制定家用电器、家具、玩具、造纸、皮革、照明电器等领域质量分级标准。每年制定修订轻工领域标准300项，提升标准引领行业发展的能力。加强标准制定修订过程管理，提升标准制定修订效率和质量水平。

（三）加强人才支撑。 支持举办行业性创新创业大赛、轻工大国工匠推荐活动，加大对优秀产业人才培养力度。开展全国工业设计职业技能大赛，开展轻工业职业能力评价，培育一批轻工技术能手。举办石雕、陶瓷、鞋类设计师等职业技能竞赛，加强人才队伍建设。开展轻工行业标准化专业人员能力提升培训工作，提升标准化从业人员的专业水平和职业素养。

（四）加强组织实施。 建立部省会商交流机制，及时协调解决发展问题，采取积极措施稳定轻工业生产效益。积极运用"数字工信"等信息化平台加强细分行业调度分析，及时准确掌握行业发展最新动态。各地工业和信息化主管部门要加强部门协同，加大产业发展政策要素保障，狠抓本工作方案落实，稳住本地区重点行业、重点企业发展，力争达到预期目标。行业组织要积极搭建行业交流展示平台，及时研究分析国际国内形势变化对重点行业、区域企业、特别是小微企业的冲击影响，帮助企业制定应急预案，增强风险预警和处置能力。各地工业和信息化主管部门、有关全国性行业协会每年定期报送本地区、本行业稳增长工作实施进展。

工业和信息化部

国家发展改革委

商务部

2023年7月19日

商务领域经营者使用、
报告一次性塑料制品管理办法

中华人民共和国商务部、中华人民共和国国家发展和改革委员会令

二〇二三年　第1号

第一章　总　则

第一条　为贯彻实施《中华人民共和国固体废物污染环境防治法》关于一次性塑料制品使用和报告的规定，制定本办法。

第二条　本办法适用于商务领域一次性塑料制品使用和报告的监督管理。

本办法所称商务领域是指根据国家法律和相关规定商务主管部门在一次性塑料制品使用和报告职责范围内的领域，包括商品零售、电子商务、餐饮、住宿、展览。

本办法所称一次性塑料制品是指商务领域经营者在其经营活动中向消费者提供的、由塑料制成的、不以重复使用为目的的制成品。

第三条　国家推行绿色发展方式，倡导简约适度、绿色低碳的生活方式，鼓励减少使用一次性塑料制品，科学稳妥推广应用替代产品，引导公众积极参与塑料污染治理。

第四条　国家依法禁止、限制使用不可降解塑料袋等一次性塑料制品，禁止、限制使用的具体范围、实施时间和地域要求，依据国家相关规定进行规范和调整（以下简称国家禁限使用规定），商务领域经营者应当遵守国家禁限使用规定，未列入国家禁限使用规定的可以使用。

第五条　商务领域经营者中的商品零售场所开办单位、电子商务平台（含外卖平台）企业、外卖企业应当根据本办法向商务主管部门报告一次性塑料制品使用、回收情况。

本办法所称商品零售场所是指向消费者提供零售服务的各类超市、商场、集贸市场。商品零售场所开办单位是指为商品零售经营者提供经营场所，并与场所内商品零售经营者签订联营或租赁经营协议的企业法人。

本办法所称电子商务平台企业是指在电子商务中为交易双方或者多方提供网络经营场所、交易撮合、信息发布等服务，供交易双方或者多方独立开展交易活动的企业。

本办法所称外卖企业是指提供外卖服务的零售、餐饮企业。

第六条　商务部负责全国商务领域执行国家禁限使用规定和一次性塑料制品报告活动的监督管理。

发展改革委等有关部门建立工作机制，统筹指导协调塑料污染治理工作。

县级以上地方商务主管部门依据职责对本行政区域内商务领域执行国家禁限使用规定和一次性塑料制品报告活动实施监督管理。县级以上地方商务主管部门涉及本办法有关商务执法职责发生调整的，有关商务执法职责由本级人民政府确定的承担相关职责的部门实施。

县级以上地方发展改革部门依据职责会同有关部门统筹指导协调本行政区域内塑料污染治理工作。

第七条　一次性塑料制品相关行业协会应当制定行业规范，提供咨询、培训等服务，加强宣传引导和行业自律。

第二章　商务领域经营者规范

第八条　商务领域经营者应当在其经营场所或网站的醒目位置张贴、摆放或设置国家禁限使用规定的标语，或者上述信息的链接标识，链接标识应当清晰、醒目。

第九条　商品零售经营者应当依法执行《商品零售场所塑料购物袋有偿使用管理办法》。

鼓励商品零售经营者通过设置替代产品自助售卖装置，提供购物筐、购物车租赁服务等方式减少一次性塑料制品使用。

第十条　电子商务经营者应当优先采用可重复使用、易回收利用的包装物，遵守国家包装管理有关规定。

鼓励电子商务经营者与商品生产企业合作，设计应用满足快递物流配送需求的商品包装，推广电商快件原装直发。

鼓励电子商务经营者与快递企业合作，推广应用可循环快递包装，减少一次性塑料制品使用。

第十一条 电子商务平台（含外卖平台）企业应当制定鼓励平台内经营者减少快递包装和外卖环节一次性塑料制品使用的平台规则。

鼓励电子商务平台（含外卖平台）企业与快递企业、环卫单位、回收企业等开展合作，在写字楼、学校、大型社区等重点区域投放一次性塑料制品回收设施。

鼓励电子商务平台（含外卖平台）企业通过建立积分反馈、绿色信用等机制引导消费者使用替代产品，减少快递包装和外卖环节一次性塑料制品使用。

第十二条 商品零售场所开办单位、电子商务平台（含外卖平台）企业应当督促其入驻经营者作出一次性塑料制品使用自律承诺，主动承诺知悉并遵守国家禁限使用规定。已经入驻的经营者应当于本办法实施之日起 60 日内作出自律承诺。

第十三条 餐饮经营者应当根据内装物情况，合理选用替代产品或合规的一次性塑料制品提供打包或外卖服务。

鼓励餐饮经营者通过激励措施引导消费者使用替代产品，减少一次性塑料制品使用。

第十四条 住宿经营者应当按照国家有关规定推行不主动提供一次性塑料制品。

鼓励住宿经营者通过激励措施引导消费者减少一次性塑料制品使用。

第十五条 展馆经营者应当积极开展宣传引导，书面告知展览活动主办单位国家禁限使用规定。

展览活动主办单位应当告知参展单位等与展览活动相关的各单位国家禁限使用规定。

鼓励展览活动主办单位、参展单位使用替代产品，减少一次性塑料制品使用。

第十六条 商品零售场所开办单位、电子商务平台（含外卖平台）企业、外卖企业应当通过商务部建立的全国一次性塑料制品使用、回收报告系统，向所在地县级商务主管部门报告一次性塑料制品使用、回收情况。报告每半年一次，上半年报告应于当年 7 月 31 日前完成，下半年报告应于次年的 1 月 31 日前完成。

一次性塑料制品报告范围根据国家相关规定动态调整。报告应当真实、完整，不得含有虚假内容，不得有重大遗漏。

第十七条 商品零售场所开办单位报告其自营、联营及其场所内经营者塑料购物袋有偿使用情况、塑料废弃物回收情况和场所内经营者作出自律承诺的情况。

商品零售场所内存在不同企业法人的商品零售场所开办单位的，开办单位分别报告各自情况。

鼓励商品零售场所开办单位报告范围外的商品零售经营者报告塑料购物袋有偿使用情况和塑料废弃物回收情况。

第十八条 电子商务平台企业报告其自营业务产生的快递塑料包装（含塑料包装袋、塑料胶带、一次性塑料编织袋等）的使用情况、塑料废弃物回收情况和平台内经营者作出自律承诺的情况。外卖平台企业报告其自营业务产生的塑料购物袋、一次性塑料餐具（刀、叉、勺）、一次性可降解塑料吸管的使用情况、塑料废弃物回收情况和平台内经营者作出自律承诺的情况。

电子商务平台企业、外卖平台企业参照前款报告客体，对平台内经营者一次性塑料制品使用、回收情况应当按照报告期开展总体评估，并向所在地县级商务主管部门报告。总体评估报告包括平台企业制定鼓励平台内经营者减少上述一次性塑料制品使用的平台规则、采取的相关治理措施、开展的宣传推广活动、平台内经营者取得的减量成效等。外卖平台企业除评估报告以上内容外，还应当报告其平台内经营者对上述一次性塑料制品有偿使用评估情况。

外卖平台企业以适当方式告知平台内外卖企业国家有关一次性塑料制品使用、回收报告的规定。

第十九条 外卖企业报告塑料购物袋、一次性塑料餐具（刀、叉、勺）、一次性可降解塑料吸管使用情况和塑料废弃物回收情况。外卖企业报告数据不区分店内即时消费与外卖业务。商品零售场所开办单位提供外卖服务的，按照本办法第十七条和本条规定合并报告。

第二十条 各报告主体报告一次性塑料制品使用情况时可根据实际填报"使用量""销售量"或"采购量"，报告口径须在报告过程中始终保持一致。

鼓励各报告主体主动报告替代产品使用、回收情况。

第三章 监督管理

第二十一条 县级以上地方商务主管部门采取"双随机、一公开"方式，对本行政区域内商务领域经营者执行国家禁限使用规定和使用、回收报告活动实施日常监督检查，重点检查以下方面：

（一）一次性塑料制品使用的情况；

（二）商务领域经营者张贴、摆放或设置国家禁限使用规定标语或链接标识的情况；

（三）商品零售场所开办单位、电子商务平台（含外卖平台）企业对其入驻经营者作出自律承诺督促管理的情况；

（四）电子商务平台（含外卖平台）企业平台规则制定情况；

（五）展馆经营者告知义务履行的情况；

（六）一次性塑料制品使用、回收报告的情况。

第二十二条 县级以上地方商务主管部门可以依法采取以下措施实施监督检查：

（一）进入一次性塑料制品使用等场所进行检查；

（二）询问与监督检查事项有关的单位或个人，要求其说明情况；

（三）查阅、复制有关文件、资料；

（四）依据有关法律法规采取的其他措施。

第二十三条 商务领域经营者涉嫌违法使用不可降解塑料袋等一次性塑料制品的，或者商品零售场所开办单位、电子商务平台（含外卖平台）企业、外卖企业涉嫌违法报告一次性塑料制品使用、回收情况的，县级以上地方商务主管部门可以对上述经营者进行约谈。

第二十四条 县级以上地方商务主管部门应当加强本行政区域内一次性塑料制品报告质量审核和宣传引导工作，做好一次性塑料制品使用、回收报告分析工作。报告制度执行情况和分析情况应当于报告工作结束后30日内向上一级商务主管部门报告，并抄送同级发展改革部门。

第四章 法律责任

第二十五条 商务领域经营者未遵守国家禁限使用规定的，由县级以上地方商务主管部门责令限期改正，限期不改正的，处一万元以上十万元以下的罚款。

第二十六条 违反本办法第十六条、第十七条、第十八条第一款和第二款、第十九条规定，商品零售场所开办单位、电子商务平台（含外卖平台）企业、外卖企业未按照本办法报告一次性塑料制品使用情况的，由县级以上地方商务主管部门责令限期改正，限期不改正的，处一万元以上十万元以下的罚款。

第五章 附则

第二十七条 省级商务主管部门会同同级发展改革部门，可以结合本地实际情况制定本办法的实施细则，并报商务部、发展改革委备案。

第二十八条 县级以上地方人民政府可以根据本地区实际情况确定实施本办法监督管理职责的部门，本办法规定的县级以上地方商务主管部门职责由县级以上地方人民政府确定的监督管理部门承担。

第二十九条 本办法由商务部会同发展改革委进行解释。

第三十条 本办法自2023年6月20日起实施。《商务领域一次性塑料制品使用、回收报告办法（试行）》（商务部公告2020年第61号）同时废止。

中共中央　国务院
关于促进民营经济发展壮大的意见

国务院公报 2023 年第 22 号

（2023 年 7 月 14 日）

民营经济是推进中国式现代化的生力军，是高质量发展的重要基础，是推动我国全面建成社会主义现代化强国、实现第二个百年奋斗目标的重要力量。为促进民营经济发展壮大，现提出如下意见。

一、总体要求

以习近平新时代中国特色社会主义思想为指导，深入贯彻党的二十大精神，坚持稳中求进工作总基调，完整、准确、全面贯彻新发展理念，加快构建新发展格局，着力推动高质量发展，坚持社会主义市场经济改革方向，坚持"两个毫不动摇"，加快营造市场化、法治化、国际化一流营商环境，优化民营经济发展环境，依法保护民营企业产权和企业家权益，全面构建亲清政商关系，使各种所有制经济依法平等使用生产要素、公平参与市场竞争、同等受到法律保护，引导民营企业通过自身改革发展、合规经营、转型升级不断提升发展质量，促进民营经济做大做优做强，在全面建设社会主义现代化国家新征程中作出积极贡献，在中华民族伟大复兴历史进程中肩负起更大使命、承担起更重责任、发挥出更大作用。

二、持续优化民营经济发展环境

构建高水平社会主义市场经济体制，持续优化稳定公平透明可预期的发展环境，充分激发民营经济生机活力。

（一）**持续破除市场准入壁垒**。各地区各部门不得以备案、注册、年检、认定、认证、指定、要求设立分公司等形式设定或变相设定准入障碍。清理规范行政审批、许可、备案等政务服务事项的前置条件和审批标准，不得将政务服务事项转为中介服务事项，没有法律法规依据不得在政务服务前要求企业自行检测、检验、认证、鉴定、公证或提供证明等。稳步开展市场准入效能评估，建立市场准入壁垒投诉和处理回应机制，完善典型案例归集和通报制度。

（二）**全面落实公平竞争政策制度**。强化竞争政策基础地位，健全公平竞争制度框架和政策实施机制，坚持对各类所有制企业一视同仁、平等对待。强化制止滥用行政权力排除限制竞争的反垄断执法。未经公平竞争不得授予经营者特许经营权，不得限定经营、购买、使用特定经营者提供的商品和服务。定期推出市场干预行为负面清单，及时清理废除含有地方保护、市场分割、指定交易等妨碍统一市场和公平竞争的政策。优化完善产业政策实施方式，建立涉企优惠政策目录清单并及时向社会公开。

（三）**完善社会信用激励约束机制**。完善信用信息记录和共享体系，全面推广信用承诺制度，将承诺和履约信息纳入信用记录。发挥信用激励机制作用，提升信用良好企业获得感。完善信用约束机制，依法依规按照失信惩戒措施清单对责任主体实施惩戒。健全失信行为纠正后的信用修复机制，研究出台相关管理办法。完善政府诚信履约机制，建立健全政务失信记录和惩戒制度，将机关、事业单位的违约毁约、拖欠账款、拒不履行司法裁判等失信信息纳入全国信用信息共享平台。

（四）**完善市场化重整机制**。鼓励民营企业盘活存量资产回收资金。坚持精准识别、分类施策，对陷入财务困境但仍具有发展前景和挽救价值的企业，按照市场化、法治化原则，积极适用破产重整、破产和解程序。推动修订企业破产法并完善配套制度。优化个体工商户转企业相关政策，降低转换成本。

三、加大对民营经济政策支持力度

精准制定实施各类支持政策，完善政策执行方式，加强政策协调性，及时回应关切和利益诉求，切实解决实际困难。

（五）**完善融资支持政策制度**。健全银行、保险、担保、券商等多方共同参与的融资风险市场化分担机制。健全中小微企业和个体工商户信用评级和评价体系，加强涉企信用信息归集，推广"信易贷"等服务模式。支持符合条件的民营中小微企业在债券市场融资，鼓励符合条件的民营企业发行科技创新公司债券，推动民营企业债券融资专项支持计划扩大覆盖面、提升增信力度。支持符合条件的民营企业上市融资和再融资。

（六）**完善拖欠账款常态化预防和清理机制**。严格执行《保障中小企业款项支付条例》，健全防范化解拖欠中小企业账款长效机制，依法依规加大对责任人的问责处罚力度。机关、事业单位和大型企业不得以内部人员变更，履行内部付款流程，或在合同未作约定情况下以等待竣工验收批复、决算审计等为由，拒绝或延迟支付中小企业和个体工商户款项。建立拖欠账款定期披露、劝告指导、主动执法制度。强化商业汇票信息披露，完善票据市场信用约束机制。完善拖欠账款投诉处理和信用监督机制，加强对恶意拖欠账款案例的曝光。完善拖欠账款清理与审计、督查、巡视等制度的常态化对接机制。

（七）**强化人才和用工需求保障**。畅通人才向民营企业流动渠道，健全人事管理、档案管理、社会保障等接续的政策机制。完善民营企业职称评审办法，畅通民营企业职称评审渠道，完善以市场评价为导向的职称评审标准。搭建民营企业、个体工商户用工和劳动者求职信息对接平台。大力推进校企合作、产教融合。推进民营经济产业工人队伍建设，优化职业发展环境。加强灵活就业和新就业形态劳动者权益保障，发挥平台企业在扩大就业方面的作用。

（八）**完善支持政策直达快享机制**。充分发挥财政资金直达机制作用，推动涉企资金直达快享。加大涉企补贴资金公开力度，接受社会监督。针对民营中小微企业和个体工商户建立支持政策"免申即享"机制，推广告知承诺制，有关部门能够通过公共数据平台提取的材料，不再要求重复提供。

（九）**强化政策沟通和预期引导**。依法依规履行涉企政策调整程序，根据实际设置合理过渡期。加强直接面向民营企业和个体工商户的政策发布和解读引导。支持各级政府部门邀请优秀企业家开展咨询，在涉企政策、规划、标准的制定和评估等方面充分发挥企业家作用。

四、强化民营经济发展法治保障

健全对各类所有制经济平等保护的法治环境，为民营经济发展营造良好稳定的预期。

（十）**依法保护民营企业产权和企业家权益**。防止和纠正利用行政或刑事手段干预经济纠纷，以及执法司法中的地方保护主义。进一步规范涉产权强制性措施，避免超权限、超范围、超数额、超时限查封扣押冻结财产。对不宜查封扣押冻结的经营性涉案财物，在保证侦查活动正常进行的同时，可以允许有关当事人继续合理使用，并采取必要的保值保管措施，最大限度减少侦查办案对正常办公和合法生产经营的影响。完善涉企案件申诉、再审等机制，健全冤错案件有效防范和常态化纠正机制。

（十一）**构建民营企业源头防范和治理腐败的体制机制**。出台司法解释，依法加大对民营企业工作人员职务侵占、挪用资金、受贿等腐败行为的惩处力度。健全涉案财物追缴处置机制。深化涉案企业合规改革，推动民营企业合规守法经营。强化民营企业腐败源头治理，引导民营企业建立严格的审计监督体系和财会制度。充分发挥民营企业党组织作用，推动企业加强法治教育，营造诚信廉洁的企业文化氛围。建立多元主体参与的民营企业腐败治理机制。推动建设法治民营企业、清廉民营企业。

（十二）**持续完善知识产权保护体系**。加大对民营中小微企业原始创新保护力度。严格落实知识产权侵权惩罚性赔偿、行为保全等制度。建立知识产权侵权和行政非诉执行快速处理机制，健全知识产权法院跨区域管辖制度。研究完善商业改进、文化创意等创新成果的知识产权保护办法，严厉打击侵犯商业秘密、仿冒混淆等不正当竞争行为和恶意抢注商标等违法行为。加大对侵犯知识产权违法犯罪行为的刑事打击力度。完善海外知识产权纠纷应对指导机制。

（十三）**完善监管执法体系**。加强监管标准化规范化建设，依法公开监管标准和规则，增强监管制度和政策的稳定性、可预期性。提高监管公平性、规范性、简约性，杜绝选择性执法和让企业"自证清白"式监管。鼓励跨行政区域按规定联合发布统一监管政策法规及标准规范，开展联动执法。按照教育与处罚相结合原则，推行告知、提醒、劝导等执法方式，对初次违法且危害后果轻微并及时改正的依法不予行政处罚。

（十四）**健全涉企收费长效监管机制**。持续完善政府定价的涉企收费清单制度，进行常态化公示，接受企业和社会监督。畅通涉企违规收费投诉举报渠道，建立规范的问题线索部门共享和转办机制，综合采取市场监管、行业监管、信用监管等手段实施联合惩戒，公开曝光违规收费典型案例。

五、着力推动民营经济实现高质量发展

引导民营企业践行新发展理念，深刻把握存在的不足和面临的挑战，转变发展方式、调整产业结构、转换增长动力，坚守主业、做强实业，自觉走高质量发展之路。

（十五）**引导完善治理结构和管理制度**。支持引导民营企业完善法人治理结构、规范股东行为、强化内部监督，实现治理规范、有效制衡、合规经营，鼓励有条件的民营企业建立完善中国特色现代企业制度。依法推动实现企业法人财产与出资人个人或家族财产分离，明晰企业产权结构。研究构建风险评估体系和提示机制，对严重影响企业运营并可能引发社会稳定风险的情形提前预警。支持民营企业加强风险防范管理，引导建立覆盖企业战略、规划、投融资、市场运营等各领域的全面风险管理体系，提升质量管理意识和能力。

（十六）**支持提升科技创新能力**。鼓励民营企业根据国家战略需要和行业发展趋势，持续加大研发投入，开展关键核心技术攻关，按规定积极承担国家重大科技项目。培育一批关键行业民营科技领军企业、专精特新中小企业和创新能力强的中小企业特色产业集群。加大政府采购创新产品力度，发挥首台（套）保险补偿机制作用，支持民营企业创新产品迭代应用。推动不同所有制企业、大中小企业融通创新，开展共性技术联合攻关。完善高等学校、科研院所管理制度和成果转化机制，调动其支持民营中小微企业创新发展积极性，支持民营企业与科研机构合作建立技术研发中心、产业研究院、中试熟化基地、工程研究中心、制造业创新中心等创新平台。支持民营企业加强基础性前沿性研究和成果转化。

（十七）**加快推动数字化转型和技术改造**。鼓励民营企业开展数字化共性技术研发，参与数据中心、工业互联网等新型基础设施投资建设和应用创新。支持中小企业数字化转型，推动低成本、模块化智能制造设备和系统的推广应用。引导民营企业积极推进标准化建设，提升产品质量水平。支持民营企业加大生产工艺、设备、技术的绿色低碳改造力度，加快发展柔性制造，提升应急扩产转产能力，提升产业链韧性。

（十八）**鼓励提高国际竞争力**。支持民营企业立足自身实际，积极向核心零部件和高端制成品设计研发等方向延伸；加强品牌建设，提升"中国制造"美誉度。鼓励民营企业拓展海外业务，积极参与共建"一带一路"，有序参与境外项目，在走出去中遵守当地法律法规、履行社会责任。更好指导支持民营企业防范应对贸易保护主义、单边主义、"长臂管辖"等外部挑战。强化部门协同配合，针对民营经济人士海外人身和财产安全，建立防范化解风险协作机制。

（十九）**支持参与国家重大战略**。鼓励民营企业自主自愿通过扩大吸纳就业、完善工资分配制度等，提升员工享受企业发展成果的水平。支持民营企业到中西部和东北地区投资发展劳动密集型制造业、装备制造业和生态产业，促进革命老区、民族地区加快发展，投入边疆地区建设推进兴边富民。支持民营企业参与推进碳达峰碳中和，提供减碳技术和服务，加大可再生能源发电和储能等领域投资力度，参与碳排放权、用能权交易。支持民营企业参与乡村振兴，推动新型农业经营主体和社会化服务组织发展现代种养业，高质量发展现代农产品加工业，因地制宜发展现代农业服务业，壮大休闲农业、乡村旅游业等特色产业，积极投身"万企兴万村"行动。支持民营企业参与全面加强基础设施建设，引导民营资本参与新型城镇化、交通水利等重大工程和补短板领域建设。

（二十）**依法规范和引导民营资本健康发展**。健全规范和引导民营资本健康发展的法律制度，为资本设立"红绿灯"，完善资本行为制度规则，集中推出一批"绿灯"投资案例。全面提升资本治理效能，提高资本监管能力和监管体系现代化水平。引导平台经济向开放、创新、赋能方向发展，补齐发展短板弱项，支持平台企业在创造就业、拓展消费、国际竞争中大显身手，推动平台经济规范健康持续发展。鼓励民营企业集中精力做强做优主业，提升核心竞争力。

六、促进民营经济人士健康成长

全面贯彻信任、团结、服务、引导、教育的方

针，用务实举措稳定人心、鼓舞人心、凝聚人心，引导民营经济人士弘扬企业家精神。

（二十一）健全民营经济人士思想政治建设机制。积极稳妥做好在民营经济代表人士先进分子中发展党员工作。深入开展理想信念教育和社会主义核心价值观教育。教育引导民营经济人士中的党员坚定理想信念，发挥先锋模范作用，坚决执行党的理论和路线方针政策。积极探索创新民营经济领域党建工作方式。

（二十二）培育和弘扬企业家精神。引导民营企业家增强爱国情怀、勇于创新、诚信守法、承担社会责任、拓宽国际视野，敢闯敢干，不断激发创新活力和创造潜能。发挥优秀企业家示范带动作用，按规定加大评选表彰力度，在民营经济中大力培育企业家精神，及时总结推广富有中国特色、顺应时代潮流的企业家成长经验。

（二十三）加强民营经济代表人士队伍建设。优化民营经济代表人士队伍结构，健全选人机制，兼顾不同地区、行业和规模企业，适当向战略性新兴产业、高技术产业、先进制造业、现代服务业、现代农业等领域倾斜。规范政治安排，完善相关综合评价体系，稳妥做好推荐优秀民营经济人士作为各级人大代表候选人、政协委员人选工作，发挥工商联在民营经济人士有序政治参与中的主渠道作用。支持民营经济代表人士在国际经济活动和经济组织中发挥更大作用。

（二十四）完善民营经济人士教育培训体系。完善民营经济人士专题培训和学习研讨机制，进一步加大教育培训力度。完善民营中小微企业培训制度，构建多领域多层次、线上线下相结合的培训体系。加强对民营经济人士的梯次培养，建立健全年轻一代民营经济人士传帮带辅导制度，推动事业新老交接和有序传承。

（二十五）全面构建亲清政商关系。把构建亲清政商关系落到实处，党政干部和民营企业家要双向建立亲清统一的新型政商关系。各级领导干部要坦荡真诚同民营企业家接触交往，主动作为、靠前服务，依法依规为民营企业和民营企业家解难题、办实事，守住交往底线，防范廉政风险，做到亲而有度、清而有为。民营企业家要积极主动与各级党委和政府及部门沟通交流，讲真话、说实情、建诤言，洁身自好走正道，遵纪守法办企业，光明正大搞经营。

七、持续营造关心促进民营经济发展壮大的社会氛围

引导和支持民营经济履行社会责任，展现良好形象，更好与舆论互动，营造正确认识、充分尊重、积极关心民营经济的良好社会氛围。

（二十六）引导全社会客观正确全面认识民营经济和民营经济人士。加强理论研究和宣传，坚持实事求是、客观公正，把握好正确舆论导向，引导全社会正确认识民营经济的重大贡献和重要作用，正确看待民营经济人士通过合法合规经营获得的财富。坚决抵制、及时批驳澄清质疑社会主义基本经济制度、否定和弱化民营经济的错误言论与做法，及时回应关切、打消顾虑。

（二十七）培育尊重民营经济创新创业的舆论环境。加强对优秀企业家先进事迹、加快建设世界一流企业的宣传报道，凝聚崇尚创新创业正能量，增强企业家的荣誉感和社会价值感。营造鼓励创新、宽容失败的舆论环境和时代氛围，对民营经济人士合法经营中出现的失误失败给予理解、宽容、帮助。建立部门协作机制，依法严厉打击以负面舆情为要挟进行勒索等行为，健全相关举报机制，降低企业维权成本。

（二十八）支持民营企业更好履行社会责任。教育引导民营企业自觉担负促进共同富裕的社会责任，在企业内部积极构建和谐劳动关系，推动构建全体员工利益共同体，让企业发展成果更公平惠及全体员工。鼓励引导民营经济人士做发展的实干家和新时代的奉献者，在更高层次上实现个人价值，向全社会展现遵纪守法、遵守社会公德的良好形象，做到富而有责、富而有义、富而有爱。探索建立民营企业社会责任评价体系和激励机制，引导民营企业踊跃投身光彩事业和公益慈善事业，参与应急救灾，支持国防建设。

八、加强组织实施

（二十九）坚持和加强党的领导。坚持党中央对民营经济工作的集中统一领导，把党的领导落实到工作全过程各方面。坚持正确政治方向，建立完善民营经济和民营企业发展工作机制，明确和压实部门责任，加强协同配合，强化央地联动。支持工商联围绕促进民营经济健康发展和民营经济人士健康成长更好发挥作用。

（三十）完善落实激励约束机制。督促强化已出台政策的落实，重点推动促进民营经济发展壮

大、产权保护、弘扬企业家精神等政策落实落细，完善评估督导体系。建立健全民营经济投诉维权平台，完善投诉举报保密制度、处理程序和督办考核机制。

（三十一）及时做好总结评估。在与宏观政策取向一致性评估中对涉民营经济政策开展专项评估

审查。完善中国营商环境评价体系，健全政策实施效果第三方评价机制。加强民营经济统计监测评估，必要时可研究编制统一规范的民营经济发展指数。不断创新和发展"晋江经验"，及时总结推广各地好经验好做法，对行之有效的经验做法以适当形式予以固化。

关于印发助力中小微企业稳增长调结构强能力若干措施的通知

工信部企业函〔2023〕4 号

各省、自治区、直辖市及计划单列市、新疆生产建设兵团促进中小企业发展工作领导小组，国务院促进中小企业发展工作领导小组各成员单位，教育部：

《助力中小微企业稳增长调结构强能力若干措施》已经国务院促进中小企业发展工作领导小组同意，现印发给你们，请结合实际，认真抓好

贯彻落实。

附件：
助力中小微企业稳增长调结构强能力若干措施

国务院促进中小企业发展工作领导小组办公室
2023 年 1 月 11 日

附件

助力中小微企业稳增长调结构强能力若干措施

为深入贯彻党的二十大精神，落实中央经济工作会议决策部署，帮助中小微企业应对当前面临的困难，进一步推动稳增长稳预期，着力促进中小微企业调结构强能力，制定以下措施。

一、进一步推动稳增长稳预期

（一）强化政策落实和支持力度

深入落实减税降费、稳岗返还等政策，切实推动已出台的政策措施落地见效。结合实际优化调整2022 年底到期的阶段性政策。加强中小微企业运行监测，及时掌握中小微企业面临的困难问题，进一步研究提出有针对性的政策措施。（财政部、税务总局、人力资源社会保障部、工业和信息化部等部门会同各地方按职责分工负责）

（二）加大对中小微企业的金融支持力度

用好支小再贷款、普惠小微贷款支持工具、科技创新再贷款等货币政策工具，持续引导金融机构增加对中小微企业信贷投放。推动金融机构增加小微企业首贷、信用贷、无还本续贷和中长期贷款，推广随借随还贷款模式，推动普惠型小微企业贷款增量扩面。（人民银行、银保监会按职责分工负责）

（三）促进产业链上中小微企业融资

选择部分具备条件的重点产业链、特色产业集群主导产业链，开展"一链一策一批"中小微企业融资促进行动，深化产融对接和信息共享，鼓励银行业金融机构在风险可控前提下，制定专门授信方

案，高效服务链上中小微企业，促进产业与金融良性循环。（工业和信息化部、人民银行、银保监会按职责分工负责）

（四）有效扩大市场需求

支持中小企业设备更新和技术改造，参与国家科技创新项目建设，承担国家重大科技战略任务。将政府采购工程面向中小企业的预留份额阶段性提高至 40% 以上政策延续到 2023 年底。落实扩大汽车、绿色智能家电消费以及绿色建材、新能源汽车下乡等促消费政策措施。持续开展消费品"三品"（新品、名品、精品）全国行系列活动，举办第三届中国国际消费品博览会，开展国际消费季、消费促进月等活动。鼓励大型企业和平台机构发布面向中小微企业的采购清单，开展跨境撮合活动，为中小微企业开拓更多市场，创造更多商机。（发展改革委、财政部、科技部、工业和信息化部、商务部、国资委等部门按职责分工负责）

（五）做好大宗原材料保供稳价

推动建立原材料重点产业链上下游长协机制，实现产业链上下游衔接联动，保障链上中小微企业原材料需求。强化大宗原材料"红黄蓝"供需季度预警，密切监测市场供需和价格变化，灵活运用国家储备开展市场调节。强化大宗商品期现货市场监管，打击囤积居奇、哄抬价格等违法违规行为，坚决遏制过度投机炒作。（发展改革委、工业和信息化部、市场监管总局、证监会按职责分工负责）

（六）加大公共服务供给和舆论宣传引导

健全国家、省、市、县四级中小企业服务体系，发挥社会化公共服务机构作用。深入推进"一起益企"中小企业服务行动和中小企业服务月活动，为中小微企业提供更加优质、精准的政策宣传解读、咨询、培训和技术等服务。充分发挥"中小企助查App"等数字化平台作用，提供个性化政策匹配服务，提高惠企政策的知晓率、惠及率和满意率。加强先进典型宣传，讲好中小企业发展故事，深入开展中小企业发展环境第三方评估，形成有利于中小微企业健康发展的良好氛围。（工业和信息化部、中央宣传部、商务部按职责分工负责）

（七）强化合法权益保护

强化落实支持中小微企业发展的有关法律制度，依法保护产权和知识产权。严格执行《保障中小企业款项支付条例》，落实机关、事业单位、大型企业逾期未支付中小微企业账款信息披露制度，

强化监管，加强投诉处理。深入开展涉企违规收费整治，建立协同治理和联合惩戒机制，坚决查处乱收费、乱罚款、乱摊派。（工业和信息化部、市场监管总局、发展改革委、财政部、商务部、国资委等部门会同各地方按职责分工负责）

二、着力促进中小微企业调结构强能力

（八）加大专精特新中小企业培育力度

健全优质中小企业梯度培育体系，建立优质中小企业梯度培育平台，完善企业画像，加强动态管理。整合各类服务资源，完善服务专员工作机制，支持创新专属服务产品，开展个性化、订单式服务，"一企一策"精准培育，着力提升培育质效。中央财政通过中小企业发展专项资金继续支持专精特新中小企业高质量发展和小微企业融资担保业务降费奖补。到 2023 年底，累计培育创新型中小企业 15 万家以上、省级专精特新中小企业 8 万家以上、专精特新"小巨人"企业 1 万家以上。（工业和信息化部、财政部按职责分工负责）

（九）促进大中小企业融通创新

深入实施大中小企业融通创新"携手行动"，围绕重点产业链举办"百场万企"大中小企业融通创新对接活动，引导大企业向中小企业开放创新资源和应用场景。分行业分地区开展大中小企业供需对接活动，着力提升产业链供应链韧性和安全水平。推动中小微商贸企业创特色、创品质、创品牌，促进商贸企业以大带小、协同发展。（工业和信息化部、国资委、科技部、商务部、全国工商联按职责分工负责）

（十）促进科技成果转化和中小企业数字化转型

实施科技成果赋智中小企业专项行动，搭建创新成果转化平台，解决中小企业技术创新需求，建立完善中小企业科技成果评价机制，促进科技成果转化，提升中小微企业核心竞争力。深入实施数字化赋能中小企业专项行动，中央财政继续支持数字化转型试点工作，带动广大中小企业"看样学样"加快数字化转型步伐。推动工业互联网平台进园区、进集群、进企业。（工业和信息化部、财政部、科技部、商务部按职责分工负责）

（十一）提升中小企业质量标准品牌水平

实施质量标准品牌赋值中小企业专项行动，开展可靠性"筑基"和"倍增"工程，持续推进"计量服务中小企业行""小微企业质量管理体系认证

提升行动"等活动,提高中小企业质量工程技术能力和质量管理能力。支持中小企业牵头或参与国内外标准编制,推广运用先进标准,提升中小企业标准化能力。为中小企业提供品牌创建与培育、咨询评估、品牌保护等服务,实施"千企百城"商标品牌价值提升行动,提高中小企业品牌建设能力。(工业和信息化部、市场监管总局、商务部、知识产权局按职责分工负责)

(十二)加强知识产权运用和保护

组织开展知识产权创新管理相关国际标准实施试点,推广企业知识产权合规管理相关国家标准,发布中小企业知识产权运用工作指引,指导中小企业加强知识产权管理。深入推进专利开放许可试点工作,做好许可使用费估算指引、许可后产业化配套服务。加大中小企业知识产权保护力度,完善知识产权纠纷多元化解决机制,加强知识产权纠纷行政裁决、调解和仲裁工作,开展维权援助公益服务。(知识产权局、工业和信息化部按职责分工负责)

(十三)加大人才兴企支持力度

深入实施中小企业经营管理领军人才培训,优化中小企业职称评审工作,支持符合条件的专精特新"小巨人"企业备案设立博士后科研工作站。深入实施"千校万企"协同创新伙伴行动,择优派驻一批博士生为企业提供技术服务,实施"校企双聘"制度,遴选一批专家教授担任专精特新中小企业技术、管理导师,为企业提供"一对一"咨询指导等服务,吸引更多高校毕业生到中小微企业创新创业。(工业和信息化部、教育部、人力资源社会保障部按职责分工负责)

(十四)加大对优质中小企业直接融资支持

支持专精特新中小企业上市融资,北京证券交易所实行"专人对接、即报即审"机制,加快专精特新中小企业上市进程。发挥国家中小企业发展基金、国家科技成果转化引导基金的政策引导作用,带动更多社会资本投早投小投创新。(证监会、工业和信息化部、科技部、财政部按职责分工负责)

(十五)促进中小企业特色产业集群高质量发展

加强政策引导和资源统筹,构建中小企业特色产业集群梯度培育体系,壮大集群主导产业,促进集群内中小微企业专精特新发展。组织服务机构、行业专家进集群开展咨询诊断服务活动,打通产业链上下游生产资源与优质服务资源渠道,提升集群服务能力。2023年培育100家左右国家级中小企业特色产业集群。(工业和信息化部负责)

各有关部门、各地方要按照党中央、国务院决策部署,充分发挥各级促进中小企业发展工作协调机制作用,建立横向协同、纵向联动的工作机制,强化组织领导,凝聚工作合力,进一步帮助中小微企业稳定发展预期、增强发展信心,共同助力中小微企业稳增长调结构强能力,实现高质量发展。

综　　述

2023 年合成树脂行业运行情况及发展态势

中国石油和化学工业联合会　马百凯

2023 年，百年变局加速演进，全球经济复苏乏力，产业链、供应链重构加速，大国博弈、区域动荡加剧，国际油气价格仍处高位，整体经济保持在低谷运行；但我国经济总量超过 126 万亿元，同比增长 5.2%，增量以美元计为 7932 亿美元，仅增量就相当于全世界国内生产总值（GDP）排名第 20 位国家的水平，仍然是全世界经济增长最大引擎。受国内外经济形势影响，我国合成树脂行业生产稳定增长，消费继续恢复，价格大幅下跌，进出口量增额下降。

一、合成树脂生产情况

随着石油和化工行业（简称石化行业）供给侧结构性改革进一步深化、高质量发展步伐不断加快，行业市场规模和质量效益稳步提升。在合成树脂领域，部分大型炼化一体化项目陆续投产，以煤制烯烃为主的煤化工产业快速发展，我国合成树脂产能规模继续扩大。但总体来看，国内产能尚不能完全满足需求，我国仍然是合成树脂净进口国且进口依存度仍然较高。2023 年我国合成树脂总产能约为 1.3 亿吨，同比增长 12.8%。其中，聚乙烯（PE）产能达到 3241 万吨，新增产能达 260 万吨；聚丙烯（PP）产能达到 3976 万吨，新增产能达 480 万吨。

产量继续保持增长

据统计，2023 年我国聚乙烯产量 2807.4 万吨，增长 10.9%（同比，下同）；聚丙烯产量 3193.6 万吨，增长 7.7%；聚氯乙烯（PVC）产量 2283.0 万吨，增长 3.9%；聚苯乙烯（PS）产量 400.2 万吨，增长 12.7%；ABS 树脂（丙烯腈—苯乙烯—丁二烯共聚物）产量 586.0 万吨，增幅 32.0%。上述五大通用树脂总产量合计 9270.2 万吨，同比增长 9.1%（见表 1）。

表 1　2019—2023 年我国五大通用树脂产量

合成树脂类别	年份				
	2019 年	2020 年	2021 年	2022 年	2023 年
聚乙烯（PE）/ 万吨	1744.9	1906.6	2170.8	2531.6	2807.4
聚丙烯（PP）/ 万吨	2348.5	2625.9	2962.3	2965.5	3193.6
聚氯乙烯（PVC）/ 万吨	2010.7	2074.0	2116.8	2197.0	2283.0
聚苯乙烯（PS）/ 万吨	298.3	316.5	311.5	355.1	400.2
ABS 树脂 / 万吨	393.0	400.9	405.8	444.0	586.0
五大通用树脂小计 / 万吨	6795.4	7323.9	7967.2	8493.2	9270.2

注：聚乙烯（PE）主要包括低密度聚乙烯（LDPE）、高密度聚乙烯（HDPE）、线性低密度聚乙烯（LLDPE）等，聚苯乙烯（PS）包括可发性聚苯乙烯（EPS）、高抗冲聚苯乙烯（HIPS）和通用级聚苯乙烯（GPPS），下同。

二、合成树脂消费情况

（一）国内消费继续恢复

2023 年，我国五大通用树脂表观消费总量达到 1.07 亿吨，增长 6.8%。五大通用树脂（聚乙烯、聚丙烯、聚氯乙烯、聚苯乙烯和 ABS 树脂）的表观消费量均呈现出上涨态势（见表 2）。

表2　2019—2023年我国五大通用树脂表观消费量及年增长率

合成树脂类别	年份				
	2019 年	2020 年	2021 年	2022 年	2023 年
聚乙烯 / 万吨	3383.3	3734.8	3578.6	3806.1	4067.9
聚丙烯 / 万吨	2663.3	3039.9	3152.9	3289.3	3474.1
聚氯乙烯 / 万吨	2026.7	2106.9	1963.5	1948.0	2066.3
聚苯乙烯 / 万吨	399.1	431.3	409.1	432.1	444.0
ABS 树脂 / 万吨	593.5	597.9	573.2	572.9	680.0
五大通用树脂小计 / 万吨	9065.9	9910.8	9677.3	10 048.4	10 732.3
年增长率 /%	10.8	9.3	−2.4	3.8	6.8

数据来源：中国石油和化学工业联合会，每年会对上一年的绝对值数据进行修正。

"十四五"期间，我国合成树脂市场规模继续稳定增长，在全球合成树脂产业链中的地位进一步巩固。基于环保诉求，全球限塑进程呈现加快趋势，我国在 2020 年年初也发布了《关于进一步加强塑料污染治理的意见》；同时，需求量暴涨的快递和外卖等的包装也在"十四五"期间受到

了严格监管或由可降解塑料替代。这些都会对合成树脂的需求带来冲击。

总体来看，我国合成树脂市场消费潜力依然很大，产品供需仍存在较大缺口（见表3）。由目前的消费增长趋势判断，未来几年我国合成树脂市场消费仍将保持平稳增长态势。

表3　2019—2023年我国五大通用树脂供需情况

合成树脂类别	年份				
	2019 年	2020 年	2021 年	2022 年	2023 年
聚乙烯 / 万吨	−1638.3	−1828.1	−1407.7	−1346.74	−1260.5
聚丙烯 / 万吨	−314.7	−414.1	−190.6	−196.56	−280.5
聚氯乙烯 / 万吨	−16.0	−33.0	153.3	445.57	216.7
聚苯乙烯 / 万吨	−100.8	−114.8	−97.6	−42.07	−43.8
ABS 树脂 / 万吨	−200.6	−196.8	−167.4	−120.8	−94.0
五大通用树脂小计 / 万吨	−2270.4	−2586.8	−1710.0	−1260.6	−1462.1

注：数值为负表示国内需求大于国内产量，存在供应缺口；数值为正表示国内需求小于国内供给，存在生产富余。

（二）消费领域广泛

合成树脂被广泛应用于包装、建筑、农业、家电及汽车等领域。2023 年，聚乙烯消费量仍最大，聚丙烯消费量继续居第 2 位，聚氯乙烯消费量居第 3 位。这三大通用树脂消费量超过合成树脂消费总量的 60%。

1. 聚乙烯

2023 年，我国聚乙烯表观消费量为 4063.8 万吨，同比增长 6.8%。其中，高密度聚乙烯（HDPE）占 46.4%，低密度聚乙烯（LDPE）占 12.6%；线性低密度聚乙烯（LLDPE）占 41.0%。从消费结构来看，薄膜占比最大，超过 50%，达到 57.9%；管材、中空、注塑、拉丝依次位居 2—5 位，其中，管材和中空领域的占比分别为 11.5% 和 10.3%（见表 4）。薄膜应用主要集中在包装膜和农膜领域。其中，包装膜需求量最大，且南方地区需求较为集中；农膜需求主要集中在北方地区，华北地区尤为集中。近两年，由于宏观政策的影响，市场对电缆、涂覆、滚塑的需求不断增加，其占比在不断扩大。

表 4　2023 年我国聚乙烯消费结构

产品	消费量／万吨	占比／%
薄膜	2351.2	57.9
管材	467.8	11.5
中空	419.0	10.3
注塑	345.8	8.5
拉丝	162.7	4.0
电缆	89.5	2.2
涂覆	52.9	1.3
滚塑	28.5	0.7
其他	146.4	3.6

2. 聚丙烯

2023 年，聚丙烯终端需求出现明显反弹，我国聚丙烯表观消费量为 3474.1 万吨，同比增长 5.6%。聚丙烯下游应用众多，消费结构呈现出应用领域广泛且一次性消费占比较高的特点。其中，消费占比较大的产品主要集中在拉丝、低熔共聚、均聚注塑。消费量排名前 3 位的产品占聚丙烯 2023 年消费总

量的 52.5%。一次性消费占比依然超过 60%。其中，拉丝类产品作为聚丙烯下游的"万能料"，是目前聚丙烯下游最大应用领域，占聚丙烯消费总量的 31.1%，除了应用于塑编、薄膜外，在小型注塑制品、网绳、渔网等领域也有广泛应用；其次是薄壁注塑、高熔纤维和高熔共聚，分别占聚丙烯消费总量的 7.0%、6.9% 和 6.5%（见表 5）。

表 5　2023 年我国聚丙烯消费结构（部分产品）

产品	消费量／万吨	占比／%
拉丝	1080.4	31.8
低熔共聚	392.6	11.3
均聚注塑	350.9	10.1
薄壁注塑	243.2	7.0
高熔纤维	239.7	6.9
高熔共聚	225.8	6.5
双向拉伸聚丙烯薄膜（BOPP）	215.4	6.2
透明料	166.8	4.8

3. 聚氯乙烯

2023 年，我国聚氯乙烯表观消费量为 2066.3 万吨，同比增长 6.1%。聚氯乙烯消费结构和应用领域基本一致，硬制品和软制品分别占 60.5% 和 39.5%。在下游消费中，管材以 34.0% 的消费占比稳居第一，型材近年来随着房地产市场需求减少下降至 11.0% 左右，壁纸及发泡制品、新型家装地板产品需求增加，占比分别达 12.0% 和 11.0%，薄膜包装、线缆包装占比分别为 11.0%、9.5%（见表 6）。

表 6　2023 年我国聚氯乙烯消费结构

产品	消费量／万吨	占比／%
管材	702.5	34.0
壁纸及发泡制品	248.0	12.0
型材	227.3	11.0
新型家装地板产品	227.3	11.0
薄膜包装	227.3	11.0

（续表）

产品	消费量 / 万吨	占比 / %
线缆包装	196.3	9.5
鞋材、革类	144.6	7.0
其他	93.0	4.5

4. 聚苯乙烯

2023 年，我国聚苯乙烯表观消费量约为444.1 万吨，同比增长 2.8%。聚苯乙烯主要应用于电子电器、日用品、包装容器、建筑保温及装饰材料等。其中，电子电器消费占 52.0%（见表 7），主要包括冰箱、空调、电视机、电脑、小家电等的注塑件、挤出件及其他电器元件，客户群体主要集中在大家电以及部分小家电的注塑件上，行业集中度高，单个客户规模庞大。日用品消费占 22.0%，主要包括餐具、衣架、牙刷、文具、饮料杯等日用品，客户群体主要集中在一次性消费品上，行业集中度不高，客户数量庞大。包装容器消费占 17.0%，客户群体分散在食品、医疗、日用消费等领域，客户数量较多，单个客户规模小，涉及食品包装、医疗品、实验室用品、化妆品、礼品、CD 录音带盒、电子产品包装等。建筑保温及装饰材料消费占 7.0%，同比明显下滑，包括挤塑板、灯具、广告板等材料，客户主要在建筑保温及装饰材料行业，客户数量亦较庞大，行业集中度不高。

表 7 2023 年我国聚苯乙烯消费结构

产品	消费量 / 万吨	占比 / %
电子电器	230.9	52.0
日用品	97.7	22.0
包装容器	75.5	17.0
建筑保温及装饰材料	31.1	7.0
其他	8.9	2.0

5. ABS 树脂

2023 年，我国 ABS 树脂表观消费量为 680.0万吨，同比增长 18.7%。ABS 树脂下游应用方面基本和 2022 年相差不大，家用电器消费占比达58.0%，办公设备消费占比达 14.0%，交通消费占

比提升至 15.0%，轻工业消费占比为 8.0%，建材及其他消费占比下降到 5.0%（见表 8）。可见，家用电器消费占比最大。未来几年家用电器依旧是ABS 树脂的最大消费领域，美的、格力、海尔等家电企业的内销、外销均表现亮眼。另外，2018—2023 年，汽车行业产销量持续下降，交通消费占比一度位居第 3 位，但随着新能源汽车的普及，2023 年交通消费占比明显提升。未来，汽车行业的 ABS 树脂消费量将继续受到国家政策的影响。

应用 ABS 树脂的电子电器主要包括电冰箱、冰柜、空调、洗衣机、微波炉、音响等；办公设备主要为计算机、传真机、电话、复印机等；车用产品主要为汽车、摩托车的仪表板、车轮罩、散热器隔栅、空调器、行李箱、手柄等部件；日用品主要有箱包、玩具；而建材中主要用 ABS 树脂制作管材、装饰板等。

表 8 2023 年我国 ABS 树脂消费结构

产品	消费量 / 万吨	占比 / %
家用电器	394.4	58.0
交通	102.0	15.0
办公设备	95.2	14.0
轻工业	54.4	8.0
建材及其他	34.0	5.0

三、合成树脂进出口情况

就国际环境来看，2023 年是复杂多变的一年，也是不确定因素增加的一年。我国供应链产业链运行依旧稳定，生产贸易平稳有序，很好地支撑了国内和国外的合成树脂及下游需求。我国大陆合成树脂行业进出口贸易总量为 3907.6 万吨，同比增长 1.6%，进出口贸易总额为 619.5 亿美元，同比下降 17.3%。全行业贸易额占石化行业贸易总额的 6.5%，占化工行业贸易总额的 14.9%。贸易逆差为 185.5 亿元，同比大幅下降 25.5%，仍然是石化行业主要的逆差来源之一，占全行业贸易逆差的5.8%。

（一）合成树脂进口

1. 进口情况

如表 9 所示，2023 年我国大陆合成树脂进口总量为 2673.7 万吨，同比下降 3.1%。合成树脂主

要品种进口量均出现大幅下降。五大通用树脂进口量为 1835.5 万吨，同比下降 10.9%，占合成树脂进口总量的 69.6%，与上一年基本持平；净进口量为 1296.5 万吨，同比下降 13.7%，占合成树脂净进口总量的 90.1%。其中，聚乙烯进口量为 1344.0 万吨，同比下降 0.2%，占合成树脂进口总量的 50.3%，增长 1.5 个百分点，继续保持进口量第 1 名；聚苯乙烯和 ABS 树脂进口量出现大幅度下降，分别为 63.4 万吨和 107.8 万吨，同比分别下降 28.7% 和 21.3%。除五大通用树脂之外，环氧树脂、聚碳酸

酯等进口量都出现较大幅度的下滑。受限废令的影响，塑料废碎料已无进口。

2023 年，我国大陆合成树脂进口总额为 402.6 亿美元，同比下降 19.4%。其中，聚乙烯进口总额为 139.7 亿美元，同比下降 16.2%，占合成树脂进口总额的 34.7%；聚丙烯、聚氯乙烯、聚苯乙烯、ABS 树脂、环氧树脂、聚碳酸酯和聚硅氧烷进口额不同程度下降，降幅分别为 21.6%、29.2%、39.7%、38.5%、36.6% 和 14.0%。

表 9　2019—2023 年我国大陆合成树脂进口情况

合成树脂类别	年份				
	2019 年	2020 年	2021 年	2022 年	2023 年
聚乙烯 / 万吨	1666.4	1853.4	1458.9	1346.7	1344.0
聚丙烯 / 万吨	349.1	450.4	318.0	451.1	269.7
聚氯乙烯 / 万吨	87.4	119.0	56.1	36.2	50.6
聚苯乙烯 / 万吨	131.0	136.0	119.9	88.9	63.4
ABS 树脂 / 万吨	204.3	201.8	175.5	137.0	107.8
五大通用树脂合计 / 万吨	2438.2	2760.6	2128.4	2059.9	1835.5
环氧树脂 / 万吨	28.9	40.5	31.6	22.1	16.0
聚碳酸酯 / 万吨	159.9	163.0	150.1	138.6	104.2
聚硅氧烷 / 万吨	13.6	15.2	13.4	9.8	10.3
塑料废碎料 / 万吨	0.1	0.0	0.0	0.0	0.0
其他合成树脂 / 万吨	725.9	764.4	800.9	670.8	707.7
合成树脂总计 / 万吨	3366.6	3743.7	3124.4	2901.2	2673.8
年增速 / %	—	11.2	−16.5	−11.7	−3.1

数据来源：海关总署、中国石油和化学工业联合会，下同。

2. 主要进口来源地

我国大陆合成树脂主要进口自美国、中东国家及周边国家和地区。2023 年，进口排名前 3 位的国家和地区依次为韩国、美国和沙特阿拉伯，进口量分别为 426.4 万吨、344.3 万吨和 316.1 万吨，分别占我国大陆合成树脂进口总量的 15.9%、12.9% 和

11.8%；进口额分别为 69.9 亿美元、54.1 亿美元和 33.1 亿美元，分别占进口总额的 17.4%、13.4% 和 8.2%。我国大陆合成树脂进口地较为集中，进口前 10 位的国家和地区进口量占总进口量的 83.1%（见表 10）。

表 10　2023 年我国大陆合成树脂主要进口国家和地区进口量与进口额　　　　　（续表）

国家和地区	进口量 / 万吨	进口额 / 亿美元	国家和地区	进口量 / 万吨	进口额 / 亿美元
全球	2673.7	402.6	俄罗斯	47.2	4.2
韩国	426.4	69.9	加拿大	43.3	4.7
美国	344.3	54.1	印度尼西亚	39.5	3.4
沙特阿拉伯	316.1	33.1			
中国台湾	209.2	37.5			
阿联酋	201.5	20.4			
泰国	166.8	25.8			
新加坡	152.5	21.5			
日本	145.5	36.4			
马来西亚	130.8	14.4			
伊朗	129.5	12.6			
卡塔尔	56.8	5.8			

（二）合成树脂出口

1. 出口情况

2023 年，我国大陆合成树脂出口量为 1234.0 万吨，同比增长 20.3%。从出口量增速看，ABS 树脂、环氧树脂和聚苯乙烯增长较快，同比分别增长 72.8%、38.4% 和 33.3%。聚丙烯出口量出现小幅下降。聚氯乙烯出口量最大，为 274.1 万吨，占出口总量的 22.2%（见表 11）。

2023 年，我国大陆合成树脂出口总额为 217.0 亿美元，同比下降 13.2%。其中，仅 ABS 树脂和聚苯乙烯出口金额实现增长。

表 11　2019—2023 年我国大陆合成树脂出口量增长情况

合成树脂类别	年份				
	2019 年	2020 年	2021 年	2022 年	2023 年
聚乙烯 / 万吨	28.3	25.2	51.1	72.3	83.6
聚丙烯 / 万吨	34.4	34.4	36.4	127.2	114.9
聚氯乙烯 / 万吨	71.4	86.0	209.4	196.6	274.1
聚苯乙烯 / 万吨	30.1	21.2	22.3	11.9	52.5
ABS 树脂 / 万吨	3.8	4.9	8.1	8.1	14.0
五大通用树脂 / 万吨	168.0	171.7	327.3	416.1	539.1
环氧树脂 / 万吨	4.8	4.7	10.1	12.5	17.3
聚碳酸酯 / 万吨	25.7	25.1	34.0	29.1	36.2
聚硅氧烷 / 万吨	22.4	24.3	37.6	45.3	40.7
塑料废碎料 / 万吨	5.3	5.1	4.8	5.3	8.5
其他合成树脂 / 万吨	428.2	439.5	581.0	517.2	592.2
合成树脂总计 / 万吨	654.4	670.4	994.8	1025.5	1234.0
年增速 / %	—	2.8	48.4	3.1	20.3

2. 主要出口目的地

我国大陆合成树脂出口目的地以亚洲为主，美国、巴西、土耳其等欧美国家也占有一席之地。2023 年出口量居前 3 位的国家和地区依次为印度、越南、俄罗斯，出口量分别为 193.1 万吨、107.3 万吨、77.8 万吨，合计占我国大陆合成树脂出口总量（1234.0 万吨）的 30.6%，其出口额占我国大陆合成树脂出口总额（217.0 亿美元）的 26.9%。我国大陆合成树脂出口目的地较为分散，前 11 位国家出口量仅占出口总量的 56.7%，但比 2022 年有一定提升（见表 12）。

表 12　2023 年我国合成树脂主要出口国家和地区进（出）口量与进（出）口额

国家和地区	出口量 / 万吨	出口额 / 亿美元	国家和地区	出口量 / 万吨	出口额 / 亿美元
印度	193.1	24.0	孟加拉国	35.5	4.4
越南	107.3	18.2	巴西	33.9	6.2
俄罗斯	77.8	16.1	马来西亚	30.3	5.2
泰国	52.2	8.9	土耳其	29.6	5.3
韩国	52.0	11.7	阿联酋	26.4	5.0
美国	47.7	10.7	巴基斯坦	23.7	3.6
印度尼西亚	40.4	7.0	墨西哥	22.4	4.8

四、合成树脂市场情况

（一）聚乙烯价格

受全球经济增长放缓影响，2023 年下游对聚乙烯的需求增速放缓。另外，2023 年较多新增产能（达 260 万吨左右）投入市场，国内自给率上升，且 2023 年煤炭供应充足，煤制聚乙烯产能较大，竞争加剧。2023 年煤炭供应充足，价格有所下降；国内自给率增加，竞争加剧。需求放缓、供应增长、成本下降和进出口下滑共同导致聚乙烯价格出现明显下降。

表 13、表 14 体现了 2019—2023 年，高密度聚乙烯（HDPE）、低密度聚乙烯（LDPE）、线性低密度聚乙烯（LLDPE）在国内市场和进口市场的价格变动情况。

2023 年，HDPE（5000S）均价为 8959.0 元 / 吨，同比下降 2.2%；LDPE（2426H）均价为 9087.0 元 / 吨，同比下降 14.7%；LLDPE（7042）均价为 8240.0 元 / 吨，同比下降 3.4%（见表 13）。进口聚乙烯价格同比大幅下降，其中，HDPE 进口价为 1007.2 元 / 吨，同比下降 12.9%；LDPE 均价为 1135.2 元 / 吨，同比下降 22.7%；LLDPE 均价为 1014.6 元 / 吨，同比下降 17.3%（见表 14）。

表 13　2019—2023 年聚乙烯国内市场价格变动情况

聚乙烯类别	等级 / 规格	年份				
		2019 年	2020 年	2021 年	2022 年	2023 年
HDPE	5000S /（元 / 吨）	8835.0	7885.0	8979.0	9162.0	8959.0
	同比 / %	—	−10.8	13.9	2.0	−2.2
LDPE	2426H /（元 / 吨）	8552.0	8928.0	11 469.0	10 652.0	9087.0
	同比 / %	—	4.4	28.5	−7.1	−14.7

（续表）

聚乙烯类别	等级 / 规格	年份				
		2019 年	2020 年	2021 年	2022 年	2023 年
LLDPE	7042/（元 / 吨）	8016.0	7190.0	8603.0	8531.0	8240.0
	同比 / %	—	−10.3	19.7	−0.8	−3.4

表 14　2019—2023 年聚乙烯进口市场价格变动情况

聚乙烯类别	等级 / 规格	年份				
		2019 年	2020 年	2021 年	2022 年	2023 年
HDPE	5000S /（元 / 吨）	1034.8	1022.5	1111.9	1156.9	1007.2
	同比 / %	−21.1	−1.2	8.7	4.0	12.9
LDPE	2426H /（元 / 吨）	1016.9	927.7	1412.1	1400.9	1135.2
	同比 / %	−15.0	−8.8	52.2	−0.8	−19.0
LLDPE	7042/（元 / 吨）	1023.3	903.1	1154.0	1166.9	1014.6
	同比 / %	—	−11.7	27.8	1.1	−13.1

（二）聚丙烯价格

2023 年聚丙烯维持先跌后涨态势，均价为 7744.0 元 / 吨，年内最高点为 8135 元 / 吨，最低点为 7182 元 / 吨。上半年宏观强预期回归弱现实，PP 市场价格出现冲高回落，6 月初现货价格跌破 7200 元 / 吨。现货价格经过较长时间深度下跌后利空被消化，随之地产端持续有刺激消息放出，同时国内经济刺激政策出台，提振了市场信心，带动了制造业采购经理指数（PMI）持续环比改善，给

予了市场一定预期，第三季度市场价格呈现出底部反弹态势。第四季度的地缘政治影响仍对油价形成刺激，在需求回暖修复和成本运行中枢高位支撑的背景下，聚丙烯市场价格相对坚挺，运行区间恢复至 7900 元 / 吨以上。

2023 年，进口聚丙烯价格大幅下降，初级形状的聚丙烯平均价格为 1035.6 美元 / 吨，同比下降 14.8%（见表 15）。

表 15　2019—2023 年聚丙烯价格变动情况

市场价格类别	等级 / 规格	年份				
		2019 年	2020 年	2021 年	2022 年	2023 年
国内市场均价	T30S，拉丝 /（元 / 吨）	8777.0	7833.0	8696.0	8304.0	7744.0
	同比 / %	—	−10.8	11.0	−4.5	−6.7
进口市场均价	初级形状 /（美元 / 吨）	1158.6	1043.9	1273.0	1092.9	1035.6
	同比 / %	—	−9.9	21.9	−14.1	−5.2

（三）聚氯乙烯价格

表 16、表 17 体现了 2019—2023 年，聚氯乙烯（PVC）在国内市场和进口市场的价格变动情况。

市场监测数据显示，2023 年 PVC（SG5）均

价为 6042.4 元 / 吨，同比大幅下跌 19.6%；PVC（LS100）均价为 6203.1 元 / 吨，同比下降 20.4%（见表 16）。2023 年国内 PVC 市场延续 2022 年的走势，涨价依靠预期与政策，跌价来自基本面的供需

压力。面对作为 PVC 主要下游市场的房地产的持续低迷，软制品方面的增量不足以弥补硬制品的减量，供需压力导致其价格大幅下跌。

2023 年，PVC（未塑化）价格为 1459.3 元 / 吨，同比下降 8.2%；PVC（已塑化）价格为 1909.7 元 / 吨，同比下降 22.3%（见表 17）。

表 16　2019—2023 年聚氯乙烯国内市场价格变动情况

聚氯乙烯类别（等级 / 规格）	年份				
	2019 年	2020 年	2021 年	2022 年	2023 年
PVC（SG5）/（元 / 吨）	6686.0	6629.0	9218.0	7518.0	6042.4
同比 / %	—	−0.9	39.1	−18.4	−19.6
PVC（LS100）/（元 / 吨）	7128.0	6733.0	10 018.0	7796.0	6203.1
同比 / %		−5.5	48.8	−22.2	−20.4

表 17　2019—2023 年聚氯乙烯进口价格变动情况

聚氯乙烯类别（等级 / 规格）	年份				
	2019 年	2020 年	2021 年	2022 年	2023 年
PVC（未塑化）/（元 / 吨）	1158.2	1616.0	2211.3	1589.6	1459.3
同比 / %	—	39.5	36.8	−28.1	−8.2
PVC（已塑化）/（元 / 吨）	1527.5	1517.1	2308.1	2456.4	1909.7
同比 / %	—	−0.7	52.1	6.4	−22.3

（四）聚苯乙烯价格

2023 年国内聚苯乙烯行情呈现出"先跌后涨"的趋势，现货价格处于近 5 年的中间偏下位置，全年均价为 9574.7 元 / 吨，同比下跌 7.8%；其中年内最低点出现在 7 月份，为 8790 元 / 吨，最高点出现在 9 月份，为 10 085 元 / 吨。

2023 年，国内聚苯乙烯价格驱动在成本逻辑和供需逻辑之间不断转换。上半年，主要大宗商品普遍经历了"先涨后回落"的走势。聚苯乙烯行业在年初短暂上涨后转为震荡偏弱，5 月份后市场跌势加速，主要受三方面影响：第一，成本下行；第二，聚苯乙烯新产能释放，产量持续高位，5 月份产量创新高，供应压力大幅增加；第三，需求呈弱复苏状态，并且 ABS 和 HIPS 价差大幅收窄，家电、玩具等领域的部分 HIPS 需求被 ABS 替代。对企业而言，行业扩能步伐加快，供需矛盾尖锐，会使企业生产经营承受较大冲击。下半年，聚苯乙烯市场"涨后回落"。三季度聚苯乙烯市场震荡上行，价格自 8790 元 / 吨涨至 10 085 元 / 吨，涨幅为 14.7%。主要逻辑是成本持续上行、聚苯乙烯利润亏损减产，以及补空操作影响。但随着聚苯乙烯高位回落，以及聚苯乙烯获利盘让利出货影响，9 月中旬开始价格下跌。成本压力持续高位，聚苯乙烯行业仍在亏损范围徘徊，装置减产后低位运行，供应压力整体较小。四季度聚苯乙烯市场整体震荡偏弱，一方面受成本面的引导；另一方面，在利润小幅反弹后，行业产量逐渐恢复，特别是 12 月份产量创历史新高。因此，供需逐渐宽松对市场拖累亦较大。

监测数据显示，2023 年 GPPS（注塑级）国内市场均价为 9574.7 元 / 吨，同比下降 7.8%；HIPS（抗冲击级）均价为 9727.5 元 / 吨，同比下降 14.6%（见表 18）。

表 18 2019—2023 年聚苯乙烯国内价格变动情况

聚苯乙烯类别	等级 / 规格	年份				
		2019 年	2020 年	2021 年	2022 年	2023 年
GPPS	注塑级 /（元 / 吨）	9938.0	8483.0	10438.0	10384.0	9574.7
	同比 / %	—	−14.6	23.0	−0.5	−7.8
HIPS	抗冲击级 /（元 / 吨）	9017.0	8063.0	11719.0	11387.0	9727.5
	同比 / %	—	−10.6	45.3	−2.8	−14.6

（五）ABS 树脂价格

2023 年国内 ABS 树脂市场价格继续呈现震荡走低态势，全年均价为 10 376 元 / 吨，同比下跌达 18.1%。其中，年内最低点出现在 12 月，为 9581 元 / 吨，年内最高点出现在 1 月，为 11 331 元 / 吨，年内高低端价差达 1750 元 / 吨。

2019 年中国 ABS 树脂价格走势相对平稳，平均价格为 12 534 元 / 吨。2020 年 ABS 树脂市场价格波动较大，全年在 9991—17 790 元 / 吨区间波动，年均价为 13 994 元 / 吨。2021 年 ABS 树脂价格整体维持高位震荡态势，年均价为 17 520 元 / 吨。2022 年受家电增幅有限、房地产市场低迷，以及 ABS 树脂新装置释放等因素影响，ABS 树脂价格整体走低，年均价为 12 668 元 / 吨，较 2021 年大幅下跌 4852 元 / 吨。2023 年 ABS 树脂均价为 10 376 元 / 吨，同比下跌 18.1%（见表 19）。

表 19 2019—2023 年 ABS 树脂（0215A）价格变动情况

产品名称	等级 / 规格	年份				
		2019 年	2020 年	2021 年	2022 年	2023 年
ABS	通用级 /（元 / 吨）	12 534.0	13 994.0	17 520.0	12 668.0	10 376.0
（0215A）	同比 / %	—	11.6	25.2	−27.7	−18.1

2023 年中国石油和化学工业经济运行报告

中国石油和化学工业联合会　马百凯

2023 年，我国石油和化工行业经济运行效益大幅下降，但行业工业增加值增长加快，生产经营持续改善，重点产品产量增长明显，外贸进出口量增额下降。原油价格和化工产品价格下跌明显，市场需求从底部回升，表观消费增速转正。

一、主要经济指标完成情况

据统计，2023 年，石油和化工行业规上企业工业增加值同比（下同）增长 8.4%；营业收入为 15.95 万亿元，下降 1.1%；利润总额为 8733.6 亿元，

下降 20.7%；进出口贸易总额为 9522.9 亿美元，下降 9.0%；全国油气总产量为 4.16 亿吨（油当量），增长 3.9%；原油加工量为 7.35 亿吨，增长 9.3%；主要化学品总产量增长 6.0%。

（一）全行业增加值维持高位，营业收入略降

国家统计局数据显示，截至 2023 年年底，石油和化工行业规上企业 30 507 家，工业增加值累计增长 8.4%，高于全国工业增加值增速 3.8 个百分点。其中，化学工业增加值增长 9.2%，增速比 2022 年高 3.6 个百分点；炼油业工业增加值增长

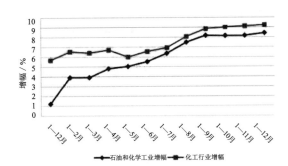

图1　2022年12月—2023年12月石油和化学工业增加值增长趋势

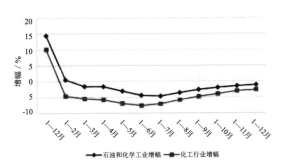

图2　2022年12月—2023年12月石油和化学工业营业收入增长趋势

8.3%，比2022年下降8.0个百分点；石油和天然气开采业工业增加值增速由负转正，增长3.4%，增速比2022年低1.9个百分点。总体来看，全行业产业结构持续优化，增加值继续保持在高位。

2023年，石油和化工行业实现营业收入为15.95万亿元，同比（下同）下降1.1%，占全国规模工业营业收入的12.0%。其中，化学工业营业收入为9.27万亿元，下降2.7%；炼油业营业收入增长2.2%；石油和天然气开采业营业收入为1.44万亿元，下降3.9%。

（二）全行业生产保持增长态势

据统计，2023年，全国原油天然气总产量为4.16亿吨（油当量），同比（下同）增长3.9%，增

速比2022年低0.7个百分点；主要化学品总产量增长6.0%，增速比2022年下降0.4%。

油气及成品油生产保持增长。2023年，全国原油产量2.09亿吨，增长2.0%，增速比2022年低0.9个百分点；天然气产量为2297.1亿立方米，增长5.8%，增速2022年低0.6个百分点。原油加工量为7.35亿吨，增长9.3%；成品油产量（汽、煤、柴油合计，下同）为4.28亿吨，增长16.5%，增速比2022年高13.3个百分点。其中，柴油产量为2.17亿吨，增长13.3%；汽油产量为1.61亿吨，增长10.1%；煤油产量为4968.4万吨，大幅增长68.3%。

化学品生产平稳，部分产品产量大幅增长。2023年，主要化学品总产量增长6.0%，全国乙烯产量为3189.9万吨，增长6.0%；硫酸产量为9580.0万吨，增长3.4%；烧碱产量为4101.4万吨，增长3.5%；纯碱产量为3262.4万吨，增长10.1%；合成树脂产量为1.19亿吨，增长6.3%；合成纤维单（聚合）体产量为8456.0万吨，增长13.0%。此外，轮胎外胎产量为9.88亿条，增长15.3%。

农化产品生产平稳。2023年，全国化肥总产量（折纯，下同）为5713.6万吨，增长5.0%。农药原药产量（折100%）为267.1万吨，增长2.8%。

（三）全行业表观消费量保持增长

数据显示，2023年，原油天然气表观消费总量为11.23亿吨（油当量），同比（下同）增长8.2%；主要化学品消费增长6.2%。

能源消费保持增长。2023年，国内原油表观消费量为7.72亿吨，增长8.5%；天然气表观消费量为3907.2亿立方米，增长7.5%。国内成品油表观消费量为3.87亿吨，增长15.5%。其中，柴油表观消费量为2.04亿吨，增长12.3%；汽油表观消费量为1.49亿吨，增长11.3%；煤油表观消费量为3423.4万吨，大幅增长73.6%。

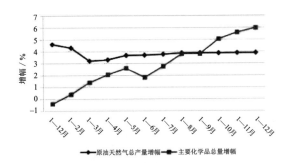

图3　2022年12月—2023年12月全国油气当量和主要化学品产量增长趋势

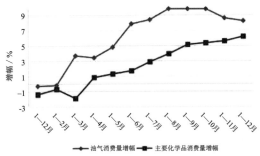

图4　2022年12月—2023年12月油气和主要化学品表观消费总量增长趋势

基础化学原料及合成材料消费增长明显。数据显示，2023年，基础化学原料表观消费总量增长6.2%。其中，无机化学原料表观消费量增长5.8%，有机化学原料表观消费量增长6.8%。

主要基础化学原料中，乙烯表观消费量为3386.6万吨，增长5.8%；硫酸表观消费量为9361.5万吨，增长4.9%；烧碱表观消费量为3854.8万吨，增长6.0%；纯碱表观消费量为3181.8万吨，增长14.9%。合成材料表观消费总量约为2.31亿吨，增长6.7%。其中，合成树脂表观消费量为1.33亿吨，增长3.7%；合成橡胶表观消费量为1461.6万吨，增长6.0%；合成纤维单（聚合）体表观消费总量为8298.2万吨，增长12.2%。

化肥消费小幅增长。2023年，全国化肥表观消费总量为5352.0万吨，增长4.9%。

（四）全行业投资高于工业平均水平

国家统计局数据显示，2023年，化学原料和化学制品制造业投资增长13.4%，增速比2022年低5.4个百分点；石油和天然气开采业投资增长15.2%，增速比2022年低0.3个百分点；石油、煤炭及其他燃料加工业投资同比（下同）下降18.9%，降幅比2022年扩大8.2个百分点。2023年，全国工业投资增长9.0%，制造业投资增长6.5%，油气开采业和化工行业投资增速明显超出全国工业和制造业平均水平。

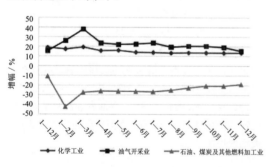

图5　2022年12月—2023年12月石油和化工行业投资增长趋势

（五）进出口总额、贸易逆差均下降

海关数据显示，2023年，全行业进出口总额为9522.9亿美元，同比（下同）下降9.0%，占全国进出口总额的16.0%。其中，出口总额为3165.3亿美元，下降11.2%；进口总额为6357.5亿美元，下降7.9%。贸易逆差3192.2亿美元，下降4.3%。

2023年，基础化学原料出口额为953.5亿美元，下降20.6%；合成材料出口额为340.8亿美元，下降11.8%；橡胶制品出口额为575.2亿美元，下降6.0%。此外，成品油出口量为4197.9万吨，增长21.9%；出口额为352.7亿美元，增长7.7%。化肥出口（实物量）3146.1万吨，增长27.2%；出口额为98.4亿美元，下降14.0%。

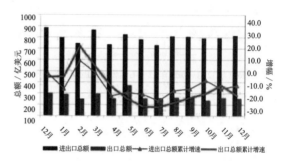

图6　2022年12月—2023年12月石油和化工行业进出口总额累计增长趋势

2023年，我国进口原油5.64亿吨，增长11.0%，对外依存度为72.9%，比2022年提高1.7个百分点；进口天然气1.21亿吨，增长10.1%，对外依存度为41.2%，比2022年提高1.0个百分点。

二、行业效益情况

统计数据显示，2023年，全行业利润总额为8733.6亿元，下降20.7%，占全国规模利润总额的11.4%。每百元营业收入成本费用为83.1元，亏损企业亏损额为2197.9亿元，全行业亏损面为22.2%，资产总计为17.75万亿元，资产负债率为55.45%。

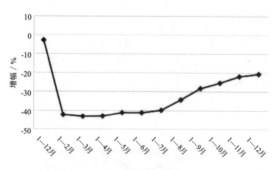

图7　2022年12月—2023年12月石油和化工行业利润总额增长趋势

盈利能力略有下降。2023年，全行业营业收入利润率为5.5%，下降1.3个百分点，较全国规模工业收入利润率低0.3个百分点；毛利率为16.9%，下降0.7个百分点。

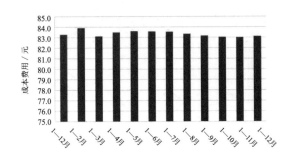

图8　2022年12月—2023年12月石油和化工行业每百元营业收入成本费用变化

（一）油气开采业效益增速由正转负

截至2023年年底，石油和天然气开采业规上企业494家，累计实现利润总额达3010.3亿元，下降15.5%。

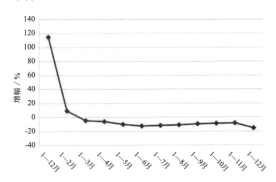

图9　2022年12月—2023年12月石油和天然气开采业利润增长走势

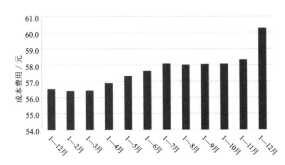

图10　2022年12月—2023年12月石油和天然气开采业每百元营业收入成本费用变化

营业成本增加。2023年，石油和天然气开采业营业成本为8676.0亿元，增长2.4%；每百元营业收入成本费用为60.28元，增长3.75。油气开采业亏损面为19.6%，亏损企业亏损额为235.5亿元，增长14.2%；资产总计2.97万亿元，增长8.5%，资产负债率为50.1%；应收票据及账款为1178.8亿元，增长5.3%；产成品资金为123.1亿元，增长1.4%。数据还显示，2023年油气开采业财务费用下降6.7%，管理费用增长8.3%。

2023年，石油和天然气开采业营业收入利润率为20.9%，毛利率为39.7%，产成品存货周转天数为4.9天，应收账款平均回收期为27.4天。

（二）化学工业效益下降明显

截至2023年年底，化工行业规上企业26 843家，累计实现利润总额4862.6亿元，下降31.2%。其中，基础化学原料制造利润总额大幅下降50.6%；专用化学品制造利润总额下降14.0%；化学矿采选利润总额增长27.9%；肥料制造利润总额下降29.2%；农药制造利润总额大幅下降62.2%；合成材料利润总额下降21.7%；涂（颜）料制造利润增长1.0%；橡胶制品利润大幅增长72.6%；煤化工产品制造亏损。

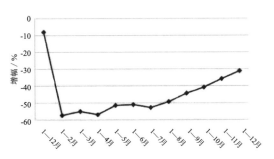

图11　2022年12月—2023年12月化工行业利润总额增长走势

营业成本下降，百元营收成本增加。2023年，化工行业营业成本为8.03万亿元，下降0.6%；每百元营业收入成本为86.57元。化工行业亏损面为22.6%；亏损企业亏损额1579.9亿元，增长16.2%；资产总计达11.50万亿元，增长5.3%；资产负债率为54.2%；应收票据及账款为1.06万亿元，增长2.7%；产成品资金为4590.8亿元，下降1.3%。此外，2023年财务费用增长1.7%，管理费用下降0.3%。

2023年，化工行业营业收入利润率为5.2%，毛利率为13.4%，产成品存货周转天数为21天，应收账款平均回收期为39.1天。

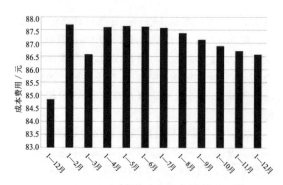

图12　2022年12月—2023年12月化工行业每百元营业收入成本费用变化

三、主要市场走势

2023年，石油和主要化学品市场受能源价格高位回落和供需压力加大影响，产品价格同比下跌较为明显。

国家统计局价格指数显示，全年油气开采业出厂价格同比下跌10.2%，化学原料和化学品制造业出厂价格同比下跌9%。从走势上看，上半年，特别是第二季度，油价和化工品价格下跌较快，第三季度有所反弹，第四季度有所回落。

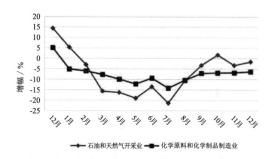

图13　2022年12月—2023年12月油气开采和化工行业生产者出厂价同比走势

（一）国际原油市场

监测数据显示，12月，WTI原油（即美原油，普氏现货，下同）均价为72.1美元/桶，环比下降6.8%，同比下降5.8%；布伦特原油均价为77.9美元/桶，环比下降6.3%，同比下降3.9%；迪拜原油均价为77.4美元/桶，环比下降7.4%，同比增长0.2%；胜利原油均价为79.3美元/桶，环比下降4.8%，同比下降2.7%。

2023年，WTI原油均价为77.6美元/桶，同比（下同）下降17.8%；布伦特原油均价为82.6美元/桶，下降18.3%；迪拜原油均价为81.9美元/桶，下降

15.0%；胜利原油均价为82.2美元/桶，下降17.9%。

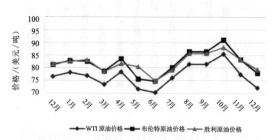

图14　2022年12月—2023年12月国际原油普氏现货价格走势

（二）基础化学原料市场

市场监测数据显示，2023年，在49种主要无机化学原料中，市场均价下降的有41种，占比为83.7%；在72种主要有机化学原料中，市场均价下降的有65种，占比为90.3%。

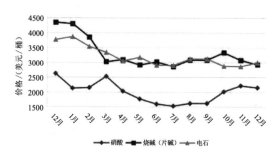

图15　2022年12月—2023年12月硝酸、烧碱、电石市场价格走势

无机化学原料。2023年12月，硫酸（98%硫磺酸）的市场均价为249.1元（每吨，下同），环比下降1.8%；全年均价为216.3元，同比（下同）大幅下降64.8%；硝酸（≥98%）的市场均价为2148.8元，环比下降3.0%；全年均价为1987.6元，下降18.8%；烧碱（98%片碱）的均价为2930.0元，环比下降4.9%，全年均价为3244.5元，下降19.6%；纯碱（重质）的均价为2888.1元，环比增长19.3%，全年均价为2735.2元，下降4.1%；电石的均价为3000.0元，环比增长4.8%；全年均价为3150.0元，下降21.5%。

有机化学原料。2023年12月，乙烯（东北亚）市场均价为859.1美元，环比下降0.4%，全年均价为829.7美元，下降18.6%；国内市场中，丙烯市场均价为6921.0元，环比下降2.3%，全年均价为6968.0元，下降10.1%；纯苯的均价为7057.6元，环比下降7.6%，全年均价为7248.7元，下降10.7%；甲苯（石油级，净水）的均价为6599.5元，环比下降4.1%，

全年均价为 7257.4 元，下降 2.6%；甲醇的均价为 2458.1 元，环比下降 0.4%，全年均价为 2488.5 元，下降 11.0%；乙二醇（优等品）的均价为 4182.5 元，环比增长 2.1%，全年均价为 4086.0 元，下降 10.2%。

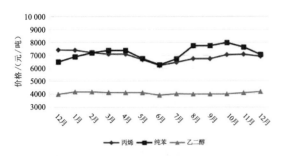

图 16　2022 年 12 月—2023 年 12 月丙烯、纯苯、乙二醇市场价格走势

（三）合成材料市场

市场监测数据显示，2023 年，在 69 种主要合成材料中，市场均价下降的有 63 种，占比为 91.3%。

合成树脂。2023 年 12 月，聚氯乙烯（SG-5）市场均价为 5741.0 元，环比下降 2.8%，全年均价为 6042.4 元，同比（下同）下降 19.9%；低压聚乙烯（5000S）均价为 8519.1 元，环比下降 0.4%，全年均价为 8958.9 元，增长 3.9%；聚丙烯（T30S）均价为 7922.9 元，环比下降 2.6%，全年均价为 7744.0 元，下降 7.6%。

合成橡胶。2023 年 12 月，顺丁橡胶（BR9000）市场均价为 12 042.9 元，环比下降 3.0%，全年均价为 11 580.3 元，下降 11.7%；丁苯橡胶（1502）均价为 11 654.8 元，环比下降 2.4%，全年均价为 11 827.7 元，下降 1.0%；丁腈橡胶（1052）均价为 16 195.2 元，环比下降 2.0%，全年均价为 16 862.0 元，下降 21.6%；氯丁橡胶（A-90）均价为 73 000.0 元，全年均价为 75 805.6 元，下降 12.3%。

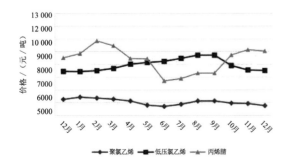

图 17　2022 年 12 月—2023 年 12 月聚氯乙烯、低压聚乙烯、丙烯腈市场价格走势

合成纤维原料。2023 年 12 月，己内酰胺（液体）市场均价为 13 195.2 元，环比增长 1.7%，全年均价为 12 622.9 元，下降 4.3%；丙烯腈均价为 10 038.1 元，环比下降 1.0%，全年均价为 9440.0 元，下降 11.5%；精对苯二甲酸均价为 5746.7 元，环比下降 2.0%，全年均价为 5850.7 元，下降 3.4%。

2023 年以来，国内经济持续复苏好转，需求有所恢复，市场信心逐渐增强。未来合成材料市场可能继续震荡调整，主要产品价格下滑速度逐渐放缓，趋于平稳。

（四）化肥市场

监测显示，2023 年 12 月，尿素（小颗粒）市场均价为 2405.2 元，环比下降 2.7%，全年均价为 2474.7 元，下降 8.9%；碳酸氢铵（含氮量 17.1%）均价为 940.5 元，环比下降 5.3%，全年均价为 954.6 元，下降 2.8%；磷酸二铵（64% 颗粒）均价为 3750.0 元，环比增长 0.3%，全年均价为 3644.8 元，下降 3.4%；氯化钾（60% 粉）均价为 2879.1 元，环比增长 1.1%，全年均价为 2901.1 元，下降 31.9%；复合肥（45% Cl）均价为 2730.0 元，环比增长 1.3%，全年均价为 2695.6 元，下降 18.6%。

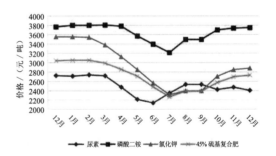

图 18　2022 年 12 月—2023 年 12 月国内主要化肥市场价格走势

四、经济运行中的新情况和新问题

一是效益改善还有空间。与某些发达国家和跨国公司相比，我国石化行业的核心竞争力不强、效益差距明显。2023 年全行业营业收入利润率为 5.47%，与美、欧、日等发达国家和地区，以及我国自身的历史好年景相比，仍有差距，低于"十四五"的前两年。从与效益密切相关的经营数据看，每百元营业收入成本费用较 2022 年增加 0.7 元，全行业亏损面比 2022 年扩大 2.8 个百分点，亏损企业亏损额占行业利润总额的 25.2%，存货达 1.7 万亿元，占行业营业总收入的 10.6%。油气和化工两大板块的应收款有较大幅度增加，油气和炼油两大板块的管理费用、炼油和化工两大板块的财务费用增幅较大，证明降本增效和效益提升都有较大的潜力和空间。

二是产能过剩的严重性必须得到重视。为缓解"低端过剩、高端短缺"的矛盾，"十三五"以来，石化产业不断创新和快速发展，高端产品和高性能材料短缺的问题有所缓解，但基础产品和通用材料过剩的形势依然严峻。受原始创新能力不强和技术瓶颈的制约，大量投资投向了扩大规模和量的增加，结构优化和高端化、差异化的投资占比较少。

三是资源约束的瓶颈再次凸显。我国石化产业发展"多煤、缺油、少气"的资源瓶颈难以突破，与美国、俄罗斯及海湾地区的资源差距十分明显。2023年，原油进口量连续两年下降后再度增加，对外依存度比2022年有所提升；原油加工量继2022年下降3.4%后重回正增长；原油进口量和加工量均创历史新高。此外，我国发展化学工业所需的磷矿、钾矿、锂矿、硼矿、萤石、重晶石和天青石等资源也相对缺乏。乙烷裂解制乙烯和丙烷脱氢制丙烯用的轻烃资源主要依赖进口，受供应链安全影响的波动较大，与北美和海湾地区相比，其竞争力大打折扣。

四是现代煤化工遭遇新瓶颈。2023年，现代煤化工产业遭遇新困境，效益大幅下降。煤化工专委会预测：煤制油利润同比下降52.7%，煤制气利润同比下降39%，煤制烯烃利润同比下降82.4%，煤制乙二醇亏损18.7亿元，煤制烯烃营业收入同比下降7.8%，利润大幅下降82.4%，营收利润率为0.52%。现代煤化工遇到的新困境，是原料煤炭价格高位、电价高位、产品结构雷同、差异化和高端化不够导致的，也是升级示范装置所要经历的大考之一。

五是本质安全刻不容缓。《2023年度中国石油和化工行业舆情报告》显示，2023年安全形势比往年严峻，安全生产的警钟时时在敲响，本质安全的要求一刻也不能放松。广大石化企业认真落实好《关于加强今冬明春石油和化工行业安全生产工作的通知》的要求，始终遵循安全生产、规范操作，严格落实主体责任，下大力气夯实安全生产工作基础，严防严控重点领域重点环节安全风险，确保石化生产的过程安全和本质安全。

五、2024年经济运行形势研判

2024年，形势和挑战更趋复杂，但就世界经济大背景看，2024年也是世界经济"底部盘整，筑底企稳"的一年，能够为迎接2025年开启新的景气周期筑牢底盘。

一是世界经济增速放缓持续。世界银行、经合组织和摩根大通等多家机构曾预测世界经济增速在2024年将放缓0.2个百分点；发达经济体的增速将由2023年的1.5%放缓至1.2%，其中最大的发达经济体美国的增速将由2023年的2.1%放缓到1.5%；欧洲的经济增速将由2023年的0.7%小幅回升到1.2%；印度、俄罗斯、巴西等新兴经济体的经济增速将保持较快增长；但发展中经济体预计比过去10年的平均水平低1个百分点；作为世界第二大经济体我国的增速将保持在5%左右。综合来看，2024年世界经济增速将继续放缓，再加上个别国家推动"脱钩""去风险"，导致分化加剧和世界经济的区域化、碎片化，全球贸易增速将大幅下滑，使世界经济复苏变得迟缓。

二是不确定性因素增多。大国博弈加剧，区域动荡突发。一系列国际政治因素和动荡因子深刻影响着行业经济的运行。

三是能源转型加速。能源转型一直是社会进步的推动力。世界化石能源消费量将在2030年达到峰值，达峰以后煤炭消费量将较快下降，而石油消费量的降幅较小。石油将由主要作为能源的角色逐步转变为生产化学品和合成材料的原料；天然气将承担由化石能源向清洁能源转型的重要角色。继可控核聚变和氢能等清洁能源成为人类的主体能源后，天然气也将成为化学品和合成材料的生产原料，与石油地位并重。

四是绿色低碳转型进程加快。气候变化是人类面临的共同问题，需要国际社会携手应对。2023年，在迪拜召开的第28届联合国气候变化大会上达成了历史性协议，开启了化石燃料转型的加速进程。会议重申：为了实现控制升温的目标，温室气体的排放水平必须在2030年之前比2010年减少45%，并在21世纪中叶实现净零排放。此次气候大会提出：到2030年将太阳能和风能等可再生能源的现有产能增加2倍；以公平、有序和公正的方式脱离化石燃料，在接下来的关键10年内加快行动，以期到2050年实现净零排放。在此次气候大会上，多个国家签署了《全球甲烷减排承诺》，我国公布了甲烷减排计划。这些为应对气候变化而提出的新措施和新要求，都将对我国石化产业的发展，尤其是油气勘探开采领域、化学肥料领域以及饲料营养领域等产生深远的影响。

中国塑料机械行业 2023 年经济运行简报

中国塑料机械工业协会　　陈栋栋

2023 年，中国塑料机械行业营业收入同比增加 1.8%；利润总额同比增长 4.6%；利润率为 9.8%。另外，181 家橡胶机械规上企业营业收入同比增加 3.4%；利润总额同比减少 14%；利润率为 4%。

2023 年，中国大陆塑料机械进出口总额达 111 亿美元，同比增长 10%。其中，进口额达 37 亿美元，同比增长 16%；出口额达 74 亿美元，同比增长 8%；贸易顺差 37 亿美元，同比增长 0.5%。进口增速快于出口增速（见表 1）。

分产品看，注塑机进口数量、金额分别为 4748 台、4.5 亿美元，同比分别下降 32.0%、26.7%，平均单价为 9.4 万美元 / 台；出口数量、金额分别为 6.5 万台、17.3 亿美元，同比分别增长 7.4%、7.3%，平均单价为 2.7 万美元 / 台。

塑料造粒机进口数量、进口金额分别为 255 台、3.3 亿美元，同比分别增长 –6.6%、39.2%，平均单价为 128.4 万美元 / 台。出口数量、出口金额分别为 12.4 万台、1.9 亿美元，同比分别增长 59.0%、–3.5%。

其他挤出机进口数量、进口金额分别为 1608 台、5.4 亿美元，同比分别增长 11.4%、28.8%，平均单价为 33.4 万美元 / 台；出口数量、出口金额分别为 3.0 万台、5.8 亿美元，同比分别增长 –23.1%、2.2%。

挤出吹塑机进口数量、进口金额分别为 61 台、8895 万美元，同比分别增长 –4.7%、39.4%，平均单价为 145.8 万美元 / 台；出口数量、出口金额分别为 2.6 万台、1.3 亿美元，同比分别下降 58.3%、3.2%。

注射吹塑机进口数量、进口金额分别为 62 台、1774 万美元，同比分别下降 25.3%、25.3%，平均单价为 28.6 万美元 / 台；出口数量、出口金额分别为 478 台、1742 万美元，同比分别增长 25.5%、17.7%，平均单价为 3.6 万美元 / 台。

塑料中空成型机进口数量、进口金额分别为 42 台、807 万美元，同比分别下降 19.2%、15.6%，平均单价为 19.2 万美元 / 台；出口数量、出口金额分别为 7626 台、8268 万美元，同比分别增长 111.7%、5.3%，平均单价为 1.1 万美元 / 台。

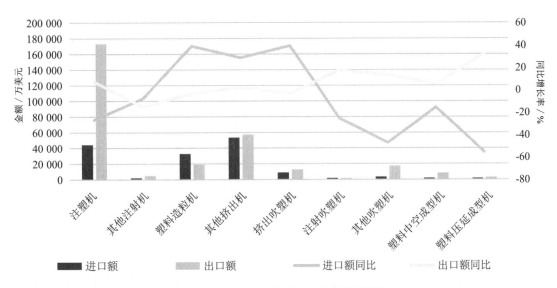

图 1　2023 年 1—12 月中国大陆塑机重点税号产品进出口额

表1 2023年1—12月中国大陆塑机主要税号产品进出口统计

序号	税号	名称	进口				出口				同比增减/%			
			数量/台	金额/万美元	金额占比/%	平均单价/(万美元/台)	数量/台	金额/万美元	金额占比/%	平均单价/(万美元/台)	进口量/%	进口额/%	出口量/%	出口额/%
1	84771010	注塑机	4748	44 564	11.97	9.39	64 833	173 294	23.43	2.67	-31.97	-26.70	7.37	7.26
2	84771090	其他注射机	97	2098	0.56	21.63	39 710	4784	0.65	0.12	-41.57	-7.64	58.04	-14.99
3	84772010	塑料造粒机	255	32 747	8.80	128.42	12 3971	19 150	2.59	0.15	-6.59	39.16	58.96	-3.45
4	84772090	其他挤出机	1608	53 623	14.41	33.35	30 242	57 616	7.79	1.91	11.36	28.77	-23.08	2.16
5	84773010	挤出吹塑机	61	8895	2.39	145.83	26 329	12 813	1.73	0.49	-4.69	39.44	-58.31	-3.24
6	84773020	注射吹塑机	62	1774	0.48	28.61	478	1742	0.24	3.64	-25.30	-25.28	25.46	17.69
7	84773090	其他吹塑机	34	3345	0.90	98.38	21 522	17 324	2.34	0.80	-41.38	-47.17	-30.59	13.28
8	84774010	塑料中空成型机	42	807	0.22	19.22	7626	8268	1.12	1.08	-19.23	-15.59	111.66	5.30
9	84774020	塑料压延成型机	56	557	0.15	9.94	5240	2879	0.39	0.55	-22.22	-55.63	128.52	32.32
10	84774090	其他真空模塑机器及其他热成型机器	512	56 966	15.30	111.26	75 963	18 922	2.56	0.25	-24.48	20.99	74.26	16.16
11	84775100	用于充气轮胎模塑或翻新的机器及成型或模塑用其他方法成型的机器	88	721	0.19	8.19	4251	14 017	1.89	3.30	29.41	375.38	36.16	23.92
12	84775900	其他模塑或成型机器	787	6150	1.65	7.82	64 556	23 452	3.17	0.36	-31.45	7.35	-79.98	-10.29
13	84778000	其他橡胶或塑料产品的加工机器	—	106 848	28.71	—	197 4003	189 364	25.60	0.10	—	26.81	-11.67	9.11
14	84779000	品目8477所列机器的零件	—	49 962	13.42	—	—	116 552	15.76	—	—	41.01	—	-7.56
15	84852000	用塑料或橡胶材料制的增材制造设备	4611	3159	0.85	0.69	374 8031	79 597	10.76	0.02	27.94	-3.42	67.27	58.23

从进口来源地看，2023 年 1—12 月，中国大陆从 71 个国家和地区进口塑机，进口来源地前 10 位的进口额占同期塑机进口额的 96.39%（见表 2）。其中，从日本、德国、意大利的进口额分列前 3 名，占同期塑机进口额的比例分别为 37.73%、36.55%、4.22%；美国、奥地利、韩国、法国、中国台湾、瑞士、加拿大位居前 4—10 名。在这前 10 名中，法国进口额同比增长最多，达 212.71%；中国台湾进口额同比下降最多，达 49.18%。

表 2　2023 年 1—12 月中国大陆塑机进口来源地排名（前 10 名）

排　名	贸易伙伴（国家和地区）	进口额 / 万美元	进口额占比 / %	进口额同比增减 / %
1	日本	141 817.0	37.73	16.78
2	德国	137 394.0	36.55	28.42
3	意大利	15 849.0	4.22	12.32
4	美国	15 391.0	4.09	51.67
5	奥地利	14 564.0	3.87	26.62
6	韩国	11 873.0	3.16	−20.18
7	法国	10 262.0	2.73	212.71
8	中国台湾	7937.0	2.11	−49.18
9	瑞士	3859.0	1.03	−2.24
10	加拿大	3391.0	0.90	−20.13

从出口去向看，2023 年 1—12 月中国大陆向 212 个国家和地区出口塑料机械。前 10 大市场出口额占同期塑机出口额的 53.46%。其中，向越南、印度、美国的出口额位列前 3 名，出口金额均超过 5 亿美元，同比分别增长 8.68%、7.93%、7.91%。向俄罗斯、土耳其、泰国、墨西哥、印度尼西亚、日本、德国的出口额位居前 4—10 名。其中，向俄罗斯的出口额同比增长最多，达 62.27%；向泰国的出口额同比下降最多，为 14.23%（见表 3）。

表 3　2023 年 1—12 月中国大陆塑机出口国家和地区的排名（前 10 名）

排名	贸易伙伴（国家和地区）	出口额 / 万美元	出口额占比 / %	出口额同比增减 / %
1	越南	63 455.0	8.68	−6.76
2	印度	57 952.0	7.93	17.41
3	美国	57 816.0	7.91	9.01
4	俄罗斯	40 285.0	5.51	62.27
5	土耳其	31 963.0	4.37	26.71
6	泰国	30 348.0	4.15	−14.23

（续表）

排名	贸易伙伴 （国家和地区）	出口额 / 万美元	出口额占比 / %	出口额同比增减 / %
7	墨西哥	29 642.0	4.06	11.84
8	印度尼西亚	28 511.0	3.90	−2.83
9	日本	25 464.0	3.48	0.04
10	德国	25 308.0	3.46	31.09

从出口洲际结构看，2023 年，1—12 月中国大陆向亚洲出口塑机超过 38 亿美元，占比为 52.59%；向欧洲出口塑机超过 13 亿美元，占比为 18.71%；向拉丁美洲、北美洲、非洲的出口额均超过 6 亿美元，占比分别为 9.62%、9.31%、8.63%；向大洋洲的出口额为 8390 万美元，占比为 1.15%（见表 4）。

表 4　2023 年 1—12 月中国大陆塑机出口金额洲际占比

序号	贸易伙伴 （洲际）	出口额 / 万美元	出口额占比 / %
1	亚洲	384 374	52.59
2	欧洲	136 723	18.71
3	拉丁美洲	70 305	9.62
4	北美洲	68 011	9.31
5	非洲	63 098	8.63
6	大洋洲	8390	1.15

2023 年我国聚氯乙烯发展现状及趋势展望

中国氯碱工业协会　张培超

2023 年全球聚氯乙烯（PVC）产能约为 6129 万吨，增幅约为 1.6%，产量约为 4658 万吨，产能增长主要来自东北亚及北美地区。目前全球 PVC 主要生产地依然集中在亚洲、美洲和欧洲地区，需求主要集中在东北亚、东南亚、北美以及欧洲西部。东北亚是全球 PVC 发展最活跃的地区，其中我国 PVC 产能约占全球产能的 47%，北美是全球第二大 PVC 生产地，预计未来产能将保持上升趋势。美国产能占北美地区产能的近 90%，同时北美是全球重要的 PVC 出口地区，占全球 PVC 出口贸易的 30% 以上。

一、发展现状

（一）产能、产量小幅增长，开工率保持稳定

截至 2023 年年底，我国 PVC 产能达 2881 万吨，产能净增长 71 万吨（见表 1），其中年内新增 91 万吨，退出 20 万吨。2018—2021 年我国 PVC 平均开工率保持在 78%—80%，近年来由于国内经

济增速放缓，PVC 产量和需求增长受到一定抑制。2023 年我国 PVC 产量估算约 2120 万吨，开工率约为 74%，和 2022 年基本持平（图 1，下同）。

表 1　2010—2023 年我国 PVC 产能及增长情况

年份	2010	2011	2012	2013	2014	2015	2016	2017	2018	2019	2020	2021	2022	2023
产能 / 万吨	2043	2163	2341	2476	2389	2348	2326	2406	2404	2518	2664	2713	2810	2881
净增 / 万吨	262	120	178	135	−87	−41	−22	80	−2	114	146	49	97	71
增幅 / %	14.7	5.9	8.2	5.8	−3.5	−1.7	−0.9	3.4	−0.1	4.7	5.8	1.8	3.6	2.5

2009 年国内 PVC 整体开工率最低为 51%，当时大量闲置产能未退出，竞争力较弱的产能未能及时转型，维持在低负荷状态。2010—2013 年，我国 PVC 平均开工率徘徊在 55%—62%；2014—2016 年我国 PVC 产能连续 3 年出现净减少，行业开工率也逐步提升至 70% 以上。之后，行业效益取得明显好转，开工率也上涨至 78% 左右，但 2022 年下半年至 2013 年，我国 PVC 市场持续下跌，PVC 下游行业消费景气度下降，电石法 PVC 产品亏损严重，平均开工率下降至 74%。

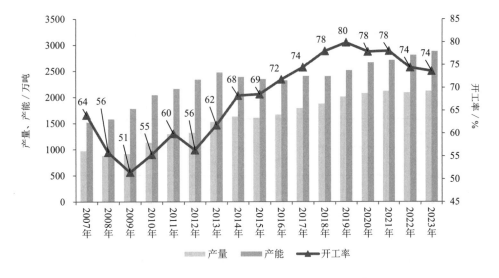

图 1　2007—2023 年我国 PVC 产能、产量及开工率走势

（二）无竞争力产能持续退出，企业平均规模不断提高

近 10 多年间（截至 2023 年）我国 PVC 生产企业的数量由 94 家减少至 73 家，单个企业的规模不断提高，如表 2 所示，2011—2023 年，我国 PVC 产能共计退出 926.4 万吨，其中大规模退出时间集中在 2012—2016 年；电石法 PVC 共退出 710.5 万吨，约占总退出产能的 77%，尤其近两三年的小规模电石法 PVC 装置仍在陆续拆除或转产。地域分布上，多年来产能退出较多的省份分别为山东（166 万吨）、江苏（86.5 万吨）、山西（79 万吨）、河南（68 万吨）、河北（57 万吨）、四川（54

万吨）。我国氯碱行业已发展进入从规模增长向质量提升的重要窗口期，企业发展也将紧密围绕高质量发展而调整，国内局部地区或个别企业因缺乏竞争力或资源掌控力、资产重组等原因仍存在停车频繁或长期停车现象。未来，尤其在电石供需紧平衡成为常态的背景下，无原料供应基地的电石法 PVC 企业适时转变耗氯产品结构、退出或部分退出 PVC 产能的情况还将持续一段时间。

如表 3 所示，2023 年我国 PVC 生产企业 73 家，平均 PVC 生产规模约为 39 万吨 / 年，PVC 产能排名前 10 位的企业进入规模继续保持在 65 万吨 / 年，且大部分集中在西北地区的新疆、内蒙古、宁夏、陕西以及华北地区的山东和天津。经过数年变化，全球化工行业大规模兼并、重组，未来并购或剥离规模将有所缩小但不会停止，专业化转型的案例预计会逐渐增加。同时，随着工艺技术、工程技术和设备制造技术的不断进步，全球石化装置加速向大型化和规模化方向发展。此外，随着氯碱产业链条不断延伸，基地化建设成为趋势，化工园区将成为产业发展的主要模式。

表2　2011—2023 年我国 PVC 退出产能类别

产能类别	年份													合计 / 万吨
	2011	2012	2013	2014	2015	2016	2017	2018	2019	2020	2021	2022	2023	
电石法 PVC/ 万吨	−64	−104	−127	−97	−117.5	−61	−26	−19	—	−44	−16	−15	−20	−710.5
乙烯法 PVC/ 万吨	−2	−12.5	−20	−48	—	−16		−37		−11				−146.5
糊树脂 PVC/ 万吨		−1.2	−4	−8	−1.5	−33.7	−2	−12	−7					−69.4
小计 / 万吨	−66	−117.7	−151	−153	−119	−110.7	−28	−68	−7	−55	−16	−15	−20	−926.4

表3　2020—2023 年国内 PVC 企业产能规模变化

规模 / 万吨	企业数量 / 家		产能合计 / 万吨		产能占比 / %	
	2023 年	2020 年	2023 年	2020 年	2023 年	2020 年
≥ 100	4	3	580	444	20.1	16.7
50（含）—100	13	12	867	819	30.1	30.7
30（含）—50	27	26	1010	970	35.1	36.4
10（含）—30	24	23	395.5	397.5	13.7	14.9
＜ 10	5	6	28	33.5	1.0	1.3
合计	73	70	2880.5	2664	100	100

（三）产能区域分布特色明显，乙烯法工艺占比进一步提高

当前我国氯碱行业的布局逐渐清晰，PVC 作为氯碱的主要产品，近年来的发展格局也趋于明朗，一批具有竞争优势的企业成为该领域的发展代表。地区分布方面，现有 73 家的 PVC 生产企业分布在 24 个省市、自治区及直辖市。如表4所示，当前，西北地区依托丰富的资源能源优势，是国内电石法 PVC 产能的低成本地区，在我国 PVC 产业格局中具有重要地位；其中，除青海盐湖集团具有一套 30 万吨 / 年的乙烯法 PVC 生产装置外，全部采用电石法生产工艺。华北、华东地区呈现出电石法 PVC 和乙烯法 PVC 长期并存发展的状态，而且得益于进口乙烯渠道和乙烯生产来源的多样化，未来几年内，天津、山东、浙江、江苏地区的乙烯法工艺的扩能将更加集中。

PVC 产品受原料成本影响较强。随着国内外乙烯来源多元化、国内各地区对能源矿产资源拥有程度不同，我国 PVC 生产企业将通过综合分析自身具备的区位优势、资源特点、物流方式等特质来选择原料路线，这也将从一定程度上带来我国 PVC 未来供应格局的变化。

表4 2023年我国各地区PVC产能

地区	电石法PVC/万吨	乙烯法PVC/万吨
东北	49	—
华北	366	392
华东	77	206
华南	—	102
华中	150	—
西北	1383.5	30
西南	119	—
合计	2144.5	730

从近两年国内乙烯法PVC生产企业布局特点来看，企业多选择在沿海地区进行项目建设，并且主要在具有港口资源的地域——适宜进出口大宗原材料，如石油、乙烯、乙烷、二氯乙烷和氯乙烯等。在2023年新增91万吨的PVC产能中，乙烯法PVC产能为90万吨；年内因广西、福建新增乙烯法工厂陆续开车运行，华南地区PVC产能占比较2022年增加了3.2个百分点。未来1—3年，随着福建、浙江、江苏等省新增或扩建乙烯法PVC项目投产，华南、华东地区的PVC产能占比将会继续有所提升。

统计发现，近年来我国乙烯法PVC产能逐年上升，2023年较2019年增加了7个百分点，占比达到26%。未来，随着沿海港口地区的乙烯法

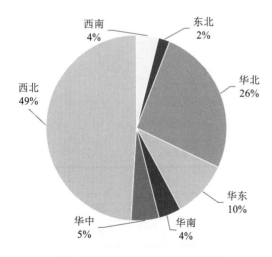

图2 2023年我国7大区PVC产能占比

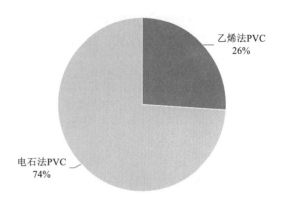

图3 2023年我国PVC各工艺产能占比

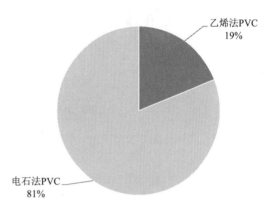

图4 2019年我国PVC各工艺产能占比

PVC产能逐渐释放，其工艺占比仍有继续放大的趋势。其中，电石法，62万吨；乙烯法，30万吨。

（四）表观消费量保持稳定

PVC下游对接塑料加工行业，涉及众多塑料加工行业中的产品，2023年我国PVC下游消费结构如图6所示。PVC下游应用中，大部分和建筑行业相关，由于房地产行业进入新一轮调整周期，与之相关的建筑门窗材料和管材、片材等消费增长明显减缓。如图5所示，2021—2023年国内PVC表观消费量不足2000万吨，未来市场开拓面临较大挑战。2023年，我国PVC表观消费量约为1929万吨，和2022年基本持平。

主要下游应用领域方面，当前我国是塑料管道生产和应用的最大国家，行业集中度进一步提升，两极分化现象明显，规模较大、总体质量较好的企业的发展步伐加快；规模小、产品质量差的企业生存难度进一步增大，有些已停、关、破、转。如表5所示，2022年我国塑料管道产量首次出现负增长，年产量为1645万吨，同比下降0.9%；2023年

统计显示，我国塑料管道产量同比继续下降，约为 1619 万吨。塑料管道出口方面，出口量由 2017 年的 66 万吨增长到 2022 年的 90 万吨，年平均增长率为 7.3%。

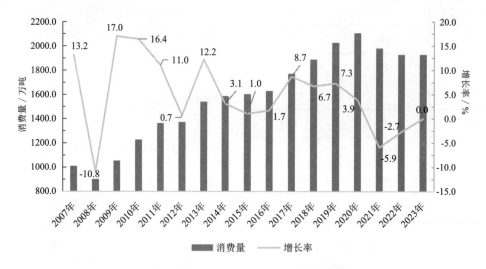

图 5　2007—2023 年中国大陆 PVC 需求变化趋势

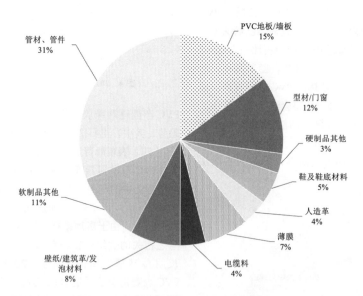

图 6　2023 年中国大陆 PVC 下游消费结构

表 5　2017—2023 年中国大陆塑料管道产量及其增长率

年份	2017	2018	2019	2020	2021	2022	2023
产量 / 万吨	1522	1567	1600	1636	1660	1645	1619
增长率 / %	—	3.0	2.1	2.3	1.5	−0.9	−1.6

在塑料管道应用分类中，建筑排水管基本全部应用聚氯乙烯（PVC）管，城市燃气用管全部采用聚乙烯（PE）管，家装热水管绝大多数采用无规共聚聚丙烯（PPR）管。可见，在实际生活中，这些不同种类的塑料管道互相呈现出不同应用场景下的互补关系。PVC 管是最先在国内推广应用的塑料管道品类，也是目前我国各行业使用量最大的塑料管道，广泛用于给排水、通信、电力等领域；PE 管是近几年发展最快的一类管道，也是目前市政给水系统的首选塑料管道之一；聚丙烯（PP）管以 PPR 管为主，主要用于冷、热水管及供暖等领域。近年来，国内 PVC 管的应用占比有下降趋势，因此未来巩固提升和不断开拓传统及新型 PVC 管的应用十分必要，如：行业可重点开发双轴取向聚氯乙烯（PVC-O）管、高抗冲改性聚氯乙烯（PVC-M）管及氯化聚氯乙

烯（PVC-C）管等。

PVC 地板方面，全球地材用量前两名的市场为亚洲国家市场和美国市场，亚洲国家市场又以中国市场为最大市场，未来 PVC 地材市场消费仍将以中美两国为主。目前我国大陆每年 PVC 地板的出口量在行业整体产量的占比保持在 70% 以上，最高达到 80%，以外向型发展为主，截至 2023 年，我国大陆 PVC 地板出口国家和地区达到了 226 个，出口量连续两年出现较为明显的下降；2023 年我国大陆 PVC 地板共出口 460 万吨，较上年同期减少 9.2%。美国是当前我国大陆 PVC 铺地制品出口量最大的国家，但数据显示，2023 年我国大陆出口至美国的 PVC 铺地制品占比从之前的近 50.0% 下降至 43.0%（图7），而越南、泰国、菲律宾等东南亚国家的需求有所增长。这些国家有可能成为未来我国大陆 PVC 地板出口增长较快的国家和地区。

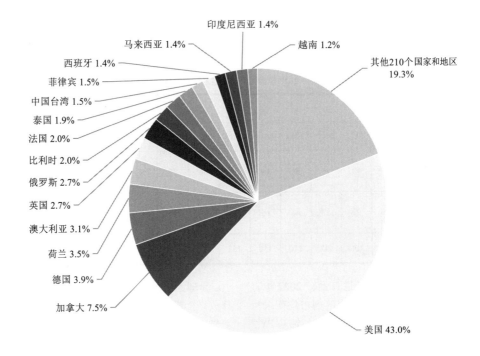

图 7　2023 年中国大陆 PVC 地板出口国家和地区占比情况

2022 年 6 月，我国大陆出口至美国的 PVC 地板量下降至 251.9 万吨，2023 年为 197.8 万吨，同比减少了 54.1 万吨，降幅为 21.5%。究其原因，一是美国房地产行业不景气，而 PVC 地板和房地产关联度较大，建筑耐用品消费存在一定压力；

二是受全球供应链危机影响，美国经销商备货较多，"高库存低消费"的矛盾长期存在。同时，近年来我国大陆出口至欧洲等地的 PVC 地板量也因全球经济下行压力增大、消费需求下降等原因而有所减少。

表6　2017—2023年我国大陆PVC地板进出口情况

年份	进口/万吨	出口/万吨	出口增长率/%
2017	3.7	262.9	—
2018	3.7	354.1	34.7
2019	3.3	403.3	13.9
2020	2.4	492.5	22.1
2021	2.4	572.3	16.2
2022	2.0	506.6	−11.5
2023	2.3	460.0	−9.2

另外，在板片材方面，目前我国大陆塑料板片材制品行业年产能为900多万吨，有一定规模的企业500多家，主要集中在华东、华南地区，其产量占比达到60%左右。2023年以来，小商品、家电、服装等产品出口下降，造成用于包装的塑料片材需求量下降明显。

（五）区域电石配套率不断提升，进口原料采购保持多元化

2023年，我国大陆电石总产能保持稳步增长，其中，商品电石市场面临着越发严峻的挑战。西北地区的PVC产业链一体化企业和沿海地区的乙烯企业通过降低原料成本不断提高综合竞争力，对华北、华中和东北等地外购电石进行生产的PVC企业造成了较大冲击。2023年的电石市场走势较为震荡，二季度中旬受生产企业集中降负减产的影响，行情出现了一定回暖，但随着供应量逐渐稳定，市场成交重心再次走低。2023年部分配套1,4-丁二醇（BDO）等下游产品的电石炉先建先投，使电石产品流入市场，增大了商品供应量，电石商品市场因此面临的挑战也更为复杂和严峻。

2023年西北电石法PVC的电石配套率达到了90%以上，同时该区域电石产量占总量的比例约为90%；我国大陆电石总产能增加较多，但产量增长幅度相对有限。2023年我国大陆电石产量为2880万吨左右，较2022年同期增长1.1%。

表7　2009—2023年我国大陆进口乙烯及乙烯基类情况

名称	年份														
	2009	2010	2011	2012	2013	2014	2015	2016	2017	2018	2019	2020	2021	2022	2023
二氯乙烷（EDC）/万吨	57	36	40	56	66	69	60	66	38	51	19	40	8	14	19
氯乙烯（VCM）/万吨	138	108	93	57	66	65	75	79	81	81	99	96	97	92	92
乙烯/万吨	97	82	106	142	170	150	152	166	216	258	251	198	207	207	213

2023年，我国大陆EDC进口量较2022年有所增加，但增加部分基本为国内溶剂市场需求拉动，PVC用量依旧维持在低位；部分乙烯法PVC企业因进口乙烯生产更具成本优势，降低或取消了EDC进口量，造成我国大陆EDC整体进口较之前出现了大幅回落。目前进口货源主要来自韩国和美国，占比分别为48%和46%。

2023年我国大陆进口自日本、中国台湾和韩国的VCM量分别为51.1万吨、32.7万吨和8.1万吨，其中占比最大的日本进口量占总进口量的55.6%。当前我国大陆主要通过进口VCM生产PVC的企业包括：台塑宁波、苏州华苏、泰州联成、广州东曹等。

全球乙烯供需格局中，随着我国乙烯产能集中释放，全球乙烯主要贸易重心也将由美欧逐渐向中美转变。我国乙烯产能已经超过美国，占比约为18%，我国已成为全球最大的乙烯生产国，美国和中东国家分别居于第2位和第3位。中东国家的乙烯发展主要依托廉价的油田伴生气资源，而美国主要因成本低廉而在全球乙烯贸易中较有优势。从下游消费现状来看，目前全球乙烯主要消费地集中在亚洲，其次为欧洲。我国作为全球最大的乙烯消费地，主要以韩国、日本、美国和中东地区作为乙烯进口地，其中，进口自韩国的占比60%左右。随着我国市场的自给率不断提升，进口依存度也呈现出逐年下降的趋势。

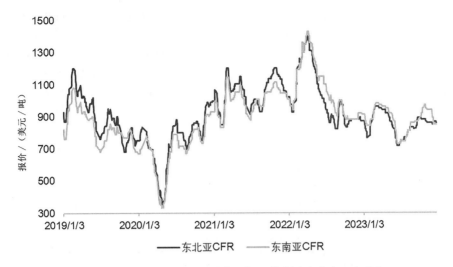

图8　2019—2023年东北亚—东南亚进口乙烯成本加运费（CFR）报价

近年，我国乙烯消费量呈逐年递增趋势，其中增速主要集中在 PE 和 PVC 行业。虽然 PE 装置以一体化装置为主，原料自产，但由于我国塑料行业需求增加，以及高分子化学领域快速发展，我国聚乙烯行业的新增产能大且项目多，是我国乙烯下游的长期主要消费领域。其次是乙二醇、环氧乙烷、苯乙烯三大传统下游，目前我国新增大乙烯项目基本配套以上 3 个品种，但 2022 年之后，主要受行业盈利情况不佳影响，产能利用率下滑，消费占比有所减少。同时，乙烯法 PVC 进入相对快速发展的阶段，预计未来 PVC 在乙烯下游衍生物中的占比将有所提高。

（六）进口量保持稳定，出口量增长明显

近年来，我国大陆 PVC 出口贸易快速增长，2023 年我国大陆向 137 个国家和地区实现了 PVC 出口，出口量再次创新高，全年达到了 227 万吨。活跃的 PVC 出口市场对改善国内供需关系起到了重要作用。

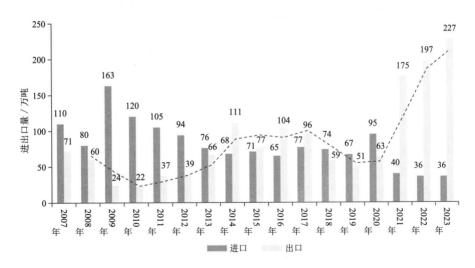

图9　2007—2023年我国大陆 PVC 纯粉进出口变化

政策方面，自 2019 年 9 月 29 日起，我国大陆对原产于美国、韩国、日本等地的进口 PVC 不再征收反倾销税。2020 年由于反倾销措施取消，国际乙烯供给进入宽松期，国际乙烯价格在当年 3 月份出现大幅下跌，海外乙烯法 PVC 成本随之下降，美国、日本、韩国等地相继增大了向我国大陆出口，导致当年我国大陆的 PVC 进口量增长明显。近几年，美国等国际装置不可抗力原因供应明显减少；且受通货膨胀等影响，美国出口 PVC 的成本及远洋运输压力较大，减少了向其他国家和地区的出口。如图 9 所示，2021—2023 年，我国大陆 PVC 纯粉每年进口量基本维持在 40 万吨左右。

2023 年，我国大陆 PVC 出口市场总体较好，全年 PVC 出口量达到了 227 万吨，其中印度是我国大陆最大的出口目的地，其出口量约占出口总量的 48.1%。具体而言，2023 年一季度，我国大

陆 PVC 出口呈增长态势；3 月以后，受印度及东南亚地区客户前期补充不充分等因素影响，海外需求转弱，再加上淡季到来，我国大陆 PVC 出口成交量减少，特别是在 4 月和 5 月，PVC 出口量同比下调明显；进入三季度，美国等地的 PVC 装置接连检修，国际市场供应偏紧，同时印度因雨季结束开始加大采购备货，带动了我国大陆 PVC 的出口增长；10 月之后，美国等地加大了出口，导致大量低价货源涌入全球市场，对我国大陆出口市场形成影响，直至 2024 年新年前后，我国大陆外贸成交转弱，签单数量有限。

表 8　2023 年我国大陆 PVC 纯粉主要出口地区明细

排序	主要出口地区	出口量 / 万吨	排序	主要出口地区	出口量 / 万吨
1	印度	109.3	9	肯尼亚	5.8
2	越南	11.0	10	哈萨克斯坦	5.6
3	埃及	9.6	11	马来西亚	4.7
4	乌兹别克斯坦	9.2	12	阿联酋	4.6
5	泰国	8.3	13	伊拉克	4.3
6	孟加拉国	6.5	14	南非	3.3
7	俄罗斯	6.4	15	坦桑尼亚	2.8
8	尼日利亚	5.9	16	印度尼西亚	2.6

（七）PVC 市场低位运行

2023 年，我国大陆 PVC 市场整体表现较为低迷，12 月底乙烯法 PVC 和电石法 PVC 的均价较年初分别下跌 8.0% 和 7.5%。影响 PVC 市场走势的主要因素包括：

（1）新建装置产能陆续释放，PVC 供应量稳中有升，市场供应压力增加。

（2）需求方面，近几年，房地产市场表现较为疲软，虽然国家出台了各项促进房地产稳定发展的政策，现货行情在短时间内出现了一定上涨，但整体下游塑料制品需求偏弱。下游加工企业开工不足，导致国内 PVC 需求增量有限。

（3）电石、乙烯等原料价格出现较为明显的回落。

（4）期货市场对现货市场影响最大。2023 年 PVC 期货行情波动较大，对现货市场造成较大影响。

二、趋势展望

（一）产业政策影响

2023 年 12 月，国家发展改革委修订发布了《产业结构调整指导目录（2024 年本）》。《产业结构调整指导目录（2024 年本）》自 2024 年 2 月 1 日起施行，《产业结构调整指导目录（2019 年本）》同时废止。其中，和聚氯乙烯关联最为直接的限制类包括：乙炔法（聚）氯乙烯、起始规模小于 30 万吨 / 年的乙烯氧氯化法聚氯乙烯。

2023 年 6 月 6 日，国家发展改革委等五部门联合发布《工业重点领域能效标杆水平和基准水平（2023 年版）》。该文件是在此前明确炼油、煤制焦炭、煤制烯烃、煤制乙二醇、烧碱、纯碱、电石、乙烯等 25 个重点领域能效标杆水平和基准水平的基础上，增加乙二醇、尿素、钛白粉、聚氯乙烯、精对苯二甲酸等 11 个领域，进一步扩大工业重点

领域节能降碳改造升级范围。其中，烧碱的能效标杆水平和基准水平与《高耗能行业重点领域能效标杆水平和基准水平（2021 年版）》中规定的数值一致，新增的电石法聚氯乙烯（通用型）的能效标杆水平为 193 千克标准煤 / 吨，基准水平为 270 千克标准煤 / 吨；电石法聚氯乙烯（糊用型）的能效标杆水平为 450 千克标准煤 / 吨，基准水平为 480 千克标准煤 / 吨；乙烯法聚氯乙烯（通用型）的能效标杆水平为 620 千克标准煤 / 吨，基准水平为 635 千克标准煤 / 吨；乙烯法聚氯乙烯（糊用型）的能效标杆水平为 950 千克标准煤 / 吨，基准水平为 1100 千克标准煤 / 吨。

《关于汞的水俣公约》自 2017 年 8 月 16 日起对我国正式生效：自 2017 年 8 月 16 日起，我国禁止开采新的原生汞矿，禁止新建的乙醛、氯乙烯单体、聚氨酯等生产工艺使用汞、汞化合物作为催化剂或使用含汞催化剂；2032 年 8 月 16 日起，全面禁止原生汞矿开采。2023 年 10 月，《关于汞的水俣公约》第五次缔约方大会在瑞士日内瓦召开。本次会议最终取消了确认氯乙烯用汞工艺无汞化技术和经济可行的议案，形成了在 2025 年 3 月 31 日前缔约方及相关组织向公约秘书处提交氯乙烯用汞工艺无汞化技术和经济可行性评价报告，留待下一次缔约方大会（2025 年 11 月 3—7 日）进一步讨论决议。

（二）不具备原料竞争优势的聚氯乙烯企业将面临更大挑战

聚氯乙烯（PVC）为氯碱行业的主要产品之一，电作为氯碱生产的主要能源，用于行业整个生产工艺，因此电力供应的稳定性和电价对氯碱产品的生产成本影响很大。随着煤炭价格上涨，目前企业自发电成本增加，不少企业减少自发电比例，增加网电用量。随着网电价格大幅上调，氯碱生产成本明显增加，企业生产运营压力明显增大。对于东北、华北、华中以外以购电石为主的 PVC 生产企业，电力价格上涨，上游原料电石的生产成本明显增加，因此其采购稳定性降低，尤其在 PVC 市场长期低迷的环境下，进而导致其生产运营压力持续增大。以上区域 PVC 企业如大量外购电石进行生产，一方面，和西北地区的"煤炭—电石—PVC"产业链一体化的企业相比，其电石法 PVC 成本竞争力偏弱；另一方面，和东部沿海地区的乙烯法 PVC 企业相比，其缺少便捷的原料来源渠道。PVC 生产企业原料供应基地的建立会更好地推进产业链协同发展，补齐产业链

源头的短板，尤其在"双碳"背景下，如此才能利用现有资源提升产业层次，摆脱资源环境约束。这对保障企业安全生产、维护设备稳定运行也将起到十分重要的作用。

（三）产品差异化水平和下游消费水平有待进一步提升

当前我国宏观经济面临下行压力，氯碱行业作为基础化工原材料行业，和国民经济各产业发展密切相关。聚氯乙烯消费集中在房地产等相关领域，在国家各项政策推动下，PVC 消费支撑有增强预期，但实际消费扩大较为困难。2023 年以来，小商品、家电、服装等产品出口下降，造成用于包装的塑料片材需求量下降明显；近年来发展迅速的 PVC 地板，在北美和欧洲的通货膨胀压力下，出口增速减缓，对我国 PVC 市场的支撑力度有所减弱。

同时，我国主导产品同质化竞争激烈。尽管我国一些企业自主研发出多个聚氯乙烯树脂新品种，但与国外相比，在产品牌号丰富度和应用领域范围等方面还存在一定差距，未形成具有自身特点的品种体系。我国聚氯乙烯产品以通用型牌号为主，品种单一造成市场竞争加剧；聚氯乙烯专用树脂、高端及特种树脂产品的开发仍显不足，应用领域也有待进一步拓展。

未来，氯碱企业应深度开发高附加值耗碱、耗氯产品，重视聚氯乙烯新品种和专用料研发，将医用专用料、多牌号高聚合树脂、聚氨酯与氯乙烯接枝共聚树脂（TPU-g-VC）、丙烯酸酯与氯乙烯接枝共聚树脂（ACR-g-VC）、离子交联 PVC 树脂等特种树脂纳入科技创新体系，拓展聚氯乙烯应用领域；加大对加工助剂、加工技术、加工装备适配性的研究；加强与下游加工企业合作，建立系列化、专业化、针对化的聚氯乙烯专用料牌号，促进我国聚氯乙烯树脂由通用型向专用型跨越；提升聚氯乙烯塑料制品质量，巩固其在型材、管材等传统领域的应用，进一步开拓 PVC-O 管和 PVC 地板等新兴消费领域。

未来，预计将有更多的聚氯乙烯生产企业寻求差异化竞争，进入特种树脂领域，使我国特种树脂持续发展；与通用型树脂同质化不同，各企业将依托自身资源优势、技术储备、设备现状和市场定位等规划产品。随着我国特种聚氯乙烯生产水平不断提高，未来将出现更多细分市场的龙头企业，且目标市场将进一步拓展到东南亚等区域。

2023 年全国塑料薄膜行业运行概况

中国包装联合会　董　威

2023 年，我国大陆塑料薄膜制造行业规上企业（指年主营业务收入在 2000 万元及以上的全部法人工业企业）有 2968 家，比 2022 年增加了 271 家。

2023 年，全国（此处特指我国大陆，下同）塑料薄膜制造行业累计完成营业收入 3781.04 亿元，同比增长 1.10%，增速比 2022 年同期下降了 3.09 个百分点。

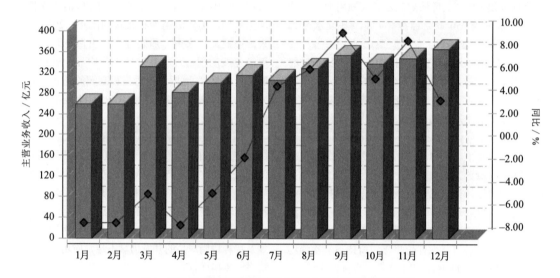

图 1　2023 年全国塑料薄膜制造行业月度主营业务收入及同比情况

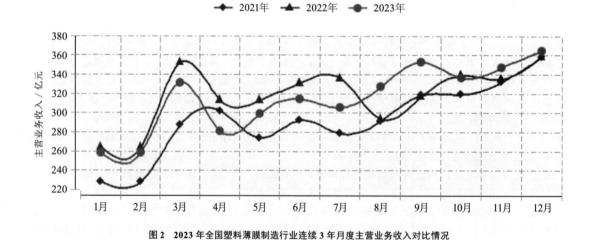

图 2　2023 年全国塑料薄膜制造行业连续 3 年月度主营业务收入对比情况

2023 年，全国塑料薄膜制造行业累计完成利润总额达 178.54 亿元，同比增长 −11.33%，增速比 2022 年同期提高了 6.77 个百分点。

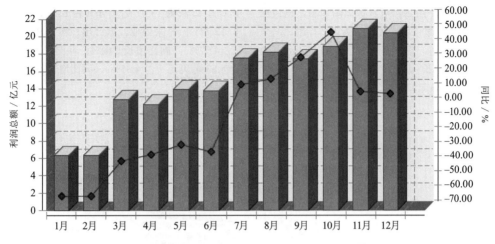

图3　2023年全国塑料薄膜制造行业月度利润总额及同比情况

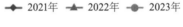

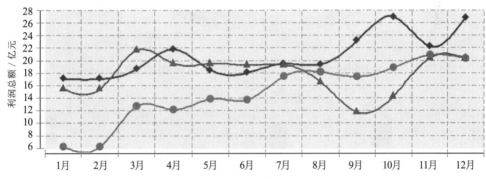

图4　2023年全国塑料薄膜制造行业连续3年月度利润总额对比情况

2023年，我国大陆塑料板、片、膜、箔、带及扁条行业累计完成进出口总额达304.06亿美元，同比增长−5.82%；其中，累计出口额为203.03亿美元，同比增长−2.51%。

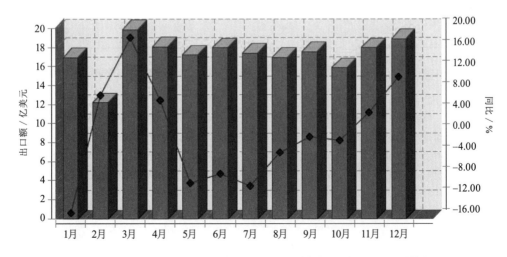

图5　2023年我国大陆塑料板、片、膜、箔、带及扁条行业月度出口额及同比情况

如图6、图7所示，对我国大陆而言，出口额排在前5位的国家依次是越南、美国、印度、马来西亚、韩国。越南，累计出口额为18.81亿美元（占9.26%），同比增长 –11.37%；美国，累计出口额为14.87亿美元（占7.32%），同比增长2.01%；印度，累计出口额为13.01亿美元（占6.41%），同比增长12.72%；马来西亚，累计出口额为9.29亿美元（占4.57%），同比增长0.01%；韩国，累计出口额为8.83亿美元（占4.35%），同比增长 –6.52%。

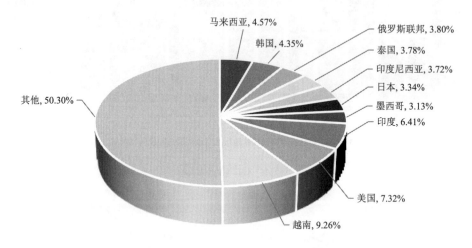

图6　2023年1—12月中国大陆塑料板、片、膜、箔、带及扁条行业累计出口额主要贸易国占比情况

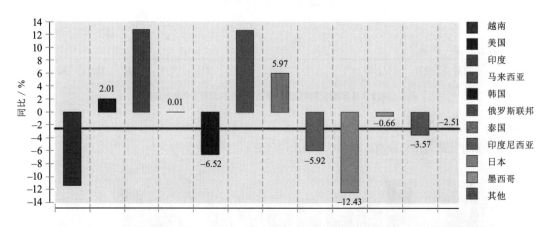

图7　2023年1—12月中国大陆塑料板、片、膜、箔、带及扁条行业累计出口额主要贸易国同比增长情况

如图8所示，就发货人注册地来看，我国大陆出口额排在前5位的地区依次是广东、浙江、江苏、山东、上海。其中，广东完成累计出口额达45.37亿美元（占22.35%），同比增长 –8.8%；浙江完成累计出口额达44.87亿美元（占22.1%），同比增长3.66%；江苏完成累计出口额达32.97亿美元（占16.24%），同比增长 –5.31%；山东完成累计出口额达16.54亿美元（占8.15%），同比增长 –4.63%；上海完成累计出口额达15.83亿美元（占7.79%），同比增长6.8%。

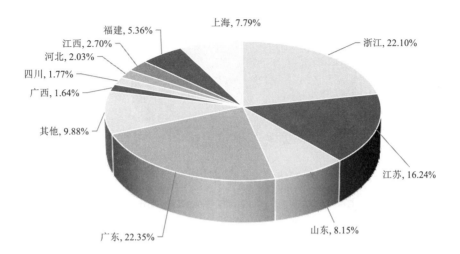

图 8　2023 年 1—12 月中国大陆塑料板、片、膜、箔、带及扁条行业累计出口额发货人注册地占比情况

2023 年，我国大陆塑料板、片、膜、箔、带及扁条　　行业累计进口额为 101.02 亿美元，同比增长 –11.83%。

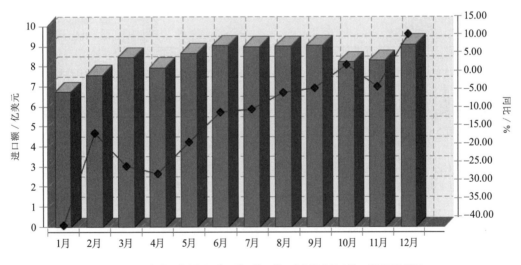

图 9　2023 年全国塑料板、片、膜、箔、带及扁条行业月度进口额及同比情况

如图 10、图 11 所示，对我国大陆而言，进口额排在前 5 位的国家和地区依次是日本、韩国、美国、中国台湾、德国。其中，来自日本的累计进口额达 40.82 亿美元（占 40.41%），同比增长 –6.26%；韩国完成累计进口额达 19.96 亿美元（占 19.75%），同比增长 –8.47%；美国完成累计进口额达 12.81 亿美元（占 12.68%），同比增长 –16.51%；中国台湾完成累计进口额达 8.67 亿美元（占 8.58%），同比增长 –19.23%；德国完成累计进口额达 4.75 亿美元（占 4.7%），同比增长 –15.12%。

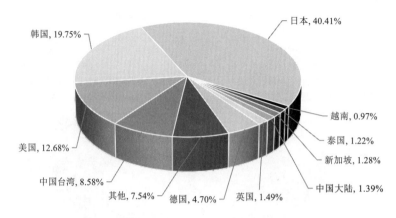

图 10　2023 年 1—12 月中国大陆塑料板、片、膜、箔、带及扁条行业累计进口额贸易国或地区占比情况

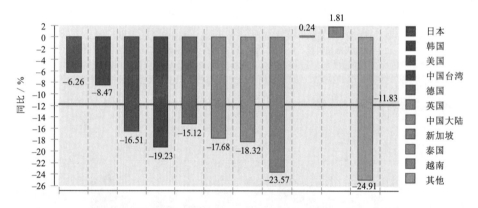

图 11　2023 年 1—12 月中国大陆塑料板、片、膜、箔、带及扁条行业累计进口额主要贸易国或地区同比增长情况

如图 12 所示，就收货人注册地来看，我国大陆进口额排在前 5 位的地区依次是江苏、广东、上海、福建、浙江。其中，江苏完成累计进口额达 30.54 亿美元（占 30.23%），同比增长 –13.38%；广东完成累计进口额达 25.58 亿美元（占 25.32%），同比增长 –11.49%；上海完成累计进口额达 18.24 亿美元（占 18.05%），同比增长 –11.71%；福建完成累计进口额达 3.69 亿美元（占 3.65%），同比增长 30.02%；浙江完成累计进口额达 3.58 亿美元（占 3.54%），同比增长 –8.33%。

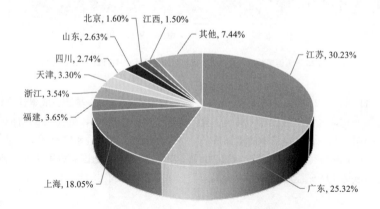

图 12　2023 年 1—12 月我国大陆塑料板、片、膜、箔、带及扁条行业累计进口额收货人注册地占比情况

2023 年 1—12 月，全国塑料薄膜制造行业累　计完成产量 1695.36 万吨，同比增长 2.05%。

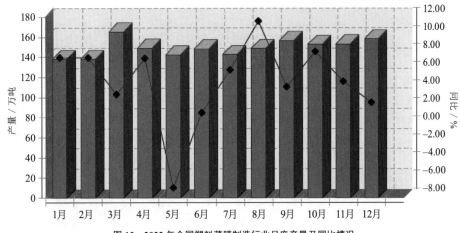

图 13　2023 年全国塑料薄膜制造行业月度产量及同比情况

如图 14、图 15 所示，我国大陆产量排在前 5 位的地区依次是浙江、广东、江苏、福建、山东。其中，浙江完成累计产量达 404.42 万吨（占 23.85%），同比增长 7.96%；广东完成累计产量达 270.45 万吨（占 15.95%），同比增长 0.67%；江苏 完成累计产量达 242.33 万吨（占 14.29%），同比增长 2.53%；福建完成累计产量达 170.5 万吨（占 10.06%），同比增长 –8.18%；山东完成累计产量达 96.72 万吨（占 5.71%），同比增长 11.63%。

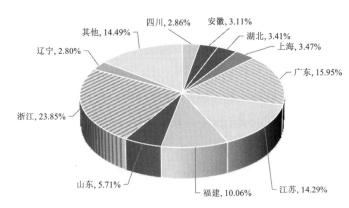

图 14　2023 年 1—12 月全国塑料薄膜制造行业累计产量地区占比情况

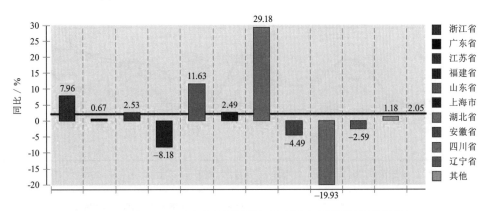

图 15　2023 年 1—12 月全国塑料薄膜制造行业累计产量主要地区同比增长情况

2023 年全国塑料包装箱及容器制造行业运行概况

中国包装联合会　董　威

2023 年，我国大陆塑料包装箱及容器制造行业规上企业（指年主营业务收入在 2000 万元及以上的全部法人工业企业）有 2178 家，比 2022 年增加了 178 家。

2023 年，全国（此处特指我国大陆，下同）塑料包装箱及容器制造行业累计完成营业收入 1623.03 亿元，同比增长 0.18%，增速比 2022 年同期提高了 5.48 个百分点。

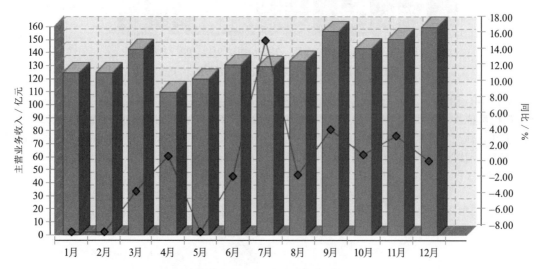

说明：2023 年营业收入同比数据反映为 2023 年规上企业与 2022 年相同企业营业收入的同比关系。

图 1　2023 年全国塑料包装箱及容器制造行业月度主营业务收入及同比情况

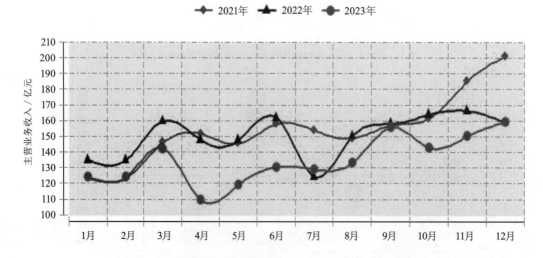

图 2　2023 年全国塑料包装箱及容器制造行业连续 3 年月度主营业务收入对比情况

2023 年，全国塑料包装箱及容器制造行业累计完成利润总额达 88.61 亿元，同比增长 12.59%，增速比 2022 年同期提高了 29.29 个百分点。

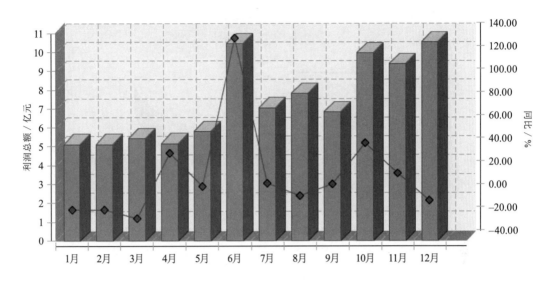

图 3　2023 年全国塑料包装箱及容器制造行业月度利润总额及同比情况

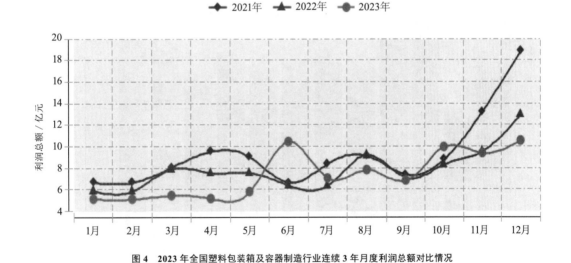

图 4　2023 年全国塑料包装箱及容器制造行业连续 3 年月度利润总额对比情况

如图 5 所示，出口交货值排在前 5 位的地区依次为广东、浙江、江苏、上海、山东。其中，广东完成累计出口交货值达 52.92 亿元（占 32.58%），同比增长 –4.13%；浙江完成累计出口交货值达 40.62 亿元（占 25.00%），同比增长 1.98%；江苏完成累计出口交货值达 34.19 亿元（占 21.05%），同比增长 –6.59%；上海完成累计出口交货值达 12.96 亿元（占 7.98%），同比增长 –15.38%；山东完成累计出口交货值达 12.52 亿元（占 7.71%），同比增长 12.66%。

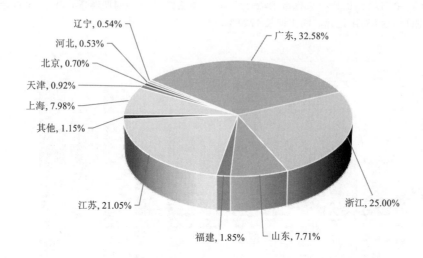

图5 2023年1—12月全国塑料包装箱及容器制造行业累计出口交货值地区占比情况

2023年，全国塑料包装箱及容器制造行业累计完成进出口总额达152.76亿美元，同比增长 −4.80%。其中，累计出口额为141.96亿美元，同比增长 −4.00%。

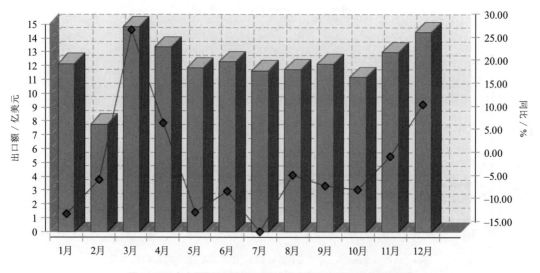

图6 2023年全国塑料包装箱及容器制造行业月度出口额及同比情况

如图7所示，出口额排在前5位的国家依次是美国、日本、澳大利亚、马来西亚、韩国。美国，累计出口额为30.41亿美元（占21.42%），同比增长 −6.13%；日本，累计出口额为9.85亿美元（占6.94%），同比增长 −15.73%；澳大利亚，累计出口额为8.36亿美元（占5.89%），同比增长2.93%；马来西亚，累计出口额为6.36亿美元（占4.48%），同比增长0.28%；韩国，累计出口额为5.27亿美元（占3.71%），同比增长 −16.91%。

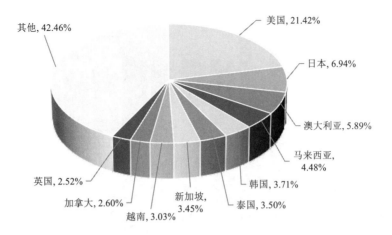

图 7　2023 年 1—12 月全国塑料包装箱及容器制造行业累计出口额贸易国占比情况

如图 8 所示，就发货人注册地来看，我国出口额排在前 5 位的地区依次是广东、浙江、山东、江苏、福建。其中，广东完成累计出口额达 40.79 亿美元（占 28.73%），同比增长 –7.3%；浙江完成累计出口额达 30.92 亿美元（占 21.78%），同比增长 7.16%；山东完成累计出口额达 17.46 亿美元（占 12.3.0%），同比增长 –5.48%；江苏完成累计出口额达 14.92 亿美元（占 10.51%），同比增长 –1.81%；福建完成累计出口额达 8.21 亿美元（占 5.78%），同比增长 6.08%。

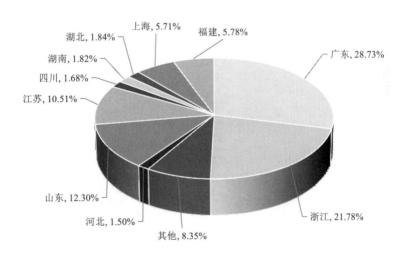

图 8　2023 年 1—12 月全国塑料包装箱及容器制造行业累计出口额按收发货人注册地占比情况

2023 年，全国塑料包装箱及容器制造行业累计进口额为 1.08 亿美元，同比增长 –14.23%。

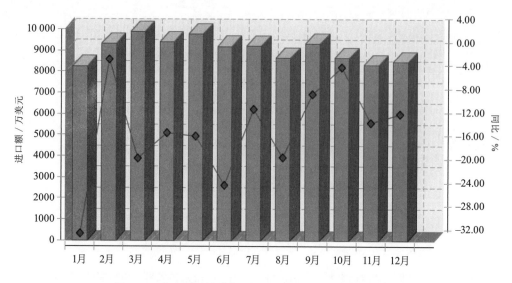

图9　2023年全国塑料包装箱及容器制造行业月度进口额及同比情况

如图10所示，进口额排在前5位的国家和地区依次是日本、韩国、中国台湾、中国大陆、美国。其中，日本完成累计进口额达2.48亿美元（占22.96%），同比增长–16.66%；韩国完成累计进口额达1.59亿美元（占14.76%），同比增长–20.08%；中国台湾完成累计进口额达1.57亿美元（占14.52%），同比增长4.84%；中国大陆完成累计进口额达0.98亿美元（占9.07%），同比增长–3.3%；美国完成累计进口额达0.87亿美元（占8.04%），同比增长–30.96%。

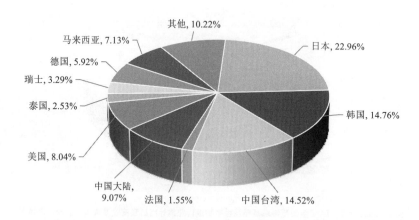

图10　2023年1—12月中国大陆塑料包装箱及容器制造行业累计进口额贸易国或地区占比情况

如图11所示，就收货人注册地来看，进口额排在前5位的地区依次是江苏、上海、广东、浙江、山东。其中，江苏完成累计进口额达2.6亿美元（占24.04%），同比增长–14.19%；上海完成累计进口额达2.23亿美元（占20.67%），同比增长–9.64%；广东完成累计进口额达2.21亿美元（占20.48%），同比增长–12.37%；浙江完成累计进口额达0.63亿美元（占5.87%），同比增长–32.45%；山东完成累计进口额达0.54亿美元（占4.99%），同比增长–13.56%。

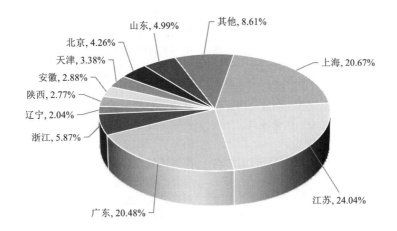

图 11　2023 年 1—12 月全国塑料包装箱及容器制造行业累计进口额收货人注册地占比情况

等离子体技术应用于高分子材料表面处理的案例

重庆川仪工程塑料有限公司　陶永亮

摘　要： 等离子体技术在高分子材料表面处理领域应用广泛。本文从等离子体技术含义出发，介绍了等离子体作用于高分子材料表面改性的机理，并结合塑件在粘接、丝印、喷字（码）、镀涂、材料改性方面的等离子技术处理案例，描述了等离子体技术在改变塑件表面性能方面的重要意义。等离子体技术将逐步替代传统的物理和化学方法对高分子材料进行表面改性。等离子体技术的应用遵循环境保护、节能减排、低碳制造、绿色发展之路，是未来改变高分子材料表面性能的方法之一。

关键词： 等离子体技术；高分子材料；材料表面处理；粘接；印刷；镀涂；材料改性

高分子材料（也称聚合物）表面性能研究有着重要意义。高分子材料表面性能包括润湿性、粘接性、着色性、吸附性、印刷涂装性、生物相容性等。通过表面改性获得高附加值应用，传统的化学、物理改性法容易使高分子材料基质受损，使其力学强度与应用性能下降，难以获得均衡性能。而化学药剂具有毒性，使用后易产生二次污染。高分子材料在国民经济中应用广泛，采用科学方法对其进行表面改性处理，是推广高分子材料应用亟须解决的课题。等离子体技术在高分子材料表面处理应用得到了较好发展。高分子材料表面处理使用等离子体技术有以下优势[1]：①属于干式处理，能源少、无公害，符合节能环保要求；②处理时间短，效率高；③对处理的材料没有严格要求；

④对形状较复杂的高分子材料表面都能均衡处理；⑤可以在环境温度较低的情况下进行反应处理；⑥从几到几百纳米范围的等离子体都可对高分子材料进行表面处理，不影响基材并可使之保持不变。综上，等离子体技术将成为高分子材料表面处理的重要方法之一。

一、等离子体技术与高分子材料表面处理

（一）等离子体技术含义

等离子体是物质在高温或特定条件下电离成气体物质状态，由电离导电气体的多种粒子（电子、正负离子、自由基、激发态分子或原子、光子）组成的集合体，是物质的第四态[2—3]。等离子体焰反应按温度分为高温（热）等离子体和低温（冷）等

离子体。高温等离子体是温度在 10^8—10^9K（开尔文）内完全电离的等离子体，如热核聚变等离子体；低温等离子体电离温度为 10^3—10^4K，如辉光放电等离子体等。在低压或常压状态下，低温等离子体中的电子温度远高于气体等离子体温度，电子温度在 10^4K 以上，而分子类或原子类粒子温度则低于 300—500K[4]。人们用来进行表面改性的低温等离子体由辉光放电、射频放电、电晕放电、介质阻挡放电和微波放电等产生（图1）。

（二）等离子体技术对高分子材料进行表面改性处理的作用机理

等离子体内部含有高能电子与气体分子（原子），二者发生非弹性碰撞，将能量转换成基态分子（原子）的内能[5]，电子能量促进反应物分子激发、离解和电离等过程，气体处于活化状态。产生等离子体区域，有大量的带电正离子，还有很多化学活性物质和辐射消散发出的不同波长的光子等，用等离子体对高分子材料表面进行处理。等离子体能量通过光辐射、中性分子流、离子流等作用于高分子材料表面[6-7]，这些粒子能量的消散过程是高分子材料表面获得改性的原因。高能粒子和紫外线等轰击高分子材料表面，分子链断裂而发生表面交联、刻蚀与等离子体聚合等作用，利用非聚合性气体对高分子材料表面改性，利用聚合性气体对高分子材料表面进行等离子体聚合和接枝，引入所需官能团，改善了高分子材料表面结构，提升了高分子材料表面自由能与性能[8]。

等离子体对高分子材料作用机理如下：气体中少数自由电子（电场中气体分子、高分子材料表面大分子链）撞击空间中其他分子，被撞击分子同时接受部分能量，变成有活性的激发态分子；激发态分子不稳定，其分解离子或保留其能量均属于亚稳定状态。自由基或离子在高分子材料表面反应，有可能形成致密交联层；等离子体与存在的气体或单体进行聚合反应，沉积到高分子材料表面将会形成一定形式的涂层；等离子体与高分子材料表面自由基或离子进行反应形成了改性层[9-10]。交联层、涂层和改性层是人们所需高分子材料表面处理后的较佳结果。

等离子体对高分子材料表面有两种作用：一种为反应性等离子体作用，另一种为非反应性等离子体作用，两种作用会给高分子材料表面带来不同的效果。反应性作用使用氧或氮等离子体促使高分子材料表面发生结构上的变化，经处理后其表面发生理化变化，增加其表面自由能，降低其表面与液滴的接触角[11]，改善高分子材料表面的润湿性、粘接性、印刷性和可镀性等；非反应性作用使用惰性气体或氢等离子体对高分子材料表面轰击后，使其表面产生大分子自由基，有自由基加持，使大分子之间产生交联[8]，非反应性将在高分子材料表面形成很薄、紧密的交联层。其改变了高分子材料表面自由能，以减少高分子材料中低分子量物质渗出。惰性气体等离子体处理高分子材料本身含氧，由大分子链断裂、分解而形成小分子碎片进入等离子体内，向等离子体体系中提供氧，产生氧等离子体效果[8][12]。高分子材料本身不含氧，用惰性气体等离子体处理后新生自由基和空中氧化作用，也会导致氧结合，直

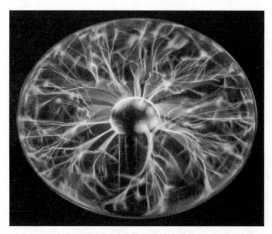

(a)发光的等离子体球示意图

(b)等离子体处理工件示意图

图1　等离子体示意图

到大分子链发生为止。大分子自由基及过氧化氢都会引起分子链间的交联[8]。等离子体对高分子材料表面作用包括表面杂质清洗、表面刻蚀、表面交联改性、表面活化等。

二、高分子材料表面处理应用案例

等离子体对高分子材料进行表面处理，使其在高速高能量等离子体的轰击下发生有理化变化，如表面刻蚀、形成交联层、引入含氧极性基团等[13]，使其表面亲水性、可染色性、黏结性等性能提升，表面形成一个活性层，便于材料印刷、黏合、镀涂等加工。采用等离子体技术对高分子材料表面进行处理，具有操作简单、环保、效果好、效率高、成本低等优势。

（一）对汽车前灯粘接装配前处理（杂质清洗）

汽车前灯体用一定强度和刚度改性聚丙烯（PP）制作，灯罩用聚碳酸酯（PC）制作。PP是结晶型材料，PC是非结晶型材料，PP与PC的分子结构和使用性能有差异，两者使用热熔胶粘接组装。热熔胶为粘接剂，将灯罩和灯体按凸凹相扣结构装配。热熔胶由苯乙烯—异戊二烯—苯乙烯嵌段共聚物（SIS）及增粘树脂等添加剂加热熔化制成。热熔胶经熔胶机185℃±5℃熔化注入熔胶头，熔胶头走向与灯体上灌胶槽吻合。灌胶完，灯罩压入灯体热熔中压实和冷却，完成装配。

灯体模具结构复杂，易给注塑带来不便，因此常用脱模剂。灯体黑料多，生产存放不如透明塑料件严谨。灌胶槽上的脱模剂、油脂、油污、灰尘等容易影响熔胶粘接效果。为了使熔胶与灯体紧密黏合，先用甲苯对灌胶槽进行处理（费工，苯挥发影响健康），后用火焰处理（火焰温度过高，有气味）。而采用等离子体技术来处理灌胶槽，清洗槽内油脂、肉眼看不到的灰尘颗粒等有机物，可确保黏合性，且操作简便，便于保持环境干净、安全，如图2所示。

（二）对PP塑件丝印喷漆等前处理（表面活化）

PP料具有耐冲击性，机械性能优异，耐多种有机溶剂和酸碱腐蚀，价格优势大，是应用极为广泛的塑料之一，用于制作生活包装袋、工业制品、管材等。PP是结晶度较高、表面张力低的非极性分子材料，表面张力为31—33dyn/cm（达因值），这给产品丝印、喷漆、喷字等带来了不便，因此需要对其加工表面进行处理，提高其表面自由能。根据产品特点，一般选用机械法、物理法、化学法等。

图2　采用等离子体技术处理灌胶槽示意图

传统的处理方式涉及环境污染等问题，处理中的质量和损耗难以保证。采用等离子体技术处理制品表面无污染，处理质量高，损耗极小。

丝印、喷漆、喷字都要提高表面附着力。应用等离子体辉光放电现象，通过气体产生激发态电子、离子和原子，去轰击其表面，使表面活性剂产生变化或形成新的基团或自由基，产生沉积，达到聚合物表面物化改性的目的。如图3所示，PP经等离子体技术处理前后的达因值发生了变化。图3（b）中右件经过等离子体技术处理（用一定数值的达因笔刷涂塑件表面），左件没有处理过。右件经处理，表面薄膜画线分布十分均匀，没有珠点或收缩，薄膜面达因值大于或等于达因笔上标出的指数；左件未经过处理，塑件薄膜画线有收缩、珠点状，薄膜面达因值低于或达不到达因笔上标出的指数。经等离子体技术处理后，表面张力得到了提高，能达到42—46 dyn/cm。

（a）PP产品等离子处理示意图

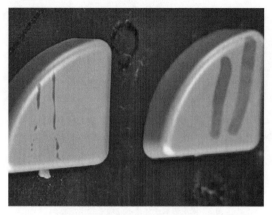

（b）PP 产品等离子处理前后达因值比较

图 3 PP 产品等离子处理示意图

如图 4 所示，保险杠底材以 PP 改性料为主。传统的保险杠喷漆前处理是通过火焰法处理以提高表面能，喷在其表面上的热氧火焰温度高达 1100℃—2800℃[14]。火焰处理时高温下材料表面大分子发生氧化反应产生极性 –O（双键）、–OH（羰基）和 –NO（亚硝基）等基团，还对表面分子聚集结构形态产生影响[15]。处理中的火焰与表面间距离、火焰在表面停留时间较关键，时间要短，确保表面不变形和不发生色变，方法快速简便，但耐老化性差、保鲜时间短，需要环境支持，操作有安全隐患。采用等离子体技术来处理保险杠表面，能提高聚合物表面张力，解决了表面活化问题，使用安全可靠，保鲜时间较长。

图 4 汽车保险杠 PP 喷漆件

（三）对 PP 材质生物试管表面处理（表面活化、改性）

将 PP 用于制作生物试管等，其试管属于医疗器械，与人体有短（长）时间组织接触时，对器

械表面有润滑性和亲水性要求，以减少人体组织损伤和病人痛苦。PP 疏水性较强，易吸附细胞、细菌等，引起术后炎症反应。起初用润滑油脂涂覆其表面，效果不佳，后用水作为润滑剂，再用一种亲水聚合物涂层直接涂覆器械表面达到所需的润滑性和亲水性，但两种方法较复杂，安全性受不确定因素影响得不到保证。现用 H_2（氢气）、O_2（氧气）、N_2（氮气）、Ar（氩）、CO（一氧化碳）、CF_4（四氟化碳）等非聚合物性气体激发的等离子体处理聚合物表面，通过气体聚合作用在材料基层表面形成一层薄薄的等离子涂层而形成膜层，增大膜表面亲水性、表面张力且其极性成分增多，液固之间相界面张力减少，解决了 PP 生物试管表面亲水性、润滑性和生物相容性的问题。

（a）70.5°接触角

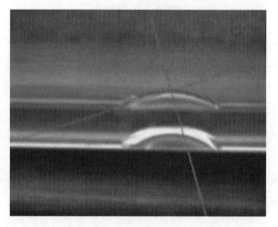

（b）33.5°接触角

图 5 接触角测量示意图

液体（即胶黏液）与固体（被粘物）接触，其湿润程度用接触角表示，接触角越大说明固体对

液体的吸附力越小，粘接能力就越差，亲水性也越差。处理 PP 试管后用接触角仪测量接触角大小，比较评价润湿性的好坏，进行试管表面处理测试，采用大气射流等离子清洗设备处理。处理前水滴接触角为 70.5°，处理后水滴接触角为 33.5°，接触角减少了一半多[16]，如图 5 所示。可见，亲水效果改善非常明显，已达到预期效果。对粘接的湿润接触是粘接的首要条件。

图 6（a）所示为 PP 材质点胶前等离子处理，处理后表面附着力提升，粘接效果牢靠；图 6（b）所示为塑胶开关件移印前等离子处理，处理后表面附着力提升，印刷效果清晰；图 6（c）所示为汽车雨刮条粘接前等离子处理，处理后获得胶条表面润湿性。

（四）前灯有限无底涂镀铝（表面刻蚀、表面活化、改性）

前灯透镜装饰框中间部分为有限无底涂镀铝，前灯体料为 PC1803（黑色）。镀铝后无发彩，高

（a）点胶前等离子处理

（b）塑胶开关件移印前等离子处理

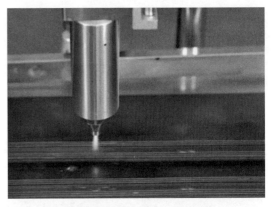

（c）汽车雨刮条粘接前等离子处理

图 6　等离子处理表面案例

温试验（120°、2h）后镀铝面上有发彩，如图 7 所示。为解决发彩用退火（120°、2h—4h）处理坯件，烘箱较大，温度有差异，效果不佳。坯件较大，烘箱处理工作量大、效率低。用镀铝机上离子体清洗功能，对其表面进行清洗试验。等离子体轰击镀铝表面除尘，活化表面和刻蚀。原轰击 20s，改为 50—60s，可解决试验发彩问题，但对坯件保鲜要求高，需在注塑后 2—4h 内完成镀铝，并保证现场温湿度。

等离子体技术能处理常规清洗方法无法解决的问题，用化学反应或物理作用对表面处理，较快分解污染物，提高聚合物表面活性。被清除污染物包括有机物、环氧树脂、氧化物、微颗粒污染物等。等离子体中电子、离子、激发态分子、活性基、自由基等有着极强化学活性的粒子作用到高分子材料表面，清理掉高分子材料表面原有污染物和杂质等，使其表面产生刻蚀，变粗糙[17—18]，有微细坑洼，增大比表面，增大固体表面润湿性。等离子粒子能量为 0—20eV（电子伏特），材料主要由 C（碳）、H（氢）、O（氧）、N（氮）四种元素组成，大部分化学键键仅为 0—10eV。两者之间的能级相差近 0—10eV，相对较大能级的等离子体作用到相对较小能级的材料表面，可断裂其原化学键，破坏材料中旧键而形成新键。等离子体中的自由基将与化学键形成新的网状交联结构[19]，激活高分子材料表面活性，提高高分子材料表面性能，赋予高分子材料表面新特性。

（五）聚四氟乙烯 PTFE 材料表面改性（交联改性）

PTFE 是综合性能较好的高分子材料，其表面

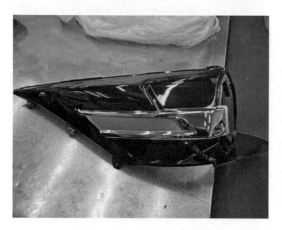

图 7　前灯体镀铝发彩示意图

能低（临界表面张力为 19 dyns/cm）、表面疏水性极高（与水的接触角超过 100°），影响了其在粘接、印刷等方面的应用。使用等离子体轰击 PTFE 表面，使表面分子化学键打开，与等离子体中自由基结合，在其表面形成极性基团，提高表面的粘接与印刷性能。

　　用氧等离子体对 PTFE 进行表面处理后，其表面 C-F 键断裂，表层氟含量减少，氧含量增加，引入 C=O 和 C-O 活性基团，表面润湿性提高。PTFE 薄膜经表面处理后，水接触角由 108° 下降为 80.6°，薄膜表面粗糙度明显增加，表面引入了含氧基团。PTFE 粘接件经表面处理后，表面张力从 19dyns/cm 提高到 72dyns/cm[20]；压剪粘接件粘接强度可以提高 1 倍以上；其他粘接件拉伸强度可提高 10—20 倍，接触角实现 30° 的下降幅度[21—22]。

　　用氮、氩、氢等离子体对 PTFE 进行表面处理后，接触角在原基础上分别有效降低到 49°、13.5°、17°[23]。用氩等离子体处理 PTFE 薄膜表面后，引

入了含氧基团，氧原子摩尔百分含量达到 5.2%，含氧结构为 C-O-C、C-O=C 或 O-C-O 等；用氩等离子体后辉光区对 PTFE 薄膜进行 30s 的表面处理后，其表面的 F（氟）、C 原子比从 3.27 降至 2.30，O、C 原子比从 0.02 增至 0.09。脱氟作用和含氧基团（如 C-O）的引入有效改善了其表面润湿性的关键因素[24—25]。此外，化合物气体等离子体、混合气体等离子体对 PTFE 进行表面处理，等离子体预处理 PTFE 表面接枝、聚合及沉淀改性等，能达到不同要求的改性效果。PTFE 基材等离子体改性处理前后在扫描电子显微镜（SEM）下的表面示意图，如图 8 所示。

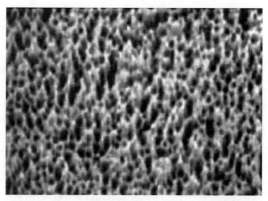

（a）改性处理前情况

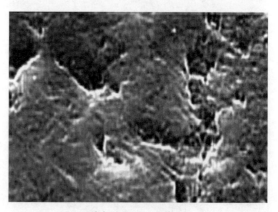

（b）改性处理后情况

图 8　PTFE 等离子体处理前后在扫描电子显微镜（SEM）下的表面示意图

　　由图 8 可见，处理前 PTFE 基材表面较为平滑；经等离子体表面处理后其表面粗糙度增大，密布细小孔，其粘接性得到改善。PTFE 表面黏附性

与表面 F/C（指材料表面氟原子和碳原子的比例）、（O+N）/C（指材料表面氧原子与氮原子的总和与碳原子的比例）有直接关系。等离子体处理可降低其表面 F/C 并引入新活性基团，从而提升其粘接性。等离子体处理能提高 PTFE 表面亲水性，经不同气体等离子体处理后，PTFE 表面黏附性均有显著提升。

三、结束语

通过等离子体表面处理，高分子材料表面发生了多种物理、化学变化，或产生刻蚀而变粗糙，或形成致密的交联层，或引入含氧极性基团，使其亲水性、粘接性、可染色性、生物相容性及电性能分别得到改善，有利于高分子材料粘接、镀涂、印刷及其他加工等。这改善了高分子材料的使用性能，拓宽了常规高分子材料的使用范围。等离子体技术作为一种新型的高分子材料表面处理方法，快速、高效、成本低、无污染[26]，符合环保、节能、低碳的发展理念，有助于"清洁工作""生态工艺"转型，未来将得到更多应用。

参考文献

[1] 安徽理工大学. 基于低温等离子体改性修饰的微悬臂梁偏转检测系统：CN201520045745.X [P]. 2015-06-24.

[2] 黄仕叶. 一种高能离子空气净化设备：CN-201420779106.1 [P]. 2015-05-27.

[3] 唐霁楠. 光敏银浆的制备与性质研究 [D]. 江苏：东南大学，2005.

[4] 黎文宇，许峰，张文申，等. PLASMADE-TEK-PED 低温等离子发射气相色谱仪在 10^{-6}—10^{-9} 级气体分析领域的应用 [J]. 低温与特气，2018，36 (2)：32-40.

[5] 路鹏，程伟，张旭，等. 生活垃圾填埋场恶臭物质研究 [J]. 环境卫生工程，2008，16 (6)：9-13.

[6] 邹利云. 真丝纤维微空隙生成及其性能研究 [D]. 江苏：苏州大学，2001.

[7] 湖州珍贝羊绒制品有限公司. 一种低温等离子体处理羊绒织物的方法：CN202210905553.6 [P]. 2022-09-23.

[8] 徐彪. 低温等离子体技术在高分子材料表面改性中的应用研究 [D]. 江苏：南京理工大学，2008.

[9] 温州职业技术学院. 一种聚合物高分子材料等离子体表面改性工艺：CN201510093846.9 [P]. 2015-06-03.

[10] 陈亏. 改性处理对玻纤/ePTFE 覆膜滤料热压复合性能的影响 [D]. 上海：东华大学，2011.

[11] 邹利云. 真丝纤维微空隙生成及其性能研究 [D]. 江苏：苏州大学，2001.

[12] 马东超. 射流等离子体/ASD 阻燃剂处理对落叶松胶合性能的影响研究 [D]. 黑龙江：东北林业大学，2016.

[13] 表面处理 [EB/OL]. [2022-10-21]. http://baike.baidu.com/view/696607.html

[14] 金发科技股份有限公司，上海金发科技发展有限公司，绵阳东方特种工程塑料有限公司. 高极性聚丙烯材料及其作为汽车内外饰件的应用：CN200910193704.4 [P]. 2010-06-02.

[15] 火焰处理 [EB/OL]. [2022-01-08]. http://baike.baidu.com/view/632801.html

[16] 等离子表面处理在医疗器械行业的应用 [EB/OL]. [2021-10-23]. https://mp.weixin.qq.com/s/ehAlmOhHCBAjF25Mo8FLJQ

[17] 胡建芳，吴萍. 冷等离子体对各类高分子材料进行表面改性的装置：CN03239674.0 [P]. 2004-01-14.

[18] 湖北荆州环境保护科学技术有限公司. 一种具有空腔冷却机构的大气辉光等离子卷对卷处理设备：CN202222150459.2 [P]. 2022-12-02.

[19] 杭州永青环保技术有限公司，浙江理工大学. 一种常压无内电极等离子体流化床装置及其应用：CN202110671395.8 [P]. 2021-09-21.

[20] 塑料表面的等离子体处理是怎么样的？来看看这些实例吧 [EB/OL]. [2017-05-26]. https://mp.weixin.qq.com/s/fL-q8wBcS0HSE4bwcG5BHA

[21] 刘红霞，张慧君，陈杰瑢. 远程氧等离子体改性聚四氟乙烯表面润湿性与表面结构的研究 [J]. 西安交通大学学报，2010，44 (3)：120-125.

[22] 刘际伟，高晓敏，冯敏. 聚四氟乙烯射频等离子体表面改性研究 [J]. 表面技术，2004，33 (1)：65-71.

[23] 温晓辉，詹如娟. 电子回旋共振等离子体用于聚四氟乙烯材料表面改性 [J]. 真空科学

与技术学报, 2002, 22 (5): 372-375.

[24] 刘红霞, 陈杰瑢. 氩等离子体后辉光区对聚四氟乙烯薄膜表面的优化改性 [J]. 高等学校化学学报, 2009, 30 (6): 1199-1204.

[25] 沈阳理工大学. 一种采用电子束辐射增加聚四氟乙烯膜润湿性的方法: CN2014 10833831.7 [P]. 2015-04-08.

[26] 高分子材料的等离子体表面处理 [EB/OL]. [2016-08-09]. https://www.doc88.com/p-9468928962354.html

塑 料 助 剂

山西省化工研究所（有限公司）　王　晶

摘　要： 塑料助剂作为聚合物制造过程中不可或缺的一部分，为塑料工业的发展提供了强大的助力。本文对中国及全球塑料助剂市场的当前状况和发展趋势进行了分析，并着重指出，研发和生产环保型塑料助剂已经成为行业发展的关键方向，技术创新和产业升级对于推动塑料助剂市场的可持续发展具有不可估量的重要性。

关键词： 塑料助剂；塑料工业；技术创新；市场趋势

塑料助剂，也被称为塑料添加剂，是聚合物制造过程中不可或缺的一部分。这些助剂被添加到聚合物中，旨在改善其加工性能，或者弥补树脂自身性能的不足。塑料助剂的使用，不仅有助于降本增效、提质增效，更能显著提升聚合物产品的附加值，从而满足不断变化的市场需求。

塑料助剂的作用广泛且重要。例如，增塑剂能够增加塑料的柔韧性，使其更易于加工；稳定剂能够防止塑料在加工和使用过程中发生热氧化、光氧化等反应，从而提高其耐候性、延长其使用寿命；抗静电剂能有效防止塑料制品在使用过程中产生静电，从而保障使用安全性。此外，还有阻燃剂、着色剂、发泡剂等众多类型的塑料助剂，它们各自发挥着独特的作用，共同推动着塑料工业的快速发展。

塑料助剂的出现，使塑料的性能得到了极大的提升。以前，许多塑料因为自身性能的限制，难以在特定领域得到广泛应用。而现在，通过添加适当的助剂，这些塑料的性能得到了显著的改善，从而拓宽了它们的应用范围。例如，添加了阻燃剂的塑料，可以用于电线电缆、建筑材料等需要高度防火的领域；而添加了增塑剂的塑料，则可用于制造包装材料、医疗器械等需要良好柔韧性的产品。

当然，塑料助剂的使用也需要遵循一定的原则和规范。首先，助剂的选择应该根据聚合物的类型和用途来确定，以确保助剂能够发挥最大的作用。其次，助剂的使用量也需要严格控制，过多或过少的添加都可能对聚合物的性能产生负面影响。此外，助剂的安全性也是需要考虑的重要因素。必须确保所使用的助剂符合相关的环保和安全标准。

图 1 显示了中国塑料制品近几年的产量情况；图 2 显示了茶花现代家居用品股份有限公司（简称茶花股份）塑料制品近几年的产（销）量情况。

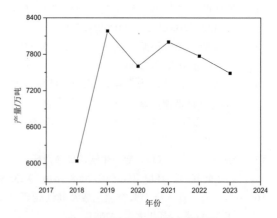

图 1　中国塑料制品近几年产量情况

从图 1 可以看出，近几年来我国塑料制品的产量在 2019 年达到最高，此后稍有下降，但年产量依然超过 7000 万吨。这一变化趋势不仅反映了我国塑料工业的快速发展，也反映了塑料在日常生

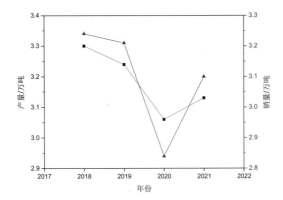

图 2　茶花股份塑料制品近几年来的产（销）量情况

活、工业生产和其他领域的广泛应用。特别是随着科技的进步和新材料的研发，塑料的用途越来越广泛，从包装材料、建筑材料到汽车、电子等产业的产品，塑料都发挥着不可或缺的作用。

图 2 就中国塑料制品行业重点企业茶花股份塑料制品近几年来的产（销）量情况进行了统计，间接反映出中国塑料制品产（销）量的投资潜力。从图中可以看出，茶花股份塑料制品的产量和销量基本保持同步增长，这显示了我国塑料市场的活力和潜力。随着经济的发展和人民生活水平的提高，人们对塑料制品的需求也在持续增长。同时，塑料制品的质量和技术水平也在不断提高，满足了市场的多元化和个性化需求。

然而，不得不提的是，塑料制品的生产和消费也带来了一些环境问题。塑料废弃物的大量产生和处理不当，给环境带来了压力。因此，我们需要在推动塑料工业发展的同时，加强环保意识，推广环保型塑料制品，减少塑料废弃物的产生及其带来的污染。

总的来说，我国塑料制品的产量和销量都在稳步增长，显示了塑料工业的强劲发展势头和广阔的市场前景。但同时，我们也需要关注环境问题，推动塑料工业的可持续发展。

"十三五"期间，中国塑料行业在科技研发、新材料应用、节能减排、智能化发展等方面取得了显著进步。为了响应全球环保趋势、应对市场需求的变化，塑料行业不断朝着功能化、轻量化、生态化、微型化的方向前进，展现出了勃勃生机与活力。

首先，关键共性技术研发与产业化工程成为塑料行业发展的核心驱动力。为了提升产品的质量和性能，行业不断投入巨资，研发多功能、高性能的塑料新材料及助剂。这些新材料具有更好的耐高温、耐磨损、抗老化等特性，能够满足汽

车、电子、航空航天等高端领域的需求。同时，通过技术创新，塑料行业还实现了从传统的线性经济向循环经济的转变，提高了资源利用效率，降低了环境污染。

其次，新材料研发及应用工程为塑料行业注入了新的活力。生物基塑料、特种工程塑料及高性能改性材料等新型塑料材料的研发和应用，为行业带来了广阔的发展前景。这些新材料不仅具有优异的性能，而且来源广泛，可再生性强，有助于实现塑料行业的可持续发展。

再次，在节能减排技术推广工程方面，塑料行业也积极响应国家环保政策，大力推广清洁生产和节能减排技术。通过优化生产工艺、更新节能设备、减少废弃物排放等措施，行业在降低能耗、减少污染方面取得了显著成效。这些努力不仅有助于塑料行业的绿色转型，也为全社会树立了良好的环保示范。

最后，智能化发展推进工程为塑料行业带来了新的增长点。随着信息技术的快速发展，智能制造、工业互联网等新技术在塑料行业的应用越来越广泛。通过引入智能化设备和系统，塑料企业可以实现生产过程的自动化、数字化和智能化，提高生产效率和产品质量。同时，智能化发展还有助于企业实现个性化定制、柔性生产等新型生产模式，满足市场的多样化需求。

进入"十四五"规划时期，中国塑料行业面临着新的发展机遇。在创新发展方面，行业应继续加大科研投入，推动关键共性技术的突破和新材料的研发应用。同时，行业还应加强与高校、科研院所等机构的合作，推动产学研深度融合，为行业发展提供源源不断的创新动力。

在节能减排方面，塑料行业应继续贯彻落实国家的环保政策，推广清洁能源和低碳技术，减少能源消耗和污染物排放。同时，行业还应积极探索循环经济模式，推动塑料废弃物的回收利用，降低对资源的依赖和环境的压力。

在国际合作方面，中国塑料行业应积极参与全球塑料治理和产业链合作，通过加强与国际先进企业的交流和合作，引进先进技术和管理经验，提升行业的整体竞争力。同时，行业还应推动国际合作项目的开展，共同应对全球塑料污染等环境问题，实现行业的可持续发展。

近年来，中国塑料行业在关键共性技术研发、新材料应用、节能减排、智能化发展等方面取得了

显著成果。未来，行业应继续创新发展，在节能减排、循环经济、国际合作等各方面努力，迎来更好的发展机遇。我们有理由相信，在中国塑料行业的共同努力下，未来的中国塑料产业必将迎来更加美好的明天。

塑料助剂，这个在普通人眼中可能不太熟悉的名字，却是塑料工业中不可或缺的一环。随着塑料工业的蓬勃发展，塑料助剂行业也日新月异，不断为塑料制品的创新发展注入新的活力。

首先，我们需要明确塑料助剂在塑料制品中的重要地位。塑料助剂是一类能够改善塑料性能、增加塑料制品附加值的化学物质。它们可以在塑料加工过程中起到增塑、稳定、阻燃、抗静电等多种作用，从而确保塑料制品在使用过程中的稳定性、安全性和持久性。可以说，没有塑料助剂的支持，很多现代塑料制品的性能都将大打折扣。

其次，塑料助剂行业的发展与塑料工业的发展紧密相连。随着塑料工业的不断创新，塑料制品的种类和应用领域日益广泛，对塑料助剂的需求也日益增长。为了满足这一需求，塑料助剂行业必须不断创新，研发出更多高效、环保、安全的塑料助剂产品。同时，随着人们环保意识的日益增强，塑料助剂行业也需要更加注重环保和可持续发展，推动绿色塑料助剂的研发和应用。

最后，塑料制品的创新发展也离不开塑料助剂的助力。在塑料制品的设计和生产过程中，塑料助剂的应用往往能够带来意想不到的效果。例如，通过添加特殊的塑料助剂，可以改变塑料的颜色、透明度、硬度等性能，从而实现塑料制品的多样化和个性化。同时，一些新型塑料助剂还具有特殊的功能性，如导电、导热、抗菌等，这些功能性的引入为塑料制品的创新发展提供了更多的可能性。

图3展示了近几年中国塑料助剂与塑料制品产量的变化趋势；图4则反映了近几年我国塑料助剂产量与消费量的变化情况。

图3揭示了一个明显的趋势：近几年来，我国的塑料助剂产量和塑料制品产量基本上都呈现出稳步增长的态势。这表明，随着经济的持续发展和人民生活水平的日益提高，塑料行业在我国的地位越来越重要；同时，也反映了我国塑料助剂行业的强劲发展势头。这为塑料制品的生产提供了坚实的支撑。

进一步观察图3，我们还可以发现，塑料助剂

产量的增长速度与塑料制品产量的增长速度基本一致，这在一定程度上说明了塑料助剂与塑料制品之间的紧密关系。塑料助剂是塑料制品生产过程中的重要辅助材料，其产量的增加直接影响了塑料制品的产量。

图4则展示了近几年来我国塑料助剂产量与消费量之间的关系。从图中可以看出，近几年来，我国塑料助剂的产量和消费量都呈现出持续增长的态势。这说明，随着我国塑料工业的快速发展，塑料助剂的需求量也在不断增加；同时，也反映出我国塑料助剂行业的市场潜力巨大，具有广阔的发展前景。

对比图3和图4，我们可以发现，塑料助剂产量的增长与塑料制品产量的增长以及塑料助剂消费量的增长都呈现出一定的正相关关系。这进一步证明了塑料助剂在塑料行业中的重要地位和作用。

综上，塑料助剂行业的发展与塑料工业的发展息息相关，塑料制品的创新发展离不开塑料助剂的

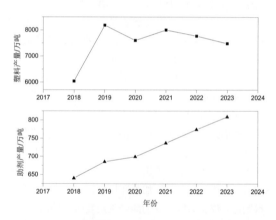

图3　近几年中国塑料助剂与塑料制品产量的变化情况

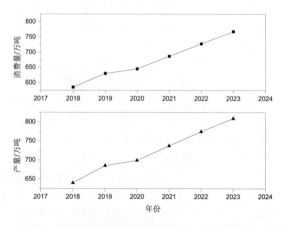

图4　近几年中国塑料助剂产量与消费量的变化情况

助力。未来，随着科技的进步和人们环保意识的增强，我们有理由相信塑料助剂行业将会迎来更加广阔的发展空间和更加美好的发展前景。同时，我们也期待塑料助剂行业能够不断创新，为塑料制品的创新发展贡献更多的力量。

据不完全统计，2022 年我国塑料助剂的市场规模为 81 亿美元。那么，为何我国的塑料助剂市场能够取得如此骄人的成绩呢？这背后有多重因素在起作用。首先，我国作为世界上最大的塑料生产国和消费国，为塑料助剂市场提供了庞大的需求基础。其次，我国的塑料助剂企业在技术研发、产品创新方面做出了巨大努力，推出了一系列高性能、环保型的塑料助剂产品，赢得了国内外市场的广泛认可。最后，随着我国政府对环保和可持续发展的日益重视，塑料助剂行业也在积极推动绿色生产和循环经济的发展，这为市场的长远发展注入了强大动力。

图 5 显示了 2022 年全球各地区塑料助剂市场占比情况；图 6 反映了 2022 年各类塑料助剂在全球市场占比情况；图 7 则进一步反映了 2023 年各类塑料助剂在全球市场占比情况。图 5、图 6 和图 7 中的数据为我们提供了关于塑料助剂行业分布和地区分布的宝贵信息，有助于我们更深入地理解这个市场的现状和未来发展趋势。

从图 5 可以看出，亚洲地区在全球塑料助剂市场中占据了主导地位。这主要得益于该地区快速发展的制造业和不断增长的塑料消费需求。特别是在中国、印度和东南亚国家，塑料助剂的需求持续增长，推动了市场的发展。此外，欧洲和北美洲地区也是塑料助剂市场的重要参与者，这些地区的经济发达、科技水平高，对高品质塑料助

剂的需求旺盛。而非洲、南美洲和中东等地区的塑料助剂市场虽然相对较小，但随着这些地区经济的发展和工业化进程的推进，其塑料助剂市场也有望逐步增长。

从图 6 可以看出，增塑剂的市场份额占比最大，超过一半。而从图 7 可以看出，2023 年全球增塑剂的市场规模持续占据主导地位，稳定剂和阻燃剂次之。

众所周知，在化学工业中，增塑剂一直扮演着至关重要的角色。它们被广泛用于塑料、橡胶和其他高分子材料的生产中，以改善其柔韧性和加工性能。2023 年，尽管全球化工市场经历了多次波动和调整，但增塑剂的市场规模依然居高不下，稳稳占据市场的主导地位。

稳定剂和阻燃剂作为增塑剂的重要补充，其市场份额虽然不及增塑剂，但在特定领域和特定应用中，它们同样发挥着不可替代的作用。稳定剂主要用于提高高分子材料的热稳定性和耐候性，而阻燃剂则用于提高材料的阻燃性能，确保其在高温或火灾等极端条件下的安全性。

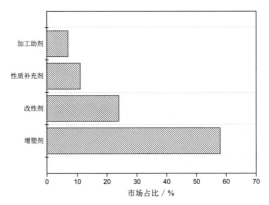

图 6　2022 年各类塑料助剂在全球市场占比情况

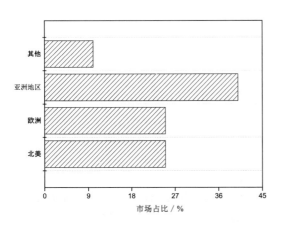

图 5　2022 年全球各地区塑料助剂市场占比情况

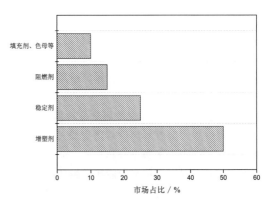

图 7　2023 年各类塑料助剂在全球市场占比情况

为了更好地了解塑料助剂市场的发展趋势和前景，我们还需要关注一些重要的因素。首先，环保法规的日益严格将对塑料助剂行业产生深远影响。许多传统的塑料助剂可能因不符合环保要求而被淘汰，而新型环保型塑料助剂将受到青睐。因此，研发和生产环保型塑料助剂将成为行业的重要发展方向。

其次，技术创新和产业升级也将推动塑料助剂市场的发展。随着新材料、新工艺的不断涌现，塑料助剂的性能和品质将得到进一步提升。例如，纳米技术、生物技术等前沿科技的应用将为塑料助剂行业带来新的突破和发展机遇。

最后，全球经济格局的变化也将对塑料助剂市场产生影响。新兴市场的崛起和发展将带来新的市场机遇，而发达市场的饱和度将更高，竞争将更加激烈。因此，塑料助剂企业需要密切关注市场动态，调整市场策略，以适应不断变化的市场环境。

综上所述，全球塑料助剂市场在近些年来展现出了多元化的区域分布和均衡的类型分布。未来，随着环保要求的提高、技术创新的推动以及全球经济格局的变化，这一市场将面临新的挑战和机遇。我们期待在这个领域中看到更多的创新和突破，为塑料工业的发展注入新的活力。

增 塑 剂

山西省化工研究所（有限公司） 王 晶

一、增塑剂的分类方法

增塑剂是一类广泛应用于多个领域的化合物，其种类繁多，功能各异。为了更好地理解增塑剂的特点和应用，下面将从分子量大小、物状、性能和化学结构等方面进行分类阐述。

根据分子量的大小不同，可将增塑剂分为单体型增塑剂和聚合型增塑剂。单体型增塑剂分子量较小，容易渗入聚合物基材，从而提高其塑性和韧性。而聚合型增塑剂具有较高的分子量，它们能与聚合物基材形成化学键合，使材料具有更好的耐久性和稳定性。

根据物状的不同，可将增塑剂分为液体增塑剂和固体增塑剂。液体增塑剂具有较好的流动性和渗透性，能够更均匀地分布于聚合物基材，提高材料的塑性和加工性能。固体增塑剂则需要在一定温度下才能发挥其增塑作用，适用于一些特定的加工条件。

根据性能的不同，可将增塑剂分为通用型、耐寒型、耐热型、阻燃型等多种类型的增塑剂。通用型增塑剂适用于大多数聚合物材料，能够提高其塑性和韧性。耐寒型增塑剂能在低温环境下保持材料的柔软性和弹性，适用于制作对耐寒性要求较高的产品。耐热型增塑剂能在高温条件下保持材料的稳定性，适用于制作在高温环境下使用的产品。阻燃型增塑剂则能够提高材料的阻燃性能，降低火灾风险。

根据化学结构的不同，可将增塑剂划分成更为繁多的种类。例如，邻苯二甲酸酯类增塑剂如邻苯二甲酸二丁酯（DBP）、邻苯二甲酸二辛酯（DOP）、邻苯二甲酸二异癸酯（DIDP）等，因具有较好的增塑效果和较低的成本，被广泛应用于塑料、橡胶、涂料等领域。脂肪族二元酸酯类增塑剂因具有较好的耐寒性和耐水性，较适用于制作一些需要长期暴露在室外环境中的产品。磷酸酯类增塑剂如磷酸三甲苯酯（TCP）、磷酸甲苯二苯酯（CDP）等，因具有较好的阻燃性和电绝缘性，更适用于制作电线电缆、电气绝缘材料等。此外，还有环氧化合物、聚合型增塑剂等多种类型的增塑剂，因其各自的特点而被广泛应用于各个领域。

就应用领域而言，增塑剂常被广泛应用于涂料、混凝土、含能材料、食品包装材料等多个领域。在涂料中，增塑剂可以提高涂料的柔韧性和附着力，使涂层更加光滑、美观。在混凝土中，增塑剂可以改善混凝土的流动性和可塑性，提高施工效率和质量。在含能材料中，增塑剂可以增加材料的塑性和韧性，提高其安全性和稳定性。在食品包装材料中，增塑剂可以增加材料的柔软性和密封性，延长食品的保质期和安全性。

总之，增塑剂作为一种重要的化学助剂，在各个领域都发挥着不可替代的作用。随着科技的进步和人们对材料性能要求的不断提高，增塑剂的研究和应用也将不断深入和发展。

二、增塑剂市场供需状况分析——以2022年我国市场为例

增塑剂，作为一种重要的塑料助剂，广泛应用于塑料加工、橡胶制品、涂料、胶黏剂等多个领域。在我国，随着经济的持续发展和人们生活水平的提高，增塑剂的需求量逐年增长。本文将以2022年我国增塑剂市场为例，深入探讨其产量和需求量的变化趋势及其背后的原因。

（一）产量分析

统计数据显示，2022年我国增塑剂产量为445.4万吨，较往年呈现出稳步增长的趋势。这一增长主要得益于以下三个方面的因素。

首先，国内塑料加工、橡胶制品等行业的快速发展，对增塑剂的需求持续增加。随着技术的不断进步，越来越多的新型塑料和橡胶制品问世，对增塑剂的性能和品质要求也越来越高，从而推动了增塑剂产量的增长。

其次，国家对环保和可持续发展的日益重视，也为增塑剂产业提供了广阔的发展空间。一些环保型、高性能的增塑剂产品逐渐受到市场青睐，其产量和市场份额逐年提升。

最后，国内外市场需求的不断增长，也促使增塑剂企业加大生产投入，提高产能和产量。一些企业通过引进先进技术、扩大生产规模、优化产品结构等措施，有效提升了自身的竞争力，为增塑剂产量的增长做出了贡献。

（二）需求分析

与产量相比，2022年我国增塑剂需求量略低，为399.2万吨。虽然需求量不及产量，但整体而言，我国增塑剂市场的需求依然旺盛，主要得益于以下五个方面。

首先，增塑剂市场的繁荣，离不开全球经济的持续增长和人们对高品质生活的追求。随着科技的不断进步和人们生活水平的提高，对高分子材料的需求也在不断增加。尤其是在建筑、汽车、电子、包装等领域，高分子材料的应用越来越广泛，这也为增塑剂市场提供了巨大的发展空间。

其次，随着环保意识的提高，越来越多的企业开始关注产品的环保性能。一些环保型、高性能的增塑剂产品因其低毒、低污染、高效能等特点，受到市场的青睐，需求量不断增加。

再次，国内外市场的不断拓展也为增塑剂的需求增长提供了动力。一方面，我国增塑剂企业积极参与国际竞争，出口量逐年增长；另一方面，随着国内市场的不断扩大，进口增塑剂的数量也在不断增加，进一步推动了国内增塑剂市场的繁荣。

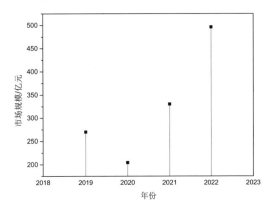

图1　近几年我国增塑剂的市场规模

从图1不难看出，近几年我国增塑剂的市场规模呈现出不断增长的态势。据不完全统计，2021年，我国增塑剂的产量为426.2万吨，需求量为391万吨，行业市场规模达到了330.4亿元。到了2022年，我国增塑剂产量为445.4万吨，需求量为399.2万吨，市场规模进一步增长至496.26亿元。我国增塑剂市场在过去几年中经历了显著的增长，并且这种增长趋势预计在未来几年内仍将持续。市场规模的扩大主要得益于塑料工业的发展，特别是包装、建筑、汽车和电子等行业对塑料制品需求的增加。

此外，除了行业需求的增长，我国政府对环保和可持续发展的重视也促进了增塑剂市场的扩张。增塑剂作为一种重要的塑料助剂，能够改善塑料的加工性能和物理机械性能，提高塑料制品的耐用性和使用寿命，从而有助于减少资源浪费和环境污染。

最后，技术创新也是推动增塑剂市场规模增长的关键因素。随着新型环保、高效、低毒的增塑剂产品被不断推出，它们在市场上的应用越来越广泛，进一步推动了增塑剂市场的扩张。

然而，尽管市场规模在不断扩大，但我国增塑剂行业仍然面临着一些挑战。一方面，行业内企业

数量众多，市场竞争激烈，导致价格战激烈，企业利润空间受到压缩。另一方面，一些企业存在产品质量不稳定、技术创新能力不足等问题，影响了行业的整体形象和声誉。

未来，我国增塑剂市场将继续保持增长态势，但增速可能会逐渐放缓。同时，随着市场竞争的加剧和消费者环保意识的提高，对增塑剂产品的质量和环保性能的要求也将更加严格。因此，企业需要加强技术创新和产品质量管理，提高产品的竞争力和环保性能，以适应市场的变化和需求。

综上，2022年我国增塑剂市场呈现出产量稳定增长、需求量持续旺盛的特点。这既得益于国内外塑料加工、橡胶制品等行业的快速发展，也得益于国家对环保和可持续发展的高度重视。然而，我们也应该看到，增塑剂产业仍面临着环保压力、市场竞争等多重挑战。因此，未来增塑剂企业需要在保持产量稳定增长的同时，更加注重产品的环保性能和技术创新，以满足市场日益增长的需求。同时，政府和社会各界也应加大对增塑剂产业的支持力度，推动其实现可持续发展。

"双碳"国策和塑料污染全球治理大背景下塑料助剂绿色低碳现状

施㧑若

摘　要：塑料行业要全面实施行业绿色发展战略，抓住新机遇，应对新挑战，坚持生态优先、绿色发展。要围绕规划"双碳"目标，促进绿色升级，推动节能降耗，减少环境污染，加强绿色设计。塑料助剂产品在品种开发和技术进步方面，注重"绿色、低碳、清洁"助剂的研发。应该承认尽管助剂行业还存在着不少问题，但也有不少企业和产品在绿色、低碳方面取得了长足的进步和成绩。

关键词：塑料行业绿色发展；"双碳"目标；"绿色、低碳、清洁"助剂

塑料污染治理已是全球共识。针对塑料材料和产品中的化学品和聚合物的信息透明度，以及对个别塑料材料和产品的信息可追溯性，各界提出了具有法律约束力的全球统一要求，以防止生产对人类健康和环境有害的塑料产品。这也是目前全球讨论热点。基于此，笔者认为有必要让全产业链和社会了解目前中国塑料助剂行业环保、高效、绿色、低碳发展的趋势和现状，以及笔者收集到的几家代表性企业和研究机构在这方面所做的工作和取得的成果。

一、中国塑料工业绿色发展要求

塑料是典型的资源节约型和环境友好型材料。塑料制品无处不在，绝大部分塑料具有可再生和循环利用的特性，在食品安全、环境保护、节能降耗、农业增产等行业，以及高精尖产业、战略性新兴产业等的绿色发展方面发挥着积极、重要的作用。

绿色发展是以人与自然和谐共生为价值取向，以低碳循环为发展原则，以生态文明建设为目标的可持续发展模式。当今世界，绿色发展已经成为人类社会发展的主流趋势。

为认真贯彻党中央和国务院战略部署，全面促进中国塑料加工业的绿色发展，应依据《"十四五"循环经济发展规划》《"十四五"工业绿色发展规划》《"十四五"节能减排综合工作方案》和碳达峰碳中和，以及绿色、生态化、可持续发展相关政策精神，按照《塑料加工业"十四五"发展规划指导意见》和《塑料加工业"十四五"科技创新指导意见》相关要求，充分发挥塑料制造业在"双碳"目标中的重要作用，从塑料全生命周期角度出发，引导行业在"十四五"期间，加大科技投入，深入开展生态化工艺技术创新，节能降耗，降低排放，全面实现清洁生产，以制造高性能、高性价比塑料制品为导向，加快推进塑料回收、再生及高值化利用，推动生物质等可再生资源制备塑料制品，实现塑料加工业功能化、高值高质化、绿色化、生

态化发展。

近年来，塑料加工业着眼于塑料产品的环境友好全生命周期，强调塑料制品生产过程的低碳与绿色环保、使用过程的低能耗与长寿命、废弃后不破坏生态环境并可再利用的生态化方向，将资源节约型、环境友好型作为转型升级的重要着力点，将节能减排作为转方式、调结构的重要抓手，大力推进技术改造，推广节能环保新技术、新装备和新产品，进一步完善节能减排工作体系，使行业工效能力大幅提升，清洁生产先进工艺技术得到广泛应用，原辅材料绿色化替代、产品绿色设计推进机制初步建立，在节能、降耗、增效、低碳、环保等方面有较大提升，使资源综合利用方式不断完善、技术装备水平不断提高[1]。

塑料加工行业要全面实施行业绿色发展战略，抓住新机遇，应对新挑战，坚持生态优先、绿色发展。要围绕规划"双碳"目标、促进绿色升级、推动节能降耗、减少环境污染、加强绿色设计、推进回收利用、科学推广降解塑料应用、注重绿色法规、推进园区建设9个方面开展重点工作，实现能源效率稳步提升、碳排放强度持续下降、产业绿色发展能级提升、塑料加工业能源效率稳步提升。按照《中国塑料加工业绿色发展纲要（2022版）》，规划到2025年，塑料加工行业单位工业增加值二氧化碳排放降低18%，规上企业单位增加值能耗降低13.5%[2]。

二、塑料污染全球治理政策情况

塑料污染治理已成为当今社会面临的一项重要挑战。为有效应对塑料污染问题，不论是在中国还是在国际上，都在全面加强塑料污染治理，开展全链条治理。

在2022年3月举行的第五届联合国环境大会上，175个国家批准并签署了里程碑式决议《终止塑料污染决议（草案）》。该决议要求建立政府间谈判委员会，到2024年达成一项具有国际法律约束力的协议，在全生命周期视角下促进塑料产品可持续设计与无害化管理，把塑料纳入循环经济，减少塑料污染，加强塑料科学问题相关的科研支持，调动利益相关方参与行动等。在此背景下，2022年11月28日至12月2日，政府间谈判委员会第一次会议（INC-1）在乌拉圭埃斯特角城召开；INC-2于2023年5月29日至6月2日在法国巴黎举行；INC-3于2023年11月13日至19日在联合国环境

规划署位于肯尼亚首都内罗毕的总部举行；INC-4于2024年4月23日至29日在加拿大渥太华召开；INC-5于2024年11月至12月在韩国召开[3]。

从相关媒体的评论来看，各界对达成统一的具有约束力的塑料协议前景展望不乐观，并且引用了环保团体所发出的警告。环保团体认为，由于石油生产国的抵制，谈判正面临失败。最先发表评论的大多数环保团体都对长期展望表示悲观。

相比上一轮会议，更多国家在本轮会议上对塑料限产表达担忧。国际化学协会理事会发言人马修·卡斯特纳（Matthew Kastner）也表示，理事会希望该条约中包含"加速塑料循环经济"的措施。Kastner在一份声明中称，"塑料协议应该专注于结束塑料污染，而不是塑料生产"。与此同时，塑料污染治理缺乏对应用场景和综合效果的考虑，在禁限替代塑料政策下，一些不合理的问题也日益凸显。如"3R原则"下禁限替代塑料制品，刚性需求下的替代品多数不具有更低的环境影响，"无效减塑"的环境影响显著升高；禁塑执法成本显著上升；可降解塑料替代经济成本也高。同时，塑料污染治理路径协同效应与冲突关系并存，路径效果无法线性叠加，需多目标化[4]。

包括欧盟国家、日本、加拿大和肯尼亚在内的数十个国家，当前正呼吁制定一项强有力的塑料污染防治条约，其中应包含"具有约束力的条款"，以减少生产和使用从石化产品中提炼出来的原始塑料聚合物。但这一立场遭到了塑料行业以及沙特阿拉伯等石油和石化出口国的反对，他们希望看到塑料使用继续下去。他们认为，该条约应着重关注塑料的回收和再利用——塑料供应的"可循环性"。

沙特阿拉伯与中国、俄罗斯、伊朗、古巴和巴林等国共同发起了一个名为"全球塑料可持续发展联盟"的组织。该联盟将推动条约重点关注废弃物处理而非产量控制。

目前，我国在应对塑料污染的政策导向上有以下三方面特点：首先，更强调以问题为导向的全产业链条（生产源头—流通消费—产品替代—回收处置—垃圾清理）治理，而且治理也更突出有序性、系统性、协同性；其次，政策目标日趋清晰与严格，明确包装行业是塑料污染治理的重点行业；最后，解决方案也更系统化，责任落实也更细化。

于4月30日结束的INC-4，会后发布的文本中，看第三段内容：焦点争锋，艰难中共进。会议初始

就不难感受到，部分国家代表对达成一项有约束力的公约雄心勃勃。

马拉维代表"终结塑料污染雄心联盟"（High Ambition Coalition）发言，提出采用预防方法对抗塑料污染，以现有最佳科学为基础，制定具有法律约束力的全球共同规则和控制措施，如将初级塑料聚合物的消费和生产限制在可持续水平等；太平洋小岛屿发展中国家提出，塑料污染危机不能仅靠下游废物处理措施来解决，必须确保从总体上减少塑料和消除有害化学添加剂，并列入强有力的透明度和披露措施；而欧盟及其成员国也强调模式的转变，特别是在价值链的上游部分，对于确保塑料的可持续生产和使用至关重要。

而沙特阿拉伯代表一组"立场相近"国家（Like-minded Group）的发言提到，应在共同但有区别的责任和可持续发展的基础上，通过有效的谈判，将文案草案完善为一份简明扼要、可付诸行动的文件。文书的讨论应向可持续做法过渡，并以公平的废物管理解决方案等原则为指导。尽管谈判期间需要各方妥协，但文书协定的质量和实质不容妥协。科威特则代表海湾合作委员会（GCC），强调其致力于确保联合国环境大会第 5/14 号决议得到落实，并表示各方应通过增进对不同意见的相互理解来建立共识，以期确立在经济和环境上更可持续的做法。

在随后的 INC-4 大会国家发言中，有一些代表认为，文书必须不仅涵盖塑料废物，而且还涵盖塑料生产，成为第一个针对塑料的整个生命周期和价值链中的所有利益相关方，就塑料材料和产品中的化学品和聚合物的信息透明度，以及个别塑料材料和产品的信息可追溯性，提出具有法律约束力的全球统一要求的多边协定，以防止生产对人类健康和环境有害的塑料产品[5]。

塑料污染治理的内容中很多涉及化学品尤其是塑料助剂，这方面可以追溯到世纪之交，而近年来尤甚。近年来，随着人类环境保护意识的增强和可持续发展思想的深入，对塑料、对塑料助剂的开发和应用提出了新的要求，一些有毒、有害物质和产品被限制生产或禁止使用。2022 年 6 月，欧盟委员会提交了一项通报案 G/TBT/N/EU/897，拟修订 REACH 法规附录 XVII 第 63 条关于铅及其化合物的限制条款，增加其在 PVC 物品中的使用限制要求。

中鼎检测技术有限公司（CTT）提醒相关生产企业和贸易商持续关注 REACH 法规（Registration, Evaluation, Authorization and Restriction of Chemicals，即"化学品注册、评估、许可和限制"，是欧盟对进入其市场的所有化学品进行预防性管理的法规，简称"REACH 法规"）的相关动态，提早做好准备，加强原材料和出厂检验控制，确保产品符合法规要求。

2023 年 1 月 17 日，欧洲化学品管理署（ECHA）正式公布第 28 批 9 项高关注物质（SVHC）。至此，REACH 法规下 SVHC 高关注物质清单（又称"候选授权物质清单"）总数已达到 233 项。本次更新增加了四溴双酚 A 和三聚氰胺两个常用物质，对相关行业影响巨大[6]。

国内监管部门也相继出台了《食品接触材料及制品用添加剂使用标准》《国家鼓励的有毒有害原料（产品）替代品名录（2016 年版）》《优先控制化学品名录》《重点控制新污染物名录》等法令法规。

三、新技术、新产品

我国塑料助剂产品在品种开发和技术进步方面，注重"绿色、低碳、清洁"助剂的研发。用于提高再生塑料性能的助剂，用于改善生物降解材料性能的专用助剂以及生物基助剂开始备受关注。食品相关塑料制品加工全部使用环保添加剂，聚氯乙烯硬制品加工基本完成铅盐稳定剂的环保替代工作。合成革产业以烯烃类树脂替代增塑剂制造烯烃类人造革，以环保增塑剂和生物质增塑剂制备聚氯乙烯人造革，以水替代苯制备超细纤维合成革[7]。应该承认，尽管我国助剂行业还存在不少问题，但也有企业和产品在绿色、低碳方面取得了长足的进步和成绩。

（一）山西省化工研究所（有限公司）

山西省化工研究所（有限公司），简称山西所，是首批完成转制改企的省属科研院所，自 2008 年以来，相继投资 2 亿多元建成山西科通化工有限公司聚合物助剂、山西科瀜科技有限公司新型科研材料两个成果转化基地。两个基地占地面积 150 余亩（1 亩≈666.67 平方米），产业化能力近 7000 吨 / 年，累计完成塑料改性助剂、橡胶改性助剂、聚氨酯合成材料 3 大类 20 余项科技成果转化，建成示范生产线 10 余条，形成商业化品种 80 余个，成果转化收入、技术转让收益等已经成为科研经费投入的有力保障，科研支撑产业、产业反哺科研的良好局面逐步形成。

团队依托自主知识产权完成了包括"TM系列聚合物助剂"在内的10条塑料助剂中试生产装置，成为国内首创、国际上首次成功实现工业化的典型案例。其中，"高性能紫外线吸收剂UV-418""酰肼类聚乳酸专用成核剂"等3项产品被科技部、财政部等五部委颁发"国家重点新产品"证书，近5年来，累计实现聚合物助剂产品产值1.5亿元，创造利税近5000万元。特别指出的是，TMP系列芳基磷酸酯盐类成核剂，2006年经省科技厅鉴定达到国际先进水平，2007年获得省科技进步奖二等奖，2008年获得国家重点新产品奖，2010年在科技成果转化基地建成年产100吨中试生产线，到2020年底已扩展至近300吨／年，10年间累计取得销售收入2亿多元，产品于2018年通过MILLKEN公司进入美国塑料改性加工市场。

1. 目前在运营的主要产业化项目

（1）建成并达产"年产1000吨聚合物助剂"高新技术产业化项目；

（2）建成并达产"年产200吨芳基羧酸皂类成核剂"产业化项目；

（3）建成并达产"年产400吨芳基羧酸酯盐类成核剂"产业化项目。

至2023年底，王克智、李向阳团队已获授权发明专利25项（含PCT3项），由其专利技术转化完成的TMA系列成核剂、TMB系列成核剂、TMP系列成核剂、TMX系列成核剂、TMY系列成核剂、TMN系列成核剂、TMC系列成核剂、KL扩链剂系列、SW抗水解剂系列9大系列30多个品种助剂创新产品行销国内20多个省市（自治区）的300多家企业，以及欧美等海外市场，累计产销4000多吨，销售额超过4亿元，为国内高分子行业的高值化利用作出了突出贡献。该团队主要围绕成核剂、光稳定剂、抗氧剂、扩链剂、抗静电剂、抗水解等展开研究。

2. 塑料助剂研发的三个方向

（1）通用塑料配套助剂：聚烯烃通用塑料工程化改性及其配套助剂的创新研究。重点针对聚丙烯、聚乙烯、聚丁烯-1及其共混体系开展聚烯烃成核剂、共混相溶剂和特殊稳定化助剂的创新研究。

（2）生物降解配套助剂：生物降解塑料绿色化改性及其配套助剂创新研究。重点针对聚对苯二甲酸／己二酸丁二醇酯（PBAT）、磷酸缓冲盐液（PBS）、聚己内酯（PCL）、多元不饱和磷脂胆碱

（PPC）和聚乙交酯（PGA）等煤基生物可降解树脂及其混合体系开展扩链剂、成核剂、相溶剂、偶联剂、水解稳定剂和熔体增强剂等的研究和开发。

（3）工程塑料关键助剂：工程塑料高性能化改性及其关键助剂的创新研究。重点围绕煤基聚酰胺、煤基聚甲醛、煤基热塑性聚酯［如聚对苯二甲酸乙二醇酯（PET）、聚对苯二甲酸丁二酯（PBT）］等工程塑料开展结晶成核剂、扩链改性剂、熔体增强剂、抗冲增韧剂、耐高温稳定剂等功能化和稳定化助剂的创新研究。

3. 功能型聚氨酯弹性体材料研发

山西所的聚氨酯研究始于1964年，是我国最早专业从事聚氨酯弹性体研发的单位。经过几代人多年的持续努力，硕果累累，该所聚氨酯弹性体的应用开发整体水平处于国内领先、国际先进水平。

发展目标：紧跟世界聚氨酯弹性体材料发展步伐，在基础研究方面积累数据，形成自己的聚氨酯弹性体材料表征数据库，将目前先进的聚氨酯研究成果与市场需求和应用联系起来，形成自己的聚氨酯弹性体材料研发特色。

主要研究方向：山西所主要从事国防军工、煤炭、钢铁、轨道交通、纺织、印刷、造纸、粮食加工、飞机和车辆制造、电线电缆和电子器件密封、建筑和体育设施、生物医学等领域功能性聚氨酯弹性体及其制品的研究、开发与生产。

（1）研究聚氨酯主链及助剂与耐热、耐溶剂等性能的构效关系，开发满足不同应用要求的具有耐热、耐溶、抗静电、阻燃等功能的聚氨酯弹性材料；

（2）聚焦轨道交通、桥梁建筑的应用要求，开展聚氨酯阻尼材料、聚氨酯嵌缝材料等材料的技术创新，开发系列化的工程用聚氨酯弹性材料；

（3）开展室温固化聚氨酯弹性材料的持续创新，开发满足矿用电缆冷补料、输送皮带修补胶等室温固化要求的聚氨酯材料；

（4）开展聚氨酯浇注成型工艺的技术创新，开发满足不同领域应用要求的聚氨酯浇注制品[8]。

（二）新产品

1. β 成核剂

科技改变生活，随着生活水平的提升，人们对家装水管产品寄予更高的要求——具有高耐热、高耐压、高韧性等特性的无规共聚聚丙烯（即四型聚

丙烯）产品应运而生。特别是建立在以技术创新为基础的产品性能的提升上，而成核剂产品的生产和使用过程也需达到和满足以下两个条件。

更高产品性能：更高耐压性、更长使用寿命、更安全卫生的使用环境。绿色环保：管道产品减重20%以上，可持续性、回收利用率符合国家"双碳"政策。

而成核能力强、晶型稳定的β成核剂产品则是其关键核心。四氢邻苯二甲酸金属盐是广州呈和科技股份有限公司（简称呈和科技）自主研发的新型β晶型成核剂，为国内首创；其四氢邻苯二甲酸β晶型成核剂产品均可满足上述各项要求，并具备以下特性：

热稳定性好：110℃、8760h测试标准环应力为2.6MPa（兆帕），普通PP-R为1.9MPa。抗冲击性能得到一定改善，使用安全可靠。管材壁厚更薄，更快的挤出速度，节省原材料，管道获得更大的流体通量。管材重量降低20%—35%，使运输、施工更容易；设计应力高：70℃条件下的设计应力由3.2MPa提高到5.0MPa。耐热及抗蠕变性能优异，适合于95℃以下的供热系统，使用寿命超过50年。

该产品正在申请欧盟REACH、美国FDA等各项认证，以保证产品达到出口安全卫生要求。相关技术成果获得中国发明专利4件和国外发明专利4件；同时获得2项科学技术成果奖。

呈和科技的新型羧酸盐类β晶型成核剂还具有以下特性：添加量少，β晶成核效果显著，能高效诱导β晶型PP的生成；改性制品的β晶型含量高达85%—97.8%；与聚丙烯的相容性、分散性好，抗冲击能力强，经改性的PP冲击强度一般可以提高1—4倍（PPH），热变形温度可以提高5℃—10℃；高速拉伸韧性和延展性好，不易脆裂，多次挤出β晶型含量稳定；能赋予制品多孔率，目前已广泛应用在锂电池隔膜方面；抗有机颜料的α成核能力强，特别适用于有色聚丙烯管材和板材的改性。

工业和信息化部2024年4月9日第110号文公布的第八批制造业单项冠军，该公司在列。2023年该公司实现营业收入人民币79 962.64万元，同比增长15.07%；净利润人民币22 612.57万元，同比增长15.84%；扣除非经常性损益的净利润人民币21 894.19万元，同比增长28.19%。

公司在建项目——科呈新材料新建高分子材料助剂建设项目一期位于广州市南沙区黄阁镇小虎岛东曹二纵路以东、东曹一横路以北2019NGY-9地块，占地30 675m²，建设年生产能力为6400吨成核剂、10 200吨合成水滑石、20 000吨复合助剂产品，拟投资4.1亿元。项目建成后有助于推动公司在生产工艺方面的研发，提升公司在相关领域的技术研发能力，强化公司针对客户需求提供产品和服务的能力，进一步丰富公司特种高分子材料助剂产品种类，扩大应用领域，夯实公司的发展平台[9]。

2. 镭雕粉/激光打标剂

以PP、PE、PVC、ABS、TPU、TPE、TPV、TPR、PBT、PET、PC、PA、POM、PEI等材料的塑料制品表面的激光打标用：

（1）可在PP、PE、PVC、ABS、TPU、TPE、TPV、TPR、PBT、PET、PC、PA、POM、PEI等基体材料中均匀分布，具有良好的解析度、对比度和灰价响应；

（2）活性成分经激光照射后能有效释放起自催化作用的金属离子，具有非常强的激光敏感度和显著的颜色变化效果；

（3）具有绝缘性，抗可见光，耐200℃高温；

（4）适用于大部分波长在300—2200nm内的工业用激光打标系统进行打标操作。

3. 硫化锌

硫化锌应用在木器漆、紫外光固化涂料、工程塑料（聚碳酸酯、玻璃纤维增强体系）、高性能聚合物（聚醚酮）、不饱和聚酯树脂、环氧树脂、弹性体（天然橡胶和合成橡胶、氟化橡胶）、合成纤维色母粒（聚酯纤维、聚酰胺纤维、聚烯烃纤维）等的制作中。

（1）和二氧化钛（TiO_2）不同，硫化锌不会和酚基防老化作用产生有色复合物，因而抑制了聚合物的催化氧化作用，热稳定性佳，在350℃下十分稳定，耐化性强，不溶于水/溶剂。

（2）以极低的磨损性而著称，因此硫化锌可以减少对加工设备的磨损，如模板、螺杆和喷嘴等。

（3）硫化锌具有出色的分散性和流变性，因其莫氏硬度只有3磨损性极低，使它非常适合作为所有玻纤增强塑料的白色颜料，明显优势在不像TiO_2（其莫氏硬度为6.5—7）那样破坏增强用的玻纤，从而确保和提高成品的弯曲强度和撞击强度。可作为摩擦材料的干润滑剂，同时能避免弹性体塑料的变脆。

（4）它是独特的蓝相白色颜料，具有增白作用，可提高荧光粉的效率。它不像 TiO_2 有光催化作用，还能锚固有催化效果的金属离子，防止这些离子进入聚合物晶格内产生催化降解作用，提高塑料的耐候性能。

广东鑫达新材料科技有限公司，是一家集科、工、贸为一体的高新技术企业。公司聚焦塑料助剂产业链领域，致力于聚氯乙烯（PVC）热稳定剂、润滑剂、改性剂、阻燃剂、硫化锌、镭雕粉、吸酸剂等塑料功能助剂及塑料功能母粒等新材料的自主创新、研发、生产、销售及提供相关技术服务。尤以硫化锌、镭雕粉产品为优势。经过多年的努力，终于在众多的竞争对手中率先成功得到了合格产品（符合欧美应用标准），并自主研发设计了全套生产装置，稳定实现了连续的工业化生产，打破了国外产品垄断国内市场的局面，产品投放市场后，迅即得到国外订单[10]。

4. 高性能加工助剂

在塑料与复合材料加工领域，有几种高性能材料因其独特的性能和应用价值而备受瞩目。这些材料在提升产品质量、优化加工过程以及拓宽应用领域方面展现出了巨大的潜力。山东金昌树新材料股份有限公司除钙锌稳定剂产品外，这几年又陆续推出了几款新颖的加工助剂产品。

（1）抗冲改性剂

在塑料加工行业中，PVC制品因其广泛的应用领域和多样的功能性而备受关注。然而，PVC制品在受到外力冲击时往往表现出较低的抗冲击性能，这限制了其在某些领域的应用。为了解决这一问题，该公司研发了一种丙烯酸酯类抗冲改性剂（ADX-635）。

ADX-635抗冲改性剂的核心在于其特殊的核—壳结构设计。该结构使改性剂能够在PVC基材中形成一层有效的保护层。当PVC制品受到外力冲击时，柔性的"壳"部分首先吸收冲击能量，并通过其良好的柔韧性将能量分散到周围的PVC基材中，从而显著提高了制品的抗冲击性能。此外，ACR与PVC树脂之间良好的相容性确保了改性效果的稳定性。

在实际应用中，ADX-635抗冲改性剂展现出了优异的性能。首先，它显著提高了PVC制品的抗冲击强度，使制品在各种冲击条件下都能保持良好的完整性。其次，该改性剂还改善了PVC的熔融流动性和加工性能，使制品更容易成型，提高了

生产效率。最后，ADX-635还具有良好的耐候性和耐老化性，能够延长PVC制品的使用寿命。

在建筑、交通运输、包装和家电等领域，ADX-635抗冲改性剂均有广泛应用。在建筑领域，它可用于生产建筑门窗、异型材、管材等制品，以满足对抗冲击性能和耐候性的高要求。在交通运输领域，它可应用于汽车内饰件、座椅、行李架等部件，以提高这些部件的抗冲击性能。在包装领域，它可用于生产包装膜、包装袋等包装材料，以保护包装物品在运输和储存过程中不受损坏。在家电领域，它可用于改善冰箱、洗衣机等家电的外观和耐冲击性能。

值得一提的是，有机硅橡胶类产品（ADX-635Si）进一步提升了抗冲改性效率，并显著改善了制品在低温（-20℃）下的抗冲击性能——与传统抗冲改性剂相比，抗冲击性提升了20%—30%。此外，它还可扩展应用于PC、PP、PVC等其他材料中，展现了广阔的应用前景。此类产品可年产5000吨。

（2）脱模剂、抗析出剂

在PVC制品的加工过程中，脱模剂是不可或缺的一种助剂。它能够有效降低模具与成型物之间的黏附力，便于脱模，并提高生产效率。然而，传统的脱模剂往往存在析出问题，影响了制品的外观和长期稳定性。为了解决这一问题，该公司研发了一种丙烯酸酯类无析出脱模剂（ADX-203）。该脱模剂具有独特的核—壳结构和优异的性能。

ADX-203脱模剂的核心部分由一系列较硬的单体聚合而成，这些单体提供了稳定的基础框架和刚性支撑；而在其外部，包裹着由较软且功能性强的单体聚合而成的壳层。这层壳不仅赋予了脱模剂良好的柔韧性和脱模性，还通过特殊的功能型单体增强了其与PVC的相容性和抗析出性能。这种独特的核—壳结构使脱模剂能够均匀分散在PVC基材中，形成一层稳定的界面层——一层薄膜，这层薄膜能有效降低模具与成型物之间的表面张力，并通过化学作用削弱它们之间的黏附力，同时改变模具表面的粗糙度，使成型物能够轻松地从模具上脱离，从而提高生产效率并保证产品质量，有效实现脱模和抗析出的双重功能。

在实际应用中，ADX-203脱模剂展现出了低黏度、抗析出、脱模性好、化学性能稳定、耐热性和加工性能优异等特性。这些优异的性能使它在PVC制品的加工领域有着广泛的应用前景。具

体而言，它可用于 PVC 管材、板材、异型材等制品的生产中，有效控制口模析出，提高制品的表面质量和尺寸稳定性。在 PVC 薄膜、片材的生产中，它能够改善制品的脱模性和加工性能，提高生产效率和制品质量。在 PVC 注塑制品的生产中，它能够降低模具与制品之间的黏附力，便于脱模，并减少模具磨损。此类产品可年产 5000 吨。

（3）ASA 胶粉

在高性能材料的研究与开发中，ASA 胶粉以其独特的性能脱颖而出。ASA 胶粉，一种基于丙烯酸酯、苯乙烯和丙烯腈的三元共聚物，通过乳液聚合技术制备，其精确的化学配比和聚合条件控制使其分子链结构得以优化，取得一系列优异的性能。

首先，ASA 胶粉在加工过程中表现出塑化迅速、流动性佳的特点。这种高分子材料能够迅速均匀地填充模具，确保生产效率和产品质量。同时，ASA 胶粉对多种成型工艺均具有良好的适应性，无论是注塑、挤出还是压延，均能轻松应对，展现出优异的加工性能。其次，ASA 胶粉不仅具有卓越的耐候性和耐 UV 性能，还具备高抗冲击性能。它不含与 ABS 类似的双键结构，从而在长时间暴露于阳光下仍能保持外观和性能的稳定，不会发生明显的黄变或脆化。最后，ASA 胶粉的高抗冲击性能确保了制品在遭受外力冲击时能够保持其形状和功能的完整性，进一步提升了产品的耐用性和安全性。

ASA 胶粉的应用场景广泛，特别是在需要高耐候性和高抗冲击性能的领域。其中，胶粉 ADX-806 制成的 ASA 薄膜可附在门窗、型材、树脂瓦表面，能够长期抵抗紫外线和恶劣气候的侵蚀，保持外观和性能的稳定。这种产品不仅塑化迅速，溶脂高，还具备出色的流动性。胶粉 ADX-807 常用于制造前后保险杠、车身装饰件等部件，其优异的抗冲击性和耐候性确保了这些部件在复杂的使用环境中能够保持长久的性能。此外，在电子电器产品的外壳和部件的制造中，胶粉 ADX-807 的高耐候性和耐 UV 性能够确保产品外观的美观和性能的持久。此类产品可年产 5000 吨。

（4）工程塑料增强剂

在现代工程塑料领域，性能的提升一直是研发的重点。该公司生产的丙烯酸类增强剂 ADX-3069，作为一款由苯乙烯和丙烯腈经过精心设计的共聚反应制得的高分子聚合物，其在塑料性能提升方面展现出显著的优势。

ADX-3069 通过精细控制的分子链结构和分子量分布，确保了高分子链具有适当的分子量和分子量分布。这种结构特性使增强剂在塑料基质中能够形成稳定的网络结构，有效传递和分散应力，从而显著提升塑料的模量和整体性能。

在实际应用中，ADX-3069 表现出高模量增强的特点。它能够显著提升塑料材料的模量，使其具有更高的刚性和强度。同时，它还能改善塑料的流动性，提高加工速度和效率，从而提升生产效率。此外，ADX-3069 还能显著提高塑料的冲击强度、拉伸强度和弯曲强度等物理性能，使塑料制品具有更优异的综合性能。

ADX-3069 的相容性良好，与 ABS/AS 等塑料基质能够均匀分散，避免团聚或析出，确保了增强剂在材料中的均匀分布和稳定作用。同时，它在高温、高湿等恶劣条件下仍能保持稳定的性能，不易降解或失效，进一步提升了制品的稳定性和耐用性。

ADX-3069 在多个领域展现出广泛的应用潜力。在高端塑料制品领域，如汽车零部件、电子产品外壳等，它能够显著提升产品的整体性能，满足市场对高性能材料的需求。在塑料回收领域，ADX-3069 能够改善回收料的加工性能和物理性能，使其重新获得高质量的应用。此外，在需要承受较大载荷或应力的结构件（如建筑模板、机械部件等）的制造中，ADX-3069 能够显著提高制品的模量和强度，确保制品的稳定性和耐用性。此类产品可年产 5000 吨[11]。

5. 软制品用稳定剂

在人们的日常生活中，食品或物品的包装经常会用到保鲜膜这种材料，以促进食品保鲜储藏或帮助产品销售。PVC 保鲜膜凭借其特有的优点，如自黏性好、透明度高、记忆性好、透氧性佳、透湿度高，以及包装出的产品美观、价格低廉等特点，增加了产品的市场竞争力，深受人们喜欢，因此国际及国内市场上 80% 的食品包装和商品包装都采用 PVC 保鲜膜。

在《食品安全国家标准 食品接触材料及制品通用安全要求》（GB 4806.1—2016）及《食品安全国家标准 食品接触材料及制品用添加剂使用标准》（GB 9685—2016）国家标准颁布实施以后，人们对于食品接触材料及制品在日常使用中对身体健康可能产生的潜在危害越发重视，对一次性塑料废弃后可能对环境产生的影响高度关注。在食品级 PVC 保鲜膜中，必须使用的原材料为基准残留单体的质量分数为 1×10^{-6} 以下的材料，完全符合欧洲 EPFMA 和美国 FDA 标准，以及我国国家标准《食品用塑料自粘保鲜膜质量通则》（GB/T 10457—2021）的国家标准，对于添加剂的卫生性符合指标有了更高要求。

早期的 PVC 保鲜膜配方中通常使用有机锡热稳定剂，其具有热稳定性和耐候性优、防止初期着色性好、无（低）毒、透明等优异性能，在食品、药品等卫生要求高的包装制品，硬质、半硬质透明的板材、片材，软质透明 PVC 膜，食品级瓶子、水管等制品上使用，地位不可替代。但所有的有机锡热稳定剂，不管结构如何，其主要缺点是制造成本比铅类稳定剂或金属皂类复合物的高得多。而且在 PVC 干混料混合过程中，有机锡热稳定剂的挥发速度持续加快，此时会有一定数量的有机锡挥发物，可能还会掺杂少量有机锡与 PVC 反应产物——有机锡气化物，连同粉尘、水蒸气一同排放出来，使本来就因粉尘污染而劳动条件恶劣的混料工段的环境更加糟糕。

最佳的热稳定剂替代方案为环保无毒钙锌复合稳定剂，其有固体和液体两种形态。基于流延膜加工工艺的特殊性，目前固体钙锌复合热稳定剂尚不能满足加工的需求，可采用的方案为液体钙锌复合稳定剂。但由于对材料卫生性能的限制、对液体稳定剂制造工艺的特殊要求，国内 PVC 保鲜膜使用的液体钙锌复合稳定剂长期依赖进口，在这一领域使用的基本是来自日本、韩国的产品。

通过不断创新研发，在最近的三年中，江苏联盟化学有限公司突破了国外厂家的技术壁垒，打造出了国内首支满足 PVC 保鲜膜加工应用需求的液体环保无毒钙锌复合稳定剂 LF-L1609。该产品按照 1.5—2.5 份／每百份树脂的添加量使用，特点是无毒、环保、气味弱、不含酚，符合 REACH 标准，原材料符合卫生标准，可以完全替代国外进口同类产品，且具有更宽的加工性能，满足制品厂家使用不同类型流延生产线加工的要求，性价比高。从客户使用的对比效果来看，该公司的液体钙锌复合热稳定剂与 PVC 的相容性更好，能改善 PVC 保鲜膜加工中的热降解，减少易迁移物质析出，很好地解决了生产过程中的积垢问题，较国外同类产品延长停机清理周期 2—3 倍，大大提高了客户生产效率，降低生产成本，而且所生产的食品保鲜膜的拉伸强度可达 20—30MPa。该产品已经申请发明专利。

该公司现已建成产能为 10 万吨 PVC 环保复合热稳定剂的生产基地，其中固体和液体复合稳定剂各占一半，可满足 PVC 各类软、硬制品的需求。公司现有"高效环保钙锌稳定剂"等三大类产品被认定为高新技术产品，与江苏省产业技术研究院建立了 JITRI-JUC 联合创新中心，建有常州市 PVC 稳定剂技术工程研究中心、常州市生物基高分子材料工程技术中心、江苏省研究生工作站等[12]。

四、助剂行业绿色低碳发展现状

（一）稳定剂

钙锌稳定剂是以硬脂酸钙和硬脂酸锌为主体复配的复合稳定剂。由于它一开始就是以环保稳定剂的形象出现在我们的视野中，因此成为我们通常所说的环保稳定剂的代名词。热稳定剂是 PVC 制品加工时不可或缺的助剂，多功能环保热稳定剂完全可以替代重金属类热稳定剂，成为我国未来热稳定剂行业及塑料加工领域发展的主要方向。

国内环保稳定剂的开发应用已取得长足发展，近年来产品出口也在快速增加，用户遍布全球。也有企业在环保稳定剂的制造过程中应用绿色节能技术并取得不俗成绩。广东鑫达新材料科技有限公司以 5 万吨产品为基数，分别对比了铅盐、钙锌稳定剂金属成分冶炼能耗比；相比传统金属皂化工艺，采用新型钙锌合成工艺生产硬脂酸锌、能耗比；铅盐、钙锌稳定剂产品综合能耗比。具体见表 1 至表 3。

表 1　生产铅盐稳定剂和钙锌稳定剂的主要材料的能耗比

名称	数量／吨	金属含量／%		折算金属量／吨	标准能耗／（千克标准煤／吨金属）	总能耗／吨标准煤
铅盐稳定剂	50 000	铅	30	15 000	540	8100
钙锌稳定剂		锌	3	1500	1050	1575

表 2　钙锌稳定剂传统工艺和新工艺的能耗比

名称	折标系数 / 千克标准煤	新型钙锌合成工艺		传统金属皂化工艺	
		消耗 / 吨	折标准煤 / 千克	消耗 / 吨	折标准煤 / 千克
电 / 千瓦时	0.1229	230	28.27	500	61.45
水 / 吨	0.2571	0	0.00	8	2.06
蒸汽 / 吨	0.1	0	0.00	1.7	0.17
天然气 / 标准立方米	1.33	0	0.00	16	21.28
能耗合计 / （千克标准煤 / 吨）			28.27		84.96

表 3　铅盐稳定剂和钙锌稳定剂生产的能耗比

名称	工艺类型	数量 / 吨	金属含量 / %		冶炼能耗 / 吨标准煤	合成能耗 / 吨标准煤	总能耗 / 吨标准煤
铅盐稳定剂	传统工艺		铅	30	8100	4250	12 350
钙锌稳定剂	传统工艺	50 000	锌	3	1575	1105	2680
	新型工艺				1575	368	1943

从上述信息中我们可以确认：

①相比铅盐稳定剂，钙锌稳定剂金属成分冶炼能耗降低 80%。

②相比传统金属皂化工艺，采用新型钙锌合成工艺生产硬脂酸锌，能耗降低 67%，无废水、废气排放，工艺控制、设备配置亦较为简单。

③相比铅盐稳定剂，钙锌稳定剂综合能耗下降 78%—85%；而相比传统工艺，采用新型工艺生产钙锌稳定剂，其能耗进一步下降 27.5%。因此采用新型钙锌合成工艺生产的钙锌稳定剂更符合绿色可持续发展理念。

广东鑫达新材料科技有限公司现建有多条自动化生产线，综合生产能力达年产 15 万吨。销售网络覆盖全球，"万绿牌"注册商标产品远销欧洲国家、美、日、韩等国。公司注重科技研发投入，现有广州、河源、华东三个技术中心和工厂质量检测中心；同时与广州中山大学、华南理工大学、广东工业大学、广东石油化工学院等高校有多年合作，以实现产品创新应用及品质提升。获授权专利 58 项，其中发明专利 26 项，实用新型专利 32 项。

该公司的产品（DG 多功能、高效一体化助剂）于 2021 年 6 月通过了以陈学庚院士为首席专家的技术鉴定，获评审专家一致好评，得到了"产品技术达到全球领先水平"的评价。公司着眼可持续绿色发展，以更专业、更高效、更先进的创新理念，参与全球"双碳"目标行动，砥砺前行，打造全球品牌。

该公司先后获国家级高新技术企业、国家知识产权优势示范企业、中国轻工业塑料行业（塑料助剂）十强企业、广东省专精特新中小企业等称号。建有广东省 PVC 环保稳定剂工程技术中心、广东省级企业技术中心，质量管理体系 ISO 9001:2015、职业健康安全管理体系 ISO 45001:2018、环境管理体系 ISO 14001:2015 等 [13]。

以该公司 5 万吨产品数据为基数，折算成 2020 年国内产销 40 万吨环保稳定剂计算：

①相比铅盐稳定剂，钙锌金属成分冶炼能耗降低 80%；可以减少标准煤消耗 6.48 万吨，减少二氧化碳排放 17.5 万吨。

②相比传统皂化工艺，采用直接法合成工艺生产硬脂酸盐，能耗降低 67%；可以减少标准煤消耗 5.427 万吨，减少二氧化碳排放 14.653 万吨；而且无废水、废气排放，工艺控制、设备配置亦较为简单。

③应用新工艺、新技术的钙锌产品的生产，相比传统工艺，能耗下降27.5%；可以减少标准煤消耗2.228万吨，减少二氧化碳排放6.016万吨。

三项相加，2020年国内消耗40万吨环保稳定剂，可以减少标准煤消耗约14万吨，减少二氧化碳排放约38万吨。

（二）抗氧剂

人们对抗氧剂的安全性及其对环境是否会造成污染的要求日益严格，以及对各种高分子材料制品性能的要求不断提高，因此对已有抗氧剂生产工艺进行完善和改进、研制或开发新型绿色健康的抗氧剂，以实现绿色、环保、无毒和高效发展是抗氧剂行业发展的一个趋势。

1. 高效催化

催化剂是抗氧剂生产的核心原材料，其对抗氧剂产品质量、生产效率、工业废弃物产生量、环境保护等问题有重要影响。

目前国内多采用有机锡作为催化剂来催化合成受阻酚类抗氧剂。这种方法得到的抗氧剂产品中含有微量的锡元素，导致生产出来的抗氧剂产品被锡元素污染。随着国外发达地区（尤其是欧盟）环保法规的不断完善，这种含微量锡的抗氧剂产品逐渐受到限制，难以走出国门。因此，通过研究新型催化剂来替代传统工艺生产中的有锡催化剂，减少重金属污染，可以解决现有有机锡催化剂生产的抗氧剂因含重金属锡不能出口的难题。

2. 清洁无溶剂工艺

有机溶剂具有易挥发、高毒性和高成本等缺点，且使用管理不当易造成环境污染，严重危害人类健康。而无溶剂合成反应以其经济简单、低毒环保、节能高效、容易实施和操作的特点而受到关注并得到了快速发展。无溶剂有机合成被广泛接受为一种环境友好的、有效的合成方法。

目前，国内抗氧剂的合成过程得到了优化，即选取高效催化剂，确定适宜的反应温度和压力条件，基本采用无有机溶剂、无水洗的新型生产工艺，从而避免了废水的产生，进而减少了环境污染。同时，反应过程平稳，反应时间短，产品合格率高，工艺过程实现了降低成本、节约资源、清洁环保的绿色制造。

3. 新设备新工艺的利用

抗氧剂生产基本采用了绿色新型微反应技术，在能源消耗，生产效率，自动化过程，反应的可靠性、安全性、过程可控性，以及产物的选择性等方面均显示出独特的优势。将微反应器应用到抗氧剂中间体的合成中，由于微通道的宽度和深度比较小，反应原料在短时间内就可以充分混合；较大的比表面积使剧烈反应中的大量反应热可以及时移走，避免事故发生；在反应过程中，反应物在流动过程中发生反应，其浓度不断降低，生成物浓度不断提高，副反应较少[7]。微反应器需要的反应物原料甚微，可以减少有毒、有害反应物用量，反应过程产生的环境污染物也极少。微反应器环境友好，可作为合成并研究新物质的技术平台[14]。

五、标准、品牌、创新和开拓

随着资源日益缺乏以及生产高分子材料所带来的环境污染越来越严重，以生物基为原料生产环境友好的塑料助剂产品和绿色能源是人类实现可持续发展的必由之路。并且，随着经济的持续发展，尤其是新兴市场塑料的产量将继续飞速攀升，其需求量日益增大，为节约能源资源、实现清洁生产，以生物基为原料，与现有生产工艺或新工艺相结合来生产绿色新型塑料助剂品种，成为实现塑料助剂产品绿色发展的有效途径之一。

研发、应用新材料，采用新技术、新工艺、新装备制得的新产品，可以满足绿色、低碳的发展理念，实现"双碳"目标，同时也大幅提升助剂行业的全球竞争能力，为助剂产品走出国门提供有力保障。

助剂行业发展还需要在标准、品牌、创新和开拓等方面做得更好：

（1）标准。我国在迈向世界强国的过程中，既需要开放合作，又需要自立自强，要结合人类对美好生活的追求以及重大战略需求，做出具有原创性和引领性、用得上的贡献。在创新技术转化为市场应用时，要充分发挥标准的重要作用，在技术、材料、产品、制品等领域通过标准规范，实现高质量发展，并占据话语权和主动权。

标准的制定，不仅意味着一个行业的规范与成熟，更为行业的发展提供了必要依据。随着经济全球化进程的不断推进，技术标准已经成为市场竞争的重要手段，未能参与技术标准制定，将会在竞争中处于受制于人的不利局面。要建立产品行业标准，推动聚氯乙烯上下游全产业链的技术进步，实现产业的健康发展。

（2）品牌。与其用降低品质、放弃维持企业发展必要利润的恶性、无序的竞争方式来争用户、抢市场，不如加大研发投入，以优质的产品、全方位的服务来创品牌、赢市场。2022 年 10 月有咨询公司发布了阿克苏诺贝尔、艾迪科、雅保、阿科玛、科莱恩、霍尼韦尔等 20 余家国际知名助剂企业的主要业务及现状信息，细看内容有两点值得我们深思：无单一产品企业上榜（哪怕如百年企业百尔罗赫），无国内企业上榜。

（3）创新和开拓。最强的竞争力是技术（产品）的领先和创新，不是无序、低价。尤其是在"双碳"国策的环境中，制造业的首要任务、最高目标是保证产品的多功能、高性能、长寿命，这也是助剂行业应追求的方向和目标。要推广聚氯乙烯产业绿色全生命周期概念，推动绿色工厂、绿色制造、绿色产品链体系建设；扩大新型绿色环保功能材料供给。

六、结束语

最后，借用国务院发展研究中心资源与环境政策研究所副所长常纪文研究员 2024 年 5 月 21 日发表在中国经济网上的《统筹生态环境保护和经济发展》一文中的几段话作为本文的结束语：

"面对新一轮科技革命和产业变革浪潮，绿色、循环、低碳、智慧化发展已成大势。坚定不移走生产发展、生活富裕、生态良好的文明发展道路，必须处理好高质量发展和高水平保护、重点攻坚和协同治理、自然恢复和人工修复、外部约束和内生动力、'双碳'承诺和自主行动的关系，大力推动经济社会发展绿色化、低碳化，增强绿色低碳发展的内生动力和创新活力。"

"增强绿色低碳发展的内生动力，一是大力支持科技创新，推进产业数字化、智能化同绿色化、低碳化深度融合，加快建设以实体经济为支撑的现代化产业体系，健全绿色制造体系和服务体系，大力发展战略性新兴产业、高技术产业、绿色环保产业、现代服务业，全面形成绿色低碳的产业体系和消费体系。为此，需加强以企业为主导的产学研深度融合，围绕产业变革的方向引导企业、高校、科研单位共建一批绿色低碳产业创新中心，加大高效绿色环保技术装备产品供给。在绿色供应链体系建设的基础上，强化低碳要求，打造绿色低碳供应链体系。二是在可再生能源资源富集地区强化绿电与区域矿产资源的耦合开发利用，发展绿色低碳的新型煤化工、石油化工以及其他新型工业，在提升能源资源安全保障能力的前提

下，有序减少对国外油气和煤炭的依赖。三是改革和创新自然资源资产管理制度体系，落实集体林权制度改革，在依法严格保护生态环境的同时，激发自然资源资产在生态产品价值实现过程中的市场活力。四是创新生态产品价值实现机制，分门别类建立绿水青山、冰天雪地、戈壁荒漠等生态产品价值实现的机制，将生态资源转化为'金山银山'。五是加快构建与绿色化、低碳化发展相配套的废弃物循环利用体系，促进废旧风机叶片、光伏组件、动力电池、快递包装等废弃物再制造或者循环利用。

"同时，为绿色低碳发展营造良好的营商环境。坚持精准治污、科学治污、依法治污，鼓励经营主体加快绿色低碳转型，加快构建安全生产、环保信用等监管体系，强化税收等政策支持，综合考虑行业能耗、水耗、气耗和排污绩效水平，针对不同类型和规模的企业，落实差别化或者阶梯化的供电、供水、供气和污水处理收费政策。提升绿色、循环、低碳管理的目标、标准，加强经济发展和绿色低碳循环监管决策、政策、目标、标准的取向一致性评估，促进生态环境保护和经济发展形成良性循环。"

"此外，开展美丽中国建设需要全社会共同参与。通过宣传教育和案例指导，把建设美丽中国的意愿转化为全体人民的自觉行动，形成美丽中国建设人人参与、人人共享的良好社会氛围。"[15]

在塑料领域，国内传统塑料的新增产能已经大大超过了需求，企业"内卷"严重，粗放式发展会越来越难，寻找新的发展、投资方向和创业机会，是行业和企业决策层需要考虑的问题。这对始终处于风口浪尖的助剂行业来讲应该是又一次发展的机遇，在碳达峰碳中和的大背景下，项目审批和环保排放检查将更加严格，行业技术水平将整体得到提升，落后产能将被陆续淘汰，同时产业结构进一步优化，行业集中度将进一步提升。

塑料助剂行业今后将以"绿色、低碳、节能、高效"作为永恒的主题，要加大对生物可降解塑料用的各种助剂产品的研发力度，持续关注塑料的循环利用，助力塑料产业链的可持续健康发展。要推广产业绿色全生命周期概念，推动绿色工厂、绿色制造、绿色产品链体系建设；扩大新型绿色环保功能材料供给。要建立产品负面清单机制，在产业内展开调查，针对各种安全隐患、不合理现象、各种不合法不合规的材料等不定期发布负面清单，号召

全产业链抵制妨碍塑料工业产业链健康发展的行为。为塑料工业高质量、高标准、高水平全面健康发展保驾护航，做好奠基石，当好先行官。

参考文献

[1] 中国塑料加工工业协会. 中国塑料加工业绿色发展纲要［M］// 中国塑料工业年鉴·2023. 北京：中国轻工业出版社，2024.

[2] 中国塑料加工工业协会. 中国塑料加工业绿色发展纲要［M］// 中国塑料工业年鉴·2023. 北京：中国轻工业出版社，2024.

[3] 施㻟若. 塑料助剂产品绿色低碳现状及发展方向——塑料助剂年会报告［R］，2023.

[4] 施㻟若. 塑料助剂产品绿色低碳现状及发展方向—塑料助剂年会报告［R］，2023.

[5] 参见文章《废塑料新观察INC-4，焦点争锋！"全球塑料公约"前途未卜》.

[6] 施㻟若. 聚氯乙烯塑料历史、现状与展望［M］// 中国塑料工业年鉴·2023. 北京：中国轻工业出版社，2024：80.

[7] 中国塑料加工工业协会. 中国塑料加工业绿色发展纲要［M］// 中国塑料工业年鉴·2023. 北京：中国轻工业出版社，2024.

[8] 内容由山西省化工研究所（有限公司）提供.

[9] 内容由广州呈和科技股份有限公司提供.

[10] 内容由广东鑫达新材料科技有限公司提供.

[11] 内容由山东金昌树新材料股份有限公司提供.

[12] 内容由江苏联盟化学有限公司提供.

[13] 内容由广东鑫达新材料科技有限公司提供.

[14] 内容由山东省临沂市三丰化工有限公司提供.

[15] 常纪文. 统筹生态环境保护和经济发展［N］. 经济日报，2024-05-21.

竹纤维增强聚丙烯复合材料研究进展与应用

重庆川仪工程塑料有限公司　陶永亮

哈尔滨工业大学航天科学与力学系　曾成均

摘　要　中国和国际竹藤组织发起"以竹代塑"倡议，以减少塑料污染，应对气候变化。竹材是绿色、低碳、可降解生物质材料，是塑料的最佳替代品，竹子在全球禁塑、限塑等发展领域大有可为。本文以竹纤维素与聚丙烯（PP）增强复合材料为发展方向，对竹纤维特性、PP性能以及复合材料的制备工艺等进行介绍，对竹纤维素与PP增强复合材料研究现状进行评述，提出并分析了竹纤维素与PP增强复合材料应用过程中的问题和发展趋势，为竹纤维素与PP增强复合材料研发提供参考信息。

关键词　竹纤维素；聚丙烯；复合材料；以竹代塑；汽车内饰件

一、引言

塑料是现代工业中必不可少的材料之一，塑料垃圾和"白色污染"威胁着人类健康和全球环境，塑料污染防治是当前国际社会共同面临的重大环境挑战，中国一直是塑料污染治理的倡导者和实干家，积极参与全球塑料污染治理进程[1]。2023年11月7日，北京举办首届以竹代塑国际研讨会，会上，中国与国际竹藤组织共同发起"以竹代塑"倡议，为减少塑料污染提供了有效解决措施，是

实现3060碳达峰碳中和强力支撑。国家发展改革委等部门提出了《加快"以竹代塑"发展三年行动计划》。到2025年初步建立"以竹代塑"体系，"以竹代塑"产品综合附加值在2022年基础上提高20%以上，竹材综合利用率提高20个百分点，将以竹代塑产品纳入政府支持范畴，鼓励积极使用相关以竹代塑产品。竹塑复合材料兼有竹材和塑料的优点[2]，聚丙烯与竹纤维复合材料的开发与应用将是以竹代塑新途径之一。

二、竹纤维增强聚丙烯复合材料概况

（一）竹纤维与聚丙烯优势

中国竹资源面积、种类和储量均居世界前列，竹林面积 641.16 万 hm²，占森林面积的 2.94%，其中毛竹林 467.78 万 hm²、占竹林面积的 72.96%，约占世界竹林总面积的 20%，我国竹资源丰富，主要分布在浙、闽、赣、皖、川、渝等 17 个省区[3]。竹纤维（BF, 即 Bamboo Fiber）是从竹子中加工出来的产品，其经化学或机械加工制得的包含单个纤维细胞和多纤维细胞集合体的束状、丝状或絮状单元[4]，如图 1 所示。竹纤维具有成本低、密度小、绿色环保、比强度高等特点，其机械强度在较多植物纤维中相对较大，拉伸强度和比强度分别达 600 MPa 和 450 MPa.cm³.g⁻¹，优于其他植物纤维，可以替代玻璃纤维和聚合物纤维等，其与聚合物材料组成的复合材料是一种资源节约型和环境友好型材料[5]。

图 1 经加工后的原竹纤维

聚丙烯（PP, 即 Polypropylene）是国民经济中应用最广泛的工程塑料之一，通过丙烯加聚反应而成的线性聚合物，具有高结晶、无侧链、高密度和无毒、无味、透明、量轻、耐热性优等特点，而且具有良好的加工工艺性。为了使聚丙烯在使用中满足一定的机械性能需要，常用纤维材料和聚丙烯做成复合材料，以提高其综合性机械强度等。聚丙烯价格优势明显，是目前做改性、增强复合材料的首选材料。

（二）竹纤维与聚丙烯复合的界面基础

竹纤维主要包括纤维素、半纤维素和木质素，约占竹纤维总质量的 90%，其他成分是蛋白质、脂肪、果胶、单宁酸、色素和灰分[6]。竹子中纤维素的质量分数含量为 43.52%，半纤维素的质量分数含

量为 21.49%，是竹纤维的主要原料[7]。竹纤维中含有大量的木质素、果胶等杂质成分，使纤维手感粗硬，无法进行后续加工。王瑞等[8]对束状原纤维素进行脱胶、分离、柔软处理，脱胶处理还会改善纤维与树脂基体的界面结合，提高制品的强度。采用酸洗与碱煮相结合的方法进行脱胶，使用柔软剂进行柔软处理。经过处理后的竹纤维的直径降低，纤维长径比提高了近 5 倍，拉伸强度提高了近 50 倍，柔软度得到提高，为后续加工需要奠定了基础。

为得到竹纤维与聚丙烯的高性复合材料，需要对竹纤维和聚丙烯基体的界面进行处理。竹子表面有大量极性官能团，竹子与塑料这两种材料的复合过程中，亲水性的竹子与憎水性的塑料之间存在着较高的界面能差，这两种材料很难达到表面互相融合。竹纤维是强极性，亲水性强；聚丙烯是非极性，疏水性强，竹纤维和聚丙烯的相容性差，界面结合力小，导致复合材料机械性能差[9]。目前改善竹纤维与聚丙烯基体界面相容性有 3 种方法：竹纤维表面改性、聚丙烯基体改性和添加第三组分添加剂，这是竹纤维与聚丙烯复合的基本条件[10]。

为了增强塑料基体与竹纤维的界面相容性，对竹纤维表面接枝非极性功能基团的高分子长链，杨承芋等[11]以硫酸盐漂白竹浆纤维为原料，使用 2-溴异丁酰溴酰化竹浆纤维，应用原子转移自由基聚合（ATRP, 即 Atom Transfer Radical Polymerization）和电子活化再生原子转移自由基聚合（AGETATRP, 即 Activators Generated by Electron Transfer Atom Transfer Radical Polymerization）两种方法对竹浆纤维进行了表面接枝改性，通过对接枝后产物的比较，发现采用 AGETATRP 法对竹浆纤维进行改性具有较好的效果。改变纤维表面的亲水性等，使改性后的竹浆纤维与塑料之间的相容性得到提高。薛涵与[12]以过氧化苯甲酰为引发剂，制备了甲基丙烯酸十二烷基酯接枝改性的竹纤维。采用仪器对接枝改性竹纤维进行分析，并测试接枝改性竹纤维/聚丙烯复合材料的力学性能和界面微观形貌，结果表明甲基丙烯酸十二烷基酯成功地接枝到竹纤维表面。接枝改性的竹纤维在竹粉/聚丙烯复合材料中起到增容的作用。还有用碱处理、偶联剂对竹纤维进行处理等[13]。CHEN 等[14]研究碱处理后竹纤维的微观结构和力学性能。用浓度为 6%、8%、10%、15% 和 25% 的氢氧化钠（NaOH）溶液分别处理单根竹纤维，后经漂洗、冷冻干燥处理，然后通过仪器对碱处理竹纤维进行表征，结

果表明碱处理使竹纤维表面出现较多的皱纹和气孔。经 15% 和 25%NaOH 溶液处理后微纤维由随机交织结构转变为颗粒状结构，纤维素 I 转化为纤维素 II。碱处理降低了纤维的直径、管腔和横截面积，导致细胞壁出现裂纹。碱处理使竹纤维的抗拉强度和弹性模量降低。NaOH 浓度对拉伸强度几乎没有影响，对 MOE（有效量度）有影响。处理后的单根纤维的断裂伸长率显著增加。与未处理的单根纤维相比，经过上述溶度 NaOH 处理后，纤维的断裂伸长率分别增加了 232% 和 221%。随着碱浓度的增加，纤维由脆性变为韧性，表明碱处理竹纤维有着广阔的应用前景。

聚丙烯基体改性已经应用比较广泛，大致有接枝改性、共聚改性、交联改性、共混改性和填充增强改性等方式。也有根据情况做其他处理，孙金余等[9]用"重铬酸钾：自来水：浓硫酸 = 75：120：1500"质量配比的铬酸浸泡 PP 纤维一定时间后取出，用蒸馏水冲洗 3 次，得到白色细粉末状产物，放入一定温度烘箱干燥 1h 后做复合。用偶联剂、马来酸酐第三组分添加剂在两种材料复合时综合处理。王溪溪[15]以高锰酸钾为引发剂，进行竹纤维与丙烯酸接枝共聚改性反应。高锰酸钾（$KMnO_4$）浓度 7.5×10^{-3}mol/L，丙烯酸浓度 2.67mol/L，硫酸浓度 0.2mol/L，预处理温度 60℃和时间 10min，反应温度 50℃和时间 4h 时，接枝率达 30% 以上。同样条件在微波体系中，反应时间 6min 时，接枝率达 36%。利用 FTIR 和 SEM 等分析手段对竹纤维的接枝共聚产物进行了表征。

（三）竹纤维与聚丙烯复合材料研究

竹纤维与聚丙烯复合材料早就有研究，20 世纪 60 年代，有人提出用竹纤维作为增强材料设计复合材料，由于两者界面粘合力太小和材料耐久性不强等问题未能解决，限制了竹纤维的应用。从 20 世纪 90 年代有人采用化学方法从竹子里提取纤维，但没有突破性的进展，2001 年，我国采用物理机械法分离竹纤维，使我国的竹纤维开发已经走在世界的前列[16]。竹纤维与聚丙烯从各个方面应用着手，对其进行改性与复合，得到不少的成果。CHATTOPADHYAY, S.K. 等[17]通过加入不同负载量化学改性竹纤维，制备短竹纤维增强聚丙烯复合材料。用马来酸酐接枝聚丙烯（MA-g-PP）为相容剂，提高纤维与基体的结合力。竹纤维负载量和树脂改性对竹增强改性聚丙烯复合材料物理、力学、热学和形态性能有着一定影响。通过仪器等对

复合材料的界面和断裂表面进行扫描电子显微镜观察、热重分析和红外光谱分析，在复合材料中提取的竹纤维的体积分数为 50% 时，得到具有较好的机械性能（如冲击、弯曲、拉伸）和热行为（如热变形温度）的纤维增强聚丙烯复合材料。

周松等[18]将聚丙烯 PP、竹纤维 BF 与马来酸酐接枝乙烯—辛烯共聚物（POE-g-MAH）共混制得 PP/POE-g-MAH/BF 复合材料。经仪器测试到力学性能等，加入 POE-g-MAH 降低了 BF 质量分数为 30% 的 PP/BF 复合材料中 PP 晶相的完整程度，明显提高了复合材料的冲击强度，改善了 PP 基体中 BF 的分散均匀性，添加质量分数为 2.5% 的 POE-g-MAH，能进一步提高 PP/BF 复合材料的强度和韧性，PP/POE-g-MAH/BF（62.5/7.5/30）复合材料的冲击强度高于纯 PP，冲击强度提高源于 POE-g-MAH 所产生能量耗散、改善应力的有效传递、增强 BF 和 PP 的界面黏附。

杨凌云[19]采用竹纤维和改性聚丙烯纤维混合，加定量醇溶性酚醛胶黏剂制成低密度复合片材，在模压下将片材模压成所需异形部件，此项工艺可用于汽车、建筑等民用领域。先从竹材中提取较好柔软性竹纤维，其断裂拉伸强度为 5.2cN/dtex；聚丙烯纤维采用低温等离子体改性，放电功率为 50W，压强为 20Pa，时间为 5min；根据竹纤维与聚丙烯纤维特性，采用醇溶性酚醛胶，分析出合理的施胶量；经过正交实验法，能得出复合材料的较优工艺为：密度为 1.1g/cm³，竹塑配料比为 60：40，热压温度为 180℃，时间为 13min。模压复合材料综合力学性能最好，其中静曲强度平均可达 31.7MPa，弹性模量平均可达 3.5GPa，冲击强度平均可达 12.3KJ/m²。这种工艺可以制作汽车的内饰件，替代片状模塑料（SMC），实现汽车轻量化[20]。

叶张龙[21]对竹纤维增强聚丙烯复合材料湿热老化性进行了研究，通过层间混杂结构和竹纤维表面性能对复合材料性能作用机理的观察，竹纤维/PP 配方比 60：40，复合材料弯曲强度和模量分别为 51.64MPa 和 3.97GPa，拉伸强度和模量分别为 38.72MPa 和 4.36GPa，有较好的力学性能。层间混杂结构、碱处理和偶联剂处理分别通过提高竹纤维和聚丙烯树脂分散性、竹纤维表面能，降低竹纤维表面极性，改善了复合材料内部缺陷和界面性能，用 3% 偶联剂处理得到的复合材料性能最优，其弯曲强度和模量分别为 73.99MPa 和 6.07GPa，拉伸强度和模量分别为 56.57MPa 和

6.17GPa，相比处理前，复合材料的各项性能分别提高了40%以上，材料力学性能得到改善。竹纤维/PP配方比为60：40，复合材料有较好的耐湿性，其平衡吸湿量为5.05%，水分表观扩散系数为3.06×10^{-7} cm²/s。复合材料通过内部缺陷和竹纤维亲水性进行吸湿，且竹纤维表面性能是影响复合材料吸湿性能和耐湿性能的主要因素，有较好的吸湿性能。改善界面性能和竹纤维表面性能是提高复合材料湿热稳定性的有效措施。层间混杂结构和改性处理复合材料的力学性能及其湿热稳定性均有一定程度提高，主要体现在弯曲和剪切性能方面，拉伸性能的湿热稳定性则略有降低。此项目可用于汽车的仪表盘、门内板、顶棚等零部件应用，对竹纤维增强聚丙烯复合材料环境适应性研究是很重要的环节。

（四）竹纤维与聚丙烯复合材料应用

竹纤维与聚丙烯复合材料应用主要在汽车内饰件用得广泛。汽车内饰件用玻纤[22]、填充物、玄武岩纤维[23]等聚丙烯增强复合而成较多，用竹纤维增强聚丙烯复合材料替代其他PP复合材料，主要天然竹纤维具有长径比大、比强度高、比表面积大、密度低、价廉、可再生以及可生物降解等诸多优点，另外其自身具有抗菌、抑菌、抗紫外、透气性好等特性，且竹子生长迅速、成材快、产量高，因而是一种资源丰富、生长周期短、环保功能强的可再生材料，由其增强的聚合物基复合材料具有优异的力学性能、耐水性能、热稳定性及生物降解性等，可以代替石油基塑料材料应用在高性能户外装饰、建筑结构材料、汽车配件等领域[24]。还有在一些民用品上的应用。儿童餐盘、玩具等，需要对材料有环保、通过食品级认证、耐热等要求。装修墙板等，需要对材料有环保无毒、有较好的硬度、耐磨耐高温、阻燃、有淡淡的竹子香味等要求。加工方式有压制加工[19]和注塑加工[25]，这取决于复合材料的生产与制品之间使用条件，如图2所示。

三、结束语

我国竹林资源丰富，为以竹代塑的开展奠定了较好的物质基础，这些年来，聚丙烯/竹纤维复合材料发展较快，积累了不少研究成果，尤其是聚丙烯/竹纤维复合材料在汽车领域和日常生活中的应用，为聚丙烯/竹纤维复合材料的使用拓宽了更多途径。中国和国际竹藤组织共同发起"以竹代塑"的倡议，在国际上以竹代塑形势下，我们应该

（a）竹纤维PP复合材料玩具

（b）竹纤维PP复合材料餐盘

（c）竹纤维PP复合材料装修板

图2　竹纤维PP复合材料应用案例

还有很多研究方面的工作要做。但当前，还不具备竹纤维加工产业化生产的条件，考虑竹子的运输与储存情况，应该在盛产竹子的地方建立竹纤维加工厂，把竹纤维当作一种生产资料给予市场更多的便利，便于竹纤维与聚丙烯或其他塑料复合，这对推广以竹代塑，加速竹制品的市场占有率有着重要作用。

参考文献

[1] "以竹代塑"为全球"减塑"提供解决方案 [EB/OL]. [2023-11-24]. http://www.china-development.com.cn/news/zj/2023/11/1870673.shtml

[2] 童晓梅, 杨俊娜, 强琪, 等. 改性竹纤维增强聚丙烯复合材料的性能研究 [J]. 塑料科技, 2013 (43):49-53.

[3] 李玉敏, 冯鹏飞. 基于第九次全国森林资源清查的中国竹资源分析 [J]. 世界竹藤通讯, 2019,17 (6):45-48.

[4] 国家林业和草原局. 竹纤维: GB/T41553-2022 [S]. 北京: 中国标准出版社, 2022.

[5] 陈季荷, 顾少华, 李明鹏, 等. 竹纤维增强聚合物基复合材料性能及应用 [J]. 世界竹藤通讯, 2022, 20 (4):18-23.

[6] 豆莞莞, 张素风. 竹纤维增强复合材料的研究进展 [C]// 中国造纸学会第十六届学术年会论文集. 2014:41-46.

[7] 陈瑞, 朱圣东, 杨武, 等. 竹子化学成分的测定 [J]. 武汉工程大学学报, 2013, 35 (2): 57-59, 64.

[8] 王瑞, 王春红. 竹纤维增强聚丙烯复合材料的制备及其性能研究 [J]. 中国塑料, 2006, 20 (10): 43-46.

[9] 孙金余, 王溪溪, 丁康. 竹纤维 / 聚丙烯复合材料的研究 [J]. 黄山学院学报, 2008, 10 (5): 37-40.

[10] 施江扬, 张林, 杭祖圣. 竹纤维 / 聚丙烯复合材料界面相容性研究进展 [J]. 高分子通报, 2016 (12): 10-15.

[11] 杨承芊, 张秀梅, 李剑飞. 竹浆纤维 ATRP 表面改性方法的研究 [J]. 浙江理工大学学报 (自然科学版), 2015, 33 (4): 498-502.

[12] 薛涵与. 竹纤维的表面改性及其复合材料的研究 [D]. 福建: 福建师范大学, 2010.

[13] 童晓梅, 杨俊娜, 强琪, 等. 改性竹纤维增强聚丙烯复合材料的性能研究 [J]. 塑料科技, 2013 (43): 49-53.

[14] CHEN, HONG, YU, YAN, ZHONG, TUHUA, et al. Effect of alkali treatment on microstructure and mechanical properties of individual bamboo fibers [J]. Cellulose, 2017, 24 (1): 333-347.

[15] 王溪溪, 孙金余, 任文, 等. 竹纤维与丙烯酸接枝共聚反应的研究 [J]. 长江大学学报 A (自然科学版), 2006, 3 (4): 46-48.

[16] 热塑性竹纤维复合材料的研究进展 [EB/OL]. [2015-12-10]. https://jz.docin.com/p-1387043930.html.

[17] CHATTOPADHYAY, S.K., KHANDAL, R.K., UPPALURI, R., et al. Bamboo fiber reinforced polypropylene composites and their mechanical, thermal, and morphological properties [J]. Journal of Applied Polymer Science, 2011,119 (3): 1619-1626. DOI:10.1002/app.32826.

[18] 周松, 朱小龙, 王刚毅, 等. POE-g-MAH 对聚丙烯 / 竹纤维复合材料性能的影响 [C]// 2013 年中国工程塑料复合材料技术研讨会论文集. 2013:164-168.

[19] 杨凌云. 竹纤维 / 聚丙烯复合材料的研究 [D]. 湖南: 中南林业科技大学, 2007.

[20] 杨凌云, 胡孙跃, 喻云水. 用于汽车内饰件的竹纤维 / 丙乙烯纤维复合材料研制 [J]. 木材加工机械, 2006, 17 (1): 25-27, 39.

[21] 叶张龙. 竹纤维增强聚丙烯复合材料制备及力学、老化性能研究 [D]. 天津: 天津工业大学, 2014.

[22] 中国石油化工股份有限公司, 中石化（北京）化工研究院有限公司. 一种轻质低表面浮纤的长玻纤增强聚丙烯复合材料及其制备方法和应用: CN202210180645.2[P]. 2023-09-05.

[23] 苏州旭光聚合物有限公司. 一种玄武岩纤维增强聚丙烯应用于汽车内饰的制备方法: CN202310161475.8[P]. 2023-06-02.

[24] 合肥会通新材料有限公司. 一种汽车内饰用竹纤维增强聚丙烯复合材料及其制备方法: CN201710528907.9[P]. 2017-10-10.

[25] 詹婷, 任津源, 彭尧, 等. 竹纤维粒径与比例对石竹塑复合材料的性能影响 [J]. 北京林业大学学报, 2024 (46) 1: 131-140.

2024 年塑料及其制品海关进口税率

天津万塑新材料科技有限公司　刘均科

表 1　2024 年塑料及其制品海关进口税率

税号	商品名称	进口最惠国税率／%	进口普通税率／%	进口暂定税率／%
3901100001	初级形状比重＜0.94 的聚乙烯	6.5	45	3
3901100090	初级形状比重＜0.94 的聚乙烯	6.5	45	—
3901200011	茂金属高密度聚乙烯（密度 0.962g/cm³，熔流率 0.85g/10min）	6.5	45	3
3901200019	茂金属高密度聚乙烯（密度 0.962g/cm³，熔流率 0.85g/10min）	6.5	45	—
3901200091	其他初级形状比重≥0.94 的聚乙烯	6.5	45	3
3901200099	其他初级形状比重≥0.94 的聚乙烯	6.5	45	—
3901300000	初级形状乙烯—乙酸乙烯酯共聚物	6.5	45	—
3901401010	黏指剂，比重小于 0.94	6.5	45	—
3901401090	乙烯—丙烯共聚物（乙丙橡胶），比重小于 0.94	6.5	45	—
3901402010	线型低密度的乙烯与 1—辛烃共聚物，比重小于 0.94	6.5	45	—
3901402090	线型低密度聚乙烯，比重小于 0.94	6.5	45	—
3901409000	其他乙烯—α—烯烃共聚物，比重小于 0.94	6.5	45	—
3901901000	其他乙烯—丙烯共聚物（乙丙橡胶）	6.5	45	—
3901909000	其他初级形状的乙烯聚合物	6.5	45	—
3902100010	电工级初级形状聚丙烯树脂	6.5	45	—
3902100020	共聚抗冲等初级形状聚丙烯	6.5	45	—
3902100090	其他初级形状的聚丙烯	6.5	45	—
3902200000	初级形状的聚异丁烯	6.5	45	—
3902301000	乙烯—丙烯共聚物（乙丙橡胶）	6.50	45	—
3902309000	其他初级形状的丙烯共聚物	6.50	45	—
3902900010	端羧基聚丁二烯，CTPB	6.50	45	—
3902900020	端羟基聚丁二烯，HTPB	6.50	45	—
3902900090	其他初级形状的烯烃聚合物	6.50	45	—
3903110000	初级形状的可发性聚苯乙烯	6.50	45	—

税号	商品名称	进口 最惠国税率／%	进口 普通税率／%	进口 暂定税率／%
3903191000	改性的初级形状的非可发性的聚苯乙烯	6.50	45	—
3903199000	其他初级形状的聚苯乙烯	6.5	45	—
3903200000	初级形状苯乙烯—丙烯腈共聚物	12	45	—
3903301000	改性的丙烯腈—丁二烯—苯乙烯共聚物	6.5	45	—
3903309000	其他丙烯腈—丁二烯—苯乙烯共聚物	6.5	45	—
3903900000	初级形状的其他苯乙烯聚合物	6.5	45	—
3904101000	聚氯乙烯糊树脂	6.5	45	—
3904109001	聚氯乙烯纯粉	6.5	45	—
3904109090	其他初级形状的纯聚氯乙烯	6.5	45	—
3904210000	初级形状未塑化的聚氯乙烯	6.5	45	—
3904220000	初级形状已塑化的聚氯乙烯	6.5	45	—
3904300000	氯乙烯—乙酸乙烯酯共聚物	9	45	—
3904400000	初级形状的其他氯乙烯共聚物	12	45	—
3904500010	偏二氯乙烯—氯乙烯共聚树脂	6.5	45	—
3904500090	其他偏二氯乙烯聚合物	6.5	45	—
3904610000	初级形状的聚四氟乙烯	10	45	—
3904690010	全氟碘代烷（四氟乙烯与五氟一碘烷的调聚物）（CAS 号 25398-32-7）	6.5	45	—
3904690090	初级形状的其他氟聚合物	6.5	45	—
3904900000	初级形状的其他卤化烯烃聚合物	10	45	—
3905120000	聚乙酸乙烯酯的水分散体	10	45	—
3905190000	其他初级形状聚乙酸乙烯酯	10	45	—
3905210000	乙酸乙烯酯共聚物的水分散体	10	45	—
3905290000	其他初级形状的乙酸乙烯酯共聚物	10	45	—
3905300000	初级形状的聚乙烯醇	14	45	—
3905910000	其他乙烯酯或乙烯基的共聚物	10	45	—
3905990000	其他乙烯酯或乙烯基的聚合物	10	45	—
3906100000	初级形状的聚甲基丙烯酸甲酯	6.5	45	—
3906901000	聚丙烯酰胺	6.5	45	—

（续表）

税号	商品名称	进口最惠国税率 / %	进口普通税率 / %	进口暂定税率 / %
3906902000	丙烯酸—丙烯酸钠交联共聚物	6.5	45	—
3906909010	全氟辛酸的盐类和相关化合物（PFOA 类）	6.5	45	—
3906909090	其他初级形状的丙烯酸聚合物	6.5	45	—
3907101010	聚甲醛（均聚聚甲醛及改性聚甲醛除外）	6.5	45	—
3907101090	其他聚甲醛	6.5	45	—
3907109010	共聚聚甲醛（改性聚甲醛除外）	6.5	45	—
3907109090	其他聚缩醛	6.5	45	—
3907210000	初级形状的双（聚氧乙烯）甲基磷酸酯	6.5	45	—
3907291000	初级形状的聚四亚甲基醚二醇	6.5	45	3
3907299010	初级形状的聚 2，6- 二甲基 -1，4- 苯醚（包括化学改性或物理改性的）	6.5	45	—
3907299020	培尼沙肽	6.5	45	—
3907299030	全氟辛酸的盐类和相关化合物（PFOA 类）	6.5	45	—
3907299090	初级形状的其他聚醚	6.5	45	—
3907300001	初级形状溴质量≥ 18% 或进口 CIF 价＞ 3800 美元 / 吨的环氧树脂	6.5	45	4
3907300090	初级形状的环氧树脂	6.5	45	—
3907400010	聚碳酸酯	6.5	45	—
3907400090	双酚 A 型聚碳酸酯按重量计含量小于 99%	6.5	45	—
3907500000	初级形状的醇酸树脂	10	45	—
3907611000	聚对苯二甲酸乙二酯切片，粘数在 78 mg/g 或以上	6.5	45	—
3907619000	其他初级形状聚对苯二甲酸乙二酯，粘数在 78 mg/g 或以上	6.5	45	—
3907691000	其他聚对苯二甲酸乙二酯切片，粘数在 78 mg/g 以下	6.5	45	—
3907699000	其他初级形状聚对苯二甲酸乙二酯，粘数在 78 mg/g 以下	6.5	45	—
3907700000	初级形状的聚乳酸	6.5	45	—
3907910000	初级形状的不饱和聚酯	6.5	45	—
3907991001	未经增强或改性的初级形状 PBT 树脂	6.5	45	—
3907991090	其他聚对苯二甲酸丁二酯	6.5	45	—
3907999110	初级形状的热塑性液晶聚对苯二甲酸 – 己二酸 – 丁二醇酯	0	45	—

税号	商品名称	进口 最惠国税率 / %	进口 普通税率 / %	进口 暂定税率 / %
3907999190	其他初级形状的聚对苯二甲酸－己二酸－丁二醇酯	6.5	45	—
3907999910	初级形状的热塑性液晶其他聚酯	0	45	—
3907999990	初级形状的其他聚酯	6.5	45	—
3908101101	聚酰胺 -6，6 切片	6.5	45	—
3908101190	改性聚酰胺 -6，6 切片	6.5	45	—
3908101200	聚酰胺 -6 切片	6.5	45	—
3908101900	其他聚酰胺切片	6.5	45	—
3908109000	其他初级形状的聚酰胺 -6，6 等	6.5	45	—
3908901000	初级形状的芳香族聚酰胺及其共聚物	10	45	—
3908902000	初级形状的半芳香族聚酰胺及其共聚物	10	45	—
3908909000	初级形状的其他聚酰胺	10	45	—
3909100000	初级形状的尿素树脂及硫脲树脂	6.5	45	—
3909200000	初级形状的蜜胺树脂	6.5	45	—
3909310000	聚（亚甲基苯基异氰酸酯）（聚合 MDI 或粗 MDI）	6.5	35	—
3909390000	其他初级形状的氨基树脂	6.5	45	—
3909400000	初级形状的酚醛树脂	6.5	45	—
3909500000	初级形状的聚氨基甲酸酯	6.5	45	—
3910000000	初级形状的聚硅氧烷	6.5	45	—
3911100000	初级形状的石油树脂等	6.5	45	—
3911200000	初级形状的聚（1,3- 亚苯基甲基磷酸酯）	6.5	45	—
3911900001	芳基酸与芳基胺预缩聚物	6.5	45	3
3911900003	改性三羟乙基脲酸酯类预缩聚物	6.5	45	3
3911900004	聚苯硫醚	6.5	45	—
3911900005	偏苯三酸酐和异氰酸预缩聚物	6.5	45	3
3911900090	其他初级形状的多硫化物、聚砜等	6.5	45	—
3912110000	初级形状的未塑化醋酸纤维素	6.5	40	—
3912120000	初级形状的已塑化醋酸纤维素	6.5	40	—
3912200000	初级形状的硝酸纤维素	6.5	45	—

（续表）

税号	商品名称	进口最惠国税率 / %	进口普通税率 / %	进口暂定税率 / %
3912310000	初级形状的羧甲基纤维素及其盐	6.5	45	—
3912390000	初级形状的其他纤维素醚	6.5	45	—
3912900000	初级形状的其他未列名的纤维素	6.5	45	—
3913100000	初级形状的藻酸及盐和酯	10	45	—
3913900011	香菇多糖	6.5	50	—
3913900090	其他初级形状的未列名天然聚合物	6.5	50	—
3914000000	初级形状的离子交换剂	6.5	45	—
3915100000	乙烯聚合物的废碎料及下脚料	6.5	50	—
3915200000	苯乙烯聚合物的废碎料及下脚料	6.5	50	—
3915300000	氯乙烯聚合物的废碎料及下脚料	6.5	50	—
3915901000	聚对苯二甲酸乙二酯废碎料及下脚料	6.5	50	—
3915909000	其他塑料的废碎料及下脚料	6.5	50	—
3916100000	乙烯聚合物制单丝、条、杆及型材	10	45	—
3916201000	氯乙烯聚合物制异型材	10	45	—
3916209000	其他氯乙烯聚合物制单丝、条、杆及型材	10	45	—
3916901000	聚酰胺制的单丝、条、杆及型材	10	45	—
3916909000	其他塑料制单丝、条、杆及型材	10	45	—
3917100000	硬化蛋白或纤维素材料制人造肠衣	10	50	—
3917210000	乙烯聚合物制的硬管	10	45	—
3917220000	丙烯聚合物制的硬管	10	45	—
3917230000	氯乙烯聚合物制的硬管	10	45	—
3917290000	其他塑料制的硬管	10	45	—
3917310000	塑料制的软管	10	45	—
3917320000	其他未装有附件的塑料制管子	6.5	45	—
3917330000	其他装有附件的塑料管子	6.5	45	—
3917390000	塑料制的其他管子	6.5	45	—
3917400000	塑料制的管子附件	10	45	—
3918101000	氯乙烯聚合物制糊墙品	10	45	—

（续表）

税号	商品名称	进口 最惠国税率／％	进口 普通税率／％	进口 暂定税率／％
3918109000	氯乙烯聚合物制的铺地制品	10	45	—
3918901000	其他塑料制的糊墙品	10	45	—
3918909000	其他塑料制的铺地制品	10	45	—
3919101000	丙烯酸树脂类为主的自粘塑料板等	6.5	45	—
3919109100	宽度≤20cm 的胶囊型反光膜	6.5	45	—
3919109900	其他宽度≤20cm 的自粘塑料板片等	6.5	45	—
3919901000	其他胶囊型反光膜	6.5	45	—
3919909010	半导体晶圆制造用自粘式圆形抛光垫	0	45	—
3919909090	其他自粘塑料板、片、膜等材料	6.5	45	—
3920101000	乙烯聚合物制电池隔膜	6.5	45	—
3920109010	农用非泡沫聚乙烯薄膜	6.5	45	—
3920109090	其他非泡沫乙烯聚合物板，片，膜，箔及扁条	6.5	45	—
3920201000	丙烯聚合物制电池隔膜	6.5	45	—
3920209010	农用非泡沫聚丙烯薄膜	6.5	45	—
3920209090	非泡沫丙烯聚合物板，片，膜，箔及扁条	6.5	45	—
3920300000	非泡沫苯乙烯聚合物板，片，膜，箔，扁条	6.5	45	—
3920430010	农用软质聚氯乙烯薄膜	6.5	45	—
3920430090	氯乙烯聚合物板，片，膜，箔及扁条	6.5	45	—
3920490010	其他农用软质聚氯乙烯薄膜	6.5	45	—
3920490090	其他氯乙烯聚合物板，片，膜，箔及扁条	6.5	45	—
3920510000	聚甲基丙烯酸甲酯板，片，膜，箔及扁条	6.5	45	—
3920590000	其他丙烯酸聚合物板，片，膜，箔及扁条	6.5	45	—
3920610000	聚碳酸酯制板，片，膜，箔，扁条	6.5	45	—
3920620000	聚对苯二甲酸乙二酯板，片，膜等	6.5	45	—
3920630000	不饱和聚酯板，片，膜，箔及扁条	10	45	—
3920690000	其他聚酯板，片，膜，箔及扁条	10	45	—
3920710000	再生纤维素制板，片，膜，箔及扁条	6.5	45	—
3920730000	醋酸纤维素制板，片，膜，箔及扁条	6.5	45	—

（续表）

税号	商品名称	进口 最惠国税率 / %	进口 普通税率 / %	进口 暂定税率 / %
3920790000	其他纤维素衍生物制板，片，膜，箔及扁条	10	45	—
3920910001	聚乙烯醇缩丁醛膜（厚度不超过 3mm）	6.5	45	3
3920910090	聚乙烯醇缩丁醛板，片，箔，扁条及厚度超过 3mm 的膜	6.5	45	—
3920920000	聚酰胺板，片，膜，箔，扁条	10	45	—
3920930000	氨基树脂板，片，膜，箔，扁条	6.5	45	—
3920940000	酚醛树脂板，片，膜，箔，扁条	10	45	—
3920991000	聚四氟乙烯制非泡沫塑料板，片，箔	6.5	45	—
3920999001	聚酰亚胺膜，厚度 ≤ 0.03mm	6.5	45	3
3920999090	其他非泡沫塑料板，片，膜，箔，扁条	6.5	45	—
3921110000	泡沫聚苯乙烯板，片，带，箔，扁条	10	45	—
3921121000	泡沫聚氯乙烯人造革及合成革	9	70	—
3921129000	泡沫聚氯乙烯板，片，带，箔，扁条	6.5	45	—
3921131000	泡沫聚氨酯制人造革及合成革	9	70	—
3921139000	泡沫聚氨酯板，片，带，箔，扁条	6.5	45	—
3921140000	泡沫再生纤维素板，片，膜，箔，扁条	10	45	—
3921191000	其他泡沫塑料制人造革及合成革	9	45	—
3921199010	电池隔膜	6.5	45	—
3921199090	其他泡沫塑料板，片，膜，箔，扁条	6.5	45	—
3921902000	以聚乙烯为基本成分的板片	6.5	45	—
3921903000	聚异丁烯为基本成分的板片卷材	6.5	45	—
3921909001	离子交换膜	6.5	45	—
3921909010	两用物项管制结构复合材料的层压板	6.5	45	—
3921909090	未列名塑料板，片，膜，箔，扁条	6.5	45	—
3922100000	塑料浴缸，淋浴盘，洗涤槽及盥洗盆	6.5	80	—
3922200000	塑料马桶座圈及盖	6.5	80	—
3922900000	塑料便盆，抽水箱等类似卫生洁具	6.5	80	—
3923100010	具有特定形状或装置，供运输或包装半导体晶圆、掩模或光罩的塑料盒、箱、板条箱及类似物品	0	80	—
3923100090	其他塑料制盒，箱及类似品	10	80	—

税号	商品名称	进口 最惠国税率／%	进口 普通税率／%	进口 暂定税率／%
3923210000	乙烯聚合物制袋及包	10	80	—
3923290000	其他塑料制的袋及包	10	80	—
3923300000	塑料制坛，瓶及类似品	6.5	80	—
3923400000	塑料制卷轴，纡子，筒管及类似品	10	35	—
3923500000	塑料制塞子，盖子及类似品	10	80	—
3923900000	供运输或包装货物用其他塑料制品	10	80	—
3924100000	塑料制餐具及厨房用具	6.5	80	—
3924900000	塑料制其他家庭用具及卫生或盥洗用具	6.5	80	—
3925100000	塑料制囤，柜，罐，桶及类似容器	6.5	80	—
3925200000	塑料制门，窗及其框架，门槛	6.5	80	—
3925300000	塑料制窗板，百叶窗及类似制品	6.5	80	—
3925900000	其他未列名的建筑用塑料制品	6.5	80	—
3926100000	办公室或学校用塑料制品	10	80	—
3926201100	聚氯乙烯制手套 （包括分指手套、连指手套及露指手套）	6.5	90	—
3926201900	其他塑料制手套 （包括分指手套、连指手套及露指手套）	6.5	90	—
3926209000	其他塑料制衣服及衣着附件	6.5	90	—
3926300000	塑料制家具、车厢及类似品的附件	10	80	—
3926400000	塑料制小雕塑品及其他装饰品	6.5	100	—
3926901000	塑料制机器及仪器用零件	10	35	—
3926909010	两用物项管制结构复合材料的预成形件和制品	10	80	—
3926909020	聚氨酯制避孕套	10	80	0
3926909090	其他塑料制品	10	80	—

各地区塑料工业

上 海 市

上海塑料行业协会　姚亚生

一、塑料制品行业的发展形势

据国家统计局发布的数据，2023 年上海市塑料制品产量为 180.49 万吨，同比增长 0.27%，约占同期全国塑料制品总量（7488.5 万吨）的 2.41%。

（一）经济运行基本情况

2023 年 1—12 月，上海塑料制品业规上企业累计工业总产值为 744.90 亿元，可比价产值同比下降 0.7%；出口交货值为 111.28 亿元，同比下降 12.4%；营业收入为 869.31 亿元，同比下降 3.5%；实现利润总额达 68.49 亿元，同比下降 17.2%（见表 1、表 2）。

表 1　2023 年 1—12 月上海塑料制品业规上企业累计产值

主要经济指标	1—12 月累计 / 亿元	同比增减 / %
现价产值	744.90	−5.0
销售产值	748.31	−4.4
可比价产值	778.19	−0.7
出口交货值	111.28	−12.4

数据来源：上海市经济和信息化委员会，下同。

表 2　2023 年 1—12 月上海塑料制品规上企业累计效益

主要经济指标	1—12 月累计 / 亿元	同比增减 / %
营业收入	869.31	−3.5
营业费用	33.25	−3.6
管理费用	52.54	4.4
盈利企业盈利额	78.03	−13.0
利润总额	68.49	−17.2
应收账款	213.67	0.9
负债总计	437.76	5.0
税金总额	20.43	−2.5
营业成本	708.34	−3.6
营业税金及附加	3.80	10.0
财务费用	3.28	86.0

（续表）

主要经济指标	1—12 月累计 / 亿元	同比增减 / %
亏损企业亏损额	9.54	36.1
资产总计	1066.5	1.7
产成品	55.75	−1.8
成交增值税	16.63	−5.0
流动资产合计	676.69	−0.8

（二）经济运行主要特点

2023 年上半年，上海市政府出台的助企纾困稳增长政策逐步落实，推动工业经济逐步企稳回升，加上同期基数较低，1—6 月累计产值、出口、营收、利润等各项主要经济指标同比都有所增长。特别是利润总额，同比大幅增长了 37.3%，盈利企业盈利额显著增加了 33.7%，企业经济效益明显改善。

下半年，随着同期基数的升高，加上需求萎缩、订单减少、预期减弱等经济收缩症状未得到根本改善，经济增速与上半年相比出现明显回落，1—12 月主要经济指标同比都有所下降。特别是利润总额，下降达 17.2%，亏损企业亏损额达 36.1%，出口交货值也下降了 12.4%，给全年经济运行指标完成带来相当大的压力。

（三）趋势和展望

总的来看，2023 年上海塑料行业克服了内、外部的多重压力和挑战，经济运行总体呈现出回稳态势。2024 年，随着宏观政策逐步显效发力，期内、外部环境有所改善，经济运行整体好转。

塑料制品工业作为轻工产业的重要组成部分，具有行业体量大、韧性强、潜力足、应用广的特点，上海塑料行业将保持高质量发展的趋势。同时也要看到，国际、国内环境的复杂性及不确定性仍较大，如市场需求不畅、企业订单减少、生产成本上升、盈利空间收缩……全市经济恢复仍面临不少困难和挑战，经济稳定恢复发展的基础仍需巩固。

要关注国家实施扩大内需战略的契机，用足、用好政策措施，坚定信心，精练内功，促进自身发展，以更高的品质服务"双循环"。坚持功能化、轻量化、精密化、生态化和智能化的创新方向，进一步加强塑料产业创新能力和创新动力提升，集中行业优势资源，聚焦"卡脖子"技术、核心技术、关键共性技术，推动产业链联合创新。注重需求侧管理，加大供给创新，引领新消费，创造新需求。坚定落实行业绿色、环保、低碳等可持续发展目标，推进节能减排、绿色环保替代等工作。积极贯彻落实废旧塑料污染治理方面相关政策要求，持续推广应用可循环、易回收、可降解替代产品和技术，推进上海塑料制品工业可持续高质量发展。

二、2023年上海塑料行业大事记

2月6日，协会召集6个专业委员会的主任、秘书长共20余人举行新春沟通会。

2月15日，普陀区市场监督管理局召开"2023年度普陀区团体标准组织（机构）座谈会"。协会副会长兼秘书长陈国康、咨询部毛春屏副主任应邀出席。

2月22日，协会组织雅式展览有限公司和塑料终端用家协会就雅式展会事宜举行交流座谈会。雅式展览服务（上海）有限公司和12家协会的秘书长或代表参加。

2月25日，由中国塑协主办的"第五届中国国际塑料展暨塑料新材料、新技术、新装备、新产品展览会"在南京国际博览中心开幕。协会会长陈铭，副会长兼秘书长陈国康，副秘书长钮贤圭、侯培民出席展会期间的系列活动。协会被授予"第五届中国国际塑料展最佳合作伙伴奖"。

3月10日，协会与东华大学材料学院在松江大学城"促就业"专项行动。各招聘单位的领导及人力资源部负责人、材料学院的应聘学生等共120余人出席。

3月17日，雅式公司和上海欧翌科技有限公司在上海共同主办了"CHINA- PLAS 2023 国际橡塑展—车用塑料应用新技术峰会"，协会咨询部毛春屏副主任、吴曲茹主管应邀出席。

3月22日，中国塑协秘书长焦红文、副秘书长兼经济合作部主任贾宁访问了协会，协会副会长兼秘书长陈国康等就业内关心的事宜进行了交流。

3月30日，协会"2023年会长办公会暨七届八次理事会、监事会会议"在杭州举行，出席会议的副会长、理事和监事及代表共计46人，与浙江大学化工学院进行了交流，一行参观了化工学院国家重点实验室。

3月31日，协会陈铭会长、施洪伟副会长、陈国康副会长兼秘书长等一行5人，拜访了浙农控股集团有限公司的成员企业——浙江明日控股集团股份有限公司，受到了韩新伟董事长的热情接待，并进行座谈交流。

5月9日和5月16日两天，为了落实好"生物可降解塑料制品快速检测方法——红外光谱法"团体标准编制和"生物可降解塑料制品数字化标识溯源平台"建设的前期工作安排，协会和上海建科检验有限公司联合调研浦景化工、仪征化纤等进行了交流。

5月30日至9月6日期间，协会秘书长等分批次走访调研了嘉兴华雯化工、上海芮塑精密、丰田通商（上海）、上海四联飞扬、上海锦珂塑胶、上海天原胜德、昆山辉弛、格域新材、上海神马、上海欧亚等10家会员企业，受到了各家企业领导的热情接待。

6月25日下午，中国塑协理事长王占杰、滚塑专委会秘书长史春才、线缆材料专委会常务副秘书长高昕一行来协会访问调研，与协会会长陈铭、副会长兼秘书长陈国康等开展座谈。

7月13日下午，协会召集了上海合诚和上海田强环保两家会员单位相关人员，在田强环保公司上海总部开展座谈。协会副秘书长侯培民参加了交流活动。

8月31日上午和9月6日下午，协会副会长兼秘书长陈国康、副秘书长侯培民、咨询部副主任毛春屏等4人走访了理事单位上海富亚展览、上海欧亚合成。

9月19日下午，以"绿色材料、数字赋能"为主题、旨在推动绿色低碳新材料发展的第23届中国国际工业博览会"2023中国·上海新材料产业发展高峰论坛"在国家会展中心（上海）隆重举行。协会副秘书长侯培民应邀出席论坛。

9月28日，协会搬迁到西康路1018号1103室新址办公。

10月24日下午，上海市工业经济联合会党委副书记、执行副会长黄国伟，党委办公室副主任朱琦、王俊君等领导到上海塑料行业协会开展调研活动。

11月6日、7日，协会副会长兼秘书长陈国康应邀出席了"全国塑料行业协会商会高端研讨会"和"第十八届中国塑料产业发展国际论坛"。

11月16日，上海塑料行业协会第八届第一次会员大会隆重举行，产生了新一届理事会、监事会。

11月22日，在上海新国际博览中心"2023包装世界（上海）博览会（SWOP）"大型展会上，协会作为主办方在 N2K01 举办了主题为"开拓绿色包材、践行'双碳'战略"的论坛。

11 月 24 日，中国塑协副理事长、上海塑料行业协会会长陈铭，上海塑协秘书长陈国康应邀出席在绍兴国际会展中心盛大开幕的"2023（第四届）中国塑料产业链高峰论坛"以及"中国塑料绿色智造展览会"。

12 月 5 日、6 日，首届绿塑通国际塑料产业展暨南京塑料交易会在南京国际展览中心 D 馆、E 馆举行，协会会长陈铭、秘书长陈国康应邀出席。

12 月 19 日，由华东地区六省一市塑料行业协会联袂主办，上海富亚展览服务有限公司承办的"2023 华东塑料包装薄膜技贸交流与绿色发展论坛"在上海成功举行。

浙 江 省

浙江省塑料行业协会　汪建萍

一、基本情况

2023 年，国际形势复杂严峻，受需求收缩、供给冲击、预期减弱"三重压力"等因素影响，全省塑料行业坚持以习近平新时代中国特色社会主义思想为指导，全面贯彻落实党中央、国务院和省委、省政府的各项决策部署。在行业同人的共同努力下，行业运行稳进向好，高质量发展迈出坚实步伐。

（一）行业规模

据浙江省统计局统计，2023 年浙江省塑料制品行业规上企业达 3515 家，占全国塑料制品行业规模企业总数的 16.12%，从业人员达 32.06 万人，同比下降 0.4%。

（二）塑料制品产量

2023 年，全省规上企业完成塑料制品总产量 1295.51 万吨，同比增长 3.18%，占全国同期塑料制品总产量的 17.30%，居全国第 2 位，其中：塑料薄膜产量达 404.42 万吨，同比增长 7.96%，占全国同期塑料薄膜总产量的 23.85%，居全国第 1 位；农用塑料薄膜产量达 2.17 万吨，同比增长 12.04%，占全国同期农用塑料薄膜总产量的 2.64%，居全国第 11 位；泡沫塑料制品产量达 40.38 万吨，同比增长 13.85%，占全国同期泡沫塑料制品总产量的 15.13%，居全国第 2 位；人造革、合成革产量达 62.61 万吨，同比下降 0.05%，占全国同期合成革、人造革总产量的 27.30%，居全国第 1 位；日用塑料制品产量达 121.35 万吨，同比下降 7.47%，占全国同期日用塑料制品总产量的 21.55%，居全国第 2 位。

（三）塑料加工专用设备产量

2023 年，全省塑料加工专用设备产量为 116594 台（套），同比增长 3.30%，占全国同期塑料加工专用设备的 39.69%，居全国第 1 位。

（四）经济指标

2022 年全省塑料制品行业规上企业营业收入、研发费用均有不同程度的增长，利润总额有所下降。2023 年全省塑料制品行业规上企业研发费用、利润总额、利税总额均有不同程度的增长，营业收入、出口交货值均有不同程度的下降。

二、企业荣誉

（一）2022 年度浙江省技术发明奖

表 1　2022 年度浙江省技术发明奖获奖情况

成果名称	完成单位	完成人员
三等奖		
大型场馆用高性能超宽聚四氟乙烯／玻纤复合膜材关键技术及产业化	嘉兴杰特新材料股份有限公司，浙江理工大学，浙江凯澳新材料有限公司	韩建，张玉江，苏娟娟，谈栋立，沈海平，孟扬

（二）2022年度浙江省科学技术进步奖

表2　2022年度浙江省科学技术进步奖获奖情况

成果名称	完成单位	完成人员
一等奖		
中空纤维纳米复合过滤膜规模化制备关键技术及工业化应用	浙江大学，宁波方太厨具有限公司，北京碧水源膜科技有限公司，浙江开创环保科技股份有限公司，浙江东大环境工程有限公司，杭州高通膜技术有限公司	朱利平，李锁定，刘红星，张星星，代攀，金王勇，诸永定，方传杰，陈承，黄赋，徐又一，王章慧，彭兴峥
二等奖		
严苛环境用超细介孔玻纤棉毡与复合阻隔膜材制造关键技术及产业化	浙江福莱新材料股份有限公司，现代纺织技术创新中心（鉴湖实验室），浙江理工大学，浙江欧仁新材料有限公司	戚栋明，杨晓明，李家炜，朱晨凯，夏厚君，李耀邦，聂胜，朱亚妮，江杰
基于界面相调控的高性能聚乙烯管材树脂生产新技术	浙江大学，中国石化上海石油化工股份有限公司，上海化工研究院有限公司，上海立得催化剂有限公司	王靖岱，历伟，黄飞，叶晓峰，任聪静，蒋斌波，周浩，余世炯，蒋忠辉
三等奖		
抗冲击高效阻燃环保软膜制备关键技术及产业化	浙江明士达股份有限公司	朱静江，郝恩全，张仁彪，李宏杰，傅朝辉，陈小平

（三）2023年度浙江省智能工厂名单

表3　2023年度浙江省智能工厂名单

序号	企业名称	工厂名称
1	浙江申新新材料包装有限公司	申新新材料高阻隔塑料包装制品智能工厂
2	浙江祥邦永晟新能源有限公司	祥邦永晟太阳能封装胶膜智能工厂
3	浙江巨圣氟化学有限公司	浙江巨圣PTFE智能工厂
4	公元股份有限公司	公元股份高性能管道智能工厂

（四）2023年度浙江省数字化车间名单

表4　2023年度浙江省数字化车间名单

序号	企业名称	车间名称
1	宁波家联科技股份有限公司	家联科技全降解材料数字化车间
2	浙江坤诚塑业有限公司	坤诚塑料编织品数字化车间
3	浙江易膜新材料科技有限公司	浙江易膜海水淡化膜数字化车间
4	浦江亿通塑胶电子有限公司	亿通塑胶半导体封装材料数字化车间
5	浙江鹏孚隆新材料有限公司	鹏孚隆新材料特种聚合物数字化车间

序号	企业名称	车间名称
6	富岭科技股份有限公司	富岭科技塑料制品数字化车间
7	双马塑业有限公司	双马塑料厨房用具数字化车间
8	浙江衢州巨塑化工有限公司	浙江巨塑 PVDC 数字化车间

（五）2023 年度浙江省 5G 全连接工厂名单

表 5　2023 年度浙江省 5G 全连接工厂名单

序号	5G 全连接工厂名称	所属企业	工厂级别
1	利时 5G 全连接工厂	宁波利时日用品有限公司	工厂级
2	中财 5G 全连接高性能管道未来工厂	浙江中财管道科技股份有限公司	工厂级

（六）2023 年度浙江省民营企业百强

表 6　2023 年度浙江省民营企业百强入选情况

名次	企业名称	地区	营业收入 / 万元
31	华峰集团有限公司	温州	5 537 955
42	伟星集团有限公司	台州	4 642 448

（七）2023 年度浙江省百强企业

表 7　2023 年度浙江省百强企业入选情况

名次	企业名称	地区	营业收入 / 万元
50	华峰集团有限公司	温州	5 537 955
74	利时集团股份有限公司	宁波	3 659 013

（八）2023 年度浙江省制造业百强企业

表 8　2023 年度浙江省制造业百强企业入选情况

名次	企业名称	地区	营业收入 / 万元
30	华峰集团有限公司	温州	5 537 955
45	利时集团股份有限公司	宁波	3 659 013
82	宁波华翔电子股份有限公司	宁波	1 962 612
84	宁波继峰汽车零部件股份有限公司	宁波	1 796 680

（续表）

名次	企业名称	地区	营业收入 / 万元
86	浙江中财管道科技股份有限公司	绍兴	1 744 882

（九）2023 年度浙江省成长性最快百强企业

表9　2023 年度浙江省成长性最快百强企业入选情况

名次	企业名称	地区	增长率 / %	营业收入 / 万元
10	绍兴上虞东山精密塑胶有限公司	绍兴	82.95	92105
17	宁波家联科技股份有限公司	宁波	60.09	197 602
91	宁波华翔电子股份有限公司	宁波	11.59	1 962 612

（十）2023 年度浙江省优秀工业产品名单

表10　2023 年度浙江省优秀工业产品名单

序号	企业名称	产品名称及型号
1	浙江遂金复合材料有限公司	折叠冲锋舟用轻质高强度防滑蜂窝板
2	公元股份有限公司	氯化聚氯乙烯（PVC-C）消防管及管件
3	浙江鑫鼎塑业股份有限公司	两轮移动式塑料垃圾桶
4	浙江众成包装材料股份有限公司	聚烯烃高性能遮光交联热收缩膜

（十一）2022 年度中国轻工业二百强企业

表11　2023 年度中国轻工业二百强企业入选情况

名次	企业名称	名次	企业名称
39	宁波利时日用品有限公司	71	公元股份有限公司
46	浙江中财管道科技股份有限公司		

（十二）2022 年度中国轻工业科技百强企业

表12　2023 年度中国轻工业科技百强企业入选情况

名次	企业名称	名次	企业名称
21	浙江中财管道科技股份有限公司	68	浙江伟星新型建材股份有限公司
24	公元股份有限公司		

（十三）2022 年度中国轻工业塑料行业十强企业

表 13　2023 年度中国轻工业塑料行业十强企业入选情况

名次	企业名称	名次	企业名称
2	浙江中财管道科技股份有限公司	6	富岭科技股份有限公司
3	公元股份有限公司	10	宁波利时日用品有限公司

（十四）2022 年度中国轻工业塑料行业（塑料管材）十强企业

表 14　2023 年度中国轻工业塑料行业（塑料管材）十强企业入选情况

名次	企业名称	名次	企业名称
2	公元股份有限公司	10	浙江爱康实业有限公司
3	浙江中财管道科技股份有限公司		

（十五）2023 年度中国民营企业 500 强

表 15　2023 年度中国民营企业 500 强入选情况

名次	企业名称	行业	营收 / 万元
152	浙江明日控股集团股份有限公司	零售业	6 894 353
196	华峰集团有限公司	化学原料和化学制品制造业	5 537 955
258	伟星集团有限公司	其他制造业	4 642 448
328	利时集团股份有限公司	橡胶和塑料制品业	3 659 013
448	公元塑业集团有限公司	橡胶和塑料制品业	3 041 221

（十六）2023 年度中国制造业民营企业 500 强

表 16　2023 年度中国制造业民营企业 500 强入选情况

名次	企业名称	行业	营收 / 万元
133	华峰集团有限公司	化学原料和化学制品制造业	5 537 955
178	伟星集团有限公司	其他制造业	4 642 448
221	利时集团股份有限公司	橡胶和塑料制品业	3 659 013
289	公元塑业集团有限公司	橡胶和塑料制品业	3 041 221
434	浙江中财管道科技股份有限公司	橡胶和塑料制品业	1 744 882

（十七）2023 年度绿色工厂名单（工业和信息化部）

表 17　2023 年度绿色工厂名单（工业和信息化部）入选情况

序号	工厂名称	序号	工厂名称
1	浙江华峰合成树脂有限公司	3	浙江万马高分子材料集团有限公司
2	新天力科技股份有限公司	4	临海伟星新型建材有限公司

（十八）2023 年度国家技术创新示范企业名单（工业和信息化部）

表18 2023 年度国家技术创新示范企业名单（工业和信息化部）入选情况

序号	工厂名称
1	浙江伟星新型建材股份有限公司

（十九）第五批专精特新"小巨人"企业名单（工业和信息化部）

表19 第五批专精特新"小巨人"企业名单（工业和信息化部）入选情况

序号	企业名称	序号	企业名称
1	杭州聚合顺新材料股份有限公司	13	浙江亚迪纳新材料科技股份有限公司
2	杭州福膜新材料科技股份有限公司	14	浙江凯阳新材料股份有限公司
3	浙江华江科技股份有限公司	15	浙江中科恒泰新材料科技有限公司
4	杭州巨力绝缘材料有限公司	16	浙江硕而博化工有限公司
5	杭州科佳新材料股份有限公司	17	新天力科技股份有限公司
6	杭州三耐环保科技股份有限公司	18	夜视丽新材料股份有限公司
7	中广核俊尔（浙江）新材料有限公司	19	宁波江北激智新材料有限公司
8	杭摩新材料集团股份有限公司	20	浙江净源膜科技股份有限公司
9	浙江和顺新材料有限公司	21	慈溪市东南复合材料有限公司
10	浙江福莱新材料股份有限公司	22	宁波琳盛高分子材料有限公司
11	浙江禾欣新材料有限公司	23	宁波捷傲创益新材料有限公司
12	嘉兴星越包装材料有限公司		

三、浙江省塑料行业协会大事记

（一）加强与政府部门的联系，积极反映行业呼声

加强与省经信厅、民政厅、市场监督管理局等政府部门的日常沟通联系，了解最新的政策法规和行业数据，积极反映当前塑料行业企业存在的问题和困难，争取政府部门的支持。

撰写《2022 中国塑料工业年鉴》中的"浙江省塑料加工业"篇、2022 浙江省产业竞争力发展报告中的"塑料制品产业竞争力发展"篇，提升协会形象和行业地位。

（二）加强交流，提升协会地位

1. 组织行业企业参观南京的相关企业

2023 年2月24日，协会组织40余家企业的59位企业家赴南京参观科倍隆（南京）机械有限公司和南京聚隆科技股份有限公司。通过参观交流，企业家对上述两家企业有了进一步的了解，对科倍

隆和聚隆在产品研发、标准制定、管理等方面的经验给予了充分肯定。这为企业搭建了其与外界交流与合作的平台。

2. 组织行业企业参观"第五届中国国际塑料展览会"

2023 年2月25日、26日，协会组织70余家企业的100余名企业家赴南京参观"第五届中国国际塑料展览会"。展会面积达5万平方米，展会主要展示功能母料、助剂、精密机械、改性塑料、生物降解材料等。通过参观，企业家了解了国内塑料行业的发展趋势。

3. 组织行业企业参观"第35届中国国际塑料橡胶工业展览会"

2023 年4月17日至20日，"第35届中国国际塑料橡胶工业展览会"在深圳隆重举行，展会面积达38万平方米，来自40多个国家和地区的3905家展商在深圳国际会展中心的18个展馆盛装

亮相。展会设 18 个主题展区、9 个国家级及地区展团，涉及塑料原辅材料、加工机械、检测仪器、生物塑料、复合材料、弹性体等，是目前全球第二大、亚洲第一大的展会。

展会以"启新程·塑未来·创新共赢"为主题，汇聚极具创新性的橡塑解决方案及行业信息，不仅能够启发灵感、发掘时代商机，也是商贸采购、技术发布以及交流的枢纽。

协会组织 100 余家企业的 300 余名企业负责人、技术研发人员、产品质量管理者等人员参观了展览。

4. 联合主办"2023 第十六届宁波国际塑料橡胶工业展览会"

2023 年 6 月 15 日至 17 日，由协会、浙江省橡胶工业协会等联合主办的"2023 第十六届宁波国际塑料橡胶工业展览会"在宁波顺利举行。展会面积达 5 万平方米，展会设塑料产品与原料助剂、塑料机械与辅助配套、生物降解与环保塑料包装、再生塑料等展区，为期 3 天的展会参观人数达 5 万人次。展会对浙江省塑料产业的发展具有积极的促进作用。

5. 组织召开"生物降解塑料及制品行业技术交流会"

2023 年 7 月 8 日、9 日，由协会主办、协会生物降解塑料及制品专业委员会承办的"浙江省塑料行业协会生物降解塑料及制品行业技术交流会"在浙江工业大学朝晖校区召开，浙江省经信厅相关领导、协会会长王旭、协会生物降解塑料及制品专业委员会主任梁伟、部分副主任委员及 100 余位省内会员单位代表参加会议。

会议以加强浙江省生物降解塑料及制品行业从业人员的技术水平和创新能力、推动浙江省生物降解塑料及制品行业的创新发展为主题，邀请了中国科学院宁波材料技术与工程研究所、浙江工业大学、杭州师范大学、浙江方圆检测集团股份有限公司、绍兴市质量技术监督检测院、浙江海正生物材料股份有限公司、浙江家乐蜜园艺科技有限公司、杭州新当量化工科技有限公司等单位的教授、专家、企业家和技术负责人进行专题讲座，就《真假降解，生物降解制品质量问题及解决思路》《PLA 改性原理与反应性加工》《PLA 改性和可控降解塑料研究》《PBAT 合成与质量控制》《生物降解塑料检测关键技术和产品质量现状》《可降解高分子发泡材料制备原理、工艺及装备》《可持续发展目标下的生物基塑料机遇与挑战》《生物降解材料检测标准与认证体系》《造粒、吹塑、流延原理》《国际

限塑趋势与降解材料在农业领域的机会》等进行了专题讲解和交流。通过两天的交流学习，与会代表纷纷表示收获颇丰，此次会议对提升行业企业技术人员的技术水平和创新能力有很大的帮助，为生物降解塑料及制品行业的创新发展带来了信心和动力，并期待今后多举办类似会议。

6. 召开"浙江省塑料行业协会生物降解塑料及制品专业委员会一届三次会员大会暨一届三次理事会"

2023 年 7 月 9 日，由协会主办、协会生物降解塑料及制品专业委员会承办的"浙江省塑料行业协会生物降解塑料及制品专业委员会一届三次会员大会暨一届三次理事会"在浙江工业大学朝晖校区顺利召开。浙江省经信厅相关领导、协会会长王旭、协会生物降解塑料及制品专业委员会主任梁伟、部分副主任委员及 100 余位省内会员单位代表参加会议。

专委会主任委员、浙江海正生物材料股份有限公司副总经理梁伟主持会议并致辞，专委会秘书长冯杰做专委会 2022 年工作总结及未来工作计划报告，就当前省内禁限塑形势、生物降解塑料行业面临的问题等内容进行了汇报，省经信厅相关领导和参会代表就政府在政策制定、产业引导等方面的具体措施进行了探讨，梁伟主任希望省内生物降解塑料及制品企业从"双碳"目标出发，加强创新研究，为国家塑料"白色污染"治理和塑料行业可持续发展多做贡献。

7. 召开协会六届三次会员代表大会暨 2023 年度理事会、常务理事会

2023 年 9 月 27 日，协会六届三次会员代表大会在台州顺利召开。会议由协会副会长兼秘书长汪建萍主持，206 家会员单位的 220 名代表出席会议。本次会议得到了协会副会长单位、浙江海正生物材料股份有限公司的支持与赞助。

浙江海正生物材料股份有限公司董事长沈星虎为大会致辞，会议听取了协会会长王旭做的"协会 2022 年及 2023 年部分工作总结和未来工作计划报告"、副会长兼秘书长汪建萍做的"协会 2022 年度财务收支报告"、常务副秘书长郭利强做的"协会章程修改说明及协会章程（审议稿）""关于罢免协会理事单位的议案""关于新增协会理事单位的议案"。会议对上述 3 项议案进行了认真审议，采用无记名投票表决的方式进行表决，以 206 票全票同意通过以上 3 项议案。

会议邀请浙江石油化工有限公司研发中心科研管理部主任张璐做"浙石化产业布局及聚合物产品

介绍"报告。报告就浙江石化整体布局、现有产品品种、生产能力及未来新增产品等进行了详细介绍。会议还请中广核俊尔新材料有限公司董事长张磊、浙江海正生物材料股份有限公司研发总监韦炜、万凯新材料股份有限公司研究院执行院长杨利平、杭州捷尔思阻燃化工有限公司副总经理朱峰、浙江新恒泰新材料股份有限公司研发总监王镇，分别就改性塑料研发方向及应用领域、从碳循环角度看生物基材料的发展与机遇、"双碳"背景下聚酯材料的开发及应用、三聚氰胺被列为高关注物质候选名单对阻燃塑料产业的影响、发泡材料及应用等内容进行了交流分享。通过报告和交流，与会代表对浙江石化的聚合物产品产能及产品品种、改性塑料的应用前景、生物基材料的发展与机遇等有了进一步的了解，对塑料行业的发展前景充满信心。会议还商讨了成立有关专业委员会等事宜。

最后，参会代表实地参观了浙江海正生物材料股份有限公司。浙江海正生物材料股份有限公司是一家集聚乳酸研发、生产、销售为一体的高新技术企业，是中国首家聚乳酸产业化生产的示范企业，2022 年 8 月 16 日在上海证券交易所上市，是国标《聚乳酸》（GB/T 29284—2024）第一起草单位，并于 2010 年荣获由国家发展改革委颁发的"国家高技术产业化示范工程"称号。

8. 持续推进对会员单位的调研工作

秉承全心全意为会员单位和行业企业服务的宗旨，协会大力加强与会员单位和行业企业的沟通交流及实地调研工作。前期，协会实地走访了浙江凯利、浙江精ург、富岭科技、浙江海正、金华春光、杭州洁能、双马塑业、台州好娃娃、杭州神彩、浙江鑫鼎、浙江天雁、杭州新光、温州金田、明日新材料、永亨控股、浙江金石等 40 余家企业，与企业进行交流，了解企业发展困难、行业发展动态，听取企业对协会工作的意见和建议，以便更好地为会员单位服务。

9. 联合中标 2023"品字标"对标提升培育项目（标项 3：现代消费与健康产业集群）

2023 年 10 月 18 日，浙江省标准化研究院、浙江省塑料行业协会、丽水市质量检验检测研究院、浙江浙商标准化服务有限公司、杭州汉德质量服务有限公司联合参加浙江省市场监督管理局组织的 2023"品字标"对标提升培育采购项目（项目编号：0625-23217B52）"标项 3：现代消费与健康产业集群"的投标。协会作为联合投标单位之一，承担的具体工作：配合建立"品字标"培育库；参

与企业质量提升活动；利用协会资源协助开展企业宣传培训；参与开展质量精准帮扶活动；推动"品字标"建设、认证等相关成果的应用，实施宣传和推广；参与项目各阶段工作总结等。以上项目于 2023 年 10 月 31 日中标。

10. 协办并组团参观"2023 第四届中国塑料产业链高峰论坛暨中国塑料绿色智造展览会"

2023 年 11 月 25 日，由协会协办的"2023 第四届中国塑料产业链高峰论坛暨中国塑料绿色智造展览会"在绍兴隆重召开。协会组织省内 200 余名塑料行业企业的负责人及相关专业人员参观了本次展览。通过参观，促进塑料产业链上下游精准对接，推动行业绿色低碳、数字化转型和智能化发展。

11. 联合主办"2023 华东塑料包装薄膜技贸交流与绿色发展论坛"

2023 年 12 月 19 日，"2023 华东塑料包装薄膜技贸交流与绿色发展论坛"在上海隆重召开。本次论坛由上海塑料行业协会、浙江省塑料行业协会、江苏省塑料加工工业协会、安徽省塑料协会、山东省塑料协会、江西省塑料工业协会、福建省塑料行业协会等华东六省一市塑料行业协会联合主办，上海富亚展览服务有限公司承办。华东六省一市塑料行业协会领导，华东地区塑料原辅材料、塑料加工专业设备、塑料制品生产企业及检测机构共 300 余名代表出席论坛。协会副会长兼秘书长汪建萍、常务副秘书长郭利强、办公室主任徐宇强及省内 50 余家企业参加论坛。

四、积极参与标准制定、发布等有关工作

（一）积极参与并组织企业申报团体标准（中塑协）的制定任务

团体标准作为市场主导制定标准的主要类别，有利于激发市场主体活力，有效扩大标准供给数量，优化标准供给结构。

为提高企业产品质量、推动浙江省塑料行业可持续发展，快速凝聚科技优势、产业优势和市场优势，协会在 2023 年上半年积极走访相关企业并对其产品的技术先进性、市场需求等进行综合分析，选择了三个产品[普通用途双向拉伸生物基聚丙烯（BOPP）薄膜、生物降解塑料用色母料、建筑用硬聚氯乙烯（PVC-U）电磁屏蔽绝缘电工套管]申报中国塑料加工工业协会团体标准，2023 年 7 月 26 日向中塑协提交立项申请，9 月 4 日通过中塑协团

标委立项表决并进行立项公示。9 月 14 日，中塑协已对上述三个团体标准下达了标准编制任务通知（内含标准计划编号、标准编制周期）。

（二）两项中塑协团体标准研讨会顺利召开

由协会与绍兴市质量技术监督检测研究院牵头组织并参与制定的"普通用途双向拉伸生物基聚丙烯（BOPP）薄膜""生物降解塑料用色母料"两项中塑协团体标准，经大量调研、征集起草单位、标准数据验证等工作，完成了标准草案和编制说明的编制工作。2023 年 11 月 27 日，中塑协在绍兴组织召开了两项团体标准研讨会。会议邀请大专院校、科研机构、企业、中塑协团标委等有关单位的专家参加。研讨会上，专家听取了标准工作组对标准草案、编制说明及标准先进性的汇报，并提出了修改意见。根据研讨会上专家提出的意见，目前标准工作组正在对标准草案和编制说明进行修改和完善，争取尽快形成标准征求意见稿和编制说明，为下一步召开标准审查会做好准备。

（三）发布一项中国塑料加工工业协会"团体标准"

由协会与绍兴市质量监督检测院牵头组织并参与制定的"建筑用硬聚氯乙烯（PVC-U）电磁屏蔽绝缘电工套管"被列为中国塑料加工工业协会团体标准制订计划。2023 年 11 月 27 日，中塑协在绍兴召开"建筑用硬聚氯乙烯（PVC-U）电磁屏蔽绝缘电工套管"团体标准审查会。会议邀请大专院校、科研机构、企业、中塑协团标委等有关单位的专家参加。会上，专家听取了标准编制情况、标准先进性说明，对标准送审稿及标准编制说明的各项内容进行了认真审查，并提出修改意见。会后，标准工作组就审查会上专家提出的修改意见，对标准送审稿及标准编制说明进行了修改和完善，形成了标准报批稿和标准编制说明，报中国塑协团标委塑料管道制品分技术委员会审核后报中国塑协。该项标准已于 2023 年 12 月 15 日由中国塑协发布，并于 2023 年 12 月 20 日实施。

（四）积极组织制定浙江省塑料行业协会团体标准

针对目前双向拉伸聚丙烯（BOPP）薄膜的适用性不够广、某些指标（拉伸强度、雾度、热封强度、镀铝面湿润张力等）无法满足特殊镀铝基膜使用要求的痛点，为扩大双向拉伸聚丙烯薄膜的应用领域，协会组织有关研究院、企业制定团体标准《镀铝用双向拉伸聚丙烯（BOPP）薄膜》。该团体标准于 2023 年 10 月 7 日召开研制启动会议。会议邀请有关研究院、检测机构、企业的专家参加。会上，专家听取了标准工作组对标准草案、编制说明及标准先进性的汇报，并提出了修改意见。根据研制启动会上专家提出的意见，会后，标准工作组对标准草案和编制说明进行了修改和完善，并形成标准征求意见稿和编制说明，之后向业内有关专家征求意见，进一步对标准文本及标准编制说明进行修改完善，然后形成标准送审稿及编制说明。协会于 2023 年 12 月 17 日在杭州召开"镀铝用双向拉伸聚丙烯（BOPP）薄膜"团体标准评审会。会议邀请有关科研机构、检测院、大专院校、企业的专家参加。会上，专家听取了标准编制情况、标准先进性说明，对标准送审稿及标准编制说明的各项内容进行了认真审查，并提出修改意见。会后，标准工作组就评审会上专家提出的意见，对标准送审稿及标准编制说明进行了修改和完善，形成了标准报批稿和标准编制说明，报协会审核。以上团体标准已于 2023 年 12 月 28 日由浙江省塑料行业协会发布，并于 2023 年 12 月 31 日实施。

五、参与 2022 年浙江省优秀工业产品评选推介活动

积极参与浙江省优秀工业产品评选委员会组织的"2022 年浙江省优秀工业产品评选推介活动"，并组织行业内企业积极参加。协会作为评委单位，根据申报条件，参与"2022 年浙江省优秀工业产品"的评选工作，最终评选结果：行业有 4 家企业的 6 个产品获"2022 年浙江省优秀工业产品"荣誉称号。

六、积极参与行业标准的有关工作

（一）参加国家标准的修订复审

参加 SAC/TC48 组织的对 93 项国家标准，如 GB/T 3830—2008《软聚氯乙烯压延薄膜和片材》、GB/T 19470—2004《土工合成材料 塑料土工网》、GB/T 15820—1995《聚乙烯压力管材与管件连接的耐拉拔试验》、GB/T 19712—2005《塑料管材和管件 聚乙烯（PE）鞍形旁通抗冲击试验方法》、GB/T 18042—2000《热塑性塑料管材蠕变比率的试验方法》、GB/T 18991—2003《冷热水系统用热塑性塑料管材和管件》、GB/T 10009—1988《丙烯腈-丁二烯-苯乙烯（ABS）塑料挤出板材》、GB/T 19809—2005《塑料管材和管件聚乙烯（PE）管材/管材或管材/管件熔接对接组件的制备》、GB/T 4219.1—2008《工业用硬聚氯乙烯（PVC-U）管道系统 第

1 部分：管材》、GB/T 21558—2008《建筑绝热用硬质聚氨酯泡沫塑料》、GB/T 21662—2008《塑料购物袋的快速检测方法与评价》、GB/T 8810—2005《硬质泡沫塑料吸水率的测定》、GB/T 21302—2007《包装用复合膜、袋通则》等的修订复审。

（二）参加部分国标制定和修订的通过性投票

参加 7 项国标《再生塑料 物理回收碳排放量的计算》《塑料制品碳足迹核算通则》《土工合成材料 土工膜接缝剪切强度和剥离强度的测定》《土工合成材料 氧化诱导时间的测定 高压差示扫描量热法》《日用防护聚乙烯手套》《人造革合成革试验方法 表面褶皱的测定和评价》《塑料制品 硬质聚氯乙烯板（片）材 第 2 部分：厚度 1mm 以下片材的分类、尺寸和性能》制定的通过性投票和 1 项国标《塑料制品 硬质聚氯乙烯板（片）材 第 1 部分：厚度 1mm 及以上板材的分类、尺寸和性能》修订的通过性投票。

（三）参加国标等同采用 ISO 通过性投票

参与 2 项国标《天然纤维增强塑料复合材料铺板试验方法》《天然纤维增强塑料复合材料铺板跨度等级的测定》等同采用 ISO 通过性投票。

（四）参加行标评审

参加《有机硅人造革》和《防护服用人造革合成革》2 项行标的评审。

七、充分发挥作用，努力为企业提供服务

（一）为企业提供有关行业信息

为有关企业提供日用塑料制品现状与发展趋势、PBAT 膜高性能化及副牌料高值利用、环保助剂的现状及发展趋势的信息，助推行业企业高质量发展。

（二）为企业提供相关标准

为行业企业提供 GB/T 41001—2021《密胺塑料餐饮具》、GB/T 41008—2021《生物降解饮用吸管》、GB/T 41010—2021《生物降解塑料与制品降解性能及标识要求》、GB/T 41167—2021《聚对苯二甲酸乙二醇酯（PET）饮品瓶通用技术要求》、QB/T 2933—2021《双层口杯》、GB 38995—2020《婴幼儿用奶瓶和奶嘴》、GB/T 10006—2021《塑料 薄膜和薄片 摩擦系数的测定》、GB/T 41877.1—2022《塑料 乙烯-乙烯醇（EVOH）共聚物模塑和挤出材料 第 1 部分：命名系统和分类基础》、GB/T 41878—2022《塑料 划痕性能的测定》、GB/T 1037—2021《塑料 薄膜与薄片水蒸气透过性能测定 杯式增重与减重法》、GB/T 41378—2022《塑料 液态食品包装用吹塑聚丙烯容器》、GB/T 41345—2022《塑料瓶盖压塑成型模具通用技术要求》、QB/T 4049—2021《塑料饮水口杯》、QB/T 2480—2022《建筑用硬聚氯乙烯（PVC-U）雨落水管材及管件》、QB/T 4878—2022《模塑聚丙烯泡沫塑料（PP-E）》、QB/T 5708—2022《双向拉伸聚丙烯防雾薄膜》、QB/T 5709—2022《金属复合用双向拉伸聚酯薄膜》、QB/T 5710—2022《无底涂剂双向拉伸聚丙烯预涂基膜》等标准。

八、努力办好"浙江塑料网"

利用各大媒体及微信公众号，努力为行业报道行业动态、热点新闻、质量标准、政策法规、预警信息、市场行情、会展信息等，为行业企业提供各类相关服务。

江 苏 省

江苏省塑料加工工业协会　韦　华

塑料是 20 世纪全球经济发展中增长最为迅速的行业之一，进入 21 世纪更是以强劲的发展势头迅猛推进。江苏是我国最为主要的塑料加工工业基地之一，改革开放给江苏的塑料工业发展带来了巨大的生机和活力。通过引进国外的先进装备与技术、兴办三资企业，江苏省改造了一大批中小企业，涌现了大批具有新的形象和活力的民营高新企业和龙头企业；产品质量和档次显著提高，产品品种不断增多，应用领域不断扩大，出口创汇逐年增加，全行业整体水平上了历史新台阶。

一、概况

江苏塑料加工工业始于 20 世纪 60 年代初，是当时的新兴行业。初期的年产量仅 1200 多吨，1969 年年产量超过一万吨。1979 年，江苏塑料总

年产量在全国同行业中率先突破 10 万吨，并连续 11 年位居全国同行业第一。其后，江苏塑料加工业总年产量持续占全国总产量的十分之一，是中国主要的塑料工业基地之一。

随着全国塑料工业的突飞猛进，兄弟省份的塑料工业发展速度有超越江苏的势头，江苏塑料总年产量在全国的占比有所降低，但是江苏塑料仍保持了技术不断发展的优势，产品档次和含金量仍然保持良好发展态势。

全省具有一定规模的企业 3700 余家。现阶段江苏的塑料企业主要以民营企业和股份制企业为主。全行业制品生产能力达 1500 万吨以上，2022 年完成生产基础原料 1130 万吨，实现工业总产值过千亿元，保持小幅增长。

从农业、工业和消费品包装，到建材、汽车、机械、军工、电子通信等，几乎当前国内外塑料界所有的塑料产品江苏塑料产业都涉及，主要差别在于优级品的比例和高档次产品的覆盖面。按品种分析如下：

随着宽幅大棚膜的推广应用和长寿无滴膜的新型多功能膜的兴起，农用薄膜无论在品质、档次上，还是在总量上，都有显著的提高和增长。

工业用膜（包括收缩膜，双向拉伸膜，缠绕膜，内衬膜，食品、服装、玩具日用品的包装膜等）占薄膜总量的 80% 以上。

板材中的 ABS、PS 复合板、铝塑复合板、PC 板、PET 板以及家电、汽车配套用板的产量逐年上升。

塑料编织袋及其他编织产品经过多年的调整和发展，在品质上有了很大改善，品种上有了新的发展，应用领域有了进一步的拓展，其产量仍然保持着增长趋势，编织吨装袋的直接和间接出口量都在逐年增长。

管材和型材以惊人的速度在发展，已出现 5 万吨级的生产厂，凸显该类产品对规模经济的要求和品牌效应的威力，但该类产品的经济效益不很明显，企业之间的差异很大。而普通泡沫制品和普通桶类包装容器的产量增长速度较缓。

表 1　全国及江苏初级形态塑料产量历史数据对照

时间	全国 / 万吨	江苏 / 万吨	江苏占比 / %	时间	全国 / 万吨	江苏 / 万吨	江苏占比 / %
2004 年	2366.50	434.66	18.37	2014 年	7088.84	1114.25	15.72
2005 年	2308.86	374.52	16.22	2015 年	7807.66	1274.63	16.33
2006 年	2602.60	377.36	14.50	2016 年	8307.81	1328.38	15.99
2007 年	3184.54	468.70	14.72	2017 年	8458.08	1175.39	13.90
2008 年	3680.23	440.39	11.97	2018 年	8854.87	930.78	10.51
2009 年	3629.97	541.83	14.93	2019 年	9743.65	1138.24	11.68
2010 年	4432.59	562.43	12.69	2020 年	10 542.20	1135.60	10.77
2011 年	4992.31	606.59	12.15	2021 年	11 198.41	1150.11	10.27
2012 年	5330.92	772.97	14.50	2022 年	11 488.10	1130.42	9.84
2013 年	6293.03	832.20	13.22				

近 40 年来，江苏的塑料企业重组和格局的变化相当大，原来占主导地位的国有企业、乡镇企业改制后，真正的国有企业或国有控股企业所占比重已很小。全省塑料行业已基本完成股份制改造，江苏塑料企业的主力军主要由股份制企业、民营企业和中外合资企业组成。近年不断新出的民营塑料企业发展迅速、面貌一新，起点高、管理新、观念新、

效益佳。改制后的各企业都投入了大量的资金进行技术提升改造和新产品开发与引进。为数不少的民营企业都实施了工厂的整体搬迁，以土地的区位优势换资金、换发展后劲。整个塑料行业的构成和面貌发生了巨大的变化，总体向好，比 25 年前有了更好的发展态势。整个塑料加工行业从质和量两个方面取得了突飞猛进的发展。经过多年的发展，塑料

加工企业早已打破原来轻工业为主的基本格局，无论是产品还是资本投资来源都已遍布各个行业。全省各类技改项目的成功实施，大大提高了企业新产品的开发能力和市场竞争力，使其先后开发出一批技术含量高、紧跟市场热点的新产品，如汽车燃油箱、保险杠、仪表板、大口径管材管件、多功能复合膜和多功能农膜、双向拉伸聚酯、双向拉伸聚丙烯、双向拉伸聚苯乙烯、共挤复合膜、聚碳酸酯板、光导板、铝塑复合板、信用卡基材、身份证材料、装饰广告用材料、防水材料等，为包装、电子、汽车、机械、通信行业的发展作出了极大贡献。

随着改革开放的深入发展，技术装备的引进和自身技术开发能力的提高，江苏塑料工业已形成成型工艺齐全、产品品种繁多、生产规模持续扩大、社会效益和经济效益较好的基本格局，仍然是全省经济发展的重要支柱行业之一，继续保持着在我国塑料界举足轻重的塑料工业基地的地位。但同时我们也必须充分认识到兄弟省市追赶的速度和高水平竞争压力的实际存在。

江苏塑料工业另一个显著的特点是，塑料工业上游的石化产业和塑料机械装备业都相当发达。因此，江苏省有"塑料原料和塑料装备大省"之称。PP、PE、PS类的大型石化企业有扬子石化及扬巴石化、金陵石化，在全国享有盛名；仪征化纤、安得利化工等的塑料级和瓶级PET原料不仅在全国负有盛名，而且已成功打开出口市场。坐落于镇江大港的国亨化工、奇美化工的PS、ABS，以及太仓港的氯碱化工和遍布徐州、新沂、镇江、南通、常州、无锡等地的PVC树脂在全国享有盛名；苏州、无锡、常州等地的塑料机械，尤其是张家港的

塑料机械非常发达，在全国同行中已达成共识。

二、问题

在整体水平上升的大趋势下，江苏塑料仍然存在一些共性的问题，主要有：

（1）在原材料来源结构上，仍以"大路货"为主，国产原料在品质和品种上不能满足塑料工业发展的需要。尤其是专用牌号原料，如汽车配套件专用料，燃气及特种管材管件专用料，高绝缘电缆专用料，高速BOPP、CPP、共挤复合吹塑等专用料，高品质聚甲醛、聚碳酸酯、聚偏氯乙烯等高品级原料的供应仍然依赖进口。虽然国内大型石化企业正在积极开发这些原料，也有许多取得了成功，但其品质稳定性仍然不能满足塑料加工业开发新产品的需要，严重影响塑料行业结构的合理调整，制约着塑料工业的发展。

（2）产品结构的不合理性一直困扰着江苏的塑料工业。与其他兄弟省市类似，江苏塑料高精尖产品开发不够充分，低水平产品重复交叉，盲目性发展仍然普遍存在，没有一个权威机构能够协调和真正做到适应性调整；企业间相互模仿相当普遍，企业自我创新能力不足，自主知识产权的拥有和自我保护能力很差。

（3）重量级塑料加工企业所占比例仍然不高。尽管涌现出了一批大型塑料包装骨干企业，极大地改变了江苏的塑料包装面貌，极大地影响了江苏塑料包装的发展进程，某种意义上将改变江苏乃至全国的塑料包装历史进程，但多数塑料加工企业规模不大，原材料消耗和能源消耗仍然偏高，部分企业的经济效益偏低。

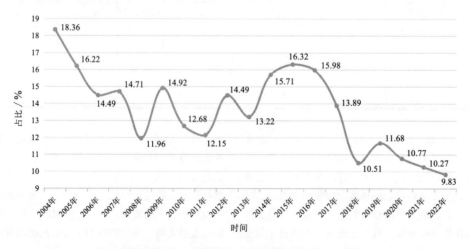

图1　2004—2022年江苏初级形态塑料产量全国占比变化曲线对照

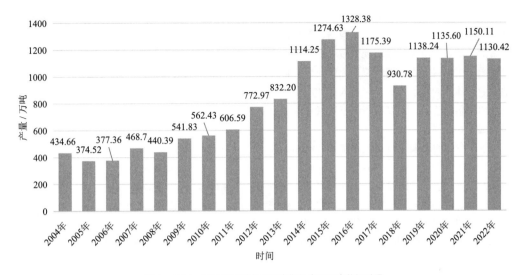

图2　2004—2022年江苏初级形态塑料产量历史数据对照

三、发展

新型塑料建材和多功能塑料复合包装材料仍将是江苏塑料制品工业的重点发展和快速增长的主要领域；农用塑料不但继续占据重要位置，而且将会随着农业种植结构的优化调整出现新的发展机遇；科技含量高、高附加值的工程塑料、工业配套塑料件及其他改性复合材料的应用领域将不断扩大。重点大类塑料产品，如工业配套件、管材、建材、软/硬压延制品、薄膜、片材及高档包装材料的生产将朝着规模经济的方向发展。为减少对环境的污染，将加大塑料回收利用和降解塑料应用。功能性塑料的开发和研究将是今后的发展重点。

塑料管材的主要发展领域是各种规格（尤其是大口径）、多材质和多种结构的管材管件；燃气管将出现大发展机遇。鉴于塑料管材产品本身的特点和区域局限性，为适应销售半径和寻求新的市场热点，塑料管材企业出现了相当多的分赴内地和外省投资设厂的热潮。塑料建材的发展要超越仅仅是型材的格局，型材也应朝着优化结构的方向发展，增加品种，提高档次。结构发泡材料、轻型墙体、隔断材料已进入发展活跃期。懂塑料不懂建筑设计和懂建筑不懂塑料是塑料建材发展的制约因素，须加强设计和应用研究。这是建材产品快速健康发展的关键。在发展的过程中，必须同步考虑标准化、系列化、适用化、配套化、美感化等新型建材发展的几大要素。

塑料包装广阔的市场前景，使塑料包装行业的规模随着市场需求的快速增长和品种、品质的不断涌现而不断扩大。骨干塑料包装企业的崛起、新型高阻隔材料的成功开发，改变了江苏塑料包装行业的面貌，改变了塑料包装的形象。骨干塑料包装企业主要依靠引进先进设备以及和国外同行一流企业建立技术合作开发纽带，加速了与国际塑料包装行业技术水平的靠拢，加快了其塑料包装产品进入国际市场的步伐。塑料包装材料的发展经历了简单塑料包装、复合塑料包装阶段，当今的市场需求正向着塑料包装的多功能化发展。塑料包装的复合化、多功能化、环保化是今后发展的重点方向。塑料包装应按食品、药品等的包装物的要求，努力开发多功能性包装材料，提供被包装物性能保护功能；开发延长货物保质、保鲜寿命的高阻隔、防渗透包装材料，无菌包装材料，热灌装材料，保味包装材料，耐蒸煮包装材料；开发水果、蔬菜等的气调环境保鲜包装材料以及储存、运输粮食等的防霉防蛀包装材料。尽管就整体而言，高技术含量、高附加值的塑料包装产品目前所占的比例仍然不高，未能满足日益增长的市场要求，但是，随着社会进步和人们生活质量要求的持续提高，塑料包装业将随着食品、饮品、药品、生物制品等朝阳行业的发展而大力发展。随着这些行业对塑料包装要求的不断提高，塑料包装始终存在很大的发展空间，塑料包装可持续发展的前景仍然广阔，大力发展的机会依然存在。

农用塑料的发展重点是用于果蔬、花卉、经济作物、育苗等方面的，具有长寿、无滴、防雾、高强度、高透明、保温等多功能的塑料棚膜及其相关配件制品，如除草、防虫等多功能地膜。深入发展农田水利建设用的各类塑料管道、管槽、管件，节水型微灌、渗灌、滴灌以及水利建设中的水渠、大坝建设用土工材料。农用塑料要研究现代农业群体新型农业合作社的发展机制，应引入现代农业的概念。农用塑料的研究、开发应着眼于现代农业的目标，着眼于农业科技的发展和新技术的应用。

工业配套件的开发重点是工程塑料，汽车、家电、电子信息产品的配套件，邮电通信用新型电缆、穿线管，信息、通信、机械、国防工业配套的各种科技含量较高、附加值较高的配套产品。汽车工业中的塑料比重将大幅度增长，今后的汽车塑料件将有一半以上采用复合材料和回收利用材料制造。无人机将是塑料件的一大新发展领域，值得研究和关注。航空航天工业技术进步的着眼点之一是减轻自重，高分子复合材料将在其中大有作为，而塑料将担当非常重要的角色。电子电器工业的配套将围绕节能省料的方针，因此对高电磁性能塑料合金、超导电塑料、电磁屏蔽材料、光机能性材料、光学纤维复合材料、新型传感高分子材料、信息处理用各种记录和储存材料、CAD（电脑辅助设计）静电记录膜、微缩用胶片等的需求将急剧上升。

日用塑料制品的发展仍然有着不可估量的前景。关键是设计理念的突破，能否侧重以人为中心，追求现代美学设计观，朝着便捷、舒适、适用、经济、美观的方向发展。提高质量和降低成本是这一领域极其重要的行业发展要素。

四、对策

（一）紧紧抓住机遇，敢于面对挑战，进一步转变观念，理顺体制，深化改革

塑料制品工业经历了从计划经济向市场经济转变的历程。发展历程中，企业遇到过许多困难，面临许多问题，为数不少的企业步履艰难，原有的历史烙印仍然影响着企业的发展和管理模式。经过20多年的大浪淘沙、组合调整，江苏塑料已经基本摆脱了原有困境，但是在新形势下又有了新的困难、新结构性矛盾。因此，解决塑料企业今后发展中的矛盾和问题的根本出路在于真正实现进一步深化改革。

（二）准确判断市场，自觉调整产品结构

塑料制品企业应根据市场需求调整产品结构，加速发展短线、"三高"产品，对不同品种适度调控其产品规模。应下决心停掉一批低档产品和长线产品。坚持市场决定生产的导向原则，坚决从数量主导型过渡到质量、品种、出口、效益主导型。地方政府应重点扶持一批大型企业、特大型企业、重点企业、明星企业。以名优产品为龙头，以经济效益为中心，以资本投入为纽带，以市场发展为导向，组建具有实力的、符合经济规律的、有利于企业发展的企业集团，实现适应市场需求产品的规模效应。尽快改变和结束老、小、散、差的落后状况。

（三）继续发展外向型经济企业，持续引进外资、引进技术的同时，鼓励企业"走出去"

江苏省塑料制品的出口量占生产总量的比例相对较低，制品技术含量相对于其他高科技领域不高。应继续研究国际、国内市场的需求情况，研究国际市场新产品，在提高原有出口产品质量、巩固和扩大原有产品出口量的同时，重点开发热点产品，重点发展新市场。应鼓励和引导有条件的企业跨出国门，直接参与国际竞争。可将国内渐趋饱和的产品生产移到其他仍然有着较大需求的国家，境外办企业应以输出技术和设备为主。

表2　橡胶和塑料制品行业全国及江苏规上企业数量对比

时间	全国	江苏	江苏占比 / %	时间	全国	江苏	江苏占比 / %
2012 年	16 356	2126	13	2018 年	18 989	2278	12
2013 年	17 659	2295	13	2019 年	19 413	2329	12
2014 年	18 143	2358	13	2020 年	20 781	2701	13
2015 年	18 457	2399	13	2021 年	23 278	3026	13
2016 年	18 298	2378	13	2022 年	25 037	3254	13
2017 年	18 452	2214	12				

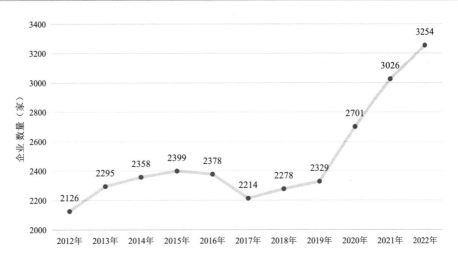

图3　2012—2022年江苏橡胶和塑料制品行业规模以上工业企业数量数据变化曲线

（四）重视产品的技术含量，以新技术促进企业持续、快速发展

当今世界经济发展的显著特点之一，是技术已成为推动企业发展和经济增长的极其重要的因素，更是企业能得以持续发展的基本要素，技术含量低的产品和企业不可能有持续的生存空间。塑料加工业的技术发展非常迅速，出现了许多新技术、新工艺，许多新产品的出现本身就伴随着新技术的开发和应用。计算机辅助注射成型、新型异型吹塑成型、超微孔塑料、受控低压注射成型、多相聚合物片状注射成型、可熔芯技术注射成型、挤出浸渍复合成型、熔体挤拉成型、多元材料复式加工技术、壳芯注射成型、双注射成型、模内背衬注射成型、液-气辅助成型等新技术的开发和应用推广，将为塑料产品的开发和设计提供更为广阔的空间。企业应格外重视技术，尤其是新技术工作。应根据自身的条件和发展需要，选择开发研究、综合吸收、引进消化、技术合作、购买软件等各种方式，积极采用高新技术，在引进先进装备的同时注重引进软件和技术。

（五）加大投入，增强后劲，提高活力

改革开放以来，塑料行业的发展历程证明，只有选择好的项目、加大合理投入，行业才能迅速上规模和上水平。只有加大投入，才能做到竞争有实力、发展有后劲，才能做到稳步前进，立于不败之地。优秀企业的历史经验充分验证，企业的大步前进多数是通过技术改造和技术攻关、技术引进实现的。江苏塑料应通过新一轮技术改造和重点投入的实施，将全行业的整体实力提高到一个更新的水平，再上一个新台阶。

（六）重视人才，吸引人才

实现现代化，人是决定因素。企业和产品的竞争，越来越表现为人才的竞争。为此，江苏塑料应进一步提高职工队伍的素质，注重职工技术的培训，大力培养和吸引人才。在企业改制的过程中应特别注重保护管理人才、外向经济人才、中高级技术人才的利益，应通过股份制的改造，尽可能最大程度地吸引人才、留住人才。不仅要重视高科技人才的培养，也要注重一般技术人才的培养，注重技术工人的培养。企业可以有目的地加强与职业技术学院的合作和联系，组建高素质的技术职工队伍。人才，是任何企业发展的宝贵财富，企业应从制度、分配机制上解放思想，引入激励机制、股份机制，高薪任用人才，创造条件留住人才，用好人才，确保高技术塑料的持续高速发展。

（七）重视行业管理，克服盲目发展

塑料作为一门新兴的材料工业，与其他传统工业相比，其发展历史不长，但发展速度相当快。新项目的上马已从计划经济式的逐级审批制转向市场经济体制下的市场主导化。企业对项目的实施与否具有绝对的决定权；社会主义市场经济体制下的集体企业投资风险主要由投资单位承担，而非经营者或单位领导；对投资项目的可行性研究存在诸多不踏实因素和投资项目的目的不明确性，这些是上一轮投资热潮中为数不少的项目失败的主要原因，也是造成不少企业效应严重滑坡的不良因素。盲目投资、盲目发展不仅给单位本身带来重大损失，也对金融界构成严重风险威胁——最大的伤害是国家利益的受损。一哄而上，不仅使投资单位在一开始就步履艰难，也对原来较能维持一定利润的单位构成严重威胁。因此，呼吁政府重视行业的管理和协调。

（八）加大力度重视废旧塑料的回收利用工作

（1）应加强宏观指导与管理，建立切实可行的回收激励机制，建立回收利用体系。

（2）建议尽快制定有关塑料回收利用的法律法规，规范回收利用工作，杜绝不良现象的发生。

（3）提供条件，设立塑料回收利用基金，从税收政策等方面鼓励塑料回收利用。

（4）与治理"白色污染"工作相结合，加强立法工作，从优化人们的良好消费习惯、提高群众的行为素质入手，变废为宝。在成功研制更经济有效、更有利于环保的新型替代材料之前，切忌因噎废食。

福 建 省

福建省塑料行业协会　陈艺兰

一、塑料制品行业的发展概况

据国家统计局发布的数据，2023年福建省塑料制品产量达到458万吨，占全国塑料制品总产量的6.1%，位居全国第六。2024年，福建省塑料行业运行良好，1—5月份完成产量221.75万吨，较去年同期有较大增长。

（一）产业空间布局情况

福建省塑料产业依托临港地理优势，以福州、泉州、漳州、莆田等地为重点发展区域，依托湄洲湾石化基地、漳州古雷石化基地等重要产业基地，聚焦新一代信息技术、节能环保等战略性新兴产业领域，重点发展功能性膜材料、新型涂层材料、高端聚烯烃、高端聚氨酯、特种合成橡胶、生物降解塑料、生物基塑料以及绿色环保增塑剂和功能性热稳剂等高性能新型橡塑材料及助剂，以推动产业转型升级和高质量发展。

（二）政策支持，助力出口

在省市各级政府的大力支持下，福建省塑料加工制造企业积极引进先进设备，提升智能化、自动化水平，并加大研发投入，开拓国际市场。据厦门海关统计，1—5月，福建省出口塑料制品214.4亿元，同比增长41.5%，出口值列全国第五位。东盟为福建塑料制品出口第一大市场，1—5月出口额83.7亿元，同比增长102.9%，占同期出口总值的39%。福建塑料对美国、欧盟出口分别增长9.5%、20%。"一带一路"为福建塑料制品出口注入新活力，1—5月对共建国家出口额116.4亿元，同比增长66.1%。

（三）产业发展趋势和建议

1. 产业发展趋势

塑料产业作为新材料行业的重要组成部分，近年来在国家政策的大力支持下，迎来了前所未有的发展机遇。近年来，国家各部委及行业管理协会陆续出台了大量鼓励政策及发展指引，来推动化工新材料行业的高质量发展。《中国制造2025》的宏伟蓝图，不仅为制造业的转型升级提供了方向，也为改性塑料这一关键新材料的发展注入了强大动力。《重点新材料首批次应用示范指导目录（2024年版）》进一步明确了新材料的示范应用领域，为新型高性能塑料的推广和应用开辟了道路。《中华人民共和国国民经济和社会发展第十四个五年规划和2035年远景目标纲要》更是将改性塑料作为战略性新兴产业的重要组成部分，明确了其在国家发展中的重要地位。2024年3月，国务院印发《推动大规模设备更新和消费品以旧换新行动方案》，提出实施包括汽车、家电等在内的消费品以旧换新行动，将带动塑料新材料下游市场需求持续增加。

展望未来，塑料产业的发展趋势表现为多元化和深层次变革。产品高端化、技术创新、产业集中度提升、环保与可持续发展、轻量化和节能、产业链整合以及国内外市场需求的持续增长，共同构成了行业发展的主要方向。特别是随着5G通信、物联网、人工智能等新技术的不断涌现，对高性能改性塑料的需求日益增长，推动着新材料的研发和应用。产业集中度的提升和环保趋势的推动，将进一步促进行业的健康、高效和可持续发展。通过产业链整合和市场拓展，我国塑料产业有望在全球范围内进一步增强其竞争力，开拓更广阔的市场空间。

2. 产业发展建议

（1）加快企业转型升级

建议行业主管部门和协会加大对中小型塑料企业的扶持力度，通过资金、技术、政策等手段，提升企业科技能力和市场竞争力。鼓励企业开发具有自主知识产权的专精特新产品，提升产品附加值，培育具有国际竞争力的企业。同时，支持企业通过兼并重组、整合资源，形成战略联盟，放大产业集聚效应。

（2）加大研发投入，加强产学研合作

鉴于塑料行业中小企业研发能力有限，建议加强与高校、科研机构的合作，建立产学研合作机制，提升研发水平。通过行业整合实现产业链上下游的协同创新，集中力量突破关键共性和核心技术，推进塑料产业的技术进步和质量提升。政府和行业协会应提供支持和引导，帮助企业提升技术水平，推动行业技术进步和产业升级。

（3）注重环保与可持续发展

塑料产业的发展应严格遵守环保法规，减少污染物排放，提高资源利用效率。开发环境友好型塑料产品，满足市场对绿色、环保材料的需求，促进产业的可持续发展。

（4）加强人才培养与引进

人才是行业发展的核心资源。建议企业加强人才培养和引进，建立人才激励机制，吸引和留住高端人才。与高校、科研机构合作，建立人才培养基地，培养行业所需的专业人才。

塑料产业的健康持续发展需要政府、企业、高校和科研机构的共同努力。通过加快企业转型升级、加强产学研合作、注重环保与可持续发展、加强人才培养与引进，可以推动塑料产业实现高质量发展，为国家的经济发展和科技进步作出更大的贡献。

二、2023 年福建省塑料行业重要工作

2 月 25 日上午，由中国塑协主办的"第五届中国国际塑料展暨塑料新材料、新技术、新装备、新产品展览会"在南京国际博览中心开幕。会长林生雄带队出席展会期间的系列活动。协会被授予"第五届中国国际塑料展最佳合作伙伴奖"。

5 月 4 日，由协会主办，中国科学院海西研究院厦门稀土材料研究中心、福建师范大学聚合物资源绿色循环利用教育部工程研究中心承办的"塑料行业产学研融合发展交流会"在厦门顺利召开。

5 月 12 日，由协会主办，副会长单位福建亚通新材料科技股份有限公司、福建师范大学聚合物资源绿色循环利用教育部工程研究中心、福建省改性塑料技术开发基地、福建省塑胶管材行业技术开发基地承办的"塑料行业产学研融合发展交流会（福州）"，在福建福清顺利召开。

5 月 27 日，由协会主办、闽江学院承办组织的"福建省大学生高分子材料实验实践大赛"在闽江学院圆满举行。

7 月 7 日，协会联合思嘉集团，福建师范大学环境与资源学院、碳中和现代产业学院，福建省改性塑料开发基地，福建省塑胶管材行业技术开发基地（福建亚通新材料科技股份有限公司）共同承办，福建省工业和信息化厅联合省发展和改革委员会、省科学技术厅、福建师范大学联合主办的"高分子新材料绿色低碳先进技术成果对接会"在福州成功召开。

10 月 29 日，协会应邀出席汕头塑商会第八届理事会就职典礼暨绿色科技发展大会。

11 月 22 日，协会应邀出席上海新国际博览中心"2023 包装世界（上海）博览会（SWOP）"大型展会。

11 月 24 日，福建省塑料行业协会积极组织企业参加在绍兴国际会展中心盛大开幕的"2023（第四届）中国塑料产业链高峰论坛"以及"中国塑料绿色智造展览会"。

12 月 19 日，由福建省塑协与华东六省一市塑料行业协会联袂主办、上海富亚展览服务有限公司承办的"2023 华东塑料包装薄膜技贸交流与绿色发展论坛"在上海成功举行。

备注：本文部分内容和数据来自国家统计局、海关、中国石油和化学工业联合会、中国塑料加工工业协会等。

重 庆 市

重庆市塑料行业协会　刘汉龙、陈清清

一、行业发展概况

2023 年，重庆市塑料制品行业累计完成产量 292.0 万吨，同比增长 0.4%，高于全国平均水平，在全国 31 个省区市中排在前 10 位。从细分领域看，2023 年，重庆市塑料薄膜产量 42.2 万吨，增幅 –10.8%；塑料泡沫产量 11.5 万吨，增幅 21.5%；塑料人造革、合成革产量 4895.4 吨，增幅 3.4%；日用塑料制品产量 1.6 万吨，增幅 –61.1%。

二、协会重点工作介绍

2023 年是全面贯彻落实党的二十大精神的开局之年。协会深入贯彻落实习近平新时代中国特色社会主义思想，切实把党建工作融入协会办会工作中。在重庆市工业行业社会组织综合党委领导下、市经信委指导下，协会党支部积极开展主题教育，秘书处积极走访、调研、交流，认真落实好"两加强、三服务"工作，切实加强党建引领和能力建设，落实好服务政府、服务会员、服务行业的宗旨，充分发挥了自身在企业、行业和政府间的桥梁纽带作用。

（一）坚持党建引领，助力协会工作

积极将党建工作嵌入协会整体规划并推进，引导协会各部门在机关党建和业务工作中找到深度融合的关键点，确保党建工作与重大决策部署同步。

（1）组织召开协会党支部会议。2023 年 3 月 22 日，在重庆铜梁万洋众创城顺利召开了重庆市塑料行业协会党支部（扩大）会议。协会党支部书记、委员及相关单位嘉宾 30 余人参会。

（2）组织召开协会理事会议。2023 年 9 月 15 日下午，重庆市塑料行业协会五届四次理事会暨技术交流会在悦来国际博览中心隆重举行。市经济和信息化委员会消费品工业处副处长柏潇出席会议并做重要讲话。中国塑料加工工业协会理事长王占杰、中国塑料机械工业协会常务副会长粟东平在会上做了情况介绍。广东、河南、云南、山西、江西、广西、深圳等地兄弟塑料协会领导与嘉宾受邀出席会议。会上，刘汉龙书记做了"抓主题教育指导行业发展"的讲话，陈杰会长做了协会上半年工作总

结汇报，协会名誉会长、专家及标准化委员会主任付志敏解读了《推荐性国家标准采信团体标准暂行规定》。会上，审议通过了李涛同志担任协会专职副秘书长，为新会员进行了授牌等。

（3）承办材料产业党建协作组会议。2023 年 7 月 20 日，协会作为材料产业党建协作组副组长单位，组织召开了市工业行业社会组织材料产业党建协作组主题教育集中学习暨调研成果交流会，并取得圆满成功。

（二）加强交流合作，拓宽工作思路

（1）加强与中国塑料加工工业协会、中国塑料机械工业协会，中国合成树脂协会的交流和联系，参与相关会议、展览 10 余次。

（2）加强与地方省市友好塑料商协会的交流和联系，与广东、山西、陕西、云南、余姚、汕头、成都等省市的塑料协会、商会紧密联系，参加相关活动、相关会议展览 20 余次。

（3）加强与市内兄弟协会的交流和联系，参加市企业联合会、市包装协会、中小企业（乡镇）协会、汽摩协会、工业营销协会、市玻璃协会、模具工业协会、楼宇协会、木门协会等兄弟协会组织的联谊活动 10 余次。

（4）走访协会会员近 30 次，走访了江北、沙坪坝、璧山、铜梁、江津、永川、大足、合川等区县的塑料行业企业。

（三）取得成效

按照"三服务"要求，深入了解协会会员企业经营状况，及时反馈存在的问题，为企业排忧解难，取得了一定的成果，并进一步践行暖心情怀，强化了服务意识。班子成员树立以会员单位为中心的发展理念，针对会员反映强烈的难点、堵点，推广优化各类服务，并及时向相关政府职能部门反映。重点成果如下：

（1）会员数量增长：通过协会的努力，2023 年协会会员数量增长了 10%。

（2）个性问题解决超 20 件。改革创新服务会员企业机制，真实、精准、及时了解会员企业在技

术、市场、资金、人才、要素保障等方面的具体问题，做到心中有数、手中有策，提升会员企业获得感和认同感。

（3）共性问题解决超20件。增强服务本领，找到找准影响行业发展的关键因素、影响企业增长的共性问题，采用搭建数据库、行业公共服务平台，开展供需对接活动等方式，帮助会员企业解决行业发展共性问题。

（4）积极向会员企业宣传政府部门惠企政策，指导帮助会员企业申报国家和市级的技术中心、工业设计中心、数字化工厂、绿色工厂、专精特新"小巨人"企业等荣誉评定。协会20家以上重点企业荣获"专精特新"乃至"小巨人"称号。

（5）积极开展行业研究。为每年的《中国塑料年鉴》、广东《聚风塑料》2023年鉴、内刊《橡塑视界》2023年的多期供稿，为云南塑协提供《重庆市农用膜调研情况》并被采纳。

三、行业重点企业简介

（一）塑料包装类

（1）重庆捷泰塑胶工业有限公司是重庆捷成塑胶有限责任公司全资投资的控股公司，位于重庆市璧山高新技术工业园，成立于2006年，专业从事EPE发泡片材、板材、覆膜材料和LDPE气垫膜、XPS保温板、地暖板等环保型包装材料的生产与销售，所生产的EPE和LDPE系列产品具有无毒、无害、质轻、富有弹性、隔热、抗震、吸音、防潮、防摩擦、易回收等优良特性。公司是集研发、制造、销售于一体的高新技术企业。公司产品广泛应用于电子电器、IT行业、微电脑及网络设备、高档家具、装饰材料、高档玻璃器皿等产品的外包装与汽车内壁，及箱包软衬、救生器材的内填充、各种保温管道的外壁围护、水利工程中混凝土保温抗寒保护层、家用电器（空调、彩电等）的减震材料等方面。2023年厂房扩建9216m²，重点客户为海康威视、方正、长城汽车等。

（2）重庆科林包装制品有限公司（简称科林），成立于2010年3月，总公司位于重庆市江津区珞璜工业园B区，占地30亩；下辖云南分厂、贵州分厂等全国多个分厂。科林主要致力于为广大客户提供各类软包装产品，其主营产品包括重庆气泡卷、重庆塑料袋、EPE珍珠棉卷、重庆缠绕膜、EPE珍珠棉型材、重庆气泡袋、重庆珍珠棉袋、平膜袋等。珍珠棉气泡膜年产量15 000吨，居西南第

一；气泡膜系列，在重庆、云南市场占有率第一；酒托占有率全国第一；气泡膜信封袋/保温袋，在西南占有率第一。公司管理模式领先行业3—5年，信息化管理在同行业中居全国第一。

（二）塑料管道类

（1）重庆顾地塑胶电器有限公司，系顾地科技股份有限公司全资子公司（深交所A股上市企业，股票代码：002694），位于重庆市璧山区青杠工贸区，成立于1995年，是当前集团属下设立最早、资历最深、规模最大的支柱企业之一。公司总占地面积400余亩，员工人数600余人。重庆顾地主要产品：PVC电线槽管、PVC-U环保给/排水管、抗菌PP-R（复合）给水管、PP-R塑铝稳态管、PE（复合）给水/燃气管、PVC-U双壁波纹管、HDPE双壁波纹管、PVC-M环保给水管、HDPE钢带增强波纹管、G-MRP钢带增强波纹管、G-HWP热态缠绕管、PHSP排水管/管件、PP-HM波纹管、G-WRP钢丝骨架聚乙烯管等。公司现已在重庆、四川、云南、贵州和西北地区建立了完善的西部营销服务网络，产品客户主要有龙湖地产、融侨半岛、万豪酒店、中国电信、华润置业、蓝光地产、和记黄埔等。产品市场占有率在同行中一直遥遥领先，市场覆盖率一直名列前茅，且产品已渗透至各大地县级城市，近三年市场份额以每年30%的速度递增。

（2）重庆伟星新型建材有限公司（简称公司），为浙江伟星新型建材股份有限公司（证券简称伟星新材，证券代码：002372）旗下的六大现代化生产基地之一，创建于2011年9月，主要产品有无规共聚聚丙烯（PP-R）给水管道、聚乙烯（PE）给水管道、PE-RT采暖管道、PVC管道系统和精品配件等，产品应用于鸟巢、水立方、世博会中国馆、大兴国际机场、港珠澳大桥等国家重点工程。先进的设备、优质的原料、强大的研发创新能力和精细化的现代管理模式，确保了公司产品的优良品质。公司凭借过硬的产品质量和完善的售后服务，赢得了市场与客户口碑，先后获得了"国家级绿色工厂""高新技术企业""国家知识产权优势企业""重庆市优秀民营企业""重庆市技术创新示范企业""首届江津区质量奖"等多项殊荣。

（3）公元管道（重庆）有限公司（简称重庆公元）成立于2011年2月16日，注册资金2.5亿元，是公元股份（股票代码：002641）旗下面向西南地区的研发、生产与营销基地。公司位于有"中国西部声谷"之称的重庆市永川区，离重庆市区55

千米，距重庆江北国际机场90千米，"公、铁、水、空"立体交通完善便捷，环境优美。公司现已建设生产基地275亩，年产能15万吨，是目前重庆地区生产规模较大的管道制造商之一。作为公元股份在西部地区的核心生产基地，重庆公元是永川区第一家招商引资的上市企业，专业从事塑料管道产品的研发、生产和销售。公司以塑料管道为主业，品种涵盖八大系统（市政工程、工业管网、建筑工程、消防保护、电力通信、全屋家装、农业养殖、燃气管道）、八大系列（PVC-U、PP-R、HDPE、PE-RT、CPVC、PB、五金水暖、复合管）管道产品，共8000余种不同规格、品种的管材、管件和阀门。公司产品已广泛应用于上海浦东国际机场、上海世博园、北京奥体馆等国家重点工程项目。公司系重庆市高新技术企业、重庆市企业技术中心，同时担任重庆市塑料行业协会副理事长单位、重庆塑料行业协会塑料管道专委会主任单位，先后荣获"重庆市绿色工厂""重庆市人民检察院知识产权保护联系点""全国监督检查产品质量合格企业"等多项荣誉，被区委、区政府授予"优质诚信企业""永川20家成长型企业"称号。

（三）汽配类

（1）重庆溯联塑胶股份有限公司成立于1999年，专注为下游汽车整车制造商提供以尼龙等高分子材料制作的汽车燃油管路总成、汽车真空制动管路总成、汽车热管理系统管路总成、汽车流体控制件及紧固件等各种产品，产品具有耐高温、耐高压、耐腐蚀、防渗透、密封性好等特点。目前，该公司已成为长安汽车、比亚迪、上汽通用、小康股份、北京汽车、奇瑞汽车、一汽解放等20余家整车制造企业的一级供应商；同时，公司向邦迪管路、八千代、苏奥传感、臼井汽车、泸州发展、亚大汽车、宁德时代等零部件生产厂商提供流体管路总成。2023年公司年产三千多万件汽车流体管路总成，国内市场占有率为9.7%。

（2）重庆光能荣能汽车配件有限公司致力于塑料制品的研发、制造和相关服务，为客户提供模具开发/设计/制造，塑料成型－表面涂装－精密发泡、柔性装配、焊接等成套解决方案；产品涵盖汽车内外饰系统、功能件系统、新能源动力电池、工程塑料制品等众多领域，产能达百万余套；是

集"研、产、供、销、服"一体的"国家高新技术"和专精特新企业。

公司引进德国杜尔的全自动保险杠涂装线、恩格尔和克劳斯玛菲等世界领先的高精密注塑成型系统和快速换模系统，具备多样化产品涂装、多型号注塑和中空成型能力，配置了锁模力从60T到4000T多种全自动精密、双色注塑旋转设备150余台，三轴以上自动化机器人100余台。建有专业模具生产中心，配备FIDIA、FPT等国际知名CNC柔性加工中心、电火花加工中心、500T合模机、龙门式数控磨床、深孔钻、龙门三坐标检测仪等高精密模具制造和检测设备。公司注重研发，建有研发中心，拥有多专业、多学科、技术经验丰富的研发及专家团队，具备产品和模具设计、项目开发、理化性能试验等研发能力，能与客户同步开发，助力多款新车型成功上市。近年来，公司加大技术研发力度和经费投入，已获得50余项专利证书，被重庆市认定为"企业技术中心"。2016年，公司成为理想汽车的供应商，开始涉足新能源汽车零部件领域；2017年，开始研发和生产电池盒与充电桩零部件；2023年，成为宁德时代的一级供应商。同时，公司与重庆、四川等多所院校合作，开展产学研合作，引进高素质人才，充实研发队伍；与世界500强企业建立合资公司，导入世界级的制造工艺和管理，为企业创新和发展提供源源不断的动力。公司主要客户有长安、长安福特、长城、理想汽车、宁德时代、上汽大通、零跑汽车、合创、广汽、上汽红岩、沃尔沃、大众汽车等。公司全力以赴提升客户的竞争力，为客户提供更具竞争力的产品和服务。同时，公司积极投身"民参军"事业。2019年，公司配套生产的特种产品，荣获国庆70周年阅兵"聚力阅兵、共铸辉煌"奖。

（四）笔电类

（1）重庆宇海精密制造股份有限公司（简称宇海精密）于2008年4月创立，2011年进军笔记本电脑行业，2016年完成股份制改造，注册资本4517.33万元。公司总部位于中国西部（重庆）科学城——重庆璧山区国家高新区，下辖全资子公司重庆宇海科技有限公司，2019年在新加坡设立重庆宇海精密制造（新加坡）私人有限公司，2020年设立重庆宇海工业设计研究院有限公司，2021年设立深圳宇海云网科技有限公司，拥有18万平方米的生产基地。宇海精密是一家集工业设计、模具开发、金属压铸、注塑成型、涂装、组

装为一体，为笔记本电脑、移动通信、网络通信、新能源网联汽车、医疗器械、智能穿戴设备品牌企业提供一站式金属，及塑胶精密结构件产品的高新技术研发及制造企业；是惠普、戴尔、华硕、宏碁、华为、传音等笔电、手机品牌和广达、英业达、旭硕、仁宝、纬创等世界 500 强企业的重要供应商及合作伙伴。宇海精密是国家高新技术企业、国家级专精特新"小巨人"企业、重庆市设计引领示范企业。公司目前掌握的行业核心技术已取得 5 项发明专利、101 项实用新型专利、26 项外观专利、7 项著作权。公司拥有两个市级企业技术中心、两个市级工业设计中心、一个市级博士后工作站、三个重庆市数字化车间、一个重庆市智能工厂；成为 2014 年重庆市第五批电子重点配套企业，2019 年全国电子信息行业优秀企业，2020、2021 年重庆制造业企业 100 强，2023 年重庆民营企业科技创新指数 100 强。

（2）重庆成田科技有限公司于 2017 年 8 月成立于铜梁高新区，占地 103 亩，总建筑面积 55 000 平方米，其中一期建筑面积为 33 000 平方米；是一家主要从事模具设计开发塑件成型、表面处理、产品组装等一条龙加工和服务的企业。公司成立以来，凭借自身的技术优势、硬件环境和优质的服务理念，已成为数十家知名公司的合作伙伴。主要品牌客户 ESSAS Microsoft apple acre HP the NAVAL 等，ODM 客户 Windstorm Quantan Packatrim Foxcone, Inventec Compeldom。公司模具部现有 CNC 加工中心 13 台、火花机 17 台、线切割机 4 台，制模能力能达到 24 组大件和 40 组小件；车型部一期现有 800 吨双摄 10 台、550 吨 8 台、450 吨 45 台、350 吨以下 14 台，共 77 台；NB 月产能 750 千套。成田厂区成型车间采用最新的设计理念，设备 IO 全开放，设备集群向"工业 4.0"迈进，生产线配有循环水软化处理水路低架，适时监控压力，集中锅炉供气；配小诸葛生产管理系统，实时监控生产状态，实现信息数字化沟通；配高比例多功能 RHCM 设备，满足客户特殊养花及外观要求，实现成型加工自动化。除传统生产线 10 条外，厂区还拥有机器人自动打磨清洗水口、激光自动切料头、自动喷墨、自动 CCD 3D 线扫、自动膜内置钉、自动循环埋钉等。自动化生产线 8 条。公司拥有完善的品质保证体系与质量认证体系，现已通过 ISO9001、ISO14001、ISO14064、ISO45001EICC，RBA 高新

技术企业、专精特新企业、智能制造智能化车间、纳税信用 A 级企业等认证。

（五）原料及改性料类

（1）重庆澳彩新材料股份有限公司（简称重庆澳彩），成立于 2007 年 4 月，是一家专业致力于塑料色母、功能母粒与塑料改性的研发、生产、销售于一体的全产业链综合服务运营商，系国家级高新技术企业、工业和信息化部专精特新"小巨人"企业、国家知识产权局"国家知识产权优势企业"，建有博士后科研工作站和省级技术研发中心。重庆澳彩拥有重庆铜梁、重庆格唯、山东鲁燕、山东潍坊、广东广州、四川内江 6 个生产基地，在重庆、广东、浙江等省市设有 13 个办事处及外贸中心。重庆澳彩拥有国家注册商标权 6 个和"聚苯乙烯高光泽增韧色母粒及其制备方法"等 22 项发明专利，以及国家"自动防架桥装置"5 项实用新型专利等科技成果；近 20 年的着色、混配、改性技术储备与升级技术；PPR 抗低温脆性专利、增强增韧性专利、抗菌抗藻专利、温变色彩等管道专利技术、管道专用黑色母技术、管道抗低温脆性专利技术、管道混配料专利技术、燃气管道标识线专利技术、一种色母粒切粒装置发明专利等。重庆澳彩产品应用覆盖全国，部分出口东南亚、东欧、美洲等地区，获评行业"优秀供应商"。2023 年 11 月，在浙江嘉兴举行的"第三十届中国色母粒行业年会"上，重庆澳彩"首次实现全国销售量第一"，在业界享有盛誉，为国家经济社会发展作出了积极的贡献。

（2）重庆科聚孚新材料有限责任公司隶属于中煤科工集团重庆研究院有限公司，地处中国西部（重庆）科学城西永微电子产业园，是国家高新技术企业、国家级专精特新"小巨人"企业、中国塑协阻燃材料及应用专委会理事单位、重庆市技术创新示范企业、重庆市绿色工厂、重庆市塑料行业协会副会长单位，拥有重庆市高性能工程塑料工程技术研究中心、重庆市企业技术中心。公司专注于高性能改性塑料、矿用功能塑料制品及环保无卤阻燃剂的开发、生产、销售和技术服务，是我国首家焦磷酸哌嗪研发制造企业、我国中西部首家高性能改性塑料研发制造企业、我国矿山智能装备轻量化技术引领者。公司建有高性能改性塑料车间、注塑装配车间、阻燃材料车间、国家矿用反应型高分子材料安全准入分析验证实验室、合成实验室、高分子材料性能实验室；拥

有年产改性工程塑料30 000吨、无卤阻燃剂5000吨、矿用功能塑料制品2000吨的生产能力。公司拥有以博士、研究员、高级工程师为主的专业研发团队，专职研发人员30余人。公司研发的一系列创新成果，取得授权发明专利12项、实用新型专利2项、外观专利1项，受理发明专利30余项。作为国家级专精特新"小巨人"企业，公司的发展历程是新材料行业在国家大力支持专精特新企业发展的背景下，推动新材料行业专业化、精细化、高端化发展的生动缩影之一。

河 南 省

河南省塑料协会　段同生、窦俊岭、王瑞华

一、行业发展概况

2023年，在全国经济下行压力下，河南省塑料行业也受到较大程度的影响。在各方面都非常不利的条件下，经过从业人员的努力，河南省塑料制品产量有所回升。根据国家统计局数据，2023年1—12月，河南省塑料制品行业规上企业塑料制品产量271.47万吨，同比增加43.48%，占全国塑料制品产量的3.6%，在全国31个省份中排第9位。河南的塑料薄膜、医用塑料、汽车电器配件、家电配件等在全国市场中的占比较大。河南省中小塑料加工企业较多，其中，长垣的医疗器械、虞城的小五金和钢卷尺、夏邑的打火机、鹤壁的汽车电器插接件线束等在塑料行业具有较高影响力。周口市淮阳区在打造"中国塑料制品之城"建设中发展迅速，为河南塑料产业发展注入了新动力。河南塑料产业正处于由劳动密集型的粗放式生产向信息化、智能化、数字化的高质量发展转变之中，行业发展潜力巨大。

2023年3月30日，比亚迪郑州厂区整车一期项目顺利投产，车用塑料行业迎来新的发展机遇。新能源及智能网联汽车产业链被河南省列为重点培育的产业链之一，未来将打造万亿级新能源汽车产业集群。河南省现有规上汽车及零部件企业600余家，产业整体规模达2600亿左右。围绕郑州为主、开封为辅的整车产业布局，郑汴地区、焦作、洛阳、新乡、南阳、许昌、安阳、鹤壁等地聚集了众多零部件骨干生产企业。

河南是国家重要粮食生产基地，其食品加工企业众多。食品包装在河南塑料加工行业占有重要地位。郑州的思念和三全、漯河的双汇等食品加工企业作为龙头企业，带动了食品包装行业的快速发展。随着网络购物的兴起，郑州、漯河作为中国中部主要快递集散中心的地位日趋成熟。随着京东物流园的入驻，地处豫北的浚县可降解材料产业园成为中国邮政快递绿色包装重要生产基地和中国物流快递绿色包装重要生产基地，有效带动了河南省可降解塑料包装制品的快速发展。

2023年11月30日，《河南省禁止和限制不可降解一次性塑料制品规定》经河南省十四届人大常委会第六次会议表决通过，于2024年1月1日起施行，这是继海南相关禁限塑法规发布以后内地省份发布的第一个禁限塑相关法规。该规定的出台是我国治理塑料污染、推动可降解塑料行业发展、促进一次性塑料制品向绿色环保无污染方面改进的重要举措，给我国相关产业带来较大影响，引起行业重点关注。

二、行业工作动态

（一）2023年工作回顾

2023年是全面贯彻党的二十大精神的开局之年，是实施"十四五"规划承前启后的关键一年，是经济恢复发展的一年，也是全面建设社会主义现代化国家开局起步的重要一年。在习近平新时代中国特色社会主义思想的指引下，河南省塑料协会在省民政厅、省工信厅、如意湖党工委的正确领导下，在全体会员和相关单位的大力支持下，贯彻落实行业发展规划，勇于担当，奋力开拓创新，扎实工作，全面履行"四个服务"职责，搭建行业交流与合作平台，实施科技创新驱动行业发展，助力企业转型升级，为河南省塑料行业的可持续高质量发展作出了积极的贡献。同时，协会的自身建设水平、服务能力和水平也得到很大提升。

（1）以问题为导向，加强调查研究，为会员服务。2023年，协会以调查研究为抓手，组织郑州轻工业大学、郑州大学、河南工业大学等单位的有关教授专家和协会工作人员深入会员企业了解生产经营情况，了解"三品"战略实施情况，了解科技创新情况，研判行业发展趋势，有针对性地提出指导意见，引领行业可持续高质量发展。全年有计划有组织地到惠洁新型建材、邓州金碧生物、特创生物、正通科技、河南洁宜鑫管业、济源恒通、玉辉塑业、诚泰密封、海瑞祥、开祥化工、鹤壁煤化等27家企业进行了调研，接待了河南恒翔塑业、河南银丰塑业、河南里程塑业、河南海瑞祥、河南瑞云包装、安阳加成新材料、林州星虹电器等16家会员企业到协会沟通交流工作。通过调查研究和企业到访，了解情况，分析问题，提出指导意见，解决问题，受到企业普遍好评。

（2）服务政府工作，为河南"禁限塑"献智献策。近年，河南省为了加强环境保护，制定了"白色污染"治理方案、美丽河南建设方案，并提出在2023年完成"禁限塑"立法。这项工作专业性强，时间紧，任务重，省人大、省政府和省发展改革委、省工信厅要求协会积极支持和配合。协会应邀接到这项工作后，勇于担当，主动作为。2023年4月17日，协会组织召开了会长扩大会，通报情况，征求行业企业对禁止不可降解一次性塑料制品规定的意见和建议；2023年5月12日，由省工信厅指导，协会组织举办了"2023河南省可降解塑料产业发展暨产销对接会"；并在最短时间内组织郑州轻工业大学、郑州大学、河南工业大学和相关企业教授专家投入工作；全程参与了河南省可降解塑料产需情况调研、立法文件起草、产业链专班建设等，为保证在2023年年底省人大通过《河南省禁止和限制不可降解一次性塑料制品规定》立法作出了积极贡献，得到了省人大、工信厅等多个政府部门的充分肯定。

（3）服务行业。一是积极宣传贯彻国家、省有关经济政策法规和行业政策，引导企业了解掌握国家经济形势和行业发展趋势；二是积极反映行业诉求，维护行业权益。2023年，协会在调查研究中，始终将企业在生产经营中遇到的困难和行业创新发展中遇到的难点、痛点、堵点作为一项重要内容，及时将行业诉求反馈给政府有关部门。如近两年河南省制定了"白色污染"治理方案，美丽河南建设方案，立法启动"禁限塑"工作，河南省相关塑料制品生产企业积极响应政府号召，转型研发生产可降解塑料制品生产。但由于政策的超前性和立法实施需一定的准备期、过渡期，可降解塑料制品需求远远不及预期，加之可降解塑料生产成本高，导致这些转型研发生产可降解塑料制品的企业普遍存在产品销售困难的困境，出现巨大亏损。对此，协会及时组织召开相关会议，了解情况，及时将行业诉求反馈给省政府、省发展改革委、省工信厅等有关部门，希望政府在政策扶持、资金补贴等方面对企业给予支持。对一直困扰行业多年且企业反映强烈的"对塑料加工企业环保过度管理"的问题，积极与环保部门进行沟通，反映行业情况，提供行业数据，以求获得对行业意见的重视。

（4）着力提升行业创新能力。2023年为多家符合相关条件的企业出具资料，推荐申报河南省专精特新企业；组织支持有关科技服务企业在全省行业内积极申报专精特新企业、科学技术发明奖、技术进步奖、技术创新成果奖等，为行业创新驱动、高质量发展赋能。

（5）打造专业服务平台，大力拓展国内外市场。2023年4月，组织了行业内66家企业参加深圳"2024国际橡塑展"；2023年5月，在省工信厅的支持指导下，举办了2023郑州"国际"塑料展览会，组织行业企业参加了雅展主办的swop包装世界（上海）博览会、中国绿色智造展览会、中塑协举办的第35届中国国际橡胶工业展览会等，为河南省塑料行业大中小企业在优质产品展示、技术信息发布、产业交流合作、科技项目对接、服务行业发展等方面起到了积极作用。

（6）加强行业间交流合作。2023年，协会参加了中塑协八届三次理事会，中国塑料机械重庆展览会，山西省、陕西省、安徽省塑料行业协会年会，大湾区塑料行业协会交流及产业对接会，汕头市塑胶行业商会系列活动，河南省商业经济学会第六届会员大会，河南省标准化协会第六次会员大会等众多行业协（商）会会议，与各方进行沟通交流，学习先进经验，取长补短，广泛了解行业发展情况，建立沟通联系联动机制，宣传河南，提高协会影响力。

（7）不断推进专委会工作。目前协会共有7个专委会、1个标准化委员会，改性专委会最近也在筹备组建中。2023 年，协会始终把专委会工作列入重要议事日程。继 2022 年组织召开专委会专题工作会议后，2023 年 2 月 26 日，协会又组织召开了专委会主任、秘书长会议，研判行业内不同产业发展趋势，交流工作经验，安排部署专委会工作。2023 年，各专委会积极主动履行服务职能，开展调查研究，规范行业行为，做了大量工作，为行业内各产业发展作出了积极的贡献。

（二）2023 年重大事件和活动

1 月 11 日，协会会长段同生等应邀到会员单位新乡市顺誉塑业有限公司走访考察，调研了解当地塑料行业循环利用相关企业的情况。

1 月 12 日，河南广电计量检测有限公司相关领导到访河南省塑料协会，为行业提供高标准计量检测服务事项展开洽谈。

1 月 13 日，协会副会长、河南特创生物科技有限公司总经理位秀峰到访协会，会长段同生、秘书长窦俊岭、副秘书长赵二庆等协会工作人员与其就当前企业建设和河南省可降解塑料产业发展前景进行了座谈。

2 月 7 日，河南省塑料协会会长段同生、秘书长窦俊岭、副秘书长赵二庆到位于河南浚县经济开发区的协会副会长单位——河南特创生物科技有限公司考察调研，了解企业在可降解塑料制品生产及市场开发方面的情况。

2 月 8 日，应河南中阳环保科技有限公司总经理张超邀请，河南省塑料协会主要领导及协会理事，新乡市信誉塑业有限公司总经理冯婷婷、销售部长杨光忠等，来到位于滑县新区的河南中阳再生资源有限公司等塑料制品回收利用企业走访考察，了解掌握河南省主要塑料制品再生循环情况。

2 月 13 日，河南省塑料协会会长段同生、河南工业大学高分子材料改性与加工科研团队带头人宋伟强教授等行业领导、专家到河南品信新材料科技有限公司考察，调研了解公司生产的热固性塑料材料情况。

2 月 17 日，河南安吉塑料机械有限公司总经理王勇、研发总监魏保富到访河南省塑料协会，交流河南省不停机过滤器（换网器）和熔体泵主要生产企业的情况。

2 月 24 日，河南省工业和信息化厅在登封市鹿鸣山庄召开河南省消费品行业"增品种、提品质、创品牌"工作推进会，总结交流消费品工业

"三品"战略实施成效，安排部署下一步工作。各市工信局负责人，相关行业协会、企业代表参会，河南省塑料协会会长段同生参会并就行业协会如何在"三品"战略中做好服务工作，做了题为《积极主动履行服务职责，全力推动河南塑料行业高质量发展》的典型发言和经验交流。

2 月 25—27 日，由中国塑料加工工业协会主办的第五届中国国际塑料展暨塑料新材料、新技术、新装备、新产品展览会和第三届中国塑料行业科技大会在南京国际博览中心开幕。河南省塑料协会组织了多家会员企业参展、参观。

2 月 25 日，由中国塑料加工工业协会主办的第三届中国塑料行业科技大会在南京国际博览中心召开，河南省塑料行业部分企业领导参会。大会对塑料加工行业在科技创新和技术进步中作出突出贡献的单位和个人、优秀科研成果和优秀标准化项目进行了表彰。河南特创生物科技有限公司、新乡市创美科技股份有限公司、郑州兆明机械有限公司、河南省银丰塑料有限公司的"智能化生物降解地膜降解周期的可控性研究及应用"、河南省银丰塑料有限公司李永勃等单位、成果和个人获得相关奖项，河南省塑料协会获"最佳合作伙伴"奖。

3 月 2 日，河南省塑料协会板材管道专委会在新乡市原阳县太平镇召开工作会议，其间组织考察了位于该镇的河南洁宜鑫管业有限公司新厂区和河南恒久通塑业有限公司。

3 月 9 日，中国塑料加工工业协会理事长王占杰、副秘书长兼塑料编织专业委员会秘书长赵克武到访河南省塑料协会。协会会长段同生、副会长张家恒、楚军政等热情接待了理事长一行，就我国塑料行业现状、未来发展以及行业协会建设工作进行了座谈交流。

3 月 10 日，陕西省塑料工业协会秘书长卢璐、陕西亿海石化有限公司常务副总经理杨宏兵、陕西聚能塑胶有限公司总经理张慧、南京中储智运科技有限公司陕西区总经理郑茗元等行业和企业领导到访河南省塑料协会，与协会主要领导就业务合作进行了座谈交流。

3 月 14 日，河南省产品质量检验技术研究院橡塑检验中心主任张玉芳、副主任王向辉一行到访河南省塑料协会，协商为行业提供产品检测服务事项。

3 月 21 日，海天塑机集团有限公司无锡事业部

总经理孙浩杰、副总经理吴俊、总经理助理林威等一行到访河南省塑料协会。

3月28日，湖南省循环经济研究会执行会长周徽、秘书长李杜、副秘书长马彦先，秘书处胡隽威一行到访河南省塑料协会，交流塑料行业循环再生利用情况，探讨推动可降解塑料材料制品行业发展思路，介绍2023湖南国际绿色发展博览会情况。

3月30—4月1日，2023塑料包装产业链发展高峰论坛暨中国包装联合会塑料包装专业委员会年会在新乡举行。河南省塑料协会作为本次会议支持单位之一，会长段同生代表协会应邀参加了此次盛会。

4月7日，河南省塑料协会会长扩大会议在郑州大学国家大学科技园召开。会议分析了行业发展基本情况，对协会建设和今后的发展进行了研讨，还对推动全省可降解塑料产业发展提出了意见建议。协会会长、副会长、各专委会主任等主要负责人参加，秘书处驻会人员列席会议。

4月10日，河南省循环经济与节能协会秘书长陈丙武到访河南省塑料协会，商讨关于塑料行业再生循环和节能创新等事项。

4月17—20日，由雅式展览服务有限公司主办的"第三十五届中国国际塑料橡胶工业展览会（简称国际橡塑展）"在深圳国际会展中心（宝安新馆）盛大开幕。河南省塑料协会组织了众多会员和行业企业参展、参观。展会期间，河南塑料行业企业与来自全国及国外的企业开展了多方位的交流活动。

4月16日下午，中国塑料加工工业协会八届三次理事（扩大）会议在深圳召开。河南省塑料协会会长段同生、秘书长窦俊岭出席了本次会议。

4月14—15日，以"同心聚力　携手共进"为主题的2023大湾区塑料行业协会交流及产业对接会2023塑业品牌创新峰会暨品牌颁奖盛典在深圳成功举办，河南省塑料协会组织部分行业企业参会。

5月12日，由河南省工业和信息化厅指导、河南省塑料协会主办、河南国威展览服务有限公司承办、河南省特创生物科技有限公司协办的"2023河南省可降解塑料产业发展暨产销对接会"在河南体博文化中心隆重举办。

5月12—14日，在行业同人、相关单位、各界朋友的共同努力与支持下，由河南省塑料协会主办、河南国威展览服务有限公司承办的"2023中国（郑州）国际塑料产业展览会"在河南体博文化中心举行。

5月17日，郑州全新塑胶制品有限公司和汇诚大工科技河南有限公司，双方关于申报"产品专利"和专精特新企业的合作洽谈事宜在河南省塑料协会办公室举行。

5月18日下午，第一届菏泽企业发展论坛在山东东明石化集团圆满举行，河南省塑料协会负责人及专家受邀参加。

5月20日，由飞塑资讯网、河北飞塑文化传媒有限公司、河北塑展会展服务有限公司主办，国内多家协会、知名企业协办，包装前沿、中塑通、聚风塑料等多家媒体支持的"2023中国（秦皇岛）塑料薄膜与软包装产业链交流对接会"顺利召开。河南省塑料协会会长段同生与部分行业企业参加了此次活动。

5月10—30日，为期三周的"高分子材料制造技术"援外培训班在河南工业大学成功举办。此次援外培训班由中国商务部主办、河南工业大学承办，河南省塑料协会积极协助参与。在培训期间，段同生会长代表协会亲临现场，以"河南塑料产业发展的现状"为主题，围绕河南省基本状况、全省塑料产业现状、产业分布和行业特点、重点企业概况、"白色污染"治理、可降解塑料基本情况进行了介绍，便于学员们更多地了解河南塑料产业发展及塑料制品情况。

6月12日，河南省塑料协会会长段同生到驻马店河南惠洁管业新型建材科技有限公司、驻马店市诚泰密封制造有限公司、驻马店市玉辉塑业有限公司等塑料加工企业考察调研。

6月15—17日，中国合成树脂协会主办的"2023中国合成树脂新材料产业发展大会暨展览会"在无锡太湖国际博览中心成功举办。河南省塑料协会组织省内相关企业参加了会议。

6月20日下午，2023年新疆生产建设兵团第十三师新星市河南招商推介会在河南郑州成功举行，省内部分塑料行业企业参会。哈密和十三师是河南对口援疆地区，省内多家企业在当地有投资或合作项目。

6月21日，叶县新材料产业链创新发展大会成功举办，河南省塑料协会会长段同生作为协会代表和专家代表应邀参加。会议期间，段同生会长到郏县产业聚集区河南海瑞祥科技有限公司调研。

6月25日，河南省里程塑业有限公司总经理冯婷婷一行到访河南省塑料协会，会长段同生、副秘书长赵二庆等热情接待了来访客人，大家就里程塑业公司发展和当前河南省塑料行业循环再生利用情况进行了交流探讨。

7月1日，河南省商业经济学会第六届会员代表大会、河南省商业经济学会成立40周年庆典、首届河南促消费发展高峰论坛隆重举行，河南省塑料协会组织部分相关企业参会。

7月11日，根据省委、省政府《河南省加快构建现代化产业体系着力培育重点产业链工作推进方案（2023—2025）》指示精神，为高质量推进河南省生物降解塑料产业链培育建设，在省工业和信息化厅安排下，河南省塑料协会邀请部分专家、企业家，在郑州轻工业大学产业技术研究院筹备召开省生物降解塑料产业链研讨会。

7月21日，鹤壁市鹤山区政协副主席、工商联主席徐春恒，鹤山区鹤山街街道党工委副书记、办事处主任田纳等到访河南省塑料协会，探讨协会助力鹤山化工新材料产业园园区建设等事宜。

7月25日，河南省塑料协会与河南省中原工业经济发展战略研究院携手合作，共谋塑料行业高质量发展会议在郑州召开。

7月26—27日，应周口市淮阳区人民政府及周口先进制造业开发区邀请，河南省塑料协会会长段同生到淮阳区塑料产业园进行调研，了解产业园发展及企业生产经营情况，交流企业发展中遇到的困难和问题，研讨行业发展趋势，提出产业发展建议。

8月15—16日，河南省塑料协会会长段同生应鹤壁市鹤山区政府邀请，到鹤山区工业园区考察调研。

8月16—18日，山西省塑料行业协会2023年年会在长治市滨湖文旅服务中心隆重召开，段同生会长应邀参会。

8月21日下午，山西省塑料行业协会会长、山西中德投资集团董事长程田青到访河南省塑料协会，交流探讨协会工作，协商推动两省塑料企业开展合作事宜。

9月5—7日，根据省可降解塑料产业链专班工作安排，河南省工业和信息化厅二级巡视员寇守峰，河南省塑料协会会长段同生，省工业和信息化厅消费品工业处副处长曹西峰、张青，郑州轻工业大学材料与化学工程学院高级工程师刘东亮，郑州

大学材料科学与工程学院教授、博导刘文涛，河南工业大学前沿交叉学院讲师郭正潮博士等专班成员到鹤壁、济源、周口、漯河等地市的可降解塑料产业链上下游生产企业进行走访调研，了解可降解塑料上下游企业的产能分布、供需关系和当前可降解塑料产业链中涉及的相关产品的生产情况，以及企业面临的困难和问题，研讨河南省可降解塑料产业发展趋势，并提出发展建议。

9月7日，为落实河南省委、省政府成立河南省可降解塑料产业链通知精神，省可降解塑料产业链工作推动专班在漯河市召开座谈会。

9月15日—16日，在重庆市经济和信息化委员会的指导下，由中国塑料机械工业协会主办、重庆沪渝国际展览有限公司承办的第六届中国（重庆）国际塑料工业展览会在重庆国际博览中心盛大开幕；2023中国国际塑料机械技术创新论坛、中国塑料机械行业协会成立30周年庆典活动同期举办，河南省塑料协会及省内部分企业参加了相关活动。

9月20日，2023世界制造业大会开幕式暨主旨论坛在合肥滨湖国际会展中心举行，河南省塑料协会会长段同生应邀参加。

9月24日，哈密高新区驻河南省招商联络处负责人，哈密市政协原副主席扎吐·沙衣热木、哈密市商务局招商科科长李志超来到河南省塑料协会，介绍河南省援疆建设情况，探讨开展合作事宜。

10月17日，河南省塑料协会党支部书记、会长段同生，协会副会长、郑州轻工业大学原副校长方少明一行到河南正通食品科技有限公司考察调研，就开展校企合作、推动行业技术创新以及重大专项课题申报等方面进行了探讨。

10月29日，汕头市塑胶行业商会第八届理事会就职典礼暨绿色科技发展论坛隆重举行，河南省塑料协会会长段同生、秘书长窦俊岭应邀参会。活动期间，协会代表与中国塑协和兄弟省市行业协会领导进行了交流，并到金明精机企业参观考察。

11月22—24日，由雅展展览服务（上海）有限公司主办的SWOP包装世界（上海）博览会在上海新国际博览中心举行。河南省塑料协会组织会员和省内相关企业参加了展会，协会会长段同生等领导受邀参加大会开幕式和巡馆活动。

11月24—26日，由中国塑料加工工业协会主

办的"2023中国塑料产业链高峰论坛暨中国塑料绿色智造展览会"在绍兴国际会展中心举行。河南省塑料协会组织会员单位和省内相关企业参加了系列活动。

11月30日，《河南省禁止和限制不可降解一次性塑料制品规定》经省十四届人大常委会第六次会议表决通过，于2024年1月1日起施行。该规定的实施，给河南省乃至全国可降解塑料制品产业带来重大影响。

12月26日，河南能源官网主任、河南低碳产业创新联盟主任郭留发，河南省食品安全协会预制菜产业发展委员会主任、河南省低碳产业技术研究院副院长王文慧，河南日报社农业农村部主任李殿华一行到河南省塑料协会走访调研，协商开展相关合作。

湖 南 省

湖南省塑料行业协会　周　波、汤丽春、龙　洁

2023年是全面贯彻党的二十大精神开局之年，是经济恢复发展的一年。面对复杂的环境和市场变化，湖南省塑料行业协会在湖南省工信厅行业党委和上级部门的正确领导下、在全体会员的共同努力下，坚持党建引领、当好政企桥梁、强化自身建设，在服务企业发展、推动行业进步等方面均取得了不错的成绩。

一、2023年工作总结

（一）坚持政治引领，强化责任担当

湖南塑协党支部积极响应党中央的号召，以习近平新时代中国特色社会主义思想全面指引协会党建工作，高标准、严要求。协会党支部自2022年8月换届以来，共有流动党员9名，全体党员不断深入学习贯彻习近平新时代中国特色社会主义思想和党的二十大精神，坚定理想信念，为企业做好服务工作，做好政企沟通的桥梁衔接工作。2023年9月26—27日，协会党支部参加了中共湖南省工业和信息化厅社会组织行业委员会举办的主题教育动员部署会和2023年党支部书记培训，认真落实主题教育工作部署和学习《基层党支部建设操作实务》《党建引领社会组织高质量发展》等内容，并及时按要求向行业党委汇报主题教育活动开展情况，积极发挥党组织战斗堡垒作用和党员先锋模范作用，全过程全方位协助协会开展工作，为协会的发展壮大、企业的生产经营、行业高质量发展等提供了新动力和新能量。

（二）构建政企桥梁，畅通交流渠道

协会积极发挥政企的桥梁和纽带作用，加强与政府相关部门的沟通，上传产业情况、民心民意，下传政事要情，建言献策。2023年3月2日，完成陈斌人大代表议案《关于鼓励混合废塑料化学循环，提升现代石化规模，助力"双碳"目标的建议》的答复；2023年4月13日，完成湖南省非粮生物基材料产业生产企业基本情况摸底，会员单位协成管业、绿斯达生物科技、铭凯纸制品、卡普包装符合情况，协会整理资料并上报省工信中心原材料事务部；2023年4月27日，参加湖南省工业和信息化行业事务中心举办的"湖南省消费品行业标准化建设培训班"；等等。

（三）成立专家委员会和标准化技术委员会，为企业科研、生产和管理提供新的战略指引

2023年2月3日，湖南省塑料行业协会组织30多家副会长单位和理事单位，以及省内高校湘潭大学、中南大学、湖南师范大学、长沙理工大学、湖南大学、湖南工业大学等学校，举行"湖南省塑料行业协会专家委员会和标准化技术委员会"成立大会，企业家和专家教授共聚一堂，共商湖南塑料的科技发展之路。

专家委员会成立以后，组织了专家企业行活动，使专家深入企业一线对接需求，解决实际问题。

（四）组织会员单位参加峰会和展览，助力企业发展

2023年2月，组织会员单位参加由中国塑协在南京主办的第五届中国国际塑展暨塑料新材料、新技术、新装备、新产品展览会，并参加第三

届中国塑料行业科技大会。

2023年4月，组织会员单位参加由广东塑协主办、湖南塑协协办的"2023塑业品牌创新峰会暨品牌颁奖盛典"。通过会前宣传和投票，协会会员单位湖南省升阳新材料有限公司、湖南新基源材料有限公司和深圳志海实业股份有限公司等荣获"2022年度塑业卓越影响力品牌"荣誉称号。

2023年4月17—20日，协会组织近百人在深圳参加CHINAPLAS 2023国际橡塑展，并走访参展企业，了解企业发展情况和企业需求，为参展企业现场加油助威。

（五）深入走访调研，大力发展会员

协会积极走访调研湘潭大学、湖南师范大学、长沙理工大学、中南大学等省内高等院校，以及40余家在国内有影响力、有代表性、技术先进的会员单位和企业：湖南省升阳新材料有限公司、湖南协成管业科技有限公司、湖南聚仁化工新材料科技有限公司、湖南金悦降解塑料制品有限公司、株洲创业环保科技有限公司、湖南练达荧光科技有限公司、湖南轩品新材料有限公司、湖南省新基源新材料科技有限公司、湖南沃开新材料科技有限公司、岳阳兴长石化股份有限公司、长沙西维尔科技有限公司、长沙科成高分子材料有限公司、湖南科天新材料有限公司、株洲时代新材料科技股份有限公司、株洲时代工程塑料科技有限责任公司等。这些单位或企业的产品涉及石油化工、管材管道、色母料、工程塑料、包装及废旧塑料回收利用等多个领域。通过走访调研，协会全面掌握市场信息和企业需求，为会员企业搭平台、建桥梁，共享资源。

协会的凝聚力持续增强，2023年递交入会申请书的企业15家，分别是湖南聚仁化工新材料科技有限公司、湖南蔚欣实业有限公司、湖南省华达机械模具开发有限公司、湖南辰创智能科技有限公司、北京天罡助剂有限责任公司、湖南雄创新材料科技有限公司、江西亿林化工有限公司、江苏睿安应用生物技术股份有限公司、沅江恒兴正旺塑业有限公司、广东宏拓仪器有限公司、湖南沃开新材料科技有限公司、长沙贝斯特热流道科技有限公司、湖南贯通新材料科技有限公司、长沙争明新材料科技有限公司、湖南宝升塑业科技开发有限公司。

（六）对外交流合作，整合资源谋发展

协会与中国塑料加工工业协会、各省市友好协会互相支持，优势互补，广泛合作，整合资源谋求大发展。

2023年2月，应邀参加由中国塑协在南京举行的中国塑协八届三次常务理事（扩大）会议；应邀参加由中国塑协在南京国际博览中心举办的第五届中国国际塑料展暨塑料新材料、新技术、新装备、新产品展览会开幕式；应邀参加由中国塑协在南京国际博览中心隆重召开的第三届中国塑料行业科技大会。

2023年3月，中国塑料加工工业协会王占杰理事长一行到协会交流指导；应邀参加广东省塑料工业协会协作与创新专业委员会成立大会。

2023年4月，应邀参加江西省塑料工业协会主办的第五届第二次会员大会暨"绿色智造，碳求未来"论坛；应邀参加在深圳召开的中国塑料加工工业协会八届三次理事（扩大）会议；应邀参加在长沙召开的2023年聚氨酯硬泡行业发展论坛。

2023年5月，应邀参加中国塑协农膜专委会在重庆召开的"中国塑协农膜专委会2023年年会暨换届大会"；应邀参观"第17届中国（重庆）橡塑工业展"及"西部橡塑行业交流会"。

2023年7月，中国塑协塑料助剂专委会王玮秘书长一行到访协会，并交流。

2023年8月，应邀参加山西省塑料行业协会2023年年会；应邀参加由中国塑协在山西省长治市召开的"2023年全国塑料行业协（商）会工作交流会"；应邀参加"2023昆明·聚丙烯新材料发展论坛暨云南化学化工绿色发展高峰论坛"和"2023年云南省塑料行业协会年会暨行业技术交流会"。

2023年10月，走访深圳市高分子行业协会；应邀参加汕头市塑胶行业商会"传承创新·共塑未来"绿色科技发展大会、第八届理事会就职典礼。

2023年11月，应邀参加"第十八届中国塑料产业发展国际论坛暨中国塑料贸易大会"；应邀参加在浙江绍兴召开的中国塑协八届四次常务理事（扩大）会议；应邀参加2023（第四届）中国塑料产业链高峰论坛及中国塑料绿色智造展览会系列活动。

2023年12月，应邀参加陕西省塑料工业协会第一届换届大会暨2023年陕西省聚烯烃产业大会；应邀参加江苏塑协在南京举办的2023"绿塑通"国际塑料产业展暨江苏塑料产业大会；广东省塑胶行业协会陈瑜秘书长一行到访协会，并交流；应邀参加中塑协塑料助剂专委会在长沙举办的2023年塑料助剂生产与应用技术、信息交流会。

（七）积极搭建信息交流平台，凝聚力量

通过湖南塑协微信公众号和湖南塑协微信群，加强协会与会员企业之间的交流，及时将重要政策信息、行业热点等内容传达到位，并推荐优秀会员企业。通过网络信息平台，进一步提升协会和企业的知名度与影响力。

二、2024 年工作计划

（1）协会目前正在积极建成塑料产业专家智库，以发挥智库在咨政建言、理论创新、企业服务等方面的作用，使塑料制品的技术含量和品质不断进步，为湖南省塑料工业装备、技术进步提供指导意见。

（2）加强湖南省塑料行业团体标准的规范化管理，发挥团体标准对行业进步的支撑、引领作用。同时根据会员单位发展需求，开展技术研发、产品定型等个性化服务以及组织行业内外、国内外的经济技术交流和合作，促进会员单位发展转型升级。

（3）继续及时向上级主管部门反馈企业面临的问题和行业发展趋势，做好政企沟通的桥梁衔接服务工作。

（4）继续服务好会员企业。组团参加 2024 年上海国际橡塑展；做好会员企业需求调研和信息指导；条件成熟的情况下，主办中国中部塑料博览会等。

2024 年，塑料产业的发展前景是行业非常关心的问题。独行快，众行远，人类文明正是通过合力战胜一个又一个艰难险阻才得以延续和发展。全体会员要坚定行业发展信心，践行绿色发展理念，加强科技创新，全面提升工作能力和水平，为实现行业可持续高质量发展而加倍努力，共创美好未来！

江　西　省

江西省塑料工业协会　文承昊

一、2023 年江西省塑料制品产量及增长情况

表 1　2023 年江西省塑料制品产量及增长情况

指标名称		2023 年 1—12 月产量 / 万吨	2022 年 1—12 月产量 / 万吨	增长率 / %
塑料制品产量	总产量	120.15	197.75	−0.39
	塑料薄膜	11.50	13.02	−0.12
	泡沫塑料	2.72	5.14	−0.47
	日用塑料制品	3.19	3.79	−0.16
	人造革、合成革	0.85	2.78	−0.69

注：2023 年江西省塑料制品总产量 120.15 万吨，全国排名第 15 位。

二、塑料行业概况

2023 年是全面贯彻党的二十大精神的开局之年，是经济恢复发展的一年，在省民政厅、省工信厅、行业综合党委的关心与支持下，在中国塑料加工工业协会的业务指导下，江西塑协党支部坚持党建引领，坚持以习近平新时代中国特色社会主义思想为指导，深入学习贯彻党的二十大精神，坚持不懈用习近平新时代中国特色社会主义思想凝心铸魂，深刻理解和领悟"两个确立"的决定性意义，增强"四个意识"，坚定"四个自信"，做到"两个维护"，确保协会在思想上、政治上、行动上同党中央保持高度一致，加强自身的党建引领和党建工

作，以党建促会建，切实发挥党组织的政治核心引领作用，及时宣传党的路线、方针、政策，为协会发展提供政治保障。协会坚持服务政府、服务行业、服务会员企业、服务社会的工作宗旨，引导江西塑料行业健康发展，在吴旅良会长的率领下，遵守协会章程，规范协会管理，认真履行职责，严格遵守行业法律法规，努力把协会建成让会员满意的社会团体；在协会理事会及全体会员的共同努力和大力支持下，为推进全省塑料行业管理和发展作出了积极的贡献。

（一）认真做好协会党建工作

根据上级主管部门要求和协会实际情况，按照中国共产党章程和有关规定，经中共江西省工业和信息化厅行业综合委员会批准，2023 年 10 月，中共江西省塑料工业协会支部委员会正式成立，党支部书记为宋建强同志。宋建强书记积极参加省工信厅行业党委组织召开的党建工作会议和社会组织党支部书记培训班，坚决做到协会脱钩不脱管。江西塑协党支部坚持高标准严要求，加强协会党支部的党建引领，及时宣传党的路线、方针、政策；理顺协会的党建工作管理体制，全面提升党建工作水平。江西塑协党支部把学习贯彻习近平总书记在江西考察时的重要讲话精神与贯彻落实党的二十大精神及深入开展主题教育结合起来，作为当前和今后一个时期的首要政治任务和头等大事。江西塑协党支部落实"三会一课"制度，党员认真学习文件精神，对标找差距，并结合实际深刻反省自身，开展批评和自我批评，自觉查摆政治学习和业务学习工作等方面的问题，分析原因，明确努力方向，达到了推进工作、增进团结的目的。

（二）加强与政府部门的联系，积极反映行业诉求

协会积极服务政府，做好政府参谋，加强与省工信厅、省发展改革委、民政厅、生态环境厅、市场监管局等政府部门的日常沟通联系，了解最新的政策法规和行业数据，积极向政府相关部门反映当前塑料行业及民营企业生产经营过程中遇到的、存在的问题和困难，争取得到政府部门的支持，维护企业利益。

（三）积极参加国内交流会和学术论坛会议，提升协会地位

（1）2023 年 2 月 25 日，参加在南京举办的第五届中国国际塑料展，并组织省内相关企业观展。江西塑协被组委会授予"最佳合作伙伴"荣誉称号。

（2）2023 年 4 月 17 日，第 35 届中国国际塑料橡胶工业展览会在深圳举行，江西塑协组织百余人参观本次展会。

（3）2023 年 7 月 28 日，2023 全国塑编产业链技术交流与市场对接会在江西抚州市召开，吴旅良会长和邹辉秘书长应邀出席会议。会议期间，江西塑协领导陪同中国塑协荣誉理事长朱文玮赴抚州、宜黄调研相关企业。

（4）2023 年 8 月 18 日，中国塑料加工工业协会在山西长治召开"2023 年全国塑料行业协（商）会"工作交流会，吴旅良会长出席了会议，会议期间还参观了山西有关塑料加工企业。

（5）2023 年 12 月 19 日，由华东六省一市塑料行业协会联合主办的"2023 华东塑料包装薄膜技贸交流与绿色发展论坛"在上海举行。这是华东六省一市塑料行业协会首次联合举办论坛。江西塑协领导积极参与并组织相关会员企业参加论坛。

（6）撰写《2023 中国塑料工业年鉴》中"江西省塑料工业篇"，提升协会形象和行业地位。

（四）对会员单位开展调研活动

协会秘书处始终坚持对会员企业积极推行调研机制，与会员企业保持紧密联系。上半年，协会秘书处组织赣北调研企业活动，对九江地区塑料制品企业进行了走访调研考察。通过走访交流，深入了解企业生产运营情况、发展中存在的困难、行业发展动态，听取企业对协会工作的意见和建议，切实帮助企业解决在发展中遇到的困难和问题。

（五）积极参与团体标准制定工作

2023 年，江西塑协组织专家委员会和参与起草单位对 7 项团体标准进行多轮讨论修改。各位参会专家委员及起草单位参会代表畅所欲言，确保标准的科学性、规范性、先进性、适应性。专家委员会听取了编制单位汇报，审阅了相关材料，经质询和讨论，充分借鉴国内外先进经验，并结合省内具体情况，认为起草的标准具有规范和指导意义，并提出了若干修改建议。专家组一致同意对《硬脂酸镧》《硬脂酸镁》《硬脂酸钠》《钙锌复合稳定剂》《聚丙烯塑编高速拉丝母粒》《山嵛酸酰胺》《硬脂酸酰胺》7 项团体标准，广泛征求、收集专家及用户意见，在进一步完善标准、召开评审会、报批程序后给予上传发布。

三、2023 年江西省塑料工业协会大事记

（1）1 月 10 日上午，中国人民政治协商会议江西省第十三届委员会第一次会议在南昌隆重召开幕，江西省工商联副主席江西广源集团董事长李海滨（江西塑协副会长）出席本次会议。李海滨董事长本次当选为江西省政协委员，不仅是党和政府对他个人的肯定，更是广源集团和江西塑协的荣光。

（2）2月25日上午，由中国塑料加工工业协会主办的第五届中国国际塑料展暨塑料新材料、新技术、新装备、新产品展览会在南京国际博览中心盛大开幕。江西塑协吴旅良会长受邀出席此次展会开幕式，并组织省内相关企业观展。江西省塑料工业协会被中国国际塑料展组委会授予"最佳合作伙伴"荣誉称号。

（3）3月4日，江西省塑料工业协会组织赣北调研企业活动，吴旅良会长带领副会长沈庆山、王鹏、郑辉，秘书长邹辉，副秘书长吴慧良，管道专委会秘书长张文华对九江地区塑料制品企业进行了走访调研考察。通过走访，促进了相关上下游会员单位之间的合作交流，增进了各会员单位之间的友谊。大家纷纷表示，今后要与江西塑协加强联系沟通，积极参与并支持协会工作。

（4）4月9—10日，由江西省塑料工业协会主办的江西省塑料工业协会第五届第二次会员大会暨"绿色智造，碳求未来"论坛在江西宜春市召开，中国塑料加工工业协会理事长王占杰受邀参加会议并做主旨报告。

（5）4月17—20日，第35届中国国际塑料橡胶工业展览会在深圳国际会展中心隆重举行。本届展会以"启新程·塑未来·创新共赢"为主题，江西塑协吴旅良会长、邹辉秘书长组织了50家企业100余人参观本次展会。

（6）5月25日，中国塑料加工工业协会农用薄膜专业委员会2023年会暨换届大会在重庆召开，江西省塑料工业协会吴旅良会长应邀参加会议。

（7）7月28—29日由中国塑料加工工业协会主办的以"创新引领数智未来"为主题的"2023全国塑编产业链技术交流与市场对接会"在江西抚州市召开，江西塑协吴旅良会长、邹辉秘书长应邀出席会议。会议期间，吴会长和邹秘书长陪同中国塑协荣誉理事长朱文玮赴抚州、宜黄调研相关企业。

（8）7月30日，江西塑协第二次会长办公会在南昌协会秘书处会议室召开。

（9）8月18日，中国塑料加工工业协会在山西省长治市召开"2023年全国塑料行业协（商）会工作交流会"，江西塑协吴旅良会长出席了会议并参观了山西中德投资集团的长治基地。

（10）9月15日，由中国塑料机械工业协会主办的第六届中国（重庆）国际塑料工业展览会在重庆国际博览中心盛大开幕，2023中国国际塑料机械技术创新论坛同期举办，江西塑协秘书处文承吴应邀参加相关活动。

（11）9月19日，由安徽省塑协主办的"安徽省塑料协会第四次会员大会暨第四届安徽省塑料产业论坛"在合肥召开，江西塑协吴旅良会长和邹辉秘书长应邀出席。

（12）10月10日下午，习近平总书记考察了中国石化九江分公司，了解石化企业转型升级绿色发展等情况。中国石化九江分公司于1980年10月建成投产，原油加工能力每年1000万吨；2023年1—12月聚丙烯（PP）产量11.17万吨，是江西唯一的大型石油化工企业。

（13）10月13日，江西塑协在南昌成功召开"江西省塑料工业协会党支部"成立大会，邹辉秘书长现场宣读中共江西省工业和信息化厅行业综合委员会《关于同意成立中共江西省塑料工业协会支部的批复》（赣工信综党字〔2023〕42号），会议上按照《中国共产党章程》和有关规定开展选举工作。大会以无记名投票、差额选举办法，选举产生了江西塑协党支部支委会，通过江西塑协第一次支委会，选举产生了党支部书记宋建强同志。经省工业和信息化厅综合行业党委研究，中共江西省工业和信息化厅行业综合委员会发布《关于同意中共江西省塑料工业协会支部选举结果的批复》（赣工信综党字〔2023〕55号），同意中共江西省塑料工业协会党支部选举结果，党支部书记为宋建强同志。

（14）10月29日，汕头市塑胶行业商会第八届理事会就职典礼暨绿色科技发展论坛在汕头举行，江西塑协吴旅良会长和邹辉秘书长应邀参会。

（15）11月22—24日，由雅式展览公司主办的"SWOP·2023包装世界（上海）博览会"在上海新国际博览中心举办，江西塑协秘书处文承吴受邀参加了本次活动。同时，协会还组织了50余名会员单位代表共赴本次盛会参观学习。

（16）11月24—26日，由中国塑料加工工业协会主办，浙江省塑料行业协会协办的"2023（第四届）中国塑料产业链高峰论坛"，以及"中国塑料绿色智造展览会"于绍兴国际会展中心盛大开幕，江西塑协吴旅良会长受邀并组织会员企业参加活动。

（17）12月4—6日，由江苏省塑料加工工业协会主办的2023"绿塑通"国际产业展、江苏塑料产业大会在南京举办，江西塑协吴旅良会长、邹辉秘书长和文承昊受邀参加了本次会议。

（18）12月19日，由华东六省一市塑料行业协会联合主办的"2023华东塑料包装薄膜技贸交流与绿色发展论坛"在上海隆重举行。这是华东六省一市塑料行业协会首次联合举办论坛，江西塑协吴旅良会长、邹辉秘书长和文承昊出席了本次论坛。

（19）12月30日，江西塑协第三次会长办公会在南昌协会秘书处会议室召开。

四、会员企业获奖荣誉明细

表2 制造业单项冠军示范企业

序号	企业名称
136	江西广源化工有限责任公司

表3 江西省智能制造标杆企业

序号	企业名称
20	江西宏远化工有限公司

表4 江西省管理创新示范企业

序号	企业名称
56	江西三越新材料有限公司

表5 江西省5G＋工业互联网应用示范场景

序号	企业名称
26	江西宏远化工有限公司

表6 江西省"专精特新"中小企业

序号	企业名称
15	江西盐业包装有限公司
369	九江天盛塑料助剂有限公司

（续表）

440	江西省得一康管业有限公司

表7 赣出精品证书

序号	企业名称
74	江西三越新材料有限公司

表8 江西名牌产品

序号	企业名称
135	江西得惠新型管道制造有限公司
355	江西强发科技有限公司
356	江西三越新材料有限公司

表9 江西省科学技术进步奖二等奖

序号	企业名称	证书编号
1	江西广源化工有限责任公司	J-22-2-34-D01

表10 江西省新产品证书

序号	企业名称	证书编号
1	江西广源化工有限责任公司	2023-251
2	江西三越新材料有限公司	2023-103/104

表11 江西省守合同重信用单位

序号	企业名称
603	江西轩品新材料有限公司

表12 第一批创新型中小型企业

序号	企业名称
755	江西轩品新材料有限公司
597	九江天盛塑料助剂有限公司

新疆维吾尔自治区

新疆维吾尔自治区塑料协会　周晓梅

一、基本情况

2023 年新疆塑料行业总体运行放缓，规上企业实现可比价增加值累计增速为 15.9%，高于新疆工业经济增速平均水平；主营业务收入 136.56 亿元，同比增长 12.5%，利润总额 3.08 亿元，同比增长 182.6%；亏损企业数 54 家，占规上企业的 25.7%；亏损企业亏损总额 0.79 亿元，同比下降了 61.8%。

产品产量方面，2023 年 12 月，210 家规上企业当月生产塑料制品 7.20 万吨，较上年同月增长 1.4%。2023 年 1—12 月，规上企业累计生产塑料制品 107.47 万吨，累计增长 13%。其中，塑料薄膜制品生产 11.68 万吨，累计增长 18.9%；农用薄膜制品生产 4.43 万吨，累计下降 4.7%；泡沫塑料制品生产 9.69 万吨，累计增长 8.4%；日用塑料制品生产 0.17 万吨，累计增长 163.9%。

2024 年 1—5 月，规上企业累计生产塑料制品 40.65 万吨，累计下降 7.6%。其中，塑料薄膜制品生产 5.51 万吨，累计增长 3.4%；农用薄膜制品生产 2.92 万吨，累计下降 4.6%；泡沫塑料制品生产 0.86 万吨，累计下降 66.3%；日用塑料制品生产 0.11 万吨，累计增长 1.4%。

表 1　2023 年 1—12 月塑料行业规上企业增加值及增速（快报）

行业名称	可比价增加值增速 / %		增加值占比 / %	
	12 月	累计	12 月	累计
塑料制品业	2.9	15.9	0.3	0.4

表 2　新疆塑料行业 2023 年 1—12 月财务指标

亏损企业数			主营业务收入			利润总额			亏损企业亏损总额		
12 月止 / 个	上年同期 / 个	增减 / %	12 月止 / 亿元	上年同期 / 亿元	增减 / %	12 月止 / 亿元	上年同期 / 亿元	增减 / %	12 月止 / 亿元	上年同期 / 亿元	增减 / %
54	70	−22.9	136.56	121.44	12.5	3.08	1.09	182.6	0.79	2.07	−61.8

表 3　2023 年 1—12 月塑料行业规上企业主要产品产量（快报）

主要产品名称		12 月 / 万吨	12 月止累计 / 万吨	累计增长 / %	12 月比上月增长 / %	12 月比同月增长 / %
塑料制品	总	7.2	107.47	13.0	−29.1	1.4
	塑料薄膜制品	1.12	11.68	18.9	12.0	26.5
	农用薄膜制品	0.42	4.43	−4.7	49.6	−6.3
	泡沫塑料制品	0.12	9.69	8.4	−42.1	65.7
	日用塑料制品	0.007	0.17	163.9	467.1	28.0

表 4　2024 年 1—5 月塑料行业规上企业主要产品产量（快报）

主要产品名称		5 月 / 万吨	5 月止累计 / 万吨	累计增长 / %	5 月比同月增长 / %
塑料制品	总	7.87	40.65	−7.6	−25.0
	塑料薄膜制品	0.84	5.51	3.4	19.9

（续表）

主要产品名称		5月/万吨	5月止累计/万吨	累计增长/%	5月比同月增长/%
塑料制品	农用薄膜制品	0.17	2.92	−4.6	−14.2
	泡沫塑料制品	0.61	0.86	−66.3	−63.3
	日用塑料制品	0.043	0.11	1.4	4.1

二、行业运行特点及重点工作

（1）新疆是农用聚乙烯地面覆盖薄膜用量最大的地区，年均覆膜总面积约3800万亩，年均地膜使用总量在24万吨以上。农用塑料制品是新疆塑料行业的主导产品，产量比重超过塑料制品总产量的60%。主要产品：地膜、棚膜、滴灌管/带、输水带、农田输水管材、管件、渠道防渗材料、遮阳网、农产品包装材料、防病改水管材、新农村建设材料等。

对农用聚乙烯地面覆盖薄膜长达30多年的使用和废弃，使新疆成为全国农田地膜残留污染最为严重的地区之一。为进一步做好新疆农田废旧地膜污染防治，从源头上抓好新疆农膜"白色污染"治理以及打通地膜污染末端治理堵点，加快构建全链条治理体系，推动新疆塑料行业地膜产业可持续发展，2023年新疆塑料协会协助政府以及联合企业共同开展了以下工作：

一是配合自治区农业农村厅组织开展自治区农用地面覆盖薄膜抽样送检工作。100家企业的样品经封样送检完成全部检测后，协会对数据进行汇总分析并将地膜质量存在的问题及时反馈，有效遏制了不合格地膜产品流入市场影响新疆春播生产。

二是携手中石化石油化工科学研究院有限公司，牵头推动建立新疆地区残膜化学循环产业链，其开发的废塑料连续热解（RPCC）化学再生技术已完成中试工作，并积极推动在新疆地区针对废塑料的RPCC万吨级工业示范项目。拟尽快依托位于新疆库车的中石化塔河炼化建立万吨级废塑料化学再生工业示范装置。该装置将以库车周边南疆地区废旧农膜为主要原料，干基塑料处理能力为每年10000—35000吨，可真正实现新疆残膜的资源化利用。

未来中国石化与新疆维吾尔自治区政府将继续联手推进新疆残膜的化学法资源化回收及利用。这既对中石化履行央企责任影响深远，也为新疆维吾尔自治区实现残膜回收率达到85%的政府承诺，同时实现全部残膜的资源化利用提供了可行途径，具有重大的社会意义和政治意义。

三是与新疆农业科学院农业机械化研究所（新疆维吾尔自治区乡镇企业机械装备研究所）合作，就回收聚乙烯吹塑农用地面覆盖薄膜拉伸性能进行深度合作，为残膜回收机性能改进提供技术支撑。

四是为政府提供"关于全生物降解膜及其他降解膜"的有关技术依据材料和"影响农田残膜资源回收再利用因素及再利用方向"的汇报材料。

（2）对《新疆维吾尔自治区农田地膜管理条例》的重新修订提出修订意见，在鼓励和回收工作政策条款方面提出专业性意见补充。

（3）严格执行产品标准，做好产品质量提升工作。一是立足已发布的新疆塑料协会团体标准，为会员企业提供了标准文本及咨询服务，提升了企业产品质量和检测依据。二是组织行业专家对现行《聚乙烯吹塑农用地面覆盖薄膜》（GB 13735—2017）标准中关键指标进行专题研究，提出修订依据。三是指导企业通过全国企业标准信息公共服务平台发布企业标准。四是对博乐质量技术监督局提出的《聚乙烯产品用抗氧化母料团体标准》给予完善并发布。五是在地方标准自评专项行动工作部署上，对塑料行业地方标准给出评估意见。

（4）发挥好"新疆塑料节水材料产业集群中小企业公共服务平台"作用。新疆塑料节水材料产业集群中小企业公共服务平台是根据国务院《进一步促进中小企业发展的若干意见》（国发〔2009〕36号）和工业和信息化部、国家发展和改革委员会等七部委《关于促进中小企业公共服务平台建设的指导意见》（工信部联企业〔2010〕175号）的精神，在自治区工信厅指导下成立的产业集群中小企业公共服务窗口平台，2023年实现了使新疆节水企业"专精特新"服务100余家中小微企业的目标。

天 津 市

天津市塑料行业协会　郑天禄

一、天津市塑料产业基本情况

2023 年天津市的塑料制品总产量 121 万吨，塑料制品产品结构：塑料薄膜 21.1 万吨，占总产量的 17.4%；塑料板片材 6.9 万吨，占总产量的 5.7%；塑料管及附件 24 万吨，占总产量的 19.8%；塑料丝绳编制品 6.2 万吨，占总产量的 5.1%；泡沫塑料 7.1 万吨，占总产量的 5.9%；包装容器 19.5 万吨，占总产量的 16.1%；日用塑料 7.2 万吨，占总产量的 6.0%；其他及注塑配件制品等 29.9 万吨，占总产量的 24.7%。

2023 年规上企业完成塑料制品产量 78.5 万吨，比去年下降 1.6%，全国占比为 1.1%。

二、天津市塑料行业协会情况

（1）2023 年协会组织了天津市塑料行业和广大科技人员，就塑料制品生命周期，以及塑料制品如何在设计时考虑易回收和可循环、可利用的议题，开展了交流和培训活动，增强了会员单位对塑料可再生的认识和从自己做起的意识。

（2）协会走访了天津市被国家工信委认可的 6 个塑料回收绿色基地，调研了回收企业的痛点和急需扶植政策等相关问题，就废旧塑料循环利用和可持续发展向有关部门提出了建议。

（3）召开代表座谈会，会议安排了 2024 年的工作和协会的思路。

（4）组织部分会员参加了上海国际塑料会展。

（5）推动国家高新技术企业复审和申报工作。2023 年天津市塑料产业共完成复审、申报国家高新技术企业 5 家并全部通过。

（6）协助会员单位完成天津市清洁生产和清洁能源等认可工作。

（7）根据企业需求定时走访部分协会会员单位，对会员单位进行技术工作指导，给予政策支持。

（8）积极参加中国塑协组织的活动。

三、下一步工作重点

（1）积极推动塑料产业可持续发展工作，强化企业在产品设计初期充分考虑制品易回收、可循环、可利用的理念。减少产品多材质、印刷、有色设计。提倡同一材质、无色产品、减少轻薄不易回收的产品。

（2）组织专家对回收造粒企业进行现场指导，通过对废旧塑料的改性达到同质化、高质化，杜绝废旧塑料回收后再造成为废旧塑料。

（3）推动一次性塑料制品替代工作，强化对软包装产品使用生物材料的宣传和指导。

（4）组织会员单位走出去，积极参加会展、技术论坛、技术交流等活动，开阔眼界，打破近年来天津塑料行业的发展瓶颈。

（5）继续加强行业交流，增进企业之间的了解，增强行业凝聚力。努力办好各种会议，创造会员单位相互交流的平台，组织各种沙龙，推进协会会员之间共同发展。

（6）深入走访会员单位，解决会员单位遇到的问题，积极推动上下产业链互动和合作体系的完善，以形成新的合作模式，推动天津塑料产业的发展。

云 南 省

云南省塑料行业协会　韩简吉、杨桂兰

一、基本情况

2023 年是全面贯彻落实党的二十大精神的开局之年，是实施"十四五"规划承上启下的关键之年。面对错综复杂的国内外关系和"十四五"期间的新发展要求，全省上下坚持以习近平新时代中国特色社会主义思想为指导，全面贯彻落实党的二十大和二十届二中全会精神，按照党中央、国务院决策部署和省委、省政府工作要求，坚持稳中求进工作总基调，完整、准确、全面贯彻新发展理念，主动服务和融入新发展格局，锚定"3815"战略发展目标，统筹推进高质量发展、高水平保护、高品质生活、高效能治理，推动经济社会发展迈出了历史性的一大步，"三个定位"建设取得重大进展，经济运行持续恢复向好，经济总量迈上新台阶，高质量发展扎实推进，中国式现代化云南实践迈出坚实步伐。2023 年云南实现地区生产总值（GDP）30 021.12 亿元，比上年增长 4.4%。全省民营经济实现增加值15 700.92 亿元，比上年增长 5.1%，占全省地区生产总值比重为 52.3%，比上年提高 0.5 个百分点。

2023 年，云南省塑料行业呈现出总体平稳、转型发展的局面，规上企业塑料制品总产量、工业总产值、营业收入、企业规模等呈现同比增加态势。

但是，受国际局势、国内经济下行、房地产调控、原辅料价格变动、用工成本上涨及环保升级、市场变化等因素的影响，利润总额同比下降明显，亏损企业增加 40 户。

（一）行业规模情况

2023 年，云南省规上塑料制品企业有 129 家。其中，塑料丝、绳及编织品制造 25 家，塑料板、管、型材制造 50 家，塑料包装箱及容器制造 24 家，塑料薄膜制造 13 家，泡沫塑料制造 11 家，日用塑料制品制造 5 家，塑料零件及其他塑料制品制造 1家。从业人员 0.84 万人。

（二）塑料制品、初级形态塑料产量及增长率

（1）2023 年云南省规上塑料制品企业产量及增长率，详见表 1。

（2）2023 年云南省规上企业初级形态塑料产量及增长率，详见表 2。

表 1　2023 年云南省规上塑料制品企业产量及增长率

指标名称		2023 年 1—12 月 / 吨	2022 年 1—12 月 / 吨	增长率 / %
塑料制品	总	711 053.10	663 385.19	7.19
	塑料薄膜	174 809.90	158 257.15	10.46
	农用薄膜	121 750.80	114 687.58	6.16
	泡沫塑料制造	98 753.40	91 161.07	8.33
	日用塑料制品制造	37 767.20	35 829.88	5.41
	其他塑料制品	399 722.60	378 137.09	5.71

表 2　2023 年云南省规上企业初级形态塑料产量及增长率

指标名称	2023 年 1—12 月 / 万吨	2022 年 1—12 月 / 万吨	增长率 / %
初级形态塑料	42.25	32.92	28.3
低密度聚乙烯树脂（LDPE）	0.19	0.21	−9.5
聚丙烯树脂（PP）	17.43	14.41	21.0
聚氯乙烯树脂（PVC）	18.62	18.08	3.0
聚苯乙烯树脂	0.06	0.07	−14.3

（三）营业收入情况

2023 年全省塑料制品营业收入 107.10 亿元，利润总额 4.93 亿元。其中，塑料薄膜制造营业收入 21.49 亿元，利润总额 0.40 亿元；塑料板、管、型材制造营业收入 42.45 亿元，利润总额 2.76 亿元；塑料丝、绳及编织品制造营业收入 10.94 亿元，利润总额 0.07 亿元；塑料包装箱及容器制造营业收入 23.94 亿元，利润总额 1.45 亿元；泡沫塑料制造营业收入 5.85 亿元，利润总额 0.52 亿元；日用塑料制品制造营业收入 1.49 亿元，利润总额 –0.27 亿元；塑料零件及其他塑料制品制造营业收入 0.94 亿元。

（四）2023 年云南省初级形态的塑料及塑料制品进出口情况（见表 3）

表 3　2023 年云南省初级形态的塑料及塑料制品进出口情况

指标名称	2023 年 1—12 月／吨	2022 年 1—12 月／吨	增长率／%
出口初级形态塑料	14 847.40	15 011.00	–1.09
出口塑料制品	49 638.32	74 805.49	–33.64
进口初级形态塑料	16 230.58	18 142.58	–10.54
进口塑料制品	895.79	832.22	7.64

（五）2023 年度企业获得的荣誉

1. 高新技术企业名单

省级高新技术企业名单，详见表 4。

表 4　省级高新技术企业名单

序号	企业名称	证书编号	序号	企业名称	证书编号
1	昆明博效包装材料有限公司	GR202353000204	4	云南百川环保科技有限公司	GR202353000633
2	云南神州工程材料有限公司	GR202353000228	5	云南傲远智能环保科技有限公司	GR202353000918
3	云南云冶中信塑木新型材料有限公司	GR202353000363	6	云南绿洲节水灌溉有限责任公司	GR202353000923

2. 2023 年高新技术企业培育库

入选省级高新技术企业培育库的企业，详见表 5。

表 5　省级高新技术企业培育库名单

序号	企业名称	编号	序号	企业名称	编号
25	临沧恒乙管业有限公司	PY20230025	615	云南绿洲节水灌溉有限责任公司	PY20230615
101	云南云冶中信塑木新型材料有限公司	PY20230101	730	云南金普乐新材料科技有限公司	PY20230730
163	云南共图环保科技有限责任公司	PY20230163	1101	昆明雄邦模具制造有限公司	PY20231101
184	云南利翀科技有限公司	PY20230184	1105	昆明鸿彩塑料科技有限公司	PY20231105
258	云南塑丰科技有限公司	PY20230258	1161	楚雄广利塑料有限公司	PY20231161
283	云南太龙塑业有限公司	PY20230283			

3. 省级专精特新中小企业名单

省级专精特新中小企业名单，详见表 6。

表 6　省级专精特新中小企业名单

序号	州市	企业名称	序号	州市	企业名称
10	昆明市	云南百川环保科技有限公司	209	昆明市	云南太龙塑业有限公司
145	昆明市	云南益华管道科技有限公司	211	曲靖市	宣威市中博塑料有限公司
158	昆明市	昆明博效包装材料有限公司	294	楚雄州	云南云冶中信塑木新型材料有限公司

4. 国家科技型中小企业名单

入库国家科技型中小企业名单的企业，详见表7。

表7　云南省科技型中小企业名单

序号	企业名称	证书编号	序号	企业名称	证书编号
257	云南塑丰科技有限公司	2023532329A0001627	477	云南百川环保科技有限公司	202353012409000477
422	昆明智旺实业有限公司	202353011108000422	506	宣威市中博塑料有限公司	20235303810C000506
451	云南云冶中信塑木新型材料有限公司	202353232405000450			

5. 2023年云南省企业技术中心企业

2023年云南省企业技术中心企业，详见表8。

表8　2023年云南省企业技术中心企业名单

序号	企业名称	技术中心名称	企业所在地
10	昆明博效包装材料有限公司	昆明博效包装材料有限公司技术中心	昆明市
28	云南联塑科技发展有限公司	云南联塑科技发展有限公司技术中心	玉溪市

6. 2023年云南省创新型中小企业

2023年云南省创新型中小企业名单，详见表9。

表9　荣获2023年云南省创新型中小企业名单

序号	州市	企业名称	序号	州市	企业名称
182	昆明市	昆明驼行新材料科技有限责任公司	434	昆明市	昆明智旺实业有限公司
247	昆明市	昆明天海实业有限责任公司	835	大理州	大理万塑龙塑钢制品有限责任公司

7. 2023年度绿色工厂

2023年度国家级绿色制造名单，详见表10。

表10　2023年度国家级绿色制造名单

序号	工厂名称	第三方机构名称	行业
1236	云南傲远智能环保科技有限公司	云南省节能技术开发经营有限责任公司	环保装备
1254	云南大山饮品有限公司	四川省地质工程勘察院集团有限公司	食品

8. 2023年度省级绿色制造

2023年度省级绿色制造名单，详见表11。

表11　2023年度省级绿色制造名单

序号	工厂名称	第三方评价机构名称	行业
01	云南益华管道科技有限公司	昆明理工大学	

9. 2023 年云南省知识产权推动高质量发展示范企业

2023 年云南省知识产权推动高质量发展示范企业，详见表12。

表12　2023 年云南省知识产权推动高质量发展示范企业名单

序号	注册地址		企业名称
	州、市	市、县	
110	曲靖市	宣威市	宣威市中博塑料有限公司

10. 2023 年云南企业 100 强、云南民营企业 80 强名单

2023 年 1 月，云南省发布了"2023 云南企业 100 强、制造业企业 100 强、服务业企业 50 强、民营企业 100 强、高新技术企业 100 强、年度营业收入突破亿元企业榜单"。云南省塑协常务副会长单位——云南联塑科技发展有限公司以 97 801 万元成功入围制造业企业 100 强、民营企业 100 强和高新技术企业 100 强；常务副会长单位——玉溪市旭日塑料责任公司以 73 566 万元成功入围制造业企业 100 强、民营企业 100 强和高新技术企业 100 强。

11. 2023 年国家知识产权优势企业

2023 年国家知识产权优势企业名单，详见表13。

表13　2023 年国家知识产权优势企业名单

序号	工厂名称
09	云南大为恒远化工有限公司
51	云南益华管道科技有限公司
73	玉溪市旭日塑料有限责任公司

二、重要活动

（一）加强党对协会的领导

按照省民政厅党委对行业协会的要求，充分认识党建工作在协会工作中的重要性和意义，加强党建与业务工作同向聚合、深度融合，以党建促会建，认真围绕协会年度、月度工作计划目标，切实发挥好党组织的政治核心作用和先进性，确保协会的政治方向与党和国家保持一致；制订党建学习计划，及时总结上年度党支部工作，定期学习党的方针政策，定期开展"主题党日"活动、党建活动等。

（二）强化规范管理，加强协会自身建设工作

严格落实协会工作人员考评制度、会费收取使用管理办法、协会年度报告、年度检查、审计报告制度。在日常工作中，坚持对重大决策、重大事项、大额资金使用，实行科学民主决策，通过召开会议进行集体研究决定。完成省民政厅行业协会收费自查自纠和组织论坛活动情况报送。开创性地实行会长轮值制度，充分发挥各位负责人的资源和优势，用企业发展的思维指导秘书处工作，积极推进协会健康、可持续、和谐发展。

（三）反映行业诉求

（1）2023 年 6 月 30 日，以云塑协〔2023〕36号文件，向国家烟草专卖局建议对《烟用聚乙烯吹塑地膜》（YC/T 238—2008）标准进行修订或废止。

（2）2023 年 10 月 27 日，组织部分会员接受云南日报关于云南省塑料行业现状及存在问题的集中采访。

（四）提升科技社团能力服务创新发展项目申报与验收

（1）2023 年 3 月 7 日，完成了云南省科学技术协会 2022 年提升科技社团能力服务创新发展项目验收工作，即"云南省塑料产业可持续发展高峰论坛"和"云南省农膜生产应用调研及污染防治对策"两个项目。撰写了 3.3 万字的《云南省农膜生产应用及污染防治对策调研报告》和 0.8 万字的《云南省农膜生产应用及污染防治的对策建议》，报政府相关部门。

（2）2023 年 7 月 30 日，完成云南省科协 2024 年提升科技社团能力服务创新发展项目——"云南省塑料产业绿色低碳可循环发展论坛""云南省塑料行业协会系列科普活动——农用薄膜篇"——申报工作。

（五）组织召开内部会议及行业培训会议

（1）2023 年 3 月 24 日，组织参加了由云南中铭法律服务有限公司张本忠律师主讲的"企业合同法律风险防范实务操作"在线培训，提高企业合同法律风险防范水平。

（2）2023 年 4 月 21 日，组织召开云南省塑料行业协会第六届三次理事（扩大）会议。会议审议通过了《云南省塑料行业协会 2022 年工作总结和2023 年工作计划》等 7 项议案，请华泰期货公司昆

明营业部华泰机构业务部机构服务岗陈彬彬做《大商所"企风计划"助力企业利用衍生品套期保值》讲座、华泰长城资本管理有限公司市场部销售经理张卉瑶做《塑料市场期权策略和产品》专业讲座。

（3）2023年5月19日，在玉溪市旭日塑料有限责任公司组织召开云南省塑料行业协会塑料薄膜专业委员会第六届二次会议，讨论了农膜行业相关问题。

（4）2023年7月25日，特邀云南省科学技术院王晓旭研究员，围绕云南省院士专家工作站申报认定政策解读和申报材料编制两大方面进行了全面细致的讲解。本次培训采用"线上＋线下"的模式进行，来自协会近30名会员企业代表参加了本次培训。

（5）2023年8月18日，在宣威市中博塑料有限公司召开云南省塑料行业协会第六届四次理事会会议和8月份"会员宣传日"活动，审议通过了"2023年云南省塑协年会暨行业技术交流会"和"2023昆明·聚丙烯新材料发展论坛暨云南化学化工绿色发展论坛"议程。

（6）2023年8月23日，组织召开由云南省塑料行业协会和云南省化学化工学会联合举办的2023昆明·聚丙烯新材料发展论坛暨云南化学化工绿色发展论坛和云南省塑料行业协会年会暨行业技术交流会。会议聚焦产业热点，实现信息资源共享，增进产学研用技术合作以及企业间的沟通交流。特邀嘉宾、领导、院士、国内知名专家学者，以及高分子行业企业、塑料原辅材料和装备的相关协（商）会、高校、科研单位、设计院的代表和专家，还有新闻媒体代表等430余位参加了本次会议。

（六）组织参加省内外展会、行业会议

（1）2023年2月24—27日，组织会员单位参加第五届中国国际塑料展及系列活动。由中国塑料加工工业协会主办的第五届中国国际塑料展暨塑料新材料、新技术、新装备、新产品展览会在南京国际博览中心盛大开幕。为了帮助会员企业及时了解掌握行业最新动态和发展趋势，组织会员企业参观学习，增进上下游企业的交流。

（2）2023年3月10—12日，组织会员企业参加2023第十三届中国郑州塑料产业博览会（ALLINPLAS2023）。

（3）2023年4月14—15日，参加由广东省塑料工业协会主办、聚风塑料传媒承办、震雄集团联合承办的"2023塑业品牌创新峰会暨塑业品牌颁奖盛典"和"同心聚力 携手共进"2023大湾区塑料行业协会交流及产业对接会。

（4）2023年4月17—20日，组织会员企业参加在深圳国际会展中心举行的CHINAPLAS2023国际橡塑展。协会组织了60家企业100余人参观本次展会，通过观展，获取实用的信息和技术资料，了解新产品与新技术，学习当今塑料行业的新技术、新工艺、新成果，抓住市场机遇，推动塑料产业链高质量发展，为企业开展转型创新，提升产品竞争力打下坚实基础。

（5）2023年5月23—27日，组织农膜会员企业参加中国塑协农膜专委会2023年年会暨换届大会及2023第17届中国重庆橡塑工业展览会。协会组织了9家单位28人参加了会议。

（6）2023年8月18日，参加由中国塑料加工工业协会在山西省长治市召开的"2023年全国塑料行业协（商）会工作交流会"。

（7）2023年9月7—8日，参加在山东省临朐县召开的"中国塑协塑料管道专委会2023年年会暨2023年塑料管道行业交流会"。

（8）2023年9月15日，组织参加由中国塑料机械工业协会主办、重庆市经济和信息化委员会指导、重庆沪渝国际展览有限公司承办的第六届中国（重庆）国际塑料工业展览会。

（9）2023年11月24—26日，参加由中国塑料加工工业协会在绍兴国际会展中心主办的"2023中国塑料产业链高峰论坛及中国塑料绿色智造展览会"。云南省塑协组织了9家会员单位12人参加了本次论坛及展会。

（七）参加政府相关部门组织召开的会议

（1）2023年3月25日，受云南省农业农村厅邀请，参加在曲靖市召开的"全省地膜科学使用回收现场培训会"。

（2）2023年10月20日，组织部分会员参加云南省农业农村厅召开的甘蔗区地膜科学试用回收座谈会。

（3）2023年9月3日，参加云南省工信厅组织的2023产业转移发展对接相关活动。

（4）2023年9月5日，参加云南省社会组织高质量发展暨慈善力量助力乡村振兴交流大会。

（八）积极举办"会员宣传日"活动和农用塑料展览会

（1）2023年3月30—4月1日，组织召开由云南省塑料行业协会和广州中威展览服务有限公司、昆明新方向会展有限公司在昆明滇池国际会展中心举办的"2023第12届中国设施农业、节水灌溉、农用塑料展览会"。

（2）2023 年 4 月 21 日，在云南云天化石化有限公司（安宁市草铺工业园区）开展 4 月"会员宣传日"活动。在公司相关负责人的带领下，大家首先来到云南云天化石化有限公司厂区，学习了《入厂告知》后，参观了云南云天化石化有限公司生产线中央联合主控室，分别就云南云天化石化有限公司业务主线及产品类型、生产工艺和流程等进行了工作开展具体思路的交流与学习。

（3）2023 年 5 月 19 日，前往玉溪市旭日塑料有限责任公司组织开展 5 月"会员宣传日"相关活动。在公司党支部书记刘建福和办公室主任胡雪艳的引导介绍下，参观了公司党建文化展厅和企业文化、产品展厅。王明显总经理带领大家参观了公司新老生产现场和检测中心，并详细介绍了企业的基本情况、产品优势特点、生产工艺流程、检验设备等，与会代表领略了玉溪旭日塑料的创新能力，一睹云南省首条最宽 PO 大棚膜的风采。大家边参观、边交流，对旭日公司的研发能力、产品生产流程、较为全面的检测项目及产品质量有了全面、深入的了解，对旭日公司的生产经营、管理模式和品牌意识的树立给予了高度的评价和肯定。

（4）2023 年 6 月 30 日，前往玉溪易门龙泉镇陶瓷特色工业园区组织召开 6 月"会员宣传日"活动。

（5）2023 年 8 月 26 日，组织召开由云南省塑料行业协会和广州中威展览服务有限公司、昆明新方向会展有限公司、云南省化工行业协会等联合举办的 2023（秋季）西南农业科技博览会暨第 20 届西南农资博览会。

（6）2023 年 10 月 31 日，在昆明市官渡区滇中新区智能装备制造产业园组织召开 10 月"会员宣传日"活动。

（7）2023 年 12 月 27 日，在云南滇龙塑胶科技有限公司举办 12 月"会员宣传日"系列活动。活动以"打造安全用电示范企业、提升安全用电意识、解决企业安全隐患"为主题，80 余名参会代表开展走访参观＋企业分享＋座谈交流＋书画鉴赏等活动。

（九）完成《塑料行业相关政策汇编》和《2023 中国塑料工业年鉴》供稿资料

（1）2023 年 6 月 28 日，完成《塑料行业相关政策汇编》并编辑下发。

（2）2023 年 6 月 30 日，完成《2023 中国塑料工业年鉴》（云南篇）供稿资料并报送。

（十）接待政府部门和第三方交流座谈

（1）2023 年 1 月 6 日，云南省学会研究会杨云秘书长一行莅临协会交流座谈。双方就协（研究）会的基本情况、组织构架、管理制度、服务业务及成果与计划等情况交换了意见，旨在相互学习、共享信息、共同发展。

（2）2023 年 2 月 16 日，云南省电线电缆行业协会会长高洪昆、秘书长陈福忠、办公室主任张树春，中粮期货范杰经理等莅临云南省塑协进行交流座谈。

（3）2023 年 3 月 26 日，震雄集团董事兼销售总监钟效良一行 5 人莅临协会进行交流座谈。

（4）2023 年 5 月 13 日，云南省市场监管局标准化处、云南省工商联、云南省标准化研究院一行莅临协会，开展行业标准化调研座谈工作。

三、部分重点企业

云南省塑料行业部分重点企业名录，详见表 14。

表 14　云南省塑料行业部分重点企业名录

序号	企业名称	主要产品	所属地
1	云南云天化石化有限公司	聚丙烯（PP）树脂	安宁市
2	云南能投绿色新材有限责任公司	聚氯乙烯（PVC）树脂	昆明市
3	云南联塑科技发展有限公司	塑料管材、管件	玉溪市
4	玉溪市旭日塑料有限责任公司	塑料薄膜	玉溪市
5	云南雄塑科技发展有限公司	塑料管材、管件	玉溪市
6	昆明特瑞特塑胶有限公司	塑料检查井、管材、管件	昆明市杨林工业园区
7	昆明傲远管业有限公司	塑料管材、管件	玉溪市
8	云南益华管道科技有限公司	塑料管材、管件	昆明市

（续表）

序号	企业名称	主要产品	所属地
9	宣威市中博塑料有限公司	塑料薄膜	曲靖宣威市
10	昆明天海实业有限责任公司	土工布、土工膜	昆明市高新区
11	云南神州工程材料有限公司	土工布、土工膜、栅格	昆明市西山区海口工业园区
12	云南展鹏土工材料有限公司	土工布、土工膜、栅格	昆明市东川区
13	昆明智旺实业有限公司	中空塑料制品	大板桥国际包装城工业园区
14	云南太龙塑业有限公司	中空制品、日用塑料制品	昆明市嵩明县
15	云南昆发塑业有限公司	塑料编织袋	昆明市经开区
16	楚雄广利塑料有限公司	塑料薄膜	楚雄州
17	中国石油西南化工销售云南分公司	塑料原料	昆明市
18	云南大山饮品有限公司	PC水桶、矿泉水瓶	昆明市
19	云南天外天天然饮料有限责任公司	PC水桶、矿泉水瓶	昆明市
20	云南正邦科技有限公司	化学原料和制品制造	昆明市西山区海口工业园区

四、新产品开发

云南省塑料行业新产品开发情况，详见表15。

表15　云南省塑料行业新产品开发情况

序号	序号	新产品名称	申请号	研究开发单位
1	1	烟草专用育苗棚膜	2023117423252	玉溪市旭日塑料有限责任公司
2	2	一种可降解地膜及其制备方法	2023116259655	宣威市中博塑料有限公司
3	3	一种水污染防治用的环保HDPE防渗膜	2023101591328	昆明天海实业有限责任公司
	4	一种基于回收PET的土工材料的制备方法	2023105135786	
	5	一种可降解环保防渗土工膜及其制备方法	2023101573777	
	6	一种高分子环保复合防渗土工布及其制备方法	2023101573885	
4	7	一种UHMWPE挤出成型模具	2023201868779	云南金普乐新材料科技有限公司
5	8	一种发电轮毂电机系统及其处理方法	202310812838X	昆明雄邦模具制造有限公司
6	9	玻璃瓶（云南山泉）	2023306072713	云南大山饮品有限公司
	10	包装盒（山泉果汁）	2023300991860	
	11	［外观设计］水瓶	2023302469589	
	12	［外观设计］瓶贴	2023300991875	
	13	［外观设计］瓶贴	2023302469606	
	14	［外观设计］包装片材	2023302469574	

（续表）

序号	序号	新产品名称	申请号	研究开发单位
7	15	锅炉生产设备	2023115307492	云南云天化石化有限公司
	16	硫酸法烷基化反应用降低脱正丁烷塔蒸汽消耗量的生产装置	2023111583559	
	17	工业化烷基化反应制异辛烷中废酸水含量检测方法	2023106637563	
	18	低分辨率核磁共振法测定乙丙共聚聚丙烯中乙烯含量的方法	2023106707123	
8	19	一种聚丙烯改性材料及其制备方法	202311852314X	重庆澳彩新材料股份有限公司
	20	一种低温成型聚酰亚胺薄膜溶液、成膜方法及其应用	2023112245009	
	21	一种仿木纹PVC材料回收再利用的方法	2023108359187	
9	22	一种双防母料烘干装置	2023201130168	山东中艺橡塑有限公司
	23	一种黑色母专用除杂装置	2023206421371	
	24	一种双防母料的烘干装置	2023206421329	
	25	一种改性专用料预热处理装置	2023200937165	
	26	一种黑色母粒储存装置	2023200937076	

山 西 省

山西省塑料行业协会　王慧凯

一、基本情况

2023 年是我国开启第二个百年奋斗目标和实施"十四五"规划的关键之年。在习近平新时代中国特色社会主义思想的指引下，在工信厅、民政厅的正确领导下，山西省塑料行业协会团结和带领全体会员、相关单位，认真学习贯彻山西省委、省政府各项方针政策。面对经济下行压力等挑战和困难，协会充分履行自身职能，凝心聚力，创新突破，优化产业结构，推动行业转型升级，绿色发展。2023 年山西塑料制品产量 25.8 万吨，同比增长 1.6%，塑料企业约 900 家，主要集中在塑料建材、塑料薄膜、日用塑料等方面。

注册资金 1000 万元以上的塑料加工企业有 157 家，主要集中在运城市、晋中市、临汾市、长治市、忻州市和大同市。这几个城市的塑料下游加工企业规模相对较大，其塑料市场能够代表山西市场的整体情况。这些塑料加工企业的加工领域主要集中在塑料板、管材、型材、包装、编织、薄膜、日用塑料和塑料泡沫等。具体情况见表 1。

表 1　山西省塑料加工企业分布情况

序号	城市名称	企业数量	占比/%	序号	城市名称	企业数量	占比/%
1	运城市	40	25.5	3	临汾市	20	12.7
2	晋中市	25	15.9	4	长治市	14	8.9

（续表）

序号	城市名称	企业数量	占比/%	序号	城市名称	企业数量	占比/%
5	忻州市	13	8.3	9	晋城市	6	3.8
6	大同市	12	7.6	10	阳泉市	6	3.8
7	太原市	10	6.4	11	吕梁市	4	2.5
8	朔州市	7	4.5		总计	157	100.0

数据来源：中国化工经济技术发展中心。

二、主要企业

（一）山西中德投资集团有限公司

中德集团作为国内建材行业前五强企业，业务涵盖塑钢型材、塑料管道、铝合金、汽车轻量化零部件、供应链金融等板块，下辖8个全资子公司（即山西中德塑钢型材有限责任公司、四川中德塑钢型材有限公司、山西中德管业有限公司、山西中德铝业有限公司、四川中德铝业有限公司、山西中德新材料科技股份有限公司、四川中德新能源科技有限公司、中京融通金融管理有限公司）、1家控股子公司（山西中德智达新能源装备科技有限公司）和2大生产基地（山西长治生产基地和西南生产基地），1000余家营销分公司及经销商遍布全国各地，是山西省商标品牌标准化建设促进会副会长单位、全国塑料制品标准化技术委员会成员单位、中国塑协异型材门窗专委会主任单位、中国塑协塑料管道专委会副主任单位、中国汽车轻量化联盟成员单位、山西省塑料行业协会会长单位。多年来，中德集团积极推进品牌创新战略，从"产、销、人、发、品、财、文"七方面发力，培育和发展品牌创新成果，开发了一批具有自主知识产权和较强国际竞争力的新产品和关键核心技术，是业内首家采用新工艺、新技术开发出塑胶共挤（双密封）新产品，实现了密封胶条和型材一体化生产概念的企业。同时，中德集团先后组建品牌战略推进委员会，从品牌发展目标、品牌建设激励约束机制着手，初步形成了多元化的产品品牌体系。公司产品不仅覆盖山西，同时还辐射华北、东北、西南、西北等地区，并一举中标青藏铁路拉萨火车站和北京奥运工程自行车场馆及北京冬奥会场馆等多项国家重点工程。产品继2003年出口蒙古国后，又以自主身份成功打入泰国、韩国、印度尼西亚、危地马拉、俄罗斯、乌克兰、比利时、埃及等30余个国家和地区，使用范围越来越广。为大力

宣传"中德"品牌的发展成就，中德集团先后投入数亿元，大幅提升了"中德"品牌的知名度和信誉度。先后获得"山西省著名商标"和"中国驰名商标"，连续保持全国房地产500强首选品牌"十强"企业、国家级专精特新"小巨人"企业、质量信誉AAA级企业、全国用户满意企业荣誉，连获"中国轻工业塑料行业（异型材及门窗制品）十强企业""中国轻工业科技百强企业"和"最具品牌影响力企业"殊荣。管材产品生产工艺和技术水平荣获CNAS实验室认可证书，并跻身国家认可实验室行列。中德铝业荣获"中国不动产行业竞争力十强"荣誉。在国务院第五次全国民族团结进步表彰大会上，中德集团被国务院表彰为"全国民族团结进步模范集体"，董事长程田青还受到了总书记等党和国家领导人的亲切接见。中德集团在取得累累硕果的同时也获得了行业和社会的认可，品牌影响力深受行业大佬的重视，成为国内知名地产企业华润地产、招商地产、保利地产、中粮大悦城、新希望地产、新城控股、四川蜀道集团、成都兴城集团、山西建投、融创地产、中建五局、中建八局、中铁三局、中铁八局，以及北汽新能源、吉利汽车、大运汽车、陕汽重卡、昌河汽车、欧朗科技、国轩高科、格力钛、麦格纳、美国菲斯克等战略合作伙伴的供应商企业。在短短时间内，中德集团将一个默默无闻的地方品牌做成了声名赫赫的全国品牌！

（二）凯赛（太原）生物科技有限公司

上海凯赛生物技术股份有限公司（简称凯赛生物，688065.SH）成立于2000年，是一家以合成生物学等学科为基础，利用生物制造技术，从事生物基新材料的研发、生产及销售的科创板上市公司。目前，凯赛生物的总部和研发中心位于上海浦东张江高科技园区；三个生产基地分别位于金乡、乌苏和太原（建设中）。

目前，凯赛生物业务主要聚焦聚酰胺产业链，其

产品包括可用于生物基聚酰胺生产的单体原料——系列生物法长链二元酸和生物基戊二胺，以及系列生物基聚酰胺等相关产品。产品可广泛应用于纺织、医药、香料、汽车、电子电器、日用消费品等多个领域。

凯赛生物是全球生物法长链二元酸的主导供应商。2018 年，凯赛生物的生物法长链二元酸被中国工业和信息化部、中国工业经济联合会评为制造业单项冠军产品。

凯赛生物自主研发生产的生物基戊二胺，广泛应用于环氧固化剂、热熔胶、异氰酸酯等相关领域。同时，戊二胺替代己二胺用于聚酰胺领域不仅可以解决国内聚酰胺行业发展的主要瓶颈，为市场、客户提供来源于可再生生物质原料的"生物制造"新材料，更可为下游生物基聚酰胺等产品提供源于奇数碳的优异性能。

基于自产生物基戊二胺及不同二元酸缩聚生产的生物基聚酰胺系列产品，具有阻燃、吸湿、易染色、低翘曲、高流动等特点，以及环保性、可持续性优势。基于自产的生物基聚酰胺系列产品，凯赛生物推出高性能纺织材料——"泰纶®"，可广泛运用于纺织服饰、地毯、工业丝等领域。此外，基于产品的高强度、高耐热性、尺寸稳定性好等优异性能，凯赛生物推出了工程材料——"ECOPENT®"，可广泛应用于汽车、电子电气、工业及消费品等领域，为社会的可持续发展提供解决方案。

未来，凯赛生物将围绕四大核心技术持续推动生物基产品及技术的迭代和创新，以己之力为中国乃至全球合成生物学及生物制造产业的发展提供正向驱动的力量，引领技术和行业共同可持续发展。

（三）金晖兆隆高新科技股份有限公司

山西金晖能源集团有限公司（简称金晖集团）是一家以煤焦化及盐化工循环经济为主的大型民营企业，是山西省能源开发的领军企业。2012 年为寻求转型，金晖集团率先开辟以科技赋能绿色产业的创新发展之路。以"科技赋能绿色创新"为核心的金晖兆隆高新科技股份有限公司应运而生。作为国内生物降解塑料 PBAT 的龙头生产企业（也是山西省仅有的一家），金晖集团现已形成年产 2 万吨生物降解塑料原料、1 万吨生物降解塑料原料改性料的生产规模。公司注册资金 10 000 万元，总资产 41 000 万元，占地面积 19 万平方米，获国家高新技术企业、工业和信息化部绿色工厂、山西省省级企业技术中心称号，也是山西省塑料行业协会第四届理事会常务副会长单位。目前公司正在建设 2×6 万吨生物降解塑料 PBAT 项目。金晖集团创立了 ECOWORLD®（爱柯沃得）及 ECOWILL®（爱柯维尔）两个品牌，并获得工业和信息化部绿色产品称号，目前公司所生产的材料已经获得了国内外多项生物降解塑料行业权威认证。例如：美国 FDA、欧洲食品接触安全认证，欧洲 EN13432 认证，德国 DINCERTCO 工业堆肥和家庭堆肥认证，美国工业堆肥认证，比利时 VINCOTTE 工业堆肥和家庭堆肥认证。

金晖集团生产的主要生物降解塑料是一种极具发展潜力的、产业化程度非常高的完全生物降解材料，易于改性，适用于制作各类一次性膜类材料，如包装袋（含食品包装）、购物袋、垃圾袋、快递袋及地膜等新型生物降解塑料制品，在下游应用非常广泛。这些产品不仅在力学、耐热、拉伸等各方面性能与传统塑料制品相比旗鼓相当，更重要的是无毒、无异味，易被自然界中多种微生物或动植物体内的酶分解、代谢，最终完全分解为二氧化碳和水。

为延伸产业链，金晖集团每年持续投入大量的研发经费，用于产品质量提升、产品牌号丰富、产品改性研究及下游制品应用研究。同时，为有效地对市场做出反馈，金晖集团与上海华悦包装制品有限公司展开战略合作，合资成立上海隆悦环保科技有限公司，专注生产生物降解塑料制品。

经过多年的发展，金晖集团在工艺、设备、配方等方面均取得了突破性的发展，全面蜕变，建立起"技术支持下游改性和制品，市场反促原料研发和改进"的产业链运作模式。目前，金晖集团已成为全球 6 家拥有同类生物降解塑料自主研发技术的生产企业之一、吉林和海南省禁塑标准的重要参与者、生物降解塑料和生物降解地膜的国家标准起草单位之一。

目前，金晖集团的产品在国内外市场取得了稳定的份额，产品远销全球五大洲各个国家，如意大利、英国、德国、比利时、土耳其、哥伦比亚、芬兰、奥地利、韩国等，并在海外设有直营网点。在生物降解终端制品市场，金晖集团与华润万家、沃尔玛、正大集团、阿里巴巴、饿了么等知名企业展开合作。

金晖集团目前生物可降解聚酯材料的产能占全球产能的 15%，国际市场占有率达 20%，国内市场占有率达 30%，每年都以 50% 的市场份额增长。

（四）太原亚明管道技术有限公司

太原亚明管道技术有限公司（简称亚明管道）成立于 2007 年，位于山西省国家级综改区阳曲工业园区，专业从事 HDPE 和 PP 大口径缠绕结构壁管材生产设备的设计、研发、制造，以及 HDPE 和 PP 缠绕结构壁管材管件的设计、生产、安装、运营服务等，是集制造生产与技术服务于一体的高新技术企业，2022 年获批专精特新企业荣誉，是山西省塑料行业协会第四届理事会副会长单位。

亚明管道拥有 WSR 系列设备的英国、欧盟 CE 认证，工艺先进、系统配套、经济高效、安全可靠。产品已销往全球 20 多个国家和地区。亚明管道 HDPE 和 PP 缠绕结构壁管道产品应用领域涉及大型排海管道工程、市政雨污排水及工业排污管网工程建设、化工及生化储罐、雨水调蓄水库和雨水回补反渗系统等诸多领域。管道规格范围为 DN200—4500mm。

（五）山西乾通塑胶有限公司

公司成立于 2000 年，是山西省国资委下属的国有企业，为山西省塑料行业协会第四届理事会副会长单位，是山西省专业管材生产厂家之一。公司拥有固定资产 1.2 亿元，占地 4 万平方米，引进欧洲先进的生产技术、生产线及试验检测设备，具有较强的自主研制、技术开发、生产和检测能力。主要产品有市政 PE 管、PP 排水管、MPP 电缆管、PP 静音管等。

（六）山西旺中塑料管有限公司

山西旺中塑料管有限公司创建于 1995 年，2013 年由原祁县旺中塑料制品厂改制组建，是一家集塑料管材研究、生产、营销于一体的专业生产厂家，年销售收入 4000 万元，是山西省塑料行业协会第四届理事会副会长单位。公司产品主要有 PE 管材、PP 管材、PVC 管材、PE-RT 地暖管材、PP-R 管材、梅花管材等，部分用于市政、部分民用。公司为政府采购单位，坚持质量至上的理念，产品品质高，且经营年限长，在业界有较好的口碑。

（七）山西玉竹新材料科技股份公司

山西玉竹新材料科技股份公司专注于钙基新材料的研发和工业化转化，是省级高新技术企业、省级企业技术中心和山西省军民融合企业，是山西省塑料行业协会第四届理事会副会长单位。公司坚持"聚智聚资聚人才，创新创业创未来"的发展理念，向创新要动力，向人才要活力。企业十多年来专注研发生产的微孔硅酸钙，可应用于造纸、塑料、医药、涂料等十多个领域，引领钙基材料新的发展方向。

此外，公司设立山西省钙基新材料研究院，在自我创新开发的基础上，与东北大学、东大设计院、北京石油化工大学和中国纸浆造纸研究院等高校和科研院所建立产学研合作关系，深度开展钙基新材料、新工艺、新技术、新产品的研发和工业化转化应用。目前公司生产的钙系列产品在冶金、焦化、电力、超低排放、文化纸增厚、无机干粉涂料、塑料除味、农膜保温防雾等领域得到了高质化应用。尤其是微孔硅酸钙系列产品的开发与应用，代表了钙产业一个新的发展方向。公司现拥有专利 24 个，其中发明专利 4 个，新型实用专利 20 个。

（八）山西泰鑫塑胶制品股份公司

山西泰鑫塑胶制品股份公司是一家集设计、制造、营销、服务、研发于一体的股份公司，是塑料管道专业制造企业，是山西塑料行业协会第四届理事会副会长单位；是山西省水利厅入网协作单位；是中国水利企业协会乙壹级灌排设备企业。

公司成立于 2002 年，注册资本 5000 万元人民币。公司先后投资引进国内外先进的生产设备，并联合国内科研院校，研发和生产各种压力规格的"豪得亨"牌聚丙烯（PP-R）环保型冷热水管材、管件，PP、PE 供水的管材、管件，PVC-U 聚氯乙烯给排水管材、管件，PVC 电工套管，PE-RT 地板辐射采暖管材、管件，地源热泵用 PE 管材、管件，滴灌、涌灌、喷灌、微灌等系列产品。

海 南 省

海南省塑料行业协会　蔡连开、王　康、周鸿勋

一、重点企业

（一）中国石化海南炼油化工有限公司

中国石化海南炼油化工有限公司是中国石化精心打造的 21 世纪国内第一座新型炼化企业。一期炼油项目于 2006 年 9 月 28 日建成投产，实现原油加工能力 920 万吨／年。2013 年 12 月，公

司首套国产化大型芳烃生产装置 60 万吨／年芳烃建成投产，并获得国家科技进步特等奖。2019 年 9 月，采用国产化芳烃技术 2.0 的第二套 100 万吨／年芳烃建成投产。2023 年 2 月，100 万吨／年乙烯及炼油改扩建工程项目建成投产。至此，海南炼化形成了炼油、芳烃、乙烯三大产业并重局面。

自投产以来至 2023 年年底，公司工业总产纳税额连续 17 年排名居海南省首位（2007—2023 年），为海南的经济社会发展作出积极贡献。

2023 年环管法聚丙烯装置首次应用中国石化三代半环管技术，成功生产出中熔高抗冲聚丙烯 PPB-MP08，产品性能处于同工艺世界领先水平。公司获评工业和信息化部 2023 年度智能制造示范工厂。公司项目"基于企业内部产业链协同发展的 5G＋工程项目建设'三化'管理模式的探索与实践"获得海南省企业管理现代化创新成果特等奖，"基于 5G 网络构建项目建设'三化'管理模式的探索与实践"获得中国石化第三十二届管理现代化创新成果优秀成果奖。

公司在集团公司 2023 年 HSE 大检查中总体成绩排名居炼化板块第 2 名，获评集团公司安全生产先进单位、集团公司节能降碳环保先进单位、海南省应急管理工作考核优秀单位，五度蝉联全国对二甲苯行业能效"领跑者"标杆企业，废水废气废物达标处置率 100%。

（二）中科信晖（海南）新材料科技有限公司

中科信晖（海南）新材料科技有限公司（简称中科信晖）成立于 2019 年，坐落于海南省海口市琼山区云龙镇海榆北路 168 号云龙产业园云大路 6 号。公司通过采用中国科学院理化技术研究所专有技术，在海南开展全生物降解塑料制品的研发、生产和销售工作，并有望在未来几年实现海水可降解塑料制品产业化，推广多样化一次性不可降解塑料制品替代品。

公司以"一次性不可降解塑料制品替代品的研发、生产和推广使用"为己任，以科研技术转化为发展核心，以科技、发展、实用为发展理念，以降解领域领军企业为发展目标，通过持续的技术创新，不断拓展降解塑料应用领域，引领降解塑料行业发展。未来，公司将坚持沿着市场化、产业化、集团化、国际化的思维发展，凝心聚力打造扎根本土、辐射全球的降解制品产业基地。

公司膜类制品已通过国家权威检测中心检测并取得降解检测报告及产品质量检验报告；还取得降解材料的全国工业产品生产许可证，具备生产食品接触制品资质，还是首家获得欧盟"小绿苗"产品认证的企业。

（三）海南创佳达生物科技有限公司

海南创佳达生物科技有限公司是一家专业从事生物降解新材料研发、生产和销售的科技创新型企业。公司成立于 2009 年 10 月，位于海南老城经济开发区南一环路 4.5 千米处北侧，占地面积 26 000 平方米，员工 200 人。公司以研究和应用生物降解技术为核心，以推广绿色环保包装、实现可持续发展为己任，致力于打造海南最大的生物基材料和降解制品生产供应商，自成立伊始就以高标准的生产和服务为宗旨，迅速赢得客户的信任。

目前，公司生产以 PLA、PBAT、淀粉等为主要原材料的全生物降解树脂颗粒、全生物降解塑料袋类制品和生物降解一次性餐具。其中，全生物降解树脂颗粒改性设计年产能 10 000 吨；全生物降解薄膜类制品设计产能达 8000 吨／年。计划新增一次性餐具生产线，年产能 5000 吨。

（四）海口诚佳美塑料包装有限公司

海口诚佳美塑料包装有限公司成立于 2009 年，经过十年的努力，成为海南本土的著名包装品牌，为各行业提供多元化、高质量、低成本的环保包装，产品覆盖餐饮酒店、航空铁路、食品化工、医药电子、商场超市等行业。公司为客户提供全方位的服务，从产品的包装设计到样板的制作、从材料的印刷到正式的量产；是提供印刷精美、品质优良的内外包装的新型技术企业。

2019 年公司获得"高新技术企业"认证；2020 年 5 月公司通过国检获得"中国环境标志"认证，同年 6 月获得 3A 中国企业信用认证，荣获国家 3A 级信用企业证书，达到企业信用标准。公司创业十年，获得 17 项专利。

公司研发团队由一群在该领域有多年实践经验和生产技术优势的科研技术人员组成，一直致力于环保产品的研发与生产工作。经过不懈的努力，团队开发出了一系列可控制全降解材料降解速率的新材料。现在可生产三个系列的产品：①食品级复合软包装系列产品；②环保降解纸容器系列产品；③全生物降解材料系列制品。产品一进入市场就赢得了广大客户的称赞，在同行业获得了良好的口碑，收获了 1115 家企业的订单。

生产团队经过 10 年的打磨，用先进的生产技术，使年生产能力可达 3000—5000 吨，公司拥有各种高速 4—8 色电脑印刷机、高速复合机、高速分切机、多边封高速制袋机、吸塑机、纸杯机、注塑机等加工设备 30 多台，完全实现从设计、生产、销售到配送的一条龙服务。

海口诚佳美塑料包装有限公司以"服务客户端，打造供应链"为企业宗旨，以"赋能塑造，创想环保"为企业理念，为全球各行业提供多元化、高质量、低成本的环保包装。

公司打造了诚佳美产业链营销体系：中央仓—直营店—服务站。

百商联盟的创立是为了建立良好的百家供应商联盟关系，以厂家直供、共享仓库、共享物流、共享客户、共享渠道、共同发展、共享管理，实现双方信息交互与效率协同。直营店体系是让百家联盟的产品可视化、可体验、可分享的促销策略管理与客户互动。环保服务站建立在海南禁塑的基础上，倡导环保理念，号召全岛使用全生物降解材料制品。

公司积极探索全生物降解材料产业在海南自由贸易港的发展方向，为海南的禁塑成功助力，为海南自贸港建设作出贡献。

（五）金塑（海南）环保科技有限公司

金塑（海南）环保科技有限公司设有研发中心、技术转化中心、营销中心等多个机构。目前，公司投资数千万建有全生物降解材料吹膜自动生产线数十条，主要生产垃圾袋、购物袋连卷袋、快递袋、一次性刀叉勺、快餐盒等快消品，相关产品原料已取得欧盟认证。

目前，公司与国内全生物降解塑料领域知名科研院所中国科学院宁波材料所、北京工商大学等保持密切的产学研合作。公司开发的全生物降解系列制品技术含量已经走在行业前列。

（六）海南赛高新材料有限公司

海南赛高新材料有限公司是专业从事生物降解新材料研发、生产和销售的科技创新型企业。公司成立于 2019 年 10 月，注册地址位于海口国家高新区狮子岭工业园。公司以研究和应用生物降解技术为核心，以解决绿色环保包装、实现可持续发展为己任，致力于打造海南最大的生物基材料和降解制品供应商。

公司依托赛诺功能薄膜国家联合工程中心研发

平台的研发实力，联合海南大学、广州金发科技、上海浦景化工、中鑫源生物等高校及企业，在生物降解材料和应用制品研发方面积累了多年经验，已具备生物降解材料改性、可降解薄膜类制品规模化生产能力。

公司理念如下："我们的技术让塑料制品能够完全降解、回归自然。我们所生产的可降解塑料产品远销海内外，出口到意大利、美国、德国、新加坡等欧美亚地区，同时也为国内众多具备社会责任感的企业单位提供全生物降解塑料袋。我们秉承绿色环保理念，致力于为客户提供完整的环保解决方案和支持地球的可持续未来，为可持续发展目标（SDG）11、12、14、15 项做出直接贡献。"

公司已申请发明专利 5 项、实用新型专利 8 项。产品通过欧盟 EN13432 和美国 ASTM6400 堆肥检测，通过国家食品袋安全性能检测、国家塑料检验中心 19277.1 生物分解率检测。

公司生产以 PLA、PBAT、淀粉等为主要原材料的全生物降解树脂颗粒、全生物降解塑料袋类制品和生物降解一次性餐具。其中，生物降解树脂颗粒年产能已达 2 万吨；可降解薄膜类制品产能达 1500 吨/年。

赛高品牌——发展计划中开发的领域。应用于高附加值市场——耐热、耐高温、耐用用具；应用于农业方面——树木/水稻的注射成型育苗钵。

二、2023 年海南省塑料行业协会大事记

2023 年，海南省塑料行业协会认真学习领会政策法规，紧密联系各职能部门，切实了解企业需求，反馈市场动态，组织调研并开展专题活动，为职能部门提建议，推动产业发展与技术进步。

（1）2 月 17 日，参加 2023 年生物可降解环保产业高质量发展专题会议并汇报了协会近期工作。会议传达了省长会议要求，解读出口白名单，公布伪劣产品查处清单，探讨行业高质量发展的基础手段与措施。

（2）2 月 25 日，参加中国塑料加工工业协会举办的"第五届中国国际塑料展"，与各省塑料协会交流互动。

（3）3 月 27 日，协会组织省禁塑办、省内生物降解企业参与针对监管码近几年在申请、使用、审核等方面的改善召开的线上会议。禁塑办听取了企业代表建议："一格一码"改为"一品一码"，即同类产品一个监管码；加强对申请监管码的企业的实地考核等。

（4）4月17日，协会组织企业至深圳参加雅式橡塑展，了解把握塑料产业的新动态、新设备、新技术、新材料、新应用。参加了广东塑协组织的2023塑业品牌创新峰会暨品牌颁奖盛典，与省外协会交流。

（5）5月9日，全生物降解塑料制品标准化试点启动会议在协会办公室召开，海南省市场监督管理局标准处指导协会推动标准化工作在禁塑产业中的应用。

（6）5月20日，协会参加海大乘风书院校外导师见面会暨志愿活动启动仪式。周鸿勋秘书长获得校外导师证书，并就志愿者在儋州农贸市场的禁塑宣传活动进行安排。

（7）5—12月，协会受洋浦促进局委托，对儋州农贸市场进行禁塑评估考核。针对农贸市场禁塑中存在的实际情况，从禁塑宣传、配送供应、评估考核、效果巩固四方面开展工作，推进农贸市场禁塑替代品的使用与普及。

（8）5月25日，参加在重庆举办的地膜专委会年会，与重庆塑协及国内其他部分省市协会交流。

（9）6月3日，中塑协王占杰理事长莅临协会指导工作，并走访了海南恒鑫生活科技有限公司、海南赛诺实业有限公司。

（10）8月13日，协会组织生物降解企业参加省禁塑办组织的"禁塑百日攻坚"巡查专题会议，提出了由协会志愿者、媒体、街道办或乡镇共同组成禁塑协查组，开展按系统、按地域巡查，及时反馈协查信息，及时处理，曝光典型案例等系统协查工作建议。

（11）8月14日，海南省工业和信息化厅主办、海南省中小企业发展服务中心和海南省塑料行业协会协办的"全生物降解制品供需对接推介会"在海南省中小企业发展服务中心召开。协会布置会场禁塑宣传条幅、禁塑宣传门型展架彩图，同时组织全市生物降解制品企业参加布展，使其为参会的使用企业产品的省机关事务管理局、卫生健康委、教育局、旅文委等单位展示产品与企业文化，促进面对面交流、现场签约。

（12）8月19日，参加中国塑协在山西举办的2023年全国塑料行业协（商）会工作交流会，汇报与介绍海南塑协工作，听取新形势下协会如何努力为行业发展做好服务工作的探讨。

（13）8月25日上午，由海南省市场监督管理局指导，海口市市场监督管理局主办，海口广播电视台、海南省塑料行业协会协办的"铁腕禁塑·生态海南"——2023年海南省北部地区一次性不可降解塑料制品集中销毁启动仪式，在海口市市场监督管理局行政执法支队正式启动。协会组织会员企业代表参加，发出倡议。

（14）9月4日，协会组织企业到新海港，为"海南省公安厅港航公安局港口检查支队"禁塑执法民警发放慰问品，鼓舞一线干警禁塑执法斗志。

（15）9月18日，协会参加海南省产品质量监督检验所召开的"降解材料检测国际认可实验室发布暨降解产业高质量发展研讨会"，研讨交流产业趋势及技术发展，促进生物降解产业的高质量发展。

（16）10月29日，受邀参加汕头市塑胶行业商会举办的"第八届理事会就职典礼暨绿色科技发展论坛"，与参会的省市协会交流。

（17）11月6日，参加由中国石油和化学工业联合会、中国轻工业联合会和余姚市人民政府联合主办的"第十八届中国塑料产业发展国际论坛"，介绍海南禁塑的情况，呼吁重视塑料污染治理。

（18）11月20—24日，海南省卫生健康委与海南省禁塑办、海南省塑协共5人，到琼海、三亚、五指山、儋州等市县，对20余家主要医院的禁塑工作进行督导检查。

（19）11月24日，参加中国塑料加工工业协会在绍兴国际会展中心举办的"2023中国塑料产业链高峰论坛暨中国塑料绿色智造展览会"。本次活动聚焦塑料行业绿色、低碳、环保、生态化的新材料和新产品，主论坛围绕国家战略、重大需求和行业现实需求，进行政策解读，发布权威报告，分享发展趋势，交流发展成果。

（20）11月30日，组织生物降解制品企业召开协助医院禁塑专题会议，听取企业意见，形成行动方案。

（21）12月22日，举办"海南省塑料行业协会会员代表大会暨数字化应用推动塑料产业绿色发展论坛"，会员代表大会选举产生新一届理事会成员，选举通过新一届会长、执行会长、秘书长、各专委会主任等协会班子。

由海南省工业和信息化厅、中国塑料加工工业协会指导，海口市科学技术和工业信息化局、海口国家高新技术产业开发区管理委员会支持的"数字化应用推动塑料产业绿色发展论坛"同期召开。大会和论坛得到中国石化化工销售华南分公司、海南联塑科技实业有限公司、海南恒鑫生活科技有限公司、海南兴伟塑胶科技有限公司、中科信晖（海南）新材料科技有限公司、海南创佳达生物科技有限公司、金塑（海南）环保科技有限公司、海南南宝塑料制品有限责任公司、海南南塑高新科技有限公司、海南盛阳新材料有限公司、河南金丹环保新材料有限公司、仪征至和特种化纤有限公司、烟台佳合塑胶科技有限公司、宁波甬华塑料机械制造有限公司、广东顺景软件科技有限公司等企业的大力支持，同时也收获广东省塑料工业协会、河南省塑料协会、山西省塑料行业协会、山东省塑料行业协会、广西塑料行业协会、陕西省塑料工业协会、江苏省塑料加工工业协会、湖南省塑料行业协会、云南省塑料行业协会、北京塑料工业协会、上海塑料行业协会、重庆市塑料行业协会等友好协会的支持与祝贺！

三、行业发展建议

（1）海南自由贸易港在2025年前封关运作，塑料企业要提前布局，做好国际贸易、技术引进、设备升级等相关工作。

（2）塑料污染治理已成为国内国际关注的亟待解决的环境保护问题，可循环、易回收、可降解解决手段所涉及的产业、技术、设备等系列领域，具备巨大的潜力与机遇。

（3）数字化推动的效率与效益提升、新产品研发与应用、运营模式创新与迭代等成为企业持续发展与进步的主题。

温 州 市

温州市塑料行业协会　周肇枢

温州市目前有塑料制品及关联企业2342家，其中主营塑料制品781家，全年销售收入约400亿元，税收8亿元左右。全社会产值600亿元，其中规上企业近400家，产值约250亿元，产业规模位列全市工业前10名。

塑料产业集聚度相对较高，编织品生产主要在平阳、苍南两县，薄膜生产主要在瑞安、龙湾两地，塑料配线器材生产在乐清，塑料新材料和合成革生产主要在龙湾区、开发区。上述区域的产值占全部塑料产值95%以上，详见图1。

温州是"中国塑编之都"和"中国塑料薄膜生产基地"，两大产品占地区总产值60%以上。其次，塑料新材料占比约12%，塑料合成革占比不到10%，详见图2。

2023年，塑料制品出口在过去几年连续大增长的情况下有所下降，1—12月累计出口交货值为125.70亿元（人民币），同比下降19.46%；第一数量为31.18万吨，同比下降9.3%，但从出口产品的类别、品质来看，比过去有所提高，详见表1。

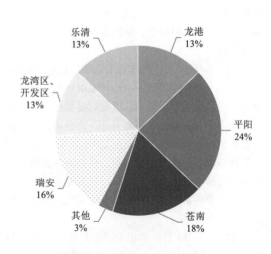

图1　塑料制品生产区域占比

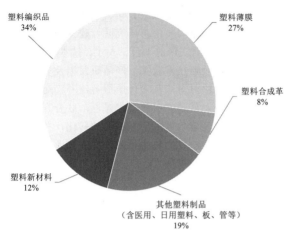

图 2　塑料产业分产品占比

表 1　2023 年塑料制品出口洲贸组织情况

洲贸组织	出口交货值（人民币值）/ 元	占比 / %
欧盟 27 国	1 829 281 816	10.89
美国	1 960 349 828	11.67
东盟	3 013 140 995	17.93
俄罗斯	356 891 349	2.12
非洲	867 775 643	5.16
拉丁美洲	1 073 181 757	6.39
中东	825 934 544	4.92
"一带一路"	6 555 294 259	39.01
英国	320 223 448	1.91

2023 年，会员企业中产值亿元以上 23 家，比上年增加 1 家；前 10 强企业产值合计 72 亿元，比上年增加 1 亿元；产量 62.55 万吨，比上年提高 2.83 万吨，综合利润同比增长 3956 万元，龙头企业继续在行业中领跑，详见表 2。

表 2　2023 年温州塑料行业十强企业情况

单位	产值 / 万元	同比 / %
中广核俊尔（浙江）新材料有限公司	150 971	—
温州晨光集团有限公司	139 194	−0.11
浙江新力新材料股份有限公司	78 172	11

（续表）

单位	产值 / 万元	同比 / %
启明新材料股份有限公司	73 370	12
瑞安市东威塑胶有限公司	68 034	0.67
温州市金田塑业有限公司	57 265	−19
温州强润新材料科技有限公司	55 363	31.74
浙江坤诚塑业有限公司	34 081	12.7
浙江金石包装有限公司	32 967	3.48
浙江中宇节能科技有限公司	30 725	−1.6
合计	720 142	—

在 2023 年全国塑编大会上，温州晨光集团有限公司、浙江坤达包装科技集团有限公司、浙江瑞旺科技有限公司 3 家企业被评为"中国塑编 20 强企业"，其中，温州晨光集团有限公司产能规模在全国塑编产业中处于首位。10 强企业中塑料新材料企业表现亮眼，俊尔和新力两家企业，在传统电器和汽车材料生产基础上，向医用高分子材料、防辐射材料、碳纤维复合材料、可降解材料等新兴领域拓展。金田集团有限公司是全国 BOPP 薄膜产能最大的企业，年产值 48 亿元，其温州分公司产值 7.35 亿元，2023 年引进国际一流生产线 4 条，致力研发生产功能性薄膜，替代进口产品。

"温州市塑料制品标准化技术委员会"成立 3 年多来，引导企业牵头和参与制定国家、行业标准近百项；主持和参与了 7 家企业的 8 个"浙江制造"标准的制定和评审工作，6 家企业已发布；行业内新增"品字标"企业 6 家，加上之前认证的，共有 14 个产品获得"品字标"证书。由协会组织牵头制定发布的"温州市塑料行业团体标准"有 5 项，标准化建设成果丰硕。温塑协《以标准化建设为引领，促进行业高质量发展》案例介绍，被浙江省工商联评为 2022 年度全省工商服务"两个健康"最佳工作创新成果。

协会着力建设和完善以企业为主体、以自主创新为主线的塑料加工业技术创新体系。中广核俊尔新材料有限公司、浙江新力新材料股份有限公司、浙江金石包装股份有限公司等成立省重点企业研究院。到目前，会员企业中已成功申报省重点企业研究院 4 个，省级高新技术企业研发中心 7 家，市级企业技术中心 3 家，高新技术企业 15 家；俊尔等 8 家企业先后成立"博士后工作站""院士工作站"。苍南塑编产业入选"中国科协创新驱动助力工程示范项目"，促进了学会群与企业群跨界融合、创新链与产业链精准对接，引入更多的优质科技资源、创新要素，以促进传统行业改造提升。项目在年终评审中获优。

2023 年协会分别与中国科学院大学温州研究院、温州大学新材料与产业技术研究院、浙江金田高分子材料研究院有限公司、温州大学苍南研究院以及温州市科技信息研究院，建立战略合作关系。借助科研院所的平台、人才、技术等优势，协会为会员企业技术攻关、产品研发以及多个领域的合作提供点对点高效优质服务，并针对战略性新兴产业发展中的关键技术难题，联合开展应用基础研究，着力推进创新成果的转化，并形成具有自主知识产权的核心技术，促进企业在市场竞争中具备核心竞争力，赋能温州市塑料行业高质量发展。

台 州 市

台州市塑料行业协会　黄金红

2023 年，是全面贯彻落实党的二十大精神的开局之年，是"八八战略"实施 20 周年，是迎接台州撤地设市 30 周年的展望之年、大干之年。这一年，面对复杂严峻的国内外形势，台州市塑料行业协会在各级领导和相关部门的关心、指导下，在各会员企业的支持和共同努力下，一直在服务、协调、自律、宣传等方面积极努力，积极为会员企业排忧解难，适时向政府反映行业现状和企业诉求。协会各项工作逐步推进，为实现塑料行业工业高质量发展作出了积极贡献。

一、基本情况

2023 年，根据统计局统计，台州塑料制品业产值 457.55 亿元，同比下降 1.3%。其中，规上企业 663 家，包括塑料薄膜 23 家，日用塑料制品制造 216 家，塑料零件及其他塑料制品制造 120 家，塑料板、管、型材制造 64 家，塑料包装箱及容器制造 68 家，塑料丝绳及编织 28 家，泡沫塑料 21 家，塑料人造革和合成革 9 家等。在出口方面，根据海关统计，塑料制品出口额 160 亿元，同比下降 6%。

二、为政府服务情况

协会围绕中心、服务大局，深刻把握新时代新任务新要求，坚持党建引领企业创新发展，不断提升组织力、筑牢凝聚力、增强战斗力，成立了台州市塑料行业协会功能型党支部，参加了台州市产业外迁工作座谈会、塑料污染治理情况座谈会、"禁塑限塑"调研座谈会等，积极建言献策。

三、为会员企业服务情况

协会以发展为主线，以自身为平台，以企业为主体，以服务为手段，助力企业树立形象、打造品牌。同时，不断创新思路，通过一个个形式多样、富有活力的活动，共同打造一个温馨、和谐的塑协大家庭。

（一）着眼企业成长，帮助会员企业在壮大中谋求新发展

协会密切把握企业发展需求，通过多种形式为会员企业提供切实有效的服务。先后举办台州塑协论坛第三期——"惠企政策新解读　助推企业再发展"、台州塑协论坛第四期——跨境电商企业经验交流分享会、2023 年天猫家居美家 U 选供应商招商会（台州站）、支付宝开放日——零售生态家居日用百货专场活动等，通过互相交流，协会为塑料行业创造了发展的良机。

加强交流，开阔会员发展眼界。协会先后组织人员和会员单位参加第五届中国国际塑料展、第 35 届中国国际塑料橡胶工业展览会、2023 中国合成树脂新材料产业发展大会暨展览会、第 116 届中国日用百货商品交易会、2023（第四届）中国塑料产业链高峰论坛及中国塑料绿色智造展览会等；开展走近"标杆企业"学习交流系列活动，先后走进台州综合保税区、万洋众创城、浙江德库玛机械有限公司等；推进县市区协会的联系，赴天台县橡塑行业协会开展学习交流活动，助力促进两地协会之间的交流和合作。协会通过与市商务局联合举办中国（台州）"一带一路"跨国采购对接系列活动、组织会员企业参加"品选台州　扬帆出海——2023台州市跨境电商选品大会暨'云上台州'产业带对接会"等活动，线上线下平台精准对接采购需求，为台州外贸企业增订单、拓市场提供支持。

协助会员企业生产的产品参与浙江制造"品字标"评审。分别参与了《室内塑料垃圾桶》《塑料编织休闲席》《室外建材用聚乙烯保护膜》《塑料可折叠包装箱》《无缓冲空气压缩机用织物增强型塑料软管》等"浙江制造"标准的评审会。截至目前，共参与发布的"浙江制造"标准25项，19家企业获得品字标认证。

（二）夯实组织基础，协会自身建设跃上新台阶

畅通会员沟通渠道。开展会员企业日常走访，了解会员需求，关注会员发展，不断提升服务会员水平。共走访接待50余家企业。通过走访接待企业，了解企业生产经营情况。同时，通过会员微信群等，加强与会员之间的沟通和交流，对企业提出的政策需求、会员服务需求等进行落实与跟进。

细致维护台州塑协公众号及网站。大力宣传国家产业政策，及时发布行业热点前瞻和协会相关动态，积极加强会员单位信息交流，使会员能更充分地了解协会。

不断改进工作方法，优化队伍结构，提高工作能力，革故鼎新，不断探索协会工作的新路径。台州市塑料行业协会第五次会员大会顺利召开。大会总结了协会第四届理事会工作，明确今后一个时期协会的工作任务，选举产生新一届领导机构。

主要制品行业

农 用 薄 膜

中国塑协农用薄膜专业委员会

2023 年是全面贯彻党的二十大精神的开局之年，是中国塑协农膜专委会换届之年，也是其成立 35 周年。

一、农膜行业发展现状

中国的农膜企业数以千计，总产能在 600 多万吨，目前年产农膜万吨以上的大型骨干企业约有 65 家，年产 3000—10 000 吨的中型农膜企业有 100 多家，规上企业有 200 多家。近几年农膜市场基本保持供需平衡局面。

农膜行业产品质量不断提高，品种不断增加，新型、多功能农膜不断涌现，高中档农膜产品比例已超过 70%，五层共挤、多功能棚膜得到普及，涂覆、接枝技术实现棚膜的持久流滴性，部分产品如薄型功能性棚膜生产技术已达到国际先进水平，包括 PO 膜在内的高档棚膜产品达到 40 万吨。农用薄膜在农业生产上成为不可或缺的重要生产资料。所有这些成绩，是产业链上下游企业共同奋勇拼搏的结果，是专委会全体会员单位艰辛付出的结果，也说明经过不断的科技创新和成果转化应用，我国农膜已经逐步走上高质量发展之路。

在取得成绩的同时，我们应清醒地认识到，从农膜大国向强国前进的道路上，还有许多困难要克服、许多问题要解决，如农膜行业的标准体系建设和标准覆盖还不够完善；农膜生产方式和装备还存在高能耗现象，对照国家"碳达峰碳中和"和"能耗双控"的要求还有距离；流滴、长寿功能性农膜使用的助剂还不能完全满足新形势下国家绿色、环保、安全的要求；废旧地膜的污染治理还没有得到很好的解决等。相信在中国塑协的领导下，行业内全体同人自觉坚持高质量发展之路，农膜行业一定会为乡村振兴和农业发展做出更大贡献。

二、2023 年农膜专委会重点工作

（一）中国塑协农膜专委会六届一次会员大会顺利召开

2023 年 5 月 25 日，"中国塑协农膜专委会 2023 年年会暨换届大会"在重庆市隆重召开。

应邀参加本次会议有相关部委领导，科研机构、高校的院士、专家、教授，各省、市塑料行业协会的领导，以及全国各地农用薄膜的生产原料、助剂、设备、应用和市场营销等领域的企业代表和新闻媒体朋友，共计 393 位。

根据《中国塑料加工工业协会章程》《中国塑料加工工业协会分支机构管理办法》《中国塑料加工工业协会农用薄膜专业委员会工作条例》的有关规定，中国塑协农用薄膜专业委员会第五届理事会任期已满，2023 年是换届之年。农膜专委会秘书处与中国塑协相关部门密切配合，积极筹备换届工作，包括组建换届工作领导小组、做好会员单位调研摸底、修改完善工作条例、提交第六届理事会候选名单以及第五届理事会 5 年来的工作总结等。

大会审议通过了农膜专委会第五届理事会工作报告、财务报告以及工作条例修改说明；进行了农膜专委会第六届理事会换届选举，中国塑协理事长王占杰做总结发言，并向新当选的农膜专委会第六届理事会成员颁发了聘任证书。新当选的第六届理事会成员与全体会员企业代表共同召开了专委会六届一次会员大会。

会议还对农膜专委会成立 35 年来农膜行业涌现出的先进个人、优秀品牌、优秀成果、创新产品、优秀展商、最佳合作单位进行了表彰。

技术交流会环节由 2 位院士、12 位专家学者，从农膜生产、应用及相关技术等方面进行了分享。报告内容丰富，使与会代表开阔了视野，增长了学识。

（二）标准制定工作取得可喜进展

（1）团体标准《农业用功能性聚烯烃涂覆棚膜》（T/CPPIA 41—2024）于 2022 年 7 月申请立项，2023 年 11 月在绍兴完成专家评审环节，2024 年 3 月由中国塑料加工工业协会理事长办公会议审议通过，自 2024 年 4 月 1 日起实施。

（2）团体标准《农用转光棚膜》于 2022 年 7 月申请立项，现已开始进行第二批农田试验，力争高效高质量完成制标任务。

（3）团体标准《农用塑料转光剂》已于 2024 年 2 月份立项，相关工作已经启动。

（4）结合中国塑协团标委培训内容，专委会正在积极筹划和推动开展企业标准"领跑者"评价工作。现阶段（本文撰写时）已组织申请地膜、棚膜、PO膜、EVA膜4个农膜产品的标准"领跑者"评价方案的立项，完成了初期项目建议书和草案的编制等相关工作；正在动员、鼓励、推荐骨干生产企业制定、完善本企业产品标准，通过公共信息平台公开其执行的产品标准以及标准的水平程度，公开产品的功能性指标，鼓励企业制定优于行业标准的企业标准，推动企业标准核心指标水平的持续提升。

（三）积极参与农膜污染治理部委联合调研

2023年3—4月，农膜专委会积极参与国家农膜污染治理部委联合调研。作为工业和信息化部的代表，农膜专委会与农业农村部、生态环境部、国家市场监督管理总局三部委深入9个地膜使用大省开展农膜联合监管指导工作，深入生产企业、营销网点、田间地头，打击非法制售非国标地膜产品，就废旧地膜回收处置及科学使用回收推进情况展开调研。

调研活动的开展，为国家制定地膜残膜污染治理政策提供了真实有力的数据支撑，也得到了地方各级政府自上而下的高度重视，对调研反馈的情况也采取了积极应对措施，净化了市场环境，为地膜污染治理工作打下了坚实基础。其间，专委会积极建言献策，赢得了国家部委相关人员的认可和赞誉。

（四）圆满完成"2023中国塑料绿色智造展览会"招展工作

专委会秘书处认真落实协会"三有三落实"的精神，制订了详细的工作计划，积极开展招展工作，通过年会、网站、内部刊物、微信群、QQ群、短信等各种平台和媒介积极向相关企业进行宣传，翔实地介绍历年展会的案例和取得的收益，以及展会期间开展的系列活动，使企业进一步了解和认识到参展、参观的意义和作用，从而推动招展工作的顺利进行。

"2023中国塑料绿色智造展览会"，农膜专委会以联合特装展位的形式参展，以"专精特新"为宣传推介主线，对荣获专精特新"小巨人"荣誉称号的会员企业及取得的创新成果进行全方位的宣传，鼓励更多企业成为专精特新"小巨人"企业。农膜专委会的展台设计恢宏大气，在展馆中独树一帜，得到了参观者的一致好评。

（五）推荐企业申报中国轻工业塑料行业"农用薄膜"十强企业

为进一步发挥轻工塑料行业骨干企业的示范引领作用，促进行业竞争力水平不断提升，中国塑料加工工业协会根据中国轻工业联合会下发的《关于开展2022年度中国轻工业企业竞争力等统计评价工作的通知》精神，推荐行业内优秀企业参加《2022年度中国轻工业企业竞争力、中国轻工业塑料行业骨干企业竞争力、中国轻工业企业品牌竞争力、中国轻工业装备制造行业企业竞争力》统计评价工作。经综合评价，农膜专委会10家优秀企业荣获"中国塑料行业（农用薄膜）10强企业"称号。

（六）表彰农膜行业突出贡献企业和个人

2023年是中国塑协农膜专委会成立35周年。35年来，专委会积极引导和支持中国农膜事业的绿色可持续发展，引领行业不断成长壮大，为中国农业发展做出了突出贡献，提升了农膜行业的凝聚力与社会的认同感。这些成绩的取得，离不开中国塑协各级领导、行业前辈、农膜企业及上下游行业的努力和支持，离不开一代又一代农膜人求索进取的创新精神。恰逢农膜专委会成立35周年之际，我们隆重表彰了一批优秀品牌、优秀科技成果、农膜升级产品、农膜创新产品、科技创新先进个人、优秀展商企业、最佳合作企业等为中国农膜行业发展做出突出贡献的企业和个人。

三、专委会上届理事会5年来重点工作回顾

第五届理事会是2018年6月26日在青岛选举产生的。5年来，第五届理事会遵照中国塑协的部署和指示精神，围绕企业和行业发展做了大量工作并取得一定成绩。

（一）诚心实意为会员单位服务

维护会员单位合法权益，发挥好政府与企业之间桥梁纽带作用，推动行业健康发展，一直是专委会工作的宗旨。专委会工作人员想企业之所想，急企业之所急，诚心诚意为企业解决遇到的困难，及时向上级部门反映企业重大共性诉求，使上级部门了解下情，深刻理解企业期盼。正值农户需要农膜供应的春播备耕时节，农膜供应链出现断裂。农膜专委会及时调研并汇总企业实情，向上级部门反映存在的困难和造成的影响，得到上级部门的理解和大力支持，很快出台了为农膜产品和原料运输开启绿色通道的文件，出台了列入"白名单"的企业享受优惠政策的文件并下发。同时,《人民日报》以"打通农资进村最后一公里"为标题,报道了农膜供应链迅速打通的实际情况。2020年,虽然农膜产量受到了一定影响,但在农膜专委会的努力工作下,并未出现因农膜供应不及时而延误农时的现象。

（二）完成《中国塑料加工发展史》中《农膜行业发展史》的编撰工作,并按要求按时上报中国塑协

《农膜行业发展史》的编撰历时4年,经多次向各农膜企业的老领导咨询、求证,补充完善内容,于2019年8月底完稿。发展史全篇分《前言》《农膜的应用和发展》《农膜专委会成长历程及行业主要活动》《重点人物及企业介绍》4个部分,共10万余字。这项工作得到了专委会各理事单位的大力支持。《农膜行业发展史》的编撰不仅锻炼和提高了工作人员的认知水平和工作能力,更重要的是形成了难得的、珍贵的历史资料,为今后探索农膜发展的方向、研究农膜发展的轨迹提供了档案材料。

（三）编制《"十三五"规划实施情况总结和"十四五"行业发展规划》

遵照中国塑协工作部署,为推动农膜行业转型升级和高质量发展,在"十四五"期间更上新台阶,农膜专委会秘书处于2019年底起草完成了《"十三五"规划实施情况提要和"十四五"行业发展规划草案框架》。经过两次理事会讨论充实、年会审议、三易其稿,最后圆满完成了《"十三五"规划实施情况总结和"十四五"行业发展规划》的编制。该规划力求数据翔实,客观地反映行业现状,实事求是确定未来5年发展目标和任务,集思广益,凝聚集体智慧,展现基层意向思路,为今后的发展绘制了可行的蓝图,给出了指导意见。

（四）圆满组织和完成展会任务

2018年、2020年、2022年,圆满组织和完成了第三至五届中国国际塑料展的布展和参展任务。这项工作难度很大,而且任务一届比一届繁重。农膜专委会工作人员精心组织、细心服务,通过努力圆满地完成了每一届展会任务,为企业展示产品和科技成果搭建平台,增进了新老客户的交流,学习了兄弟企业的先进经验,开阔了视野,推动了发展。农膜专委会也多次获得了中国塑协颁发的优秀组织奖。

（五）各类标准制定顺利有序推进,并取得显著成绩

农膜专委会会同有关部门、农膜行业组织完成了3项国家标准的修订、1项行业标准的制定、5项团体标准立项,标准范围涵盖制品标准、方法标准、生产标准、排放标准等,解决了行业中亟须解决的生产、经营问题。

（1）修订强制性国家标准《聚乙烯吹塑农用地面覆盖薄膜》（GB 13735—1992）,最新版本GB 13735—2017于2018年5月1日正式实施。

（2）《农业用乙烯—乙酸乙烯酯共聚物（EVA）吹塑棚膜》（GB/T 20202—2019）是GB/T 20202—2006的修订版,2019年8月31日发布,2020年3月1日实施。

（3）《农业用聚乙烯吹塑棚膜》（GB/T 4455—2019）是原强制性国家标准GB 4455—2006的修订版,2019年12月发布,2020年7月1日实施。

（4）推动《农膜企业挥发性有机物（VOCs）排放管控标准》的发布与实施。该标准于2019年申请立项,标准计划编号为CPPIA-01-19-B-001。最终,团体标准《农膜企业挥发性有机物（VOCs）排放管控标准》（T/CPPIA 9—2021）于2021年3月8日发布并实施。

（5）《农用棚膜接触酸性农药对耐候性影响的判定》于2019年申请立项,计划编号CPPIA-01-19-B-002,"农用棚膜接触含硫、氯农药影响耐候性的判定"T/CPPIA 12—2021团体标准于2021年12月31日发布并实施。

（6）行业标准《农用棚膜单位产品能源消耗限额》（QB/T 5676—2022）是依据工业和信息化部第四批绿色制造标准项目计划（工信厅科函〔2019〕276号）制定,于2022年7月公示。

（7）行业标准《涂覆型持久流滴聚乙烯棚膜》（QB/T 4475—2013）是2013年发布实施的。随着国家法律法规的完善,新材料、新技术、新科技的不断发展进步,该标准中的某些内容已不能与现有产品技术水平和国家的绿色环保要求相匹配。为此,中国塑协、农膜专委会积极组织业内专家对原标准内容进行论证分析,完善不足,力求与时俱进,同时组织了对应团体标准《农业用功能性聚烯烃涂覆棚膜》的制定工作。该团体标准计划编号为CPPIA-00-22-TC-006,于2022年7月申请立项,编制周期至2024年。

（8）《农用转光棚膜》（标准计划编号：CPPIA-

01-22-B-012）于 2022 年 7 月申请立项，标准编制周期为 2022 年 7 月 22 日至 2024 年 7 月 22 日。

（9）团体标准《农膜转光剂》也在申请立项和工作准备中。

各类标准的制定修订为农膜企业产品生产、企业管理和工艺改进提供了法律依据和规范要求，为农膜行业的健康发展起到积极促进、推动作用。

（六）重视诚信经营，发布《农用薄膜行业自律公约》

2018 年年会上，农膜专委会发布《农用薄膜行业自律公约》，得到广大会员单位的重视与响应。之后，根据 2020 年国家多部委联合公布的《关于进一步加强塑料污染治理的意见》文件精神，农膜专委会对上述行业自律公约进行了修订完善并在 2020 年召开的年会上再次发布。该公约强调农膜企业必须按照国家标准生产和销售合格的地膜产品，违反者将受到处罚；号召全体会员单位自觉遵守该公约，认真开展自查，坚决抵制不诚信生产和经营行为，严把质量关，为农业生产提供优质产品和服务。该公约自发布后，得到广大会员单位的积极响应，它们纷纷加强自律行为。据各省汇报材料，市场上不合格的地膜产品逐渐减少，产品质量和合格率明显提升。

（七）5 年来农膜行业在高质量发展上取得明显成效

从 2019 年以来，我国农膜产销量明显下滑，自 2021 年开始才逐步呈现恢复性增长态势。虽然农膜产量下滑，但农膜企业认识到面对挑战，不能墨守成规，要在创新发展上走出新路。5 年来，农膜行业在高质量发展上取得显著成效。一是高中端产品市场占有率由 2017 年的 55% 增长到目前的 70%，棚膜年产量虽然仍在百万吨左右，但 PO 膜等高端棚膜年产量已经达到 40 万吨；二是年产万吨以上企业的数量由 2017 年的 45 家增加到目前的 60 家左右，产业集中度进一步提高；三是企业科技创新能力不断提升。据不完全统计，目前全行业各企业获得国家各类专利授权数目比 2017 年翻了一番还多，新产品、新技术、新工艺、新材料不断推陈出新，赢得社会认可，享有良好口碑。由于企业科技的进步与提升，目前主要企业抗风险能力进一步增强。

（八）积极参与国家多部委组织的行业市场调研

农膜专委会积极响应党中央、国务院政策要求，结合行业协会对市场、产品熟悉了解的独特优势，全面协助、配合国家多部委对地膜污染防治和监管指导开展调研工作。2021 年 6—7 月间，与农业农村部、工业和信息化部、生态环境部、国家市场监督管理总局四部委到 8 个地膜使用大省，开展农膜污染治理部委联合调研指导工作，查看《农用薄膜管理办法》《关于加快推进农用地膜污染治理的意见》等法规政策的细化实化情况、配套政策的制定情况，全程监管责任落实情况；参与地膜生产和销售市场的产品质量监管，包括行业规范条件、地膜农资打假、监督执法情况；跟进农膜污染治理工作进展情况（包括回收体系建设和回收利用长效机制构建等），以及地膜替代产品和技术研发推广情况（主要是全生物降解地膜的评价应用）。2023 年 3—4 月，积极参与农业农村部、工业和信息化部、生态环境部、国家市场监督管理总局四部委深入 9 个地膜使用大省开展的农膜联合监管指导工作，打击非法制售非国标地膜产品，对废旧地膜回收处置及科学回收使用推进情况展开调研。

调研活动的开展，为国家制定地膜残膜污染治理政策提供了真实有力的数据支撑，也得到了地方各级政府自上而下的高度重视。对调研反馈的情况，各方也积极采取了应对措施，净化了市场环境，为地膜污染治理工作打下了坚实基础。

（九）工作中存在的不足

第五届专委会履职 5 年来，虽然做了大量工作并取得了一定成绩，但工作中仍然存在不足之处。一是由于秘书处专职工作人员少，且受经费限制，走出去深入企业，与基层交流沟通不够，对企业服务帮助不及时，针对性差，对行业现状的了解程度也明显不足。二是每年秘书处为了解会员单位企业生产运行情况，发出许多调研问卷，但反馈回来的并不多，使调研的结果缺乏全面性。三是行业科技创新虽然取得不少进步，但距建成农膜强国的目标仍有很大差距。四是农膜专委会专家工作组的平台作用未得到较好体现，专家对农膜行业建言少、帮扶力度不强。建议秘书处工作人员要紧密围绕"十四五"规划的目标任务，积极帮助和引导企业加大科技创新力度，依托中国塑协专家委员会和农膜专家工作组强大的技术资源，为企业纾困，解决企业亟须解决的问题，缩短与世界先进水平的差距，向农膜强国大步迈进。

四、农膜专委会第六届理事会组成名单

表 1 农膜专委会第六届理事会组成名单

职务	姓名	性别	单位	单位任职
主任	曹志强	男	白山市喜丰塑料（集团）股份有限公司	董事长兼总经理
常务副主任	靳树伟	男	玉溪市旭日塑料有限责任公司	董事长
	徐雪明	男	杭州新光塑料有限公司	董事长
	刘罡	男	北京天罡助剂有限责任公司	总经理
副主任	赵强	男	天津市天塑科技集团有限公司	副总经理
	袁志奇	男	科伦塑业集团股份有限公司	总经理
	杨振生	男	哈尔滨塑五有限公司	总经理
	尹君华	女	山东清田塑工有限公司	董事长
	汪纯球	男	安徽华驰环保科技有限公司	总经理
	田开生	男	山东三塑集团有限公司	总经理
	武庆东	男	聊城华塑工业有限公司	董事长
	宋营光	男	焦作咏春塑胶有限公司	总工
	汪振球	男	南雄市金叶包装材料有限公司	总经理
	孙美菊	女	河南省银丰塑料有限公司	董事长
	李忠烈	男	四川省犍为罗城忠烈塑料有限责任公司	董事长
	卢建书	男	云南曲靖塑料（集团）有限公司	董事长
	乔宪宾	男	济南新三塑业有限公司	总经理
	杜勇	男	山东燕塔农业科技有限公司	董事长
副主任	陈厂	男	甘肃福雨塑业有限责任公司	总经理
	方玉成	男	唐山聚丰普广农业科技有限公司	总经理
	林俊义	男	宿迁联盛科技股份有限公司	集团总裁
理事	杨文爽	女	爱丽汶森（北京）化工有限公司	总经理
	王兀江	男	大连橡胶塑料机械有限公司	董事长
	魏贵生	男	茂康材料科技（常熟）有限公司	副总经理
	陆夫民	男	江苏省农望达塑料厂	总经理
	顾晓东	男	杭州临安绿源助剂有限公司	总经理
	孟国	男	山东莱芜新甫冠龙塑料机械有限公司	董事长
	冯玉敏	男	青岛海益塑业有限责任公司	副总经理

职务	姓名	性别	单位	单位任职
理事	赵炳春	男	山东守正塑业有限公司	董事长
	韩利民	男	佛山佛塑科技集团股份有限公司经纬分公司	总经理
	尚君学	男	佛山安亿纳米材料有限公司	总经理
	马佳圳	男	广东金明精机股份有限公司	总经理兼副董事长
	吴吉鹏	男	安阳塑化股份有限公司	董事长
	李庆荣	男	云南塑料厂	厂长
	宁军	男	甘肃天宝塑业有限责任公司	副总经理
	程立春	男	山东东大塑业有限公司	技术总监
	徐蕾	男	青州市鲁冠塑料有限公司	总经理
	李文艺	男	山东中艺橡塑有限公司	董事长
	金鑫海	男	兰州金土地塑料制品有限公司	总经理
	刘瑞	男	新疆莱沃科技股份有限公司	董事长
	姜世华	女	甘肃济洋塑料有限公司	总经理
	侯继军	男	华盾雪花塑料（固安）有限责任公司	执行董事
	傅卫东	男	山东新天鹤塑胶有限公司	总经理
	黄维	男	贵州科泰天兴农业科技有限公司	副总经理
	王丽红	女	北京中科德润环保科技有限公司	董事长
	宋春桥	男	乐凯化学材料有限公司	总经理
	王会军	男	山东金蚂蚁塑业有限公司	总经理
	裴守伟	男	青州市新明新材料有限公司	总经理
	宋存广	男	山东隆银塑业科技有限公司	总经理
	徐长坤	男	山东隆昌新材料科技股份有限公司	总经理
	卢斌	男	云南科地塑胶有限公司	总经理
	郭建华	男	保定茂华塑料制品有限公司	总经理
	杜俊娟	男	宣汉骅龙塑料制品有限公司	董事长
	杨伟	男	长沙西维尔科技有限公司	董事长
	安平	女	天津利安隆新材料股份有限公司	技术市场
秘书长	刘敏	女	中国塑协农用薄膜专业委员会	秘书长

五、农膜专委会表彰名单

（一）优秀科技成果名单

表 2　优秀科技成果名单

序号	项目名称	主要完成单位
1	万吨级聚烯烃长效长寿命低成本加工技术开发	白山市喜丰塑业有限公司
2	智能化生物降解地膜降解周期的可控性研究与应用	河南省银丰塑料有限公司
3	在线打孔专用耐候地膜	甘肃福雨塑业有限责任公司
4	新型保温型涂覆型 PO 膜	燕塔新型农膜研发中心
5	宽幅高耐候性转光 PO 膜	山东东大塑业有限公司
6	万吨级长效长寿农用棚膜低成本制造与产业化	华盾雪花塑料（固安）有限责任公司
7	一种来源单一稳定可溯源的农膜再生料科技成果创新申报（溯新农用残膜再生料）	云南科地塑胶有限公司
8	复合型高效低碱性受阻胺光稳定剂 T-68 的开发应用	北京天罡助剂有限责任公司
9	宽幅组合式熔融喷糙土工膜生产装备	山东莱芜新甫冠龙塑料机械有限公司
10	20 米五层共挤 PO 转光膜机组的设计与生产制造	济南莱芜润华塑料机械有限公司
11	聚乙烯双抗防老化黑色母的研究开发	山东中艺橡塑有限公司
12	生态地膜研发与产业化推广应用	山东天壮环保科技有限公司、北京中科德润环保科技有限公司
13	口模直径 3600 五层共挤多功能棚膜机组	大连橡胶塑料机械有限公司

（二）中国农膜质量信得过优秀品牌

表 3　中国农膜质量信得过优秀品牌

单位	品牌	单位	品牌
白山市喜丰塑业有限公司	喜丰牌	山东燕塔农业科技有限公司	燕塔牌
杭州新光塑料有限公司	星光牌	甘肃福雨塑业有限责任公司	海宝牌
科伦塑业集团股份有限公司	瑞光牌	山东守正塑业有限公司	神算牌
南雄市金叶包装材料有限公司	金叶牌	青州市鲁冠塑料有限公司	鲁冠牌
山东清田塑工有限公司	清田牌	山东东大塑业有限公司	东大牌
四川省犍为罗城忠烈塑料有限责任公司	麒麟牌	华盾雪花塑料（固安）有限责任公司	华盾牌
玉溪市旭日塑料有限责任公司	旭日牌	保定茂华塑料制品有限公司	华硕牌
哈尔滨塑五有限公司	双丰牌	兰州金土地塑料制品有限公司	兴雨牌
云南曲靖塑料（集团）有限公司	阿诗玛牌	南宁市晟和兴塑胶有限责任公司	膜之冠牌
唐山聚丰普广农业科技有限公司	玉森牌	达州市美达塑料制品有限公司	美好牌

（三）中国农膜行业升级产品获奖名单

表4 中国农膜行业升级产品获奖名单

单位	产品
白山市喜丰塑业有限公司	长效长寿命 HPO 涂覆农膜
山东燕塔农业科技有限公司	燕塔新时代高保温 PO 膜
玉溪市旭日塑料有限责任公司	在线打孔地膜
山东东大塑业有限公司	高耐候性转光 PO 膜
山东守正塑业有限公司	云南 5 年超长寿膜
甘肃福雨塑业有限责任公司	绿色低碳科学应用多层地膜
保定茂华塑料制品有限公司	加厚型高强度聚乙烯地膜
兰州金土地塑料制品有限公司	环保型反复使用农用覆盖薄膜（0.015mm）
山东中艺橡塑有限公司	聚乙烯双抗防老化黑色母

（四）中国农膜行业创新产品获奖名单

表5 中国农膜行业创新产品获奖名单

单位	产品
玉溪市旭日塑料有限责任公司	银黑白三色地膜
白山市喜丰塑业有限公司	漫反射半透型人参专用膜、农用全生物降解地膜
华盾雪花塑料（固安）有限责任公司	五层共挤 GX 棚膜
甘肃福雨塑业有限责任公司	复合型高强度环保黑白配色地膜
山东东大塑业有限公司	漫散射 PO 膜
保定茂华塑料制品有限公司	多功能全生物降解地膜
南雄市金叶包装材料有限公司	配色地膜
山东中艺橡塑有限公司	全生物降解专用料

（五）中国农膜行业科技创新先进工作者

表6 中国农膜行业科技创新先进工作者

单位	姓名	单位	姓名
杭州新光塑料有限公司	卢伟东	山东守正塑业有限公司	李照卿
白山市喜丰塑业有限公司	李炳君	青岛海益塑业有限责任公司	李 飞
科伦塑业集团股份有限公司	王富兴	青州市鲁冠塑料有限公司	徐 蕾
山东清田塑工有限公司	尹君华	山东东大塑业有限公司	程立春
甘肃福雨塑业有限责任公司	陈 厂	华盾雪花塑料（固安）有限责任公司	刘丙伟
玉溪市旭日塑料有限责任公司	覃双芝	山东中艺橡塑有限公司	李文艺
北京天罡助剂有限责任公司	赵 莉	北京中科德润环保科技有限公司（山东天壮）	周经纶

（六）优秀展商奖获奖名单

北京天罡助剂有限责任公司

白山市喜丰塑料（集团）股份有限公司

山东莱芜新甫冠龙塑料机械有限公司

佛山安亿纳米材料有限公司

爱丽汶森（北京）化工有限公司

山东中艺橡塑有限公司

莱芜市润华塑料机械有限公司

山东清田塑工有限公司

河南省银丰塑料有限公司

杭州新光塑料有限公司

济南新三塑业有限公司（济南澳亚万禾新材料有限公司）

江苏普莱克红梅色母料股份有限公司

保定市乐凯化学有限公司

宿迁联盛助剂有限公司

青州市新明新材料有限公司

利安隆凯亚（河北）新材料有限公司（天津利安隆新材料股份有限公司）

（七）最佳合作奖获奖名单

北京天罡助剂有限责任公司

山东莱芜新甫冠龙塑料机械有限公司

六、2024年工作安排

2024年是新中国成立75周年，亦是实现"十四五"规划目标任务的关键一年。中央经济工作会议指出，我国发展面临的有利条件强于不利因素，经济回升向好、长期向好的基本趋势没有改变。农膜行业永远是一个朝阳行业，在中国塑协的领导下，农膜专委会将牢记初心使命，全面提升服务能力和水平，加强科技创新、践行绿色发展、做好"四个"服务、搭建平台推进国内外交流合作、加强协会建设等，坚定行业发展信心，持续推进中国农膜行业可持续高质量发展。

（1）农膜专委会将在中国塑协的领导下，规范管理，完善服务，团结带领全体会员单位，在技术创新、智能制造、专精特新等领域加大工作力度，加大对行业标杆企业的宣传力度，提高产品质量和企业信誉，提高农膜行业整体素质和发展水平；加强农膜行业人才队伍建设，重点培养技术研发、企业管理、经营销售和技能工人队伍，为建设农膜强国而努力工作。

（2）积极引导和指导规上农膜企业发挥好行业带头作用，在创新发展、节能减排等多个领域，按照国家"双碳"减排总体要求和中国塑协工作部署，通过技术创新、设备改造、产品换代、精细管理等方法，实现中高档农膜比例达到80%以上，中国由农膜大国向农膜强国转变，实现中国农膜行业绿色可持续发展。在行业自律方面，不制假、不售假，打击假冒伪劣产品，会员企业要带头执行地膜国家强制标准，不按照标准生产的行为要得到整治。

（3）继续加大宣传推广绿色工厂、绿色产品认定在农膜行业的认知和影响力；推广加厚高强度地膜和全生物降解地膜的应用，积极推动农膜产品减量化、可循环、易回收、可降解替代等新技术的推广应用。为实现国家"双碳"目标，发挥应有的作用和贡献。

（4）标准化、专业化、自动化、智能化将是农膜行业的发展方向，以《中国制造2025》提出的坚持"创新驱动、质量为先、绿色发展、结构优化、人才为本"的基本方针为动力，按照工业和信息化部《农用薄膜行业规范条件》和农膜行业"十四五"规划总体要求，加强与科研院所的沟通合作，推动产学研深度融合，加大创新工作力度，加快行业高素质人才队伍建设，加速农膜企业自动化、智能化改造，持续推进企业转型发展。

（5）加快推动建立以企业为主体的政产学研用协同创新体系，引导和配合企业承担科研成果中试任务。借助大专院校、科研院所力量，增强企业攻关和创新能力，培养一批能够引领产业变革的创新型骨干企业，发挥其创新整合资源作用，带动壮大科技型中小企业、激发行业创新合力。产品创新要向专用化、功能化发展，如人参、黄瓜、菌类、养殖、青贮等的专用膜和光转换、漫反射、高保温、长效防雾滴、生态等功能膜转换。以行业协会为纽带，协调各方面资源，加强从原料、加工到装备的纵向创新体系建设，加强行业内企业共同攻关关键核心技术，形成横向联合创新体系。通过加强交流、信息共享、资源共享，提高创新能力，达到合作共赢，引领企业转型升级。

（6）积极推动建立农膜行业企业标准"领跑者"制度。为推动先进引领性标准的市场化供给与实施，切实发挥企业标准对质量提升的引领作用，推动形成多方参与、持续提升、闭环反馈的动态调整机制，引导企业标准水平提升，引领产品和服务质量升级。农膜专委会正在组织团队调研，制定企业标准"领跑者"评价的相关方案，为支撑企业标准自我声明公开、有序推进企业标准"领跑者"制度工作，为开展企业标准水平评估以及产品或服务质量评价做好充分的准备。

（7）努力完成2024年展会招展工作。"2024年中国国际塑料展览会暨第六届塑料新材料、新技术、新装备、新产品展览会"于2024年11月2—4日召开，农膜专委会展位任务60个。专委会将继续认真落实协会"三有三落实"的精神，积极总结2023中国塑料绿色智造展览会取得的经验，借鉴兄弟专委会的会展亮点，找差距，补不足，制订详细的工作计划，积极开展招展工作，让企业进一步了解和认识到参展、参观的意义和作用，从而推动招展工作的顺利进行。

七、专委会今后工作要求

（一）扎实做好基本功，增强服务"三农"的本领

受原料价格上涨等因素影响，近几年农膜行业开工率不高，但是从农膜专委会提供的数据来看，2022年全国农膜总产量增势良好，总体发展很乐观，可以保障农业生产。2023年春回大地，农膜企业大力加油干，用过硬的产品、热情的服务回馈农民客户，为农业健康发展、为农民增收做出应有贡献。同时，我们还要做好市场调研，加大新产品研发力度，发展有前景的农用塑料，为设施农业、现代化农业发展继续提供高质量、信得过的塑料产品和技术。相信农用薄膜行业有着广阔的市场等待大家去开拓分享，也希望上下游产业链同人共同开发农用塑料市场，为我国农业增收增产、减轻农民负担做出应有努力。

（二）坚持绿色发展理念，推进行业可持续发展

面对当前塑料污染治理的大政策环境下减（禁）塑的行动，我们已在终端上加强农地膜回收再生利用，在源头上从设计、选材、回收方式等方面采取减量化方式，还采用生物基降解塑料替代方式达到减塑目的。还需要开发新材料、新产品，以塑代塑，如以新材料薄型化、塑料改性功能化、设计应用绿色化、高效生产低碳化来实现减塑，以更高更强塑料替代低端塑料来实现减塑，提高单位产品的技术含量和价值，最终实现塑料工业高质量发展。

（三）不断提升产品品质，增强企业社会责任感

引导企业正确处理企业发展与履行社会责任的关系，促进企业在产品质量安全、社会责任、市场服务等方面取得成绩并达成共识。此举得到工业和信息化部的认可，且其出台了一系列相关政策予以支持，推动了农膜行业的健康发展。这些成绩的取得与农膜专委会以及农膜骨干企业的共同努力分不开，希望农膜专委会继续加大工作力度、发挥作用，围绕高质量发展、高品质服务做出更大成绩。

（四）搭建合作交流平台，持续提升服务水平

农膜专委会应与时俱进，加强有效服务，开拓创新。期待专委会在第六届理事会的带领下，在秘书处的服务下，不断提高服务行业和企业的能力与水平，努力在搭建上下游合作交流服务平台方面有所作为。

改 性 塑 料

中国塑协改性塑料专业委员会

一、行业发展概述

（一）改性塑料行业及主要应用产业发展概况

改性塑料是一种通过物理或化学手段改善其性能的塑料制品。它主要以通用塑料（如聚乙烯、聚丙烯、聚氯乙烯等）和工程塑料（如尼龙、聚碳酸酯、聚苯硫醚等）为原料，通过填充、共混、增强等工艺，改性塑料可以提高其阻燃性、强度、抗冲击性、韧性等性能，以满足不同应用场景的需求。

改性塑料因其优异的性能和可定制性，应用非常广泛，其下游应用领域包括家电、汽车、通信、电子电气、医疗、轨道交通、精密仪器、家居建材、安防、航天航空、军工等领域。随着全球节能环保意识的不断增强，改性塑料的应用领域还在不断扩展。特别是在轻量化、环保替代材料方面，改性塑料展现出巨大的潜力和市场需求。

近年来，我国改性塑料产业的高速持续发展主要得益于下游产业的爆发式发展。进入 21 世纪，全球家电、计算机、电动工具和玩具等的生产加速向中国转移，我国已成为这些领域产品的制造业大国，并借此推动了国内改性塑料行业的发展。随着国民经济的稳定健康发展和消费升级，中国的汽车、家电等产业进入高速增长期，我国对改性塑料产品的需求与日俱增，我国正成为全球改性塑料最大的潜在市场和主要需求增长动力。2023 年，我国整体经济运行呈现恢复向好态势，但面临的压力仍然较大，主要有：外部环境风险挑战明显增多，国内外需求不足矛盾凸显，市场主体预期不强。2023 年，我国改性塑料的核心下游应用领域，汽车、家电、电子信息和新能源行业的发展情况如下。

（1）汽车行业概况。据中国汽车工业协会统计，2023 年，我国汽车继续保持强劲增长态势，产、销量分别达 3016.1 万辆和 3009.4 万辆，同比分别增长 11.6% 和 12%，连续第 15 年居全球首位。其中，国内新能源汽车展现出强劲的增长势头，市场表现尤为亮眼，产、销分别完成 958.7 万辆和 949.5 万辆，同比分别增长 35.8% 和 37.9%，市场占有率达到 31.6%；预计 2024 年，新能源汽车产销规模有望达到 1300 万辆，增速约 40%，整体渗透率超过 40%。同时，汽车轻量化、低碳化、智能化的设计理念仍在推动改性塑料在汽车产业中对金属等材料的替代效应。同时，改性塑料在新能源汽车动力电池、充电桩等配套设备中的应用，也将为改性塑料带来增量市场需求。全球范围内，对高性能、轻量化、环保可回收改性材料的需求不断增长。特别是在新能源汽车市场的快速扩张推动下，改性材料的应用前景越发广阔。这一趋势也促使国内改性材料生产企业加速技术创新和产品升级，以满足市场对高品质产品的需求。

（2）家电行业概况。根据国家统计局数据，2023 年我国家电行业整体表现出了积极的增长趋势。其中，规上家电企业主营业务收入为 1.84 万亿元，同比增长 7%，家电行业的整体经济规模在扩大；行业出口额为 985.8 亿美元，同比增长 1.36%。主营业务收入和出口额的增长表明了家电行业在国内外市场上的竞争力和需求的增加。从产销数据来看，我国白电品类产量、出货量均明上涨。我国家电行业在 2023 年保持了稳健的发展态势，并且在国内外市场均展现出较强的竞争力。随着技术创新和环保意识的增强，家电行业有望继续推动相关材料市场的发展，特别是改性塑料市场。

家电行业增长对改性塑料市场产生了积极影响，推动了改性塑料在家电行业的广泛应用，并促进了改性塑料技术创新和环保型改性塑料的发展。

（3）电子信息行业概况。随着全球经济的快速发展和信息技术的广泛应用，电子信息行业迎来了前所未有的发展机遇。5G 通信、人工智能、物联网等前沿技术的快速发展，以及新能源汽车和智能家居等新兴领域的兴起，为电子信息行业带来了巨大的增长空间。中国电子信息联合会统计报告显示，2023 年，我国规上电子信息制造企业营业收入达 15.1 万亿元。其中，家用电器和音像器材类产品收入约 8719 亿元，同比增长 0.5%；通信器材类产品收入约 6814 亿元，同比增长 7.0%。改性塑料作为电子信息行业中重要的电子材料分支，市场规模已超过 500 亿元。市场需求的多样化、个性化，以及技术的持续进步和产品应用领域的不断拓展，将进一步推动电子材料需求的增长。同时，随着全球对环保和可持续发展的重视，电子电工材料的研发和生产将更加注重环保和可持续性。这些都为改性塑料行业的未来发展提供了广阔的空间和无限的可能。

（4）新能源行业概况。随着全球对传统能源日益紧缺的担忧和对可持续发展的追求，新能源行业迎来了快速发展的黄金时期。我国国家统计局数据显示，2023 年我国太阳能发电量累计值约为 2939.7 亿 kW·h，同比增长 17.2%，而充电基础设施新增 338.6 万台，同比增长 30.6%，这表明新能源的利用和基础设施建设正在迅速扩大。全球锂离子电池出货量在 2023 年达到 1202.6 GW·h，同比增长 25.6%，其中我国出货量为 887.4 GW·h，同比增长 34.3%，占全球出货量的 73.8%，凸显了我国在全球新能源电池产业中的领先地位。为实现"双碳"目标，我国正加快优化产业结构和能源结构，光伏、锂电储能、充电桩等产业迅猛发展。这就对高性能工程塑料等材料的性能提出了新要求。耐高温、高绝缘、耐老化等改性塑料的需求量预计将稳步增加。

（二）2023 年改性塑料行业及其重点企业经营发展情况

改性塑料作为重要的工业原料之一，其需求受宏观经济和下游行业景气程度影响较大。2023 年，我国宏观经济表现出稳中有进的态势，消费市场逐步恢复，新动能产业成长壮大，为改性塑料行业提供了良好的发展环境。同时，内需扩大和市场活力的释放也为改性塑料行业的市场需求提供了支撑。根据国家统计局统计数据，2023 年，我国初级形态塑料产量累计值为 11 901.8 万吨，累计增长 6.3%；2023 年，我国改性塑料产量约为 2735 万吨。可以说，我国的改性塑料行业规模巨大，但产业市场集中度不高，主要呈现以下现状：

（1）行业竞争格局呈现高端、中端和低端 3 个层级。高端领域主要还是由国外大型跨国企业以及国内大型改性塑料企业占据。中端领域主要是国内具有自主创新能力的企业。近年，本土企业技术不断进步，一些上市企业具备自主研发创新能力，便逐渐占据改性塑料行业中端领域市场份额。低端领域则主要是一些规模较小、产品单一、技术水平落后的中小型企业。随着我国改性塑料市场需求的增长，越来越多的中小型企业入局，占据行业的第三层级，低端领域企业数量多、份额大、研发能力弱、竞争激烈。

（2）改性塑料行业的区域集中度较高，但是呈逐渐分散的趋势。从改性塑料工业总产值和销售收入区域分布来看，我国改性塑料的生产和销售主要集中于华东地区和华南地区。华中和西南地区的工业总产值和销售收入占比均呈逐年提高的趋势。

（3）改性塑料行业企业数量众多，行业市场集中度较低，企业规模普遍偏小。行业竞争格局可分为 3 个梯队，即大型外资企业、规模内资企业、小型内资企业。目前，大型外资企业在改性塑料高端市场仍占据主要地位。国内改性塑料企业总数超过 3000 家，但年产量超过 10 000 吨的企业不足 50 家，具有自主创新能力、能够为客户提供改性材料整体解决方案的企业较少。

2023 年，行业头部企业尤其是上市公司的营业收入都进一步增长，行业集聚度进一步提升。金发科技营业收入 479.41 亿元，同比增长 18.63%；其改性塑料业务板块产成品销量达 211.25 万吨，年销量首次突破 200 万吨，同比增长 19.88%。国恩科技实现营业收入 174.39 亿元，同比增长 30.08%；其改性材料实现营业收入达 97.4 亿元，同比增长 28.26%。普利特实现营业收入 66.69 亿元，同比上升 17.58%；其改性塑料板块完成生产量 44.55 万吨，同比上升 13.53%。会通新材实现营业收入 53.48 亿元，同比上升 3.27%；其改性塑料板块完成生产量 47.6 万吨，同比上升 1.1%。聚石化学实现营业收入 36.85 亿元，同比下降 5.64%；其改性塑料粒子板块完成生产量 7.94 万吨，同比增长 13.74%。道恩公司实现营业收入 31.93 亿元，同比下降 7.43%；其改性塑料板块完成生产量

36.79 万吨，同比上升 7.9%。南京聚隆实现营业收入 18.29 亿元，较上年同期增长 7.11%；其改性塑料板块完成生产量 13.3 万吨，同比上升 18.33%。聚赛龙公司改性塑料板块实现营业收入 16.77 亿元，增长 13.34%；完成生产量 14.39 万吨，同比上升 18.87%。沃特股份以特种高分子材料为主体的改性塑料产品实现营业收入 15.37 亿元，同比增长约 3.11%。银禧科技改性塑料产品实现营业收入 13.82 亿元，同比下降 8.80%；其改性塑料板块完成生产量 11.53 万吨，同比下降 3.4%。

随着国内产品质量要求的不断提升，改性塑料向性能高端化、功能定制化方面不断发展；在高技术高规模门槛下，低端产能出清叠加行业持续整合，行业逐渐向头部市场集中，马太效应凸显，改性塑料龙头企业竞争优势有望持续提升，份额保持有序增长。

二、行业发展趋势与建议

（一）行业发展背景

改性塑料所处的新材料行业是国家重点鼓励和发展的行业。在国家层面的战略规划和政策引导下，我国改性塑料行业正迎来前所未有的发展机遇。近年，国家各部委及行业管理协会陆续出台了大量鼓励政策及发展指引，来推动改性塑料行业的高质量发展。《中国制造 2025》的宏伟蓝图，不仅为制造业的转型升级提供了方向，也为改性塑料这一关键新材料的发展注入了强大动力。《重点新材料首批次应用示范指导目录（2024 年版）》进一步明确了新材料的示范应用领域，为改性塑料的推广和应用开辟了道路。《中华人民共和国国民经济和社会发展第十四个五年规划和 2035 年远景目标纲要》（简称"十四五"规划）更是将改性塑料作为战略性新兴产业的重要组成部分，明确了其在国家发展中的重要地位。2024 年 3 月，国务院印发《推动大规模设备更新和消费品以旧换新行动方案》（国发〔2024〕7 号），提出实施包括汽车、家电等在内的消费品以旧换新行动，带动改性材料下游市场需求持续增加。改性材料下游应用领域广泛，随着下游领域对材料性能要求的不断提高，改性材料正逐步替代通用塑料与传统材料，成为支持产业发展的重要新材料之一。

相关政策的密集出台，不仅体现了国家对改性塑料行业发展的高度重视，更为行业提供了实实在在的支持。从资金支持到税收优惠、从研发投入到人才培养，全方位的扶持政策为改性塑料行业的高

质量发展提供了坚实的基础。这不仅有助于加速国产改性塑料的技术研发和产业化进程，更有望推动改性塑料行业的整体竞争力提升，满足国家战略性新兴产业的需求，促进经济的可持续发展。

（二）行业发展趋势

改性塑料行业，作为典型的需求驱动型行业，正随着下游行业需求的增长而步入一个快速发展的新阶段。汽车行业的轻量化和新能源转型，以及家电行业的智能化趋势，不仅为改性塑料带来了新的增长机遇，也对材料性能提出了更高要求，促使行业内企业加大研发力度，推动技术进步和产业规模的扩大。国内企业通过不断的技术创新，正在逐步突破国外的技术壁垒，提升产品的技术含量和质量标准，以满足国内外市场的需求。

同时，我国改性塑料企业正在通过提供全面增值服务和材料整体解决方案，增强其在全球市场的综合竞争力。这不仅能提高产品的市场适应性和客户满意度，也使企业能够更好地应对市场变化和挑战。随着产品技术与质量指标的不断提升，国内改性塑料企业的主要产品已能满足高端领域的需求，部分产品和技术甚至达到或领先于世界水平。

展望未来，改性塑料产业的发展趋势表现为多元化和深层次变革。产品高端化、技术创新、产业集中度提升、环保与可持续发展、轻量化和节能以及产业链整合，共同构成了行业发展的主要方向。特别是随着5G通信、物联网、人工智能等新技术的不断涌现，对高性能改性塑料需求的日益增长，推动着新材料的研发和应用。产业集中度的提升和环保趋势的推动，将进一步促进行业的健康、高效和可持续发展。通过产业链整合和市场拓展，我国改性塑料产业有望在全球范围内进一步增强其竞争力，开拓更广阔的市场空间。

（三）行业发展建议

1. 加快企业转型升级

国家鼓励扶持政策为改性塑料行业提供了良好的发展机遇。行业主管部门和协会应重点扶持中小型改性塑料企业，通过资金、技术、政策等手段，提升这些企业的科技能力和市场竞争力。鼓励企业开发专精特新产品，提升产品增值服务。培育具有国际竞争力的企业，降低生产要素及产品流通成本，增强区域产业竞争力。支持企业通过兼并重组做大做强，整合资源，形成战略联盟，放大产业集聚效应。

2. 瞄准进口替代，提升市场竞争力

改性塑料在通信、物联网、人工智能、智能家居、光伏、新能源汽车等领域的应用日益广泛。面对高端改性塑料较高的对外依存度，企业需扩展下游应用领域，进行持续技术研发和产业化生产。开发定制化产品，解决客户在材料选择、结构设计、生产工艺匹配等方面的技术问题，提供个性化服务，增强客户依赖性和忠诚度，拓展稳固客户群体。

3. 加大研发投入，加强产学研合作

改性塑料企业需要根据不同应用场景的性能需求，提供定制化的配方设计、产品供应和工艺参数配置服务。中小企业往往缺乏足够的研发能力，需要加强与高校、科研机构的合作，建立产学研合作关系，提升研发水平，借助外部科研力量加快核心技术研发。通过行业整合，实现产业链上下游的协同创新，集中力量突破关键共性和核心技术，推进改性塑料产业的技术进步和质量提升。政府和行业协会应提供支持和引导，帮助企业提升技术水平，推动行业技术进步和产业升级。

4. 注重环保与可持续发展

改性塑料产业的发展应注重环保和可持续发展。企业在研发和生产过程中，应严格遵守环保法规，减少污染物排放，提高资源利用效率；开发环境友好型改性塑料产品，满足市场对绿色、环保材料的需求。

5. 加强人才培养与引进

人才是推动改性塑料产业发展的关键。企业应加强人才培养和引进，建立人才激励机制，吸引和留住高端人才；与高校、科研机构合作，建立人才培养基地，培养行业所需的专业人才。

6. 增强国际合作与交流

在全球化背景下，国际合作与交流对于改性塑料产业的发展至关重要。企业应积极参与国际合作项目，引进国外先进技术和管理经验，提升自身国际竞争力；通过国际展会、技术交流等方式，展示国内改性塑料产业的发展成果，拓展国际市场。

总之，改性塑料产业的发展需要政府、企业、高校和科研机构的共同努力。通过加快企业转型升级、瞄准进口替代、加大研发投入、加强产学研合作、注重环保与可持续发展、加强人才培养与引进、增强国际合作与交流等措施，可以推动改性塑料产业实现高质量发展，为国家的经济发展和科技进步做出更大的贡献。

备注： 本文部分内容和数据来自国家统计局、海关、中国石油和化学工业联合会、中国塑料加工工业协会、相关上市公司年度报表等。

中空吹塑制品

中国塑协中空制品专业委员会

第一部分 2023 年中空吹塑行业经济运行情况

2024 年 2 月 27 日，中国塑料加工工业协会中空制品专委会发布了《关于进行 2022 年中空制品行业经营情况调研的通知》。专委会累计发出了约 800 份调研函，共收到填报数据 177 份，有效数据 163 份，其中制品企业有效数据 101 份，配套企业有效数据 61 份。163 份数据来自 20 个省市自治区直辖市的中空制品企业及上游供应商。

一、2023 中空制品企业经营情况分析

1. 2023 年中空制品企业经营基本情况

本次调研的 101 家制品企业，从 2023 年销售额变化情况来看，有 36 家相比于 2022 年出现下降，10 家基本持平，55 家实现增长；从 2023 年总产量变化情况来看，有 31 家下降，67 家实现基本持平或增长；从 2023 年利润变化情况来看，有 48 家下降，47 家实现基本持平或增长。从已收取的样本数据对比国内中空原材料总产销来看，2023 年中空制品总产量、销售额、利润整体呈现上升态势，具体情况如下表所示。

表 1　2023 年中空制品企业销售额区间分布情况

序号	2023 年总销售额 / 万元	企业数量 / 个	占比 / %
1	＜ 2000	18	17.8
2	2000—5000	22	21.8
3	5000—10000	27	26.7
4	10000—20000	17	16.8
5	＞ 20000	17	16.8

表 2　2023 年中空制品企业销售额变化情况

序号	销售额增幅	企业数量 / 个	占比 / %
1	−5% 以下	18	17.8
2	−5%—0%	18	17.8
3	基本持平	10	9.9

（续表）

4	0%—10%	30	29.7
5	10%—20%	12	11.9
6	20% 以上	13	12.8

2. 2023 年中空制品企业经营情况变化及其原因分析

中空制品企业整体经营情况一改 2022 年颓势，开始复苏。2023 年，销售额实现正增长的企业占比为 54.4%，比 2022 年的 33.3% 增加了约 10%。从调研数据和专委会了解情况来看，其原因主要有四点。

其一，国内外市场需求持续恢复。来自国家统计局的数据显示，2023 年中国社会消费品零售总额同比增长 7.2%。中空制品行业作为尤为接近民生的行业之一，受到的提振也较为直接。如表 3 所示，在 55 家实现增长的企业中，有 37 家的增长动力源自国内市场需求变化，需求的增长巩固了销售价格，进一步提高企业利润。

其二，企业生产成本降低。2023 年，企业供应链、物流恢复稳定，相比于 2022 年运输成本大幅下降。同时，2023 年原材料价格保持低位运行，也降低了企业生产成本，保证了合理经营利润。来自金联创网站统计数据显示，2023 年 HDPE（牌号 5502）均价为 8000 元 / 吨，相比于 2022 年降低了 150 元 / 吨左右。此外，企业自动化转型加快推进也是不可忽视的原因。在近年高端技术人才招工难、人工成本高企的背景下，部分企业在自动化发展取得初步成效，在本次调研中有 3 家企业的增长来源于此，而其中的 2 家企业的年销售额超过 5000 万。

其三，国际贸易复苏。随着全球经济恢复，供应链加速重构，国际贸易带动海运需求回升，有 9 家企业受益于此，主要涉及食品包装、药品包装以及 IBC、200L 等化工包装领域。

其四，业务规模扩张。除了上述三点主要因素外，本次调研中有 5 家企业的增长源自产能扩张，其数量与 2022 年基本持平（8 家）。

表3 2023年中空制品企业销售额增长原因

序号	原因	数量/家	占比/%
1	国内市场需求变化	37	67.3
2	销售价格变化	8	14.8
3	海外市场变化	9	16.6
4	原材料价格变化	7	13.0
5	用工成本变化	3	5.6

注：销售额变化原因为多选项，同表4。

反观36家销售额下降的企业，63.9%属于销售额在5000万以内的企业，涉及产品主要集中在农化包装，占69.5%。其中有13家企业的下降在5%以内，处于企业经营正常波动范围内。根据调研问卷，导致销售额下降的原因主要有两点。

其一，企业订单减少。近年来，中空制品行业市场规模化效应愈加明显，企业订单集中化趋势日益明显，而中小型企业首当其冲。在销售额下降的企业中，几乎所有企业的产量都有所下降。此外，中小企业大多面对中低端市场，该部分客户风险承受能力弱，部分倒闭或选择转业，导致这部分订单减少。

其二，行业竞争进一步加剧。中小型企业受制于自身体量，硬件和软件设施较为落后，竞争能力弱；此外，行业内不良价格竞争日益凸显，导致其生存空间进一步受到压缩。

表4 2023年中空制品企业销售额下降原因

序号	原因	数量/家	占比/%
1	国内市场需求变化	26	72.2
2	销售价格变化	17	47.2
3	海外市场变化	11	30.6
4	原材料价格变化	11	30.6
5	用工成本变化	7	19.4

二、2023中空制品配套企业经营情况分析

1.2023中空制品配套企业经营基本情况

本次调研的61家配套企业中，包含24家吹塑机、5家模具、13家辅机企业、9家原辅材料企业、9家配件企业、1家其他企业。从所有制形式来看，国企2家，外商独资企业4家，其余57家为民企。从2023年销售额变化情况来看，有23家相比2022年出现下降，38家实现增长；从2023年利润变化情况来看，有24家下降，37家实现增长。整体来看，2023年中空制品配套企业与制品企业趋势匹配，整体呈现上升趋势。

表5 2023年中空制品配套企业销售额变化情况

序号	销售额增幅	企业数量/个	占比/%
1	−5%以下	16	26.2
2	−5%—0%	7	11.5
3	0%—10%	21	34.4
4	10%—20%	11	18.0
5	20%以上	6	9.8

2.2023年中空制品配套企业经营情况变化及其原因分析

与2022年56.3%的企业处于销售额下滑状态相比，2023年配套企业经营情况有所好转，62.3%的企业实现了不同程度的增长。分子行业来看，绝大部分模具、辅机和配件企业都实现了业务正增长，尤其以前两者的表现最为亮眼，以90%和84.6%的比例遥遥领先，其中辅机企业延续2022年的优秀表现；相比之下，吹塑机和原辅材料企业则明显低于行业平均水平。

根据调研结果及专委会了解，整体经营情况好转的原因主要有三点。

其一，国内外市场需求逐步修复。作为中空制品产业链的上游，配套企业的增长与制品企业经营情况直接挂钩，因此随着制品企业经营状况好转，配套企业的业绩也相应增长。当被问及销售额实现正增长的原因时，76.3%的企业称受到国内需求恢复的直接影响，其中占比最多的为原辅材料企业和配件企业；而39.5%的企业则认为国外贸易复苏助推了公司业绩增长，其中又以吹塑机、模具、辅机为主。应当特别注意的是，吹塑机和原辅材料企业销售额多数为负增长，也从侧面说明总体市场需求延续了弱复苏态势，制品企业对未来前景持观望态度，投资动力不足。

其二，自动化加速推进。自动化、信息化、数字化、智能化发展是行业发展大趋势，随着用工

成本的提高，越来越多的企业开始引进前端自动上料及后端检测、包装、移运等自动化生产设备。根据调研数据显示，13家辅机企业中自动化相关设备企业12家，实现年度正增长的企业占比高达90.9%，居配套企业子行业中销售额实现正增长态势企业榜首。

第二部分　中空吹塑行业未来发展趋势

在逆全球化浪潮加剧的大背景下，以内循环为主，内外双循环相互促进的战略格局愈加清晰。作为制造业基础之一的中空制品行业，不可避免地进入需求承压的当前最大困境中。但随着经济活动全面放开，海外市场呈现出明显的复苏迹象，尤其是"一带一路"沿线国家需求大幅强于欧美发达国家；而国内消费需求也在好转，将带动民用（食品、调味品、饮料、日化等）、医药、电子级及水处理化学品、农用及渔业用中空制品市场缓慢回暖。因此我们预计，2023年中空制品行业整体经营情况将略好于2022年，行业也将更聚焦于降本增效、新产品／差异化产品开发、自动化／信息化／数字化／智能化应用等方面，整体呈现如下特征：

1. 新兴产品、差异化产品韧性强于标准产品

本轮调研中，我们发现在内需不足情况下，企业间存在明显冷热不均现象，经营分化情况进一步加剧。一方面，大订单逐步向规模化、自动化程度高的企业集中，使得行业集中度进一步加深。同时，部分企业将眼光转向非传统行业，以中空产品替代其他材料制品，走向差异化发展之路，产品大多应用于户外、新能源、物流等行业。另一方面，与高端制造业如新能源、半导体及部分医药相关产品如超洁净容器、高阻隔容器、可折叠软包装等的研发和市场化正在加速进行，一旦取得突破，将带动整个相关产业链如原材料、吹塑机、模具、自动化设备等的技术升级。

2. 自动化、信息化、数字化、智能化加速推进

受产品种类繁多、企业规模小、资金不足等因素影响，中空制品行业自动化进程发展较晚。目前，小中空产品自动化设备已经较为成熟，且在大中型规模企业中得到较广泛应用；但大中型中空制品的自动化普及程度还较低，尤其是国产200L塑料桶全自动生产线的开发还没有成熟案例，亟待设备企业去攻关。

3. 节能、低碳、环保等绿色经济成果快速推广应用

始于2021年最后一个季度的电价改革推升了用电成本；而近两年，全国各地不同程度的限电限产措施对企业正常生产经营造成极大影响；同时中空吹塑企业白天长时间连续用电、用电负荷相对稳定、相对能耗又较高，在以上三种因素推动下，中空制品企业开始将光伏发电及储能作为企业用电新途径，以化解限电停产负面影响，实现节能降耗，提升企业经济效益。而在全国性碳排放交易开始后，使用光伏发电还可以获得一定的碳排放配额，让其价值进一步提升。

第三部分　国内外部分新材料、新产品、新设备介绍

1. 储氢瓶内胆专用树脂

帝斯曼工程材料公司推出两种IV型压力储氢瓶内胆专用原材料：FLX40-HP和FLX-LP，后者为注塑级。而FLX40-HP适合挤出和吹塑成型，是一种高粘度材料，其优势包括：热稳定性得到改善，为挤出和吹塑工艺创造了更稳定的加工窗口，并减少了表面氧化；更好的抗冲击性能，可在低温（-40℃及以下）下产生更高的韧性和延展性；改善了吹塑工艺中的合模线外观。

帝斯曼在两种新材料中采用了其专有技术—Fuel Lock。与聚酰胺和聚烯烃产品相比，新牌号氢渗透阻隔性能更出色，内胆壁厚更薄。该材料用于卡车、公共汽车和移动氢运输罐车用大型复合压力容器。

2. 双层分离瓶

2022年年底，日精ASB公司展示了其最新开发的双层分离瓶注拉吹一步法成型机。K展现场演示案例为300毫升的无气泵瓶，由5.7克PP内层和22.8克PET外层组成。随着内容物逐渐倒出后，配合真空泵头，内层会因真空而逐渐塌陷，与外层分离。因瓶内几乎无法形成顶部空间，内容物倒出时外界空气无法进入，因此双层结构具有更优异的防潮和防氧化性。据日精官网报道，目前已有日本知名化妆品公司成功将ASB新技术应用于高端洗发产品。

3. 三层共挤微发泡PET瓶

2022年下半年，卓细与赫斯基合作开发出白色不透明三层共挤PET发泡瓶。PET瓶坯采用了赫斯基的三层共挤工艺，中间为发泡层。瓶子呈现出的白色并非添加了色母，而是由MuCell微孔发泡工艺产生。该瓶主要用于牛奶等光敏感产品包装。除发泡工艺用惰性氮气外，PET瓶中未添加任何物质，因此不影响可回收性。

4. 中间层发泡的再生废油制 PP 瓶

北欧化工与卓细合作开发出一款由 Bornewables PP 制成的三层共挤吹塑瓶。该瓶原材料来自植物油生产副产品和废弃食用油等废物和残渣，外层为绿色，内层为白色，中间层是由 Trexel MuCell 技术生产的微孔发泡层。

2022 年年底以来，中空吹塑行业出现了一些新产品、新材料和新设备，笔者对此进行了梳理。除上述内容外，国外在 PCR 应用方面进展颇多，包括各种 PCR 相关专有设备、产品和工艺等；但国内因政策还不明确，这方面研究也较少，在此便未过多介绍。

人造革和合成革

中国塑协人造革合成革专业委员会

一、合成革生产力发展形势

（一）产业规模

2023 年 1—12 月，我国人造革、合成革生产企业 800 多家，其中，规上企业 452 家（比 2022 年 442 家增加 10 家），产量 229 万吨，同比下降 1.1%；规上企业主营业务收入 774.15 亿，同比下降 0.95%；实现利润 20.95 亿，同比下降 0.15%；规上企业平均销售收入 1.7 亿、平均利润 436.46 万元。2023 年 1—12 月亏损企业 95 家，亏损面 21.02%；亏损额 3.92 亿，同比减少 29.9%。截至 2023 年 12 月，行业总资产 635.67 亿，增长 0.05%，平均每家企业 1.41 亿；全行业负债总额 350.40 亿，负债率 55.12%，同比增加 1.49%；全行业营业总成本 673.17 亿，应收款 83.66 亿，同比增加 9.39%；产成品库存 42 亿，同比减少 0.15%。

（二）业态规模

2023 年合成复合面料工业，包括对各类针织布、无纺布等革基布和动物皮基材，通过干法、湿法、涂层、复合、涂覆、挤出、流延、压延、喷涂、印刷等特种加工生产的合成面料、涂层面料的主营业务收入总规模 5000 亿。其中，人造革和合成革的主营业务收入总规模 1000 多亿。具体而言，人造革（包括 PVC 复合涂层、PVC/PU 合成面料、牛津革类、人造革灯箱广告布类、人造革地板类、人造革证件皮、人造革篷盖材料等）市场规模 360 多亿，合成革市场规模 600 多亿，超纤革（包括碱减量、麂皮绒等工艺）市场规模 110 亿，水性革与无溶剂革类（包括使用水性树脂涂层面料、水性黏合层、水性表面处理、半 PU 革的水性面层处理、无溶剂水性面层等水性革、无溶剂革、水性超纤革等）市场规模 112 亿（2023 年增长 20%）。此外，有机硅类、热塑性弹性体类、聚烯烃类、生物质类合成革市场规模正在增长。

二、以厚植优势产业为底座，加速新质生产力发展

（一）厚植产业传统，巩固后坐力

人造革和合成革产业具有百年发明积淀、完整的制造链结构，是不可替代的优势产业。巩固富有时尚活力、生态绿色低碳、高端国际竞争的后坐力，是加速合成革新质生产力发展新起点。

自从 1858 年 1 月英国申请 "Artificial Leather"（人造革）专利，1936 年上海许文敏创办兴业漆布加工作坊硝化纤维素生产 "拟革"，北京勘察设计院 1952 年制作用于北京到上海的汽车和马车运输石油的聚氯乙烯人造革储油袋、储囊容器，直至 1962 年美国发明聚氨酯合成革、日本发明超纤革，乃至中国发明水性革与无溶剂革，人造革和合成革产业经历了 100 多年的发展历程。目前，我国东北仍然还有保持 "拟革" 字号的人造革厂。1978 年 10 月 9 日，国务院发文 "凡是可用人造革代替的，都不得使用牛皮"，至今形成了中国革特色体系。中国革有以大学名字命名的 "牛津革"，以城市命名的 "大马士革"，以航天元素命名的 "太空革"，以植物命名的 "菠萝革"，以动物命名的 "牛纹革"，以水元素命名的 "水性革"，以零溶剂制作的 "无溶剂革"，以加工工艺或设备命名的 "压延革""干法革""移模革"，以用途命名的箱包革、鞋革、沙发革、汽车革、球革、服

装革等等。人造革和合成革作为工业生产资料、民生产品，其从皮塑行业逐步演变为独立的产业，且在国家600个小类行业中，产业产值排位居中靠前。

合成革行业加速新质生产力发展步伐。要在传统生产力的基础上，全面实现高质量发展，完善、巩固、提高和加速现代制造体系建设。人造革和合成革历经沧桑百年史，行业中有以合成革为根基而茁壮成长为千亿级的国际化学大公司，也有成为世界最大规模而轰然倒下的企业，但在世界格局如此变化的大潮中，2019年以来新成立以合成革命名的企业52家，在当下还有百亿的投资进入合成革实体经济，实属难得。先立后破，以进促稳、全面推进合成革的新质生产力发展，是当今合成革行业的核心任务。合成革行业的新质生产力是以水性与无溶剂、生物质树脂制备高端、功能性合成面料的新技术、新价值、新市场，为高端产业提供工业生产资料、为民生提供时尚卫生安全级别的绿色消费品；再塑激发新的可持续的具有强劲发展的新动能。

（二）厚植出口，加速开拓新质生产力的国际新途径

中国革在国际市场具有物性品质高、性价比高、绿色供应链稳定三大优势。2023年1—12月，中国革直接出口193个国家和地区；出口批次超过2万批次，达到24 870批次；出口吨位71.56万吨（延米12.32亿米），占总产量的30.87%；出口额29.28亿美元（213.74亿元人民币），占规上产值的29.4%。进口2.45万吨，进口额3.12亿美元。

巩固稳定国际市场，开拓新质生产力实现的新途径：

第一，巩固出口量前十贸易伙伴国，站稳出口东盟份额，品牌产品挤入国际经济组织，提高出口价值，沿着"一带一路"投资建厂持续前行。自2019年在义乌召开"中国合成革出口'一带一路'商洽会"以来，"一带一路"国家交易额已经突破100亿元人民币（占出口额60.76%）。持续推进品牌产品进入国际高端市场，提升出口发达国家和突破100亿元人民币的国际组织与地区，如RCEP14国〔（12亿美元）、亚太综合组织国家（12亿美元）、G20国家（13亿美元）；另外出口G7（2.31亿美元）、欧盟27国（2亿美元）、金砖

国家（3.5亿美元）〕、上合组织及观察国和对话伙伴国的7亿美元。

第二，持续保持PVC革出口5亿米的中端市场规模，扩大以涂层面料为核心的PU革出口市场份额，朝着10亿米的目标进发。

第三，扩大出口基地。中国革有17个省市产地，每个省市都有革的出口贸易。其中，出口额最多的是浙江省，其出口额占行业部出口额的35%；最少的是海南省，其出口额为1万米。浙江出口合成革居第1位、广东出口人造革居第1位。在长三角、珠三角、大亚湾、海西地区、中部地区，建立和培育合成革出口贸易基地，为开拓国际市场提供新的动力。

第四，提高高端出口品牌价值（抵制低端低价）。要改变出口价格"东低西高"状态，限制低价出口，起码不低于西部12个省市的平均价格，避免资源性的出口和贸易壁垒，稳定出口预期。

三、以科技为驱动，加速新质生产力发展

（一）科技驱动老三代升级、生物质植物基新材料创新发展

横跨两个世纪的人造革和合成革，其第三次产业革命将从老三代走向新三代。第一，古老的传统工艺焕发青春，生物基有机树脂与无机物材料共融，赋能高阻隔、抑菌抗菌、生态工艺、绿色制造、时尚品牌、智能产品等科技功能，将唱响行业主旋律。第二，传统的人造革、合成革、超纤革，必将向着水性革与无溶剂革、水性超纤革、生物质革等新三代方向发展。未来新的生物质、植物基、多功能合成面料，与天然动物皮、涂层面料将跨界组合新的产业体系，新的现代千亿级产业体系必将形成。第三，稳固新型环保绿色多功能"生态革、环保革、时尚革、健康革"。高端奢侈品包装、高端家居、高端康养产业的卫生安全健康合成革，必将进一步发展，多功能高物性产品必将走向一个新业态。

（二）加强产业链合作，助推新质生产力发展

加强与上游产业的科技合作，畅通新材料的信息渠道，实现稳定价值预期；加强地区同业合作组织机制建设，共同维护行业利益；通过不断加强与下游应用产业、科研院所、国际企业、国际组织、商协会等建立的联盟机制，引领绿色消费，提升品牌价值，创造新质生产力发展效益。

异型材及应用

中国塑协异型材及应用专业委员会

一、前言

2023年是全面贯彻党的二十大精神的开局之年，全年国内生产总值突破126亿元，同比增长5.2%。伴随国家绿色低碳转型深入推进，中国塑料异型材及门窗行业在产品应用领域进行了拓展，将挤出塑料应用于更多低碳节能的场景。随着国家开展城市更新技术，塑料异型材在门窗领域的应用得到了稳步的推进。塑料异型材及门窗行业属于塑料深加工行业，对PVC等原材料价格比较敏感。2023年PVC等原材料价格基本保持稳定，为行业健康发展创造了有利条件。受房地产市场影响，塑料异型材在季节销售上存在波动。得益于国家"保交楼"政策的推进，塑料异型材在总销量上与2020年以前持平，利润基本稳定。据不完全统计，2023年门窗用塑料异型材全年产量约为150万吨。

为支持经济复苏，国家和多省市开展了新的基建项目，例如城市更新项目、保障性租赁住房项目、医教养建设项目等，为我国塑料异型材及门窗行业提供了市场。长期来看，"双碳"成为经济发展的必然要求。这对国内建筑节能标准持续提出要求，进一步倒逼整个建筑门窗产品向节能方向发展，塑料门窗的优势将逐步凸显。在中国塑料加工工业协会的领导下，中国塑料异型材及门窗行业继续加快产业转型升级步伐，围绕"双碳节能 创新突破 绿色发展"的发展基调，在行业内达成了基本共识，以"双碳"为契机，以创新突破为抓手，推动行业绿色发展和高质量发展。

二、行业发展现状

（一）国家政策方面

国家政策是行业发展的基本盘，对行业发展有重要指导作用。下面对影响异型材及门窗行业发展的房地产、城市更新、绿色建筑、"双碳"节能等方面2023年的国家政策情况进行简要叙述。

（1）房地产建设方面。2023年，全国房地产开发投资110 913亿元，同比下降9.6%。其中，住宅投资83 820亿元，同比下降9.3%。2023年，房地产开发企业房屋施工面积838 364万平方米，同比下降7.2%。其中，住宅施工面积589 884万平方米，同比下降7.7%。房屋新开工面积95 376万平方米，同比下降20.4%。其中，住宅新开工面积69 286万平方米，同比下降20.9%。房屋竣工面积99 831万平方米，同比增长17.0%。其中，住宅竣工面积72 433万平方米，同比增长17.2%。房屋新开工面积的下降，对塑料异型材行业市场的影响比较严重。

（2）城市更新方面。据住房和城乡建设部最新数据，2023年全国实际开工改造城镇老旧小区5.37万个，惠及居民897万户，超额完成年度任务。其中，各地新改造水、电、气、热等各类老化管线7.6万千米，实施建筑节能改造1.16亿平方米。这些都有力地支撑了塑料异型材市场的发展。城镇老旧小区改造是实施城市更新的重要内容，对提升社区生活环境、完善基层社会治理、提升居民幸福感等方面具有积极作用。

（3）绿色建筑方面。住建部发布的《"十四五"建筑节能与绿色建筑发展规划》明确提出，到2025年，城镇新建建筑全面执行绿色建筑标准。2023年，全国各地都在部署绿色建筑和超低能耗建筑的发展规划，尤其在新建建筑和政府投资的建设项目中，更加强调绿色建筑的占比。为了规范绿色建筑市场，我国发布了《绿色建筑评价标准2023版》，以促进绿色建筑的发展，其中对建筑用塑料异型材提出了新的要求。2023年8月，《绿色低碳先进技术示范工程实施方案》发布。建筑领域示范项目包括超低能耗建筑、近零能耗建筑先进示范，既有建筑节能改造示范，公共基础设施近零碳排放改造示范，供热计量改造示范，也有先进生物基建材等低碳零碳新型建材研发生产与示范应用等。

（4）"双碳"节能方面。2023年4月，为推动建材行业高端化、智能化、绿色化转型升级，更好发挥市场主体和社会资本积极性，引导各方面要素流向建材领域新型产业和传统产业技改项目，促进产融对接，补齐发展短板，培育壮大新动能，我部组织编制了《建材工业鼓励推广应用的技术和产品目录（2023年本）》。8月，工业和信息化部、国家发展改革委、财政部、自然资源部、生态环境部、住房城乡建设部、商务部、金融监管总局八部门联合印发《建材行业稳增长工作方案》，提出"推广绿色建材，厚植绿色消费理念"，明确深化开展绿色建材下乡活动、扩大城市绿色建材推广应用、完善绿色建材产品认证制度等。

（二）国际市场环境

据海关部门统计，2023年，我国货物贸易进出口总值41.76万亿元，同比增长0.2%。其中，出口23.77万亿元，同比增长0.6%；进口17.99万亿元，同比下降0.3%。此外，2023年，我国对共建"一带一路"国家进出口19.47万亿元，同比增长2.8%，占进出口总值的46.6%，提升1.2个百分点；对拉美、非洲分别进出口3.44万亿元和1.98万亿元，同比分别增长6.8%和7.1%；对欧盟国家、美国进出口回暖，全年分别进出口5.51万亿元、4.67万亿元，分别占13.2%和11.2%。

2023年，我国塑料制品出口额1008.1亿美元，同比下降3.9%，进口额171.9亿美元，同比下降12.3%，贸易顺差836.2亿美元。塑料异型材与门窗行业的外贸运行与我国整体外贸运行的平稳态势相一致，且在出口市场、外贸结构、产业链重塑、企业创新上出现了新的趋势。在出口市场上，我国塑料门窗的外贸核心市场并不在美国、欧洲国家。受中美贸易战的影响，我国塑料异型材出口南美洲的市场受到了一定的冲击，出口量有所下降，以南美洲为主要市场的企业受到了较大的冲击，部分企业甚至出现了停产的状况；东南亚和中东地区是我国塑料异型材主要出口地，在"一带一路"的推动下，塑料异型材出口这些地区越来越多，甚至在东南亚地区直接建厂进行本地化生产；韩国、俄罗斯等周边国家也是我国塑料异型材的主要出口地之一，受俄乌冲突影响，部分企业与俄罗斯的贸易越来越频繁。可见，该行业外贸出口的条件相比于2022年有明显改观，相对平稳顺利。

（三）国内市场环境

目前，塑料门窗主要应用在新开工房地产工程市场、新基建市政工程市场、家庭装修市场三大领域。随着国家对改善性住房建设的引导，三个市场对塑料门窗的需求呈现出不同的特点。从总量上来说，新开工房地产工程市场的使用量仍占比最大，其次是新基建市政工程市场，而家庭装修市场占比较小；从增长情况来看，新开工房地产工程市场用量在剧烈下降，新基建市政工程市场近年来快速上

升，家庭装修市场较为平稳。2023年仍然呈现了这样的趋势。根据我国房地产未来走势，未来3—5年这样的趋势不会有大的改变。

就房地产市场来说，2023年，我国房地产市场继续进行底部调整，中央政策力度"前稳后松"，以7月政治局会议定调"行业供需关系发生重大转变"为分水岭，政策力度逐渐转向"托举并用"。地方政策松绑加力提速，273个省市622次政策松绑，从三四线到核心一二线反向传导，限制性行政措施几乎都已退出。全年销售规模低位稳定，政策刺激呈"前高中低后稳"走势；"保交楼"推动强竣工，连续11个月正增长且全年增速创10年新高；新开工面积同比再降超二成且创10年新低。

就新基建市政工程来说，为对冲房地产投资下行、稳住经济，政府主导的基础设施投资持续发力。国家统计局最新数据显示，2023年基础设施投资（不含电力、热力、燃气及水生产和供应业）增长5.9%。这明显低于2022年基建投资增速（9.4%）。2018年以来，我国基建投资增速告别两位数增速后出现连续大幅下滑，2022年首次出现逆势反弹。总体固定资产投资仍能实现3%的增速，成绩来之不易。2023年，基建投资的主要结构进一步优化，以"铁公基"为代表的传统基建增速回落，而以数字转型和绿色发展等领域为代表的新基建保持高增长。

新的消费趋势形成，助推行业转型升级。过去30年，我国城镇化率从1998年的30.4%，提高到2023年的65.22%。随着城镇化率的提高，大基建的时代即将过去，人们在居家消费上的比例逐步提升，个性化定制、智能家居、智慧家装等消费升级类需求在持续释放，助推了行业向绿色化、数字化、智能化等方向的转型升级。此外，建材家居市场与新房市场的关联正逐步弱化，存量房产再装修市场空间巨大。当前，城镇化释放出"以小换大""以旧换新"等刚性需求，同时，消费升级带来的改善型建材家居需求也在不断释放，建材家居以存量房再装修（二次、三次等）为主导的市场份额在逐步增大。针对这一市场，2023年塑料异型材相关研究也正由行业龙头企业在推动，以满足消费者不断提高的家居需求。

2023年，塑料异型材与门窗行业在经历了2022年的波折与挑战后，展现出更为稳健的发展态势。随着国家对经济复苏的推动以及房地产市场的逐步回暖，塑料门窗行业迎来了新的发展机遇。年初

的几个月里，塑料门窗行业延续了上一年年底的良好势头，各企业积极调整战略，加大研发投入，推出了一系列具有环保、节能、智能等特性的新产品，满足了市场对高品质门窗的日益增长的需求。同时，随着相关政策的优化调整，原材料和成品的运输问题得到了有效解决。塑料异型材主要原料PVC价格在一季度相对稳定，恢复至2020年以前的价格水平。2023年4月份开始，各地"保交楼"政策落地，拉动了塑料型材的市场销量，同时PVC价格走出了全年最低价（最低时期货价SG5低于5500元/吨），企业普遍盈利情况较好。2023年下半年，伴随着城市更新计划的实施，在旧楼改造上大量采用塑料型材，给行业企业带来了销售增量。

三、行业发展趋势与技术进步

（一）行业技术应用与研发不断突破

2023年，塑料异型材及应用行业在技术创新方面取得了显著进展。新材料研发方面，高性能聚合物，如增强型PVC和耐候性更强的ASA材料的开发和应用，显著提高了塑料异型材的耐用性和环保性能，推动了绿色可持续发展。这些新材料不仅具有更长的使用寿命，还在极端气候条件下表现出色，满足了更高的环保和性能要求。在智能制造方面，物联网技术和智能传感器的应用实现了生产过程的自动化和智能化，提升了生产效率和产品质量。通过实时数据监控和反馈系统，生产设备能够自动调整参数，确保产品质量的一致性和稳定性。企业还积极采用大数据和人工智能技术，对生产流程进行优化，提高了资源利用效率和生产线的灵活性，能够更快速地响应市场需求的变化。复合材料应用方面，塑料与玻璃纤维、碳纤维、金属等材料的复合技术，提高了产品的力学性能和功能多样性。例如，玻璃纤维增强塑料（FRP）因其高强度和轻质特性，广泛应用于建筑、交通和电子等领域。

（二）市场需求领域持续扩展

塑料异型材特指挤出成型截面不同的塑料制品，通常是除圆、方、矩形外的其他形状，如波纹、凹槽、T形等，产品包括家居、家电、卫浴用塑料异型材，建筑门窗用塑料异型材，汽车用塑料异型材，河道板桩，穿线槽，密封条，电缆桥架，户外栅栏，墙面护板，屋面瓦等，广泛应用于家居、建筑、装饰、医疗、畜牧业和海洋养殖、汽车轻量化、航空航天、光伏新能源等领域。

2023年，塑料异型材在多个市场领域的需求持续增长，并且应用范围不断拓展。在建筑领域，随着绿色建筑和节能建筑的推广，塑料异型材在门窗、幕墙、隔热系统中的应用得到广泛认可。新型塑料门窗系统不仅具有更好的隔热、隔音和耐候性能，还能显著减少能源消耗，符合现代建筑对节能环保的严格要求。这些新型门窗系统不仅提升了建筑的整体舒适性和节能效果，还在降低碳排放方面发挥了重要作用。在低能耗建筑和近零能耗建筑领域，一些龙头企业正在研发新产品。在汽车制造领域，轻量化设计趋势推动了塑料异型材在汽车内外饰件中的广泛应用。塑料异型材在减轻汽车重量、提高燃油效率和减少碳排放方面具有显著优势，特别是在电动车和新能源汽车领域，塑料异型材的应用更加广泛。这些材料不仅用于汽车的内饰件，如仪表盘、门板和座椅框架，还用于外部件，如保险杠、车顶和车门。轻质高强度的塑料异型材能够有效降低车辆重量，提高车辆的整体性能。

（三）行业企业向产业链整合方向发展

2023年，塑料异型材及门窗领域的企业通过并购和战略合作，整合资源、优化产能，显著提升了市场竞争力和技术水平。众多企业通过并购重组，扩大了生产规模，整合了供应链，减少了运营成本，提高了市场响应速度。战略合作的加深，不仅加强了企业间的技术交流和资源共享，还促进了创新能力的提升，推动了行业整体发展。这些举措使企业能够更加灵活地应对市场变化，满足多样化的客户需求。例如，海螺型材企业将业务扩展到环保领域，并且取得了一定的成功。伴随房地产市场的萎缩，众多塑料异型材厂家开始往终端消费品领域投资。同时，出口市场也在不断扩大。特别是"一带一路"倡议的推进，为塑料异型材及门窗行业带来了新的市场机遇。共建国家对基础设施建设、工业发展和消费升级的需求，使中国塑料异型材产品在国际市场上的竞争力不断提升。中国企业通过参与国际项目和拓展海外市场，尤其是中东、北非地区，不仅增加了出口收入，还积累了国际市场经验，提高了品牌影响力。

（四）在国家政策引领下加快对"双碳"绿色建材的研究

"双碳"目标提出3年以来，我国把"双碳"工作纳入生态文明建设整体布局和经济社会发展全局，加快构建碳达峰碳中和"1+N"政策体系，有序开展"碳达峰十大行动"，坚定实施积极应对气候变化国家战略，扎实推动产业结构、能源结构、交通运输结构等的调整优化，协同推进降碳、减污、扩绿、增长，建成全球规模最大的碳市场和清洁发电体系，使"双碳"目标日益成为我国经济高质量发展的绿色引擎，以负责任的大国担当赢得国际社会普遍赞誉。2023年，国家出台了多项推动"双碳"进展的文件。《建材工业鼓励推广应用的技术和产品目录（2023年本）》明确指出，建材企业要向高端化、智能化、绿色化转型升级的方向发展。在朝着碳达峰碳中和目标发展的时代大潮中，绿色低碳发展成为每个行业的基本命题。在这一背景下，塑料异型材产品因其优异的节能保温性能再次受到广泛关注，尤其是在"K（Uw）值"上的性价比优势显著：同等"K（Uw）值"下，塑料门窗的成本远低于铝合金门窗，并且塑料门窗可以在保持低成本的情况下实现更低的"K（Uw）值"，这是其他材料难以实现的。

（五）"保交楼"政策为行业带来"稳发展"契机

回顾2023年，"保交楼"工作取得进一步成效。年内完成超过20万套交付的房企共有6家，成为"保交楼"的中坚力量，6家房企共交付近200万套。从2022年至今，中国人民银行共推出3500亿元"保交楼"专项借款，设立2000亿元"保交楼"贷款支持计划，引导商业银行积极提供配套融资，有力推动各地项目复工建设。截至2023年年末，全国列入"保交楼"项目涉及的350万套住房，已实现交付超268万套，总体交付率超76%。在这一系列政策的扶持下，房地产已开发楼盘市场迎来了难得的资金充足，"保交楼"项目在塑料门窗的采购上基本采用现款现货模式，对行业企业来说可以保证利润。但同时，我们也应该看到，"保交楼"是短期政策，随着已开发楼盘交付完成，"保交楼"项目将越来越少，塑料异型材建材领域企业对此要有足够的认识。

（六）老旧小区改造和保障性租赁住房支撑行业发展

住房城乡建设部发布的最新数据显示，2023年全国开工改造城镇老旧小区5.37万个，惠及居民897万户，共完成投资近2400亿元，超额完成年度任务。其中，实施建筑节能改造1.16亿平方米。在这些改造中，按照节能标准和成本控制的原则，大部分选择了塑料异型材作为门窗、装饰材料，支撑了行业继续发展的步伐。同时，全年全国各类棚户区改造开工159万套，基本建成193万套；保障性租赁住房开工建设和筹集213万套（间）。

（七）直面终端客户是企业未来生存的基本模式

塑料异型材及门窗行业中塑料门窗材料自身的优越性，能够在系统门窗中很好地体现。国内几家主要的塑料型材生产企业也开始了这方面的探索。目前，高端塑料系统门窗已经形成规模，在运作模式上已经成熟，这在一定程度上代表着塑料异型材行业未来发展的一个方向。在房地产开发逐步放缓的趋势下，塑料异型材生产厂商逐步转变纯粹塑料型材批量销售的经营模式，更加关注终端门窗市场的安装品质，行业龙头企业业务逐步向高端系统门窗拓展，成立了一批系统门窗公司。在产业链上下游整合的模式下，专业门窗加工厂可以成为品牌门窗的加工中心，"夫妻店"和小型门窗厂可以转变为品牌门窗的服务队，专门负责线下产品的测量、安装、维修等工作。这将使行业整体受益。

（八）直播等新媒体传播形式成为行业新营销渠道

传统的塑料异型材产品采用渠道代理的方式进行销售，大部分企业采用"2B思维"（面对企业级客户的思维）。近年，短视频、直播等移动互联网传播方式的崛起，改变了消费者购买产品的方式。以塑料异型材应用广泛的门窗领域为例，抖音直播、小红书种草等新媒体传播方式成为厂家宣传的标配。人们越来越认识到门窗作为房屋的一大组成部分，其密封、隔音、隔热效果直接影响了生活体验。门窗不再是建筑的一部分，而是成为家具的一部分。在装修时更换窗户已成为很多家庭的选择。在这样的大背景下，"移动互联网＋门窗"成为可能，可以形成全流程的闭环。在互联网数据的加持下，可以将散户需求集中到门窗厂处理，并在服务的过程中形成良好的客户意见反馈，甚至可以有装后的增值服务。互联网将对门窗的经营模式进行深度的改变，塑料门窗具有的易组装、重量轻等优势将更好地发挥作用。这是每个塑料门窗企业都应该去认真研究的问题。

（九）行业数字化转型升级转变生产组织方式

近年来，塑料异型材行业在数字化转型方面取得了显著进步，其生产管理的数字化、网络化和智能化水平得到显著提升。这一转变有效地缓解了该行业长期以来的"劳动密集"现状。广泛引入智能化、自动化设备，如自动无尘混系统、智能温控系统、自动打包机等，不仅极大地提升了塑料异型材的生产制作质量，还满足了现代市场对于产品高度定制化的需求，使行业初步迈向了弹性制造的新阶段。随着行业环境的不断演变，众多企业正积极构建工业互联网平台，致力于提升生产管理的数字化、网络化和智能化能力。这种转变使生产工艺控制更加精细化、成本核算更加精确，为企业的持续发展和竞争力提升奠定了坚实基础。在行业转型的关键时期，企业更要强化内功修炼，将先进的制造能力真正转化为自身的核心竞争力，以应对日益激烈的市场竞争。

四、结束语

2023 年，在需求逐步恢复、供给持续优化、市场预期逐步增强的背景下，我国塑料异型材及门窗行业展现出强大的韧性和活力。面对国内外复杂多变的经济形势和预期挑战，塑料门窗行业在中国塑料加工工业协会的引领下，继续深入贯彻"稳中求进"的工作总基调，坚持功能化、轻量化、精密化、生态化和智能化的创新方向，推动行业生产、消费持续恢复，运行态势总体向好，出口市场保持

稳定增长。行业企业以产品创新为核心，以绿色发展为导向，在市场竞争日趋激烈的环境中积极寻求突破，通过引进智能化、自动化设备，优化生产工艺，减少能源消耗和废弃物排放，推动塑料异型材及门窗行业实现高质量、绿色、可持续发展。

紧抓时代新机遇，推动行业新升级。在经济发展的不同阶段，在行业发展的不同时期，行业和企业要做出渐进式调整，看准时代变化中的机遇，加大力度进行行业新升级，推动行业绿色发展和高质量发展。曙光在前，道阻且长，在这样的时代大背景下，"双碳"节能、创新突破、绿色发展，成为塑料异型材行业发展的共识。在接下来一段时期，塑料异型材及门窗要注重基础创新，回归初心本质，用创新科技去解决用户对门窗需求的期待，用创新产品回应低碳发展所需，用创新模式去带动门窗领域产业变革。中国塑料异型材及门窗行业一定能够抓住新时代新机遇，为我国轻工业发展、为我国经济高质量发展、为人民美好生活实现做出新的、更大的贡献！

聚氨酯制品

中国塑协聚氨酯制品专业委员会

2023 年，聚氨酯原料价格震荡上涨，上游原料价格由 2022 年的较合理区间（MDI 价格在 12 500—14 000 元每吨，TDI 价格在 12 000—13 000 元每吨，聚醚价格维持在 10 000 元每吨的低位），涨到 MDI 每吨 15 000—17 000 元、TDI 每吨 16 000—18 000 元，组合聚醚价格也短时冲到每吨 18 500—20 000 元的行业价格新高。传统下游聚

氨酯制品行业市场没有大的拓展，下游制品企业利润仍然被上游原材料企业蚕食，市场信心被抑制。下游制品企业经营还是十分艰难。不过，在新能源、胶黏剂、TPU、氨纶及无甲醛板材等领域，聚氨酯制品销售量增加，这些新的应用领域虽然量少但是利润较好。

第一部分
2023 年聚氨酯上游原料生产及下游使用情况分析与展望

一、2023 年中国 MDI 市场状况

（一）2023 年中国 MDI 产量

2023 年，中国 MDI 母液分离量 399.7 万吨，MDI 精馏装置平均开工率 90.6%。从供应端来看，万华福建于 2022 年底投产的 40 万吨／年的新装置

产能在本年内实现释放。万华化学 MDI 分离量的增加带动了中国 MDI 分离量总量的增长。从需求端来看，某些 MDI 下游市场的发展（如氨纶在服装领域应用的拓展、新能源汽车对聚氨酯应用量的增多等）、替代竞争产品材料（如无醛板替代醛板在家

具行业的渗透），从而拉动了对聚合 MDI 和纯 MDI 的消费量的增长。

从各 MDI 厂家的 MDI 细分产品产量来看，2023 年，中国聚合 MDI 产量 271.1 万吨，纯 MDI 产量 121.5 万吨。在剔除被 MDI 厂家自用于生产 MDI-50 和液化 MDI 的纯 MDI 用量后，用于内销和出口的"商品化纯 MDI"产量 104.9 万吨，详见表 1。

表 1 2023 年中国 MDI 母液分离量和 MDI 产品产量

生产厂家	万华化学／万吨	科思创／万吨	巴斯夫／万吨	亨斯迈／万吨	东曹瑞安／万吨	总计／万吨
MDI 母液分离量	256.0	52.0	50.7	33.0	8.0	399.7
纯 MDI 产量	73.9	16.1	17.3	11.7	2.5	121.5
商品化纯 MDI 产量	63.5	14.0	14.7	10.3	2.4	104.9
聚合 MDI 产量	177.9	35.1	32.7	20.0	5.4	271.1
MDI-50 产量	8.4	1.6	1.5	1.0	0.2	12.7

（二）2023 年中国 MDI 供需情况

产量：2023 年，中国聚合 MDI 产量 271.1 万吨，纯 MDI 产量 121.5 万吨。

进口量：2023 年，中国 MDI（MDI 母液、聚合 MDI、纯 MDI、MDI-50、液化 MDI 和改性 MDI）进口量 40.3 万吨，同比增长 14.1%；剔除从日本进口的 MDI 母液后，商品化 MDI 进口量 32.3 万吨，同比增长 18.2%。

出口量：2023 年，中国 MDI（聚合 MDI、纯 MDI、MDI-50、液化 MDI 和改性 MDI）出口量 111.5 万吨，同比增长 5.5%。

表观消费量：综上所述，2023 年，中国 MDI 表观消费量 315.5 万吨，同比增长 14.6%。

（三）2023 年中国 MDI 消费市场

1. 聚合 MDI

中国聚合 MDI 下游消费行业主要包括家电、建筑（主要产品如胶黏剂和无醛板等）、家具、交通运输等。2023 年，中国聚合 MDI 消费量 178.5 万吨，同比增长 11.7%。冰箱、冷柜和无醛板等下游行业的增长拉动了中国聚合 MDI 整体消费量的增长，详见表 2 和图 1。

表 2 2023 年中国聚合 MDI 下游主要行业消费量、同比增速及占比

行业	细分行业	2022 年／万吨	2023 年／万吨	同比增速／%	2023 年占比／%
家电	冰箱	32.0	37.2	16.3	20.8
	冷柜	21.0	22.5	7.1	12.6
	热水器及其他小家电	3.2	3.1	−3.1	1.7
建筑	板材（冷库／工业厂房／外墙）	19.0	21.1	11.1	11.8
	喷涂（冷库／屋面等）	13.8	13.3	−3.6	7.5
	OCF	7.3	7.0	−4.1	3.9
	热力管道	8.8	8.6	−2.3	4.8
家具	无醛板	16.4	22.0	34.1	12.3

（续表）

行业	细分行业	2022 年 / 万吨	2023 年 / 万吨	同比增速 / %	2023 年占比 / %
交通运输	汽车	7.2	8.4	16.7	4.7
	冷藏集装箱	3.6	3.1	−13.9	1.7
	冷藏车	0.6	0.6	0.0	0.3
其他		27.0	31.6	17.0	17.7
总计		159.9	178.5	11.6	—

说明："其他"包含用于门窗、太阳能光伏边框和风电叶片等行业的复合材料、煤矿加固剂、LNG 等下游行业的聚合 MDI 消费量；考虑了 2023 年期初与期末聚合 MDI 的库存量波动因素。

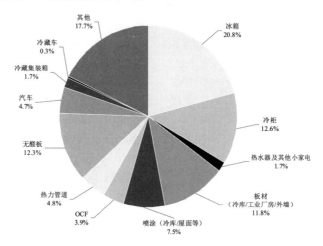

图 1　2023 年中国聚合 MDI 下游主要行业消费量占比

2. 纯 MDI

中国纯 MDI 下游主要消费行业包括 TPU、鞋底原液、浆料和氨纶等，2023 年，中国纯 MDI 消费量 96.2 万吨，同比增长 9.6%。氨纶和 TPU 是拉动中国纯 MDI 消费量增长的下游主要行业，详见表 3 和图 2。

表 3　2023 年中国纯 MDI 下游主要行业消费量、同比增速及占比

下游行业	2022 年 / 万吨	2023 年 / 万吨	同比增速 / %	2023 年占比 / %
TPU	23.4	25.2	7.7	26.2
鞋底原液	18.4	17.9	−2.7	18.6
氨纶	14.2	16.0	12.7	16.6
PU 浆料	16.4	15.6	−4.9	16.2
CPU	2.4	2.7	12.5	2.8
其他	13.0	18.8	44.6	19.5
总计	87.8	96.2	9.6	—

说明："其他"包含需用纯 MDI 来生产胶黏剂、水性聚氨酯树脂等的下游行业。

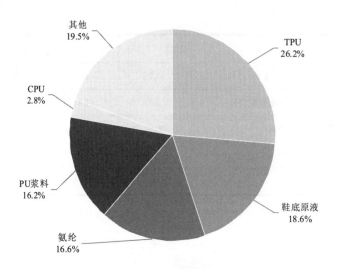

图 2　2023 年中国纯 MDI 下游主要行业消费量占比

3. TPU

中国是全球最大的热塑性弹性体（TPU）生产国。2023 年，中国大陆 TPU 产能 157.7 万吨／年，同比增长 22.1%。年内新增投产的 TPU 产能主要来自美瑞新材（20 万吨／年 TPU 和 8000 吨／年 E-TPU，2023 年底投产）、巴斯夫（产能 5 万吨／年，2023 年第三季度投产）、科思创（对其在中国台湾的工厂产能扩充 1 万吨／年，2023 年第二季度投产）和上海尼伦（0.88 万吨／年）。另外，万华化学的 TPU 产能由 20 万吨／年修正到 21 万吨／年。2023 年，中国大陆 TPU 产量 70.7 万吨，同比增长 7.8%。2023 年，中国大陆 TPU 行业纯 MDI 消费量 25.2 万吨，同比增长 7.7%。

4. 氨纶

中国是全球最大的氨纶纤维生产国和消费国。氨纶可被广泛用于多种服装面料的织造生产，且应用领域不断扩大。据中国化学纤维工业协会氨纶分会统计，2023 年上半年，中国氨纶总产能达到 121.2 万吨／年，相较 2022 年新增 11.5 万吨／年，产能释放主要集中在华峰化学、新乡化纤和华海。氨纶产业集中度持续提升。

2023 年春节后，伴随下游需求恢复，叠加氨纶新产能陆续投产，氨纶月度产量保持同比增长。2023 年上半年，氨纶下游制品如瑜伽服、防晒服、冰袖和运动服等产品大卖，带动了氨纶的走货；尤其是第二季度防晒服的走红，使氨纶在传统行情淡季内实现销量增长。8 月起，梭织用包纱及德

绒、暖毛布、超柔等保暖类产品生产及出货有增，接力带动氨纶走货。据统计，2023 年，中国氨纶产量 90 万吨左右，同比增长 13.1%。2023 年，中国氨纶行业纯 MDI 消费量 16.0 万吨，同比增长 12.7%。

（四）2023 年中国 MDI 市场总结及 2024 年展望

中国是亚太区最大的 MDI 消费市场，2023 年，中国 MDI 消费量占到了亚太区总消费量的 74.5%。2023 年，与民生消费更为相关的、有行业政策扶持和鼓励的下游行业，如冷链、冰箱、汽车、家具（无醛板）、氨纶和 TPU 等，行业的 MDI 产量均取得了较高增速，拉动中国 MDI 消费总量的增长；而受到房地产下行、投资信心不足等因素拖累的项目制建筑工程，如管道和跑道，以及建材行业的 MDI 产量表现相对低迷。

展望 2024 年，中国经济增速有望进一步恢复。从周期性因素看，库存周期和资产负债表修复已开始触底上行，出口和房地产投资压力有所减缓。从 MDI 下游行业来看，国内冷链物流建设稳定发展，增速放缓；新能源汽车的渗透率有望继续提升，并持续带动对 MDI 的消费量增速高于汽车行业产销增速；无醛板行业仍将是聚合 MDI 的主要增长行业之一；在新兴应用领域，MDI 厂家积极推广聚氨酯复合材料在超低能耗建筑、新能源材料等领域的应用。纯 MDI 的消费增长也将由 TPU 弹性体和氨纶带动。整体来看，2024 年中国 MDI 消费量增

速相较于 2023 年将有所放缓。

二、2023 年中国 TDI 市场状况

（一）2023 年中国 TDI 产量

2023 年，中国 TDI 总产量在 113.8 万吨左右，同比增长 7.1%，详见表 5。增长的主要原因是万华化学（福建）公司新建的 25 万吨/年 TDI 装置投产和甘肃银光 12 万吨/年 TDI 装置复产。

具体到各厂家来看，2023 年万华化学产量增长最多，主要原因是其福建 25 万吨/年的新装置建成投产；科思创在上半年数次降低负荷，且检修时间略长于 2022 年的，产量小幅减少；巴斯夫 TDI 装置已部分完成扩产，2023 年产量约 17.5 万吨，较 2022 年增长约 9.4%；沧州大化 2023 年进行了检修，产量小幅下滑；新疆巨力 2023 年装置不稳定，多次降负运行，且检修时间大幅延长，

因此其产量减少约 32.1%，详见表 4 和表 5。

表 4　2022、2023 年中国 TDI 企业产量统计

厂家	2023 年/万吨	2022 年/万吨	同比增速/%
万华化学（烟台/福建）	39.5	31.9	23.8
科思创	26.0	27.6	−5.8
巴斯夫	17.5	16.0	9.4
沧州大化	15.5	16.8	−7.7
巨力（新疆）	9.5	14.0	−32.1
甘肃银光	5.8	0.0	—
总计	113.8	106.3	7.1

表 5　2019—2023 年中国 TDI 产能、产量、进出口、表观消费量及同比变化统计

年份	2023 年	2022 年	2021 年	2020 年	2019 年
产能/（万吨/年）	144.0	129.0	137.0	137.0	125.0
产量/万吨	113.8	106.3	123.5	100.7	102.6
进口量/万吨	1.7	2.0	1.5	3.5	4.9
出口量/万吨	33.3	33.4	36.9	25.6	13.9
表观消费量/万吨	82.3	74.9	88.1	78.6	93.6
表观消费量同比变化/%	9.9	−15.0	12.1	−16.0	11.1

（二）2023 年中国 TDI 消费市场

中国 TDI 下游主要消费行业包括软质聚氨酯泡沫（简称软泡）、涂料、胶黏剂及密封剂、聚氨酯弹性体和跑道等。2023 年，中国 TDI 表观消费量 82.3 万吨，同比增长 9.8%，详见表 6。其较快增长主要有两大原因：一是 2022 年消费量同比大幅下跌，基数较低，2023 年呈恢复性增长；二是最大下游软体家具行业在存量博弈竞争下龙头效应显著，产品品质升级，TDI 单耗量增加。此外，胶黏剂、弹性体、塑胶跑道等下游行业需求也呈较快增长。详见表 6 和图 3。

表 6　2023 年中国 TDI 下游主要行业消费量及增速

行业	软泡	涂料	胶黏剂、密封剂	弹性体、塑胶跑道	总计
2022 年消费量/万吨	50.1	10.4	9.2	5.2	74.9
2023 年消费量/万吨	54.8	10.9	10.5	6.1	82.3
同比增速/%	9.4	4.8	14.1	17.3	9.9

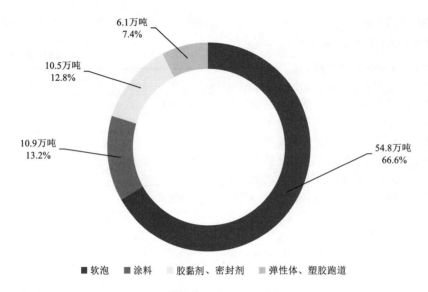

图3　2023年中国TDI下游主要行业消费量及其占比

软泡是TDI最大的消费领域。软泡在软体家具、汽车、鞋服箱包、隔音材料、缓冲材料等领域广泛应用，其中最主要的是软体家具和汽车。

1. 软体家具

2023年中国软体家具行业TDI消费量在46万吨左右，较2022年同比增长7.5%。

虽然由于房地产行业下行，中国对于家具内需增量有限，但产品品质升级等因素带来的TDI单耗量增加也有力地拉动了软体家具行业TDI消费量的增长。同时，床垫出口依旧势头良好。海关数据显示，2023年1—12月中国弹簧床垫出口总重量32.9万吨，同比增长42.5%；海绵床垫出口总重量13.1万吨，同比增长26.1%。

2. 汽车

2023年，TDI在汽车行业消费量增长10%左右，这主要得益于新能源车产量11.6%的快速增长。

在汽车中，软泡主要用于制作坐垫、内饰材料、缓冲抗振吸能材料。如在大多数汽车中，包括轿车、客车、卡车的坐垫、靠背、方向盘、内饰衬垫均由软泡塑料制造。其中，模塑软泡主要应用于汽车座椅、靠背、头枕等产品，自结皮泡沫主要应用于汽车方向盘、扶手等。

除了软泡，TDI的其他制品，如聚氨酯半硬泡、涂料、胶黏剂、弹性体，在汽车上均有广泛应用。

（三）2023年中国TDI市场总结及2024年市场展望

中国是全球最大的TDI消费市场，2023年，

中国TDI消费量占到了亚太区总消费量的60.6%、全球总量的33.6%。近年，中国TDI产能、产量、消费量、出口量占全球的比重，总体均明显提高。近几年TDI下游应用行业较少有新的开拓，并且其他的一些聚氨酯原料产品，如改性MDI也逐步进入软体家具行业，如制作记忆棉床垫、枕头等，这些都会威胁到TDI在下游应用行业的市场份额和占有率。此外，TDI最重要的下游软体家具行业受地产下行影响，需求疲软。但随着存量市场中产品品质的升级，对应的TDI消费量仍保持平稳增长。

展望2024年，中国经济增速有望进一步恢复。从周期性因素看，库存周期和资产负债表修复已开始筑底上行，出口和房地产投资压力有所减缓。从TDI下游行业来看，随着政策不断落实，房地产下行增速有望放缓，软体家具需求韧性保持乐观预期。同时，无粉海绵、高密度海绵等产品品质升级带来的TDI消费增长也非常可观；新能源汽车的渗透率有望继续提升，并持续带动对TDI的消费量；涂料、胶黏剂行业中，聚氨酯产品凭借优秀的性能，市场份额不断提高，未来增长空间广阔。整体来看，预计2024年中国TDI消费量增速将相较于2023年有所放缓，但仍保持小幅稳健增长。

三、2023年中国聚醚多元醇市场状况

（一）2023年中国聚醚多元醇的产能、产量

2019—2023年中国聚醚的产能、产量均呈增长态势。2023年，聚醚生产企业通过"优链、延链、

补链"优化提升产业结构，进一步扩大了聚醚多元醇的市场规模。

2023 年 4 月，浙江石油化工投资建设的 38 万吨／年聚醚装置中的 6 万吨高回弹生产线，已产出合格产品；6 月，万华化学（宁波）容威年产 28 万吨聚醚多元醇装置的扩能改造项目建设完成并开始调试；9 月，长华化学依托原有公用工程设施，在较短周期内实现年产 18 万吨聚合物多元醇的扩建项目；12 月，浙江石油化工 24 万吨 DMC 连续法

普通软泡聚醚顺利投产。

聚醚产能增加在进一步加剧国内市场竞争格局的同时，也加速了陶氏、科思创、SKC、壳牌等国际巨头聚醚业务转型，市场份额逐步向万华、隆华、长华等本土企业集中。据天天化工网统计，2023 年中国聚醚多元醇产能 747.7 万吨／年，产量达 469.6 万吨，市场竞争激烈，工厂多采用"以销定产"的策略，行业平均开工率达 62.8%，详见图 4。

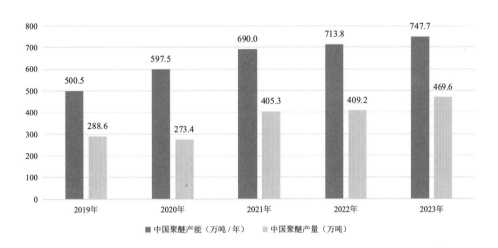

图 4　2019—2023 年中国聚醚多元醇的产能、产量

（二）2023 年中国聚醚多元醇供需矛盾进一步加剧

产量：2023 年，中国聚醚多元醇产量达 469.6 万吨。

进口量：2023 年，中国初级形状的其他聚醚多元醇的进口量从 2019 年的 60.9 万吨下降到 2023 年的 39.6 万吨。主要原因总结为以下 3 点。

（1）中国本土企业规划的聚醚新建、扩建、拟建项目逐步落地，加上不同种类、型号的聚醚产品的升级更新，使中国市场对陶氏、壳牌、科思创等的进口货源的依赖度，无论是在产品数量，还是在产品质量上，显著降低。

（2）中国聚醚市场供需严重失衡造成本土"价格战"竞争激烈，持续压缩进口聚醚利润。

（3）浙江恒丰、常熟一统、河北亚东、句容宁武等中国本土聚醚企业给科思创、陶氏、亨斯迈等跨国企业代加工的聚醚数量份额逐年递增。

出口量：2019—2023 年，中国聚醚多元醇出口量不断增加，年复合增长率达到 17.5%。主要原因

总结为以下 3 点。

（1）以长华、隆华、一诺威为代表的聚醚企业的产能进一步扩张，带动外贸团队的壮大，海外业务量持续增长。

（2）受地缘政治以及全球经济增长放缓影响，SK、壳牌、科思创等国际化工企业加速转型，其聚醚业务相继退出亚太和俄罗斯等市场，为中国货源出口留有机会。

（3）南美、中东等区域需求持续增长，拉动中国聚醚出口量增长。

表观消费量：2023 年，中国聚醚多元醇表观消费量 349.6 万吨，同比增长 8.4%。

（三）2023 年中国聚醚多元醇消费市场

聚醚多元醇作为聚氨酯的主要原料之一，在大部分聚氨酯产品中都可见其踪迹。而聚氨酯制品的形态多种多样、用途广泛。2023 年，中国聚醚多元醇消费量 349.6 万吨，同比增加 8.4%。汽车、冰箱和冷柜等下游行业的增长拉动了聚醚多元醇整体消费量的增速，详见表 7。

表 7　2023 年中国聚醚多元醇下游主要行业消费量及增速

类别	行业	2022 年消费量 / 万吨	2023 年消费量 / 万吨	同比增速 / %
软泡	软体家具	97.1	105.2	8.3
	乘用车	27.5	30.8	12.0
	商用车	11.1	13.9	25.2
	摩托车 & 自行车	2.1	1.9	−9.5
	鞋材	4.2	4.5	7.1
	服装	5.1	5.3	3.9
	运动器材	6.0	6.5	8.3
	箱包	1.5	1.6	6.7
	玩具	5.0	4.7	−6.0
	其他	27.3	29.4	7.7
	小计	186.9	203.8	9.0
硬泡	冰箱	22.1	27.1	22.6
	冷柜	14.4	16.6	15.3
	热水器	3.0	2.9	−3.3
	喷涂	13.5	12.9	−4.4
	板材	12.8	14.2	10.9
	管道（集中供热管道）	6.0	5.5	−8.3
	冷藏集装箱	2.8	2.3	−17.9
	冷藏车	0.4	0.5	25.0
	汽车	5.8	6.7	15.5
	煤矿加固剂	1.4	1.6	14.3
	养殖场房	2.0	1.8	−10.0
	其他	6.1	6.4	4.9
	小计	90.3	98.5	9.1

（续表）

类别	行业	2022 年消费量 / 万吨	2023 年消费量 / 万吨	同比增速 / %
其他	涂料	20.1	21.7	8.0
	胶黏剂	5.1	5.9	15.7
	跑道	7.8	6.9	−11.5
	其他	12.2	12.8	4.9
	小计	45.2	47.3	4.6
总计	—	322.4	349.6	8.4

（四）2023 年中国聚醚多元醇市场总结及 2024 年市场展望

2023 年，中国聚醚多元醇产量 456.6 万吨左右，同比增长约 11.6%。从供应端来看，聚醚生产商通过"优链、延链、补链"优化提升产业结构，进一步扩大聚醚多元醇的市场规模，增强企业综合竞争力和提升品牌形象，并巩固行业话语权。聚醚产能增加在进一步加剧国内市场竞争格局的同时，也加速陶氏、科思创、SKC、壳牌等国际巨头聚醚业务转型，市场份额逐步向万华、隆华、长华等本土企业集中。从需求端来看，尽管 2023 年国内聚醚下游主要行业受到了房地产行业下行、宏观经济增速和工业活动放缓等多种因素影响而承压，但整体上仍然保持平稳、较快发展。新能源汽车产量的高速增长带动电池胶、填缝剂、灌封材料等的用量上涨，聚氨酯复合材料得以积极推广，聚氨酯胶黏剂、密封剂的应用渗透到各行各业。2023 年，中国聚醚表观消费量在 349.6 万吨左右，同比增长 8.4%。

随着宏观经济增长、居民消费信心复苏、产品升级在软体家具、汽车、家电等行业的不断渗透以及下游产品多点开花，聚醚需求有望继续平稳增长。据天天化工网统计，到 2028 年中国聚醚多元醇产能将达 860.9 万吨／年。总之，聚氨酯制品企业高度依赖上游生产供应商的技术和原料供应的稳定性。上下游企业应相互理解、共享技术，跳出各自为战、画地为牢的思维，共同维护行业企业的利益，实现合作共赢，促使聚氨酯行业健康发展。

第二部分　专委会工作

回首 2023 年，企业经营增加了很多变数和不可控因素。2023 年，我们克服了工作中的各种困难，基本完成了年初制定的工作任务。

一、聚氨酯专委会开展的主要工作

（一）组织召开行业会议，参与相关行业会议

按照 2023 年工作计划，专委会 4 月中旬在湖南省长沙市组织召开了"2023 聚氨酯硬泡行业发展论坛"。经过十几年的培育，硬泡行业协会有了一定规模和影响力。通过此次论坛，专委会与参与各方交流行业关注的问题，加强了与企业的联系。专委会也参加了中国聚氨酯工业协会组织的"中国聚氨酯行业技术大会暨高新技术应用论坛"、聚酯多元醇科研生产技术交流会，以及家具协会组织的交流会。通过参加其他协会组织的会议，开阔视野，拓展人脉。

（二）走访企业，关注行业发展问题

为增强专委会与企业的黏性、了解行业的发展情况，走访企业是专委会的一项重要工作。2023 年专委会成员在合理安排的前提下，走访了山东、河北、江苏、上海、湖北、广东、广西、福建等省（区、市）的多家软泡及硬泡企业。通过走访，与企业人员交流，直观了解企业的现状，掌握行业发展第一手资料，为行业企业提供快速、合理、能解决问题的咨询。

（三）努力开展 2023 中国塑料可持续发展展览会招展工作

聚氨酯专委会的企业成员多数是制品企业，其参展的意愿不强。通过努力，我们完成了协会下达的绍

兴会展展位招展工作。但3家聚氨酯制品企业对展会反馈不好，认为他们参展没有对应客户。今后，我们在招展时要总结以往招展的经验，做充足的准备。

（四）ODS淘汰工作

ODS淘汰工作已接近尾声，聚氨酯制品专委会仍然积极参与ODS淘汰相关工作。越是接近尾声，淘汰的难度越大，困难越多。即便这样，我们积极帮助企业解答淘汰的技术路线和相应的法律法规，预防违反法规的现象出现。

协助协会完成承担的含HCFC-141b预混组合聚醚出口调研项目。该项目需要至少50份的问卷调查，部分企业对涉及ODS使用的调查表都不愿填写。专委会通过多种方式帮忙完成了至少30份问卷，为顺利完成该项目做了很大努力。

协会每年为生态环境部提供泡沫行业HFCs使用情况调查表。专委会通过生产商及经销商途径，把泡沫行业和使用HFCs企业的数据尽量完整地汇总给生态环境部。

按照中国聚氨酯泡沫行业第二阶段行业计划，2017年底开展的第二阶段聚氨酯泡沫行业淘汰HCFC-141b工作，签署的企业合同，全水发泡及HFO发泡技术的企业2023年年初通过验收。环戊烷项目也正在准备验收。由于后续项目资金少，符合参与项目的企业也越来越少，且有规模的企业更少。生态环境部对外合作中心计划把工作重点放在组合聚醚企业上，专委会配合对外合作中心开展组合聚醚企业摸底及合规性调查工作。

2023年按照协会的工作计划和工作要求，聚氨酯专委会全体人员努力工作，和行业企业的联系更加和谐融洽，这为专委会的后续工作打下了良好的基础。

二、2024年工作安排

2024年专委会将针对本行业的实际问题，继续与上下游企业做好交流沟通工作，通过专委会这个平台，为企业服务，彰显中国塑料加工工业协会为行业服务的本色。

（一）注重自身建设，做好服务工作

加强自身学习，了解行业动态，寻找行业关注热点。做好聚氨酯制品专委会的日常工作，认真落实协会在各个时期的任务、意见和精神。强化会员服务，做好日常咨询，走访企业，了解行业的发展机会和存在的问题，推动解决行业企业面临的共性问题，协助企业解决问题。服从协会的管理和工作指导，努力完成协会布置的各项工作。

（二）继续做好141B发泡剂替代工作

ODS淘汰工作虽然已进入尾声，但聚氨酯硬泡行业部分子行业替代品应用仍有困难。专委会将引导企业开发新的替代品及替代技术，保障行业健康发展；加强141b发泡剂淘汰的重要性及法律法规的宣传，增强企业遵纪守法意识和能力，巩固成果，为保护臭氧层做出行业协会的贡献。

（三）走访企业做行业调查

2023年走访了部分软泡及硬泡企业，2024年在有条件的情况下，扩大走访规模，摸清规模企业产品的分布、应用领域、产量。

（四）组织专委会年会和各项技术交流会

于2024年4月中下旬组织2024年聚氨酯硬泡行业发展论坛。参加兄弟协会，如中国家具协会、中国聚氨酯工业协会、中国家电协会、中国冷链物流协会等组织的会议，加强交流合作，为专委会企业多渠道寻找发展机会。

（五）开展展会工作

努力开展"2024年中国国际塑料展"招展工作，通过走访企业加强宣传，通过交流沟通提高企业对展会的认识。

（六）完成协会临时安排的各项工作

备注：原材料数据来自中国化工网、中国聚氨酯工业协会、中国家具协会、中国物流联合会冷链运输专委会等。

板 片 材

中国塑协板片材专业委员会

当前，世界百年未有之大变局加速演进，新一轮科技革命和产业变革深入发展，国际力量对比深刻调整，我国发展面临新的战略机遇。百年未有之大变局，既是中国之变，也是世界之变，更是时代

之变。世界经济面临多种挑战：能源供应紧张，气候变化加剧，经济增长乏力，金融风险上升，逆全球化思潮影响全球产业链、供应链、价值链。世界进入新的动荡变革期，不确定、不稳定、难预料因素增多。

2023年世界经济延续了2022年的下行趋势。尽管全球就业形势有所改善，通胀压力也有所缓解，但全球债务风险高位累积，贸易投资增长乏力。同时，世界经济增长分化加剧，颠覆性技术带来既深刻又复杂的影响，歧视性区域主义加速兴起与扩散，"去风险"政策加剧全球经济脱钩风险。世界经济"再全球化"、全球生产与交换数字化、全球经济发展低碳化、国际经贸关系政治化、国际货币体系多元化等成为影响深远的趋势性变化。

2023年以来我国经济在均衡中持续恢复，服务业和消费成为经济在供需两侧主要的带动因素，通胀低位稳定，失业率稳步下降，国际收支保持盈余。高质量发展取得新进展，供给结构、投资结构、需求结构、能源结构、分配结构均有积极变化。但是，由于受国内外多种因素的影响，经济恢复仍然是波浪式发展、曲折式前进的过程，经济运行还面临不少挑战。主要表现为当前产出水平仍低于潜在产出水平，需求不足仍很突出，市场微观主体经营困难仍然较大，一些领域风险持续累积并开始暴露，经济运行的起伏较大等。各类周期性、结构性和体制性问题仍然影响经济恢复进程，世界经济减速造成外需不振，一些重要行业和商品处于长短周期底部市场低迷，国际经济技术合作环境恶化影响预期，一些体制性制约因素仍然存在，影响了增长潜力的发挥等，但中国经济回升向好的大势不改。

第一部分　行业现状

中国经济正处于新旧动能转换的关键时期：过去"市场化、工业化、城市化、房地产、资本金融+改革开放"的"5+1"动能亟待升级，特别是在土地财政日渐乏力、房地产行业进入"黑铁时代"的今天，迫切需要向"大基建、后工业、新能源、新三农、数字化、绿色化+世界经济安全岛地位"的"6+1"新动能转变。随着新旧动能的转换、国内国际双循环的打通，全球产业链、供应链、价值链也将得到修复。届时，不仅中国经济将重新焕发活力，日渐失序的世界经济政治格局，也有望在中国力量的帮助下重回正轨。

2023年对于塑料板片材行业企业来说，形势并没有得到好转。同2022年相比，行业内大多企业经营压力有增无减。以外销为主的企业，订单量下滑；以内销为主的企业，市场竞争更加激烈，价格下降、利润下滑。虽然行业面临较多困难，但在国家相关政策的支持下，在中国塑协的正确领导下，在板片材专委会各会员单位的大力支持、共同努力下，专委会克服困难，努力完成工作目标，使各项工作得到了较大提升，为行业企业提供了更好的服务，为行业健康发展做出了应有的贡献。

塑料作为工业新材料，在国民经济建设和人民日常生活中发挥着越来越重要的作用。"以塑代木""以塑代钢"、用塑料代替一切可替代材料，实现节能环保目标，塑料制品在工业、农业、建筑、家电、汽车、航空航天、医疗卫生、日用消费等各领域的应用都得到了长足发展。经过建国70多年的发展，特别是改革开放40多年来的快速发展，我国塑料工业已由小国变为大国，正在迈向强国。

塑料板片材行业作为塑料制品行业中重要的子行业，为塑料工业的健康发展起到了积极的促进作用。随着全球政治经济格局从单极化向多极化变化，中国经济发展进入结构转型期，"棋盘"的游戏规则变得越来越不确定，塑料板片材行业的发展也受到很大影响。

一、行业产能与生产规模

由于受经济大环境的影响，2023年塑料板片材行业整体产量与2022年相比有小幅度增长。板片材专委会掌握的情况如下：

2023年PVC板片材制品产量较2022年基本持平，产值同比降低13%。其中，挤出工艺生产的PVC板片材制品产量同比下降约15%；压延工艺生产的PVC板片材制品产量同比下降约5%；其他PET、PP、PC、PS等板片材制品产量，同比有小幅度增长。2023年，PVC板片材制品产量约 800 万吨，同比小幅增长，增幅约 3%，产值约 700 亿元，利润率为 3%—5%，出口量约 15%。板片材制品行业企业比较多，有一定规模的企业有 500 多家，主要集中在华东、华南地区，产量占 60% 左右。

2023 年，专委会走访了行业内的一些重点企业。了解到，2023 年上半年，塑料板片材行业企业经营形势没有得到好转，经营压力进一步增加，以外销为主的企业，出口订单量严重不足，只能转向国内市场；以内销为主的企业，市场竞争激烈，产品价格下降，利润下滑，企业经营困难。大家一致认为，行业企业面临重新洗牌。目前，板片材制品行业的年产能约 1000 万吨。

二、塑料板片材行业需求情况分析

（1）下游市场需求不足。

2023 年，下游需求不足，塑料板片材制品整体出货渠道不畅，库存有所提升。另外，由于小商品、家电、服装等产品出口下降，用于包装的塑料片材需求量下降明显。

（2）国际市场变化较大，塑料制品整体出口下跌。

我国塑料制品质优价廉，供应及时，服务到位，与发达国家市场互补性强，有较强的国际市场竞争力，因此"中国制造"在很多国家是受欢迎的产品。但由于 2019 年后世界经济复苏乏力，国际市场需求不足，世界经济单边主义、保护主义和地缘政治等风险上升，影响了塑料制品的出口，其出口出现了下滑现象。塑料板片材作为出口产品的主力之一，受影响比较大。

（3）库存整体处于高位，行业处于主动去库存阶段。

2023 年年初，市场对经济恢复有较强预期，叠加春节前备货因素，同时由于下游需求收缩，供大于求，贸易商和生产企业去库存能力较弱，整体库存有所上升，1—6 月库存存量一直处于较高水平，企业主动去库存意愿明显。

（4）运行成本增加，企业效益下降。

2023 年以来，市场需求不畅、订单不足，企业开工不足，同时财务费用不减、产业链相关领域运行费用也在上涨，综合成本的增加给企业经营带来困难。专委会了解的情况如下：塑料板片材行业，1—6 月营业收入下降 3% 以上，亏损企业数较去年同期增加 20% 左右，成品库存较去年

同期上涨 10%，受产能扩张及行业竞争加剧影响较大，企业效益有所下降。

（5）新能源、新材料、家电、医疗等领域需求较大，促进了相关塑料板片材制品正增长。

据相关统计，上半年以来，我国新能源汽车销量增势不减，保持较好的增长势头，家电市场需求保持较大幅度增长，医疗卫生板块需求不减，太阳能、5G 通信等新兴应用领域拓展，拉动了塑料板片材制品需求的增长，相关领域应用量有所提升。

在宏观层面，随着 2023 年 7 月国家发展和改革委员会发布《关于恢复和扩大消费的措施》，工业和信息化部、国家发展和改革委员会、商务部三部门联合印发《轻工业稳增长工作方案（2023—2024）》，国家发展和改革委员会、工业和信息化部等八部门联合印发《关于实施促进民营经济发展近期若干举措的通知》等，以及其他稳经济政策进一步加力提效，下半年经济延续复苏。

在微观层面，2023 年下半年相关政策驱动了房地产、汽车、家电等行业稳定发展，消费板块等有所恢复，带动居民消费需求扩大，促进了新能源汽车、家电、餐饮、旅游等的消费需求增加。

三、塑料板片材行业企业面临的转型升级局面分析

改革开放以来，塑料板片材行业取得了跨越式发展，主要得益于相关政策，得益于国民经济高速发展，得益于人民生活消费水平提高，也得益于其抓住机遇大规模引进国外的先进技术和装备。过去十几年，行业虽经历了追赶型的高速发展阶段，却并没有摆脱低水平、低效率的传统制造业地位，在国际上处于产业价值链中低端，其竞争优势基本是以牺牲资源、环境、能源为代价，以廉价劳动力为支撑。

由于告别了短缺时代，行业部分产品产能过剩严重。依靠投资、扩大产能、通过规模扩张的发展模式已不可持续。特别是 2022 年下半年以来，市场需求下降严重，造成原材料价格、板片材产品价格持续下跌，屡创新低，企业利润快速缩水。依靠廉价劳动力形成的低人工成本，这一优势正在削弱。同时，资源、环境、能源的约束力也在加大。以"提高质量、降低消耗"为主要内容的降低变动成本，以及以"提高劳动生产率"为主要内容的降低固定成本的传统盈利模式受到严

重挑战。

因此，塑料板片材行业企业亟待转型升级，这是行业企业发展的必由之路。

四、目前塑料板片材行业存在的共性问题

塑料板片材行业自身存在的问题：一是产品结构不合理，中低档产品比例过高，出现结构性、阶段性过剩；二是部分产品质量差，严重影响行业形象；三是技术创新能力不足，行业新增长点不多。

产品产能结构性和阶段性过剩，是塑料板片材加工业产品结构不合理的集中体现，是实现可持续发展的一大障碍。目前，低端产品产能过剩问题仍未得到有效解决，而且在继续恶化，产能远超市场需求，如廉价的、劣质的硬质 PVC 板片材，PP、PE 板片材等。盲目引进而引发的阶段性过剩产能尚未得到有效化解，而高端产品仍需大量进口，如汽车、高铁、机场、酒店装饰等用的、功能性好的高档塑料板片材。据海关统计数据，2023 年进口塑料板片材总量约 40 万吨（少于 2022 年的）。

品牌意识的淡薄、营销网络建设相对滞后，加之较低的技术和资金进入壁垒，使板片材行业企业规模普遍不大、营销手段单一、营销成本较高、缺乏品牌策略，对目标市场和细分市场几乎没有什么调查研究和应对手段。当竞争日趋激烈时，很多企业陷入了渠道冲突、成本上升、收入下降、客户投诉不断、满意度大幅度降低的尴尬困境之中。由产能过剩引发低价恶性竞争比较普遍，造成市场严重混乱，既影响行业形象，又影响企业效益，同时深刻影响了行业健康发展。

由于行业内大企业较少，企业以中小型为主，企业科技人员少、科技研发能力差，再加上企业科技经费投入不足，或没有条件投入，科技创新受到了严重制约。相对而言，市场上类似的通用产品较多，中低档产品占绝大多数，同质化竞争严重，而高性能、高附加值的新产品相对较少。相关资料显示，我国塑料板片材产品市场结构：高端产品占 12.81%，中端产品占 28.65%，低端产品占 58.54%。塑料板片材行业创新意识不强，创新能力不足，目前每年仍需要进口 100 多万吨高端塑料板片材。

五、行业重点企业介绍

塑料板片材生产企业主要分布在江苏、浙江、山东、湖北、四川等地区。

（一）苏州奥凯材料技术有限公司

该公司成立于 2008 年 6 月，位于苏州高新技术开发区，主要生产、研发、销售高档 PVC、PET、PC 等挤出片材、板材、薄膜及相关高分子材料、航空材料。现发表国家专利 10 余项，形成产品 8 大系列 100 多个品种，产品广泛用于包装、印刷等类别，涉及折盒、吸塑、电子电器、乐器、文具、水处理、交通、太阳镜、太阳帽、镀镜、防护面罩、标牌、铭板、航空与高铁用品等领域。产品以优良的质量赢得了国内外客户的认可，为中国板材行业发展做出了卓越贡献。公司目前拥有 13 条生产线，年产能达到 30 000 吨，是华东地区规模较大的硬质片材生产企业之一。公司投资新建的滁州工厂，2021 年 10 月投产，产能有很大提升。

（二）苏州奥美材料科技有限公司

该公司总投资 2 亿元人民币建成，年设计生产能力 20 000 吨，是中国最大的集研发、制造、销售、服务于一体的聚碳酸酯薄膜及片材生产基地。奥美现拥有 60 多项国家专利，并主导了 PC 薄膜产业国家标准制定，是国家级企业博士后工作站，是江苏省著名商标及名牌产品、江苏省高新技术企业。奥美专注于研究、开发、制造国内外高端市场所需的特殊聚碳酸酯薄膜产品，目前拥有应用于光学电子、平板显示、医疗设备、高铁航空、汽车部品、LED 照明、安全防伪、图片印刷等领域的 10 大系列 200 多个品种的产品，业务遍及 60 多个国家和地区，连续多年产销量及市场占有率为中国第一。主要经营项目：研发、制造平板显示屏材料，聚碳酸酯、聚甲基丙烯酸甲酯、聚酯化学薄膜产品及高分子功能化材料，并提供相关的技术及售后服务；销售塑胶原料、非危险化学产品、塑胶机械、塑胶薄膜、片材；自营和代理各类商品及技术的进出口业务。

（三）黄石华亿塑胶有限公司

该公司是原轻工部 PVC 层压板定点生产厂家、现中国塑料加工工业协会理事单位、塑料板片专委会副主任单位，是硬质聚氯乙烯板材国家标准 GB/T 22789.1—2008（已废止）主要起草单位、湖北省高新技术企业、湖北省守合同重信用单位，至今已有 40 多年生产历史。公司主要产品有 PVC 层压板、挤出板、CPVC 层压板、PP 挤出板、PE 挤出板、塑料焊条等。公司"华熠"牌 PVC 层压板荣获湖北省名牌产品称号，"华熠"牌商标被

湖北省工商局评为湖北省著名商标。2013年公司PVC层压板工程技术中心被湖北省发展改革委列为省级工程技术中心。公司目前是国内生产PVC层压板规模最大、品质最优、生产及检测设备最先进、最环保节能的高新技术企业。公司拥有自动化程度较高的三辊压延片机和1600T、2600T、3000T三套热压机组，以及PVC层压板全套检测仪器。目前公司年产PVC层压板可达1.2万吨，板材宽幅可达1.5米。

（四）济南海富塑胶有限公司

该公司位于济南市东郊、章丘区枣园街道办事处驻地，紧靠枣徐09公路，东临章丘绣源河，距济南机场30千米，交通十分便利。海富塑胶是由海富公司与美国富安投资公司共同投资建立的中美合资企业，以生产PVC系列板材为主。目前公司共有7条生产线，全部进口于德国和奥地利。公司依靠先进的设备、严格的企业管理，先后开发了宽幅PVC发泡板和超厚PVC挤出硬板，使PVC挤出硬板厚度可达50毫米，并于2011年成功开发生产出了CPVC板、高光亮PVC板材和永久抗静电PVC板材。年生产PVC系列板材可达12 000吨，产品畅销国内，并远销东南亚、中东、北美、中南美、欧洲等世界各地。

（五）扬州金丰新材料有限公司

该公司系中外合资企业，国家级医药、食品包装材料生产基地。公司坐落于省级经济开发区——扬州邗江工业园内，地理位置优越，东接宁通高速，南临扬州港，西依润扬大桥，北通宁启铁路，水陆交通十分便捷。公司总资产达2亿元，年销售额达3亿元，拥有10多条从美国、日本、韩国等国家引进的先进设备，年生产能力达2万吨。主要产品有新型环保材料PET片材、板材，PVC片材、板材，SP药用复合膜、袋，PTP药用铝箔等4大系列30多个品种；广泛应用于药品、食品、电子产品、工艺品、五金工具、文具、玩具、渔具等制品的包装。公司的生产车间严格按照国家GMP标准净化，产品的各项技术、质量指标均达到国际一流水平。

（六）淄博中南医药包装材料股份有限公司

该公司是中国著名的专业生产包装材料的生产厂家。公司坐落于山东省淄博市，紧邻北方最大的化工企业齐鲁石化，同时享有便利的交通条件，靠近济青高速和京沪高速，并距离北方最大的深水不冻港青岛港260千米。作为中国较大的包装材料生产厂家之一，公司每年的产量达20 000吨。目前公司有3条PVC生产线、1条PET生产线、1条铝箔生产线、1条伸缩膜生产线，产品覆盖12个系列、45个产品，其中包含PVC药用片材、PVC食品包装片材、PVC输液袋、PET食品包装片材、铝箔包装片材、伸缩膜和牧场膜。公司同时还有能力生产特殊片材，包含金银片材、PVC夜光片材、抗静电片材和抗菌片材。

淄博中南公司致力于新科技的开发，多种产品填补了国内的空白。公司注重科技的进步，并与山东理工大学保持了良好的关系。公司拥有4名博士和6名硕士专家，他们在包装领域具有丰富的经验和很强的专业背景。为了进一步改善产品质量，公司成立了塑料压延技术中心。该中心已经被中国塑料加工工业协会命名为中国塑料压延技术中心，与山东理工大学保持了产学研一体的合作关系。

公司通过了ISO 9001，ISO 14001和ISO 18001认证，并从国家市场监督管理局取得药品包装用材料注册证。近年来，随着公司业务的飞速发展，中南塑胶公司的齐国商标在国内外享有很高的市场声誉，产品已经远销欧洲、南美、北美、澳大利亚、非洲和亚洲的很多国家和地区。

（七）扬州润丰塑胶有限公司

该公司拥有五条自动挤出生产线。主要产品有丙烯腈—丁二烯—苯乙烯（ABS）、聚丙烯（PP）、聚乙烯（LDPE、HDPE）、高抗冲聚苯乙烯（HIPS）及PMMA等，品种多（有磨砂、布纹、皮纹及米粒纹等）、颜色齐全，具有良好的加工性能，有抗寒防冻、耐高温、抗冲击、抗静电、导电等特点。产品应用范围如下。

PP：LED灯、电子产品，果冻杯、快餐盒等吸塑产品及工艺品包装；文件夹、相册、公文包等文教用品和印刷材料及水处理材料。PE：密封件、箱包内衬、服装领衬、机器垫板及建筑装潢材料和水处理工程材料。HIPS：五金、电器、电子、医药、工艺品包装、印刷、灯箱广告等。ABS：汽车火车内饰件、电脑雕刻、标牌、家具、箱包内衬、水处理及五金、水产品、工艺品包装等。

（八）四川汇利实业有限公司

该公司总部位于成都市高新西区百叶路53号，拥有职工1000余人，占地200余亩，总资产达30多亿元人民币。公司拥有一流的生产设备、丰富的产品结构、强大的技术研发创新能力及生产能力、完善的市场网络与售后服务体系，是目前中国医药包装"一站式服务"领导品牌，在医药包装领域独树一帜，在全国乃至全球具有重要的影响力。

汇利实业拥有国际一流、国内领先的专业包装生产设备，具备强大的医药包装、食品包装、电子包装、日化包装生产能力。公司拥有包装生产线32条，单日包装产量超过 200 吨，目前年产能达15 亿元以上。其中，药用 PVC 硬片，30 000 吨/年；PVC/LDPE 复合片，5000 吨/年；PVC/PVDC 硬片，3000 吨/年；PTP 药用铝箔，3000 吨/年；SP 软包复合膜（袋），25 000 吨/年；冷成型铝和热带铝，2000 吨/年；塑料托盘，60 亿只/年；彩印包装年用纸量，50 000 余吨/年。同时，具备PVC/Aclar 复合片、PVC/EOE 复合片、PET/EOE复合片、冷冲栓剂铝、纸铝塑、易撕膜、易揭膜、PE 膜（袋）、SP 软包复合 MDP 医疗器械包装材料、CRP 儿童保护泡罩包装、口服液体药用复合膜等产品的规模生产能力。

汇利实业拥有一支专业化的营销管理团队和销售精英团队，形成了遍布全球的营销网络。公司在全国拥有 24 个办事处、150 余人的国内外营销队伍和售后服务团队，拥有 1000 余家优质客户，系列产品还销往美国、澳大利亚、巴西、阿根廷、意大利、伊朗、巴基斯坦、孟加拉国、俄罗斯、越南等全球 36 个国家和地区，是国内外众多知名制药企业的首选专业包装系列产品的供应商。

汇利实业拥有全国一流的生产设备、检验检测设备、系列产品先进的工艺技术以及一大批高素质的专业技术人员。这些铸就了安全可靠的产品质量，赢得了众多中外客户的信任。公司实行全员质量管理体系，严格执行 CFDAI 类药包材管理标准、ISO 9001 等质量认证体系的系统要求，建立和完善了质量管理和监测系统——已经通过了欧盟食品安全 GMP 认证，拥有获得美国 FDA 的 DMF 备案认证的 12 个产品。

汇利实业围绕药品包装的特殊性，坚持以"质量求生存，创新图发展"的战略思想，不断加大投入，与四川大学、西华大学、北京印刷学院建立了校企合作战略伙伴关系，成为本、研学生和卓越工程师的培训基地。同时依托四川大学在高分子材料领域的领先研究优势，加强与加拿大多伦多大学和美国新材料研发机构的合作，开展了众多医药包装新材料的研发，多个产品填补了西南地区和国内空白，部分产品达到了国际先进水平，已同时申请多项国际、国内专利，目前拥有近100 项专利。

汇利实业是中国药包材协会理事单位、中国塑料加工工业协会理事单位、四川省药包材协会副会长单位，荣获中国高科技高成长企业 50 强、四川省科学技术进步奖（三等奖）、成都市科学技术进步奖（二等奖）、成都高科技高成长企业 20 强、国家高新技术企业、四川 100 家创新企业 70 强等荣誉称号。

（九）汤臣（江苏）材料科技股份有限公司（原泰兴汤臣压克力有限公司）

该公司创建于 2002 年，是一家专业从事压克力（也称亚克力）板材研发、生产、销售的高新技术企业。公司占地约 15.5 万平方米，注册资本 1.1亿元，拥有浇铸型压克力板材生产线 6 条（智能化1 条），年产能 5 万吨。主要产品包括压克力板材系列、水族馆系列、声屏板系列，产品用于轨道交通、科研仪器、海洋馆、医疗用品等领域，远销国内外 50 多个国家和地区。

依托自主创新，汤臣从一家当初做麻将料子的小作坊，发展成为压克力行业的世界标杆企业，实现了华丽转型。在这个过程中，公司的研发和生产能力攀上了一个又一个高峰。公司先后通过ISO 9001 质量管理体系和 ISO 14001 环境体系认证，被评为高新技术企业、江苏省计量保证单位、江苏省"两化融合"试点企业、泰兴市 60 家骨干企业之一。作为主要起草单位，先后制定 1 项 ISO国际标准，GB/T 7134—2008《浇铸型工业有机玻璃板材》和 GB/T 29641—2013《浇铸型聚甲基丙烯酸甲酯声屏板》等 6 项国家标准，TB/T 3122—2005（已废止）《铁路声屏障声学构件技术要求和测试方法》等 5 项行业标准；拥有授权专利达 89项，其中发明专利 8 项；拥有光学、力学、热学物理性能实验室，以及省级技术中心；拥有强大的研发团队，研发团队 50 余人，其中，博士 3 人，中高级职称 25 人。汤臣分别与清华大学、华东理工大学、苏州大学、常州大学签订产学研合作，研发水平处于行业领先地位。2017 年，汤臣与中国科学院高能物理所成功签订了价值 1.08 亿元的大型有机玻璃球体项目，用于江门中微子测试，无论在技术、材料、生产工艺，还是安装方面，都具有颠覆性的突破，刷新了世界纪录。

（十）江苏金材科技股份有限公司

该公司是广东鸿达兴业集团控股子公司，原名江苏琼花高科技股份有限公司，是国家级高新技术企业、国内规模最大的PVC包装材料生产基地之一。公司坐落于扬州市东郊杭集工业园，东临长江，西傍运河，宁通高速横贯其东西，水陆交通十分便捷。公司现有职工450多人，专科以上学历和各种专业人才占职工总数的35%，近年又引进了多名具有博士、硕士学位的高层管理及高级技术人才。公司拥有20多条高科技自动化生产流水线，大多从德国、意大利等国著名厂家引进，年生产能力达8万吨。产品主要有智能卡基材、高阻隔药用PVC/PVDC涂覆片材、药用PVC片材、印刷用PVC片、板材、吸塑用PVC片、板材等9大系列60多个品种，广泛用于医药、电子、服装、环保、仪器、建筑装潢等行业。公司规模大、起点高、质量好、科技含量高等诸多优势，使其"琼花"品牌在全国乃至国际同行业中均享有盛名。

（十一）瑞安市奥华塑胶有限公司

该公司创办于2002年，位于浙江省瑞安市陶山镇，隶属中国新潮集团，是一家专业生产PVC硬质胶片的现代化民营企业。公司投资总额1.7亿元，占地面积25 000平方米，拥有数台（套）最新技术的自动化压延生产流水线和检测设备，2007年生产能力达到2万吨，产值2.1亿元。主要产品有PVC透明、彩色硬质胶片，印刷板材等系列包装材料。产品具有透明度高、抗冲性能强、色泽鲜艳、耐化学药品性及易加工等特性，广泛运用于五金电器、电子、文具、服装、工艺品、医药、食品等真空成型的吸、压塑包装。

六、塑料板片材行业发展前瞻

当前，塑料板片材行业正处于发展壮大期向产业成熟期过渡的关键时期，这一时期是产业迈向中高端水平的关键时期。塑料板片材行业经济下行压力加大，企业生产经营也面临许多新的困难和问题。因此，认真分析面临的形势，积极应对，主动作为，开拓创新，平稳度过产业转型期，是摆在我们面前的重要任务。

（一）塑料板片材行业实现稳步发展的建议

（1）要坚持创新驱动发展，依靠科技创新，不断提高产品档次和质量，大力实施高端化战略，提高中高端产品比例。

（2）要加快生产工艺创新，改进优化传统生产工艺，大力推广应用智能设备。通过生产工艺创新和智能装备，建设现代生产体系，为提高产品质量、提升生产效率创造有利条件。

（3）特别在新型塑料板片材方面，要大力实施差异化战略，要通过技术进步和创新，解决好低水平、同质化竞争严重的问题。

（二）促进塑料板片材行业健康发展的措施

（1）面对新一轮全球科技革命和产业变革浪潮，面对我国经济进入新常态，塑料板片材行业必须大力实施创新驱动发展战略，紧紧围绕创新这一新引擎，调整发展思路，把主要精力集中到调结构转方式、着力提高发展质量和效益上来。

（2）要实现中高速和中高端发展双目标，必须紧紧围绕"高端化"这一核心，大力培养新的经济增长点。一要大力开发新产品，加快产业升级；二要大力推进工业化和信息化深度融合，加快"互联网+"建设，要适应高端化、个性化、小批量、私人定制的市场导向，探索大规模个性化制造的新路子，推动新型生产模式和新业态的快速成长。

（3）面对生产力要素成本不断上升、资源环境的约束不断增强，面对高成本时代的到来，必须紧紧围绕以提高生产效率为核心，着力培养新的竞争优势。自动化、智能化是发展趋势。

（4）完善质量保证体系。要加强行业自律，完善质量保证体系，健全质量认证和监督制度。对企业的工艺装备、生产规模、检测手段和质量保证体系等提出合理化建议，配合相关单位加强对行业产品质量的监督自查。企业应加强对用户的服务，协助用户选择最佳的产品。对于涉及公共安全、人身安全的产品，应逐步建立健全强制性的管理办法。生产企业不应采取以低价作为占据市场优势的手段，要有长远的市场意识，注重产品质量、技术创新、完善服务，为用户提供合格产品和优质服务。

（5）注重与上下游行业的联系与合作。加强与装备企业的合作，推动行业的装备技术创新和技术进步，提高生产效率、自动化水平、智能化水平，提升产品质量。联合原材料生产企业，提高原材料性能，研发新原料，确保板片材行业新产品开发的顺利进行。

第二部分　专委会主要活动

一、为会员单位服务

2023 年在全体会员的共同努力下，在中国塑协的正确领导下，板片材专委会的各项工作取得了一些进步。会员数量有了一定的增长，新发展了会员单位 14 家，会员总数达到 158 家。专委会承担桥梁纽带作用，反馈会员企业信息，反映会员企业诉求，把会员企业的需求和意见向上级主管部门直接反馈。按计划召开了理事会、年会，组织会员企业积极参加中国塑协的各项活动，基本完成了专委会年初制定的工作目标。具体工作主要如下：

（1）组织会员参加对工业和信息化部办公厅、水利部办公厅联合发布的《关于征集 2023 年国家工业节水工艺、技术和装备的通知》的学习会，组织参加"2023 年度中国轻工工业设计中心认定工作"，参加"塑料行业—绿色助行相关标准培训"。

（2）组织会员企业申报"中国轻工业联合会科学技术奖""中国塑料加工业科技创新型优秀会员单位""中国塑料加工业科技创新先进工作者""2023 年度轻工行业中小企业公共服务示范平台认定"等奖项。

（3）积极宣传、组织会员企业参加中国塑协举办的"话说塑料"系列讲座活动。

（4）组织会员参加国家标准、行业标准及团体标准的编制会议，提升行业发展质量，提升企业品牌建设。

（5）为会员企业提供必要的各种证明材料，为会员企业申报相关项目提供了有效的帮助，受到了会员企业的好评。

二、组织召开行业相关会议

（一）召开专委会三届七次理事会扩大会

专业委员会三届七次理事扩大会，于 2023 年 2 月 26 日在南京顺利召开，中国塑协田岩副理事长出席了本次会议。参加会议的还有专委会主任、副主任单位，理事单位，重点会员单位及其他相关行业专家等。与会单位涵盖板片材制品生产企业，以及与之相关的原料企业、模具及设备企业、科研院校等。单位代表 30 多人参加了这次会议。

会议首先由周家华秘书长传达了中国塑协 2023 主要工作要点，强调重点贯彻实施行业发展指导意见、加强科技创新引领行业高质量发展、推动行业绿色低碳可持续发展、做好行业服务工作等内容。

会议对 2022 年行业现状进行了总结。2022 年行业总销量下降幅度较大，国内市场仍存在较为严重的低价格竞争，导致企业盈利能力大幅下降；国外市场出口量有所下降（上半年有增长，下半年下降较多）。2022 年汇率变化、海运费用下降、PVC 原料下降等因素叠加，使企业出口盈利率处于高位。由于出口板片材产品附加值不高、价格低、自主品牌少，更缺乏名牌产品，因此行业还需要努力培育出世界知名品牌。同时，会议还提出：2023 年行业将重点发展高品质产品，以满足北美及欧洲市场需要，同时减少行业内卷情况发生。

理事会上确立了 2023 年行业年会的承办企业，决定由精诚时代集团承办 2023 年行业年会暨技术交流会，还讨论了行业标准的立项事宜，以及目前需要制定修订的标准情况等。

会议最后由田岩副理事长进行了总结，肯定了专委会 2022 年的整体工作，同时对工作中的不足提出了要求。

（二）召开专委会三届八次理事会

专家委员会三届八次理事会，于 2023 年 11 月 21 日在浙江台州举行，中国塑协荣誉理事长朱文玮出席了本次会议。专委会主任、副主任单位，理事单位，重点会员单位，多家单位代表共计 30 多人参加了这次会议。

理事会上，首先由朱文玮荣誉理事长做重要讲话。他介绍了国内的经济现状和全国塑料行业的经济指标，分析了世界经济形势、国内塑料行业状况，指出，行业企业发展出现了新消费需求迫切与创新能力不足、中低档产品过剩与高品质产品供应不足、制造大国体量与品牌影响力不足、高质量发展与标准老化滞后等矛盾，需要行业和企业协同发力，认真研究解决。最后，他提出了 3 点意见：①学好用好政策；②坚持创新发展；③引领行业发展。

理事会上，专委会向大家介绍了 2023 年年会的具体准备情况，审议了《工作报告》《财务报告》《新增会员报告》，征集 2024 年年会的承办企业，介绍了绍兴展会、南京"2024 中国国际塑料展"

的招展工作事宜，通报塑料板片材相关国家、行业标准的制定与修订信息，交流探讨"就目前国内外不确定因素，行业该怎样应对"，最后由朱山宝主任做总结讲话。理事会取得了圆满成功。

（三）召开专委会2023年年会与技术交流会

中国塑协板片材专业委员会2023年年会暨技术交流会，于2023年11月21—23日在浙江台州举行。这次会议由中国塑协主办，板片材专业委员会、精诚时代集团有限公司承办。中轻联合会原副会长、中国塑协原理事长钱桂敬先生，中轻联合会兼职副会长、中国塑协荣誉理事长朱文玮先生，黄岩区政府张鹏副区长，浙江省塑协常务副会长兼秘书长汪建萍女士，台州市塑协会长江桂兰女士，板片材专委会主任朱山宝先生，深圳市高分子行业协会、常务副会长兼秘书长王文广先生，中国氯碱工业协会信息部李琼主任，中南财经政法大学过文俊教授，北京大学战略研究所张锐研究员，北京化工大学杨卫民教授，陆军军事交通学院陈希真教授，湖北工业大学陈绪煌教授等领导及专家学者出席了会议。出席本次会议的还有中国塑协板片材专委会副主任单位、理事单位、会员单位，来自全国各地的塑料板片材制品生产企业，以及与之相关的原料企业、模具及设备企业、科研院校等单位的代表近300人。年会由周家华秘书长主持。

首先，由朱文玮荣誉理事长做重要讲话。接着，由张鹏副区长致辞。他介绍了台州的整体情况、投资环境等，邀请与会代表到台州投资创业，并祝本次会议圆满成功。随后，由浙江省塑料协会常务副会长兼秘书长汪建萍致辞。她热烈欢迎全国各地的朋友来到浙江台州参加这次会议，并介绍了浙江省塑料行业的整体情况。精诚时代集团由寿晓东总经理致辞。他代表精诚集团热烈欢迎大家的到来，也感谢大家对精诚集团和年会的支持和帮助，介绍了精诚集团的技术创新、精密制造，以及服务客户等情况。由中国塑协板片材专委会朱山宝主任做《板片材专委会工作报告》。由周家华秘书长做《板片材专委会财务报告》《新增会员报告》。

为了开好本次会议，根据塑料板片材行业特点，以及行业内企业面临的共性问题，会议筹备组做了精心准备，邀请行业领导，相关专家、教授，对板片材行业的运行情况、"双碳"目标下塑料行业企业实现可持续发展的DEGS模式、企业利用创投和多层次资本市场促进企业高质量发展、民营企业参加军事装备科研生产的途径与方法等方面作较

详细介绍，同时也对PVC原料情况、相关助剂、相关新产品新技术等进行分享，并安排参观企业。会议内容比较丰富。

北京大学战略研究所ESG研究小组负责人张锐先生，为大会分享了《"双碳"目标下企业实现可持续发展的DESG模式》；中南财经政法大学过文俊教授做《利用创投和多层次资本市场促进专精特新企业高质量发展》报告；中国氯碱工业协会信息部李琼主任做《我国聚氯乙烯发展现状及展望》报告；北京化工大学杨卫民教授做《扭转式微纳层叠基础技术及其应用》报告，还介绍了塑料复印、纳米丝制作等新技术；深圳市高分子行业协会常务副会长兼秘书长、教授级高工王文广做《高分子产业"双碳"战略发展路径》报告；湖北工业大学陈绪煌教授做《有机蒙脱土改性PP的制备及其性能研究》报告；著名军事装备专家、原陆军军事交通学院陈希真教授做《民营企业参加军事装备科研生产的途径与方法》报告；浙江派力特智能科技有限公司徐建总经理介绍《托盘搬运解决专家塔斯克机器人》，为企业提高工厂生产中的物品转运及仓储运输的效率，提供了很好的解决方案。

企业新技术交流方面，由本次会议的承办单位之一——精诚时代集团的张文康营销经理介绍《工业美学·探寻新制造——平模头技术创新解决方案》；山东奥旋旋转接头制造有限公司孟玲总经理介绍《旋转接头在塑料机械设备配套的开发和应用》；江苏普莱克红梅色母料股份有限公司马行元副总经理介绍《安全、高效着色方案助力片材添翼增彩》。

23日上午，参会代表去精诚时代集团参观。代表们对模具制造梦工厂的先进加工设备、智能化车间、现代化管理有了很深的印象。24日上午，与会代表集体参观中国塑料绿色智造展览会；下午，参加中国塑料产业链高峰论坛。

本次年会的成功举办，加强了行业内企业的合作，展现了行业内企业的创新能力，又一次将塑料板片材生产企业与上下游企业及科研单位紧密地连接在一起；针对板片材产品中存在的问题找出了更好的解决办法，为行业更好地开拓市场、可持续高质量发展保驾护航。

三、组织行业企业及专业观众参加塑协主办的展会

（1）组织行业企业及专业观众参加"中国国际

塑料展"。

"第五届中国国际塑料展"于 2023 年 2 月 25—27 日在南京国际博览中心举行。专委会工作人员通过网站、公众号及微信群等媒介积极宣传该展会，组织了近百名专业观众参观了该展览。

（2）积极宣传、动员、组织行业企业，参加在浙江绍兴国际会展中心举办的 2023 年第四届中国塑料产业链高峰论坛及中国塑料绿色智造展览会。

（3）积极宣传、动员、组织行业企业，参加在南京国际博览中心举办的"2024 中国国际塑料展"。

四、专委会建设

（一）充分利用协会及专委会的资源优势，为企业提供全面服务

配合中国塑协，组织会员企业积极参与行业活动，如中国塑协组织的"行业十强"评比会、轻工联合会组织的"行业百强"评比会、工业和

信息化部组织的信用评级活动等。同时积极在行业内倡导诚信自律，促进行业健康发展。

（二）完善并维护专委会网络平台，提升行业宣传力度

专委会网站及微信公众号平台可以快捷方便地为行业相关企业服务，也是广大会员的交流平台。为了提高这些平台的服务质量，专委会及时对网站的"重点报道"及"行业动态"等项目进行更新，将行业最新消息通过专委会公众号平台及时发布，以便会员单位能及时了解到相关信息，同时还利用网站的"产品介绍""推荐产品"及"广告宣传"等栏目为会员单位的产品进行宣传。此外，还收集国内外相关最新技术资料及标准资料，补充到网站的"技术资料""行业标准"等栏目内。同时，利用专委会的微信公众号及时发布相关政策、行业动态、生产技术科普及行业内重点企业介绍。

塑料编织制品

中国塑协塑料编织制品专业委员会

一、塑料编织产业 2023 年发展综述

截至 2023 年年底，全国塑料编织（简称塑编）产业生产企业有 4000 多家，从业人员约 40 万人，年综合生产能力约 2800 万吨。

（一）产业下行持续，去产能、降库存任务重

2023 年，全国规上企业塑料丝、绳及编织品（简称塑编制品或塑编产品）产量约 1435 万吨，同比增长 –1.3%，产值约 1903.8 亿元，同比增长 –0.5%；全行业塑编产品产量约 1538.2 万吨，同比增长 –5.8%，全行业产值约 1929.1 亿元，同比增长 –5.2%（图 1、图 2）。2023 年塑编企业整体开工不足，企业利润普遍下降。受全球性的经济下滑、贸易保护主义以及国际地缘政治因素冲击，国内外整体经济增长乏力，市场需求受到抑制。此外，企业订单不足、用户普遍拖欠款、回款周期变长、人工成本增高、电价上涨等多重因素，对企业生产经营产生了诸多不利影响。

根据会员单位数据，2023 年塑编会员企业产品产量同比增加 2.6%，销售收入同比下降 6.7%，

利润同比下降 18.42%。虽然产品产量实现了增长，但销售收入和利润呈现不同程度的下降。企业继续更新先进设备、扩张产能，但低端产能过剩、产品库存加大、无序竞争过度，导致了行业"内卷"问题日益凸显，造成利润急剧下滑，影响了优质企业的正常运行，威胁到了行业的健康发展。为此，去产能、降库存、优化产业结构、规范行业竞争刻不容缓。

2023 年，塑编行业整体处于低迷期、困难期。

（二）塑编产品结构调整，集装袋产品增长快

2023 年，在 1538.2 万吨塑编包装产品中，水泥包装袋约 312.2 万吨，约占 20.3%，占比同比下降 4.8%；化工原料、饲料等各种普通编织袋 318.4 万吨，约占 20.7%，占比同比下降 3.6%；集装袋 396.9 万吨，约占 25.8%，占比同比增长 5.7%；土工布及篷布 229.2 万吨，约占 14.9%；遮阳网及网眼袋 144.6 万吨，约占 9.4%；塑编卷布 92.3 万吨，约占 6.0%；其他塑编产品 44.6 万吨，约占 2.9%（图 3）。

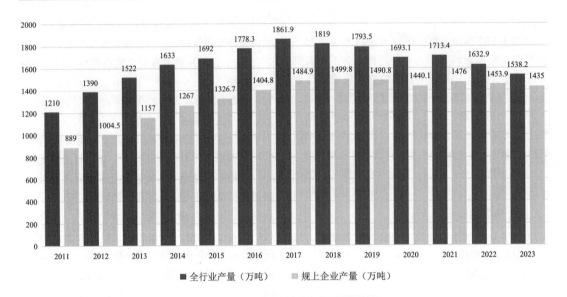

图1 2011—2023年塑编产品产量及其增长情况

图2 2011—2023年塑编产品产量增长率

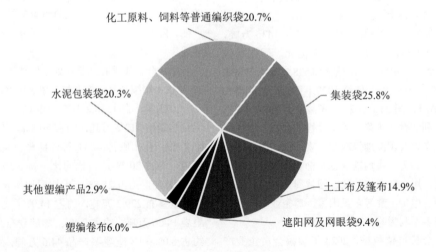

图3 2023年不同塑编产品占比

2023 年，塑编行业产品结构进一步优化，中高档产品比例逐步扩大，集装袋产品大幅增长，塑编卷布、防草布等产品产量增长，水泥袋、化工袋、普通编织袋产品继续下降。化工包装向 FFS 重膜包装转向。水泥阀口袋生产企业竞争加剧，产品价格下跌幅度大，企业经营困难，行业出现大面积亏损。塑编结构性产能过剩矛盾依然突出，创新升级和去产能任务艰巨，行业急需拓展市场，发现和创造新的应用领域，在增长较快的旅游、农业、种植、养殖等行业开发新市场。一些大型企业在东南亚、非洲等地区投资建厂。随着"一带一路"建设加快发展，这将助推产业的调整与转移。

（三）各种原料使用占比变化，再生料使用比重增加

据不完全统计，在 2023 年全国共生产各种塑编产品的 1538.2 万吨中，使用新粒料聚丙烯的约 984.4 万吨，占 64% 左右；使用粉料聚丙烯的约 107.7 万吨，占 7% 左右；使用聚乙烯的约 169.2 万吨，占 11% 左右；使用再生料的约 276.9 万吨，占 18% 左右，比 2022 年占比增加 3%（图 4）。

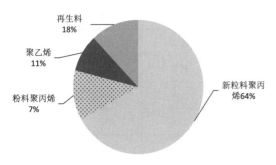

图 4　2023 年塑编产品各原料用量占比

国家进一步加大对塑料污染的治理力度，各省相继出台限塑的相关政策和措施，环保要求更加严格。此外，随着用户对高品质产品需求的增加，企业生产普遍增加全新料使用比例，粉料、填充母料的使用将会进一步减少。随着"双碳"目标战略实施，政府相关部门及企业格外重视塑料回收利用，再生料的资源利用在塑编领域会更多更广。

（四）塑编出口总体下降

塑编出口产品主要集中在集装袋、篷布及特殊功能化品种上，还有一部分是随着产品附带塑编包装出口。2019 年后，全球产业链、供应链发生了变化，在印度、东南亚国家等地加工的塑编包装的国际订单回流中国，部分企业出口订单增加。2023 年，集装袋及周转袋出口量下降了 11.4%，出口额下降了 14.7%；其他塑编袋出口量增长了 5.6%，出口额下降了 0.5%（见表 1、图 5）。

由于美国对中国逐渐实行"经济脱钩、断链"，加之全球经济下行、汇率上涨等因素的影响，塑编产品出口出现下降。预计 2024 年塑编产品出口还将下降，需求偏重国内市场。

从长远看，塑编产品出口会处于下降趋势，主要原因如下：一是中美贸易摩擦将继续升级，贸易保护主义抬头，全球经济下行导致贸易增速放缓；二是我国劳动力等各种生产要素成本在不断上涨，我国塑编产品成本相比越南、印度等国的高，东南亚或拉美地区生产的塑编产品全球供应量逐年加大；三是人民币汇率相比大部分外币坚挺上行；四是由于我国正在推进的深层次产业结构调整，制造业逐步向中高端升级，塑编及其他劳动密集型传统制造业在我国的发展高峰期已过，有些企业将工厂转到东南亚或拉美地区，挤占了我国部分市场。

表 1　塑料编织袋出口贸易基本情况

年度	集装周转袋（63053200）		其他塑编袋（63053300）	
	出口量（吨）	出口值（万元）	出口量（吨）	出口值（万元）
2017	201 788	338 535	364 564	648 982
2018	213 529	370 257	361 185	659 369
2019	192 283	345 348	340 280	611 968
2020	165 259	285 691	308 050	560 004
2021	178 012	310 213	349 645	633 732
2022	175 986	322 120	353 269	667 886
2023	155 833	274 641	373 207	664 447

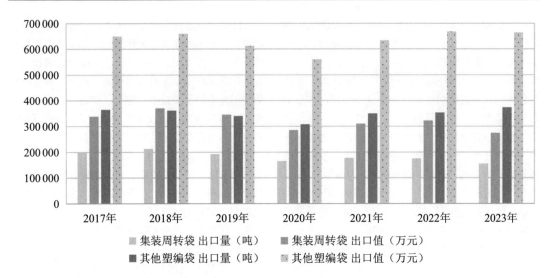

图 5　集装周转袋和其他塑编袋出口贸易量变化

（续表）

（五）各省级行政区占比变化不大，浙江、江西、河南、广西、四川增幅靠前

2023 年，塑编产品产量位列全国前 6 位的省份是山东、辽宁、浙江、河南、四川、江西，其产量合计约占全国产量的 50%。增长幅度位列前 4 位的是浙江、江西、广西、河南。其中，浙江省产量净增 20.3 万吨，居全国之首。塑编产业遍布全国，2016 年后，北京、天津、河北、山东地区环保压力大，其部分塑编产业企业迁至中西部地区；沿海发达地区产业升级快，其部分塑编企业迁至江西、广西、四川、云南等地，产业转移继续，产业布局重构。除山东、辽宁、浙江外，内蒙古等其他省级行政区塑编产品产量占全国的比例都在 10% 以下（见表 2、图 6）。

表 2　2023 年全国各省级行政区塑编产品产量

排名	省级行政区	产量（万吨）	占比／%
1	山东	216.9	14.1
2	辽宁	210.7	13.7
3	浙江	173.8	11.3
4	河南	133.8	8.7
5	四川	115.4	7.5
6	江西	95.4	6.2
7	广西	78.4	5.1
8	江苏	76.9	5.0
9	安徽	63.1	4.1
10	湖南	49.2	3.2
11	湖北	43.1	2.8
12	河北	40.0	2.6
13	云南	35.4	2.3
14	黑龙江	32.3	2.1
15	重庆	32.3	2.1
16	内蒙古	18.5	1.2
13	广东	15.4	1.0
17	其他省级行政区	107.7	7.0

二、塑编行业绿色低碳发展措施

随着绿色发展理念深入人心，"双碳"目标倒逼企业转型，行业也面临着原材料、供应链和废弃物的碳减排任务。塑编行业要推动绿色化工厂建设，构建塑编全生命周期的碳足迹核算方法，培育规范回收和循环利用的新业态、新模式，可以通过推广可再生资源、优化生产工艺、加强废物回收和再利用等措施大幅降低碳排放和资源消耗，达到"双碳"目标。同时，循环利用和再生

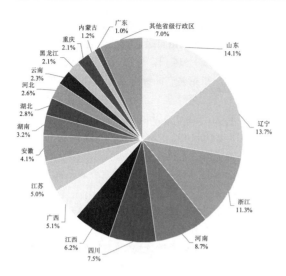

图6　全国塑编企业各省级行政区产量占比

利用还可以为企业带来碳减排的配额。这些配额可以在碳交易市场上出售，为企业带来经济效益。塑编行业在应对"双碳"目标和碳交易市场方面应该采取综合措施，不断完善相关标准，提高技术水平和管理水平，探索更加有效的循环利用模式，加强碳排放监测和核算，做好碳交易市场的准备和应对工作。

塑编行业绿色低碳发展主要途径：一是推动绿色工厂建设；二是大力开发能循环利用的产品和应用场景；三是采用高效节能、自动化、智能化的塑编设备；四是采用高质量的原辅材料及先进技术，实现产品轻量化；五是加大塑编废弃物的高效回收、再生利用，实现塑编制品全产业链的降碳。

三、塑编行业设备发展情况

多年来，塑编企业深入开展节能降耗活动，大力淘汰落后设备，引进先进的节能型塑编生产设备，提高了塑编生产装备水平，减少了劳动用工，提高生产效率、增效降成本效果明显。

（1）高速拉丝机和宽幅拉丝机设备节能开发已出现瓶颈，今后主要方向是一体化、智能化方向。

（2）圆织机向更节能低耗损、联网一体方向发展，结合精细管理，使得一人能看15台以上织机。节能悬浮圆织机继续保持高增长。

（3）切缝一体机继续向自动化和智能化方向发展。其中，自动切缝一体设备，其品种在不断增加，技术在不断创新，速度在不断提高，产量继续保持较高增长。

（4）方底阀口袋制袋设备，自动化程度高，大

大减少了劳动用工。由于前期集中、大量购置方底阀口制袋设备，加上部分水泥厂家没有按标准要求采用方底阀口袋包装等因素，塑编水泥包装生产厂大量设备开工不足。今后几年，方底阀口袋制袋设备出货量将出现断崖式下跌。

（5）集装袋后工序用工多，劳动强度大，制约着行业的发展。缝制设备的自动化、标准化方面存在着很大的提升空间，分段自动化、减人工缝制设备的研发在不断进步。未来，全自动化集装袋缝制加工生产线研发成功，将给集装袋行业带来一次飞跃。

（6）使用自动套内袋机代替人工套袋，其技术性能不断改进，速度进一步提高，产量保持着较高增长速度。

（7）随着塑编装备的自动化、智能化水平的提高，塑编数字化管理和应用水平将同步提高，各种系统管理软件的普及将推动塑编行业向智能物联数字化方向发展。

四、塑编行业发展趋势

随着消费升级，受新材料及新技术的推动，塑编行业将向包装功能化、材料绿色化、产品轻量化、生产自动化及产业集中化趋势发展。

（一）包装功能化

塑编产品被广泛应用于众多领域中。下游行业的不断发展，对塑编包装产品提出了更高的功能性要求，如食品包装强调安全性和保鲜能力，化工产品包装强调优良的化学稳定性和抗拉伸、耐冲击强度、防静电等功能。随着行业技术的发展，塑编包装产品的功能将不再局限于包装本身，而是根据内容物特点越来越呈现精细化、高端化发展趋势。未来，塑编产品的应用场景和应用范围将逐步扩大，如塑编除草布、塑编水袋、塑编购物袋等各种功能化产品的开发将为塑编发展带来广阔的市场。

（二）材料绿色化

塑编包装的环保性主要体现在回收利用度上，其主要技术为塑料回收、资源利用、加工等技术。塑编产品的循环利用和回收利用可以改善和消除塑料包装材料造成"白色污染"的隐患，提升资源利用率。未来，随着新材料的不断研发，塑编新材料将在充分发挥包装功用的同时，易回收利用，环保性能不断提升。

（三）产品轻量化

在满足现有功能的条件下，塑编包装向轻量化

方向发展是行业未来发展的必然趋势。塑编产品轻量化，不仅能减少原材料的消耗，还可以减少产品在物流运输过程中的单位能耗和成本，减少废弃物的排放，减轻环境负担，同时缓解人们对可持续发展的担忧。在保证塑编包装可靠性、稳定性的前提下，降低材料用量，可实现企业经济利益与社会效益的双赢，为实现"双碳"目标助力。

（四）生产自动化

随着科学技术水平的不断提高与我国制造业产业结构的升级调整，通过计算机、互联网辅助的全自动化生产线正在成为行业发展的趋势。自动化生产技术的普及极大地缩短了生产周期，提升了生产效率，从而可达到最大化效益、最低化生产成本的目的。塑编包装行业生产自动化、数字化、智能化、设备互联将是行业的发展趋势。

（五）产业集中化

塑编产业经过40多年的发展，企业数量最高峰时有两三万家，目前有4000多家。一些小微企业逐步退出市场，产业集中度逐年提高。塑编产业目前仍处于低产业集中度阶段，企业经常靠价格战、资源战进行恶性竞争，在营销方法、品牌传播、终端促销上出现了严重的同质化。未来，要加大企业兼并重组、供应链价值互创、渠道变革、模式创新、终端创新等，以进一步提高企业竞争力和产业的集中度。

五、2023年塑编产品质量监督抽查综合情况汇总

（一）上海市产品质量监督抽查结果

据上海市市场监管局网站2023年2月22日消息，该局对上海市生产、销售的食品接触用不锈钢制品、食品接触用陶瓷制品、食品接触用玻璃制品、压力锅等7种产品的质量进行了监督抽查。本次抽查了238批次产品。经检验，不合格1批次、塑料编织袋产品全部合格。

（二）贵州省市场监督管理局公布30种产品质量监督抽查情况

据贵州省市场监督管理局网站2023年3月9日消息，该局组织开展了30种产品质量监督抽查。共对6家企业生产的6批次塑料编织袋产品质量开展了监督抽查，涉及贵州省贵阳市、安顺市、黔南州等3个市（州）。本次监督抽查依据GB/T 8946—2013《塑料编织袋通用技术要求》等标准要求进行检验。经检验，未发现不合格产品。

（三）福建省市场监督管理局工业产品－食品接触用塑料制品质量省级监督抽查结果公告

2023年3月24日，依据《中华人民共和国产品质量法》和相关产品标准及抽查细则明确项目，福建省市场监督管理局组织对生产企业食品接触用塑料制品产品质量开展省级监督抽查。本次共抽查415家企业492批次产品，其中8批次不合格，不合格发现率为1.6%。塑料编织袋产品全部合格。

（四）2023年广州市塑料编织袋产品质量监督抽查结果

广州市市场监督管理局发布2023年广州市塑料编织袋产品质量监督抽查结果。2023年第二季度，广州市市场监督管理局对塑料编织袋产品质量进行了监督抽查，共抽查了4批次样品。经检验，未发现不合格产品。

（五）河北省市场监督管理局抽查食品相关产品662批次

2023年8月11日，河北省市场监督管理局网站发布关于食品相关产品监督抽查结果的通告。河北省市场监督管理局对食品相关产品进行了监督抽查，共抽查662批次，检出不合格样品17批次。其中涉及塑编相关产业不合格产品4批次。

（六）江西省抚州市市场监督管理局抽查40批次塑料编织袋产品

2023年，抚州市市场监督管理局对塑料编织袋产品质量进行了随机监督抽查。本次抽查了40批次产品。经检验，不合格产品4批次，不合格发现率为10%。

（七）四川省达州市市场监管局公布2023年1—8月产品监督抽查结果

达州市市场监管局2023年1—8月监督抽查产品508批次。其中，合格459批次、不合格49批次。

其中，抽查农业生产资料49批次、化工产品99批次、建筑和装饰材料134批次、轻工产品178批次、电工及材料23批次、家用电器25批次。水泥包装袋产品全部合格。

（八）河南省市场监督管理局通报2023年8种食品相关产品质量监督抽查情况

河南省市场监督管理局组织开展了塑料一次性餐饮具等8种食品相关产品质量监督抽查。本次抽查为生产领域抽样，抽查了9个地市30家企业生产的30批次食品用塑料编织袋产品。经检验，未发现不合格。

（九）合肥市市场监管局通报 2023 年食品相关产品质量市级监督抽查结果

2023 年 10 月 10 日，合肥市市场监督管理局网站发布关于 2023 年食品相关产品质量市级监督抽查结果的通报。本次抽查了非复合膜袋、复合膜袋、食品用塑料编织袋等制品 17 种食品相关产品，共计 216 组，其中生产领域 93 组，流通领域 120 组，网抽 3 组。经检验，合格 196 组，合格率为 90.74%。其中，食品用塑料编织袋抽取了 4 组样品。经检验，合格 4 组，合格率为 100%。

（十）福建省市场监督管理局对编织袋、片材、容器质量省级监督抽查结果

2023 年 10 月 26 日，福建省市场监督管理局组织对生产企业食品相关产品共抽查 239 家企业 252 批次，其中合格批次 252 个，合格率为 100%。其中，对食品用工具产品共抽查 77 家生产企业 78 批次产品，合格率为 100%；对编织袋产品共抽查 2 家生产企业 2 批次产品，合格率为 100%。

（十一）湖北省市场监督管理局通报 48 种产品质量监督抽查情况

2023 年，湖北省市场监督管理局对 48 种产品开展了质量监督抽查。抽查 9 家经营主体生产或销售的 20 批次水泥包装袋，其中生产领域抽查 4 家经营主体生产的 10 批次水泥包装袋，线下流通领域抽查 5 家经营主体销售的 10 批次水泥包装袋。检测发现，1 家经营主体销售的 1 批次产品不合格，不合格项目为拉伸负荷。

（十二）江苏省江阴市公布 2023 年第二季度产品质量监督抽查检验结果

2023 年第二季度，江阴市市场监管局对儿童玩具等 8 类产品开展了市级质量监督抽查，共抽查儿童玩具、食品用塑料及纸包装、化肥、洗涤剂产品、童装、女士内衣、混凝土制品（输水管）、化学纤维 8 类产品。塑料编织袋产品全部合格。

从 2023 年塑料编织袋产品全国部分地区抽查情况来看，总体状况良好，塑料编织袋质量有进一步提高。有些地区质量抽查不合格率高，企业要认真对照执行标准，确保产品合格出厂。从市场需求来看，客户对产品质量的要求越来越高，而质量是企业生存和发展的生命线，企业应该努力提高产品质量和品质。各地质检机关也要加大查处力度，共同促进塑编产品质量的提高。

六、2023 年行情回顾分析与 2024 年聚丙烯市场展望

（一）2023 年聚丙烯原料行情回顾分析

2023 年聚烯烃行业整体呈现"先抑后扬"的趋势，具体运行逻辑和价格走势可以分为 4 个阶段。

1 月份政策优化调整，市场宏观预期转为乐观，叠加春节前备货需求，产业链去库，聚烯烃偏强运行，PE、PP 价格于 1 月 30 日分别达到年内高点 8532 元 / 吨、8127 元 / 吨；2—5 月份美联储加息及海外银行危机发酵，国内经济数据不及预期，原油及煤炭价格大跌，化工品成本出现坍塌，叠加新产能释放，上游供应压力增加，聚烯烃震荡下行，PE、PP 价格于 5 月 31 日分别达到年内低点 7598 元 / 吨、6870 元 / 吨；6—9 月，沙特及俄罗斯持续减产，且美国商业原油库存降至历史低位，原油供需偏紧下持续上行，油系化工生产成本大幅抬升，油价上涨带来行业估值修复，加之下游逐步转入旺季，聚烯烃价格修复上行；9 月底以后，基本面及宏观面数据弱化，原油价格回落，成本重心下移，同时下游需求季节性趋弱，供应端仍有新装置投产，四季度供需预期转弱，聚烯烃价格回调后转入震荡偏弱运行。

一季度："先扬后抑"，重心偏弱。聚丙烯持续处于高投产预期之内。截至 2023 年年底，聚丙烯共增产 615 万吨，2024 年仍有 700 万吨以上的产能待释放。2024 年一季度承接 2023 年年底延续产能，一季度将落地增量 150 万吨左右。聚丙烯下游各行业春节假期后复工缓慢，加之国际原油价格的偏弱波动，企业成本压力大、低利润现象凸显，制约企业订单生产。同时输入性通胀影响面波及 PP 终端企业，备货需求方面普遍跟进谨慎，其中 2 月份 PP 消费下滑尤为明显。面对聚丙烯产能的快速扩张，其消费情况相对滞后，拖拽现货价格行情。季度内前期备货潮拉动需求，下游低位补仓，上游库存可控。但后期需求受到抑制，价格快速回落。叠加原材料价格弱势波动，导致产业链盈利能力不稳。一季度聚丙烯市场竞争激烈，市场已回归基本面行情，对 PP 成本支撑有限。开工率方面，一季度国内聚丙烯企业开工率大体上高位平稳，行业负荷在 80% 左右。一季度总产量约 767.5 万吨，产量稳定，市场供应充裕。扣除春节假期计算，环比产量基本持平。供应持续宽松，同时产能的加速扩张，加大本季度供应压力，导致价格疲弱运行。

二季度：支撑减弱，重心再度下移。进入4月，国内聚丙烯市场价格小幅上涨。场内新增个别PDH装置检修，计划内检修装置减少，同时有部分新的下游装置投产，聚丙烯自用增加，外销逐渐减少，供应格局仍相对偏紧；同时因前期聚丙烯价格跌至低位，聚丙烯等下游盈利回暖，采购积极性也有所好转，聚丙烯工厂出货顺畅。4月下旬至6月中旬，国内聚丙烯市场价格大幅下跌。一是前期检修PDH装置集中重启出货，聚丙烯外销量增加，打压市场心态；二是聚丙烯盈利萎缩，对高价抵触心态较强，而化工下游的丁辛醇、丙烯腈等的生产大厂停工数量增加，下游谨慎观望，市场交投氛围走软，主流成交价格不断下探。6月中旬以后，随着聚丙烯价格跌至新低，同时聚丙烯期货回升，粉料利润止亏转盈，市场交投回暖，再加上淄博PDH装置停车增加，供需面整体走强，支撑聚丙烯市场成交价格反弹。

三季度：聚丙烯市场复苏，需求回升，价格上涨。聚丙烯在经过前期的深度下跌后市场利空被快速消化，市场表现出阶段性企稳反弹需求。叠加原油上涨，动态估值再现支撑，且国内存款利息下调激发市场降息预期。在偏暖的市场情绪下，聚丙烯期货回升，现货价格跟随弱反弹。自7月以来，各部门密集出台经济刺激政策，显示了国内稳风险与稳预期意愿。随着政策陆续出台和经济预期的改善，聚丙烯市场释放出积极的信号。除了基本面形势有所改善和高成本支撑外，宏观政策出台也对市场心态形成了有效提振。聚丙烯装置集中检修导致供应缩量明显，下游新单阶段好转刺激需求有所放

量。而随着聚丙烯价格走高，下游抵触情绪加重，但刚性需求并未受高价影响而坚持随用随采。此外，原油及丙烷价格震荡走高，叠加期货强势上涨，对聚丙烯成本及业者心态支撑强劲。总体来看，在供需、成本及心态共同作用下，三季度现货市场价格持续上扬。均价来看，三季度华东地区聚丙烯拉丝均价在7517.11元/吨，较上一季度上涨3.04%，较2022年三季度跌7.20%。

四季度：国内聚丙烯市场呈现震荡下行趋势。除了基本面驱动力度不足外，期货市场在周期内偏弱震荡以及成本端支撑力度有所削弱，对市场心态也造成一定拖累。受中秋、国庆假期的影响，上游生产企业节日期间小幅累库。同时，月内检修装置减少，供应端产量环比增加，叠加下游工厂需求环比减弱，加大上游企业去库存压力。进入11、12月份，计划外停车装置增加，令供应增长趋缓，减缓了上游企业的去库压力，但下游工厂新订单欠佳，开工低位。11—12月份尽管宏观预期向好，为PP市场提供了短暂支撑，但正处季节性淡季，下游需求疲态延续，致上游企业去库存节奏放缓，加之原油波动幅度较大，在欧佩克+减产会议低于市场预期、巴以冲突及地缘溢价等因素的共同作用下，基本将第三季度上涨全部回吐，也使得油制PP成本震荡走低，毛利空间小幅走扩。

整体来看，四季度PP行业亏损的主要原因如下：首先，虽原料价格涨跌不一，但均处于高位区间运行，成本端给予的压力未能明显减轻，加之PP价格重心在本季度逐渐下移，对本身产品来说亏损空间扩大；其次，在下游产品订单不足、成品

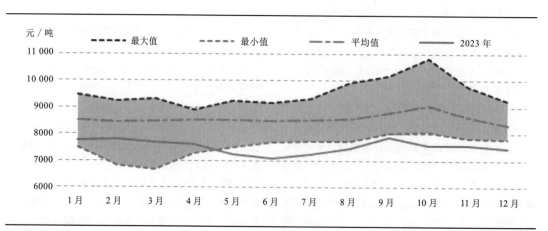

数据来源：卓创资讯。

图7　近6年聚丙烯价格波动特点

库存高企的常态化影响下，对 PP 原料的采购维持刚需，难以对 PP 价格形成支撑，亦难带动 PP 盈利的提升。地缘局势变动、ECFA 协议中止等消息带动上游原油价格上涨以及提振市场情绪，导致 PP 期货震荡上涨，这也是从宏观角度来讲支撑四季度 PP 市场价格重心跌幅趋缓的主要因素。

（二）2024 年聚丙烯市场展望

2024 年 PP、PE 供需双增，价格重心预计较去年有所上移。从节奏来看，2024 年上半年投产装置确定性较高，供应压力较大，聚烯烃预计弱势整理，PP 相对 PE 装置压力更大，走势偏弱；下半年欧美降息，叠加国内经济继续平稳复苏，聚烯烃走势偏强，全年预计呈现"先抑后扬"的态势。

供应方面：2024 年国内聚烯烃产能增速加大，供应压力进一步增大，产业链低利润持续的情况下，传统炼化企业对于成本上升压力抵御能力不强，未来可能面临市场出清，而一体化装置可以利用高附加值下游利润覆盖中游 PE 和 PP 的毛利亏损，因此对比传统油制装置会更有竞争优势。行业开工率方面：预计维持在近年低位，而低开工率有助于缓解一部分供应压力。聚丙烯规划项目虽仍较多，但随着国内供应压力的逐渐增大，新装置规划存在诸多变数，投产延期及搁浅风险不断增加，预计 2024 年规划内的装置将出现不同程度延期。未来，新产能带来的供应压力将对价格产生较为明显的冲击。

需求方面：国内宏观环境预期向好，特别是国债发行的利好即将释放，国内经济预计维持温和复苏，2024 年下半年欧美主动降息与主动补库周期形成向上共振，全球流动性将逐渐改善，聚烯烃内外需求表现同比改善。持续扩能下，国内不可避免地进入供过于求的局面。为缓解供应压力，除积极发掘行业新需求，原料出口也迫在眉睫。东南亚市场基于运输便捷、下游工厂密集以及对华贸易政策宽松等优势，与国内原料企业合作频繁，整体规模占年度聚丙烯出口总量的 30% 以上。随着国内供应压力持续加剧，出口数据有望增加。

库存方面：截至 2024 年 2 月 21 日，中国聚丙烯商业库存总量在 112.24 万吨，较上期增加 53.70 万吨，环比增长 91.73%。春节假期期间，业者多数离市，对于原料需求偏弱，而生产企业多数正常生产，因此石化库存出现大幅增加，周内生产企业库存上涨明显。中间商库节日期间计划量陆续到货后，中国聚丙烯贸易商样本企业库存出现节日性上涨。节中部分生产及贸易出口放量，港口库存入库

增加。另外，国内交投停滞，部分国内生产企业节前资源移外库，后期港口库存入库资源明显增多。综合来看，节后聚丙烯供应端压力明显抬升。

综合来看，2024 年 PP、PE 供需双增，仍处于扩能高峰期，供给端压力巨大，需求端在更加积极的财政政策和货币政策的支持下，需求有望继续复苏，供需博弈呈加剧态势。从节奏来看，2024 年上半年投产装置确定性较高，供应压力较大。鉴于 2023 年上半年聚乙烯需求端面临的季节性压力更加明显，2024 年上半年两者之间价差或延续四季度以来形成的收窄趋势。聚烯烃预计弱势整理，PP 相对 PE 装置压力更大，走势偏弱。下半年欧美降息，叠加国内经济继续平稳复苏，需关注季节性消费叠加政策端发力，消费复苏可期，聚烯烃走势偏强，但供应端产能能否投放、投放多少直接影响价格反弹力度。全年预计呈现"先抑后扬"的态势。

七、行业交流情况

每年一度的技术交流与市场对接会已成为塑编产业链多功能交流创新平台，推动了塑编产业升级发展。会上探讨了技术创新与产品发展方向；交流了节能降耗、塑编集群发展、生产及技术管理经验；展示了新技术、新工艺、新设备、新产品；搭建了塑编产业链供需衔接的贸易平台；成为塑编产业链新老朋友会师聚首、交流经验、友好联欢的平台。近几年，塑编专委会同时加强行业内标准化相关工作，先后组织制定了《聚乙烯编织篷布》《集装袋》团体标准。标准会议聚集行业内资深专家，各方共同探讨行业标准化细节及发展热点难点问题，有力地推动了塑编标准化建设。2023 年，行业期待的恢复增长局面没有出现，经济反而面临通缩下行的压力，专委会审时度势，抓住时机推动多层次行业交流，举办了 5 次重要活动。

（一）"塑编产业链创新发展座谈会"在南京成功召开

2023 年 2 月 24 日，由中国塑料加工工业协会主办、中国塑协塑编专委会承办的以"创新驱动，共谋发展"为主题的"塑编产业链创新发展座谈会"在江苏省会议中心成功召开。会议分"主题发言"和"创新发展座谈"两个阶段，与会专家、企业家主要围绕塑编创新发展，分享各自在行业创新方面的经验和思考，探索如何加强技术创新、提升产品品质和企业的核心竞争力等。

2 月 25 日，塑编专委会组织与会代表参观第

五届"2022中国国际塑料展"塑编展示专区和参加"中国塑料行业科技大会"。此次展会塑编展示专区有近百个展位，展商们带着最新成果来到现场展示，吸引了众多行业内人士参观，塑编展区人头攒动，交流活跃，更有多家企业现场获得订单。

（二）中国塑协塑编专委会五届四次理事扩大会议暨行业创新发展座谈会在抚州召开

2023年7月27日晚，中国塑协塑编专委会五届四次理事扩大会议暨行业创新发展座谈会召开。会上提议了专委会换届选举、会费调整和新会员入会议案，并发出了《行业自律倡议书》和《展会倡议书》，共同为塑编行业的发展贡献力量。会后，与会代表还就行业未来发展方向、目前行业发展痛点、行业市场规范及新产品研发方向等进行了探讨。

（三）"2023全国塑编产业链技术交流与市场对接会"在抚州顺利召开

2023年7月28日，由中国塑料加工工业协会主办，中国塑协塑编专委会、中共宜黄县委、宜黄县人民政府承办的"2023全国塑编产业链技术交流与市场对接会"在抚州顺利召开。本次会议汇聚了来自业内外的知名企业家、专家学者等600多人，会上探讨了行业发展趋势、技术创新、绿色制造、数智化建设等话题，交流了产品信息和市场需求，分享了企业发展成果，介绍了塑编专委会工作及行业发展状况，并对"2022年度塑编二十强企业"进行了表彰。会议还设立了塑编创新展区并安排企业参观，展示了企业最新研发成果和宜黄县企业形象。本次会议是塑编行业近3年的一次盛大聚会。各方在会上交流经验、分享成果，共同探讨塑编行业的高质量发展新思路、新模式、新机遇。

（四）"2023中国集装袋行业创新发展对接会"在山东沂源隆重召开

2023年9月23日上午，由中国塑料加工工业协会主办，中国塑协塑编专委会、沂源县人民政府、山东鲁创产业发展集团有限公司承办的"2023中国集装袋行业创新发展对接会"在山东沂源隆重开幕，塑编产业链代表共500余人参加会议。本次会议划分为"主题发言""嘉宾访谈"和"企业参观"三阶段，围绕国内外集装袋行业发展现状及方向、集装袋国际市场状况、集装袋智能物联技术、集装袋自动化装备研发等方面进行了研讨和交流，同时还组织参会者参观了鲁创公司集装袋缝制自动化生产线。本次会议深入契合当下集装袋行业发展热点、难点问题，为集装袋自动化发展指明了方向。

（五）"全国塑编集群区创新发展论坛暨塑编产业链交流对接会"在浙江绍兴召开

2023年11月23日，由中国塑料加工工业协会主办、中国塑协塑编专委会承办的"全国塑编集群区创新发展论坛暨塑编产业链交流对接会"在浙江绍兴召开。来自平阳县、苍南县、康平县、宜黄县、常州市、周口市、枣庄市等各集群的负责人、企业家及全国塑编产业链代表近300人参加了会议。本次会议以"集群创新 融合发展"为主题。塑编各大产业集群首次相聚，通过此次会议与展会平台，搭建各集群间联络渠道，分享经验，促进塑编集群产业创新升级。这也标志着塑编产业将持续向集中化方向发展，产业集群效应越发明显。11月24日，会议组织代表前往参加"第四届产业链高峰论坛"并参观绿色智造展览会。

八、行业大事记

（一）2023年中国塑协分支机构工作会议成功召开

2023年1月30日，中国塑料加工工业协会以现场+视频方式召开2023年分支机构工作会议。塑料编织制品专委会荣获"2022年度中国塑料加工工业协会标杆分支机构"称号；王学保主任获得"标杆分支机构主任"称号，赵克武获得"标杆分支机构秘书长"称号。

（二）年产2亿条新型环保水泥包装袋生产线项目在昌江开工建设

2023年2月6日上午，年产2亿条新型环保水泥包装袋生产线项目在昌江开工建设，项目业主为昌江海螺华盛塑料包装有限公司。

（三）"塑编产业链创新发展座谈会"在南京成功召开

2023年2月24日，中国塑协塑编专委会在南京成功举办以"创新驱动，共谋发展"为主题的"塑编产业链创新发展座谈会"。此次座谈会汇聚了来自业内外的知名企业家、专家学者等260多人，他们共同探讨了塑编行业高质量发展的新思路、新模式、新机遇。

2月25日，塑编专委会组织与会代表参观第五届中国国际塑料展塑编展示专区并参加了"中国塑料行业科技大会"。

（四）塑编专委会调研火天集装袋（南京）有限公司

2023年2月27日下午，第五届中国国际塑料展结束后，中国塑协塑编专委会王学保主任、赵克武秘书长来到火天集装袋（南京）有限公司调研。

（五）塑编专委会调研考察沂源县集装袋缝制后工序自动化解决项目

2023年3月1—2日，中国塑协塑编专委会王学保主任、赵克武秘书长一行率团来到沂源县考察集装袋缝制后工序自动化解决项目，受到沂源县委副书记、县长张涛，及相关政府部门领导、企业负责人的热情接待。县政府党组成员、办公室主任李玉刚，县工业和信息化局局长王小朋，县投资促进服务中心副主任张滨，县经济开发区投资促进局局长陈丙海，参加交流。

（六）塑编专委会走访调研山东部分塑编企业

2023年2月28日，中国塑协塑编专委会王学保主任、赵克武秘书长一行，调研山东原鑫鲁丰塑料包装有限公司、山东金阳光新材料科技有限公司。

（七）塑编专委会多家会员单位和个人获荣誉称号

2023年2月25—26日，先后召开了第三届中国塑料行业科技大会及中国塑料加工工业协会团体标准化技术委员会2022年年会。两个会议分别围绕"开拓创新促转型，锐意进取谋发展"及团体标准工作展开了交流。中国塑协塑编专委会组织塑编企业参与了会议，并有多家会员单位和个人获荣誉称号。山东万华塑编有限公司荣获"2020—2022年度中国塑料加工业先进科技工作者"称号；山东万华塑编有限公司、湖南安福环保科技股份有限公司、浙江华劲机械有限公司荣获"2020—2022年度中国塑料加工业优秀科技成果"称号；山东万华塑编有限公司、常州市永明机械制造有限公司、湖南安福环保科技股份有限公司荣获"2020—2022年度中国塑料加工业科技创新型优秀会员单位"称号；海宁市金潮实业有限公司荣获"团体标准创新奖"；常州市塑化产业商会、沈阳市康平县塑编协会、淮阳区塑料制品行业协会荣获"最佳合作伙伴奖"；佛山佛塑科技集团股份有限公司、临沂盛德塑胶有限公司、德州深顺塑料有限公司、青岛雨虹篷布制品有限公司、汕头市双鹏塑料实业有限公司、常州市腾诚机械制造有限公司、山东博新新材料有限公司、沧州力德运篷布有限责任公司、中国塑料加工工业协会塑料编织制品专委会、浙江德清瑞德实业有限公司、连云港雨虹篷布制品有限公司、山东雷华塑料工程有限公司、常州市永明机械制造有限公司、北京天罡助剂有限责任公司、宿

迁联盛科技股份有限公司、常州市东泰塑机有限公司、常州市长城塑胶机械有限公司、广东美联新材料股份有限公司、德州市睿彩塑胶科技有限公司荣获"团体标准创新奖"；刘学友、翟建新、孔令光荣获"团体标准突出贡献奖"；戴清国、刘安友、何秀雯、马育胜、朱旺民、张荣花、王溪涛、赵克武、黄思思、张扬、李涛、何敏、赵莉、谢胜利、顾国明、马雪鸿、黄伟汕、李怀森荣获"团体标准贡献奖"。

（八）塑编专委会走访调研沂源塑编企业

2023年3月2日，中国塑协塑编专委会主任王学保、秘书长赵克武一行，在山东鲁创自动化副总经理刘声宇、工艺部经理杨坤的陪同下，调研沂源精工医药塑业有限公司、沂源汇丰塑编有限公司、山东恒金源包装材料有限公司、山东兴国新力集团、山东兴国新力塑业科技有限公司。

（九）《塑料聚丙烯（PP）熔喷专用料》国家标准发布

2023年3月，燕山石化牵头修订的《塑料聚丙烯（PP）熔喷专用料》国家标准发布。该标准进一步规范了试验要求，提高了熔喷料技术指标，助力国内聚丙烯熔喷专用料提质升级。

（十）塑编专委会陪同中国塑料加工工业协会理事长王占杰到河南省塑料协会进行工作交流

2023年3月9日，中国塑料加工工业协会副秘书长、塑料编织制品专委会秘书长赵克武陪同中国塑料加工工业协会理事长王占杰，到河南省塑料协会进行工作交流，与河南省塑料协会会长段同生、副会长张家恒、副会长楚军政、秘书长窦俊岭、副秘书长赵二庆等人员，就全国及当地行业情况、协会之间加强合作、行业团体标准建设、骨干企业培养、搭建服务平台、鼓励科研创新、推动绿色发展以及如何更好发挥专委会作用进行了探讨交流。

（十一）塑编专委会出席ALLINPLAS2023郑州塑博会开幕式

2023年3月10日，中国塑料加工工业协会副秘书长赵克武出席了ALLINPLAS2023郑州塑博会开幕式，并受王占杰理事长委托，代表中国塑料加工工业协会作大会开幕致辞。此外，赵克武秘书长来到塑编产业链企业展台参观、交流，了解企业发展情况，向展商介绍了南京第五届中国国际塑料展成功召开情况，推介2024第六届中国国际塑料展，征求2023塑编年会举办意见，希望企业积极参与塑编专委会的各项活动。鼓励企业创新转型，加快信息化、智能化建设，为行业提供优质的产品，促

进行业快速、健康发展。

（十二）塑编专委会走访调研淄博市塑编企业

2023 年 3 月 3—4 日，塑编专委会王学保主任、赵克武秘书长一行，在淄博智泉包装有限公司总经理张立国、淄博临淄美帆塑料厂总经理朱智勇的陪同下，先后来到淄博市临淄区、高青县调研山东齐旺达集团有限公司、山东齐鲁塑编集团股份有限公司、淄博临淄美帆塑料厂、淄博智泉包装制品有限公司、山东昊懿包装有限公司、高青澳森特集装箱包装材料有限公司、淄博艾福迪塑料包装有限公司。

（十三）塑编专委会走访调研郑州塑编企业

3 月 11 日上午，中国塑协塑编专委会秘书长赵克武一行来到郑州恒成塑业有限公司、新乡光明塑业有限公司走访调研，并就行业发展及公司的发展、经营情况进行交流，还参观了生产车间。

（十四）山东雷华塑料工程有限公司到中国塑协塑编专委会交流

2023 年 3 月 14 日，山东雷华塑料工程有限公司行政中心总经理兼党支部书记黄勇、项目经理李荣浩到塑编专委会拜访交流，塑编专委会秘书长赵克武接待了黄总一行，并主要就行业未来发展方向及思路、新材料发展情况，行业标准规划进行了交流。

（十五）应城市新都化工塑业有限公司到塑编专委会交流

2023 年 3 月 16 日，应城市新都化工塑业有限公司副总经理付江华、技术质量部部长吴开连来到塑编专委会拜访交流，并主要就行业整体发展情况，行业新技术、新装备发展状况，以及行业企业在技术、工艺、设备、管理等方面的长处等方面进行了交流探讨。

（十六）宿迁联盛科技股份有限公司成功上市

2023 年 3 月 21 日，塑编专委会理事单位——宿迁联盛科技股份有限公司成功登陆上海证券交易所，正式成为 A 股主板上市企业。

（十七）塑编专委会调研天津市旭辉恒远塑料包装股份有限公司

2023 年 3 月 17 日，塑编专委会秘书长赵克武在应城市新都化工塑业有限公司副总经理付江华、技术质量部长吴开连的陪同下，到天津市旭辉恒远塑料包装股份有限公司走访调研。

（十八）塑编专委会拜访建材工业技术监督研究中心

2023 年 3 月 23 日，中国塑协塑编专委会秘书长赵克武、副秘书长李静一行前往建材工业技术监督研究中心拜访交流，并与中国建筑材料科学研究总院主任、袋分技术委员会特约专家江丽珍、全国包装标准化技术委员会袋分技术委员会秘书长甘向晨、中国建筑材料科学研究院总院高级工程师杜勇等，共同探讨解困阀口袋行业发展问题。

（十九）塑编专委会走访调研南昌塑编企业

2023 年 4 月 8—9 日，中国塑协塑编专委会王学保主任、赵克武秘书长一行来到位于南昌市宇翔工贸有限公司、玖铭包装有限公司、金广源实业有限公司、亿林化工有限公司、九江海大包装有限公司、轩品塑胶制品有限公司塑编产业链企业，座谈交流并参观生产车间。

（二十）塑编委员会出席江西省塑料工业协会第五届第二次会员大会暨"绿色智造 碳求未来"论坛

2023 年 4 月 10 日，中国塑协塑编专委会王学保主任、赵克武秘书长应江西省塑料工业协会会长吴旅良的邀请，出席江西省塑料工业协会第五届第二次会员大会暨"绿色智造 碳求未来"论坛。大会就塑料行业绿色循环经济、塑料行业可持续发展等热门议题进行了深入探讨。

（二十一）塑编专委会参观考察江西塑编企业

2023 年 4 月 11—12 日，应江西省塑料工业协会会长吴旅良的邀请，中国塑协塑编专委会王学保主任、赵克武秘书长参加由有关协会、企业的领导和专家组成的参观考察团，走访参观了江西宏远化工有限公司、江西齐展新材料科技有限公司、江西新超管业有限公司。

（二十二）塑编专委会走访调研广源集团及江西省坤达科技有限公司

2023 年 4 月 13 日，中国塑协塑编专委会王学保主任、赵克武秘书长在广源集团总经理助理罗京的陪同下，走访调研广源集团及其旗下广源新材料公司，受到其副董事长邹检生、广源新材料公司总经理李永亮等的热情接待，实地了解企业生产经营状况，听取企业诉求，交流意见建议，擘画行业未来发展。此外，在广源集团总经理助理罗京、企划部副总经理符苏声雷的陪同下，来到江西省坤达科技有限公司参观交流。

（二十三）调研走访宜黄县工业园塑编集群区

2023 年 4 月 14—15 日，中国塑协塑编专委会王学保主任、赵克武秘书长一行在广源集团经理谢建磊的陪同下，来到江西省抚州市宜黄县工业园塑编集群区，考察调研了塑编产业链江西志达塑业有限公司、江西宏洲塑业有限公司、江西高盛塑业有限公司、江西德胜塑业有限公司、江西合顺新材料科技有限公司、江西新恒丰塑业有限公司、抚州华庆塑业有限公司、抚州方联科技有限公司、江西华强塑业有限公司。15 日下午，中共宜黄县委副书记黄雪琴，中共宜黄县委常委、常务副县长周钦，宜黄县商务局局长江爱雷等领导，相继来到江西志达塑业有限公司会见了王主任、赵秘书长一行，并进行了座谈交流。

（二十四）走访调研广西桂林塑编企业

2023 年 4 月 21 日，中国塑协塑编专委会主任王学保、秘书长赵克武一行在参加深圳雅士展系列活动后，来到广西桂林市，调研桂林天海塑业有限公司、桂林恒丰塑业有限公司、桂林市八九点塑料制品有限公司、桂林顺城塑业有限公司、桂林泓雅彩印包装有限公司。

（二十五）中国塑协塑编专委会出席广西塑料产业风险管理研讨会

2023 年 4 月 26 日，中国塑协塑编专委会主任王学保、秘书长赵克武一行，随同广西塑料协会会长黄可晟，支部书记、秘书长邬江等，来到广西塑料产业风险管理研讨会会场交流并致辞。

（二十六）走访调研南宁市塑编企业

2023 年 4 月 24—25 日，为了更加深入地了解广西南宁地区塑编行业企业生产运营情况，切实解决企业在发展中遇到的困难和问题，了解行业发展趋势，为推动行业的进一步发展提供重要的参考和思路，塑编专委会主任王学保、秘书长赵克武、秘书杨长富一行走访调研广西壮族自治区的南宁市恩典塑业有限责任公司、广西得恩塑业有限公司、广西盛发塑业有限公司、广西顺兴包装有限公司、广西国塑包装有限公司、广西银塑包装有限公司。

（二十七）走访调研广西百色、河池两地塑编产业链企业

2023 年 4 月 25—28 日，中国塑协塑编专委会主任王学保、秘书长赵克武一行在烟台亿邦机械有限公司副总经理李东军的陪同下，来到广西百色、河池两地塑编产业链企业，平果市如意包装有限责任公司、广西田阳嘉睦禾塑业有限公司、广西百色尚瑞新型材料有限公司、巨尚（广西）新材料科技有限公司、广西田阳联禾新材料有限公司、广西优特美包装制品有限公司、广西百信新材料有限公司，进行走访调研。

（二十八）中国塑协塑编专委会与广西塑料行业协会进行了交流

2023 年 4 月 26 日，中国塑协塑编专委会主任王学保、秘书长赵克武一行来到广西塑料行业协会，协会会长黄可晟，支部书记、秘书长邬江，常务理事李进勇等，表示热烈欢迎，并进行了座谈交流。

（二十九）广西河池市金城江区领导会见中国塑协塑编专委会一行

2023 年 4 月 27 日，广西河池市金城江区副区长钟福祥、工业信息化商务局局长韦龙友等领导会见了正在河池走访企业的中国塑料加工工业协会塑料编织制品专业委员会主任王学保、秘书长赵克武一行。

（三十）杭州明象科技有限公司拜访中国塑协塑编专委会并交流工作

2023 年 5 月 8 日，杭州明象科技有限公司总经理岳勤拜访中国塑协塑编专委会，并开展交流工作。

（三十一）塑编专委会走访山东鲁创集团，并座谈交流

2023 年 5 月 10 日，中国塑协塑编专委会秘书长赵克武一行应邀来到山东鲁创产业集团、山东鲁创自动化有限公司，山东鲁创产业集团有限公司总经理张东涛、产业服务部经理申子钰，山东鲁创自动化有限公司研发项目总经理钟畅明、副总经理刘声宇、事业部经理胡萌、工艺部经理杨艺等表示热烈欢迎。双方就行业自动化发展趋势及应用等方面进行了座谈交流。

（三十二）走访调研山东隆众信息技术有限公司和济南鼎鑫机械制造有限公司

2023 年 5 月 11 日，中国塑协塑编专委会秘书长赵克武一行来到山东隆众信息技术有限公司走访调研，并调研济南鼎鑫机械制造有限公司的生产经营情况。

（三十三）中共宜黄县领导到访塑编专委会并座谈交流

2023 年 5 月 13 日，中共宜黄县委、县委书记杜晓良，中共宜黄县委常委、组织部部长尹续平，宜黄县委办主任李强，宜黄县东陂镇党委书记赖建勇，宜黄县二都镇党委书记邵荣华，宜黄县商务局局长江爱雷一行到访塑编专委会，塑编专委会秘书长赵克武接待了杜书记一行。双方就塑编行业自动化发展、宜黄塑料产业布局及塑编行业年会进行了座谈交流。

（三十四）中国塑料加工工业协会及塑编专委会到河北三超塑料制品有限公司走访调研

2023 年 6 月 15 日，中国塑协塑编专委会秘书长赵克武随同中国塑料加工工业协会质量标准部主任田辉一行，来到河北三超塑料制品有限公司走访调研，并与河北三超塑料制品有限公司总经理张海祥、副总经理张士超，曲周县市场监管局副局长李光远、牛建平、科长谷学智等人进行了座谈交流。此外，还参观了车间，了解生产设备运转情况、产品工艺流程、新产品生产开发情况等。

（三十五）走访调研广西贺州塑编企业

2023 年 6 月 25 日，中国塑协塑编专委会主任王学保、秘书长赵克武一行来到广西贺州，走访调研广西贺州富思源新材料有限公司、广西兆瑞塑业有限公司、贺州市德兴塑业有限公司、贺州弘信包装材料有限公司、广西臻超包装材料有限公司、贺州市宇义包装有限公司、广西贺州市科发塑化填料厂。

（三十六）世界首台全自动四吊环吨袋包装机即将投入使用

2023 年 6 月，中国航天科技集团有限公司六院 11 所（北京）成功研制出世界首台全自动四吊环吨袋包装机，并与客户签订 70 万吨／年瓶片项目包装机供货合同。该装备即将投入使用。

（三十七）沈阳市康平县召开塑编产业发展座谈会

2023 年 7 月 4 日，沈阳市康平县召开塑编产业发展座谈会，共谋塑编产业发展大计。会上就康平县塑编产业发展现状、未来发展目标及努力方向等作了探讨。

（三十八）走访调研绿地遮阳有限公司

2023 年 7 月 7—8 日，中国轻工业联合会兼职副会长、中国塑料加工工业协会荣誉理事长朱文玮，住房和城乡建设部科技与产业化发展中心原总工程师高立新，中国塑料加工工业协会副秘书长兼塑料管道专委会秘书长赵艳，副秘书长兼塑编专委会秘书长赵克武，办公室主任刘晓慧一行赴浙江台州塑料相关企业走访调研。深入副理事长单位三友控股集团有限公司、副理事长单位公元股份有限公司、副理事长单位精诚时代集团、塑编专委会常务副主任单位绿地遮阳有限公司等单位调研，了解企业生产经营状况、科技创新水平和存在的困难等情况，交流行业发展趋势。中国塑料加工工业协会监事长、台州市塑料行业协会

会长江桂兰，台州市塑料行业协会执行秘书长陈嘉增等全程陪同调研。

（三十九）上海链接者集团有限公司拜访中国塑协塑编专委会，并交流工作

2023 年 7 月 6 日，上海链接者集团有限公司副董事长黄贵生拜访中国塑协塑编专委会。

（四十）走访调研乌鲁木齐塑编企业

2023 年 7 月 8 日，中国塑协塑编专委会王学保主任，在新疆安恒纺织股份有限公司海外事业部总经理郑长青的陪同下，走访调研了乌鲁木齐石化公司化工生产部化纤厂和乌鲁木齐市富霖实业公司。

（四十一）走访调研四川美丰高分子材料科技有限公司

2023 年 7 月 10 日，中国塑协塑编专委会王学保主任应邀到四川美丰高分子材料科技有限公司走访调研，出席了美丰高分子材料科技有限公司发展规划研讨座谈会，就行业发展、集装袋调研情况及生产线建设构想、公司技术研发情况、高分子公司规划发展等问题进行了交流。

（四十二）走访调研四川塑编企业

2023 年 7 月 10—12 日，中国塑料加工工业协会塑编制品专业委员会主任王学保，在四川远景包装有限公司总经理王芳的陪同下，对四川远景包装有限公司、四川鑫东达科技有限公司、什邡市联盛包装有限公司、四川唯简塑业有限公司、成都高丰新型包装有限公司、四川省福强包装有限责任公司、四川永盛宏新材料有限公司、成都市新都区永发塑料制品有限公司等塑编行业企业在目前经济形势下的运营情况进行了走访调研。

（四十三）走访调研滕州市塑编企业

2023 年 7 月 16—18 日，中国塑协塑编专委会王学保主任来到山东省枣庄市的滕州市，在新疆安恒纺织股份有限责任公司副总经理刘涛的陪同下，对中国早期再生塑料编织袋生产基地的枣庄市滕州市的正昌塑编有限公司、贵通编织厂、恒一包装有限公司、恒正编织厂、东盛网袋厂进行了走访调研。

（四十四）走访调研山东枣庄市山亭区桑村镇塑编企业

2023 年 7 月 17 日，中国塑协塑编专委会王学保主任在枣庄大商包装制品股份有限公司副总经理刘涛的陪同下，来到中国早期塑编重镇——山东枣庄市山亭区桑村镇走访调研，与桑村镇塑编协会、桑村镇副镇长汤红岩，桑村镇塑编协会会长葛延峰，桑村镇塑编协会副会长陈磊、曹丙德及部分企业家，

就行业发展的现状、困难、前景等进行了交流。

18 日，在山东省枣庄市山亭区桑村镇副镇长汤红岩，桑村镇塑编协会会长葛延峰、副会长陈磊、副会长曹丙德，新疆安恒纺织股份有限公司副总经理刘涛等的陪同下，走访调研了枣庄一诺塑业有限公司、枣庄市山亭区正源塑编厂、山东鑫洲包装制品有限公司、山东兴鸿塑编有限公司、枣庄市山亭区隆泰塑编厂、枣庄市永盛塑料制品有限公司。

（四十五）走访调研江苏泰州、常州、连云港、盐城部分塑编骨干企业

2023 年 7 月 19—29 日，中国塑协塑编专委会王学保主任，走访调研了江苏泰州、常州、连云港、盐城部分塑编骨干企业，如江苏泰华集团、常州商隆产业用纺织品有限公司、常州优尼克包装有限公司、连云港超力工业包装制品有限公司、盐城市亿德包装有限公司。

（四十六）走访调研烟台地区塑编企业

2003 年 7 月 25 日，中国塑协塑编专委会王学保主任受山东道恩集团董事长于晓宁邀请，见面之后，在广西贺州富思源新材料有限公司总经理高永营的陪同下，走访调研了烟台地区龙口思源塑业有限公司、烟台亿邦机械设备有限公司、烟台海湾塑料制品有限公司、烟台裕兴包装有限公司。

（四十七）中国塑协塑编专委会五届四次理事扩大会议成功召开

2023 年 7 月 27 日，中国塑协塑编专委会召开中国塑协塑编专委会五届四次理事扩大会议。会议主要内容：中国塑协塑编专委会 2023 年上半年工作总结和中国塑协塑编专委会 2023 年下半年工作计划；讨论中国塑协塑编专委会会费调整议案；通过中国塑协塑编专委会常务副主任、常务理事、会员增补议案；行业自律倡议；介绍"2023 中国塑料绿色智造展览会"和"2024 中国国际塑料展"情况。同时，理事会成员就企业发展先进经验进行了介绍，并就 2022 年企业发展情况、细分行业发展难点、行业发展新思路、行业标准化方向、行业市场规范及新产品研发方向等方面进行了探讨。

（四十八）"2023 全国塑编产业链技术交流与市场对接会"顺利召开

2023 年 7 月 29 日，由中国塑料加工工业协会主办，中国塑协塑编专委会、中共宜黄县委、宜黄县人民政府承办的"2023 全国塑编产业链技术交流与市场对接会"在抚州圆满闭幕。本次会议汇聚了来自业内外的知名企业家、专家学者等 700 多人，大家共同探讨塑编行业的高质量发展新思路、新模式、新机遇。

（四十九）中国塑料加工工业协会调研走访烟台永太机械有限公司

2023 年 8 月 10—11 日，中国塑料加工工业协会朱文玮荣誉理事长、王占杰理事长及田岩副理事长借在山东省烟台市参加"中国塑协专家委员会 2023 年年会暨塑料新材料、新技术、新成果交流会"之机，到烟台附近塑料加工产业链相关企业（如烟台永太机械有限公司）进行了调研走访。

（五十）调研走访洛阳市塑编产业链企业

2023 年 8 月 16—19 日，受洛阳鑫丰塑业有限公司总经理焦雷森邀请，中国塑协塑编专委会秘书长赵克武一行来到位于十三朝古都、牡丹之乡洛阳，走访调研了洛阳市鑫丰塑业有限公司、洛阳市森璞实业有限公司、洛阳东资实业有限公司、洛阳市强胜实业有限公司、洛阳市大豪工贸股份有限公司、洛阳市恒华实业有限公司、洛阳和一集装袋包装有限公司、洛阳市红宝塑业有限公司、洛阳市豫兴湘实业有限公司、洛阳领行塑业有限公司、洛阳市宸邦实业有限公司、洛阳鹏翼实业有限公司、洛阳共聚塑业有限公司。

（五十一）年产 520 万条集装袋项目正式落户河口经济开发区

2023 年 8 月 17 日，河口经济开发区与山东汇纶塑料制品有限公司成功举行入园协议签约仪式，山东汇纶塑料制品有限公司年产 520 万条集装袋项目正式落户河口经济开发区。

（五十二）调研走访河南长兴实业有限公司

2023 年 8 月 19 日，在洛阳市鑫丰塑业有限公司总经理焦雷森、王福根，洛阳共聚塑业有限公司总经理陈友谊的陪同下，中国塑协塑编专委会秘书长赵克武来到河南长兴实业有限公司，对氧化铝包装用集装袋的行业发展情况进行实地调研。河南长兴实业有限公司总经理梁飞飞、总经理助理赵申源以及公司塑编实业部经理王喜晔热情接待了赵秘书长一行，并带领他们进行了参观交流。

（五十三）《氧化铝粉包装用集装袋》团体标准专家审议会召开

2023 年 8 月 19 日，中国塑协塑编专委会秘书长赵克武受邀参加了由长城铝业长兴公司牵头起草的《氧化铝粉包装用集装袋》团体标准专家审议会。审议现场，长兴公司团体标准编制组按照专家组的修改意见，对标准送审稿的有关内容进行了修

改和完善，形成了标准报批稿——待上报批准后颁布实施。

（五十四）"2023 中国集装袋行业创新发展对接会"隆重召开

2023 年 9 月 23 日，由中国塑料加工工业协会主办，中国塑协塑编专委会、沂源县人民政府、山东鲁创产业发展集团有限公司承办，山东鲁创自动化有限公司协办的"2023 中国集装袋行业创新发展对接会"在山东沂源隆重开幕。塑编产业链代表共 500 余人参加会议。

会议特邀集装袋专家、企业家代表围绕国内外集装袋行业发展现状、集装袋未来发展方向、集装袋国际市场状况、集装袋绿色低碳道路、集装袋智能物联技术、集装袋标准化进程等方面进行了研讨。整场会议深入契合当下集装袋行业发展热点、难点问题，为与会代表提供了充分的互动交流平台，展示了行业自动化创新设备，为集装袋自动化发展指明了方向。

（五十五）与山东省枣庄市山亭区领导座谈交流，并调研当地企业

2023 年 9 月 25 日，中国塑协塑编专委会王学保主任、赵克武秘书长一行到山东省枣庄市山亭区桑村镇，与山亭区人大常委会副主任张成国，桑村镇党委书记杨昌照、副书记高源、主任汤红岩、项目办主任刘金良，桑村镇塑料协会会长葛延峰、秘书长孟凡峰进行了座谈交流。其间，参观了企业的生产和经营现场，了解了生产经营策略以及市场销售情况。

交流座谈结束后，王主任、赵秘书长一行在桑村镇党委书记杨昌照等领导的陪同下，先后走访了桑村镇域塑编骨干企业：枣庄龙泉包装制品有限公司、枣庄市宏大塑业有限公司、山东兴鸿塑编有限公司、枣庄市山亭区正源塑编厂、枣庄大商包装制品股份有限公司、枣庄市一诺工贸有限公司、山东泰达塑业科技有限公司、山东鑫洲包装制品有限公司、枣庄市恒玉塑料包装有限公司、枣庄市山亭区隆泰塑编厂。

（五十六）晴隆县集装袋（包装袋）生产加工项目开业

2023 年 10 月 7 日，晴隆县集装袋（包装袋）生产加工项目在腾龙岭产业园举行开业典礼。

（五十七）苍南县塑料行业协会赴广西企业考察学习

为创新服务会员、进一步开阔试点企业技术人员工作视野、学习借鉴先进技术与经验，由苍南县塑料行业协会会长林增标、党支部书记许良然带队，组织苍南塑料包装制品行业高质量发展省级标准化试点项目参与企业"南塑集团有限公司、温州顶超塑业有限公司、浙江坤诚塑业有限公司、温州德泰塑业有限公司、温州喜发实业有限公司、浙江品诚包装有限公司、浙江瑞旺科技有限公司、温州耀弘塑业有限公司"8 家企业的负责人及技术人员，赴广西华塑集团有限公司、广西七色珠光材料股份有限公司和鹿寨桂浙塑料包装有限公司等企业进行实地观摩、考察学习，交流行业智能化发展、标准化建设、高质量发展。

（五十八）坤达集团 20 周年盛典暨"守正创新，数智未来"专题论坛成功召开

2023 年 10 月 20 日，坤达集团 20 周年盛典暨"守正创新，数智未来"专题论坛在浙江省温州市成功举办。本次论坛邀请了各界领导、技术专家以及供应链企业代表等嘉宾，以共同解读行业变革的新趋势，探索企业转型升级之路，为坤达集团的高质量发展注入新动力。

（五十九）2023 隆众资讯碳三产业大会在江苏苏州隆重召开

2023 年 10 月 10 日，2023 隆众资讯碳三产业大会在江苏苏州隆重召开，中国塑协塑编专委会秘书长赵克武受邀参加了会议并作中国塑编产业发展介绍。在当前这样一个未来增速将明显放缓、竞争压力将逐渐往芳烃下游品种转移的转折时期，隆众资讯邀请国内外烯烃和芳烃产业上中下游精英齐聚苏州，共同商讨中国烯烃和芳烃产业未来发展之路具有重要意义。

（六十）与平阳县塑料包装行业协会座谈交流

2023 年 10 月 21 日，中国塑协塑编专委会秘书长赵克武一行来到平阳县塑料包装行业协会，进行座谈交流。双方就中国塑编产业的发展现状以及中国制造业，包括塑编产业转型升级发展趋势、平阳县塑料包装行业协会发展历程及上半年平阳塑编产业经济运行状况展开讨论，讨论内容包括市场价格竞争激烈，产品种类杂乱，塑编拉丝、圆织机工人老龄化等塑编行业面临的种种困难和挑战。此外，还走访了浙江新浪包装有限公司、温州智业包装有限公司、浙江中宇节能科技有限公司。

（六十一）走访调研常州塑编企业

2023 年 11 月 2—4 日，中国塑协塑编专委会秘书长赵克武一行走访调研常州市恒力机械有限公司、常州市东泰塑机有限公司、常州市源骏机械有限公司、宜兴威尼特集装袋有限公司、宜兴威尼特包装袋有限公司、常州市永明机械制造有限公司、江苏常编集成科技有限公司，了解产业链企业生产运营情况。

（六十二）走访调研山东欧太亚塑业有限公司

2023 年 10 月 30 日，中国塑协塑编专委会主任王学保走访调研山东欧太亚塑业有限公司，并进行了座谈交流。

（六十三）"全国塑编集群区创新发展论坛暨塑编产业链交流对接会"在浙江绍兴隆重召开

2023 年 11 月 23 日，由中国塑料加工工业协会主办、中国塑协塑编专委会承办的"全国塑编集群区创新发展论坛暨塑编产业链交流对接会"在浙江绍兴隆重召开。来自平阳县、苍南县、康平县、宜黄县、常州市、周口市、枣庄市等各集群的负责人、企业家及全国塑编产业链代表近 300 人参加了会议。

24 日上午，中国塑协塑编专委会组织与会代表前往参加第四届产业链高峰论坛并参观绿色智造展览会。本次展会塑编展区由平阳、苍南、康平、宜黄、桑村几大塑编产业集群联合展出，参与展出的单位还有山东鲁创、陕西聚能、陕西波特兰、德州睿彩、连云港鼎昌、广西田阳嘉睦禾、广州麦多科等塑编产业链企业。展商们带着饱满的热情，积极与观众洽谈交流，带着全新的发展成果向众多行业观众展示。

（六十四）应邀参加"2023 填充改性生产技术实训班"

2023 年 12 月 14 日，塑编专委会秘书长赵克武应邀参加了由青岛赛诺新材料研究院主办的"2023

填充改性生产技术实训班"并担任导师演讲。会后，为更加深入地了解青岛地区塑编产业链企业生产运营情况，做好塑编行业服务工作，塑编专委会秘书长赵克武先后走访调研了青岛方达化工有限公司、青岛普霖包装制品有限公司、青岛永嘉茂包装有限公司。

九、结束语

2023 年，宏观经济复苏，但塑编行业期待的恢复增长局面并没有出现。塑编行业面临市场需求不足、库存积压、"内卷"严重等诸多问题。塑编行业在复杂的经济形势中寻求发展，加紧进行技术创新、新品研发、市场开拓，追求在逆境中稳发展，为行业高质量发展提供了强大动力。

2024 年是实施"十四五"规划的攻坚之年，也是发展新质生产力、全面提升产业整体水平、实现塑编行业高质量发展的重要一年，塑编专委会将继续坚持以《塑料加工业"十四五"发展规划指导意见》《塑料加工业"十四五"技术进步指导意见》为指导，坚持"功能化、轻量化、精密化、生态化、智能化"发展方向，坚持体制机制创新，坚持高标准引领，坚持绿色可持续发展，加大创新发展力度，加快推进智能化、自动化、数字化可持续发展步伐，调整优化产业结构，加快提升中高端产品的比例，注重产品多功能化研发，鼓励企业创立品牌，推动塑编资源整合利用，探索互联网营销及智能工厂新模式。同时，促进行业标准化建设，进一步加快绿色低碳发展，努力解决塑编行业产能过剩、生产集中度低、规模偏小、产品结构不合理、技术力量薄弱、劳动用工多、创新能力不强、智能化程度不高等问题，从而促进塑编行业持续健康发展。

塑 料 管 道

中国塑协塑料管道专业委员会

现阶段，国际形势复杂严峻，国内经济受到巨大挑战，塑料管道行业在经济下行等重重考验下，在逆境中奋进，不断激发动力，坚定信心，抢抓机遇，坚持创新驱动，走高质量发展之路，行业发展相对稳健。

一、塑料管道行业不断发力，发展相对稳健

2023 年，塑料管道行业整体水平提升，集中度提高，骨干企业增长，产业布局更加合理；应用领域进一步拓宽；大国地位稳固；绿色环保可持续发展，不断加大节能改造力度；国际市场竞争能力提升，发展相对稳健，向高质量发展不断迈进。

（一）行业增速降缓，市场相对稳定

2023 年，塑料管道行业大部分企业发展遇到了诸多挑战，总体利润水平较低。据统计分析，2023年塑料管道行业产量同比下降 1.58%，总产量为1619 万吨。虽然增长速率有所波动，但行业体量仍然可观，塑料管道产品在市政给、排水管道和农业用（含饮水、灌排等）管道等传统应用领域市场占有率相对稳定。国际市场方面，根据最新海关数据，2022 年 1—12 月塑料管道出口量为 90.41 万吨，出口额为 41.40 亿美元，平均单价 4578.93 美元/吨；2023 年 1—12 月塑料管道出口量为 103.76 万吨，出口额为 41.62 亿美元，平均单价 4010.71 美元/吨。较 2022 年，2023 年塑料管道出口量增长 14.77%，出口额增长 0.53%，出口平均单价下降 12.41%。从中可以看出，塑料管道制品的出口总量增幅较为乐观，但出口单价出现较大下降，侧面反映出我国塑料管道产品的利润空间下降，详见表 1、表 2。

（二）行业集中度增强，企业品质提高

从会员单位发展情况可以显著看出，2023 年，行业企业停产、转产、破产现象有所增加，小企业抵御风险能力较差，竞争力不足，很难在市场上立足。同时，重视品牌、质量过硬的规模企业在逆境中具有更强的抗风险能力，企业综合质量水平有所提升，行业集中度有所增强。行业企业高质量发展意识增强，越来越多的企业关注产品的品质，珍视品牌的力量，对产品附加值的提升更为重视。

（三）行业智能化水平提升，产品市场认可度提高

企业对智能化发展的重视程度持续提升，包括以机器替代人、远程控制等在内的智能化建设力度加大，企业智能化生产规模逐渐扩大，降本增效的同时，保证了生产的高质量水平，进而促进塑料管道产品的市场认可度提升、产品应用领域逐步扩大、新市场拓展能力进一步增强。塑料管道产品凭借其在高效、节能、环保等方面的优势，在重大工程项目、新市场领域中的应用更为广泛，塑料管道产品的市场美誉度有所提升。

（四）科技创新步伐加快，"四化"发展成果显著

2023 年，专委会对行业企业相关情况进行数据统计，共选取了 69 家具有代表性的塑料管道规上企业进行统计。这 69 家企业共有专利 10 428 项，其中发明专利 1254 项。

行业更加注重基础研究，产学研融合不断深化，科技创新投入加大，新产品不断涌现，新应用领域不断拓展。

表 1　2016—2023 年塑料管道产量和增长速度

年份	2016	2017	2018	2019	2020	2021	2022	2023
产量/万吨	1436	1522	1567	1600	1636	1660	1645	1619
增长率/%	4.06	5.99	2.96	2.11	2.25	1.47	−0.90	−1.58

表 2　2017—2023 年塑料管道出口情况

年份	出口量/万吨	出口量增长率/%	出口量占总产量比例/%	出口额/亿美元	出口额增长率/%	出口平均单价/（美元/吨）
2017 年	66.01	13.19	4.34	24.20	12.98	3666.11
2018 年	71.55	8.40	4.57	27.19	12.36	3800.14
2019 年	74.43	4.03	4.65	27.57	1.40	3704.15
2020 年	75.67	1.67	4.63	29.30	6.27	3872.08
2021 年	90.72	19.89	5.47	37.65	28.50	4150.13
2022 年	90.41	−0.34	5.50	41.40	9.96	4579.14
2023 年	103.76	14.77	6.41	41.62	0.53	4011.18

与此同时，供水输水、农业灌溉、石油输送、城镇供暖、城镇燃气、电缆护套、工业应用等领域功能化发展加快，管材管件、检查井、阀门、焊机、模块等的系统化发展，实现更大口径、更高强度（玻纤增强）、更多功能（阻燃、抗菌、超导）、更加环保（低碳、生命周期长）、高附加值：氢能源、核电、船用、超纯水系统、产品个性化定制等高端化发展，数字化设计、智能化生产、绿色化制造、精益化管理、智慧化供应链、网络化协同、服务化延伸、高端化产品的智慧化发展等方面都取得了显著成绩。

二、行业发展面临挑战，需释放发展新动能

在行业发展进步的同时，还存在一些发展不平衡、不充分问题。产品创新方面仍有提升空间，产品质量参差不齐，企业运行成本持续增加，相关政策对塑料管道产品的应用产生限制，用户市场竞争激烈，其他材质管道产品的进步压缩了塑料管道产品的市场空间，"甲方市场"、低价中标等现象制约了行业良性发展……这些问题需要持续重视。

行业产能过剩情况较为严峻，行业整体供大于求；大多数企业设备的利用率依然较低，开机率不足；工程施工质量需进一步完善，还存在不按规程安装、野蛮施工等现象，影响了塑料管道产品的后期使用；行业内部竞争日趋激烈，行业中"廉价低质"产品依然充斥市场，劣币驱逐良币现象仍然存在；产品质量问题一直存在，总体质量水平不断提升的同时，存在假冒伪劣产品。

此外，有效需求不足、预期偏弱（竞争加剧、"内卷"、利润下降），以及外部环境变化，复杂性、严峻性、不确定性上升，加之国内外市场的影响、营销和服务模式的影响、产品结构的影响、产业链的影响，更重要的是思维、习惯的影响，乃至新材料、新工艺可能的技术封锁、政策的影响、废旧塑料污染治理的影响等，都对塑料管道行业的发展形成了新的挑战。

在新形势下，面对新机遇、新挑战，行业还需要从多方面着手，不断满足市场需求，加强科技创新引领，完善产业链创新，释放行业发展新动能。

三、行业依然具有发展空间，需持续关注各方机遇

我国经济韧性强、潜力大、活力足，长期向好的基本面没有变，资源要素条件可支撑。塑料管道产业与我们的生活密不可分，不仅应用面广，还是实现"双碳"目标贡献者。目前，我国人均塑料管道消费仍未达到世界先进水平，这也意味着未来行业还有较大发展空间、应用潜力和市场韧性。功能化在应用领域进一步发挥，提质升级的消费市场将促进行业进步，超大规模市场优势将拓展应用领域。科技革命和产业变革将推动塑料加工业加快转型发展，同时也必将推动塑料管道行业不断向前。未来，要持续关注农业、水利、农村建设以及"三大工程"等领域，注重数字赋能，加强标准引领和质量支撑，加快国际化发展，科学地"走出去"，发展新质生产力，为高质量发展赋能。

（一）关注"三农"发展

农田建设、基础设施改善、污水处理、厕所改造等多个领域涉及塑料管道产品，将为塑料管道行业发展提供更大的市场空间。塑料管道企业要多关注相关领域，调整自身产品及发展方向，找到适合自身发展的新的市场空间。

要抓好粮食和重要农产品生产，加强农业基础设施建设，深入实施农村人居环境整治提升行动，推进农村基础设施补短板；关注农村建设"五大工程"，包括户厕改造、农村危房改造、农村公路建设养护、加强水利基础设施建设、加强高标准农田建设等；关注农村供水保障，包括推进农村水源保护和供水保障工程建设，更新改造一批老旧供水工程和管网，提高规模化供水工程覆盖农村人口比例；还要关注高标准农田建设、农业现代化示范区建设、乡村信息基础设施建设、休闲农业和乡村旅游精品工程等。

（二）关注"三大工程"

"三大工程"指规划建设保障性住房、城中村改造和"平急两用"公共基础设施建设。一是民生工程，二是"里子"工程，三是安全工程。

（1）民生工程。推动解决老旧小区加装电梯、停车等难题，加强无障碍、适老化设施建设。

（2）"里子"工程。继续加大城市燃气、供水、污水、供热等的老旧管网的改造力度。

（3）安全工程。2023年将推进城市生命线安全工程建设，通过数字化手段，对城市的供水、排水、燃气、供热的管网及桥梁、管廊等各类设施进行实时监测，及早发现问题、解决问题，有效提升城市安全运行保障能力。

（三）紧跟水利发展

扎实做好2024年水利工作，全力推动新阶段水利高质量发展。全面推进国家水网建设，夯实乡村全面振兴水利基础，大力推进数字孪生水利建设，全面提升水资源节约集约利用水平等，都将为塑料管道行业带来新的市场。同时，还要注重大力推进原创性、颠覆性科技创新；加快建设现代化产业体系，积极布局，培育战略性新兴产业和未来产业；以"双碳"目标为牵引，加快推进发展方式绿色转型。

（四）大力发展数字赋能

"数字赋能""智能制造"已成为制造业发展的新趋势。塑料管道行业企业要在实际工作中发挥数字驱动能力，合理利用数据，以数据分析驱动产品创新，加强人工智能等信息技术在产品生产、售后服务、产品设计、市场营销中的应用。行业要注重更新改造自动化设备，通过信息化手段，提高生产管理水平，让自动化设备更加智能化，最终实现提质降本增效。

（五）加强标准引领和质量支撑

塑料管道行业要不断完善标准组织体系，加大对标准的制定修订力度，重点关注新型材料、功能性产品、绿色产品、高技术产业用产品的标准制定。加快塑料管道团体标准相关工作，鼓励企业参与制定国家标准、行业标准、团体标准，逐步解决塑料管道产品标准覆盖不全、制定修订速度过慢、标准水平相对不高，以及原料、工程技术等的相关标准、规程、规范还不配套等问题。企业要严格按照国家标准、行业标准、团体标准、企业标准等相关标准进行生产，保证产品质量，提升行业质量水平，坚定不移地为高质量发展服务。

（六）坚持创新发展

科技创新是引领行业发展的第一动力。塑料管道行业在科技创新方面取得了显著成绩：新材料的研发应用、生产工艺的优化升级、节能环保技术的推广应用，都为行业的发展注入了强大动力。同时，我们也应该清醒地看到，与国际先进水平相比，我们在科技创新、绿色循环发展方面还有一定的提升空间。要紧跟时代脚步，坚持科技创新引领，不断推动行业技术进步和产业升级，加大科研投入，推动新技术、新工艺、新材料的研发和应用，不断提升产品的性能和质量，满足市场的多元化需求，更好地推动行业发展。

第一，加大科技创新投入。企业要加大对研发资金的投入，建立健全科技创新体系，吸引和培养一批高水平科研人才，为科技创新提供坚实支撑。第二，强化产学研合作。加强与高校、科研机构的合作，共同开展技术研发和成果转化，推动科技创新与产业发展深度融合。第三，提升自主创新能力。鼓励企业加强自主创新，掌握核心技术和自主知识产权，形成一批具有自主知识产权的拳头产品，提升行业整体的竞争力。第四，推动绿色发展。要积极响应国家绿色发展理念，研发推广环保型塑料管道产品，降低其能耗和碳排放，推动行业可持续发展。第五，加强人才培训。注重人才培养和团队建设，加大对人才的培养和引进力度，为行业发展提供坚实的人才保障。

（七）产业链协同发展

塑料管道行业的高质量发展不仅要追求自身的进步，更要与上下游行业携手并进，从而实现全产业链高质量发展。塑料管道加工相关的原辅材料的性能提升、生产装备的升级换代、用户需求的转换升级，都是影响行业高质量发展的重要因素。要持续实现原辅材料性能提升，加大与上游产业间的互动交流，力争原料品种提升，加快高性能、高附加值的管道专用树脂及混配料的研发和稳定生产；促进助剂行业技术进步，提高功能化助剂的技术水平。要不断促进装备进步，使设备制造更为精细，加强薄弱环节和短板的技术攻关，为产品制造提供更多可能。总之，行业要推动全产业链协同发展，加强和应用领域的交流与合作，关注用户的需求，做好相关产品和服务的延伸，促进全产业链协同发展。以用户需求为导向，根据市场实际需要，创造出符合市场需求的新技术、新产品，建立以需求为导向的科技成果转化机制。

（八）坚持"四化"发展及"三品"战略

多年来，塑料管道行业在推动行业高质量发展方面做了诸多工作，也取得了一定的成效。未来要继续努力，强化"四化"引领，坚定"功能化、系统化、高端化、智慧化"发展，提质降本增效，提升自身综合竞争力，更好地满足市场需求，稳定行业发展，鼓励企业增加产品附加值，打造高质量、高附加值、高性价比的产品供给；加大力度研发系统化产品，注重更为广泛的产品研发及市场开拓。坚持"三品"战略，助力企业创建品牌、提高品质、增加品种，以"三品"战略引导企业加快适应市场需求变化。

（九）坚持高质量发展

塑料管道行业面临着前所未有的发展挑战，市场发展相对放缓，其他材质管道产品的竞争力度加大，竞争尤显激烈，从而导致"内卷"现象尤为严重。要严守底线思维，重视产品质量，不要过度内耗。要以维护行业声誉为己任，以稳定行业大局为目标。从自身实际出发，做好质量自律，提升生产标准水平，切忌企业标准低于国标、行标水平，诸如添加剂的合理使用、环保热稳定剂的使用等，都要重视起来，避免生产质量"倒退"现象发生，共同维护行业声誉。还要悉心捕捉市场变化，及时进行自我调整，避免低价竞争，为用户提供满意的产品和服务。

（十）关注新质生产力，引领行业发展

发展新质生产力是未来工业发展的新方向。新质生产力是在科技创新的推动下，通过优化生产流程、提高生产效率、降低生产成本，实现产业升级和经济效益的双提升；是以科技创新为核心，以高效、智能、绿色为特征的生产方式；可以推动行业的转型升级，实现可持续发展。要充分认识新质生产力对于整个行业的重大意义。具体到实际中，就是要积极推动生产方式变革，努力实现从传统制造向智能制造的转变；在新的发展趋势下加强行业合作与交流；通过分享经验、互通有无、携手共进，共同应对市场挑战，推动并引领行业健康发展。

塑料管道行业要关注宏观大局的发展变化；要坚定信心，砥砺前行，坚定不移地走高质量发展之路，不断实现创新突破，打造行业高质量发展新格局，为中国塑料加工业的发展、为社会经济发展贡献力量。

双向拉伸聚丙烯薄膜

中国塑协双向拉伸聚丙烯薄膜专业委员会

一、行业现状

BOPP薄膜作为双向拉伸工艺的代表产品，广泛应用在食品、医药、服装及胶粘带等领域，功能性BOPP薄膜也越来越多地运用于军工、电子、医疗、新能源等领域。目前，我国已成为全球BOPP薄膜的生产及消费大国。据BOPP薄膜专委会调查统计，近10年，我国大陆BOPP薄膜产量占全球总量的45%左右。我们熟知的BOPP电工膜、BOPET光学膜、BOPA高阻隔膜、锂电池隔膜及PI膜等多品类高功能膜材，在新能源、航空航天、军工、电子以及绿色包装等领域都有着非常广泛的应用。

（一）行业产能、产量

经中国塑协BOPP薄膜专委会经济指标调查统计，2023年行业总产能约730万吨，产量在480万吨左右。其中，BOPP电容膜产能约为12.2万吨，基本满负荷生产。接下来的2024—2026年，我国大陆BOPP薄膜行业扩能脚步仍将持续，一方面是2023年延期投产的计划陆续落实，另一方面是新企业的加入、现有企业的扩能以及上下游产业链一体化的布局。

（二）开工负荷率

根据专委会统计分析，2023年BOPP行业整体开工情况相对稳定，全年开工负荷率均值约为62.7%，整体较2022年下降约4.8%。2023年全年开工负荷率除一季度外均处于历史5年低值，主要原因在于2023年BOPP市场刚性需求减少，且BOPP下游需求的转向结构倾向轻量化，促使膜厂转产薄光膜，导致负荷减少。

（三）供需关系分析

2023年，我国BOPP薄膜新增投产不断，企业主动调整产品结构，行业产能利用率降低，供应端增长速度下降；同时，需求端亦释放出缩量信号，终端需求增速多数下滑。2023年，BOPP供、需总量均出现负增长，但供应减量更为明显。未来，中国BOPP行业产能继续释放，下游需求跟进或相对缓慢，供过于求现状短时间难以扭转；行业供需平衡变化将更多地根据BOPP薄膜生产企业排产计划、新增产线规划方向以及终端需求变化、出口量变化进行调整。

（四）BOPP产品价格

2023年，我国BOPP产品价格整体下行，行业盈利空间逐步收窄。2023年，BOPP厚膜市场，主流价格在8500—9800元/吨，高低价差1300元/吨，最高价出现在春节假期结束初期，最低价出现在6月中旬，均价在9045元/吨，较2022年全年均价低1433元/吨，跌幅13.68%。2023年，BOPP产品价格多数时间处于下滑状态的原因主要为需求不佳，所以即便其间原材料价格上涨，给BOPP市场的提振与支撑作用仍有限。

（五）进、出口情况

BOPP薄膜行业进口依赖度低，2019—2023年在1.68%—2.90%。进口产品以高端膜为主，如热

封膜、镭射膜、电容膜、功能膜等国内生产较少的产品。进口贸易伙伴主要有日本、中国台湾、瑞典、韩国、德国等，以上 5 个国家和地区的进口量占据中国大陆 BOPP 产品进口总量的 65%—70%。进口贸易方式以一般贸易与进料加工贸易为主。2019—2023 年我国大陆 BOPP 产品进口量逐年下降，年进口量在 6.70—9.35 万吨，年均增速约为 -9.72%。其中，2023 年全年进口量为 6.70 万吨，较 2019 年减少 2.65 万吨，降幅为 28.34%；较 2022 年下降 0.25 万吨，降幅为 3.60%（见表 1）。

表 1 2018—2022 年 BOPP 进出口数据统计

年份	进口总量 / 万吨	出口总量 / 万吨	进口总额 / 万元	出口总额 / 万元
2019 年	9.35	36.15	269 970.44	510 446.92
2020 年	8.89	37.33	257 674.97	529 139.94
2021 年	8.89	44.94	278 050.79	723 290.01
2022 年	6.95	53.44	241 413.74	908 764.94
2023 年	6.70	55.52	223 754.37	808 837.79

二、行业发展趋势

未来 2—3 年，行业的产能持续保持增长态势。随着产品的分类细化和生产设备的专业化、智能化，塑料包装材料将从通用型的 BOPP 薄膜向高性能、多功能、节能环保的 BOPP 复合膜方向发展。BOPP 材料在机械、光学、电气性能和性价比上有很大的优势，这一特性决定着 BOPP 材料的应用领域将不断得以拓宽。

随着我国绿色制造水平不断提升，以及国民环保意识不断加强，为满足市场对绿色包装的需求、符合国家循环经济发展战略，行业的发展要融入可持续发展的理念，融合绿色发展思维方式，所以未来 BOPP 薄膜产品的开发要具有良好的环境友好性，以顺应绿色环保的发展趋势。

三、行业发展存在的问题

（1）BOPP 功能膜面临技术、研发及成本壁垒，高端功能膜仍多需进口，功能性产品研发难度大、周期长，部分产品专利技术长期被国外企业垄断。

（2）BOPP 功能膜对原料品质要求很高，国内部分企业对国产料信心不足，所以高端膜的原料依赖进口。

（3）产能增长速度过快，导致通用型产品过剩、开工率降低，设备闲置造成资源浪费，使成本增加、盈利空间缩小。

（4）行业主体生产设备高度依赖进口品牌，国产化率较低。单套进口产线的价格高达上亿元，交期和调试时间过长，较大程度上限制了议价空间，容易被"卡脖子"。

四、行业发展建议

（1）坚持创新驱动，加快发展新质生产力。

当前，行业面临着产能过剩、需求不足、效益下滑等诸多挑战，行业"内卷"问题日益凸显。为避免同质化竞争，企业要在产品、模式、战略和服务等各方面积极创新，寻找和挖掘自己的细分市场，走差异化之路。同时，要加强政策引导和支持，加强规范市场秩序，以实现行业的健康可持续发展。

（2）践行绿色发展理念，助力行业可持续发展。

"双碳"目标的提出，对塑料加工业而言，既是机遇和动力，也是挑战。塑料污染全链条治理涉及塑料原料和制品生产、流通、使用、回收利用全过程和各环节。所以要紧跟生态化发展趋势，从产品设计、设备和工艺技术等方面发掘绿色动能，减排降碳，实现产品单材化、轻量化、功能化，提高资源的再利用和回收率。

（3）坚持全产业链协同发展，推动行业整体水平提升。

要解决高质量发展过程中遇到的诸多问题，就要坚持"创新、协调、绿色、开放、共享"新发展理念。行业企业要加强与高校、科研院所的合作，推动科研成果快速转化。从原料、助剂、装备、技术等全产业链各方面进行联合攻关，向原料专用化、装备高效精密化、产品功能化方向发展。通过产业链协同创新发展，推动双向拉伸薄膜行业整体水平的提升。

双向拉伸聚酯薄膜

中国塑协双向拉伸聚酯薄膜专业委员会

一、行业现状

（一）行业概况

2023 年，BOPET 行业经营经历了极大的挑战：需求端的节奏放慢与供应端的持续快速扩张，使供需矛盾扩大，市场竞争加剧，行业利润压缩严重，处于近 5 年最低水平。

（二）数据和分析

1. 供需及产能利用情况

2023 年全年新产能释放 33 条生产线，增加设计产能 125.2 万吨，原投产计划延期投产 37.44 万吨（12 条），延期率 23%。到 2023 年年底，行业设计产能达到 683.2 万吨，行业有效产能约 532.9 万吨（考虑有效开工时间及正常的检维修及品种更换时间，产线有效产能 = 设计产能×78%）。2023 年，设计产能年增长率为 22.4%，比 2022 年的 19.4% 有所上升，比 2021 年的 23.91% 略低，但较 2017 年、2018 年、2019 年、2020 年、2022 年产能增长率（分别为 6.4%、2.78%、1.38%、1.51%、12.4%、19.4%），均有较大幅度增长。

2023 年，国内需求约 375.5 万吨，年增长率约 5.28 %，比 2020 年的 10.05%、2021 年的 17.86%、2022 年的 14.09%，有较大幅度下降。

2023 年，全年平均开工负荷率约 69%，为 5 年来最低。2019 年、2020 年、2021 年、2022 年行业开工负荷率分别为 76%、77.6%、77%、71.6%。这主要是因需求增速低于产能增速、行业企业自我调整产线开工、检修的产线比较多。（注：这里开工负荷率是按产量 / 设计产能计算的，没有考虑有效开工时间、正常的检维修及品种更换时间，所以该处开工负荷率数值偏低。根据测算和现实情况比对，开工负荷率为 78% 左右，产线接近满负荷运转。）

2. 进出口概况

2023 年行业企业在拓展国际市场方面积极努力。

2023 年 1—12 月出口 55.1 万吨，同比增长 11.31%。（2022 年 1—12 月出口量为 49.50 吨）。2023 年 1—12 月进口 25.6 万吨，同比减少 5.88%（2022 年 1—12 月进口量为 27.2 万吨），可以看出，进口减量，说明国内聚酯薄膜生产企业提升了技术，在功能性、差异化、中高端产品进口替代方面取得了进一步突破。

3. 市场概况

2023 年 BOPET 产能增速约 23%。产能的快速扩张导致供应量持续增加，但是需求增速仅 5% 左右。2023 年终端企业提前备货行为减少，多数转为刚需补货，随用随采。终端涂布行业开工不足，光伏行业双玻占比增加，背板基膜需求量下滑。整体来看，需求端的节奏放慢与供应端的持续快速扩张，造成了供需矛盾扩大，市场竞争加剧。2023 年 12 月普通膜价格与原料结算差价跌破 1000 元 / 吨，普膜价格处于 2017 年以来最低位。普膜价格低位运行拖累其他品种，行业利润大幅度下滑，有些企业面临亏损。2023 年聚酯薄膜价格处于历史最低点。

4. 发展趋势

当前，中国 BOPET 行业虽然短期经营效益受产能释放等因素影响，但长期来看，BOPET 为诸多新兴应用领域提供配套的高性能薄膜材料，行业发展前景仍可期待。目前，行业企业在积极加快新产品的研发速度，提高管理水平，提升产品质量，全面提升企业自身市场竞争能力，为突破高端技术、把握新兴领域市场机会、缩短投资回报周期、保持行业健康可持续发展而努力。

行业发展关注点如下：

（1）BOPET 材料的创新应用，寻找、拓展应用新领域；

（2）提升产品质量，解决高端产品进口替代；

（3）发挥 PET 材料的性能、价格优势，替代其他薄膜品种；

（4）积极探索"双碳"目标下BOPET行业发展的措施与路径。

二、专委会活动

（一）2023年重点工作

1. 关注并推进行业高质量发展

未来中国聚酯薄膜产业将由高速增长阶段转向高质量发展阶段。中国BOPET行业必须致力于提高投资回报、确保市场供需平衡、提高中高端产品份额、推动环保节能绿色增长，及产业的可持续、和谐发展，进而实现由产能大国向世界强国转型。

2023年专委会相关工作：

（1）7月，起草《BOPET行业智能化发展材料（征求意见稿）》并提交总会。对行业智能化发展总体情况进行梳理，提出行业智能化发展的未来设想。

（2）7月，就国家统计局对《工业战略性新兴产业目录》（2018）征求修订意见，收集行业骨干企业意见，提出《工业战略性新兴产业目录》新增BOPET相关领域产品的建议及《建议更新迭代的工业战略性新兴产业产品》。

（3）8月，提交总会《BOPET行业概况及发展建议》（PPT）。

（4）8月，提交总会《BOPET行业绿色发展相关情况》。

（5）8月，对《合成树脂工业污染物排放标准》修改单（征求意见稿）提出意见。

（6）10月，根据中塑协《关于征集企业技术需求和科技成果转化需求的通知》，梳理行业须重点研究的关键共性技术，并报总会。

（7）支持、协助行业企业产品创优、评优，帮助企业发展提升（组织行业企业参加轻工联合会竞争力企业评选，中国塑协科技创新优秀企业、项目及个人申报；支持行业企业申报专精特新"小巨人"及单项冠军等）。

2. 关注BOPET材料的创新应用，拓展应用领域

聚酯薄膜是一种绿色、环保、可持续改性、综合性能非常优异的高分子薄膜材料。近年，其应用涉及包装、印刷、电子、电工、光学、光伏、建筑等产业领域，作为清洁能源、5G通信技术、新能源汽车、新型显示技术、节能减排技术的核心材料。当前绿色发展的趋势，有利于推动BOPET行业技术进步。虽然，当前行业面临诸多挑战，但这些挑战也是机遇。专委会积极引导行业企业进一步加强自主创新，拓展新用途，同时进一步关注对其他薄膜品种的替代使用，寻找应用领域的突破口。

2023年专委会进一步加强与终端应用领域的交流与合作，利用年会及研讨会邀请终端应用企业（如高端光学膜、偏光片、MLCC、涂布、高端镀铝等领域的企业）来进行分享交流。

3. 继续推进标准化工作

在中国塑料加工工业协会团体标准化技术委员会及塑料薄膜制品分技术委员会的专业指导下，专委会2022年立项的11个团体标准项目于2023年上半年完成征求意见。中国塑料加工工业协会于2023年6月17—18日在杭州召开了中国塑协BOPET行业团体标准专家审查会。协会领导、专家、制标企业及秘书处共计31人参加了审查会。审查专家组一致通过了11项行业团体标准的审查，起草单位根据审查修改意见对标准送审稿进行修改后形成报批稿，于2023年12月报中国塑料加工工业协会审核、批准、发布（11项行业团体标准已于2024年2月正式发布实施）。

11项行业团体标准填补了行业发展中的团体标准空白，体现了BOPET行业重点领域的研究成果，突出了自主创新技术标准的研制。符合这11项行业团体标准的产品均是目前BOPET行业技术前沿产品，是市场急需的产品，有些还是进口替代产品，代表着当前BOPET行业高质量发展的趋势。牵头企业和参与制标企业都是行业的骨干和主流生产企业，具有广泛性和代表性。11项行业团体标准的制定可引导行业企业研究、对标国际领先产品标准，加快高端产品的国产化替代步伐，为推动行业技术进步和产品质量提升发挥作用。

同时，行业团体标准的制定过程也为行业企业的标准化人员提供了学习、培训机会，进一步提升了其工作技能，提升了行业标准化工作水平。

4. 关注行业竞争态势，引导行业和谐发展

目前，中国BOPET行业正在经历新一轮的产能释放高潮，专委会在行业中继续倡导"创新、诚信、和谐、有序"的理念，引导企业理性投资、自律经营，减少同质化竞争，维护市场供需平衡，促进行业和谐有序发展。

专委会收集整理行业运营数据和行业项目产能释放情况，进一步丰富行业大数据统计，深度分析产业市场竞争、区域竞争、企业竞争的现状及预测未来发展，研究可拓展的应用领域、区域发展特色及企业产品定位等，分析投资风险和机遇，寻找市场突破口，关注材料替代对市场需求的影响等。

专委会收集整理国产化生产线应用情况及行业配套替代进口情况，吸收优秀配套企业入会，为行业薄膜企业寻找合适的配套供应商提供帮助。

5. 组织开展深度的产业链调研活动

2023年专委会开始走访调研相关薄膜企业、终端客户、配套企业，希望通过产业链整合、联合创新，全面提升产业国际竞争力。

对薄膜企业：实地了解了行业企业运营情况，和企业领导一起交流市场动态，共同探讨交流企业经营管理经验以及收集对行业发展的意见和建议。

对终端客户：了解终端客户的需求，特别是了解高度依赖进口的高端膜产品的技术要求和应用情况，积极引导和推进上、下游合作创新，加快进口替代步伐。

对配套企业：了解产业配套的装备、备品备件、原辅材料的生产断点、痛点、难点、堵点，促进产业链联合攻关，突破产业配套关键核心技术，提升中国BOPET行业国产化配套能力。

2023年，专委会走访了浙江地区（7家）、江苏地区（4家）、山东地区（5家）、广东汕头地区（4家）薄膜企业和配套企业。BOPET行业企业在一起相互沟通，交流行业面临的挑战以及企业在创新产品、拓展应用、节能降本、国产化替代、优化管理等方面的努力和经验，明确了行业企业必须继续强化科技创新、管理创新、练内功，关注碳达峰、碳中和，关注行业绿色和智能化发展。这些调研，有助于产业链企业积极开展深度合作，推动中国BOPET行业高质量、可持续发展。

6. 组织行业企业参加"第五届中国国际塑料展"及"2023中国塑料绿色智造展览会"

2023年2月25—27日"第五届中国国际塑料展暨塑料新材料、新技术、新装备、新产品展览会"在南京国际展览中心隆重开幕。42家BOPET薄膜企业和产业链配套企业组成中国BOPET行业联合展区亮相展会（薄膜企业25家，配套企业17家，其中独立特装企业6家）。该联合展区分为三大区块，展区面积约700平方米：①行业企业独立特装区；②中国BOPET生产企业区；③BOPET生产线优质配套企业区。

2023年11月24—26日"2023中国塑料绿色智造展览会"在绍兴国际会展中心隆重开幕。行业企业——温州强润新材料科技有限公司、山东永健机械有限公司、德国康甫公司、浙江省浦江宏达有限公司独立特装亮相展会。

7. 组织召开"第九届中国聚酯薄膜产业技术与市场研讨会"及"第十届中国聚酯薄膜产业技术与市场研讨会"

"第九届中国聚酯薄膜产业技术与市场研讨会"于2023年2月23—24日在南京"2022中国国际塑料展"展会前召开（原定2022年11月在南京举行，后延期），会议主题为"激发新动能 驱动新发展"。会议邀请了15位行业资深专家、企业家分享产业发展、新兴应用领域的发展、产业链新技术等方面的最新资讯和前沿技术，包括中国BOPET产业现状及发展趋势分析，探索BOPET产业未来发展新路径、光学聚酯薄膜技术现状与标准、聚酯薄膜在偏光片行业的机会与挑战等。研讨会吸引了160多家企业超350名代表参会，42家薄膜企业、配套企业的董事长、总经理、副总经理亲自莅临会议，再聚南京。中国塑料加工工业协会名誉理事长朱文玮出席会议并做重要讲话。

"第十届中国聚酯薄膜产业技术与市场研讨会"于2023年11月22—23日在"2023中国塑料绿色智造展览会"前于绍兴隆重举行。研讨会以"强内力、聚合力、促发展"为主题，15位企业家、专家、学者分析行业发展的挑战和机遇；分享创新发展的思考；发布技术创新、管理创新、应用创新的成果；提出绿色化、智能化、可持续发展解决方案；等等。研讨会吸引了170多家企业超350名代表参会。中国塑料加工工业协会王占杰理事长出席会议并做重要讲话。

"中国聚酯薄膜产业技术与市场研讨会"以聚酯薄膜产业链新材料、新技术、新装备、新工艺、新市场为焦点，每年定期举行，已成为海内外双向拉伸聚酯薄膜产业链的重要交流平台，引领行业企业在各个领域不断前行，推动聚酯薄膜行业的健康、可持续、高质量发展。会议期间，专委会还组织多种形式的行业联谊交流活动（如：理事长会议、理事扩大会议、薄膜企业与会议支持企业交流晚宴、产业链联谊晚宴等）。

8. 组织召开"中国塑协BOPET专委会年度工作会议暨中国塑协BOPET专委会五届二次全体会议"

2023年5月30日—6月1日，中国塑协BOPET专委会年度工作会议暨中国塑协BOPET专委会五届二次全体会议在中国三亚隆重召开。本次会议共有115家薄膜、配套会员企业及特邀用户企业的领导、代表及嘉宾约210人出席，其中41家薄膜企业的董事长、总经理、副总经理到会。中国塑料加工工业协会王占杰理事长到会做重要讲话。会议审议通过专委会2022年度工作报告、财务工作报告及2023年度专委会工作重点。会上还发布了行业年度分析报告、终端市场产品发展报告及举行行业产业链交流座谈会、产业链联谊晚宴等。

9. 组织召开中国塑协BOPET专委会理事扩大会议

专委会分别于2月23日（南京）、5月30日（三亚）、11月22日（绍兴）召开中国塑协BOPET专委会五届二次、五届三次、五届四次理事扩大会议。

10. 会员管理工作：继续吸收优质企业入会

2023年，专委会继续吸收优质企业入会。截至2023年11月，专委会合计会员157家，其中，膜企45家，产业链企业112家。2023年新入会18家，其中，膜企业2家，产业链企业16家。新发展的16家产业链企业的营业范围涉及功能母粒、添加剂、挤出设备、检测设备、回收设备、起重设备、过滤碟片、管理软件、研究机构、终端产品等，这些企业入会有利于产业链创新合作，有助于行业竞争力的提升。

（二）2024年专委会工作要点

（1）筹备召开专委会年度工作会议暨五届三次全体会议（时间：2024年4月；地点：安徽太湖）。

（2）组织落实"2024中国国际塑料展"BOPET展区整体设计工作，组织行业企业参展、观展（时间：2024年11月1—3日；地点：南京）。

（3）筹备召开"第十一届中国聚酯薄膜产业技术与市场研讨会"（时间："2024中国国际塑料展"前，2024年10月30—31日；地点：南京）。

（4）继续推进行业标准化工作。积极组织行业企业参与中国塑协团标、行标、国标的制定工作；启动BOPET行业第二批团标项目的申报工作；有条件时积极申报"双碳"相关国家标准。

（5）在行业中倡导宣传绿色发展理念，引导行业企业开展降碳创新实践，发掘减排潜力，引导企业通过技术更新和设备升级、工艺改进、产品绿色设计，降低生产过程的能源和原材料的消耗成本，进一步实现产品整个生命周期的碳减排和资源的高效利用，为环境保护和行业可持续发展贡献力量。

（6）继续开展深度的产业链调研、交流活动，了解薄膜企业的经营状况、终端客户的需求及行业配套产品的最新发展进展，推进上、下游结合的产业链合作创新，助力企业优化供应链体系，激发市场竞争活力。

（7）开展行业产能、供需深度调研工作，为行业企业经营发展提供参考。

泡沫塑料 EPS

中国塑协泡沫塑料 EPS 专业委员会

一、行业现状

2023年是中国泡沫塑料EPS产业市场迎来全面复苏的一年。经过一年的努力，整个产业在产能、产量和消费量等方面已基本恢复至2020年前的水平，供需关系展现出良好的态势。然而，EPS行业依然面临着诸多挑战。一方面，居民消费端存在的"疤痕效应"以及房地产市场的调整，使得EPS行业的扩张周期与中国经济的中速发展产生了矛盾；另一方面，市场增长缓慢导致产能与开工率之间的矛盾日益凸显。

尽管受到海外发展中经济体进入资本开支周期的影响，EPS出口量达到了历史新高，但行业仍面临着创新滞后、产能过剩、市场增长缓慢以及产品同质化严重等问题。这些问题已经成为制约产业进一步发展的瓶颈。为了打破这些瓶颈，EPS行业亟须打造绿色循环经济，实现高质量升级发展。然而，这条道路充满挑战，需要行业内外共同努力，不断探索前行。

2023年，EPS行业表现强劲，产销景气指数均值高达114。其中，国内贸易指数均值为109，出口贸易指数更是跃升至166，均稳稳站在景气线之上（景气线=100）。

在珠粒领域，全行业在产企业数量达43家，同比增长5%，展现出良好的发展态势。EPS珠粒活跃产能为 734 万吨 / 年，年度新增活跃产能 67 万吨。尽管企业平均开工率略有下降，但全年珠粒产量仍实现了 9.8% 的增长，达到 393 万吨。值得一提的是，阻燃与非阻燃 EPS 珠粒的产量比例从 2022 年的 1:2.1 调整至 1:2.7，非阻燃珠粒产量占比进一步上升。

价格方面，华东地区非阻燃 EPS 珠粒均价约为 9500 元 / 吨，同比下降 10.9%。非阻燃 EPS 珠粒的平均毛利也受到影响，下降了 35.4%，约 140 元 / 吨。出口均价约为 1274 美元 / 吨，降幅达 18.4%，与南美、欧洲、北美和东南亚市场相比，分别约为其市场价的 59.8%、66.3%、77.2% 和 80.0%。

在出口方面，中国 EPS 珠粒的出口范围虽略有缩小，涉及 108 个国家和地区，但出口量却实现了 24% 的增长，达到约 34 万吨。东盟地区继续成为中国 EPS 珠粒出口最大的目的地，出口到该地区的量占出口总量的 23.8%，而东北亚地区则以 84.2% 的增速成为出口增长最快的地区。

国内需求方面，EPS 制品消费量稳步增长，全年消费量约为 360 万吨，同比增长 9%。其中，阻燃 EPS 消费量约为 93 万吨，石墨 EPS 消费量略有下降，而缓冲 EPS 和箱体 EPS 的消费量分别增长了 7.5% 和 53.7%，显示出多样化的市场需求。

在新增项目方面，全国共新增 EPS 制品加工项目 422 项，涉及企业 402 家。尽管项目总数有所下降，但新增项目仍显示出行业的活力和潜力。值得一提的是，2023 年度有 110 家企业首次涉足 EPS 加工领域，河北廊坊、沧州以及云南昆明成为新增 EPS 加工项目最为集中的城市。

加工能力方面，全国 EPS 制品加工能力持续提升，累计增加加工能力 46.6 万吨。其中，阻燃类 EPS、苯板（石墨板）以及非阻燃类 EPS 的加工能力均有所增，缓冲包装和箱体等领域的加工能力也得到提升。山东、河北和云南成为全国累计增加 EPS 加工能力最为突出的省份。

在全球市场层面，2022 年，全球 EPS 珠粒产能达到 1102 万吨，其制品消费量约为 720 万吨，中国 EPS 珠粒产量与制品消费量分别占全球的 61.4% 和 45.8%。可见，中国在全球 EPS 产业链中占据重要地位。展望未来，预计全球 EPS 各应用领域将保持稳健的增长态势，阻燃应用、家电包装应用和缓冲包装应用的复合增长率分别约为 2.3%、2.9% 和 3.4%。

二、专委会活动

（一）全面高效完成中国塑协交办的各项工作任务

2023 年，EPS 专委会在中国塑协的悉心指导下，以高度的责任感和使命感，认真有序地推进和落实协会所布置的各项重点工作。积极组织并高效完成了对各类通知、文件、征求意见稿及调研报告的转发与汇总工作，确保相关部委、轻工联和中塑协的每一项指示都能准确无误地传达到每一位企业成员，从而保障行业信息的畅通无阻。

在推动行业质量提升方面，专委会积极组织企业申报"轻工行业优秀质量管理小组"，并成功协助企业荣获该奖项。这不仅是对企业质量管理工作的肯定，也为整个 EPS 行业树立了质量管理的新标杆。

同时，专委会按时向协会提交行业发展数据——这些数据是反映行业运行状况、预测未来发展趋势的重要依据；积极参与编写行业稳增长方案，为行业的平稳健康发展提供智力支持；深度参与制定子行业绿色发展方案，助力 EPS 行业实现绿色、低碳、可持续的发展目标。

此外，专委会还认真反馈本行业的基本情况调查结果，为政策制定者提供决策参考，同时也让行业内的企业能够更清晰地了解自身在行业中所处的位置，以便更好地规划其未来发展路径。

（二）积极组织线下活动，全面恢复并强化履职职能

专委会秘书处主动走出去，前往广东、河北、安徽、天津、山东等会员企业集中地区开展走访活动。通过走访，秘书处深入了解了各地区重点企业的生产经营状况，掌握第一手资料，为行业政策的制定提供有力支撑。同时，秘书处积极向企业介绍国家及行业的政策走向与发展趋势，帮助企业把握市场脉搏，抓住发展机遇。

在走访过程中，秘书处积极对接行业内的专家资源，为企业解决在技术和生产方面遇到的难题。通过与专家的深入交流和探讨，企业得到了宝贵的建议和解决方案，有效提升了生产效率和产品质量。

此外，秘书处还积极与当地所在行业的非会员企业进行接触和交流，宣传专委会的宗旨和职能，吸纳更多优秀的企业加入专委会。在 2023 年专委会理事工作会议上，共有 5 家企业正式加入专委会，10 家企业申请成为理事单位。这些新成员的加入不仅使专委会的会员总数保持稳定，还进一步丰富了专

委会的企业构成，为专委会的发展注入了新的活力。

一年来，EPS专委会不仅全面恢复了履职职能，还进一步强化了与会员企业之间的联系和合作。接下来，专委会将继续发挥桥梁和纽带作用，推动EPS行业的健康发展。

（三）深化标准制定工作，强化行业规范化管理

自2022年7月立项以来，由专委会牵头制定的行业标准《聚苯乙烯泡沫塑料包装材料》便受到了行业内外众多企业的热切关注与积极参与。为了确保标准的编制质量，编制组致力于解决因标准滞后而引发的行业供需矛盾，为行业的稳健发展保驾护航。

在2023年期间，编制组多次组织行业内的权威专家，通过线上线下相结合的方式召开工作会议。专家们对标准文本进行了细致入微的梳理，确保每一个细节都符合行业发展的实际需求。同时，编制组组织了验标与编写工作，经过反复修改和完善，终于在年底顺利完成了标准的技术审查，为行业的规范化发展奠定了坚实基础。

除此之外，专委会还积极投身于行业其他相关标准的制定修订工作，如《聚苯乙烯泡沫熔结度》《被动式低能耗建筑》等标准的制定与修订，充分发挥专业优势，提出建设性的意见，为行业的健康发展贡献力量。通过参与这些标准的制定修订工作，专委会不仅维护了行业的整体利益，更为企业创造了一个健康、可持续的发展环境，助力行业走向更加繁荣的未来。

（四）深入开展HBCD调研服务工作，为政策制定提供有力支撑

在中国塑协的精心安排下，专委会于2023年承担了生态环境部HBCD淘汰与管理项目的现场调研任务。我们积极与工作组紧密配合，深入EPS产业链上的相关代表企业进行实地走访和细致调查。通过与企业面对面的交流，我们掌握了第一手资料，了解了产业链的实际运作情况，并将这些信息及时反馈给政策制定部门，为优化替代工作与产业链环境提供了重要参考。

同时，专委会积极响应项目组的号召，组织了一系列政策宣贯活动。我们召开了"HBCD替代品生产与使用情况行业调研会"，邀请了行业内的专家学者和企业代表共同探讨替代阻燃剂的生产及其应用领域中的流通情况。此外，我们还完成了基础调研数据的收集与整理工作，掌握了替代阻燃剂的生产及其应用的基线数据，为政策制定提供了科学依据。

这些工作的开展，不仅有助于巩固我国HBCD淘汰的成果，更为推进和压实替代工作的开展提供

了有力支持。我们将继续发挥专委会的专业优势，为行业的健康发展贡献更多力量。

（五）深化国内外同业交流与合作，提升EPS产业影响力

为了进一步扩大EPS产业在国内外的影响力，并与上下游相关领域形成良性互动，专委会积极投身于石化联合会、住建部科技发展中心、物资再生协会等相关同业组织的活动中。在这些平台上，专委会主动介绍EPS产业的运行情况，宣传EPS产品的环保特性和回收价值，为EPS产业发声、代言。通过这些努力，我们期望能够增强EPS产业的社会认知度，促进其在更广泛领域的应用和推广。

同时，专委会还注重与国际EPS联盟、亚洲EPS联盟等组织保持密切联系。我们与国内企业共同参与国际交流，为其提供走出去参观、学习、考察的机会，并积极参与国际化事务。通过这些国际合作与交流，我们不仅能够汲取国际先进经验和技术，还能够推动国内EPS产业向更高水平发展。

（六）发布产业指数，优化网络平台信息服务，助力EPS行业透明化发展

从2023年起，为了更直观地展现我国EPS行业的供需动态及未来发展趋势，专委会积极推出了"泡沫塑料（EPS）行业产销景气指数"和"泡塑制品月增加工能力"等行业关键数据。这些数据以国家统计局、海关总署以及各省市投资备案平台等权威机构发布的动态数据为基础，结合当月精心挑选的EPS企业样本数据，经过严谨的建模分析后得出。

我们深知，数据的准确性和及时性对于行业的健康发展至关重要。在多年的工作实践中，秘书处不仅努力提升对行业发展趋势的洞察能力，更致力于将这些信息及时、准确地传递给广大企业同人。我们从不同角度深入分析行业发展状况，对潜在风险进行预警，为政府、行业组织、企业以及社会公众的决策提供参考。

此外，为了进一步加强产业信息的传播与共享，秘书处于2023年2月成功举办了线上"泡沫塑料EPS行业年度运行情况分析会"。会上，我们全面通报了行业的运行情况，深入剖析了全产业链上下游之间的运行关系。该分析会受到了行业内企业的热烈欢迎，共有500余人次在线观看，获得了企业的高度评价。

（七）积极对接地方职能部门，有效应对行业挑战，解决关键问题

自2023年以来，随着各级地方住建部门对外

墙保温系统限制政策的逐步实施，EPS 行业面临着前所未有的挑战。这些限制措施不仅影响了行业的正常发展，更给众多企业带来了不小的经营压力。

面对这一严峻形势，专委会迅速行动，积极与相关协会、组织以及当地企业展开紧密合作。我们主动与山东、江苏、湖北等地的主管部门进行了深入沟通交流，认真听取了他们的意见和建议，同时也向他们详细介绍了 EPS 行业的现状和发展趋势。

通过充分的沟通与交流，我们成功地向地方职能部门传达了 EPS 行业的重要性和优势，以及当前所面临的困境和难点。在此基础上，我们积极提供建设性意见和解决方案，协助主管部门更好地理解和支持 EPS 行业的发展。如此，为 EPS 行业的发展提供了更为宽松的环境，推动了 EPS 行业的健康发展。

三、重点企业（2023 新增会员及以上企业）

（一）潍坊吉赛化工有限公司

该公司位于山东潍坊，是一家高科技企业。自 1996 年建厂以来，公司拥有 500 名员工和 20 万平方米的工厂。作为阻燃剂领域的佼佼者，公司不断投入研发，以满足客户需求。凭借高质量产品和周到服务，公司赢得了市场认可。在 EPS&XPS 行业，主打产品甲基八溴醚（FR-130X）备受好评。公司与国内高校合作，开发了系列甲基八溴醚阻燃母粒，可直接应用于 XPS 领域。此外，公司提供溴化、磷酸盐基、无机及无卤阻燃剂等多种产品。这些产品广泛应用于汽车、建筑、电气、电子、室内装潢及纺织等领域。公司坚信，成功源于产品质量。因此，公司严格遵循 ISO9001、ISO14001、OHSAS18001 及 REACH 等标准，确保产品达到最高质量。未来，潍坊吉赛化工将继续秉承卓越品质，为客户提供更优质的产品和服务，共创辉煌。

（二）荆州骏达科技有限公司

该公司是一家电器塑料及包装材料专业制造商，自 2005 年创立以来，已发展为集研发、生产与销售于一体的综合型企业，是荆州市重点项目及美的核心配套商。公司新厂占地 150 亩，总投资 3.6 亿元，配备先进设备，能满足年产 200 万台高端冰箱风道生产需求。骏达科技以技术创新为核心，拥有多项自主知识产权，荣获国家级高新技术企业认定。现有员工 122 人，质量管理体系完善，产品可靠性高。公司秉持"以诚为本、以信为业"理念，与美的、南海东芝等知名企业合作，服务家电、汽车等多领域，公司规模不断壮大。

（三）吉林省新英海节能科技有限公司

该公司坐落于长春，专注建筑保温材料研发与生产，自 2011 年创立以来，秉持"客户至上、质量为本、责任担当、诚信经营"的理念，赢得客户信赖。公司已成为国家级高新技术企业，并担任多项协会要职。公司拥有先进 EPS 板生产线和干粉砂浆生产线，产品丰富，年产量可观。所有产品均通过国家检验，性能达标。新英海将持续打造专业团队，以质量和诚信为基石，不断进取，为建筑行业发展与社会民生贡献力量。

（四）华睿克劳斯节能材料有限公司

该公司成立于 2016 年，位于河间市经济开发区，拥有 50 名劳动人员，其中管理人员 10 人，生产工人 25 人。公司占地 46.33 亩，建筑面积 19 308.66 平方米，配备先进生产线和 60 台生产设备，主要生产 SEPS（石墨聚苯）颗粒，年产量预计达 6 万吨。公司与北京化工大学长期合作，拥有专业的研发团队和检测实验室。公司生产的 SEPS 颗粒广泛应用于汽车、铸造和保温建材行业，市场需求旺盛。公司已于 2020 年通过多项认证，并拥有多项实用新型专利。公司采用执行董事负责制，各部门分工明确，沟通顺畅，效率高，能快速解决各类难题。华睿克劳斯致力于创新与发展，可为行业带来更多优质产品。

（五）日照国恩化学有限公司

该公司注册资本 1.5 亿元，是青岛国恩科技股份有限公司（股票代码：002768）在日照的重要子公司，位于日照岚山化工产业园区，尽享地理、物流和港口优势。公司专注于聚苯乙烯树脂系列及高性能新材料的研发、生产、销售与服务。产品包括阻燃型、轻级料型、环保阻燃型等可发性聚苯乙烯，广泛应用于建筑、农业、渔业、电器包装等领域。公司配备 12 台反应釜，日产量高达 360—380 吨，拥有先进的环保设施，确保生产安全环保。展望未来，公司产品市场前景广阔，将持续为行业发展贡献力量。

四、存在的问题

（一）供给冲击凸显，行业利润显著下降

截至 2023 年年底，我国 EPS 行业的新增产能与产量的增速比已攀升至 6.7:1，这一数字相较于 2019 年前期的 2.1:1 水平，呈现出显著的增长态势。这一变化不仅反映了行业规模的迅速扩张，也揭示了当前供给端面临的严峻挑战。传统上，EPS 行业依赖于前端超前的投资产能，通过提升生产端的供应水平来推动行业的快速发展。然而，在当前的市

场环境下，这一模式正遭受着强烈的冲击。

EPS 行业的企业构成以中小型民营企业为主，这些企业在市场竞争中面临着巨大的压力。随着上游珠粒端产能的持续扩张，以及国内市场需求相对疲软的双重影响，全行业的利润空间普遍受到挤压。具体数据显示，珠粒端的吨毛利已经下降至 140 元 / 吨，同比下降了 35.4%，这一降幅无疑给行业企业带来了沉重的负担。

在主要应用领域方面，板材、缓冲包装、泡沫箱等制品的加工端利润也均出现了不同程度的下降。这些领域作为 EPS 行业的重要下游市场，其利润水平的下滑不仅反映了当前市场需求的不足，也进一步加剧了 EPS 行业整体的利润困境。

（二）房地产市场下行，泡塑相关领域承受沉重压力

近年来，受国内外经济环境、政策调控及消费者信心变化等多重因素交织影响，我国房地产市场呈现出明显的下行态势。这一趋势不仅体现出房价的波动和交易量的下滑，更深入地影响了与房地产紧密相关的产业链。在塑料细分领域，特别是与建筑节能、家电包装等相关的泡塑行业，受到了尤为显著的冲击。

随着房地产市场的持续低迷，EPS 产业的需求收缩压力逐渐增大。以建筑节能材料为例，作为泡塑材料的重要应用领域之一，其市场需求与房地产市场的兴衰息息相关。然而，在当前的市场环境下，建筑节能材料的需求出现了明显的下滑。据统计，2023 年 EPS 白板、石墨板等建筑保温材料的用量规模约为 93 万吨，与 2022 年同期相比下降了 12.6%。这一数据的背后，是众多泡塑企业在市场压力下苦苦挣扎的现实。

此外，家电包装材料作为泡塑材料的另一重要应用领域，同样面临着需求收缩的困境。随着消费者购买力的下降和家电市场竞争的加剧，家电厂商对包装材料的需求也在逐步减少。这不仅影响了泡塑企业的订单量，更对其利润空间造成了严重的挤压。

（三）EPS 珠粒出口增长背后的产业发展瓶颈与挑战

尽管受到部分发展中国家进入产业投资期的驱动以及发达国家贸易壁垒的复杂影响，2023 年 EPS 珠粒出口实现了显著的增长。然而，这一增长背后却隐藏着产业发展中不容忽视的瓶颈问题。

当前，创新滞后成为制约 EPS 行业进一步发展的关键因素。随着全球科技竞争的加剧，技术创新在产业发展中的作用越发凸显。然而，EPS 行业在技术研发、产品创新等方面仍存在较大不足，导致产品附加值低、市场竞争力不强。同时，产能过剩问题也日益凸显。过去几年，EPS 行业经历了快速扩张期，大量产能纷纷涌现。然而，在市场需求增长乏力的背景下，产能过剩问题越发严重，导致企业利润空间被压缩，行业竞争加剧。

更为严峻的是，当前经济下行压力对 EPS 行业的影响持续放大。全球经济环境的不确定性增加，贸易保护主义抬头，使得 EPS 行业的出口市场面临诸多挑战。

五、发展趋势

（一）持续技术创新与研发

EPS 行业应继续加大在技术创新和研发上的投入，提高产品性能，降低生产成本，并开发出更多符合市场需求的新型产品。特别是在环保材料、轻量化材料等方面，应加大研发力度，以满足日益严格的环保要求和市场需求。

（二）加强环保生产与管理

随着全球环保意识的提高，EPS 行业应更加注重环保生产和管理。企业应严格遵守环保法规，采用环保材料和工艺，减少污染排放，提高资源利用效率。同时，可以探索循环经济模式，实现废弃物的有效回收和再利用。

（三）拓展应用领域与市场

EPS 在包装、建筑、交通运输等领域有着广泛的应用，但随着市场的发展，企业应积极拓展新的应用领域和市场。例如，在新能源汽车、绿色建筑、智能制造等新兴领域寻找更多的应用机会，以满足市场需求并实现业务的持续增长。

（四）加强国际合作与交流

在全球化的背景下，EPS 行业应加强与国际市场的合作与交流，引进国外先进的技术和管理经验，提升行业的整体竞争力。同时，可以积极参与国际标准和规范的制定，推动行业的国际化发展。

（五）认清经济发展规律，稳健经营

企业要对"经济周期大于行业周期"的经济发展规律有深刻的认识。在经济承压时期谨慎评估风险投资与资金占用情况，确保运行期间轻库存与适时缩表，并保留充足的现金流，做好一段时期内"打硬仗"的物质准备与思想准备。

硬质 PVC 发泡制品

中国塑协硬质 PVC 发泡制品专业委员会

一、行业现状

（一）行业产能与生产规模

中国塑协硬质 PVC 发泡制品专委会不完全调查显示，2023 年硬质 PVC 发泡制品产能超过 200 万吨，全年总产量超过 144 万吨（包括往年未统计的 PVC 发泡墙板），产量同 2022 年相比增长约为 8%，其中出口 37.85 万吨，同比增长约 21%。增速较大主要是由于产能恢复，加之国家出台一系列政策对市场产生了一定刺激作用。虽然国内房地产仍处于低迷状态，国际形势仍未见好转，美国关税仍处于高位，但 PVC 发泡实心墙板由于其安装方便、性价比高，加之国家的促进旧房装修相关政策出台等，其市场用量增速较快，2023 年仅 PVC 发泡墙面装饰材料产量约 40 万吨。

（二）产品市场与开发

目前，PVC 发泡制品应用领域主要是室内外建筑及装饰材料、广告业、墙面装饰材料、家具、地板及车船装饰等，市场应用情况见图 1。其中，门窗及装饰建材包括 PVC 发泡门窗、管材及其他装饰装修材料等，用于其中的 PVC 发泡制品产量约占 PVC 发泡制品全年总产量的 26.04%。广告装饰方面，主要用途是广告展板、裱画板、丝印、喷绘、雕刻等，所用 PVC 发泡制品大多采用自由发泡板，其产量约占全年总产量的 35.42%。PVC 发泡墙面材料，特别是表面共挤芯层发泡的墙板，近年产量快速增长，其产量约占全年总产量的 27.78%。在建筑模板方面，虽然其具有优良的阻燃性及可钉性等诸多优点，但低价竞争导致市场上部分产品质量下降，加之房地产及基础建设市场收缩，PVC 建筑模板的实际产量下降较多，其约占全年总产量的 0.69%，占比持续下降。家具方面，包括各种柜体、房间隔断、办公隔断、屏风等，因受房地产影响，其约占全年总产量的 2.78%。硬质 PVC 发泡地板是最近几年才快速发展起来的，但由于收缩率控制方面不如 SPC 地板容易，其发展速度受到较大影响，目前主要以出口为主，国内市场也在逐步开发应用，这部分约占全年总产量的 4.86%，占比同比略有下降。交通工具装饰方面，主要是用于制作大中型客车、列车及轮船等交通工具的底板。由于受到大型客车产量减少的影响，这方面的用量也有较大减少，其约占全年总产量的 1.04%。

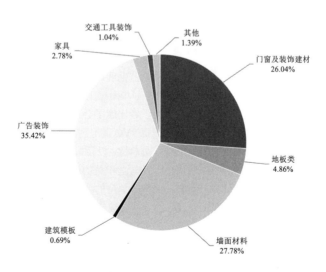

图 1　2023 年硬质 PVC 发泡制品应用领域

（三）运营状态

受益于国家旧房装饰相关政策，加之 PVC 发泡墙板具有阻燃、防潮、防虫蛀、重量轻、安装方便、可回收再用等特点，受到家装市场及快捷酒店装修领域热捧，PVC 发泡实心墙板（碳晶板、饰面板）销量增速超过 15%。但由于碳晶板（PVC 发泡共挤墙板）进入门槛较低，加之市场需求量巨大，低质低价竞争更加激烈，该类产品的生产企业大都"增收不增利"。

受 PVC 下游市场影响，2023 年 PVC 树脂价格在 6000 元 / 吨左右较低价位窄幅波动，发泡调节剂价格在 12 000—15 000 元 / 吨中等价位波动。由于 PVC 发泡墙板产量增速较快，其发泡调节剂添加量也比较大，因此，发泡调节剂的销售量也有较大幅度增加，从而促使相关企业加大了 PVC 发泡调节剂的扩产。虽然 PVC 原料及发泡调节剂在 PVC 发泡制品配方成本中占有较高比例，生产企业的生产成本也处于中位，但受供需关系影响，行业竞争比较激烈，大多数制品生产企业"增收不增利"。

二、行业热点

PVC 发泡墙板由于强度高、安装方便快捷，其应用市场仍在继续扩大，特别是共挤实心发泡墙板（碳晶板、饰面板）。该产品采用夹芯结构，表面采用硬质不发泡 PVC 材质，芯层采用硬质 PVC 发泡材质，在提高整体强度的同时可通过芯层发泡来降低产品重量，在产品轻量化的同时可提高产品的隔热和隔音效果，同时，芯层还可以采用大比例的 PVC 材质的再生料。随着工艺技术提升，PVC 发泡地板，特别是采用夹芯结构的 ABA 地板，由于其尺寸稳定性提高及生产成本降低，加之具有木质地板的脚感及重量轻等优势，其产量也在稳步上升。

三、专委会活动

（一）会员服务

2023 年在全体会员的共同努力下，在中国塑协的正确领导下，硬质 PVC 发泡制品专委会的各项工作取得了一些进步。会员的数量有了一定的增长，新发展了会员单位 7 家，会员总数达到 120 家。专委会承担桥梁纽带作用，反馈会员企业信息，反映会员企业诉求，把会员企业的需求和意见向上级主管部门直接反馈。理事会及技术交流会开得比较成功，基本完成了专委会年初制定的工作目标。

具体工作主要有：

（1）组织会员企业参加反馈工信部、水利部联合发布的《关于征集 2023 年国家工业节水工艺、技术和装备的通知》；组织会员企业参加"2023 年度中国轻工工业设计中心认定工作""塑料行业一绿色助行相关标准培训"。

（2）组织会员企业申报"中国轻工业联合会科学技术奖""中国塑料加工业科技创新型优秀会员单位""中国塑料加工业科技创新先进工作者""2023 年度轻工行业中小企业公共服务示范平台认定"等。

（3）为会员企业提供必要的各种证明材料，为其申报相关项目提供了有效的帮助，得到了会员企业的好评。

（二）组织召开行业相关会议

1. 成功举办行业年会暨技术与市场交流会

中国塑协硬质 PVC 发泡制品专业委员会 2023 年年会暨技术与市场交流会，于 2023 年 10 月 19—21 日在山东高密举行。这次会议由中国塑料加工工业协会主办，由中国塑协硬质 PVC 发泡制品专委会、高密市人民政府、山东源邦新材料股份有限公司承办。中轻联合会原副会长钱桂敬先生、中国塑料加工工业协会王占杰理事长、山东省高密市委王文琦书记、山东省塑料协会潘庆功秘书长、山东源邦新材料股份有限公司董事长兼总经理刘翰卿、中国塑料加工工业协会副秘书长兼硬质 PVC 发泡制品专委会秘书长周家华、中国塑协硬质 PVC 发泡制品专委会主任孙锋、中南财经政法大学过文俊教授、北京大学战略研究所张锐研究员、北京市科学技术研究院资源环境研究所吕竹明主任、中国氯碱工业协会信息部李琼主任、湖北工业大学博士生导师陈绪煌教授、中国塑协塑料助剂专委会副主任施珣若高工、海尔数字科技有限公司海云筑智能制造总监毛明、中国塑协异型材专委会秘书长李静霞女士、华南理工大学副教授王小萍女士等领导与专家、学者出席了会议。出席本次会议的还有中国塑协硬质 PVC 发泡制品专委会副主任单位、理事单位、会员单位，以及来自全国各地 PVC 发泡制品生产企业及与之相关的原料企业、模具及设备企业、科研院校等单位的代表近 400 人。

会议首先由高密市委书记王文琦同志致辞。王书记重点介绍了高密市的整体情况，对高密的区位优势、经济发展形势、投资环境及政府服务等作了简要介绍。随后由山东省塑料协会潘庆功秘书长致辞。潘秘书长热烈欢迎全国各地的朋友来到山东参加这次会议，介绍了山东省塑料行业的整体情况，特别是聚氯乙烯发泡调节剂的产量占全国 90% 以上（山东也是全国少数几个聚氯乙烯发泡制品集散地之一）。东道主山东源邦新材料股份有限公司刘翰卿董事长致辞，热烈欢迎大家的到来，也感谢大家对源邦和年会的支持和帮助，随后介绍了源邦的整体情况、企业文化和"饮水思源、兴业安邦"的社会责任。

中国塑料加工工业协会王占杰理事长在大会上发表了重要讲话，介绍了当前我国塑料加工业的发展整体情况以及面临的挑战与机遇，分析了我国硬质 PVC 发泡制品行业的发展情况和发展要求。他还对硬质 PVC 发泡制品专委会下一步工作提出 5 点重要指示。同时，王占杰理事长对 2023 年专委会的工作成绩给予了充分肯定和高度评价。

本次会议由专委会孙锋主任作 2023 年专委会工作报告，他介绍了一年来行业运营情况、面临的问题及应对策略，还介绍了行业标准化情况、专委会建设及下一步重点工作。周家华秘书长向大会作了《专委会财务报告》《新增会员》等报告，组织了专委会第六届理事会换届选举，并宣布新一届理事会主任、副主任及理事成员，同时还组织了"行业优秀企业""行业突出贡献"奖颁奖活动。

为了开好本次会议，根据硬质 PVC 发泡制品特点，以及行业内企业面临的共性问题，会议筹备组做了精心准备，邀请行业领导及相关专家、教授，围绕塑料行业的运行情况、"双碳"目标下企业面对的机遇与挑战、企业争取风险投资的规则和技巧、企业数字化转型等方面作了较详细的介绍，同时也对 PVC 原料、相关助剂、相关新产品、新技术等情况进行了分享，并安排参观企业。会议内容比较丰富。最后，大家还参观了山东源邦新材料股份有限公司工厂。

2. 召开专委会六届十次理事会扩大会议

专委会六届十次理事扩大会议，于 2023 年 2 月 26 日在南京顺利召开，中国塑协王磊光副理事长出席了本次会议。参加会议的还有专委会主任、副主任单位、理事单位、重点会员单位及其他相关行业专家等，与会者包括 PVC 发泡制品生产企业，以及与之相关的原料企业、模具及设备企业、科研院校等单位代表 30 多人。

会议首先由周家华秘书长传达了塑协 2023 主要工作要点，强调重点贯彻实施行业发展指导意见、加强科技创新引领行业高质量发展、推动行业绿色低碳可持续发展、做好行业服务工作等。

随后由孙锋主任对 2022 年行业现状进行总结，对行业面临的国内外实际困难及应对措施进行分析。他提出，2023 年行业将重点发展高品质产品，以满足北美及欧洲市场需要，同时减少行业"内卷"情况发生。

会议还通报了专委会第六届理事会换届说明，介绍了行业年会准备情况，讨论了行业标准的立项事宜及目前制定修订情况。

会议最后由王磊光副理事长进行了总结，他肯定了专委会 2022 年的整体工作，同时对工作中的不足提出了要求：行业应本着提升产品质量、提升品牌知名度，减少低价竞争对行业健康发展的影响。

3. 组织行业企业及专业观众参加相关展会

"第五届中国国际塑料展"于 2023 年 2 月 25—27 日在南京国际博览中心举行。专委会工作人员通过网站、公众号及微信群、会议等渠道积极宣传该展会，完成了 33 个展位招租并组织了近百名专业观众参观了该展览。

"中国塑料产业链高峰论坛及中国塑料绿色智造展览会"于 2023 年 11 月 24—26 日在绍兴国际会展中心顺利举办。专委会完成了 10 个展位的招租，并做了相应布展，还做了 21 家企业的宣传展板，摆放了 6 家企业的样品，有 3 家企业派出共计 8 人到展台接待和介绍相关产品。此外，专委会组织了 20 多名专业观众到现场观展。

4. 组织召开行业标准《氯化聚氯乙烯板材》编制工作会议

2023 年 8 月 4 日，行业标准《氯化聚氯乙烯板材》（GB/T 8103）征求意见稿研讨会在山东济南顺利召开，来自相关的科研院所、检测机构、生产企业等 12 名专业人员参加了这次会议。与会专家及代表首先对验证数据进行了分析，并结合产品实际应用要求及相关标准要求，逐一对指标进行了讨论，对有分歧的指标，通过对比相关标准及该产品国内外客户实际要求，深入讨论并最终达成了一致的修改意见。随后逐条对标准文本进行讨论，修改了文本中的错误，调整了部分章条结构，完善了抽样方案。

会议对各起草小组成员的下一步工作进行了布置，明确了工作任务及完成时间，推进起草工作更快进行。本次会议最后还组织大家参观了该标准牵头单位——济南海富塑胶有限公司生产工厂，让与会专家及代表更深入地了解氯化聚氯乙烯板材的生产过程。

2023 年 11 月 25 日，行业标准《氯化聚氯乙烯板材》的送审稿研讨会在绍兴国际会展中心的会议中心召开。本次研讨会由 TC48/SC1 秘书处彭永杰秘书长主持，中国塑协田岩副理事长、全国塑料制品标准化技术委员会许博副秘书长、中国塑协板片材专委会周家华秘书长出席了该标准研讨会，与会代表包括牵头单位济南海富塑胶有限公司代表及其他编制工作组人员 20 多人，涵盖 PVC-C 板材生产企业、检测单位、科研院所等企业。

会议首先汇报了前期工作情况，讨论征求意见稿反馈汇总情况，针对反馈意见逐条讨论，商定采纳与否或修改采纳；然后，讨论商定送审稿和编制说明的具体内容，为下一步形成正式送审稿提供修改方案；最后为下一步的工作安排及工作要点作出指导。

（三）组织行业相关标准制定修订及立项

（1）标准的制定：《硬质聚氯乙烯低发泡橱柜、卫浴柜》《硬质聚氯乙烯发泡广告板》《硬质聚氯乙烯低发泡地板》三个行业标准完成报批稿并于 2022 年 9 月正式上报标委会，2023 年 2 月 9 日工业和信息化部开始进行报批稿公示，2023 年 8 月 16 日正式发布，2024 年 2 月 1 日正式实施；《氯化聚氯乙烯（PVC-C）板材》行业标准于 2023 年 12 月 19 日通过了在太仓举行的审查会，于 2024 年 1 月 8 日完成报批稿，并提交标委会秘书处。

（2）标准立项：对行业标准《户外硬质聚氯乙烯发泡装饰板材》《室内硬质聚氯乙烯发泡墙板》进行立项申报。

（四）专委会建设

2023 年，新发展会员单位 7 家，会员总数达到 120 家。

（1）充分利用协会及专委会的资源优势，为企业提供全面服务。

配合中国塑协，组织会员企业积极参与行业活动，如中国塑协组织的"行业十强、轻工联合会组织的行业百强"，参与工信部组织的信用评级等。同时，积极在行业内倡导诚信自律，促进行业健康发展。

（2）完善并维护专委会网络平台，提升行业宣传力度。

专委会及时对网站的"重点报道"及"行业动态"等栏目进行更新，并将行业最新消息发布在上面，以便会员单位能及时了解到相关信息；利用网站的"产品介绍""推荐产品"及"广告宣传"等栏目为会员单位的产品进行宣传。同时，收集国内外相关最新技术资料及标准资料，补充到网站的"技术资料""行业标准"等栏目内。此外，更进一步地利用专委会的微信公众号及时发布相关政策、行业动态、生产技术及行业内重点企业介绍。

四、重点企业

硬质 PVC 发泡制品生产企业主要分布在广东、山东、江浙等地，规模最大的为河北康飞塑业有限公司，其主要生产 PVC 发泡广告板，产能接近 40 万吨，实际年产量在 20 万吨以上。其他规模较大的企业，其设计产能都在 2 万—5 万吨 / 年，对应产值可达人民币 2 亿—4 亿元 / 年。

（一）山东博拓新材料科技股份有限公司

山东博拓新材料科技股份有限公司始建于 2006 年，占地面积 10 万平方米，注册资金 6500 万元，是国家高新技术企业、国家级专精特新"小巨人"企业、山东省瞪羚企业、中国塑料加工工业协会副理事长单位、中塑协硬质 PVC 发泡板专委会主任单位。公司拥有山东省院士工作站、山东省企业技术中心、山东省"一企一技术"研发中心、淄博市聚氯乙烯发泡板材工程技术研究中心、淄博市 PVC 发泡板材工程实验室科研平台。公司拥有授权专利 64 项，其中，发明专利 16 项，实用新型专利 37 项，美国专利 4 项。公司先后承担了国家火炬计划 1 项、国家科技型中小企业技术创新基金 1 项、省发展改革委人才项目 1 项、省重点研发计划 1 项、省技术创新项目等多项省市级重大研发课题；主持和参与修订了行业标准 6 项。

公司拥有国内外先进 PVC 发泡板材、型材、地板生产线 45 条，可生产 PVC 复合新材料 10 万吨。产品畅销国内，并辐射至美国、加拿大、澳大利亚、英国、日本、俄罗斯及欧盟等 100 多个国家和地区。博拓科技已成为集研发、生产、营销、国际贸易为一体的大型专业 PVC 复合新材料生产基地。

（二）宝天高科（广东）有限公司

宝天高科（广东）有限公司（简称宝天高科）在 2004 年创始于全国首批国家级经济技术开发区——综合实力始终在全国开发区中排名前三的广州开发区。宝天高科传承了创始人的品牌至上、质量至上的理念，公司投资总额达 1000 万美元，占地面积 61 441 平方米，厂房面积 40 824 平方米。统计至 2021 年年底，公司员工总人数 86 人，其中级职称 2 人，初级职称 2 人；大专以上学历 32 人，占总员工比例 38%；研究开发人员 20 人，占总员工比例 22.8%。

宝天高科是一家专业生产销售 PVC-U 发泡板、型材的高科技公司，产品主要应用于汽车内装饰、家具制作、飞行器内装饰、轮船内装饰、建筑装修、工业产品装饰、广告制作、冷冰设备保温、家用电器等领域。公司为世界各地以塑代木、以塑代金属的客户提供产品、服务和解决方案，出口产品占比 70%。

宝天高科生产的 PVC 低发泡产品是环保、循环可回收利用的新型材料产品，具有质轻、强度高、难燃、隔音、隔热、防潮、防霉、防水、耐腐蚀、保温、使用寿命长等特点。

（三）浙江潇丹新材料科技有限公司

浙江潇丹新材料科技有限公司成立于 1999 年 1 月，是一家专业生产 PVC 发泡板、各类集成墙板等新型装饰板材的企业。公司产品远销国内外 20 多个国家及地区。公司注册资金 6198 万元，总投资 2.8 亿元人民币，在职员工 300 余名，拥有 28 条全自动高效生产线，2022 年工业产值达到了 3.5 亿元。产业园总占地面积 70 余亩。公司拥有 110 000 余平方米标准生产车间、5000 余平方米办公写字楼。

公司先后被评为浙江省 AA 级"守合同重信用企业""国家高新技术企业""省专精特新企业"，通过 ISO 9001—2008 管理体系认证，获得"十大优质材料供应商""中国绿色环保产品""集成墙面十大品牌"等荣誉，获得专利 24 项，起草行业标准 2 项。

公司一直秉承"科技为先，匠心至上；制造未来，共创时代"的经营理念，在经济全球化的浪潮中，坚持不懈地努力创新，推动行业不断地发展。

（四）河北康飞塑业有限公司

自 2013 年成立以来，康飞塑业始终聚焦主业、坚守制造，秉承"靠质量赢市场，靠创新促发展，靠服务求生存"的经营理念，用前沿技术提升品牌价值，聚焦 PVC 板材的研发、生产和销售，致力于成为 PVC 板材行业的领跑者。10 年间，康飞塑业不断扩大行业影响力，整合要素资源，深耕细分领域，其 PVC 板材产销量稳居行业前列。

目前，康飞塑业已成为亚洲规模最大、最专业的 PVC 板材制造商，在安徽、河北、河南、辽宁、广东、广西、四川、新疆、甘肃、湖北等地成立了 12 家工厂，全部投产后生产线预计 200 余条；产品畅销全国各地，并且出口至东南亚、中亚等 20 多个国家和地区。

扶摇直上的品牌效应，源于智慧与创新赋能，康飞塑业设立研发中心，引进专业人才，购入最新研发设备，与科研机构合作，不断研发高品质、环保、新型 PVC 板材，并获得多项专利，产品性能居行业前列，连续多年通过 ISO 9001 质量管理体系认证，先后被评为高新技术企业、科技型中小企业等；成为中国塑料加工工业协会副主任单位、理事单位，参与了行业标准《硬质聚氯乙烯发泡广告板》制定。

（五）淄博顶天塑胶有限公司

淄博顶天塑胶有限公司坐落于山东省淄博市淄川经济开发区，成立于 2004 年 6 月，占地面积 30 000 平方米，员工 200 余人，其中高级工程师 20 人。

公司致力于生产和研发 PVC 发泡板材，年产量 50 000 吨，可生产 PVC 自由发泡板、PVC 结皮发泡板、PVC 共挤发泡板等 PVC 发泡板材。产品广泛应用于广告、家具、建筑、装饰等行业。公司已通过 ISO 9001 和 ISO 14001 国际体系认证，是一家集科、工、贸为一体的大型 PVC 发泡板生产商，参与了《硬质聚氯乙烯发泡板材》《硬质聚氯乙烯低发泡厨柜、卫浴柜板》《硬质聚氯乙烯发泡广告板》等多项行业标准的制定修订。

五、存在的问题

虽然行业在不断发展，也取得了不少成绩，但由于本行业进入门槛很低，因此行业产品同质化比较严重，且高性能产品仍处于开发阶段，行业发展任务仍然十分艰巨。

（一）产品同质化较为严重，市场竞争激烈

对于目前产量比较大的 PVC 发泡广告板、PVC 发泡墙板、地板及家具板等产品，由于市场进入门槛比较低，这几年新增产能非常大，加剧了市场竞争，挤压了生产企业应有的利润，也出现低质低价竞争。企业利润降低后，研发投入的积极性也受到较大影响。

（二）规模化程度不足，缺少有影响力的品牌

目前行业有上千家硬质 PVC 发泡制品企业，规模能达到中型的企业不足 40 家，其中产值超 5 亿元的企业不到 10 家。大型企业缺失影响了科研人员参与技术攻关，也不容易吸引相应的研发机构、投资人的关注，进而影响行业的健康快速发展，以及行业向高端制品拓展的进程。

（三）高性能产品有待进一步完善

耐温 PVC 发泡制品、高级别阻燃 PVC 发泡制品等产品由于成本增加较多，影响了自身进一步推广，急需降低成本。在 PVC 发泡复合制品方面，ABA（共挤）聚氯乙烯发泡地板、WPC 地板在抗

收缩方面还有待进一步提高；AEP 板（PVC 发泡板与铝复合）的加工工艺也需要进一步改进和完善。

六、发展趋势与规划

工业和信息化部等四部门发布《建材行业碳达峰实施方案》，要求提升新建建筑与既有建筑改造中使用绿色建材的比例。中共中央、国务院发文《质量强国建设纲要》，要求加快绿色环保新型建材的研发与应用，推动传统建材升级，提升建材性能和品质。商务部等 13 部门发文《关于促进家具消费若干措施的通知》，提出支持旧房装修升级，促进绿色建材的使用。市场监管总局等 7 部门发文《以标准提升牵引设备更新和消费品以旧换新行动

方案》，提到通过提升装饰装修产品标准来促进消费升级。从以上这些政策文件可以看出，绿色环保节能节材，是国民经济发展持续不变的方向，而硬质聚氯乙烯发泡材料具有重量轻、生产能耗小、产品在生产及使用过程中均无有害物质释放、容易回收等特点，是绿色环保的装饰装修材料，是木制品最佳替代材料，因此，硬质 PVC 发泡产品发展重点仍然是室内外装饰装修领域的应用。特别是装饰装修 PVC 发泡墙板、装饰装修用 PVC 发泡型材、PVC 发泡地板等，它们在未来几年的用量也将以较快速度增长。同时，行业相关部门还将通过制定硬质聚氯乙烯发泡墙板相关标准来提升产品的品质，引导聚氯乙烯发泡墙板行业健康稳定发展。

滚 塑 工 艺

中国塑协滚塑专业委员会

一、政策层面

（一）滚塑行业制造过程转型迫在眉睫

自 2015 年我国提出《中国制造 2025》以来，产业转型成为国家调整产业结构的主旋律。近年，国家和社会层面越来越清晰地认识到，发展先进制造业是我国在第三次工业革命浪潮中作出的历史选择。

和先进制造业相对应，我国滚塑行业整体还处在"传统制造业"内，行业技术和管理水平的提升速度不够，可能在不远的未来，将步入和纺织、电子等行业类似的"转移性制造业"范畴。

2023 年年底，工业和信息化部等 8 部委联合发布了《关于加快传统制造业转型升级的指导意见》，要求"到 2027 年，传统制造业高端化、智能化、绿色化、融合化发展水平明显提升，有效支撑制造业比重保持基本稳定，在全球产业分工中的地位和竞争力进一步巩固增强。工业企业数字化研发设计工具普及率、关键工序数控化率分别超过 90%、70%，工业能耗强度和二氧化碳排放强度持续下降，万元工业增加值用水量较 2023 年下降 13% 左右，大宗工业固体废物综合利用率超过 57%"。这是为传统制造业续命的为数不多的路径之一，我国的滚塑产业应积极响应国家要求，主动、自发地进行自我拯救。

（二）相关政策对滚塑子行业的影响

工业和信息化部、生态环境部编制的《国家鼓励发展的重大环保技术装备目录（2023 年版）》其中多个技术装备需要滚塑配套，如智能加药环保设备等。

工业和信息化部等五部门联合印发《安全应急装备重点领域发展行动计划（2023—2025 年）》要求，本着企业自愿申请的原则：遴选一批具有先进性、可靠性、推广应用前景的装备。这为大量滚塑厂家提供了转入的机会，如救援艇、灭火器弹、高山雨水收集器等均可利用这次机会。

国务院办公厅印发《关于释放旅游消费潜力推动旅游业高质量发展的若干措施》（国办发〔2023〕36 号），提出多项政策和产业引导措施，这给装饰灯饰、户外家具、移动厕所、移动房屋、游乐玩具等滚塑子行业带来利好。

工业和信息化部等五部委关于印发《船舶制造业绿色发展行动纲要（2024—2030 年）》指出，船舶能源的绿色化和船舶制造企业减污降碳工作是船舶行业未来的重点。这为前几年呼声很高的"船舶材料塑料化""重点突破小型船舶绿色化"的浪潮画上了休止符，因此滚塑行业进入船艇业应谨慎。

二、行业整体状况

（一）头部企业技术实力持续增长

到 2023 年年底，行业内共有工信部专精特新"小巨人"企业 21 家，比 2022 年多 5 家；省级、市级专精特新企业 91 家，比 2022 年多 44 家；高新技术企业 223 家，比 2022 年多 22 家；科技型中小企业 222 家，比 2022 年多 50 家；拥有专利的企业 502 家，比 2022 年增加 55 家；参与各类标准制定的企业 153 家，比 2022 年增加 19 家。

（二）企业新增量持续低位，滚塑行业从增量市场转入存量市场

从国家工商管理总局的调查情况来看，2023 年，我国新增的滚塑相关厂家仅有 17 家（图 1），处于近年来的持续低位，说明社会资本进入滚塑行业的意愿较弱，新增产业投资仅有 1.6 亿元。

（三）基础原材料的产业化有长足进步

2023 年，中石油独山子开发出 C4 和茂金属 C6 两款滚塑专用料，兰州石化、武汉石化均量

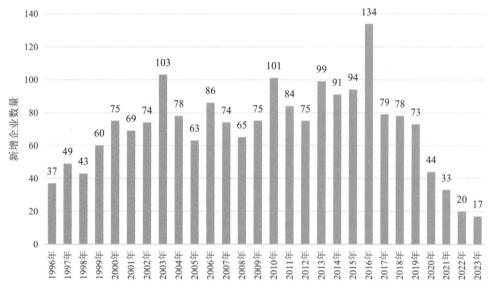

图 1　历年来我国滚塑行业年新增厂家数量

产了滚塑级 LLDPE，中石化镇海炼化开发了新品 UR442 和 UR4412，民营的浙石化量了 7149U，沙比克天津石化转移生产了 50035。

改性材料方面，浙江瑞堂量产了氢气瓶内胆专用料和防爆弹药箱专用料，北京神华的交联聚乙烯取得了国际知名厂家认可并开始量产，厦门金旸的

回收级滚塑专用料取得了 GRS 认证。

（四）企业涉案数量有所下降

从中国裁判文书网的数据来看，2023 年，滚塑行业涉案数量为 18 起（图 2），其中合同纠纷 15 起，劳动纠纷 5 起，涉案数量和涉案面已经连续 4 年下降了。

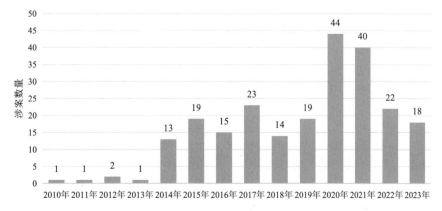

图 2　滚塑行业历年来的涉案数量

（五）企业违规现象时有发生

2023 年，我国滚塑行业共发生 11 起行政处罚（图3），其中广东省的为特种人员资格和废气排放问题，江苏省的为消防设施问题，安徽省的为环保采集气样问题，浙江省的为消防占道、危险品储存、特种人员资格和废气处理问题，天津市的为建设三同时问题。

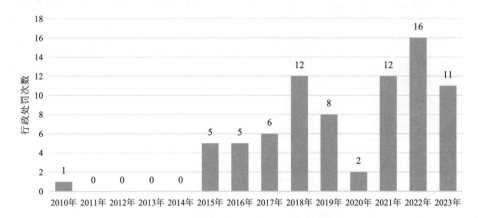

图3　滚塑行业历年来的行政处罚数量

三、行业技术进展

（一）公开技术文献情况

2023 年公开技术专利 423 篇，和 2022 年基本持平。目前，我国的滚塑相关专利总量突破 3400 件。发表滚塑公开论文 45 篇。涉及滚塑工艺和制品的论文共 70 篇。

（二）滚塑行业标准化工作

参与修订的国家标准《塑料术语及其定义》《塑料 耐环境应力开裂（ESC）的测定 第 1 部分：通则》和《塑料 硬质塑料冲孔性能的测定 第 1 部分：非仪器化冲击试验》在审查阶段。机械行业标准《滚塑模 技术规范》在报批阶段，机械行业标准《塑料滚塑成型机》在起草阶段，团体标准《滚塑制品 压缩氢气塑料内胆碳纤维全缠绕气瓶 内胆技术条件》《塑料及其衬里设备 滚塑工艺规程》和《滚塑成型 聚烯烃材料和制品的性能测定》在起草阶段。

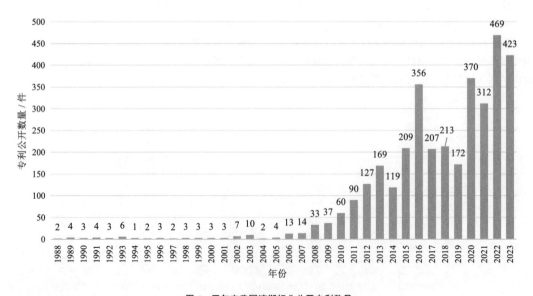

图4　历年来我国滚塑行业公开专利数量

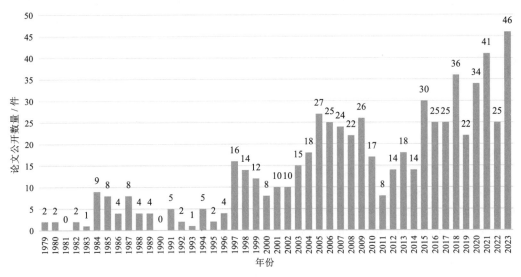

图 5　历年来我国滚塑行业公开论文数量

（三）技术开发热点

1. 储氢瓶是行业技术发展的热点

国家标准《车用压缩氢气塑料内胆碳纤维全缠绕气瓶》（GB/T 42612—2023）将于 2024 年 6 月开始执行。滚塑成型 IV 型储氢瓶成为行业热点，各大公司和研究机构在这一技术领域发力，仅 2023 年公开的技术专利就达 63 件。

塑料内胆是储氢瓶的核心部件，在其材料方面，北京化工大学针对 IV 型储氢瓶内胆高阻隔、抗冲击的使用要求，研究了采用纳米填料（OMMT）和弹性体增韧剂（POE-g-MAH）的尼龙 6 改性制备方案，添加 3wt% 的 OMMT 复合材料，其阻隔性能提高 43.9%，并表现出对于提升冲击性能的协同作用；万华化学集团股份有限公司以马来酸酐烯烃共聚物与尼龙 12 聚酰胺制备的共聚尼龙 12，有效地解决了储氢瓶翘曲变形问题；上海杰事杰新材料（集团）股份有限公司采用尼龙微球按滚塑工艺进行加工，制得气瓶内胆。此外，江苏国富氢能技术装备股份有限公司提出使用 PA11、知春氢能科技（烟台）有限公司提出使用聚氨酯、广东募恩能源技术有限公司提出使用 PEEK 制备内胆的技术方案。

塑料内胆和瓶阀座之间的密封问题，是储氢瓶加工的难点之一，中材科技（苏州）有限公司、浙江工业大学、河南菲迪泰环境科技有限公司、湖北三江航天江北机械工程有限公司等 8 家单位分别提出改进瓶阀座结构来提高密封效果的不同方案。其中，江苏国富氢能技术装备股份有限公司，在与前

瓶嘴阀座上的阀座的外侧壁相对的前封头模具上间隔开设有若干第一抽真空螺纹孔，在与后瓶嘴阀座上的阀座的外侧壁相对的后封头模具上间隔开设有若干第二抽真空螺纹孔，按该方案进行滚塑加工能使内胆与两端的瓶嘴阀座一体滚塑成型，且对内胆的薄弱区域进行增厚处理。

储氢瓶外部的缠绕纤维大都使用碳纤维，成本高昂且供应受限。对此，佛山仙湖实验室提出使用热塑性聚酰亚胺纤维，西南石油大学提出使用玄武岩纤维的替代方案。

在加工方面，北京化工大学提出变形补偿方案，将大型储氢瓶的最大变形量控制在了 2mm 以内；北京工商大学的研究结果表明，在电加热储氢瓶滚塑成型中，采用较高的功率输出百分比和较低的 PID 模式触发温度使其平均的熔融速率降低，不利于提高生产效率；北京天海氢能装备有限公司设计了一种用于气瓶内胆滚塑模具的可拆卸排气管，解决了排气管在高温下会发生弯曲、塑料气流从模具内流出、塑粉黏附在排气管上导致清理和拆卸不便以及排气管在模具上的位置较难确定等问题；南京工业大学在滚塑模具上设置了若干变形量测量传感器，解决现有储氢装置存在的安全性难题；亚普汽车部件股份有限公司在内胆本体成型过程中使用了定位支撑杆，限制了塑料壳体和金属内衬的后变形，从而降低了后期的装配难度，并使各部件之间保持了较好的同轴度，提高了产品的整体性能。

2.多个厂家涉入电热滚塑模具领域

以比利时为首的欧洲滚塑"工业4.0"计划，主要是使用机器人和电加热技术实现滚塑加工的智能化和自动化过程，代表了当今世界滚塑行业的最高技术水平。近年，我国相关厂家在此领域奋起直追。北京化工大学研究了滚塑电热模具设计及成型质量调控机理，通过调整电阻丝的功率和排布设计，提高了滚塑模具的温度均匀度；温岭旭日滚塑科技有限公司提出多种电加热滚塑机的优化方案，并实现批量销售；山东富邦环保设备科技有限公司公开了一种电加热并带喷淋冷却功能的摇摆式滚塑装置；上海结创模具制造有限公司公开了一种电阻丝加热的滚塑模具；惠州市密扣塑胶用品有限公司在模具上使用了电磁感应发热装置，使得模具内塑胶的熔解速度加快，节省成型时间，增强塑胶的流动性；浙江聚和环保科技有限公司公开了使用加热瓦加热的技术方案；江苏国富氢能技术装备股份有限公司提出了多段式电加热滚塑设备方案。

3.仿真设计和模拟软件的使用持续增加

由于滚塑成型制品通常为大型、异型塑料制品，试错成本高，因此通过仿真计算降低设计风险已经逐渐成为行业的共识。

石河子大学对直径为2m、长度为3.4m的滚塑卧式储罐进行了有限元分析，优化了罐体的壁厚。中国水产科学研究院渔业机械仪器研究所对滚塑船体的总纵强度进行了校核，以避免在船舶使用过程中发生变形开裂现象。燕山大学基于滚塑工艺，对非金属液压油箱金属嵌件进行了有限元研究，认为在相同界面强度下，多边形金属嵌件的棱边越多，界面的结合性能越差。相对于圆形嵌件，多边形嵌件与非金属油箱间界面结合性能的提升率分别如下：四边形，31.18%；五边形，15.83%；六边形，13.52%；七边形，10.84%；八边形，8.53%。北京工商大学模拟了电加热滚塑的传热过程，指出，在熔融过程刚开始和快结束时，熔融的速率都很低；且在除此之外的熔融过程，塑料层中的液相百分比随时间先快速增大，然后增大的速率变慢。

四、展望

在国际形势和国内经济环境发生重大变革的时期，我国滚塑行业正积极应变。一方面，滚塑行业切入新能源、环保、海工、军工等国家战略性新兴行业的势头不减，为我国滚塑行业的未来发展奠定了基础；另一方面，出口型、贸易型企业持续萎缩，产业发展向国外转移的案例增多。对于大多数滚塑企业而言，生存的压力超过了发展的渴望，行业整合、集中化的意愿逐步增强，自有品牌意识有所提高。

面临挑战和发展机遇，正如中国塑料加工工业协会王占杰理事长指出的，要"坚定发展信心，拓展应用领域；强化科技创新，提升差异化水平；加强三品联动，做好规范化建设"。这也正是我国滚塑行业未来几年内扎实工作的基础。

氟 塑 料

中国塑协氟塑料加工专业委员会

2023年是全面贯彻党的二十大精神的开局之年，也是实施"十四五"规划承上启下的关键之年。面对严峻复杂的外部环境，氟塑料行业顶住了压力，行业整体保持平稳发展态势。

一、行业发展现状

目前，我国聚四氟乙烯树脂产能已超过19万吨，聚偏氟乙烯产能约为17万吨，聚全氟乙丙烯产能约为5.3万吨。据不完全统计，2023年聚四氟乙烯产量约为15.19万吨，内资企业聚偏氟乙烯产量约为3.90万吨，聚全氟乙丙烯产量约为2.49万吨，其中，聚偏氟乙烯产量较2022年大幅上涨。

2023年，国产聚四氟乙烯树脂价格呈现先涨后跌、再涨又跌的态势。截至12月底，中粒度销售价格约为4.3万元/吨，分散树脂销售价格约为4.7万元/吨。

2023年，各企业开足马力，迎接新的机遇和挑战。企业加大研发投入、加速科技成果转化，促进产品向高端化转型；坚持绿色发展，加强节能减排，降低企业能耗；不断提升管理水平，优化人才管理机制，为高质量发展注入新动能。

据不完全统计，2023 年氟塑料加工企业聚四氟乙烯树脂消耗量比 2022 年上涨 1.81%，聚四氟乙烯制品产量比 2022 年上涨 0.75%，企业销售总额较 2022 年下降 0.39%。其中，等压制品、生料带、衬里制品的产量涨幅明显，分别上涨了 14.20%、8.20% 和 22.64%；模压制品、其他糊膏挤出制品和浸渍制品的产量基本持平；纤维制品和柱塞挤出制品的产量有所下降，分别下降了 9.48% 和 6.98%。2023 年聚四氟乙烯制品的构成如图 1 所示。

根据进出口数据统计，截至 2023 年 12 月，初级形状的聚四氟乙烯树脂进口量约 8261.05 吨，同比上涨 18.03，进口平均价格同比下降 13.60%；出口量约 29 134.71 吨，同比下降 7.36%，出口平均价格同比下降 7.42%。可熔性氟聚合物进口量约 13 817.80 吨，同比下降 24.03%，进口平均价格同比上涨 11.19%；出口量约 30 629.43 吨，同比上涨

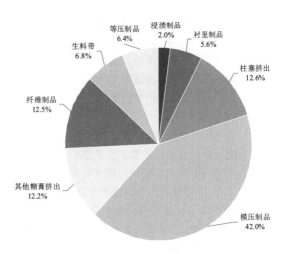

图 1　2023 年聚四氟乙烯制品的构成

2.58%，出口平均价格同比下降 27.99%。聚四氟乙烯制品进口量约 930.69 吨，同比下降 31.77%，进口平均价格同比上涨 37.59%；出口量 24 766.50 吨，同比上涨 5.10%，出口平均价格同比下降 8.50%。具体数据见表 1、表 2。

表 1　2023 年 1—12 月氟塑料进口情况及其同比

产品	进口总量 / 千克	同比	进口总金额 / 美元	进口平均价格 / （美元 / 千克）	同比
初级形状的聚四氟乙烯	8 261 049	18.03%	87 428 269	10.58	−13.60%
其他初级形状的氟聚合物	13 817 803	−24.03%	421 916 541	30.53	11.19%
聚四氟乙烯制非泡沫板、片、膜、箔及扁条	930 689	−31.77%	83 463 107	89.68	37.59%

表 2　2023 年 1—12 月氟塑料出口情况及其同比

产品	出口总量 / 千克	同比	出口总金额 / 美元	出口平均价格 / （美元 / 千克）	同比
初级形状的聚四氟乙烯	29 134 705	−7.36%	251 072 128	8.62	−7.42%
其他初级形状的氟聚合物	30 629 425	2.58%	582 310 571	19.01	−27.99%
聚四氟乙烯制非泡沫板、片、膜、箔及扁条	24 766 500	5.10%	236 116 360	9.53	−8.50%

二、专委会活动

（一）展会活动

1. 第五届中国国际塑料展

第五届中国国际塑料展于 2023 年 2 月 25—27 日在南京成功举办。为推动行业创新发展，专委会联合数十家会员单位在展会上搭建氟塑料集体展位，从节能环保、化工防腐、航天航空、电子通信、新能源、汽车、医疗、建筑、密封、线缆、微粉、防粘、纺织面料到美好生活等领域，全面展示了氟塑料制品的应用及氟塑料行业 30 年发展的辉煌成就，受到业内外人士的广泛关注。

2.2023 中国塑料绿色智造展览会

2023 年 11 月 24—26 日，2023 中国塑料绿色智造展览会在绍兴隆重举办。专委会会员企业浙江嘉翔氟塑料有限公司以特装形式亮相展会，展示了氟塑料制品在众多领域的最新应用。

（二）会议活动

1. 召开第五届十三次理事长工作会

专委会第五届十三次理事长工作会于 2023 年 2 月 26 日在南京召开。会议讨论了换届相关事宜；审议了 2 月 25 日召开的专家评审会意见，通过了中国氟塑料加工行业先进企业和先进个人评选名单。此外，各参会企业在会上对行业发展进行了交流，并对专委会 2023 年的工作计划提出了意见和建议。

2. 召开第五届十二次理事扩大会

专委会第五届十二次理事扩大会于 2023 年 5 月 21 日在成都召开。会议讨论通过了《中国塑协氟塑料加工专业委员会工作条例和工作细则（草案）》《中国塑协氟塑料加工专业委员会第六次会员大会选举办法（草案）》；讨论了中国塑协关于同意推荐氟塑料专委会第六届理事会成员的批复；提议成立中国塑协氟塑料加工特聘专家组；审议通过了专委会第五届十三次理事长工作会表彰决议。

3. 召开第六次会员大会及第六届一次理事会

专委会第六次会员大会及第六届一次理事会于 2023 年 5 月 22 日在成都召开，完成了专委会的换届工作。中国塑料加工工业协会理事长王占杰出席会议并讲话。专委会近 200 名会员代表参加了会议。大会选举产生了专委会第六届理事会主任、副主任、理事和秘书长。会议审议通过成立中国塑协氟塑料加工特聘专家组。

为庆祝中国氟塑料加工行业组织成立 40 周年、专委会成立 30 周年，提升行业凝聚力和企业核心竞争力，大会对行业发展做出贡献的企业和个人进行了表彰。

会议还邀请全国塑料制品标准化技术委员会秘书处许博和高分子材料工程国家重点实验室（四川大学）沈佳斌教授作演讲报告。二人分别讲解了标准在企业发展中的作用和高校基础研究在氟塑料行业发展中的作用。

三、国际交流

由德国工业半成品与消费塑料制品协会与德国塑料中心（SKZ）联合主办的两年一届的欧洲氟塑料技术交流会于 2023 年 5 月 3—4 日在德国维尔茨堡举办，专委会秘书处线上参加了会议。第五届理事会秘书长陈生做了中国氟塑料市场的发展报告，报告引起了欧洲同行的强烈反响，其对中国氟塑料行业的发展表示震惊，同时对未来充满信心。

四、积极应对 PFAS 限制管控

为应对 PFAS 限制管控，专委会于 2023 年 8 月 9 日在嘉善召开全氟和多氟烷基物质（PFAS）限制提案研讨会。20 余家氟塑料行业企业的代表参加了会议。会议介绍了欧盟 PFAS 管控政策的现状，深入探讨了行业上下游产业链面临的风险挑战。与会代表进行了深入交流讨论，表示氟塑料在众多领域是不可替代的。

会后，专委会和部分企业提交了关于 PFAS 限制提案的意见，进行了科学合理的发声。目前，经过行业上下游同人的共同努力，已经取得阶段性进展——2024 年欧盟没有将 PFAS 列入工作计划。

五、标准化工作

《聚三氟氯乙烯（PCTFE）棒材》标准项目于 2023 年 6 月 15 日通过中国塑料加工工业协会团体标准立项（计划编号：CPPIA-22-23-E-007）。标准编制组分别于 7 月 7 日和 8 月 9 日召开了启动会和起草小组工作会，9—10 月完成试验验证，10 月开始征求意见，11 月形成送审稿，并于 11 月 23 日通过专家评审。标准于 2024 年 1 月 25 日批准发布，实施日期为 2024 年 2 月 1 日。

六、行业发展建议

2024 年是深入实施"十四五"规划的攻坚之年，我们要坚持稳中求进，以进促稳，完整、准确、全面贯彻新发展理念，加快构建新发展格局，全力推动行业高质量发展，努力做到：

①坚持科技创新赋能，加快发展新质生产力，深化产业链供应链协同创新，加速核心技术攻坚，突破"卡脖子"技术瓶颈，努力实现高水平科技自立自强；②积极落实"双碳"行动，推进绿色低碳发展，加强节能减排，全面实施清洁生产，实现节约资源、降低能耗、减污降碳、提质增效；③强化品牌建设，夯实质量发展基础，加强标准引领和质量支撑，促进中小企业专精特新发展，弘扬工匠精神，不断提升自主创新能力，增强企业核心竞争力。

多功能母料

中国塑协多功能母料专业委员会

当前国际形势发生新变化，受需求收缩、供给冲击、预期减弱"三重压力"等超预期因素影响，我国塑料行业承压前行，整体保持平稳发展态势。中国塑协多功能母料专委会在季德虎主任的带领下，继续发挥各自所长，坚定发展信心，坚守发展理念，再接再厉，带领行业企业克服新的困难，不断创新发展，走绿色、减碳、可持续的高质量发展之路，实现全行业的跨越式发展。

一、多功能母料行业现状

我国多功能母料行业发展可用一句话归纳：开展快、距离小、远景广。色母料在国外只不过几十年的发展历史，改革开放使我国色母料工业一起步就紧跟国际先进水平。我国全套引入国际领先设备和技术，进口质量优良的颜料和分散剂，可以产出国际一流水平的色母料。因而可以说我国色母料工业水平与国际先进水平差距不大。但是我国色母料工业与国外的不一样，国外色母料工业由极少数的几个跨国公司独占，而我国色母料开展还处于计划经济向市场经济过渡阶段。因为早期中国知识产权维护不力，市场竞赛规矩不完全，使色母料出产厂家如雨后春笋般诞生，质量也良莠不齐，给大家形成中国功能色母料全体水平不高的幻觉。很多厂家参加市场竞赛，使色母料价格不断振动向下，以至于出资中国的国外公司也不得不参与色母料价格大战。紧接着，色母料的功能性能的加入，形成了多功能母料行业企业竞争加剧，中国功能色母料行业被逼进入调整，其必将依照国际开展规律运转，成为现在的多功能母料。多功能母料产业的开展，使色母料从颜色品种向多功能复杂化、应用领域广的多方向开展。如今各种专用色母料及功能母料，不同使用环境要求塑料制品具有阻燃、增透、抗菌、耐候、抗静电、仿金属、仿木等，如纤维功能母料、高压电缆功能母料、涂膜功能母料、渔网功能母料、阻燃功能母料、抗静电功能母料、防雾功能母料、涤纶功能母料、仿瓷仿大理石功能母料、纳米抗菌功能母料。例如开口母料，亦称抗粘母料，常用于生产薄膜制品，防止薄膜间相互

粘连。一种或耐老化防雾滴农膜已经受到了很多用户的欢迎，要制作这种农膜，就要在农膜母料中加入助剂，提高薄膜品质，除了受设备和生产工艺的因素影响外，原材料也决定了薄膜的物理性能。各种功能性母料相继在我国问世，从而多功能母料的出产、应用技术也日益完善。

（一）塑料母料市场前景广阔

目前，人们对塑料制品的性能与功能种类要求不断提升和增加，塑料色母料尤其是功能化母料是通用塑料工程化、工程塑料高性能化不可或缺的重要部分，是塑料制品实现功能化的关键。未来的多功能母料行业必将朝着功能化、轻量化、环保、节能、低碳、高性能、低成本等方向发展。由于塑料制品对阻燃、增透、抗菌、耐候、抗静电、仿金属、仿木、仿石、仿藤等不同领域和功能提升的更多需求，令塑料制品含有一种功能或多种功能。随着全球塑料使用量的大幅增加，需要更多高技术含量、高品质、高附加值的多功能母料产品，支撑塑料行业的高速发展。因此，塑料母料尤其是多功能母料随着塑料行业的高速发展及使用量大幅增加，必将形成巨大的市场和发展空间。塑料制品如需达到某种性能要求，有些品种是必须通过配方设计及全过程造粒，才能生产出性能优异的功能型塑料。而有些品种则可通过使用多功能母料与塑料原料混合，即可直接生产出性能优异的塑料制品。在塑料性能原理上，多一次加工，物理性能就多一次下降，所以多功能母料是一个典型高性能低成本的生产模式和性价比最优的最佳替代。

要实现塑料母料行业的高速发展，塑料母料产业必须适应塑料行业发展大形势下的种种要求，建立健全品质管理体系和提升创新能力，满足相关的环保和安全标准等行业要求，必须逐渐制定行业团体标准，严格规范使用符合相关规定的原材料，科学优化配方设计，不断研发出功能更新、更高的色母料和多功能母料品种、科学优化生产工艺，确保生产出更多符合相关法规要求的高品质、高技术含量、高附加值的功能化母料。

（二）加强沟通合作，促进行业发展

加强上下游产业链沟通和合作，努力解决现存的质量和标准问题，生产出更多符合环保和安全标准的多功能母料，是确保塑料产业保持高速发展的关键。塑料消费量带动了塑料母料消费持续高速增长。中国塑料母料产业的增长速度明显高于全球平均水平，增速高达每年15%以上。之所以形成这一局面，一方面是塑料母料的持续发展缘于树脂产量大幅上升和市场需求强劲扩张；另一方面是塑料母料，尤其是功能化母料对塑料制品的性能提升和成本下降起到了关键性的作用，有效地促进了塑料制品的功能提升及塑料和母料行业的高速增长。因此，随着塑料制品行业持续稳定发展，和塑料制品功能化、生态化、轻量化以及微成型化技术发展方向，多功能母料行业具有更加广阔的发展前景。

二、行业发展趋势

（1）我国2023年开启了"修复性复苏"模式，2022年出台的一揽子稳经济措施的政策效应也持续显现。2023年的宏观政策调控加大了力度，市场信心提振，与政策聚合，共同促进经济恢复发展。与此同时，我国经济的"修复性复苏"模式将与全球经济的"通胀降温下的浅衰退"在周期上形成错位走势，但随着发达经济体的需求转弱，出口面临的压力将增大，出口增速恐持续下行。2023年的经济增长动力正在由过去两年的"以外补内"转变为"以内补外"。

（2）紧跟国家政策方向，抢抓机遇促发展，着力扩大国内需求。要把恢复和扩大消费摆在优先位置。增强消费能力，改善消费条件，创新消费场景。随着经济的复苏，居民对经济的预期将有所改善，超额储蓄也将成为消费潜力释放的主要动力。随着消费潜力的释放，有望带动制造业的发展，需要消费更多的塑料制品，同时带动多功能母料的需求，提高产能。加快建设现代化产业体系。围绕制造业重点产业链，集中优质资源合力攻关，保证产业体系自主可控和安全可靠。深度研究行业现状，在强化行业科技创新引领、深入行业调研、反映行业诉求、搭建行业对接交流平台、扩大国际国内交流合作、建设标准化体系等方面开展大量卓有成效的工作，在稳定行业发展中做出积极贡献。

三、行业主要风险

（1）国内母粒相关行业发展已趋成熟，呈现出中小企业数量多、市场竞争较为充分等特点。国际龙头企业凭借其研发、规模、渠道等方面的先发优势，占据国内大多数中高端应用市场。国内企业方面，少数规模较大企业已通过上市融资等方式增强其资金、人员实力，不断扩大规模。规模较小的公司若未能取得较明显的竞争优势或无法实现持续创新，则可能导致相应的生产经营风险。

（2）功能母粒、色母粒等产品的生产主要原材料均为树脂、钛白粉、颜料、助剂等，占生产成本比重较大，因此原材料的价格波动与产品成本波动的关联性较强。如若未来主要原材料价格因宏观经济波动、市场供需变化等因素影响而出现大幅上涨，而该等影响未必能及时传导至下游客户，存在影响行业内各厂商生产经营的风险。

（3）功能母粒行业下游应用领域广泛，上游生产企业需要具备根据客户特定需求定制化生产不同颜色、功能相组合的高性能产品的能力。面对下游塑料制品企业需求日益多样化、定制化的发展趋势，生产企业需要不断提高其定制化生产程度以精准满足客户需求。若行业内厂商不能及时提升自身技术、管理水平，快速响应下游客户需求，生产出与客户生产工艺水平相匹配的产品，或对所处行业的产品、技术，以及市场发展趋势出现误判，将存在一定风险。

（4）功能母粒的下游行业主要包括3C电子及家用电器、汽车新能源及周边制造、食品饮料等领域。消费类行业受宏观经济、行业周期影响较大。其中，3C电子受宏观经济增速、居民消费升级等多项因素影响，汽车新能源行业受宏观经济增速、节能减排、新能源技术发展等多项因素影响。若未来宏观经济下行，或行业景气度下降，均可能对行业内功能母粒厂商的生产经营和未来发展造成一定风险。

四、行业发展重点建议

2023年是全面贯彻落实党的二十大精神的开局之年。党的二十大报告提出要加快建设制造强国，推动制造业高端化、智能化、绿色化发展。我们要坚持以党的二十大精神为指引，推动行业高质量发展，推动协会工作再上新台阶。

（1）认真实施"十四五"发展规划和科技创新两个指导意见。要围绕两个指导意见下功夫，聚焦产业发展中的短板、难点、堵点，推动指导意见落到实处、取得实效，为构建新发展格局、促进经济社会高质量发展贡献力量。

（2）宣传贯彻《中国塑料加工业绿色发展纲要（2022）》。围绕绿色纲要内容，进一步推动绿色设计，促进全行业践行塑料绿色可持续发展理念，不断提升多功能母料的多样性能化和更广泛的应用领域水平，助力实现碳达峰碳中和目标，作为专业从事多功能母料产业的企业，要紧跟国家形势，掌握国家最新政策，一定要在产品研发、技术创新、多元化发展上下大功夫。

（3）强化科技创新引领。加强技术攻关，找准产业链关键核心技术和零部件的"卡脖子"薄弱环节，推动产业链上下游、大中小企业协同创新，促进全产业链共同发展，紧盯国内乃至世界功能母料行业应用领域的最新科研成果，多方位开展技术交流合作，紧跟行业发展前沿，高质量发展多功能母料产业。

（4）扎实推进行业数智化工作，建立高端高效的营销团队，广泛开发国内外市场，提升品牌和产品的行业影响力，建立简约高效的现代企业管理制度，提升资金使用效能、设备生产效率、企业员工岗位职能。

（5）继续就多功能母料行业三个标准开展工作，讨论制定方案，完成通过。积极做好行业标准化建设工作，补齐专委会在规范行业标准工作方面的短板，提高行业技术水平和产品质量，把目前三个正在申请制定的团标审核通过。

（6）组织好多功能母料专委会 2023 年年会、理事会等相关行业会议，继续筹备好与塑料助剂专委会、阻燃材料与应用组专委会共同召开的行业会议，推动产业链、相关行业融合发展。

（7）加强行业自律和诚信建设，协助政府营造公平公正等良好的市场营销环境，倡导企业有序竞争，促进行业健康发展。

（8）继续推进色母粒产品出口退税工作，积极向中轻联、工业和信息化部、财政部、海关等国家相关部门反映诉求，同时研究在法律范围内的解决办法，争取政府支持，尽早使这一工作得到解决。

（9）继续吸收行业骨干企业加入专委会，提升专委会在行业中的影响力、凝聚力、集中度，不断提升专委会生存发展的经济实力。

（10）加强队伍建设，强化秘书处的服务能力和服务水平，更好地为行业、企业、政府服好务。

党的二十大提出，加快发展数字经济，促进数字经济和实体经济深度融合。中央经济工作会议同样强调，要大力发展数字经济。我们要锚定数字化、智能化装备战略，优化产业结构，提高能效，加速推进多功能母料行业的数智装备化进程。

塑 木 行 业

中国塑协塑木制品专业委员会

第一部分　塑木行业状况

一、中国塑木行业发展概况

塑木起源于美国。20 世纪八九十年代，美国 Woodstock 公司、Trex 公司分别采用聚丙烯、聚乙烯与木粉或木纤维生产塑木复合材料，制作汽车内衬板、野餐桌、地板等。20 世纪 90 年代中期，塑木进入中国，经过 30 年发展，中国已超越美国，成为全球最大的塑木产品生产国和出口国。塑木行业被列入国家"十二五"和"十三五"发展规划，为战略性新兴产业之一，是未来极具活力的朝阳行业。

塑木复合材料（wood-plastic composites，简称 WPC）是由热塑性塑料（如聚乙烯 PE、聚丙烯 PP、聚氯乙烯 PVC 等）与生物质纤维材料（包括天然纤维稻壳、木粉、竹粉、麦秸、秸秆等）复合而成的一种新材料，主要特征为塑料在复合材料中呈连续相，生物质纤维为分散相，具有塑料和木材的双重特性，一般采用挤出、注塑、模压等加工生产技术，是一种新兴的绿色环保产品，分为户外塑木材料和室内塑木材料两大类，已进入建筑、市政、园林、家居、装饰、物流、汽车、旅游、高铁、船舶、军工等应用领域。

塑木具有较高的强度和硬度，耐酸碱、抗腐蚀、不变形且不含甲醛，是绿色节能环保产品，具有天然木材的纹路、色泽、质感，以及高分子材料特有的防腐防潮、防霉变、防虫蛀、抗紫外线、耐磨、免漆、一次成型、环保等多重性能，耐用性优于普通木质材料。

二、我国塑木主要原材料

（一）热塑性树脂

目前，我国塑木用热塑性树脂以聚乙烯、聚丙烯、聚氯乙烯三大类为主，占 77%；其次是 PS、ABS、PET、PA、PLA、PMMA 等工程塑料，占 13%；其他材料为聚碳酸酯、三聚氰胺树脂、聚甲醛、聚异丁烯、聚对苯二甲酸丁二醇酯等，占 10%。

在以上所有热塑性树脂中，聚乙烯回收塑料最容易获得，因此在塑木产品中，聚乙烯塑木产品在户外铺面材料市场中使用量最大，并且是性能最稳定的产品；聚氯乙烯基塑木在室内应用更广泛更受欢迎；在聚烯烃塑木产品需要的热塑性树脂中，主要用的是回收热塑性塑料。

（二）纤维粉

木粉、秸秆粉、糠粉、竹粉、果壳粉是植物纤维主要种类，其中，木粉研究最多，占比 31%；秸秆粉和糠粉次之，分别占 16% 和 13%；其他植物纤维还有淀粉、树皮粉、草粉、咖啡渣、棉花壳、茶叶等。

在目前所有塑木产品的生产中，应用最多的木质纤维粉是木粉，因为这种因生产实木地板、密度板抛光后的下脚料过滤而来的木粉具有量大、质优、价廉的特点，因此在国内应用最广泛的是木质纤维粉。

（三）加工助剂

生产塑木产品，除需要热塑性树脂和纤维粉这两种用量最大的原料外，还要用到无机填料、偶联剂、润滑剂、抗氧剂、光稳定剂、发泡剂、发泡调节剂、增韧剂等。

（1）无机填料：碳酸钙、硅灰石、滑石粉，其主要作用是调节塑木产品的尺寸稳定性，并且决定了产品生产时的稳定性和产品的收缩率等。2019 年江西广源化工推出塑木专用的针状硅灰石粉，除了可满足塑木产品尺寸稳定性要求，在增强增韧作

用方面明显高于普通碳酸钙和滑石粉。

（2）偶联剂：主要是增加产品的弯曲强度和弯曲模量。随着产品产量增加，其稳定性特别重要。

（3）润滑剂：目前以专业公司生产的复合润滑剂为主，可以满足塑木产品中不同流动性塑料原料的需求，取代传统单体复配润滑剂，有助于解决容易开裂、析出、稳定性差等问题。

（4）抗氧剂：塑木产品户外使用会热老化，目前常用 1010 和 168 抗氧剂按 1∶1 复配使用，或者直接用复配好的 B225 来解决塑木产品户外热老化问题。不同公司可能生产的型号不同。

（5）紫外线吸收剂或稳定剂：普通塑木产品一般用受阻胺类紫外线稳定剂解决塑木产品的户外紫外线老化问题，目前还有少量用 531 等紫外线吸收剂。

（6）发泡剂：PVC 塑木发泡产品需要的发泡剂主要有 AC 黄发泡剂和 NC 白发泡剂。

（7）增韧和抗冲改性剂：按结构一般分为 3 类，弹性同类，一般具有核/壳结构的发泡分子材料，如 ACR、MBS、MABS 等；非弹性体类，如 CPE、EVA 等聚合物，与基体树脂熔融共混时会互相渗透形成网状结构，从而提高韧性和抗冲击性能。

（四）共挤塑木产品的表面共挤材料

2018 年以来，共挤塑木产品需要的表面共挤材料越来越丰富，除普通的共挤材料外，陆续出现了磨砂共挤料、抗静电共挤料、降温共挤料及弹性共挤料等。在行业内，也出现了专业提供共挤材料和服务的公司，如青岛绿都塑料科技有限公司，可以根据客户需要提供丰富多彩的色母、木纹色母，或特殊共挤材料的定制服务等。

三、国内产能和产量及市场情况

（一）国内塑木产能及产量情况

2023 年中国具有一定规模企业的地板产品总销量 66 320 万㎡，同比下降 18.7%。其中，木竹地板销量约 32 220 万㎡，石晶地板销量约 27 200 万㎡，木塑地板销量约 6900 万㎡。

1. 木竹地板

2023 年，我国木竹地板总销量约 32 220 万㎡，同比下降约 8.9%。其中，强化木地板销售 14 200 万㎡，同比下降 10.1%；实木复合地板销售 12 000 万㎡，同比下降 6.3%；实木地板销售 3000 万㎡，同比下降 9.1%；竹地板销售 2500 万

m²，同比下降 15.5%；其他地板销售 520 万 m²，同比增长 4.0%。

2. 石晶地板

2023 年，我国石晶地板销量约 27 200 万 m²，同比下降 30.1%。

3. 木塑地板

2023 年，我国木塑地板销量约 6900 万 m²，同比下降 5.5%。其中，木塑地板出口量占比约为 75%；室外用木塑地板占比约为 95%。

2023 年户外 PE 塑木生产企业 200 多家，产能 2000 万吨，年生产能力 2 万吨以上的企业 50 多家；室内 PVC 塑木（含墙板）生产企业 400 多家；联结在塑木产业链上的各类企业超过 2000 家，塑木制品主要分布在华东、华南、华中地区。

2023 年，深圳创业板上市有两家：安徽森泰塑木集团股份有限公司（301429）、美新科技股份有限公司（301588）。实际塑木产量超过 5 万吨的有 2 家：安徽森泰塑木集团股份有限公司、美新科技股份有限公司。实际塑木产量超过 1 万吨的有近 40 家：宁波禾隆新材料有限公司、浙江诚成新材料科技有限公司、安吉正源塑木装饰材料有限公司、江苏福瑞森塑木科技股份有限公司、浙江科杰新材料有限公司、宜兴市华龙塑木新材料有限公司、浙江元森态木塑科技股份有限公司、广东康特环保科技有限公司、滨州世旭塑木有限公司、黄山华塑新材料科技有限公司、吉林华邦新材料科技有限公司、山东绿森塑木复合材料有限公司、安徽国风塑木科技有限公司、浙江新远见材料科技股份有限公司、黄山美森新材料科技有限公司、江苏星和瑞塑木有限公司、宣城福美达新材料有限公司、安徽爱瑞德新材料有限公司、安徽红树林新材料科技有限公司、山东霞光集团有限公司等。

塑木生产企业主要分布在东部省份，其中珠三角、长三角地区和山东省最为集中。新增加的生产企业以内陆及西部省份为主，而北方地区的塑木生产企业仍然偏少。

（二）国内塑木市场情况

目前国内塑木发展得越来越成熟，国内市场总体来看是在稳步增长，平均内销企业增长约 20%。其中，东部发达地区保持相对稳定的增长率，西部以及海南等旅游业、养老地产发达的省份增长相对更快。比如贵州省、四川省的塑木应用明显比其他省份更多。

从产品销往地区分布上来看，各地区也有不同特点。比如，四川、新疆用户普遍喜欢用实心厚板，海南则以第二代共挤地板为主，云南用户普遍接受空心圆孔地板。其中，第二代的共挤地板市场占有率逐步增加。

（三）国外塑木市场情况

2023 年两会以来，我国持续加大刺激国内经济发展，各行各业正在有序地复工复产，塑木行业在国内刺激经济的发展浪潮中是否会异军突起？在这个机遇与挑战中，我们塑木行业能做的有以下两个方面：（1）关注国际战争的发展情况，稳固国外塑木市场，针对部分地区加强与外商的接洽，促成合作，以达到整个工厂的有序开工；（2）塑木复合材料是一种优质的环保建材，其具有耐腐蚀、抗老化、无甲醛、比木材的使用年限多 2—3 倍等特性，这些基本是我们塑木行业公认的事实，同时，就市场需求而言，塑木材料是欧美等发达国家最基本的建材之一，各家庭院随处可见。所以欧洲市场较为稳定，产品仍以一代普通产品为主，共挤塑木产品增长较快。一些新兴市场增长较快，比如英国、德国、波兰、东欧、东南亚、北欧、南美及大洋洲、非洲，国内很多塑木企业通过展会等方式积极开发这些新兴市场，并取得不错的效果。

塑木复合材料最大和最热门的市场在北美，但由于美国及加拿大的市场准入门槛较高，本土的生产企业无论是规模、品牌都高于国内生产企业。国内的塑木产品运到这些市场，在成本及交期等方面并无优势，开发这些市场困难较大，但国内仍有少数有实力的龙头企业在努力开发，并取得一定的成效。中美贸易摩擦，对出口美国的企业有很大的影响。

四、产品及技术发展状况

（一）二代共挤类产品

国内的共挤产品主要有 4 种风格。第一种是以美新为典型代表的共挤产品。通过多年的努力开发，在线压花以后进行表面处理，在大幅度提高耐候性的同时，产品表面木质感好、纹理自然，形成了独立的风格，在国际、国内塑木行业得到广泛认可。国内多数生产企业以美新风格为基础，加上各种后处理方式，形成了各自的风格，这类产品成为共挤产品的主流。第二种是以森泰为代表的表面共挤后在线压花，基本上不再进行表面后加工的共挤产品，生产工艺简单，表面硬度高，耐磨性好，黏结度强，风格与美国同类型产品类似，也被市场广泛接受。第三种是聚锋的三层套色的共挤产品，两层不同颜色共挤经深压纹打磨后形成色彩鲜明的木纹产品效果。第四种是以吉林华邦、江苏福瑞森为代表的一些厂家，共挤产品表面处理后，外观纹理粗犷，形成独特的风格，取得不错的市场份额。

（二）一代塑木混色产品

欧洲市场普遍接受外观仿木、仿古效果，在普通一代产品中通过添加色母粒混色形成较为自然的条纹。该类技术首先以赫尔普、康特为代表，后面又有一些企业如新远见、坤鸿、永昇、福瑞森在此基础上进一步改善，技术更为成熟，产品表面效果更自然，市场增长也很快。

（三）第三代塑木新技术及其新产品开发

2018年，结构用工程塑木复合材料及其制品开发进度加快，如SMA塑木、ABS塑木、PMMA塑木、PA塑木、PET塑木等工程塑料塑木技术，以及塑木与金属或结构材料复合的"芯层共挤技术"，这是第三代塑木产品的重点，如芯层采用金属、刚性增强塑料、外层共挤塑木的新技术以嘉景、金发为代表，开发铝合金增强共挤塑木和芯层为刚性塑料骨架增强共挤塑木，达到结构材料性能要求，已开发成功的有AEE、金刚木、钢芯木、增强共挤塑木，在汽车、门窗、家具、集成房屋是其潜在的应用领域。

（四）发展PVC塑木是中国市场一大特色

PVC塑木产品丰富和拓宽了塑木材料及其应用领域，市场潜力和规模远大于聚烯烃塑木产品。发泡和共挤PVC塑木产品及其生产技术和应用开发，因有别于聚烯烃塑木产品特性（阻燃、轻量、高强、美观）值得重视，室内绿色家装PVC塑木产品异军突起，引领潮流。国内代表企业有：广州金发、广州恒德、山东霞光、东莞百妥木等企业，其在新技术方面、新产品方面各有突出亮点，为塑木企业跨入10万吨级别规模化生产，打通室内室外塑木产品线及实现塑木整装集成房屋，提供了技术和产品支撑。

（五）在线压花、混色在线压花再表面处理产品

此类产品通过在线压花，具有花纹深、工艺简单实用、纹理清晰、耐磨性好，表面效果自然等良好特性，市场前景好，代表塑木发展新产品的方向之一。以科艺为代表的花辊设计、制造厂家不断推出新的花纹，对此类产品的市场推广起到积极的作用。

简单来讲，现在有新产品开发，主要以一代或者二代共挤产品为平台，通过不同的表面处理方式，开发不同风格的表面效果，满足不同地区、不同文化和审美要求的客户要求。

另外，一些特殊用途，特别是对力学性能要求高的产品开发也取得了较大进展，比如里层采用金属材料增强、外层共挤塑木复合材料的一些型材。以金发为代表开发的芯层衬骨架的型材力学性能好，弯曲模量成倍增加，对塑木复合材料由装饰性材料向结构性材料发展有重大意义。

（六）塑木生产设备和设施的进步与创新

1. 高产量造粒机

塑木生产厂普遍采用75平双造粒机，每小时产量300—500千克，生产效率低；采用95平双造粒机每小时产量1000—1500千克，是发展方向。

2. 塑木生产自动化系统

原料配混系统和造粒挤出系统自动化——木粉、塑料、填料引入大型贮料罐，通过管道采用自动计量真空输送到各混料造粒系统，造粒料通过管道真空输送到掺混料仓均化冷却，再通过管道真空输送到各挤出生产线，能减少粉尘，降低劳动强度。

塑木型材表面加工系统自动化——采用自动化双面（或四面）拉毛拉丝打磨机及其与自动切割机一体化自动控制系统，提高生产效率。

3. 环保处理设备

塑木产品在加工中的水汽和粉尘是行业中亟待解决的问题，2019年最新环保设备分为：PVC/PE/PPR等塑料加工车间粉尘收集达标排放系统，波纹管碳酸钙加工车间粉尘收集达标排放系统，木工行业粉尘收集达标排放系统，金属抛光行业粉尘收集达标排放系统，塑木、墙板、地板等塑料加工中废气VOCs处理达标排放系统，油漆行业VOCs处理达标排放系统等处理污染空气环境的设备制造。国内成熟的专业设备厂家比较少，如苏州吉玛环保科技有限公司。

第二部分　专委会工作

2023年，面对整个国际局势的复杂多变与国内市场的内卷、巨大的经济下行压力，塑木专委会在中国塑协的领导下，与塑木行业共同稳发展、抓机遇、齐奋进。2023年，专委会的工作主要围绕打造高质量交流平台、整合产业链企业间的交流学习、把脉塑木产业企业的发展趋势、拓展塑木产品的市场、维护塑木市场的健康发展等几个方面开展，具体可分以下6类。

一、成功举办行业大型会议，搭建上下游技术交流平台

2023年3月，第十六届高峰论坛在合肥召开。高峰论坛是中国塑木行业最具规模、最具影响力的盛会，每年都有不同的主题，重点引入一些对实际生产有积极参考意义的新产品、新技术作为交流的议题，对塑木行业上中下游的会员企业都有质的帮助。专委会将继续推陈出新，将塑木高峰论坛打造为行业高质量的交流沟通平台。

二、组织技术交流研讨会，增进企业间沟通交流，取长补短、共同前进

塑木行业作为一个新型朝阳产业，从成立之初的各项生产、技术、管理等都不到位，到现在朝着生产的自动化、产品的多样化、质量标准化等稳步前进，其在这短短的30多年里进步不断。在这期间，专委会组织了不少技术交流研讨会，以增进企业间沟通交流、取长补短，分享生产、管理、安全等各个方面的管理经验，共同发展与进步。

2023年6月14—16日，中国塑协塑木制品专委会吴劲松主任携秘书处一行分别拜访了黄石高科塑胶模具有限公司、湖北安信塑料模具有限公司、湖北高新明辉模具有限公司、湖北普辉塑料科技发展有限公司、湖北华亿模具有限公司、湖北佳琦模具制造股份有限公司、湖北华瑞模具有限公司。此次拜访中，塑木专委会与同行企业等更多地了解了黄石模具的发展情况，且在深入沟通交流下，黄石模具企业将更好地为塑木企业提供技术服务与新品研发，以达到合作共赢的发展目标。

2023年7月5—9日，中国塑协塑木专委会组织部分塑木相关会员单位代表参加印尼国际建材展，展会上向观众展示并介绍了我国塑木行业上下游相关产品与技术，积极推动我国塑木产业在印尼市场的发展。同时，王占杰理事长还带队到参展的塑料相关中国企业展台上进行交流，并且与印尼塑料协会进行深入的交流，了解印尼塑料市场发展情况以及塑木在印尼市场的市场潜力等。

专委会和塑木行业企业组织的行业交流会，共同促进了塑木行业的进步。后续，专委会将进一步加强组织企业间的交流学习，共同推动塑木行业的大力发展。

三、会员调研走访与拓展会员企业

专委会通过深入与会员单位交流，促进和增强专委会服务工作、掌握塑木市场的新动向。

塑木行业的发展日新月异，会员企业对塑木专委会工作给予了很多支持与期待，专委会秉承以服务好企业为原则，加强与企业的沟通交流。通过深入的沟通交流，专委会更好地制订每一项工作计划，切实以服务好塑木行业发展为基准。专委会秘书处在吴劲松主任的带领和指示下，在走访会员企业过程中，深入了解企业需求，完善和加强专委会服务工作。截至2023年11月30日，专委会共有136家会员企业，其中，2023年新增会员19家。

近年，塑木行业企业整体呈正态增长，无论是上游配套企业还是塑木新上工厂，总体趋势都是明显上升，尤其是在内陆省份——广西、四川、山西、新疆等，其塑木企业新增较多。该类新上企业普遍以国内市场为主，并且能快速地拓展塑木产品在国内市场的应用，同时也呈现出非常严重的"内卷"趋势。对此，专委会对部分企业进行产品技术和质量标准等方面的培训；同时，通过走访交流更多地了解目前国内市场的销售渠道，主要是通过各市场网点以现货的方式进行市场推广，以进一步思考拓展途径。

四、拓展塑木产品市场，打造塑木产品更多市场渠道

（一）中国国际塑料展

中国塑料加工工业协会主办的中国国际塑料展，连接着我们整个塑料产业的企业，正逐步成为我国塑料展会的风向标。2023年2月南京、11月绍兴"中国塑料产业链高峰论坛及中国塑料绿色智造展览会"分别举办，塑木专委会积极组织塑木产业上下游企业共同参展，组织联合展区，

让塑料行业的相关企业更多地了解塑木产业，同时为塑木行业在园林、设计院、工程招标、下游市场等的开拓起到积极推动的作用。相信在中国塑协的带领下，中国国际塑料展会成为塑料行业的高质量交流平台。

（二）国内建材产品展览会

塑木材料作为一种绿色环保材料，尤其在替代木材、防腐木等方面有着更为广阔的市场前景。针对国内市场体系的拓展，塑木专委会通过各类展会与市场调研，塑造和建立一批行业标杆企业，来引导和推动塑木材料在国内市场的推广和应用。2023年，专委会参观或参加国内的各类建材展，如上海地材展、成都建博展、木工机械展、橡塑展等，向观众介绍普及塑木产品，积极推动打造国内塑木产品市场体系。针对上述展会，如有企业有兴趣参展等，专委会可根据需求与展会主办方沟通，争取更多的权益。

（三）国外建材展览会

在构建紧密中国一东盟命运共同体十周年之际，为进一步响应共建"一带一路"倡议，助力会员企业积极开拓海外市场，加强国际交流与合作，促进与相关国家实现产业界的共商、共建、共享，专委会组织参加了印尼的建材展，并组织了部分会员单位共同参观，展示、介绍我国塑木行业上下游相关产品与技术。同时，在中国塑料加工工业协会王占杰理事长的带领下，与印尼塑料原料工业协会进行深入的交流，了解印尼塑料与塑木市场的发展情况。

印尼经济尚处发展期，其不少重大建设项目，为塑料、建材等产品提供了市场需求。

五、维护塑木市场的健康发展

塑木专委会作为塑木行业、政府、社会之间的沟通桥梁，其宗旨是更好地维护塑木市场的健康发展，营造塑木行业良好的市场氛围。

（一）加强团标的制定

2023年7月27日在上海缔睿化工科技集团有限公司，召开了《塑木复合材料用木质纤维粉技术规范》《塑木复合材料用塑料颗粒》两项团体标准征求意见稿大会，进一步推进和规范塑木市场。

2023年11月26日下午，就《塑木复合材料用木质纤维粉技术规范》《塑木复合材料用塑料颗粒》两项团体标准进行意见征集，以及就《户外塑木地板应用技术规范》进行第二次讨论，讨论建议团体标准从原材料规范、产品应用规范等方面推动塑木

行业企业相互约束，以共同维护塑木产品质量，为国内市场的健康发展提供必要的标准保障。

（二）加强企业自律和产品质量公约

2023年塑木型材质量保障公约暨户外塑木地板应用技术规范团体标准研讨会，于2023年9月26日在宜兴召开。此次研讨会针对国内塑木市场近年来需求日益增大，同时劣质产品大量涌入冲击国内市场，对国内市场的发展带来严重隐患并影响行业声誉等情况，邀请塑木行业品质企业共同签约并承诺保障塑木产品质量，维护塑木行业的健康发展。

（三）常规塑木产品市场指导价指导方案

专委会与塑木企业共同制定塑木"关于常规塑木产品的市场指导价指导方案"。该指导价方案可供招标方在招标中参照，有据可循地了解塑木标准产品的基本情况，从而引导塑木市场的健康发展。

六、2024年工作计划

（一）加强会员服务与扩大专委会会员单位规模

塑木专委会将在2023年的工作基础上，加大会员服务力度。塑木行业规模性企业基本以出口为主，对此，专委会会加强网络建设，拟定设立英文版塑木网站，英文网站将加强对会员企业的展示，扩大国内企业在国外客户中的曝光度，让更多的国外客户了解中国塑木企业，增加我国塑木企业与国外客户的市场合作；持续优化会员单位、理事单位、副主任单位、主任单位的服务力度，在网站与期刊上根据会员等级刊登宣传，提高企业的知名度；在新加入的会员企业以及已有会员企业中，针对积极参与专委会工作的企业，专委会安排一些专题专访，来加强对其宣传。

（二）加强行业企业走访与调研

2024年，塑木专委会将合理安排时间对塑木行业产业链企业进行走访调研。由于国际形势不稳定等综合因素整体影响塑木行业的发展，2024年专委会将根据行业形势对上下游产业链、大中小各类具有一定代表性的企业进行走访调研，了解塑木行业整体产业链上不同规模的企业所面临的具体难点与痛点，并力所能及地给出意见建议、协调各项问题及搭建更多交流平台，以积极推动行业的健康有序发展。

（三）专委会具体活动安排

（1）召开团体标准立项审查会。

（2）5月，上海地板展进行质量公约宣传及塑

木专委会五届二次理事会,《户外塑木地板应用技术规范》标准征求意见,及公约企业互相监督具体实施办法宣传。

（3）6—8月,召开技术交流会。

（4）7月10—13日,广州建博展宣传塑木型材质量公约企业及户外产品。

（5）1—7月,筹划建立行业内"环保建材、绿色塑木"跑步队。

（6）10月28日,在南京组织一次塑木行业"环保塑木 健康生活"拉练跑活动。

（7）10月29日,在南京召开第十七届国际塑木高峰论坛,拟邀请国外塑木行业相关的协会与塑木企业参加。

（8）11月1—3日,中国塑协在南京举办"四新展",塑木专委会将以特装形式参加,同时举行塑木新产品发布会。

第三部分　重点企业

一、南京聚锋新材料有限公司

该公司于2002年在国家高新技术产业开发区成立,为江苏省高新技术企业,属新材料领域。公司以推动循环经济和环保事业发展为己任,坚持以市场为导向、质量为中心、科技为支撑,专注专心专业从事塑木的研发、生产和销售。公司塑木产品拥有"国家重点新产品""江苏省百家优秀科技成长型企业""南京市科技进步奖三等奖""南京市名牌产品""南京市著名商标"等荣誉和称号。产品先后获得"国家高技术研究发展计划（863计划）""国家科技支撑计划""2011年包装行业高新技术研发项目""国家发展和改革委员会重大资源节约和环境保护项目""科技部中小企业创新基金项目""国家星火计划""江苏省成果转化专项资金项目""江苏省塑木工程技术研究中心""江苏省企业院士工作站""江苏省中小企业创新基金项目""南京市塑木工程技术研究中心""南京市中小企业创新基金项目"等项目的资助并实施。"阻燃塑木复合材料"产品获得了国家、省市中小型科技企业创新基金项目的支持。阻燃型、高强度、低密度和高流动塑木4项产品通过省级新技术新产品鉴定,处于国际先进和国内领先水平。

公司牵头起草两项国家标准,参与国家标准《塑木地板》（GB/T 24508—2009）的制定工作。同时,公司牵头制定一项国际标准,参与两项国际标准的制定工作。公司积极参与行业内各项事务的开展,致力于推动行业共同发展。

二、安徽国风塑木科技有限公司

该公司成立于2004年3月,是一家专业从事研发、生产、销售塑木环保新材料的国家高新技术企业,是国有上市公司安徽国风塑业股份有限公司

全资子公司（深交所代码：000859）。公司位于合肥市包河工业园区,占地面积20万平方米,是国内唯一规模化引进欧洲全自动化生产线的厂家,年生产能力超过4万吨,是中国最大的塑木产业基地之一。

公司先后成立合肥市包覆共挤塑木复合材料工程技术中心、安徽省功能塑木材料研究中心、合肥市企业技术中心。公司被评为"国家级高新技术企业""国家级企业技术中心",是中国塑协塑木制品专委会"副主任单位",拥有中国驰名商标——"国风"。拥有100多项技术创新与专利,其中48项发明专利,主持制定《园林景观用聚乙烯塑木型材》（QB/T 4161—2011）等4项行业标准和国家标准。

公司先后参与北京奥运会、上海世博会、西安世园会、伦敦奥运会、里约奥运会等重大工程项目建设。"引领时代潮流,始终走在行业前列"是国风人矢志不渝的事业追求。公司将充分发挥专业程度高、技术力量强的优势,把国风塑木打造成最具品牌价值的环境装饰专家。

三、美新科技股份有限公司

该公司成立于2004年6月,是中国塑协塑木专委会的创会主任单位。在过去十几年中,美新科技基于高远的国际市场视野和对环保型建材行业的深刻认识,坚持创新驱动、品质至上和品牌培育,率先在国内开拓了新一代环保型复合木——共挤复合木的广阔市场空间,成为中国最具规模的共挤复合木生产企业,旗下的NewTechWood（"美新超越木"）进入国际同类产品知名品牌行列,将塑木制品这一传统建材生产发展为高端制造业。

作为高新技术企业,美新科技的相关复合材料加工工艺关键技术研究获得2013年"广东省科学

技术进步奖"。迄今，美新科技共拥有各国注册专利101项，建立了稳固的技术领先优势。同时，美新科技作为广东省塑木型材及制品标准化技术委员会的秘书处单位，共牵头或参与制定国标、行标、地标10多项。

四、安徽森泰塑木集团股份有限公司

该公司成立于2006年，坐落于安徽省广德市经济技术开发区，注册资本8866万元。森泰是一家从事集生物质热塑复合材料研发、生产、销售为一体的国家高新技术企业。森泰新材因具有循环再生化、产品生态化等特点，重点应用于木材替代、全屋整装、装配式建筑、汽车内饰等领域，是"十二五""十三五"国家战略性新兴产业，是环保产品中循环经济的典型代表。

公司产品具有安全环保、可循环利用等特性，为国家鼓励类产品。公司产品90%以上出口世界各个国家。公司始终坚持市场导向、科技创新理念，依托自身的技术力量，发挥品牌优势，提升企业的核心竞争力。公司先后获得中国驰名商标、国家知识产权示范企业、安徽省产学研联合示范企业、安徽省工业和信息化领域标准化示范企业、安徽省博士后科研工作站、安徽省认定企业技术中心、安徽省工程技术研究中心、安徽省创新型企业荣誉。

五、宁波禾隆新材料股份有限公司

该公司成立于2011年，坐落在宁波慈溪，背靠杭州湾新区国家湿地公园。公司以还原人与自然和谐之美为使命，专注于创造品质塑木新材料，构筑循环生态新经济。公司一期厂区占地100余亩，拥有44条高品质塑木生产线，二期智造车间投产后年产能达10万吨。公司拥有21项授权发明和实用新型专利，产品通过ICC-ES、FSC、SGS、INTERTEK、LCMP、ISO9001、ISO14001、ISO45001等多项认证，畅销全球30余个国家和地区，2014年在美国注册分公司和SYLVANIX品牌。

公司经过多年匠心创研，实现了塑木材料的革命性重塑升级，业内核心性能测试国际领先，定义了新一代高品质塑木标准。同时，遍布全球的禾隆塑木景观更是成为众多公共景区的新自然地标，成为让民众共享人与自然和谐之美的新平台。

公司始终以"禾"文化为核心，坚持以人为本，谦卑笃行，创新品质，还原自然，造福人类，并不断深化以初心、匠心、良心、安心、省心为代表的"心"体系落地，为早日实现全球循环生态创新，向服务公司的愿景而全力奋进。

塑 料 助 剂

中国塑协塑料助剂专业委员会

一、2023年行业状况

2023年是全面贯彻党的二十大精神的开局之年，我国经济回升向好，高质量发展扎实推进，现代化产业体系建设取得重要进展，科技创新实现新的突破，改革开放向纵深推进，安全发展基础巩固夯实，民生保障有力有效，全面建设社会主义现代化国家迈出坚实步伐。

从全球经济形势来看，增长放缓、通胀高企。发达经济体增速放缓，新兴市场经济逐渐恢复，但仍面临诸多挑战。2024年以来，世界经济形势不确定、不稳定因素还在增多，助剂企业普遍感受到了前所未有的压力，但也明显感觉到全行业都在积极努力。2023年经过行业所有人的努力，塑料助剂的产能和产量都小幅提升，个别品种产量增幅较大，2023年国内塑料助剂的消费量达到772万吨。

二、专委会活动

（一）认真完成中国塑协交办的各项工作

助剂专委会根据中塑协的要求，开展了一系列的工作，并积极参加中国塑协举办的各项活动。

中国塑料加工工业协会于2023年11月24—26日在绍兴举办中国塑料绿色智造展览会，同期举办第四届中国塑料产业链高峰论坛。作为分支机构，助剂专委会一直把招展工作作为2023年的工作重点，并将之贯穿于日常工作之中。专委

会利用各个平台向会员单位宣传展会：微信公众号推文和《塑料助剂》杂志刊登广告介绍展会，重点企业上门拜访；在行业十强企业、优秀企业等的先进评选中，提高参展企业的分值。专委会还配套举办了高质量发展研讨会，精心设计了会议的主题报告，邀请中共江苏省委党校的彭飞副教授作《当前宏观经济形势与中央部署解读》报告，共有80余人参加。彭飞教授的报告得到了参会企业家的交口称赞，大家普遍认为专委会举办的这次会议质量非常高，对企业今后的发展有很大启发。

专委会在一年中积极与上级协会沟通，按时完成上级协会交办的任务，较好地完成了上传下达的工作。

（二）深耕行业，助力企业高质量发展

党的二十大报告指出，"高质量发展是全面建设社会主义现代化国家的首要任务"，"推动经济社会发展绿色化、低碳化是实现高质量发展的关键环节"，"推动形成绿色低碳的生产方式和生活方式"。

（1）2023年2月23日，塑料助剂专委会与南京工业大学化工学院、材料化学工程国家重点实验室联合举办"塑料助剂行业高质量发展企业家沙龙"。专委会全体理事单位参加会议，会议从助剂产品的绿色生产和VOC处理、企业低碳发展和数字化发展方面做了研究，给全年的工作打好了基础。

（2）2023年7月4—9日，专委会在湖北松滋举办聚烯烃助剂应用技术发展大会，同期举办抗氧剂、光稳定剂、成核剂应用及配方设计研讨会，110名代表出席了会议。这次会议邀请了资深专家和行业一线技术人员对抗氧剂、光稳定剂和成核剂的应用进行了深度交流。

（3）"智改数转"是近两年企业发展的热门话题，也是必由之路。助剂企业产品品种不同、发展阶段不同，每个企业多多少少都进行了智能化改造，但是对数字化到底应该怎么走、如何提高企业数字化水平等，需要切实的经验和案例。经过调研，专委会发现，浙江传化身处浙江这样一个数字化发展较为发达的省份，其数字化发展良好，遂邀请了每个助剂品种的部分企业到传化进行了现场参观和交流。交流中大家畅所欲言，真诚相待，直击痛点。2023年塑料助剂企业数字化研修活动成果显著。

（4）专委会会刊《塑料助剂》中的文章，尤其

是特约稿件，对引领行业技术进步起到了一定的作用。2023年，杂志发出招募新生代科研工作者的通知，为行业技术创新寻找新生力量，以吸引更多的技术研究人员加入专家队伍。

（三）开展标准化工作

积极组织会员单位参加协会组织的各种标准化培训，深刻理解标准化工作的重要性。2023年，在"中国塑协团体标准化技术委员会"的指导下，专委会组织了标准《PVC薄膜用生物基增塑剂》的立项和制定工作，目前已经在产品测试和应用性能测试阶段。

组织企业申报了两个标准"领跑者"团标项目：一个是关于抗氧剂1135，一个是关于环氧大豆油。

（四）组织举办塑料助剂专委会2022年年会

（1）2022年塑料助剂年会暨生产与应用技术信息交流会经过多次延期，于2023年3月29日在山东临朐召开，会议的主题为"行业间携手开新局·上下游联动谋发展"。来自全国各地的塑料助剂生产企业、塑料加工企业、大专院校、科研院所的304位代表参加了会议，会议期间现场宣讲了论文22篇。会议发表了增塑剂、阻燃剂、热稳定剂、抗氧剂、光稳定剂、润滑剂、抗冲改性剂等塑料助剂产品的最新科研成果及发展方向，重点关注了产品生产和应用的环保化进程的研究。会议特别邀请了国内膜分离技术应用领域的顶尖研究机构来与会员单位分享化工过程中的膜分离技术，有利于帮助企业理解国家的政策方向，实现产业升级和高质量发展。

（2）2023年塑料助剂生产与应用技术信息交流会于2023年12月20日在湖南长沙召开，会议的主题为"绿色低碳助产业链创新·智能数字促高质量发展"。来自全国各地的塑料助剂生产企业、塑料加工企业、大专院校、科研院所的305位代表参加了会议，会议期间现场宣讲了论文25篇。会议发表了增塑剂、阻燃剂、热稳定剂、抗氧剂、光稳定剂、成核剂等塑料助剂产品的最新科研成果及发展方向，重点关注了塑料回收利用最新进展及其过程中使用助剂的设计思路，向与会代表分析了"双碳"和"严规"背景下塑料助剂的机遇与挑战。

（五）加强与会员的联系，发展会员，为会员服务

2023年，专委会加强了线下交流，在密切与

会员联系、规范会员管理、加强行业数据的统计、及时发布会员及行业消息、做好会员服务工作方面做了一些工作，还积极参加相关的行业会议，联系、拉近上下游及相关行业协会间的关系，为企业展示形象和推广产品提供帮助。

（1）中国塑协每年上半年都会开展行业骨干企业、科技竞争力企业的评选工作，而专委会都会积极组织企业申报，做好申报企业数据的初审工作，助力优秀企业成长。2023年的塑料助剂优秀企业如下：天津利安隆新材料股份有限公司、呈和科技股份有限公司、宿迁联盛科技股份有限公司、山东省临沂市三丰化工有限公司、山东朗晖石油化学股份有限公司、上海石化西尼尔化工科技有限公司、江苏常青树新材料科技股份有限公司、安徽佳先功能助剂股份有限公司、山东三义集团股份有限公司、江西威科油脂化学有限公司、山东金昌树新材料科技有限公司、江苏联盟化学有限公司、浙江杰上杰新材料股份有限公司、青岛邦尼化工有限公司、广东鑫达新材料科技有限公司。

（2）助剂的门类多，品种更多，为了增强会员企业的互动和对专委会的归属感，提高专委会的凝聚力，继续实施会员积分制。通过平时的沟通和实地调研，专委会对会员企业主要考察了：环保、质量意识及其资金投入，安全意识及其资金投入，行业调研反馈，技术创新人力物力的投入，对企业自身形象的宣传和维护，员工关爱，在会刊发表论文的情况，对协会工作的积极配合等多方面。2023年评选出了17家行业优秀企业。

（3）推动成立中国塑料加工工业协会临朐县"中国塑料助剂产业基地"。

（六）科普工作室研发新成果

专委会依托《塑料助剂》的主办单位南京出版传媒集团，与北京化工大学的特聘教授——戴伟及其科普团队合作成立了"戴伟工作室"，到2023年已经合作三年了。工作室的科普工作除了以往的科普讲座、科普实验、科普课程等，有了新的突破——出版了《舌尖上的化学》《农业中的科技味道》等科普图书，还有《玩转化学实验》正在编辑中；另外，还组织设计了两套科普剧本杀——《名侦探就是你之古籍失窃案》《玉砖铺就青云路》，将科学知识与游戏结合起来，真正做到了寓教于乐，让孩子们能够真正地了解化学、喜欢化学，让事业后继有人。

（七）办好《塑料助剂》杂志，搭建行业交流平台

2023年，《塑料助剂》杂志的稿件得到了编委和会员单位的强有力支持，连续第十三年获得"中国科技核心期刊"称号。专委会还与制品专委会联动，发表他们会员的技术文章，帮助企业做好技术总结和发展方向梳理的工作，很好地搭建了行业技术交流平台。杂志开设的"科普汇"栏目，介绍了一些塑料制品的应用，及其与其他材料的对比，分析这些塑料制品具有哪些优势，做好行业的科普工作。

（八）做好行业技术、经济信息交流平台建设

（1）通过微信群，加强与会员单位的联系，尽力做好行业内信息的收集和汇总工作。

（2）通过微信公众号及时发布专委会的活动及会员单位的重大事件。

（3）继续做好《塑料助剂》杂志的编辑出版和发行工作，在努力建设好技术交流平台的同时加强行业宣传的媒体平台功能。

（4）及时向会员单位通报各项与塑料相关的标准及法律法规。

（5）组织相关人员编写《中国塑料工业年鉴》"塑料助剂"章节。

（6）认真做好中国塑协布置的各项工作，协助中国塑协各职能部门开展工作，发挥行业优势，提高专委会的公信力。

（7）做好会员服务，如为会员企业提供相关资料，包括文献、国内外专利以及有关证明材料等。

三、产品结构调整与技术进步

2023年塑料助剂企业积极应对国内外的不利影响，在技术改造、研发新产品、标准化等方面做了很多扎实的工作，如深入进行供给侧结构性改革、提升数字化智能化水平、积极发展新质生产力。有些企业与相关高校和研究院所建立紧密的合作关系，共建产学研合作中心和工程技术中心，例如：山东省临沂市三丰化工有限公司拥有博士后科研工作站、山东省企业技术中心、山东省塑料抗氧剂工程技术研究中心、山东省工程实验室等国家、省部级研发平台；山东金昌树新材料有限公司与湖北大学、济南大学合作成立研发平台；慧科高新科技股份有限公司获得了"山东省著名商标"。2023年，宿迁联盛科技股份有限公司和江苏常青树新材料科技股份有限公司成功上市。

（一）增塑剂

增塑剂品种方面基本没有变化，主要品种仍为 DOP、DOTP、DBP、DINP 等石化路线产品，生物基增塑剂，如环氧类、柠檬酸酯类的占比并无明显变化。产品结构方面，环保类增塑剂发展迅猛，DOTP 取代 DOP 成为龙头老大后，继续保持优势地位。在环保因素影响下，邻苯类增塑剂所面临的挑战加剧，预计后期其在行业中所占比例仍将缩减。

我国增塑剂各类生产企业继续减少，部分不在化工园区的小企业被迫停产，加上产品利润低、竞争力不足，许多产量低的企业已经退出增塑剂行业。2023 年 10 万吨以上规模企业占总生产能力的 80% 以上，各类增塑剂生产能力 800 余万吨，较 2022 年有所增长，增长率约 2%，以华东（尤以山东）为主，其实际产量约 487 万吨，其中，邻苯类 DOP 131 万吨，DINP 约 38 万吨，DBP/DIBP 64 万吨，DPHP 约 23 万吨，对苯类 DOTP 167 万吨，偏苯类 TOTM 约 11 万吨，环氧类 30 万吨；小品种的产量基本未见明显变化，其中，DOA 6 万吨、DOS 1.5 万吨、柠檬酸酯类约 6 万吨，其他约 10 万吨。增塑剂较 2022 年有所增长，增长率大约 2%。

与 2022 年相比，2023 年 DINP 消费量基本持平，DOP 和 DBP 消费量出现了不同程度的增长，同比分别增长 9.5%、14%，而 DOTP 消费量出现了下降，同比下降 1.3%。消费占比方面，2023 年增塑剂消费中，邻苯类占 53.5%，环氧类占 6.4%，对苯类占 33.3%，偏苯类占 2.3%，柠檬酸酯类占 1.3%，特种性能类占 1%，其他占 2.1%。

（二）稳定剂

2023 年稳定剂年产销量在 2022 年 75 万吨的基础上有 5% 以上的增长，主要贡献来自产品出口大幅增加、有更多企业走出国门参与到"一带一路"建设中，进口国的区域范围也进一步扩大，从东盟、"一带一路"扩大到欧美国家、俄罗斯，甚至全球，也有企业计划或已在国外建立研发机构和生产基地。

稳定剂是配方型产品，其稳定性能、塑化性能都是充分可调的，可在现有稳定剂原材料的基础上调出满足各种产品需求的稳定剂。2023 年以来，部分稳定剂厂家适应下游制品厂的要求，将具有增强增韧、改善流动性等功能的助剂与稳定剂一起做了配方上的优化，形成一体化的产品，使总体添加量

减少。这样，客户成本下降，一体化产品利润又有所增加，实现双赢，同时为客户实现自动化改造减少了投资。此外，稳定剂企业一直在努力协助下游制品厂产品转型而开发新的稳定剂。有了这些新的应用场景，PVC 市场才没有因为房地产的影响而萎缩过快。

（三）抗氧剂和光稳定剂

2023 年，抗氧剂、光稳定剂产能增加，受阻胺光稳定剂产能增加量在 15% 左右。受国际、国内经济低迷、市场疲软，及国外新建装置投产等因素影响，抗氧剂、光稳定剂产量、销量均受影响，不但价格低，而且出口数量降低。市场出现低价竞争，企业利润普遍降低。2022 年，全国抗氧剂的产能、产量分别为 37.9 万吨、31.6 万吨；光稳定剂产能合计 13.7 万吨、产量 9.4 万吨。

国内，抗氧剂、光稳定剂产品的多元化、专用化、特殊化、系列化有了新进展，抗氧剂 GM、GS 等有了工业产品；光稳定剂 5050、123 等特殊类光稳定剂，已经正常工业化生产。国内抗氧剂、光稳定剂企业的应用技术进一步发展，促进了石化和塑料加工企业的应用技术升级和进步。

（四）其他

2023 年，其他塑料助剂，如冲击改性剂与加工改良剂、发泡剂、润滑剂、偶联剂、抗静电剂、抗菌剂、成核剂、扩链剂、防雾剂等在开发新产品和技术进步方面也都取得了不同程度的进展。用于提高再生塑料性能的助剂越来越受到关注。

四、待完善方面

（一）增塑剂

增塑剂方面的主要问题是产能过剩、开工率低、盈利水平差、竞争性不强。其中，尤其是邻苯类和对苯类产品，同质化装置建设过快，导致产能过剩，装置开工率不高，仅有 50% 左右。尽管许多公司都有配套的苯酐，但是产业链还是太短，真正的上下游一体化企业基本没有，对上下游的议价能力较差，传导、转嫁成本的能力差，一旦遇到原材料大幅上涨，增塑剂产品提价受到下游阻力即进入亏损状态，因此整个行业利润低下。

（二）热稳定剂

自从行业发展环保化以来，环保稳定剂已经深入人心，产品开发者第一时间都有使用环保原材料的理念。但我国北方、西南地区仍然有复合铅在使用，部分特殊制品在使用有机锡，环保稳定剂尚未全面取代环境不友好的稳定剂。

受房地产市场的影响，PVC销量整体处于下行趋势，大部分稳定剂企业处于利润锐减、求生存的阶段，产品的研发投入不足，最终将导致企业竞争能力下降。

（三）抗氧剂和光稳定剂

国产抗氧剂、光稳定剂工艺和产品，在高端应用或特殊应用方面，还不能满足应用需求，应用效果和应用稳定性与国外厂家的产品尚有差距。抗氧剂、光稳定剂行业需加强自主知识产权研究，开发有自主知识产权的通用产品，向世界技术领先发展。

五、发展趋势

（1）在碳达峰碳中和的大背景下，安全、环保、节能政策日趋严格，落后产能将陆续被淘汰，塑料助剂行业将继续以多种方式进行整合，行业集中度将进一步提升。骨干龙头企业在数字化、智能化水平提升方面将起到带头作用。要加大投入，提升行业整体技术水平。

（2）在制造业转型升级大背景下，骨干龙头企业通过不断强化技术服务能力、完善技术服务体系，向高质量发展转移，要不仅在产量上，还要在技术上协调上下游共同进步。要适应不同的市场，让产品满足不同层次用户的需求，特别是扩大专用产品、高端产品和高附加值产品的比重。

（3）相关的助剂企业应继续大力拓展海外市场。

（4）塑料助剂行业今后将以"绿色、环保、无毒、高效"作为永恒的主题，逐步用新品替代对人类健康和环境有害的品种。

（5）推动绿色工厂、绿色制造、绿色产品链体系建设；扩大新型绿色环保功能材料供给。建立负面清单机制，在产业内展开调查，针对各种安全隐患、不合理现象、不合法不合规的材料等不定期发布负面清单，号召全产业链抵制妨碍产业链健康发展的行为。

（6）在全行业提倡节能减排和清洁生产。大力研发推广可循环、易回收、可降解的新技术、新产品，推进经济和环境、社会效益协调发展，促进碳达峰碳中和目标实现。

流 延 薄 膜

中国塑协流延薄膜专业委员会

2023年，中国塑料薄膜行业经历了重重挑战。从供需面来看，行业供需矛盾突出，供应方面，新增产能落地与落后产能淘汰并存，部分企业为控制库存降负荷运行，多数产品行业开工负荷率下滑；需求方面，下游需求恢复未达预期，部分产品新单成交能力较2022年弱。随着塑料薄膜行业的不断发展，塑料薄膜的品种及应用范围不断拓展，塑料薄膜产品市场需求量稳定增长，推动行业持续发展。国民经济不断发展，国民生活水平不断提升，消费需求日益旺盛，快递物流行业发展飞速，加之制造业生产规模不断扩大，市场对塑料薄膜产品的需求不断增长，带动行业规模不断扩大，可以看出塑料薄膜发展前景良好。

一、流延薄膜行业发展现状

随着国内聚丙烯行业的不断扩能，PP产量也呈现逐年上涨的趋势。2023年，我国聚丙烯产能为3677万吨；产量约为2911万吨，比2022年增长0.7个百分点。2023年1—12月，全国塑料薄膜制造行业累计完成产量1695.36万吨，同比增长2.05%。产量排在前五位的地区依次是浙江省、广东省、江苏省、福建省、山东省。流延薄膜作为塑料薄膜行业的重要分支，品种繁多，应用范围极广，并呈不断扩大之势，近几年向着功能化、轻量化、生态化、智能化、单材化等方面不断创新发展。流延薄膜的应用市场不断拓宽，尤其是在新能源领域、光电子领域迎来快速发展。在光伏领域，我国已经成为全球胶膜市场供应的主导力量；在锂电池行业，铝塑封装用CPP膜、质子交换膜等国产化进程加速，部分企业已经实现批量化生产；在光学膜领域，企业数量增多，产能大，行业发展迅速。同时，行业也面临着原料依赖进口、产品结构主要集中在中低端、与国外企业尚有一定差距等问题。在传统的印刷、复合包装领域，流延薄膜行业竞争依然激烈，"内卷"严重，企业利润下滑。行业上下游企业必须加强技术创新、产业创新，寻求更多机会突破困境，提高产品附加值，加快产业转型升级。

（一）CPP 薄膜

流延聚丙烯（CPP）薄膜主要优势：与 LLDPE、LDPE、HDPE、PET、PVC 等其他薄膜相比，成本更低，产量更高；比 PE 薄膜挺度更高；水汽和异味阻隔性优良；多功能，可作为复合材料基膜；可进行金属化处理；作为食品和商品包装及外包装，具有优良的演示性。同时，CPP 薄膜由于是平挤薄膜，后续工序如印刷、复合等极为方便，因此广泛应用于纺织品、鲜花、食品、日用品的包装。在新兴市场消费的不断拉动下，2023 年全球 CPP 薄膜产量增长至 427.2 万吨，消费量增至 426.5 万吨。

经过多年经验积累，我国 CPP 薄膜生产技术已发展成熟，带动其产能不断扩张，2023 年产量约 146.4 万吨。CPP 薄膜在包装领域应用广泛，其市场需求规模不断扩大。随着 CPP 薄膜下游结构的不断优化，市场需求仍呈现增长的趋势。但总体来看，增幅不大，产能扩张节奏有所放缓。据统计，2023 年，我国 CPP 行业新增 6 条生产线，新增产能 5.71 万吨，行业总产能达 152.58 万吨，较 2022 年增加 5.71 万吨，增幅为 3.89%。

表 1　2023 年中国 CPP 行业新增产能统计

时间	企业名称	宽幅／米	数量／条
2023.1	四川美丰	5.5	1
2023.4	无锡振飞	4.8	1
2023.4	浙江庆鑫	4.5	1
2023.6	福建永丰	4.8	1
2023.12	嘉兴鹏翔	5.5	2

2023 年，我国 CPP 价格处于历史 5 年低位水平，盈利情况多数时间呈现负毛利状态。截至 8 月 23 日，CPP 平均毛利在 –222.06 元／吨，较 2022 年毛利水平下跌 0.46 元／吨，跌幅为 0.21%。新增产能虽有所放缓，但其价格依旧低位运行，盈利能力欠佳。供需差高点出现在 10 月，主要原因："双节"后 CPP 企业以交单为主，中上旬受累积订单支撑，开工积极性较高，到了下旬，订单有所减少，开工负荷率小幅下滑，平均开工率在 59.37%，产量在 82.58 千吨左右，处于一年内偏高水平。"金九银十"并未见明显需求增量，随着节前集中补货结束，节后下游需求转淡，市场供需矛盾再次凸显。

（二）CPE 薄膜

2023 年，我国流延聚乙烯（CPE）产量为 282 万吨，市场规模达到了 255.96 亿元。经过多年的发展，我国已成为全球 CPE 薄膜主产国之一，产量位居世界前列。CPE 薄膜具有透明度高、光泽度好、热黏性好、热封温度低、柔性好、耐寒、抗冷冻等优点，广泛应用于食品、医药、日用品、工业品等领域。CPE 薄膜根据用途可分为缠绕膜、透气膜、软包装复合用包装薄膜、电子保护膜等。

近几年来，CPE 薄膜行业的市场格局也在发生变化。一方面，市场迎来设备更新换代热潮，通用品种、低端产品供需矛盾加剧，加之受原材料价格剧烈波动的影响，企业利润空间不断压缩，经营困难；另一方面，市场也迎来新的发展机遇，5G 时代的到来，催生了新材料的又一次产业革命，单一材质、可降解塑料迎来发展热潮。随着环保意识的提高和可持续发展战略的实施，可降解、易回收的 CPE 薄膜将成为研发的重点。此外，随着新材料、新工艺的不断涌现，CPE 薄膜的性能和应用领域将进一步拓展，以满足更多行业的包装需求。

2023 年，我国 CPE 薄膜产能近 300 万吨，产量增长至 299.5 万吨。从细分产品产量来看，目前缠绕膜产量占比较大。缠绕膜的使用非常广泛，主要应用于外贸出口、物流、制瓶制罐、造纸、五金机电、电器、塑料原料、化工、家具建材、玻璃及制品、农产品、食品印刷品、轻纺制品等单件或托盘包装和其他捆扎包装等。2023 年，缠绕膜行业呈现产能过剩，加上经济形势的下滑影响，且缠绕膜成品价格和原料价格联动性非常高，企业利润率较低。目前，国内有数千家缠绕膜工厂，以中型和小型企业为主，产品质量参差不齐，市场存在低价恶性竞争。

CPE 透气膜可广泛用于制作防护服、纸尿裤及女性卫生用品底膜等产品。随着人口老龄化加剧，三孩生育政策开放，国内纸尿裤、个人卫生用品需求量将大幅度增加。虽然近两年人口增长缓慢，但从长远看，"三孩"这片市场迟早会释放。加上近年来养宠渗透率持续提升，及文明养宠意识提高，驱动宠物卫生护理用品需求增长，其产量有所增加。未来，我国CPE透气膜卫生用品的市场增长空间还很广阔。

"十四五"期间，要抓住新型战略产业发展机遇，依靠技术进步，加速开发CPE薄膜新产品、新工艺。同时要加大对流延薄膜关键设备、关键材料的攻关，研发、引进国外先进技术，加快技术改造，满足高效、节能、节材、环保以及降低生产成本等各项要求。

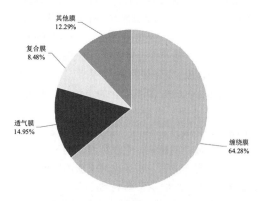

图1　2023年中国CPE薄膜产量组成

图2　2014—2023年中国CPE薄膜产量及需求量情况

（三）TPU薄膜

近年，我国TPU行业的产能不断扩大，众多企业投资建设新生产线，以满足国内外市场对TPU材料的需求。2023年，美瑞新材20万吨TPU和8000吨E-TPU产能落地，巴斯夫、科思创等企业的新产能投产和产线扩增，使我国TPU行业总产能达到了157.7万吨，同比增长22.1%。TPU市场价格呈现范围波动、整体低迷的趋势，最高价格出现在2月。相比于2022年的全年缓慢走跌，2023年TPU全年价格曲线仍在低位徘徊。不过在需求端，各大企业纷纷着眼于以车衣膜为代表的高端下游领域，为TPU消费量增长注入了新的活力。TPU

已经成为发展最快的高分子材料之一。

TPU薄膜是以TPU为主要原材料制成的薄膜制品，是一种新型的高性能环保薄膜材料。目前，运动鞋服仍是中国TPU薄膜应用最多的领域，尤其是中透膜在户外鞋服中的使用，近年来维持了10%—12%的稳定增速，透气膜的使用率也高达80%以上。我国作为全球主要的鞋类、服装、防水透湿织物、高档手袋及皮具、箱包等产品生产基地，是全球主要的TPU薄膜消费国。随着大众运动户外需求细化升级，相对小众高端的滑雪、潜水、冲浪、攀岩等户外运动项目热度增速显著，相应地，配套产品销量也不断上涨，TPU薄膜的产量也会提高。高端TPU薄膜主要应用在军用、医用、汽车车衣等领域，尽管目前用量较小，但随着汽车美容养护市场的发展、汽车保有量持续增长和人均可支配收入的提高，TPU车衣膜凭借其优异的性能，逐渐成为市场的新宠，也因此成为TPU企业着力研发推进的重要产品。随着市场需求的增长，TPU薄膜是TPU材料的一种重要应用形式，近年来随着高科技的发展和进步，也得到了越来越广泛的应用。2023年，TPU薄膜市场收入超过7.5亿美元。

（四）EVA、POE光伏封装膜

降价，是2023年中国光伏产业的年度关键词之一。在这一年，无论是硅料、硅片、电池片，还是组件，其年终价格较年初均大幅下降。电池片和组件端价格的跌幅分别为53.75%—55.00%、46.45%—48.01%。虽然产业链价格起伏在光伏产业发展的历史上并不新奇，但在2023年，产业链价格的大幅下滑所带来的冲击正在引发一场新一轮的竞争剧变。叠加光伏技术迭代趋势加快，这造成产业链在过去一年表现出"又热又冷"的局面。光伏封装膜是光伏组件封装的关键辅材，虽然在组件中的绝对成本占比不高（5%—7%），但其性能与稳定性对光伏组件的发电效率及寿命有重要影响。据统计，2023年国内光伏组件产量达到499GW，同比增长69.3%；产品出口211.7GW，同比增长37.9%，出口额为396.1亿美元，呈现"量增价减"态势。随着光伏产业技术迭代升级加快，我国光伏组件市场将保持快速发展趋势，前景广阔。结合我国光伏组件全球市场占有率及硅片产量分析，预计全球组件产量约600GW。按1GW组件需胶膜面积约950万平方米计算，2023 年全球光伏封装膜市场需求约为 57 亿平方米。

光伏封装膜主要包括 EVA 胶膜、POE 胶膜以及 EPE 胶膜。其中，EVA 胶膜、POE 胶膜分别以 EVA 树脂、POE 树脂为主要原材料，EPE 胶膜则是 EVA+POE+EVA 结构，是由 POE 和 EVA 树脂通过共挤工艺而生产出来的交联型胶膜。EVA 胶膜是光伏组件的组成部分之一，以其优异的封装性能、良好的耐老化性能和低廉的价格，占据了 50% 以上的市场份额，是目前使用最为广泛的太阳能电池封装胶膜材料。其中，EVA 树脂国产化进程较快，已基本达到 60%，形成了稳定的国产产能供应，光伏级 POE 树脂供应由海外化工企业垄断。目前透明 EVA 胶膜仍为主流封装材料。2023—2025 年我国规划新建光伏级 EVA 树脂产能 145 万吨／年，其中 2023 年建成 55 万吨，2024 年 EVA 树脂供给偏紧的局面有望缓解，2025 年或将出现少量过剩。

POE 方面，目前还依赖进口。2023—2025 年全球光伏领域对 POE 粒子的需求量分别为 44.4、62.0、76.4 万吨，年均复合增速高达 19.83%。此外，轻量化趋势下，汽车及其他应用领域 POE 的需求年化增速预计为 3%—5%。因此，国内产能规划不低于 255 万吨／年。企业也在陆续投产，目前已完成中试的有万华化学、卫星石化、东方盛虹、茂名石化等。

胶膜端：行业集中度较高。我国 EVA 胶膜、POE 胶膜 2023 年供给过剩，分别为 1.5、1.6 亿平方米，维持供需偏紧。2024 年 EVA 胶膜供给过剩 7.5 亿平方米。POE 胶膜 2023—2025 年需求分别为 32 万吨、66 万吨、118 万吨，复合增长率高达 63.2%。未来 3 年，多数企业将集中扩产，维持供需紧平衡。

2023 年，由于竞争显著加剧、单年净利润预期下修的影响，板块跌幅相对较大，2023 年胶膜主要企业平均跌幅达到 50%。从盈利能力来看，自 2022 年下半年开始，胶膜行业开始业绩恶化，2023 年二季度和四季度恶化更加明显。回顾 2023 年胶膜及粒子价格，可以发现，胶膜价格跌幅远高于粒子的，全年价格承压。在"双碳"背景下，光伏封装膜在光伏装机量上涨的强劲带动下，市场规模不断扩大，产能持续向上，行业目前竞争格局稳定，龙头企业规模、成本优势显著，为新进入者带来不小机遇和挑战。

（五）PVB 膜

PVB 膜主要应用于建筑、汽车及光伏领域。在建筑领域，建筑节能玻璃夹层使用 PVB 膜，可利用其隔热、隔紫外线等性能有效阻隔室内外的热传递，节约室内的能源消耗；在汽车领域，汽车挡风玻璃中加入 PVB 膜，可利用其抗冲击性、高弹性、高抗拉强度等性能，有效避免交通事故中玻璃碎裂对人体造成的伤害，大幅提高了汽车的安全性能；在光伏领域，PVB 膜具备优越的光学特性、黏附性、抗 PID 性能，可以有效延长光伏组件的使用寿命。目前，国内 PVB 膜的应用整体以建筑夹层玻璃等偏中低端市场为主，光伏材料应用的占比较低，主要受限于光伏级 PVB 膜生产难度较大、组件封装成本高等因素。

2023 年，全国夹层玻璃产量 14 710.0 万平方米，同比增长 9.2%；汽车产量 3016 万辆，同比增长 11.6%——名副其实的全球汽车生产大国。在国内 PVB 中间膜市场应用中，虽然当下光伏封装市场 PVB 中间膜渗透率较低，但其成长空间广阔。汽车安全玻璃使用的 PVB 中间膜约为 5 万吨，市场价值约 21 亿元。建筑安全玻璃使用的 PVB 中间膜约 4.5 万吨，市场价值约为 15 亿元。经过多年的发展与提高，国产 PVB 膜的性能水平已基本接近国外产品，特别是建筑用 PVB 膜，可以替代国外产品。同时，夹层玻璃加工过程的一次成品率已达到或超过 95%。预计 2024 年，我国 PVB 膜销量约为 27 万吨。

（六）PI 薄膜

PI 薄膜具有高耐热性、强机械性能、低介电常数和低膨胀系数等优异特性，被誉为"黄金薄膜"，广泛应用于消费电子、高铁、风电、航空航天和柔性显示等高新技术产业领域。PI 薄膜属于高技术壁垒行业，国内 PI 薄膜行业的整体技术水平与国外巨头存在差距，国内企业的产能规模也远低于国际企业。受益于 5G 技术的推广、柔性显示等的需求增长，未来，高性能 PI 薄膜在高速通信与智能化柔性电子基材应用领域、柔性显示应用领域、集成电路封装应用领域、清洁能源关键材料应用领域等四大新兴领域的发展前景广阔。近年来，国家也不断出台一系列政策，推动高性能 PI 薄膜的技术突破及国产化，我国 PI 薄膜产业迎来了良好的发展机遇。不少企业在积极布局，通过持续的研发投入、技术引进和吸收，提升制造技术和产品质量，不断加快 PI 薄膜行业进口替代速度。其中，除电工级的部分 PI 薄膜外，高端的电子级 PI 薄膜大部分依赖进口。调查数据显示，我国 PI 薄膜市场规模 2022 年 70 亿元，2023 年 80 亿元，2024 年预计达到 90 亿元，PI 膜行业市场不断扩大，未来发展前景也很可观。

近两年随着企业研发投入不断加大，流延薄膜品种及应用范围不断拓展，产业结构优化、转型升级提速，也涌现出了一批新型产品。

1. 锂电池封装膜用 CPP 膜

铝塑封装膜是软包装锂电池的必备外壳材料，主要起到保护内部电芯的作用，是软包锂电池电芯封装的关键材料。铝塑封装膜通常由多层材料通过胶黏剂复合而成，结构上从外到内主要可分为三层，其中内层为热封层，通常是 CPP 材料，起封口粘接的作用。锂电池铝塑膜的生产对以上原材料的技术要求比较高，这也成为限制我国锂电池铝塑膜行业发展的重要因素。我国一些锂电池铝塑膜生产企业在原材料采购方面依赖进口。铝塑膜约占软包锂电池成本的 12%，CPP 膜约占铝塑膜成本的 15%。随着软包动力锂电池需求增加，铝塑膜需求相应增加，铝塑膜国产化加快，国内铝塑膜市场规模不断扩大，锂电池封装膜用 CPP 膜市场需求必将猛增。

2. UV 减粘胶带 PO 基材薄膜

UV 减粘胶带，是主要以 PO 薄膜为基材，涂以 UV 光固化胶黏剂而成的单面保护胶带。该保护胶带具有在 UV 固化前高黏度，经 UV 照射后黏度急剧下降甚至低至无黏度的特点。PO 基材薄膜平整度极高，有超强的拉伸强度及抗撕裂强度，切割时不起尘，耐磨性能优异。UV 减粘胶带可用于晶圆切割操作、玻璃滤片、LED 灯珠、陶瓷、手机镜头的保护。切割或研磨等加工时，UV 减粘胶带的高黏着力可以保护晶片、玻璃等不发生移动，不脱落、不飞边，保护未加工部分。加工结束后，使用适量的紫外线光量照射，粘力急剧下降，剥离简单。剥离后，UV 减粘胶带对晶片、玻璃等被保护体无污染、无残胶。随着半导体和电子业朝向微小化、精细化、薄型化的趋势发展，加上轻量薄型和功能强大的电子产品，如智能手机和平板电脑的需求不断增长，UV 胶带市场必将迎来增长。

3. 质子交换膜

质子交换膜是一种离子选择性透过的膜，在电池中起到为质子迁移和传输提供通道、分离气体反应物并阻隔电解液的作用，是新能源领域的关键材料，广泛应用于电解水制氢、燃料电池以及全钒液流电池等领域。预计 2025 年质子交换膜在燃料电池、电解水制氢与液流电池等领域的市场规模合计约 21 亿元。短期内受限于产业链配套不成熟、经济性不佳、氢气安全性尚有疑虑等原因，质子交换膜市场规模有限。未来，随着氢能产业链逐步发展，预计 2030 年质子交换膜的市场规模将增长至约 68 亿元，燃料电池、电解水制氢与液流电池将成为驱动质子交换膜行业快速发展的主要应用领域。中长期来看，质子交换膜市场规模有较大增长空间。在"双碳"环境下能源结构转型、储能需求不断攀升的背景下，我国质子交换膜需求量有望不断攀升。长期以来，质子交换膜的生产主要集中在美国、日本、加拿大等海外国家，主要公司包括戈尔、科慕、旭硝子、旭化成等，全球质子交换膜产能由国外企业占主导地位。以燃料电池为例，目前国内生产的膜电极多数使用戈尔的质子交换膜，市场占有率达到 90% 以上，其次采用的是科慕与东岳的质子交换膜。国内质子交换膜行业面临市场集中度较高与国产化率较低的局面。

4. 光学膜

光学膜主要应用在各种电子产品的显示面板上，包括反射膜、扩散膜、增亮膜、偏光膜等。光学膜中涉及流延工艺的主要有偏光片用 PVA 膜、TAC 膜、COC 膜、COP 膜，反射片用 PC 膜、PMMA 膜。我国已经成为最大的消费电子产品生产国。随着人均收入水平的不断提高，消费者对液晶电视、手机、电脑等消费类电子产品品质的要求不断提升，更新换代频率加快，显示用光学膜等原材料需求依然强劲。近年，国内光学膜产能提升迅速，对进口光学膜的替代比例逐渐上升，但是在部分高端产品和有特殊性能要求的技术上，仍不能完全取代。

此外，流延薄膜新型产品还包括可应用于微型扬声器振膜、5G 射频天线基板等领域的 PEEK 薄膜；水溶性绿色环保材料 PVA 薄膜；可降解 PLA 流延膜（量产）；氟塑料 ETFE、PFTE、FEP 和 PFA 膜；等等。流延薄膜应用范围不断延伸，尤其在新材料领域，如新能源、5G、可降解材料等。

二、行业发展趋势

（一）绿色低碳可持续

当今世界，各国尤其是发达国家十分重视新材料产业的发展，国际金融危机的爆发加快了全球经济绿色发展的步伐，绿色发展成了重塑经济增长动力的有效工具，抢抓材料绿色升级变革将带来新一轮产业机遇的创新动力。党的二十大指出，要全面实施节约战略，发展绿色低碳产业，倡导绿色消费，统筹产业结构调整、污染治理、生态保护、应对气候变化，加快发展方式绿色转型。可持续、绿色创新发展成了塑料行业未来发展的重中之重，同时也给产业带来新一轮机遇。比如，在易回收方面，单一材质包装是近年业界较为关注的方向，也已经得到了实际的应用。近两年，众多企业加强单一材质包装的研发与应用，成效显著；未来，单一材质包装的应用将会更加广泛。在可降解方面，生物降解流延薄膜在餐盒、容器封口膜、女性卫生用品、婴儿尿布、医用褥垫、防护服手术服、鞋套等领域均有应用。此外，流延薄膜在新能源领域，如光伏领域、动力电池领域的应用也是行业发展的热点。

（二）高质量发展

流延薄膜性能优良，应用广泛。经过多年的发展，流延薄膜在传统的印刷和包装行业的应用已十分成熟，产能趋于饱和，行业"内卷"严重，导致很多流延薄膜企业利润下滑。要打破这种局面，单纯的扩产已不能满足行业发展的需求，新的消费理念和需求正逐渐形成。如何围绕市场需求变化，优化产业结构，推动行业功能化、智能化——流延薄膜行业企业需要从技术提升、品质优化、市场开拓方面寻找突破口。逐渐从中低端应用领域向中高端应用领域发展，同时根据企业的自身特点做好企业定位，有效梳理目标客户，要走差异化之路，避免恶性竞争，合作共赢，共谋发展。

塑料家居用品

中国塑协塑料家居用品专业委员会

一、行业总体运行情况

2023年，日用塑料制品产量563.2万吨，同比下降7.1%。作为日用塑料制品的两大主产省份，广东省该细分品类的年度产量同比下降4.4%，浙江省该细分品类的年度产量同比下降7.5%。日用塑料制品制造全年累计营收1890.2亿元，同比增幅为-2.9%。

二、行业发展现状、趋势和建议

塑料家居用品是塑料制品行业的一个重要分支，与人们日常生活关系尤为密切。随着国内经济的快速发展，我国居民生活水平不断提高，对家居日用品的需求量日益增加，品质要求也日益提升，在原有满足基本使用功能的基础上更加追求家居用品的美观舒适和绿色环保。塑料家居用品企业与时俱进、推陈出新、绿色创新发展，抗菌塑料制品、智能塑料家居用品应运而生，行业企业逐步从传统制造迈向"智造"，实现在抗菌健康、绿色环保消费品领域的突破和创新，持续为消费者提供更加美好的家居生活用品。

人民群众消费观念与需求的变化，带动消费新业态、新热点的不断涌现，购物的便利性和快捷性促使人们形成新的购物习惯，线上购物及各类到家业务已深入人心，人们的购物方式和生活方式发生了很大的变化。因此，传统电商及各种业态的到家业务渗透率不断提升，正加速分流传统线下商超的份额，产品渠道变得更加多样化和碎片化。当前，中国消费者呈现出两个极端，一部分消费者追求价格低廉的产品，而另一部分则更注重高品质、设计独特和绿色环保的产品。未来塑料家居用品企业应重点开发符合市场需求的高品质塑料家居用品。

（1）消费趋势的上升是显而易见的。随着全球经济的稳步复苏和人们收入水平的提升，消费者的购买力不断增强。尤其在新兴市场，消费者对高品质产品和服务的需求日益旺盛。这种上升的消费趋势为企业提供了巨大的市场机遇，但同时也带来了更大的竞争压力。企业需要不断创新产品和服务，以满足消费者日益多样化的需求。

（2）技术创新正推动着工业制造向智能工厂转型。随着物联网、大数据、人工智能等技术的快速发展，传统的生产模式正在被颠覆。智能工厂通过自动化、数字化和互联化的生产方式，大幅提高了生产效率和产品质量。这种转型不仅降低了企业的运营成本，也为企业创造了更多的商业机会。然而，转型过程中也面临着技术更新、人才培训等方面的挑战。

（3）市场的细分化趋势。随着消费者需求的多样化和个性化，传统市场的客户逐渐转向线上或线下，形成了多个细分市场。这就要求企业针对不同的市场进行聚焦，制定精细化的市场策略。通过深入了解消费者的需求和偏好，企业可以开发出更符合市场需求的产品和服务，从而赢得更多的市场份额。

（4）线上线下的融合成为一个不可忽视的趋势。随着电商销售市场的不断扩大，线上选购与线下体验的结合变得更加普遍。消费者可以在线上浏览和购买商品，同时也能享受到线下实体店的优质服务和体验。这种融合模式不仅为消费者带来了更加便捷和丰富的购物体验，也为企业提供了更广阔的销售渠道和市场空间。

总之，这四个趋势正在深刻地影响着商业环境和企业运营。面对这些趋势，企业需要保持敏锐的市场洞察力和创新精神，不断调整和优化自身的战略和策略。只有这样，才能在激烈的市场竞争中立于不败之地，实现可持续发展。

三、行业现存主要困难和问题

2023年，全球经济增长预期下调，需求疲软。这对传统制造业出口和内销都带来了较大的压力。受全球能源危机、地缘政治等因素影响，原材料价格持续上涨、劳动力成本不断上升等因素都对传统制造业带来了一定的压力。此外，随着中国制造业的转型升级，竞争也更加激烈。日用塑料制品行业是一个充满竞争的行业，国内生产厂商众多，行业集中度较低。与此同时，电商对传统零售业的冲击持续发酵，为转嫁成本、提高毛利率，线下零售企业纷纷采用去中间化的工业直采模式，这进一步加剧了日用塑料制品行业的竞争。

四、专委会重点工作

2023年，中国塑协塑料家居用品专委会二届五次理事扩大会议，以及中国塑料家居用品行业高质量发展座谈会（汕头、揭阳、广州、成都、福州、台州）圆满召开。同时，专委会组织会员企业参观全国各地产业链标杆企业，凝聚共识，携手共进。专委会推荐优秀单位参加国家、行业各级别先进评选，会员单位荣获行业十强、行业科技创新型优秀会员单位、行业优秀科技成果等众多荣誉，树立行业标杆，打造行业品牌，为行业高质量发展注入新动能。专委会持续推进《抗菌日用塑料制品》团体标准推广工作，以及《塑料抽真空保鲜盒盖》团体标准制定工作，提升行业整体水平，提高行业话语权，推动行业科技进步和绿色发展。在专委会的组织协调下，由中国塑协批准、中国塑协团体标准化技术委员会综合塑料制品分技术委员会立项（标准计划编号CPPIA-34-23-E-008）、江苏百思福科技股份有限公司牵头起草的《塑料抽真空保鲜盒盖》团体标准，已完成标准立项，并于2023年11月25日上午在绍兴召开标准启动会，完成初稿审议。专委会启动"专委会新生代研学团"，走进20家产业链优秀企业进行研学交流，培养一批专业专注，社会责任感强，坚持创新引领，勇于探索新业态、新模式、新技术的具有代表性的新生代企业家。专委会积极推广微信公众号、视频号、抖音号，宣传行业先进，推动塑料家居民族品牌的打造，发挥标杆效应，引领行业创新发展，提升行业知名度和美誉度。专委会组织会员企业参加"第五届中国国际塑料展""2023（第四届）中国塑料产业链高峰论坛及中国塑料绿色智造展览会"。展会上，专委会优秀参展企业广东伟达带来"智能工厂"，成为全场焦点，吸引众多观众驻足；富岭科技、家联科技、鑫鼎塑业、蓝天塑料、瑞康科技、美利肯、美联新材、晋大科技、学泰印务、齐润、百思福等塑料家居用品产业链企业的具有抗菌、绿色环保、生物降解等新功能的新材料、新技术和新产品亮相吸睛，展现了塑料家居用品行业绿色创新的发展风采和趋势。

热塑性弹性体制品

中国塑协热塑性弹性体专业委员会

一、热塑性弹性体行业专利体系架构

（一）热塑性弹性体专利增幅历程

热塑性弹性体专利是创造者对高分子聚合物发现、改进、提出新的技术方案，并通过塑料工艺生产的具有高弹性等各项优越性能的组合物产品受保护的独享权益。按照 IPC 国际分类，热塑性弹性体领域专利分布于 A—H 等部，技术主题类别分为化合物、组合物、设备装置、工艺方法、改性方法等。一个热塑性弹性体专利往往具有多个标签，如"化合物""组合物""制备方法"等。

热塑性弹性体聚合物起源于合成橡胶工业，后逐步独立为一个塑料工业分支。自 1928 年德国发明了"组合物选自弹性体用于防腐蚀产品的黏附促进组合物"专利，以及 1954 年英国发明了"不可硫化的热塑性和热固性弹性体和塑性体"的《烯基填料的改进及其对弹塑性材料的增强》专利技术，直至 20 世纪 60 年代，基本上是"热塑性"和"弹性体"的两个聚合物形态。进入 20 世纪 70 年代，利用塑料高分子材料"热塑"属性，制备具有橡胶"弹性"塑料功能产品，逐步形成"热塑性＋弹性体"组合物体系，其 90% 为 C08 化学类（IPC 国际专利分类），10% 归类于 B29 塑料类别范畴。20 世纪 80 年代，我国实行了专利制度，热塑性弹性体专利日益增多，福建省中心检验所 1985 年 4 月申请"改性软质聚氯乙烯组分"专利，适于生产热塑性弹性体的塑料，特别适用于制鞋、建筑材料的生产。到了 20 世纪 80 年代末期，我国热塑性弹性体专利累计达到 902 件。20 世纪 90 年代，热塑性弹性体专利在人类生活必需品以及运输车辆、电力电器等行业的应用日益上升，其专利申请上升到 3188 件。进入 21 世纪，热塑性弹性体被世界公认为环保产品，其生产制造规模按百亿级美元数量级增长，热塑性弹性体材料应用领域专利申请迅速增多，2010 年突破了 10 000 件、2018 年突破 5000 件，直至 2020 年，年专利申请量达到 5928 件。

专利受理局大数据显示，截至 2024 年 5 月，全球范围内提交的涉及"弹性体"的专利申请 37 万件，涉及"热塑性弹性体"的 6 万多件，其中，我国申请量达到 3 万多件，占比 50.2%。很多不被认知的应用热塑性弹性体的行业，开发出了新的热塑性弹性体性能，获得专利授权。如"一种防水牛皮纸"专利，即研发的以防渗透性热塑性弹性体材质制备功能性牛皮纸获得专利保护。

（二）热塑性弹性体领域的专利体系框架

随着"热塑性塑料"与"橡胶弹性体"的发展，热塑性弹性体行业制造链专利与热塑性弹性体应用链专利的产业底座筑牢稳固，逐步形成独

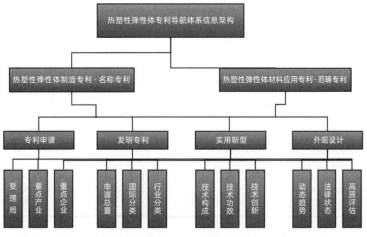

图 1　热塑性弹性体专利导航系统

立的子产业。凡是在国际专利 C08 化学、B29 塑料中的热塑性弹性体名称专利，国民经济制造业的化学制造和橡胶制品与塑料制品工业范畴名称专利，以及对其专利权利有要求的专利，纳入"热塑性弹性体制造专利"。分布在其他领域的热塑性弹性体专利，如"一种防病虫害的组合物"专利（所述应用热塑性弹性体聚合物，防止害虫产生、传播），纳入"应用热塑性弹性体材料专利"范畴。

（三）热塑性弹性体行业专利分类模块

热塑性弹性体在国际专利分类中，对应 C08、B29 系列；在国民经济行业中，对应 C26、C29 系列，在国家战略新材料产业属于 3.3-3.4 目录，海关编码、统计编码，具体如表 1、表 2 所示。

表 1　热塑性弹性体行业专利分类模块

模块分类		热塑性弹性体		热塑性弹性体		说明	
		制造—专利名称		应用—专利范畴	专利产出	定义范畴	
专利分类	IPC-C08 IPC-B29 NIC：C26-C29 海关编码：39\40； 统计编码： 2929\2652 战略新材： 3.3-3.4	国标	缩略语	国标	缩略语	企业、院校、科研、个人、行业	TPE、TPR、TPV、TPU、TPO、TPS、TPZ
		C 化学—C08、B29 塑料		A 部—H 部	A 部—H 部		
		专利申请、发明专利 实用新型、外观设计				专利脉络：弹性体专利总量 → 热塑性弹性体产业链专利范畴总量 → 应用热塑性弹性体材料产品专利总量 → 热塑性弹性体制造专利 = 热塑性弹性体专利名称＋七项国标术语专利名称＋缩略语常用名称专利＋权利要求范围的热塑性弹性体	
		技术特征	技术创新	技术结构	技术功效		
		权力要求	法律状态	中国区域	国际区域		
重点产业分析板块		产业基础	产业结构	专利结构	产业趋向	在十大重点产业的热塑性弹性体的专利总量	
重点企业分析板块		经济基础	技术结构	企业方向	专利趋向	会员单位、头部企业、上市公司的专利趋向	

表 2　热塑性弹性体国际分类与国民经济行业分类对照简表

属性	国际专利分类	按国民经济行业分类
热塑性弹性体制造专利	C08 有机高分子化合物；其制备或化学加工；以其为基料的组合物； C08K: 使用无机物或非高分子有机物作为配料 C08K5/00 使用有机配料 [2006.01] C08K5/04 含氧化合物 [2006.01] C08K5/05 醇；金属醇化物 [2006.01] C08K5/053 多元醇 [2006.01] C08L23/12；C08K3/22；C08J3/24； C08K13/02 C08K3/32；C08L23/08	C266 专用化学产品制造
		C265 合成材料制造： C2651；C2652；C2653；C2661
热塑性弹性体制造专利	C07 有机化学〔2〕	C291 橡胶制品业： C2911；C2912；C2913；C2915；C2916；C2919
	B29	C292 塑料制品业 C2921；C2922；C2923；C2924；C2925；C2926；C2927；C2928；C2929
	塑料的加工；一般处于塑性状态物质的加工	

热塑性弹性体专利与多种高分子化合物组合的对照见表 3。

表3　热塑性弹性体材料的 IPC 国际专利分类对照举例

分类	举例
C08F14*C08L27* （不含 C08L27/10、C08L27/20、C08L27/22)	PTFE 聚、PVDF、FEP、PF、PVC 及其改性、三元共聚物、FKM/FPM、CPVC
C08F287*	SBS、SIS、SEBS
C08F293*、C08L53*	α—烯烃嵌段共聚或齐聚、高酯化度聚烯烃
C08F32*、C08F232*（不含 C08F232/04)	聚环化烯烃
C08F36*、C08L23*	α—烯烃乙烯共聚物、乙烯基弹性体、茂金属聚烯烃、高性能聚丙烯、聚异丁烯、聚 4—甲基戊烯—1、乙烯—乙烯醇共聚物、高酯化度聚烯烃
C08G69*、C08L77*	PA6、PA66、PA46、共聚尼龙及其改性、高温尼龙、长碳链尼龙、半芳尼龙；生物基聚酰胺
C08G77*、C08L83*	二甲基环硅氧烷、八甲基环四硅氧烷；甲基苯基硅、MQ 硅树脂、硅油；氟硅橡胶、硫化硅橡胶、液体硅橡胶
C08L81*	聚苯硫醚、聚砜、聚醚砜、聚苯砜、聚硫
C09K3/10	丁基橡胶防水密封胶粘带、高效密封剂、密封胶、合成高分子密封材料、树脂胶泥
B32B*(不含 B32B27/36)、C09J*、E02D31*、E04B1*(不含 E04B1/74、E04B1/76、E04B1/78、E04B1/80、E04B1/82、E04B1/90)、E04D5*	三元乙丙橡胶、聚氯乙烯、弹性体改沥青、塑性体改性沥青、自粘橡胶沥青、热塑性聚烯烃防水卷材、玻纤沥青瓦、钠基膨润土防水毯
C08F*（不含 C08F4*、C08F14*、C08F32*、C08F36*、C08F232*、C08F251*、C08F277*、C08F287*、C08F293*、C08F295*、C08F297*)、	建筑节能保温隔热材料、建筑节能隔音材料、气凝胶及其制品；真空绝热板
	C08G*（不含 C08G2*、C08G8*、C08G59*、C08G64*、C08G69*、C08G77*)、C08J*\E04B1/74、E04B1/76、E04B1/82
C08K*(不含 C08K3/04)	三元乙丙橡胶、聚氯乙烯、弹性体改沥青、塑性体改性沥青、自粘橡胶沥青、热塑性聚烯烃防水卷材、玻纤沥青瓦、钠基膨润土防水毯、隔热和隔音材料、功能性填料

热塑性弹性体专利名称中的标准术语与惯用语：凡是包含"热 TPE""TPR""TPV""TPS""TPO""TPU 等缩略语的，为"热塑性弹性体制造专利"系列。按照国标《热塑性弹性体命名和缩略语》，热塑性弹性体子专利的缩略语、常用语，分为 7 类 28 个。

二、热塑性弹性体领域专利现状与趋势

截至 2024 年 5 月，我国应用热塑性弹性体领域的专利 67 887 件，其中，名称专利范围的热塑

性弹性体专利 8885 件，国家新能源等十大重点产业的热塑性弹性体生产与应用专利 13815 件，行业协会重点会员单位与头部企业拥有的专利 1470 件。

（一）应用热塑性弹性体材料的产品专利总量与趋势

在 67 个国家专利受理局申请的涉及热塑性弹性体领域的专利 67 887 件，其中，分布在化工、橡胶、塑料制造业的占 41.25%，生活必需品的占 26.61%；发明专利 53 419 件，占 79.1%，实用新型专利 13 423 件，占 20%；我国的占 50.25%，日

表 4　热塑性弹性体标准术语与惯例用于专利范畴缩略字母

国标定义	缩略	通常简称	惯用俗称	缩略字母
热塑性弹性体 塑料热塑性弹性体颗粒	TPE	TPE 弹性体	弹性体、合成橡胶 胶粒、颗粒	
聚酰类胺热塑性弹性体	TPA	TPA 弹性体	尼龙弹性体	TPA-EE、TPA-ES、TPA-ET
共聚多酯类热塑性弹性体	TPC	TPC 弹性体	聚酯弹性体	TPC-EE、TPC-ES、TPC-ET
烯烃类热塑性弹性体	TPO	TPO 弹性体	聚乙烯弹性体	TPEs、TPOs
苯乙烯类热塑性弹性体	TPS	TPS 弹性体	聚苯乙烯弹性体	TPS-SIS、TPS-SBS TPS-SEBS、TPS-SEPS
氨基甲酸乙酯热塑性弹性体	TPU	TPU 弹性体	热塑性聚氨酯弹性体、 聚氨 E 酯弹性体	TPUs、TPU-ARES、TPU-ARET、 TPU-AREE、TPU-ARCE、 TPU-ARCL、TPU-ALES、TPU-ALET
热塑性硫化胶	TPV	TPV 弹性体	热塑性橡胶	TPVs、EPDM+PP、EBR+PP、 NR+PP、ENR+PP、HR+PP
未标明热塑性弹性体	TPZ	TPZ 弹性体	不含上述简称的热塑性弹性 体：有机硅类、氟类等	TPZ:NPR+PC

本的占 15.87%，美国的占 15.07%。中、日、美的专利总量超过全球的 80%。

2020 年热塑性弹性体领域专利申请总量达到顶峰 5900 多件；2021 年以来逐年下降，2023 年的专利申请总量比 2022 年减少三分之一。

（二）热塑性弹性体名称专利拥有量及专利要求范畴

截至 2024 年 5 月 31 日，各专利受理局大数据显示，申请"热塑性弹性体"名称专利 8885 件，其中：

①含有"热塑性弹性体"名称的专利 4200 件（发明专利 3517 件、实用新型 646 件），其中，我国 3250 件，占 78.40%。这类专利 2023 年 1—12 月受理热塑性弹性体名称专利 191 件，同比减少 21.07%，其中，发明专利同比减少 21.08%，实用新型专利同比减少 17.58%。②国标七类热塑性弹性体术语全称专利 300 件，其中，我国 266 件，占 88.67%。③热塑性弹性体组合物以及颗粒、树脂、原料、生产装置、加工、改性类等 664 件（发明专利 514 件）。④热塑性弹性体缩略语等名称专利总数 4039 件，其中，聚氨酯弹性体 2618 件（发明 2288 件），占 64.82%，聚烯烃弹性体 715 件，聚酯弹性体 449 件，TPS 弹性体 105 件（包括 SEBS 弹性体、SBS 弹性体、SEPS 弹性体、SIS 弹性体等），其他，如 TPE 弹性体、TPV 弹性体、TPO 弹性体、TPEE 弹性体等 152 件。

表 5　热塑性弹性体专利的简称术语的专利量

简称、习惯用语、俗称	摘要、权力要求、说明书	专利名称	2024 年 1—5 月	2023 年	2022 年
弹性体	370 983	22278	108	982	1199
高分子弹性体	3214	880	0	1	7
热塑性聚氨酯弹性体	18 405	987	8	51	75

（续表）

简称、习惯用语、俗称	摘要、权力要求、说明书	专利名称	2024年1—5月	2023年	2022年
聚氨酯热塑性弹性体	836	42	0	1	1
聚氨酯弹性体	34 861	2618	17	168	196
TPU 弹性体	1093	34	0	0	0

表 6　热塑性弹性体制造专利的在 IPC 和 CPC 的分布数量

热塑性弹性体材料	IPC 分类	件数	CPC 分类	件数
只有 1 个碳—碳双键的不饱和脂族烃的均聚物或共聚物的组合物，此种聚合物的衍生物的组合物	C08L23/00	1718	C08L2205/00	1071
使用无机物质作为混合配料 [2018.01]	C08K3/00	1301	C08L2207/00	880
嵌段共聚物的组合物，该共聚物至少有 1 个聚合物链区是仅由碳—碳不饱和键反应得到的；此种聚合物衍生物的组合物 [2006.01]	C08L53/00	1287	C08L23/00	800
C08K5 使用有机配料 [2006.01]	C08K5/00	1277	C08L53/00	623
使用不包含在 C08K3/00 至 C08K11/00 任何单独一个大组中的配料混合物，其中每种化合物都是基本配料 [2006.01]	C08K13/00	799	C08L2201/00	586
油、脂肪或蜡的组合物；其衍生的组合物	C08L91/00	553	C08K2003/00	382
接枝聚合物的组合物，其中接枝的组分是经由碳—碳不饱和键反应得到的（对于 ABS 聚合物如 C08L55/ 02）；此种聚合物的衍生物的组合物 [2006.01]	C08L51/00	452	C08K2201/00	342
聚脲或聚氨酯的组合物；此种聚合物的衍生物的组合物 [2006.01]	C08L75/00	382	C08L2203/00	290
由主链中形成 1 个羧酸酯键反应得到的聚酯的组合物（有关聚酯—酰胺的入 C08L77/12；有关聚酯—酰亚胺的入 C08L79/08）；此种聚合物的衍生物的组合物 [2006.01]	C08L67/00	358	C08K5/00	270
挤出模塑，即通过赋予所需形式的模具或喷嘴挤出模塑材料；其设备；（挤出吹塑）	B29C47/00	321	C08L91/00	236
制作颗粒（一般方法入 B01J；化学方面入 C08J3/12）[2006.01]	B29B9	213	其他	7853
C08L9\C08K9\C08K7\C08L27\B29B7\C08L71\B29C48\C08L101\C08L21\C08J5\C08L33\C08L61\C08F8\C08L7\C08L57、C08J3\C08L25\C08F297\C08G18\C08G81\C08F2\C08F293\C08G69\C08L83\\B29B13\B32B27\B60C1\B32B25\B32B33\B29C44\B-32B7\B26D7\B29C35\H01B3\B29C45\H01B7\A43B13		9716		

　　截至 2024 年 5 月，4200 件热塑性弹性体申请专利名称中，公开 3467 件，占 82.55%，授权 2203 件，专利权的转移 292 件，专利权人姓名或者名称的变更 109 件。

（三）国家十大重点产业与行业重点企业的专利拥有量

截至 2024 年 5 月，热塑性弹性体在信息、数控、航空、海洋、轨道、新能源、电力、新材料、医疗、农机十大重点产业中的"应用热塑性弹性体产品专利" 13 815 件，其中，发明专利 7976 件；"热塑性弹性体名称专利" 3760 件，其中，发明专利 2156 件。

截至 2023 年 12 月，63 家会员企业专利总量 1471 件，其中，发明专利 532 件，占 36.17%；实用新型占 42.96%。拥有专利的会员企业 32 家，占会员数的 51%。近 1—3 年会员单位拥有的专利数量 513 件，占 23.59%，其中，2023 年 4 月—2024 年 4 月（一年内）的专利 166 件，占最新专利量的 32.36%，占总量的 11.33%。拥有专利的会员企业的专利平均为 23 件。拥有专利最多的会员企业都是行业的龙头大型企业、中间体原料制造；没有专利的会员单位主要是贸易公司、单体材料公司。

三、热塑性弹性体行业专利特点与趋势

（一）热塑性弹性体领域的专利特点

热塑性弹性体行业的专利主题多标签，分布领域宽，集中于发达地区、发达省市、发达企业。

（1）应用热塑性弹性体专利快速增长。1979—2008 年间，专利总量 541 件；2008 年，年专利突破 100 件；2018 年，年专利突破 300 件。2008—2018 年的十年间，新增 2350 件。2020 年，年专利申请总量超过 5000 件。但是，近年申请总量逐步减少，2023 年名称专利 191 件，明显低于 2022 年的 242 件，下降了三分之一。分析可知，主要是在传统产业的热塑性弹性体材料的专利数量明显降低，如 A43 鞋类热塑性弹性体截至 2023 年共有 1591 件，2023 年申请的总专利中只有一件是制鞋用热塑性弹性体专利。

（2）战略新材料产业专利明显增多。在战略性新兴产业等十大重点产业的热塑性弹性体专利突破万件，2023 年 4 月—2024 年 5 月内的专利拥有量占 5.68%。其中，H04 电子通信器材 1429 件，A63 运动器材 807 件，A45 穿戴设备（手携物品或旅行品）694 件。2023 年卫生医疗器材应用弹性体专利为历年申请专利的年份。

（3）热塑性弹性体专利延展于其他各行。例如：《用于防治无脊椎动物害虫的亚胺化合物》使用热塑性和柔性塑料以及弹性体和热塑性弹性体。再如：E04 建筑物 919 件，A46 刷类制品 849 件，A45 手携物品或旅行品 694 件，B25 手动工具、轻便机动工具、手动器械的手柄、机械手等用热塑性弹性体材料的产品 289 件。

（4）热塑性弹性体专利产出于发达地区、发达省市、发达企业。我国江苏、广东、浙江、安徽、上海、山东、北京、福建等 8 个省市的热塑性弹性体专利，占比超过 80%，其中，江苏的占 20%（图 2）。国际头部企业热塑性弹性体专利超过 100 件，前 10 名的专利申请人，有 4 名属于国外巨头企业。热塑性弹性体专利超过 1000 件的国家有日本、美国；超过 100 件的国家和地区有德国、印度、法国、巴西、西班牙、加拿大、韩国、澳大利亚、奥地利和我国的港澳台。

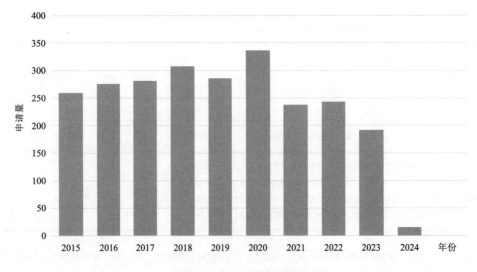

图 2　热塑性弹性体申请量趋势图

（二）热塑性弹性体行业专利短板

2023 年，我国热塑性弹性体专利的总体情况是"三少一低两下降"。热塑性弹性体名称专利总量减少，由于产业发展规模不对称，特别是规范术语的子领域的专利更少，涉及生物质植物基、绿色制造、智能制造、数字化、信息化、环保工业、低碳节能、高物性、多功能等方面的高质量专利也少。通过会员调查了解，一半以上企业几乎没有专利申请行为。会员企业专利数量平均 25 条，主要得益于少数大企业专利密集大户，它们拉高了会员专利平均水平。专利高价值水平还不显现，热塑性弹性体中间体的高价值专利拥有情况落后于发达国家。

（三）热塑性弹性体高价值专利培育趋势

根据国家专利受理局的数据，热塑性弹性体领域专利关键技术的大数据频显，依次为强度、成本、效率、稳定、耐热、弹性、韧性、工艺、耐磨、力学；呈现"五高一低三好、工艺简单"趋向。

因此，要加大高价值热塑性弹性体专利培育，为企业带来各类政策支持，保护企业自有知识产权，获取先发优势。

（1）要制定《热塑性弹性体高价值专利推动计划》，极大地满足工业生产资料的高物性需求，日常产品的绿色、环保、卫生、安全要求。

（2）要建立运行专利导航机制，为企业提供全球热塑性弹性体科技信息，奠定高价值专利的基础。要运用专利信息，找准研发起点，攻克难点方向，避免低水平研发、重复研究和创新资源的浪费。

（3）企业要有专利发展的长远布局，做好国际专利、战略材料、专利融资、专利奖项、维护专利等方面的工作。从热塑性弹性体市场和战略布局角度，做好国内外专利布局，使其专利价值最大化。

热塑性弹性体专委会和会员企业将共同发力，按照专利发展轨道，培育一批高价值专利，以科技驱动热塑性弹性体加速新质生产力发展。

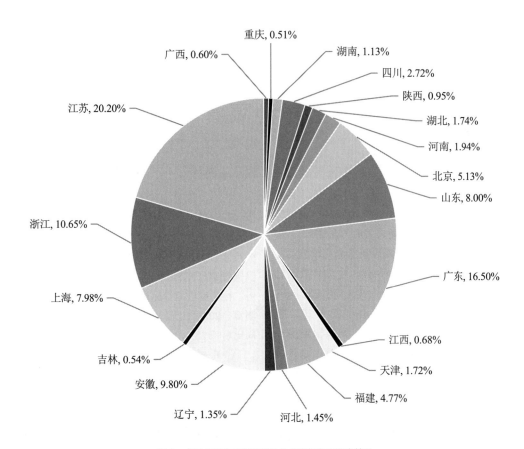

图 3　全国各省市热塑性弹性体专利拥有量分布情况

表8　热塑性弹性体材料专利技术内容分布

范畴频率	高强度	成本低	高效率	高稳定	高耐热	弹性好	韧性好	工艺简单	高耐磨	力学性能
热塑性弹性体	8820	6326	5600	4910	3439	3192	2966	2402	2536	2141
混合物	4828	2831	3232	2797	2320	1467	1554	1261	1039	1290
聚合物	2536	1451	1626	1480	1310	727	817	666	526	777
分子量	2859	1367	1900	1623	1549	840	895	677	508	781
聚丙烯	2868	2110	2036	1521	1214	876	886	729	674	723
聚苯乙烯	2777	1417	1876	1585	1476	725	690	495	499	403
聚酰胺	2285	1327	1507	1344	1035	617	630	441	509	394
聚氨酯	2075	1296	1231	1189	880	616	535	435	531	338
聚碳酸酯	1904	1276	1324	1242	1022	421	472	309	369	276
异戊二烯	2309	1084	1510	1373	1218	701	551	372	461	272

锂电池隔膜

中国塑协电池薄膜专业委员会

我国汽车年产销在 2009 年和 2013 年分别首次突破 1000 万辆和 2000 万辆大关后，在 2023 年迈入 3000 万辆时代。近年，我国新能源汽车产业发展已进入规模化快速发展新阶段。中汽协数据显示，2023 年新能源汽车销量为 949.5 万辆，同比增长 37.9%，市场占有率为 31.6%，高于 2022 年同期 5.9 个百分点。其中，2023 年新能源乘用车销量占乘用车销量的 34.7%，新能源商用车销量占商用车销量的 11.1%。预计 2024 年我国新能源汽车销量仍将保持高速增长。新能源汽车的快速发展带动锂电池需求量不断上升。锂电池隔膜作为锂离子电池的关键四大主材之一，其需求量一直处于增长态势。

一、2023 年全国锂离子电池行业运行情况

2024 年 3 月 1 日，工业和信息化部电子信息司公布了 2023 年锂离子电池行业运行情况。2023 年，我国锂离子电池（下称锂电池）产业延续增长态势。根据锂电池行业规范公告企业信息和行业协会测算，2023 年全国锂电池总产量超过 940GW·h，同比增长 25%，行业总产值超过 1.4 万亿元。

（1）电池环节，2023 年 1—12 月消费型、动力型、储能型锂电池产量分别为 80GW·h、675GW·h、185GW·h，锂电池装机量（含新能源汽车、新型储能）超过 435GW·h。出口贸易持续增长，2023 年 1—12 月全国锂电池出口总额达到 4574 亿元，同比增长超过 33%。

（2）一阶材料环节，2023 年 1—12 月正极材料、负极材料、隔膜、电解液产量分别达到 230 万吨、165 万吨、150 亿平方米、100 万吨，增幅均在 15% 以上。

（3）二阶材料环节，2023 年 1—12 月碳酸锂、氢氧化锂产量分别约 46.3 万吨、28.5 万吨，电池级碳酸锂、电池级氢氧化锂（微粉级）均价分别为 25.8 万元 / 吨和 27.3 万元 / 吨。

全年锂电池行业产品价格出现明显下降，2023 年 1—12 月，电芯、电池级锂盐价格降幅分别超过 50%、70%。

二、锂电池隔膜行业市场分析

隔膜性能对锂电池影响较大。隔膜的主要作用是使电池的正、负极分隔开来，防止两极接触而短路。此外，隔膜还具有使电解质离子通过的功能。隔膜的性能决定了电池的界面结构、内阻等，直接影响电池的容量、循环特性以及安全性能等，性能优异的隔膜对提高电池的综合性能具有重要的作用。

受益于全球新能源产业的迅速发展，锂电池市场规模不断扩张。锂电池隔膜作为锂电池的重要材料之一，决定着锂电池的性能优劣，是其产业链中的关键环节，其生产技术的不断提升，会有效地推动行业未来高质量发展。

（一）2023 年我国锂电池隔膜需求情况

2023 年，锂电池市场风云变幻，从年初下游去库存周期至年中干法隔膜供不应求，再到下半年的需求不及预期，市场需求的变化蕴藏着机遇与挑战。

根据中国塑协电池薄膜专业委员会的统计，2023 年全球锂电池隔膜市场产量达到 202.2 亿平方米，同比增长 29.7%；国内锂电池隔膜产量达到 173.6 亿平方米，同比增长 33.4%。

2023 年，我国锂电池隔膜产量增速由 2022 年的 66.7% 的水平下滑至 33.4%。终端需求的放缓以及去库存等因素导致增速下滑明显，最终导致市场竞争逐步进入白热化，详见图 1。

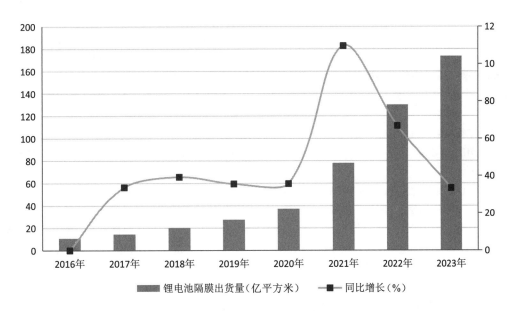

图 1　2016—2023 年中国锂电池隔膜出货量及增速

（二）2023 年中国大陆锂电池隔膜进出口情况

根据中国大陆海关编码，电池隔膜分为乙烯聚合物制电池隔膜和丙烯聚合物制电池隔膜。根据电池薄膜专委会数据统计，以及海关总署数据来源，2023 年，中国大陆锂电池隔膜进出口情况如表 1 所示。可以看出，乙烯聚合物制电池隔膜出口数量与金额均远高于丙烯聚合物制电池隔膜。中国大陆乙烯聚合物制电池隔膜的主要出口地包括韩国、波兰、日本、马来西亚和柬埔寨，而丙烯聚合物制电池隔膜主要出口韩国、泰国和中国台湾。

表1　2023年我国锂电池隔膜进出口情况汇总

商品编号	商品名称	出口量/吨	出口金额/元	进口量/吨	进口金额/元
39201010	乙烯聚合物制电池隔膜	62 614.11	3 903 558 829	344.317	137 854 553
39202010	丙烯聚合物制电池隔膜	1698.117	208 608 084	2857.488	701 263 062

三、锂电池隔膜行业发展动向

（一）市场需求

锂电池下游需求包括电动汽车、消费电子及储能三大领域。锂电池厂商基于综合性能与成本选择合适的隔膜类型。

1. 电动汽车

湿法隔膜为主，比亚迪或驱动干法需求。电动车普遍对锂电池能量密度有较高要求，进而对其隔膜的体积与重量提出更高要求。目前大多数电动车选用湿法锂电池隔膜，仅有比亚迪刀片电池、日产部分混动车型采用干法隔膜。

2. 消费电子

湿法隔膜为主。消费电子同样对锂电池能量密度有较高要求，其锂电池隔膜通常以湿法隔膜为主，仅部分低端消费锂电池使用干法隔膜。

3. 储能

预计干法隔膜将占据主要份额。储能领域以绝对成本为导向，目前干法/湿法隔膜存在50%以上的价差，专委会预计，干法隔膜凭借更低的成本将占据储能领域主要市场份额。

（二）市场各要素

1. 价格端

由于核心设备交付加速，2023年年底产能释放，预计供需紧张状况会缓解，隔膜价格进一步下跌。

2. 产品端

得益于国内隔膜厂技术进步、积极扩产以及海外隔膜厂扩产保收，在供需紧平衡下国内隔膜厂海外出货量将快速提升，预计到2024年，国内隔膜厂全球份额升至68%，在海外电池厂供应份额升至45%；同时，各厂商涂覆膜出货占比都将持续提升，产品结构优化推动盈利能力持续提升。

3. 成本端

2023年以来，以恩捷、星源、中材为代表的厂商通过改进工艺，其生产效率、产品良率皆有显著提升，叠加海外涂覆占比提升，盈利拐点确立；龙头恩捷大幅推广在线涂覆技术，推动成本大幅下行。国内隔膜厂全球竞争力持续强化。

4. 低良品率

隔膜良品率低主要原因是其生产工艺长且复杂，并且产生损耗的环节多。隔膜生产技术难点在于成孔的工艺、基体材料以及制造设备。此外，隔膜生产过程中辅料回收较为困难，多次分切造成的损耗大。这些工艺都拥有较高的技术壁垒，要求隔膜企业联合设备厂商不断开发、调试、改进设备，并在生产过程中积累经验。其中，产能利用率、良品率（海外客户可能更低）以及分切收得率是重点考察对象。

（三）市场竞争

在市场竞争方面，由于锂电池隔膜行业的重资产属性，市场具有较高壁垒，内部竞争者成本盈利水平分化，已形成"一超多强"的竞争格局，行业集中度高。数据显示，恩捷股份以接近40%的市场份额排名第一，其次是星源材质，两家的市场份额之和超过50%。

具体从细分市场来看，湿法隔膜领域"一超多强"，恩捷股份龙头地位稳固。根据中国塑协电池薄膜专委会统计，2023年，我国湿法隔膜出货量排名靠前的企业分别为恩捷股份、中材科技、金力股份、星源材质、厚生新能源、北星新材、蓝科途等。

干法隔膜领域"三足鼎立"，2023年出货量排名靠前的企业分别为星源材质、中兴新材、惠强新材、博盛新材、沧州明珠等，并且随着龙头企业12μm三层共挤隔膜批量供应，市场集中度有望进一步提高。

整体分析，恩捷股份、星源材质、沧州明珠是锂电池隔膜行业兼具干法、湿法、涂覆技术能力的主要公司。进入2024年，锂电池隔膜行业马太效应越发凸显，市场集中度有望持续提升，尤以恩捷股份为甚，其自建产线优势明确，成本优势进一步凸显。

（四）供需展望

1. 市场需求持续增长

随着新能源汽车市场的快速发展和储能技术

的广泛应用，锂电池隔膜的市场需求将持续增长。特别是在电动汽车、智能手机等领域，对锂电池隔膜的需求将不断增加。此外，随着可再生能源产业的快速发展，储能技术的需求也在增加，这将为锂电池隔膜行业带来更大的市场潜力。

2. 技术创新推动发展

技术创新是推动锂电池隔膜行业发展的重要动力。未来，随着科技的不断进步，新的生产技术和工艺将被不断引入锂电池隔膜行业，以提高生产效率和产品质量。同时，新型材料的研发和应用也将为锂电池隔膜行业带来更多的发展机遇。

3. 环保和可持续发展成为趋势

随着全球对环保和可持续发展的重视，锂电池隔膜行业也将更加注重环保和可持续发展。未来，锂电池隔膜行业将积极推广和应用环保技术，降低生产过程中的污染排放，推动行业向绿色、低碳方向发展。

锂电池隔膜行业将继续保持稳定增长态势，市场需求将持续增加，技术创新将成为推动行业发展的重要动力。同时，环保和可持续发展将成为行业发展的重要趋势。然而，行业也面临着市场竞争加剧、技术更新换代等挑战，需要企业密切关注市场动态和技术趋势，积极应对挑战并抓住机遇。

四、锂电池隔膜行业发展的意见和建议

（1）企业要通过提升技术、优化工艺、改进配方、持续研发新产品等措施，提高隔膜良品率和附加值，有效降低单位成本，降低能源消耗，加快产业绿色低碳技术的全面应用。

（2）努力做好技术攻关，扩大高端产品产能，解决电池行业急需的各种高性能隔膜，要在提高产品优质品率、提高隔膜耐热性等方面取得新的突破。

（3）国外市场仍有较大的出口空间，可以容纳国内新增产能，有能力的隔膜厂家应该更多关注国外市场的需求，打入国际高端市场，引领国内隔膜生产水平不断提高。

（4）合理布局，理性发展，防范过度扩张引起的同行恶性竞争。加强专利登记和知识产权保护，做好本企业的专利注册与登记工作，避免以后遭受不必要的损失。

阻燃材料及应用

中国塑协阻燃材料及应用专业委员会

一、行业现状分析

随着科技的迅速发展，近年来高分子材料的应用领域逐步拓展。由于高分子材料的易燃性，塑料阻燃剂的应用与研究受到了全球性的重视。作为降低材料着火能力的材料助剂，塑料阻燃剂目前已经成为高分子材料的重要助剂。随着中国经济的快速发展和城市建设的不断扩张，建筑、汽车、电子电气等行业对阻燃剂的需求不断增加。在建筑行业中，特别是高层建筑和公共设施的建设中，对阻燃材料有着更高的要求，增加了市场对阻燃剂的需求量。同时，汽车行业的快速发展和电子电气行业的迅猛增长，也推动了阻燃剂市场需求的增加。我国阻燃剂行业起步较晚，且目前我国阻燃剂产品大多数直接或经初步加工后间接出口至国外，国内应用较少。此外，与欧美发达国家相比，我国阻燃剂中氯化石蜡、溴系阻燃剂的比例偏高。据统计，截至2023年年底，我国阻燃剂产量约为118.62万吨，需求量约为109.20万吨。

二、行业发展趋势

（一）锑系阻燃剂价格不断上涨

锑，某种程度上也可以称作"工业味精"，主要用于阻燃剂、光伏玻璃、铅酸电池的生产，以及军工等。全球阻燃剂产品市场结构中，用量最大的为无机氢氧化铝阻燃剂，其占比为31%，有机阻燃剂中，磷氮系和溴系分别占比18%和14%，锑系阻燃剂占比为5%。国内锑的价格经历了两次较大幅度的增长，其趋势与金属铜和黄金有一定的趋同性。2019—2020年年底，锑的价格维持在4万/吨左右，到2021年年初则有大幅的跳涨，直接上涨到7万/吨左右；第二次大幅上调则是在2023年

年底至今，价格直接上涨到 10 万 / 吨左右，目前的价格较 2020 年涨价前大约翻了 1.5 倍。

锑在全球的储量集中度较高，中国储量最高，64 万吨，占全球总储量的近 30%，其次则是俄罗斯和玻利维亚，储量前三的国家的储量占全球总储量的近 60%。由于储量低，锑（64 万吨）与钨（82 万吨）、锡（100.49 万吨）、稀土（4400 万吨）并称为中国四大战略资源。

锑在阻燃剂中通常是作为卤系阻燃剂（主要为溴系阻燃剂）的协效剂使用。由于其成本效率比高，因此也十分适合用于高端材料上。阻燃剂需求即便没有大的增长，也不会出现见顶下滑的局面。当前，阻燃剂用锑的需求大约在 7 万吨，预计不会出现大幅变动。

根据供需测算，预计 2024 年全球锑供需缺口为 3%，2025 将会扩大到 8%。

（二）环保型阻燃剂将持续发展

目前，国内环保型阻燃剂的种类较为丰富，主要包括无卤阻燃剂、磷氮阻燃剂、硅阻燃剂等。这些环保型阻燃剂不仅满足了不同领域对阻燃性能的需求，还兼顾了环保指标的要求。目前，随着环保法规的加强和人们环保意识的增强，国内环保型阻燃剂的市场需求呈现出逐渐增长的趋势。各行各业对环保阻燃剂的需求逐渐增加，推动了环保型阻燃剂的研发和应用。各种环保阻燃剂的性能得到了不断改进，其阻燃效果和持久性得到了显著提高。

（三）阻燃剂应用领域和需求持续扩张

随着我国高分子材料工业的发展和应用领域的拓展，阻燃材料在化学建材、电子电器、交通运输、航天航空、日用家具、室内装饰、衣食住行等各个领域中得到广泛应用，阻燃剂已成为仅次于增塑剂的第二大高分子材料改性添加剂。

近年，我国阻燃剂行业发展迅速，从下游应用领域来看，随着 5G 商用加快，5G 基站及电子消费品等领域对阻燃剂需求的增加，而汽车轻量化的发展以及社会对火灾防范意识的增强等，也将不断扩大对阻燃剂的需求。到 2027 年，我国阻燃剂需求量有望接近 150 万吨，2022—2027 年年均增长速度有望达到 7.62%。

三、政策建议及专委会工作

（一）深入走访各地一线企业，加强内部合作交流

2023 年 2 月 21—23 日，中国塑协阻燃材料及应用专委会（以下简称阻燃专委会）副主任兼秘书长张胜和副秘书长孙军赴长三角地区，走访调研了宿迁联盛科技股份有限公司上海分公司、江苏万纳普新材料科技有限公司、浙江旭森阻燃剂股份有限公司等重点会员企业。在 2 月 25—27 日举办的第五届中国国际塑料展期间，专委会秘书处成员拜访了众多参展的会员单位和行业企业，就各企业发展状况和技术创新等与公司领导和技术、销售人员进行了深入交流，希望各企业能够加强与阻燃专委会的交流与合作，坚持创新发展，发挥各自优势，推进合作共赢，助力行业发展。

5 月 24—27 日，阻燃专委会创新合作考察团一行 25 人赴江浙皖调研，实地走访了宿迁、扬州、常州、芜湖和杭州等地的多家重点企业，考察阻燃行业现状，加强了上中下游企业之间的交流与合作，推进阻燃材料行业的可持续发展。

阻燃专委会将继续在中国塑协的领导下，继续积极开展工作、服务企业，向政府部门和行业协会反馈行业状况和诉求，创新优化产学研模式，充分发挥企业优势，共同促进行业健康稳定发展。

（二）推动创新合作，共谋行业发展

2023 年 9 月 20—22 日，第四届中国阻燃塑料技术创新与市场应用研讨会在山东潍坊圆满召开。在这次研讨会上，四川大学王琪院士、青岛大学夏延致教授、中国科学技术大学胡源教授、浙江工业大学王旭教授、北京理工大学李向梅教授、东北林业大学许苗军教授、四川大学赵海波教授、应急管理部天津消防研究所六室王俊胜主任、株洲时代新材料科技股份有限公司首席科学家杨军、金发科技股份有限公司技术副总叶南飚以及北京化工大学张胜教授等 23 位资深技术专家做了精彩报告。报告内容涵盖了阻燃剂、阻燃材料、阻燃制品和终端应用等整个产业链，从阻燃科学理论、生产工艺技术、产品对燃烧和整体性能需求等多个视角进行了高水平的专业分享。此次会议面向企业管理、技术、生产和销售负责人，阻燃行业产业链上下游同人就产业技术转化和供应合作进行了深入交流。

2023 年 11 月 22—26 日，由中国塑料加工工业协会主办的 2023（第四届）中国塑料产业链高峰论坛暨中国塑料绿色智造展览会在浙江省绍兴国际会展中心举办。阻燃专委会作为本届展会的承办单位之一，以真诚的态度服务各方，积极参与筹备组织和宣传本届展会，推进各方的深层次交流合作，促进阻燃材料行业科学、健康发展。阻燃专委会组织设置了 72 m² 的阻燃展团联合展位，参展单位包括专委会主任单位道恩集团有限公司，副主任单位宿迁联盛科技股份有限公司、山东旭锐新材股份有限公司以及云南江磷集团股份有限公司。阻燃专委会以阻燃材料产业链为参展主题，展示专委会上下游企业的精神面貌，体现了专委会成员间的团结与协作。展品包括新型溴系及磷系阻燃剂、阻燃母粒、阻燃改性塑料以及制品等。

2023 年 11 月 25 日上午，由中国塑料加工工业协会主办、阻燃专委会承办的 2023 阻燃塑料及纺织品市场应用与技术创新研讨会在绍兴国际会展中心 3 号馆会议中心新闻发布厅召开。本次会议邀请了北京理工大学杨荣杰教授、东北林业大学李斌教授、中国科技大学胡源教授、北京化工大学张胜教授、天津工业大学任元林教授、河南大学李志伟教授以及青岛大学刘云教授等围绕阻燃材料及其塑料制品的研究现状、问题与挑战，阻燃剂的设计、制备与发展趋势，先进阻燃体系及生产制造技术，阻燃纺织品开发策略及进展等做了精彩报告，为高校、科研机构和企业公司搭建了一个深度合作与交流的平台。

四、行业发展趋势

（一）环保型阻燃剂的发展与应用

阻燃剂行业正经历着深刻的变革，尤其是在环保理念的推动下，市场对环保型阻燃剂的需求呈现出持续增长的态势。这一发展趋势不仅反映了全球对环境保护的重视，同时也为阻燃剂行业带来了新的发展机遇。

在环保型阻燃剂的市场需求方面，随着全球环保意识的日益增强和相关法规的严格实施，传统的阻燃剂产品已经无法满足市场需求。越来越多的企业开始关注产品的环保性能，优先选择低毒、无毒、无危险废物排放的环保型阻燃剂。

阻燃剂行业未来的发展趋势将更加注重环保和可持续发展。企业需要加强环保意识，加大研发投入，推出更加环保、高效的阻燃剂产品，要关注市场需求变化，及时调整产品策略，满足市场不断升级的需求。阻燃剂行业还需要加强与相关行业的合作，共同推动阻燃剂技术在不同领域的应用和发展。

（二）高性能阻燃剂的需求增长与技术进步

阻燃剂行业近年来呈现出强劲的发展势头，尤其在高性能阻燃剂领域。科技进步和工业发展推动了阻燃剂需求的增长，尤其在航空航天、军事装备等高科技领域，对具有卓越抗火和耐高温性能的阻燃剂的需求尤为迫切。这种趋势不仅反映了社会各界对安全性能的高度重视，也凸显了阻燃剂行业在应对极端环境挑战中的关键作用。

为了应对市场需求的增长，阻燃剂行业不断进行技术创新和生产工艺的优化，成功开发出新型阻燃剂。这些新型阻燃剂不仅具有更高的阻燃性能、更低的生产成本，还提高了生产效率。这种技术创新不仅为阻燃剂行业带来了新的增长点，也为相关产业的发展提供了有力支持。

在技术进步的推动下，阻燃剂行业在应对市场需求的增长方面呈现出强劲的发展势头。然而，阻燃剂行业的发展也面临着环保、技术创新和人才培养等方面的挑战。为了推动阻燃剂行业的可持续发展和全球扩张，各方要共同努力，加强合作与协同，提高产品质量和技术水平，拓展市场份额，为阻燃剂行业的未来发展注入新的动力。同时，阻燃剂行业还需要关注国际市场的需求和竞争态势，积极参与国际竞争与合作，提高国际竞争力。相信在政府、企业和研究机构的共同努力下，我国阻燃剂行业将不断迈向新的高峰，为社会的发展和进步做出更大的贡献。

（三）新材料的应用对阻燃剂行业的影响

阻燃剂行业作为保障材料安全的重要领域，正面临着新材料应用所带来的深刻变革。这一变革不仅为阻燃剂行业提供了新的应用领域，同时也对阻燃剂的性能和效果提出了更高的要求。阻燃剂行业必须紧跟新材料发展的步伐，持续推动技术创新，以满足日益增长的阻燃需求。

面对新材料的挑战，阻燃剂行业需要积极应对，通过技术创新推动行业发展。阻燃剂企业需要加大研发投入，加强与高校、科研机构的合作，共同研发新型阻燃材料和技术。同时，阻燃剂企业还需要加强与新材料企业的沟通与合作，了解新材料的应用需求和特点，为新材料提供更加精准、高效的阻燃解决方案。

阻燃剂行业与新材料行业的紧密合作是实现产业链协同发展的关键。阻燃剂企业需要深入了解新材料行业的发展趋势和市场需求，通过共同研发和推广新型阻燃材料和技术，推动整个产业链的升级和发展。这种合作模式不仅可以提升阻燃剂行业的竞争力，同时也可以为新材料行业提供更加安全、可靠的材料保障。

注 塑 制 品

中国塑协注塑制品专业委员会

一、产业背景

随着全球制造业向智能化、高效化、绿色化转型升级，橡塑行业作为现代工业体系中的重要支柱之一，正经历着前所未有的技术革新和市场变革。近年来，在全球"双碳"政策背景下，控碳减排成为工业界技术发展过程中不可避免的重要问题。针对塑料产业的绿色化转型升级，当前橡塑行业业内主要从材料高值化回收、生产过程数字化服务和制造过程智能化调控等方面来实现节能减排。

二、聚合物材料高值化回收再利用技术

聚合物材料具有优良的可回收性，发展聚合物材料高值化回收再利用技术可以有效降低材料成本、减少环境污染。目前，橡塑行业业内主要相关技术有回料再加工技术、高性能回收技术和生物基材料再利用技术等。

（一）回料再加工助力塑料回收

塑料回收加工是实现绿色化、循环经济最直接的方式，因此开发回料再加工技术是当前业界主流的技术发展趋势。恩格尔与阿尔法集团合作开发了基于rPET（再生PET）的薄壁注塑成型技术，其利用薄壁成型技术与膜内贴标技术一次成型生产出壁厚为0.32mm的125mL食品接触级薄壁容器（图1），具备优异的再生塑料安全性。该突破性技术可减少对新塑料的需求，减少废物产生，对环境保护具有重要意义。意大利吹塑机厂商Plastiblow推出的多层共挤设备，可加工含有50%聚乙烯的回料，用于生产20L三层工业包装堆码桶，为节能和回料的挤出加工提供了新的解决方案。

图1　rPET薄壁食品容器

（二）回收工艺创新提升回收塑料再制造效率

一般传统的回收加工工艺是对回收材料预加工改性后，由挤出机混合塑化完成造粒过程，再通过注塑机来实现回料的再生产。显然，这种两步法的过程比较烦琐且伴随着巨大的能耗，阻碍了回收工艺的进一步推广发展。克劳斯玛菲利用直接混炼注塑（DCIM）技术实现混配三种不同黏度的回收材料，并完美整合了单螺杆挤出机和注塑机（图2），其单螺杆挤出机直接连接注塑机的塑化单元，对回收材料进行改性、增强填充后直接进行注射成型。DCIM技术避免了传统回收材料加工过程烦琐、周期长、能耗成本高的缺点，省去了回料改性配混后造粒、干燥等过程，大幅缩短了回料再利用的注塑成型周期，材料成本可节省高达50%，配混熔体直接从挤出机进入注塑机塑化装置，节省了能源和减少了二氧化碳排放。

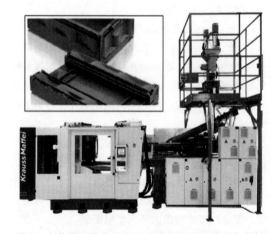

图2　克劳斯玛菲的DCIM设备与可重复使用板条箱

恩格尔开发出"两步法"工艺并将其用于生产物流用托辊装载运输车（图3）。该技术取消了传统回收再生产过程中的造粒过程，改善了CO_2的平衡并降低了近30%的回收成本，配套开发出的脱气单元可以有效降低回料中的材料降解或减少回料中印刷油墨残留物等杂质，有效地提升了再回收制品的力学强度。

图3 恩格尔"两步法"工艺生产的托辊装载运输车

（三）新回收技术拓展回收材料范围

全球每年产生的140亿吨塑料包装废物中，有相当数量是复合包装材料，如塑料-铝膜和多功能复合包装膜等，该类复合材料的回收问题对塑料可持续性提出了巨大的挑战。在此背景下，德国Saperatec公司开发了一种创新的扩展回收方法，用于解构薄膜复合包装并再生成几乎具有原始质量的材料，这些回收材料可以直接替代薄膜或箔片基包装中的原始树脂。该方法预计每年可处理约18000吨包装废料。Covestro公司采用可持续的天然分离剂回收含有聚氨酯（PU）黏合剂的多层薄膜复合包装，这些分离剂可以选择性地减弱复合包装膜中PU黏合剂的黏合强度，从而有助于高效分离和随后的材料回收。此外，巴斯夫公司利用化学回收技术，将旧轮胎的分解油转化为尼龙6材料，用于制造高性能、耐用的微型断路器（MCB），充分体现了循环经济的理念，将废旧材料再利用。

（四）生物基回收材料大放异彩

图4 科思创展示的壁挂式充电站

由于其环保、可再生和生物降解等特性，生物基材料受到了材料制造商的广泛关注。科思创推出了面向未来交通的新型充电站和壁挂式充电装置（图4），所用塑料来自Makrolon RE系列。该系列塑料由生物废料和残余材料合成，部分使用可再生能源，因此碳排放极低。LG化学开发了采用回收材料制成的PCR产品，其由100%生物基的PLA、可生物降解的PBAT以及用于控制电池热失控的气凝胶所制成。Novamont开发的双生物基塑料在食品包装、餐饮、零售和农业领域得到广泛应用，其开发的硬质食品包装含有含量高达100%的生物基成分，具有良好的阻隔性能，可生物降解并可堆肥。Mater-Bi地膜适用于不同的环境条件和作物周期，由于可在土壤中生物降解，因此无须在作物周期结束时回收和处理，可留在土壤中由微生物降解，从而有助于减少塑料废物并保护土壤免受塑料污染。泰瑞推出了低能耗、可持续的NEO-T系列注塑机，专用于生产100%PLA可降解餐盘，支持循环经济的可持续发展。

三、生产过程数字化服务技术

数字化和智能化的兴起促进了注塑行业的发展。"工业4.0"的数字化转型理念不仅彻底改变了注塑行业，还使生产过程能够持续优化以满足迅速变化的需求。引入数字化解决方案不仅提升了制造效率和良品率，同时也在节约能源和减少碳足迹方面发挥着重要作用。

海天国际推出了装备"智能能耗管理"技术，助力客户实现高效能耗监测和分析。随着后续功能的拓展和更新，这一功能将更便捷地实现能耗分析和管理，从而达到更优的节能效果。此外，海天还推出了数字化管理软件"管工厂2.0"（图5），该软件专为中小制造业设计，能够对大量离散设备进行标准化联网，通过移动互联方式帮助制造企业实时标准化、规范化地管控工厂设备，实现了"将工厂放进口袋"的目标。数字化转型，助力企业节约成本、提高效率；智能赋能，进一步提升市场竞争力。

图5 "智能能耗管理"技术与数智化管理软件"管工厂2.0"

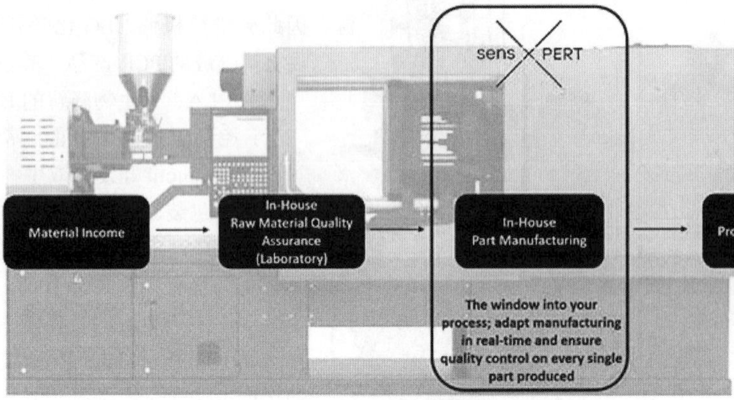

图6 SensXPERT 提供塑料加工参数的实时窗口

德国 Netzsch Process Intelligence 公司推出的 SensXPERT 智能工艺系统（图6），通过模内传感器和机器学习软件分析材料行为，实现动态、适应性生产，提高成型效率。该系统通过评估硬件和软件生成模型，捕捉所有物料和工艺过程中的微小偏差，并通过模拟、预测和分析材料行为，得出关键参数，如玻璃化转变温度、压力和固化要求，持续优化过程模型。这一技术释放了数据驱动生产力的潜力，极大地提升了塑料加工行业的效率。

Polyplastics 公司开发了一种 CAE 分析技术（图7），能够预测由 POM 材料制成的注塑产品中可能出现的孔隙。这一新技术通过结合流动和结构分析，根据模具收缩率、弹性模量和树脂固化过程中的压力分布等参数，准确预测模制产品内部应变的形成情况，从而减少试验样品，缩短开发周期，并降低能源消耗。

Engel 公司开发了系列化注塑装备能耗管理方案，成功地降低了装备运行能耗。该公司 e-mac 注塑机（图8）配备了 e-flomo、e-temp 和 iQ 流量控制系统，通过温控水路系统监测和调节流速、压力、温度和温差，智能的 iQ 流量控制辅助系统能够针对所有单个回路中的温差进行调整，以实现高重复性和最小冷却水和能源消耗。此外，该注塑机还搭载了 iQ 保压控制系统和 iQ 工艺观察系统，可分析模具注入量，精确定位塑化螺杆的位置，并跟踪注塑工艺各阶段的数百个参数，以快速诊断质量变化并减少废品数量。通过一系列数字化解决方案，该注塑机从设备到温度控制，再到数字辅助系统，都能根据当前生产产品的精确要求进行协调，实现完全和谐的协同工作。e-mac 注塑机每加工 1kg 的 PBT 材料仅消耗 0.8kW·h 时的电力，有效提升了装备的节能效果。

松井公司推出了智能成型导引系统以降低注塑工艺参数的设定周期和能耗。该系统通过吸纳用户输入的产品设计细节，包括产品体积、流道体积、尺寸规格（长宽高、平均与极值厚度）、螺杆直径、

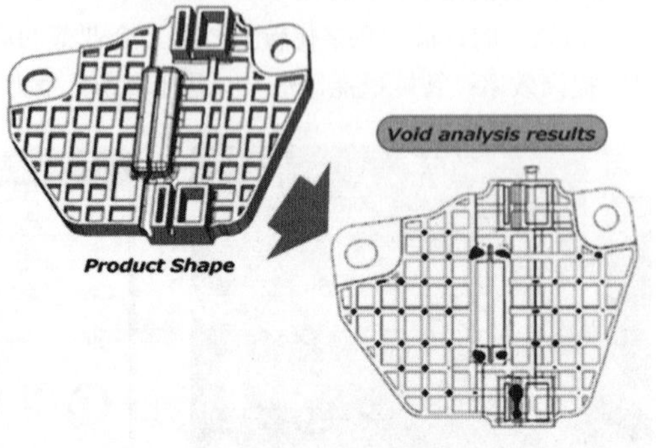

图7 CAE 孔隙预测技术

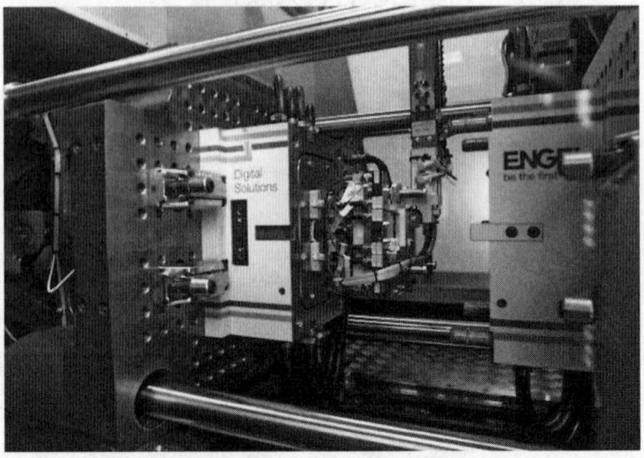

图8 Engel 全电动 e-mac 注塑机

材料信息等，构建精确的项目概况。随后，系统在海量项目数据库中匹配相似案例，并借鉴其成功工艺参数，极大地简化了初始参数设定流程。此外，该系统支持动态反馈调节，针对用户在实际生产试模中指出的产品缺陷（如翘曲或填充不足），自动微调参数，确保成品质量。通过该技术创新，传统试模迭代次数锐减至 3—5 次，显著加速了生产进程，提升了注塑机的工作效率，降低了试模过程的能耗。而恩格尔推出的工艺参数智能设定策略侧重于模流仿真的高级应用。客户上传包含模具设计、流道配置及材料特性的模流仿真文件后，恩格尔的系统执行深度模拟分析，依据详尽的仿真反馈，精确诊断并优化关键工艺参数。该技术在提升参数设置的科学性和精确性的基础上，可以有效降低试模周期和材料成本。

四、制造过程智能化调控技术

随着注塑行业的发展，企业追求降低成本、提高效率已成为必然。在这方面，一些创新技术和解决方案正在广泛应用，并取得了显著效果。

（一）注塑装备的高响应、低能耗成型技术

震雄集团推出了注塑装备的高响应、低能耗技术：SPEED-PACK II 高速包装机采用了第三代伺服技术 SVP/3，显著增强了设备的节能环保特性，最多可节省 80% 的用电和冷却用水；MK 系列伺服注塑机采用独创的精确液压技术，通过将注塑机的液压系统优化到极致，实现了高制品精度、高稳定性和低能耗的完美融合，具备出色的节能、降本和高效率等优势。

Matrix Molding Systems 公司开发的 Soniplas 技术，利用超声波能量来降低注塑工艺的能耗。该技术利用超声波能量在聚合物熔体中产生低能振动，从而触发聚合物材料剪切变稀的特性，降低材料黏度，提高注射时的流动性。同时，采用 Soniplas 技术成型的零件，其物理性能不会受到影响。该技术可以提高难以成型且废品率较高的零件的成型质量，从而减少废品率。此外，由于降低了注射压力，该技术也降低了模具对锁模力的要求。Soniplas 技术成功地降低了 34% 的能源使用量，缩短了 27% 的周期，实现了控碳减排并提高了生产效率。

（二）节省能源开支的温控循环与热管理技术

加热过程及热量交换是注塑过程能耗的重要组成部分，如何利用好这部分能量是降低注塑生产过程能耗水平的关键。Essentra Components 推

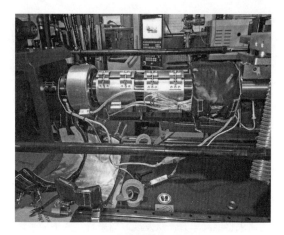

图 9　机筒隔热夹套

出了一项基于隔热护套概念的节能方案（图 9），可以减少加热时机筒的能耗。该方案可使每台机器能耗降低 15%，将外部温度降低 30%，降低了意外烧伤的风险。这种小而关键的创新既能减少能源使用和碳排放，又能实现生产效率的提高。

泰创集团推出了新一代温控和热管理装置，通过高效节能的温控系统、优化的废热利用以及更环保的制冷设备，为塑料加工行业的持续发展提供了更为实用的解决方案。该集团研发的新型冷水机组具有 1500kW 的制冷输出，提供了多功能的制冷循环，多级高温热泵将冷却过程中产生的废热提升至150℃，便于原料干燥（图 10）。此外，采用人工智能驱动的管理技术在不同系统组件之间建立智能连接，以降低能源消耗并最大限度地减少 CO_2 排放，从而进一步增强了该装置的实用性。

图 10　泰创集团推出的高温热管理系统

五、结语

在全球经济形势波动的大背景下，循环经济和

可持续发展有可能创造行业新的增长点。欧盟委员会要求 2025 年欧洲再生塑料使用量达到 10000kt，2030 年所有塑料包装都必须可回收。我国即将全面建立资源高效利用制度，实行垃圾分类和资源化利用制度，垃圾智能分类收集、转运、分拣及回收利用都将带来较大的市场空间。因此，循环经济有望成为一个持续发展的业务领域，并不断推动行业技术创新发展。此外，智能化、高效化、集成化仍是全球注塑行业的技术热点。从长久发展来看，伴随着新能源汽车、医疗器械和智能制造等一大波新兴制造业在国内的发展，注塑制品作为制造业的基础，市场需求将继续攀升；从发展方向来看，为适应下游产业高端化发展需求，未来传统注塑产业必将走向智能化、节能化、数字化，将信息技术应用到注塑产业以提高生产效率、降低成本、提高产品质量；从政策导向来看，随着国家碳达峰碳中和政策的不断落实，环保政策的日益严苛和注塑产业结构的转型升级，未来注塑产业将逐渐向高端化和可降解产品领域发展。可以预见的是，随着技术的不断进步与应用场景的拓展，注塑行业的智能化水平将持续提升，为"中国制造"向"中国创造"的转变提供强大的技术支持与创新动力。同时，这股智能化浪潮也对全球橡塑行业产生了深远的影响，推动整个产业链向更加高效、环保、可持续的方向发展。

节 水 器 材

中国塑协塑料节水器材专业委员会

2023 年，一系列连锁反应推动了许多国家的粮食和燃油价格上涨。我国为了应对全球粮食危机，夯实粮食安全根基，发布了 2023 年中央一号文件，该文件持续聚焦"三农"工作，提出要深入贯彻落实习近平总书记关于"三农"工作的重要论述，坚持和加强党对"三农"工作的全面领导，并提出加强高标准农田建设，重点补上土壤改良、农田灌排设施等短板，统筹推进高效节水灌溉，健全长效管护机制，制定逐步把永久基本农田全部建成高标准农田的实施方案。其中，高标准农田是保障粮食安全的关键举措。而塑料节水器材为高标准农田建设提供了高质量配件，包括灌水器、管材及管件、过滤设备、施肥设备、阀类等全套灌溉设备，有力地推动了高标准农田的发展，对于实现水资源的合理配置，提高水资源利用率，保障国家粮食安全、生态安全和社会经济可持续发展等，具有其他措施无法替代的作用。国家大力扶持高标准农田建设，塑料节水器材行业将迎来重大政策机遇期。

一、我国塑料节水器材行业发展现状

（一）主要原材料的情况及其对行业发展的影响

塑料节水器材的主要原材料包括 PE、PVC 及色母料等，其中，塑料颗粒是制造滴灌带管道的主要原材料。

2015—2023 年聚乙烯产能年均增速 5.05%，年产能由 2015 年 2348 万吨增至 2023 年 3416 万吨。2020 年以前聚乙烯进口依存度始终在 45% 以上，2020—2022 年进入快速扩能周期，新增产能千万吨以上。2023 年中国聚乙烯生产企业累计产量为 2677 万吨（图 1），同比增长 5.41%。

随着我国对资源和能源行业的约束不断增强，加上整体环保政策要求逐渐趋严，聚氯乙烯行业由高速发展进入高质量发展。2015—2023 年聚氯乙烯产能年均增速为 2.52%，年产能由 2015 年的 2348 万吨增至 2023 年的 2881 万吨。2023 年中国聚氯乙烯生产企业累计产量为 2120 万吨（图 2），同比增长 6.48%。

聚乙烯、聚氯乙烯为塑料节水器材行业的发展提供了重要支撑，其产能的稳定推动了塑料节水器材产业链供应链自主可控，为我国塑料节水灌溉企业提供了更多发展机会。

（二）塑料节水灌溉企业的增长及分布情况

近年，我国塑料节水器材行业快速发展，现存节水灌溉相关企业 3.3 万家。其中，从区域分布来看，新疆 4800 余家，排名第一；山东、河北、内蒙古分别有 3500 余家、3400 余家和 3200 余

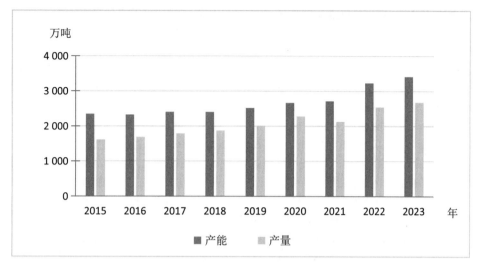

图 1　2015—2023 年聚乙烯产能产量变化趋势

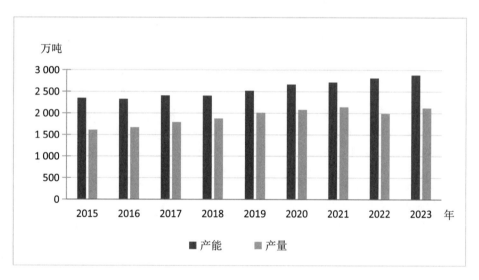

图 2　2015—2023 年聚氯乙烯产能产量变化趋势

家，分别位列第二、第三、第四。从注册资本来看，注册资本在 100 万元以下的企业占 36.8% 左右，注册资本在 5000 万元以上的企业仅占 5.19% 左右。综上所述，我国塑料节水器材行业仍以中小企业为主。

　　近年来，我国节水灌溉企业逐年增加，尤其是 2018 年和 2019 年，增加量同比增加了 82.55%、82.14%。2023 年，我国新增节水灌溉相关企业 720 家（图 3），节水灌溉企业增加量逐渐减少，2023 年节水灌溉企业增加量同比减少 3.74%。节水灌溉企业的增速在急剧扩张后达到平稳增长状态。

这可能是因为本行业从追求高速增长转向追求高质量发展，从"量"的扩张转向"质"的提升。

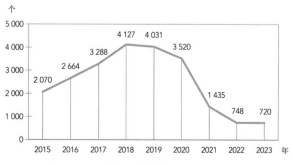

图 3　2015—2023 年节水灌溉企业年增加量变化

（三）塑料节水器材行业的发展对灌溉领域的影响

我国大力推进灌区续建配套与现代化改造、高标准农田建设，发展高效节水灌溉，加大农业节水技术研究和推广。经过 10 年努力，全国耕地灌溉面积由 9.68 亿亩增加到 10.55 亿亩，农田灌溉水有效利用系数从 2014 年的 0.530 增加到 2023 年的 0.576，单方灌溉水的粮食生产力从 1.58 千克左右增加到 1.88 千克左右。到 2023 年年底，全国的高效节水灌溉面积已经发展到 4.1 亿亩，全国农业用水量从 2014 年的 3869 亿立方米下降到 2023 年的 3600 多亿立方米，耕地灌溉亩均用水量由 402 立方米下降到不足 350 立方米。不过，农田灌溉水有效利用系数与先进国家农田灌溉水有效利用系数（目前普遍达到的 0.7—0.8）还有差距，存在较大的提升空间，灌区节水还有较大潜力，将带动塑料节水器材行业的发展。

农田有效灌溉面积是指具有一定的水源，地块比较平整，灌溉工程或设备已经配套，在一般年景下能够进行正常灌溉的耕地面积。在一般情况下，有效灌溉面积应等于灌溉工程或设备已经配套，能够进行正常灌溉的水田和水浇地面积之和。它是反映我国农田水利建设的重要指标。数据显示，2022 年我国有效灌溉面积达到 70 162 千公顷（约 10.52 亿亩），同比增长 0.79%。其中，高效节水灌溉面积约 4.02 亿亩，占比从 2017 年的 20.3% 提升至 2022 年的 38.2%，我国节水灌溉面积占比仍有较大提升空间，将带动塑料节水器材行业进一步发展。

（四）国家政策对塑料节水器材行业的支持

我国政府非常重视高效节水灌溉技术在农业领域的应用，在政策和资金上大力扶持相关行业的发展，每年均投入大量资金用于节水灌溉工程的建设以及灌区节水工程改造。随着我国节水灌溉面积的提升和效率的提高，近几年相继出台了一系列政策扶持节水灌溉行业进一步发展，主要如下：

2021 年 8 月 23 日，印发《"十四五"全国农业绿色发展规划》提出，顺天发展旱作农业、集成推广节水技术。

2021 年 10 月 8 日，中共中央、国务院印发文件《黄河流域生态保护和高质量发展规划纲要》（以下简称《纲要》）。《纲要》提出，把水资源作为最大的刚性约束，坚持以水定城、以水定地、以水定人、以水定产，合理规划人口、城市和产业发展；统筹优化生产生活生态用水结构，深化用水制度改革，用市场手段倒逼水资源节约集约利用，推动用水方式由粗放低效向节约集约转变。

2021 年 10 月 28 日，印发《"十四五"节水型社会建设规划》。该规划明确，到 2025 年，农田灌溉水有效利用系数达到 0.58；"十四五"新增高效节水灌溉面积 0.6 亿亩，创建 200 个节水型灌区；到 2025 年，全国建成高标准农田 10.75 亿亩。

2021 年实施的《全国高标准农田建设规划（2021—2030 年）》提出，建设内容中要体现绿色发展要求，明确高标准农田建设田块平整时不宜打乱表土层与心土层，应推广节水灌溉技术、农田防护与生态环境保护工程等，建设过程中鼓励应用绿色工艺。

2022 年 2 月 22 日，《中共中央　国务院关于做好二〇二二年全面推进乡村振兴重点工作意见》（以下简称《意见》）发布。《意见》指出，强化现代农业基础支撑，全面完成高标准农田建设阶段性任务。

《高标准农田建设通则》（GB/T 30600—2022）（以下简称《通则》）经国家市场监督管理总局（国家标准化管理委员会）批准发布，于 2022 年 10 月 1 日起正式实施。《通则》提出鼓励应用绿色材料和工艺，建设生态型田埂、护坡、渠系、道路、防护林、缓冲隔离带等，减少对农田环境的不利影响。

2023 年 1 月 2 日，《中共中央　国务院关于做好 2023 年全面推进乡村振兴重点工作的意见》提出，加强高标准农田建设。完成高标准农田新建和改造提升年度任务，重点补上土壤改良、农田灌排设施等短板，统筹推进高效节水灌溉，健全长效管护机制。制定逐步把永久基本农田全部建成高标准农田的实施方案。加强黑土地保护和坡耕地综合治理。

2023 年 1 月 3 日，中共中央办公厅、国务院办公厅印发《关于加强新时代水土保持工作的意见》，提出，以保护农田生态系统为重点，健全耕地休耕轮作制度，强化耕地质量保护与提升，推进高标准农田建设，完善农田灌溉排水体系，因地制宜建设农田防护林，提升土壤保持能力。

2023 年 5 月 25 日，中共中央、国务院印发《国家水网建设规划纲要》，提出，以粮食生产功能区、重要农产品生产保护区、特色农产品优势区为重点，在东北松嫩平原、黄淮海平原、长江中下游地区等水土资源条件适宜地区，结合国家骨干网水源工程和输配水工程，新建一批节水型、生态型灌区，实施大中型灌区续建配套和现代化改造，完善灌排骨干工程体系，创新并推广高效节水新技术新机制，提高水土资源利用效率，夯实国家粮食安全基础。

2023 年 7 月 3 日，《水利部　国家发展改革委关于加强非常规水源配置利用的指导意见》提出，统筹将再生水用于工业生产、城市杂用、生态环境、农业灌溉等领域，稳步推进典型地区再生水利用配置试点。以缺水地区、水资源超载地区为重点，将再生水作为工业生产用水的重要水源，推行再生水厂与企业间"点对点"配置，推进企业内部废污水循环利用，支持工业园区废水集中处理及再生利用；河湖湿地生态补水、造林绿化、景观环境用水、城市杂用等，在满足水质要求条件下，优先配置再生水；有条件的缺水地区，按照农田灌溉用水水质标准要求，稳妥推动再生水用于农业灌溉。

现阶段，我国塑料节水器材行业的政策态度为鼓励行业积极发展，我国多个主管部门支持节水灌溉工程的推广，从而带动塑料节水器材行业的消费，使得行业市场规模不断扩大。由此可见，塑料节水器材行业发展潜力巨大。

二、"双碳"政策下塑料节水器材的回收

早在 2020 年 9 月 22 日，习近平总书记在第 75 届联合国大会上就曾庄严宣告，"中国二氧化碳排放力争于 2030 年前达到峰值，努力争取 2060 年前实现碳中和"，提出了中国作为负责任大国应对全球气候变化的"30·60"目标。碳中和指国家和地区通过产业结构调整和能源体系优化，调控二氧化碳排放总量，最终实现二氧化碳在人类社会与自然环境内的产销平衡，一般来说是通过坚持节能减排战略、发展绿色低碳经济、增强森林碳汇等途径将人类社会产生的二氧化碳全部抵消掉，构建一个"零碳社会"。实现碳中和目标并不能一蹴而就，而碳达峰则是实现碳中和这个远景目标的关键性节点。于中国而言，作为世界第二大经济体和最大的发展中国家，中国经济和社会各行各业正呈现蒸蒸日上的发展态势，而这背后需要庞大的资源和能源支撑，大量资源和能源消耗的同时也会带来二氧化碳排放的进一步增加。但是随着中国特色社会主义现代化建设的逐步完善，以及绿色低碳等创新技术的广泛应用，二氧化碳排放总量终将迎来下降的拐点，这就是我们的碳达峰目标。

塑料作为一种具有多种特性的使用材料，在世界各国获得迅速的发展，其因原料广、性能优良、加工成型方便、价格比较低廉，广泛应用于塑料节水器材领域。塑料的巨大消费带来了大量的塑料废弃，但不是所有的塑料废弃物都会产生污染问题，绝大部分塑料材料都具有可再生性。数据显示，2022 年

我国总体废塑料回收总量为 1800 万吨，与 2021 年相比减少了 100 万吨，同比下降 5.3%。虽然回收量有所下降，但是得益于部分再生塑料产品使用量上涨，2022 年我国废塑料回收利用产值为 1050 亿元，与 2021 年持平。回收废塑料不仅能解决塑料污染问题，而且可以为工业生产提供可观的原材料，进而减少石油开采。因此，大力发展再生塑料行业，构建科学精准的塑料废弃物管理体系，合理管控塑料废弃物、消解处置压力、提升资源化利用比例，不仅可以有效解决塑料污染问题，也有助于保障我国能源安全，助力实现碳达峰碳中和目标。

当前，塑料污染问题逐渐成为仅次于气候变化的全球第二大焦点环境问题。近年，我国发布了一系列政策文件。2021 年 9 月，国家发展改革委、生态环境部联合印发的《"十四五"塑料污染治理行动方案》提出，到 2025 年，塑料污染治理机制运行能够更加有效，地方、部门和企业责任能够有效落实，塑料制品生产、流通、消费、回收利用、末端处理全链条治理成效更加显著，白色污染得到有效抑制。政策也要求，加强塑料废弃物规范回收和清运，加大塑料废弃物再生利用和提升塑料垃圾无害化处理水平，使塑料垃圾向自然环境泄漏现象得到有效控制。可以说，塑料污染治理力度正在不断加大。2021 年 10 月，国务院印发《2030 年前碳达峰行动方案》，强调将碳达峰贯穿于经济社会发展全过程和各方面，重点实施能源绿色低碳转型行动、节能降碳增效行动、工业领域碳达峰行动、城乡建设碳达峰行动、交通运输绿色低碳行动、循环经济助力降碳行动、绿色低碳科技创新行动、碳汇能力巩固提升行动、绿色低碳全民行动、各地区梯次有序碳达峰行动等"碳达峰十大行动"，并就开展国际合作和加强政策保障作出相应部署。2021 年 12 月，工业和信息化部印发《"十四五"工业绿色发展规划》，提出要鼓励开展废塑料化学循环利用，推进低值废塑料热裂解等技术推广应用；推进再生资源高值化循环利用，培育对废塑料等主要再生资源循环利用的龙头骨干企业。

塑料节水器材产品包括塑料管道、管件、阀门、喷头、滴灌带等。大部分塑料节水器材产品由聚乙烯制成。聚乙烯塑料是五大通用塑料之一，稳定性很高，难以自然降解，而通过焚烧或填埋处理废弃的聚乙烯塑料会造成大气、土壤和水源污染。在节水农业中，大量使用塑料节水器材产品，创新了高效节水灌溉技术。截至 2022 年年底，全国耕

地面积 19.14 亿亩，累计建成 10 亿亩高标准农田，建成高效节水灌溉面积超过 4 亿亩，农用塑料节水器材使用量达到 70 万吨以上。2023 年国家要继续加强高标准农田建设——新建 4500 万亩、改造提升 3500 万亩，预计农用塑料节水器材使用量将增加 30 万吨以上，达到 100 万吨以上。目前，我国滴灌带总产量约 104 万吨／年，回收料的使用占滴灌带原料总产量的 80% 左右，约为 83.2 万吨／年。废旧塑料节水器材回收后进行加工再利用，既解决了土地污染问题，也减轻了厂家购买原材料资金不足的压力，还可以让种植户降低使用塑料节水器材的成本。回收废旧塑料节水器材对环境保护和助力碳达峰碳中和目标有着重要意义。

面对塑料污染问题，中国塑协塑料节水器材专委会会引领塑料节水器材行业发展，不断加强废旧塑料节水器材回收和利用的研究，积极发展塑料节水器材循环经济，从生产、消费、流通和处置等环节推行全生命周期治理，加快构建从塑料节水器材设计生产、流通消费到废弃后回收处置的闭合式循环发展模式，探索塑料节水器材使用与生态环境保护的协调发展之路，提高废塑料节水器材回收利用水平。在绿色发展理念的引领下，我国塑料节水器材行业回收料处理进一步发展壮大，再生资源回收体系不断完善，行业创新升级步伐不断加快；塑料节水器材回收总量和回收总额取得新突破，行业规模和发展质量进一步提升；深刻影响塑料回收的多项重大利好政策相继出台，我国塑料节水器材产业迎来了新的发展契机。中国塑协塑料节水器材专委会为深入贯彻新发展理念，展示塑料绿色、环保、节能、低碳的优异性，落实《"十四五"塑料污染治理行动方案》等相关政策，为行业发展搭建服务平台，助力行业绿色可持续发展，积极宣传，主动作为，为塑料节水器材的回收提供相应的支持。

三、塑料节水器材行业现存问题

（一）品牌化发展能力较弱

在中国市场，塑料节水器材的品牌化程度普遍较弱，主要是由以下两个因素决定的：一是农民品牌意识较弱，一般以"便宜"为主要驱动力；二是塑料节水器材行业企业对品牌化的意识较弱，未积极建立属于本企业的品牌化标志。品牌化是创建和培育品牌的起点，是赋予产品和服务一种品牌所具有的能力。品牌化建设是关系到我国塑料节水器材行业发展的问题。要解决"走出去"的问题，必须

实施品牌化战略——要加强品牌建设，形成中国塑料节水器材行业特色。加强塑料节水器材的品牌建设是行业快速发展的重要途径。

（二）塑料节水器材缺少多样化设计

在农业生产过程中使用塑料节水器材不仅可以节水，还可以集合农事活动中的各项功能，如其在植物营养管理、土壤改良、病虫害防治等方面的应用，可以通过输送作物所需养分、微生物和药剂，优化农作物生长环境，提高农作物的产量和质量，进而保障国家粮食安全。而目前塑料节水器材的应用存在一定的地域性和局限性，需要针对不同应用场景选择科学合理的农田节水灌溉方案和技术，即塑料节水器材的功能无法满足全场景应用，多样化设计能力欠缺。

（三）高效节水灌溉技术系统配套兼容性差

目前，节水灌溉产品品种单一、规格不全、相互不配套，产品重创新轻实用，过滤设备、施肥设备、管材与管件、喷灌设备、控制与安全装置等配套设施型号较多，无法统一规格，安装使用过于复杂，导致用户体验感较差，极大地限制了其市场发展。

四、塑料节水器材行业展望

高效节水灌溉技术是一种高效、节能、节水、增产的技术，通过合理运用塑料节水器材，适应我国国情，推广优势强，节水增产。节水滴灌技术是加快实现我国农业节水灌溉、精准农业和设施农业的有效途径，可以更好地促进我国粮食安全。塑料节水器材行业一直在不断发展和创新，行业发展趋向智慧化、绿色化、节约化、高效化，为节水节能做出积极贡献，可为农业生产实现更高水平创收与发展。

（1）塑料节水器材应充分利用大数据和人工智能技术，逐步向智能化发展。培养、发展以计算机为主的智能化工具为新生产力代表，以现代通信、网络、数据库技术为基础，将塑料节水器材行业的各要素汇总至数据库，供使用塑料节水器材人群辅助决策等。塑料节水器材的信息化可以极大地提高农业的效率，并且降低成本。智能灌溉系统就是依托计算机为主的智能化工具，在保证农作物需水量的前提下，实现节约用水并形成一整套解决方案。智能灌溉系统简单地说就是农业灌溉不需要人的控制，系统能自动感测到什么时候需要灌溉、灌溉多长时间；可以自动开启灌溉，也可以自动关闭灌溉；可以实现土壤太干时增大喷灌量，太湿时减少喷灌量，为推动农事劳作进步提供极大的技术支持。

（2）塑料节水器材行业坚持减污降碳协同增效，

推动行业向绿色化发展。绿色发展作为一种科技含量高、资源消耗低、环境污染少的产业结构和生产方式，有着"经济绿色化"的内涵，带动绿色产业的同时形成经济社会发展新的增长点。塑料节水器材行业是属于化学工业的下游轻工业。推动塑料节水器材产品绿色生产的过程中，从工艺源头上就运用环保的理念，推行资源消减，进行生产过程的优化集成、废物再生利用与资源化，可降低成本与消耗，减少废弃物的排放和毒性，减少产品全生命周期对环境的不良影响。推动塑料加工业节能降耗，加大减排低碳技术工作力度，推行绿色、节能、低碳、高效生产工艺，推动行业绿色制造改造升级，对实现经济、社会、生态环境协调发展具有重大意义。未来塑料节水器材行业的发展趋势将更加注重生态友好型的设计和材料选择，以减少对环境的影响。

（3）节约资源和保护环境是我国的基本国策，塑料节水器材行业为响应基本国策逐渐向节约化发展。习近平总书记指出，节约资源是保护生态环境的根本之策。要大力节约集约利用资源，推动资源利用方式根本转变，加强全过程节约管理，大幅降低能源、水、土地消耗强度。我国是水资源短缺的国家，水资源时空分布不均，且人均水资源不足。目前，我国人均水资源占有量约为 2100 立方米，仅为世界人均水平的 25%，在世界上排第 121 位，是全球 13 个贫水国家之一。预计到 2030 年，我国人均水资源量将下降到 1760 立方米，逼近国际公认的 1700 立方米严重缺水警戒线。水资源短缺已成为我国粮食安全和农业可持续发展的刚性约束。塑料节水器材不断向着节约化发展，为我国水资源的

保护贡献力量。

（4）塑料节水器材的高效化建设，农业管理节水工程、技术的高效化建设与应用，是现代农业管理建设的发展趋势。塑料节水器材与水利工程相结合是行业的大趋势，应当追寻更为多方面的、高效化的应用，从而最大限度地发挥高效节水技术的作用。因此，做好农业管理节水技术的现代化、高效化建设是十分必要的。在农业管理节水工程、技术的高效化建设与应用的过程中，应当建立健全各项法律法规的建设，并在此基础上充分发挥、调动起广大农民对于农业节水技术应用的积极性，实现对水资源的优化、合理利用。应从节水、生态环保等多方面进行综合考虑，做好对农业的管理，促进农作物增产增收。

综上所述，我国属于农业大国，农业生产离不开水资源，水资源不足会制约农业的发展，我国目前水资源短缺且 70% 的淡水资源都用于农业，而农业中主要的用水方式就是农业灌溉，农业节水灌溉技术的应用水平会直接影响到水资源的用量。因此，发展节水灌溉技术是我国发展的必然要求。塑料节水器材的高质量发展关乎节水灌溉技术的提升。在农业高效用水、节水增产、释放劳动力背后，塑料节水器材功不可没。塑料节水器材作为实现水资源可持续利用的一种有效手段，在实现水资源的合理配置，提高水资源利用率，保障国家粮食安全、生态安全和社会经济可持续发展等方面，具有其他措施无法替代的作用。近年来，政府相关部门也加大了对节水灌溉技术的投资，塑料节水器材未来发展潜力巨大。

塑料配线器材

中国塑协塑料配线器材专业委员会

一、行业现状

2023 年 9 月 26 日，塑料配线器材专委会召开了专委会第四届换届选举大会。上一届是充满挑战和压力的一届，受到了原材料价格波动等不良因素影响，面临的困难可想而知，但是在其带领下，行业大部分企业克难攻坚，逆势前行，稳中有

进。国家统计局数据显示，2023 年全国规模以上企业，塑料制品产量为 7488.5 万吨，营业收入为 21 112 亿元，利润总额为 1153 亿元。据不完全统计，2023 年，塑料配线器材行业全国工业总产值为 208 亿元，同比增长了 5%。整个行业总体来说朝着平稳健康的方向不断前行。

二、行业热点

专委会积极引导有条件的企业进行物联网、数字化工厂等方面的建设。专委会主任企业率先进行尝试，已与武汉智群企业管理有限公司签订了合作协议。数字化工厂建设的核心要素可以概括为工厂设备数字化、工厂物流数字化、设计开发数字化、生产过程数字化。通过这四个方面的建设，可以促进产品设计方法和工具的创新，促进企业管理模式的创新。

三、专委会活动

（一）坚持党的引领，打造政治型专委会

习近平总书记强调："党的政治建设是党的根本性建设，要把党的政治建设摆在首位，以党的政治建设为统领。"专委会把"坚持党的全面领导不动摇"放在首位，自觉接受各级党委、政府的领导，认真贯彻落实党和政府的部署要求，确保政令党令畅通。

2023年，是习近平总书记在浙江提出"八八战略"的20周年。因此，专委会专门组织了专委会常委会的相关单位及人员，认真学习了相关的精神，深刻领悟了"八八战略"的深刻意义，结合专委会的实际情况，把总书记的嘱托落实到各项工作中。

（二）完成本职工作，充分发挥职能作用

专委会秘书处积极传达和完成中国塑协下发的各项通知及任务，积极参加中国塑协每季度的分支机构工作推进会议，完成中国塑协每一年度要求的各分支机构的活动明细、项目申报、业务考评、工作总结等相关工作。

例如，2023年2月，参加了中国国际塑料展暨第五届塑料新材料、新技术、新装备、新产品展览会，同时召开了专委会理事扩大会议；5月18日，参加了中国塑协举办的"塑料行业−绿色助行 标准领跑"启动会及第二期标准化技术人才培训会；6月27日，专委会秘书长郑建诚参加广西贺州2023年第二次分支机构会议；7月，完成了第五届中国国际塑料展及相关活动总结、行业稳增长工作方案等工作；9月，完成了2023中国塑料绿色智造展览会招展工作等。

（三）搭建交流平台，促进行业健康发展

专委会着力建设和完善以企业为主体、以自主创新为主线的塑料加工业技术创新体系，行业创新成果丰硕；积极组织具有影响力的会员企业，参评中国塑协开展的每年度轻工塑料行业企业技术中心、卓越绩效、科技创新、前沿技术、工业设计中心等的评选工作；发动达标的会员企业申报政府各种补贴项目，并为会员企业提供技术信息、市场信息等方面的服务。专委会企业共获得省高新技术企业2家、市明星企业9家、出口50强3家、市名牌企业5家、优秀品牌企业1家、"十四五"科技创新型企业1家等荣誉。

为了提高企业的管理水平，专委会充分发挥"桥梁"与"纽带"的作用。2023年3月，组织会员企业参加举办第一期劳动法进民企暨企业合规用工"云"讲堂活动；7月，组织会员企业参加16期"法治大讲堂"，学习"以'数治税'严征管背景下的税务合规思维"；8月，组织会员企业参加省商务厅举办的"暖心服务，助企享惠"培训等。

（四）智能化设备推陈出新

多年以来，专委会不断推动产业上下游的联动，在行业的高效率、高智能化方面不断推陈出新，引导会员企业推行机器换人，逐步实现生产、分料、供料、包装等工序的自动化进程。经过几年的研发和实践，现阶段，全自动尼龙扎带包装设备已经趋于成熟和稳定，在多家会员企业得到了广泛的应用，在加料、注塑、取件、水口分离、包装等工序都实现了无人化，有效减少生产工人达到60%以上，在减少用工成本、提升产品品质的同时，为企业营造了更大的利润空间，进一步将行业由劳动密集型向着技术创新型方向推进。

近期，专委会还联合了相关的注塑机厂家，针对行业产品普遍存在的成型温度高、能耗大等特点，结合尼龙扎带的成型特点，研制了一款油电混合的专用注塑机。此款设备的推出，不仅能大幅降低能耗，也能降低成型温度，有效提升产品的品质；不仅能为"双碳"目标的实现助力，也能推动我国产品与欧美高端产品的接轨。

（五）创新产品层出不穷

配线器材行业，依靠自主创新、转化科技成果、联合创新、引进消化，研发生产具有自主知识产权且较高附加值的产品，取得了显著经济效益，产品创新层出不穷，如双齿扎带、反扣扎带、防滑扎带、不锈钢嵌片扎带、钢塑造混合金电缆桥架等，获得了国家专利100多项。由于己二晴受制于美国技术，PA66的价格波动较高，近几年，专委会带领行业企业积极研究可替代的材料解决方案，研发了新材料扎带——PA6尼龙扎带新产品。这种扎带采用PA6加上部分助剂来生产，在国内外引起强烈反响。PA6

扎带在某些领域可完全替代 PA66 扎带产品，而且大幅降低了行业对国外原材料的依赖，使企业朝着可持续发展的方向不断前进。

（六）加强业内交流，开拓视野

专委会向着走出去开阔眼界、交流中拓展思路的目标，进一步考察了解了各地塑料配线器材产品市场，以推动塑料配线器材行业健康有序发展。2023 年，专委会多次组织了外出考察学习活动：带领会员企业参观中国塑协的"四新"展，展会上来自各个国家和地区的绿色橡塑科技供应商提供的先进环保橡塑产品及技术，令参展的会员们耳目一新，收获匪浅，参加中国塑料行业科技大会，聆听高校、科研院所发布创新成果，为行业企业打开了创新体系的新视野，有助于推动行业企业的健康发展。

（七）引领行业自律，标准化建设成果丰硕

为引导本行业的健康发展，专委会组织行业企业参与行业标准《高分子合金电缆桥架》（QB/T 5875—2023）的制定工作，工业和信息化部已于2023 年 8 月 1 日批准发布，2024 年 2 月 1 日起实施。这一标准的发布实施，将进一步提高配线器材行业产品的整体规范，增强市场竞争力，有效推动塑料配线器材行业的技术进步。

（八）加强国际交流合作，扩大配线器材行业影响力

作为全球最大的尼龙扎带生产国与消费国，我国尼龙扎带产业的高速发展引起了全球同行业的众多关注。专委会积极开展形式多样的工作，提升配线器材行业在全球的影响力，组织会员企业参加各种国际展会，如科隆国际展、亚洲展、中东电力展、汉诺威工业博览会、国际五金展、全球资源电子与元器件博览会、巴西国际电力、能源和电子产品博览会，以及历届广交会等，充分展示中国配线器材行业企业的风采，促进中国配线器材行业参与国际交流与合作，扩大行业的影响力。配线器材行业企业通过"直播带货""线上团购""在线交易会"等线上新型销售方式进行产品推广等，与消费者面对面交流，这在一定程度上弥补了线下销售的不足，起到了扩内销、保外销的作用，并展现出了强大的生命力。

四、存在的问题

当然，在取得诸多成绩的同时，专委会也清醒地看到工作中还存在不少"短板"，如行业的工作视野和格局与目前深刻变革的形势还有一定的距离、科技创新能力有待进一步提升、产品同质化严重等。面对这些困难和问题，行业各界必须高度重视，积极采取有针对性的措施主动应对，努力在今后的工作中加以克服和解决。

五、行业发展趋势与规划

（一）积极引导，创新进取

塑料配线器材行业已进入高质量发展阶段的重要时期，首先要注重传统产业竞争力的巩固和提升。我国将由塑料大国向塑料强国转型升级，这就需要行业努力开发新技术、新产品，与国际市场接轨，增强实力，力争做到世界一流水平。其次，要抓住机遇，明确方向，加快培育和发展具有特色和优势的战略性新兴产业，从产业匹配、市场需求、资源优势、技术创新四个角度切入，推进新材料产业化，发挥先进产能作用，优化结构和调整产业布局，不断改进生产技术，关注与其他同类产品的差异性，填补市场空白，紧抓"人有我新、人新我精、人精我智"的理念，增强企业核心竞争力。

（二）加快自动化进程，提高经济效率

塑料配线器材行业属于劳动密集型行业，需要不断提高生产技术能力和生产装备能力，通过"机器换人"来提高劳动效率。第四届期间，专委会将重点和注塑机制造商共同研发专业用于扎带生产的高智能电动熔胶、电动射胶注塑机。这种注塑机将实现生产稳定、高效，缩短产品成型周期，可节约电能达 20% 以上。此外，行业将加快自动化进程，在注塑、取件、分切、装袋、注水、封口包装等环节，全部采用人工智能设备，全面实现自动化，让机器为人类服务，减少人工成本，提高产能效率。

（三）注重品牌建设，稳步推进标准化

提升企业形象、提高产品影响力，最有效的途径就是打造品牌。品牌体现了企业的质量、技术、管理水平及文化理念等，在市场上代表着信誉、荣誉。今后，专委会要通过组织开展品牌培育活动，引导企业开发品牌管理机制和品牌塑造方法，通过技术改造、产学研结合等方式提高企业创新力，提升产品质量，扩大产品知名度。要鼓励更多企业参与社会团体标准、行业标准、国家标准甚至国际标准的制定修订工作，抢占产业发展制高点。

（四）完善清洁生产和节能减排工作

新常态下要有新思路。接下来，塑料配线器材行业要加大环保投入，做好环保、安全工作，推进环保型原材料在产品中的替代，坚持绿色、清洁生产，积极推动降解材料或其他替代产品，规范塑料

废弃物回收利用，建立健全塑料生产、流通、使用、回收处置等环节的管理制度，实现经济效益、社会效益和生态效益的统一。企业要下决心进行全方位的技术改造，淘汰高耗能设备，倡导环保、高效、节能的新技术、新工艺，提高能源利用率和工作效率，努力完成碳达峰碳中和目标任务，把保护环境和实现人与自然和谐发展作为己任，坚持在青山绿水间走生态发展之路。

（五）打造平台，继续促进产业与互联网融合发展

移动互联网、物联网等新一代信息技术的发展，为塑料配线器材行业的发展带来了难得的机遇。塑料配线器材行业产品上下游联系紧密，关联性强，适合线上交易。电商平台弥补了传统营销模式买卖双方信息不对称的短板，企业既可以通过这些平台了解全球供应商，上下游供应链的产品品种、技术指标等需求信息，又可以利用这些平台展示企业形象，吸引客户，扩大销售或采购渠道，实现利益最大化。接下来，要继续充分利用电商这个快车，通过新一代信息手段，实现塑料配线器材行业产品技术创新与新业态共存的发展新模式。

（六）专委会工作计划

专委会要继续做好会员发展、管理和巩固工作，广泛吸纳塑料配线器材上下游企业入会。既要发展规模较大的企业，也要发展中小型企业，以增强专委会的广泛性和代表性，增强专委会的凝聚力和影响力。要进一步做好深入调查研究，积极向政府部门反映行业和会员的诉求，提出合理化的建议和意见。同时也要向会员宣传党的方针政策，较好地解释政府部门的相关政策、法规，在会员和行业管理部门之间搭建起高效的对话平台。要加强展会平台宣传工作，争取社会各方面的理解和认识，取得全社会的支持和配合，推进全国塑料配线器材产业的社会联动，使企业利益、行业利益、社会利益实现和谐统一。

专委会将时刻不忘会员们的重托和期望，在中国塑协的领导下，不断提升服务力度，推进专委会的规范化、标准化建设；坚持以会员为主体，认真践行"心连心凝聚力量，手牵手成就你我"的核心价值观，锐意进取，共同促进塑料配线器材行业的健康、稳定、持续、高效发展！

复合膜制品

中国塑协复合膜制品专业委员会

复合塑料软包装是指在充填或取出内装物后，容器形状可发生变化的包装；是通过两种及以上不同材质的薄膜材料，通过胶黏剂复合到一起得到的柔性包装材料，最大的特点是能保持塑料薄膜的柔性，并具有阻隔、保鲜保质、耐穿刺、保护内容物等功能。"十四五"期间，我国复合塑料软包装行业以创新理念推动和改进绿色生态设计，推动塑料污染的全链条治理，坚持以绿色、低碳、可循环为目标，推动复合膜设计、生产、使用、废弃、回收和再生的管理体系建设。但塑料软包装使用方式近乎一次性，消费后简单归类为其他垃圾，多层异材结构难分离，印刷油墨及复合胶难去除、难清洗，废弃包装难分拣、难回收、难再生、难循环。《"十四五"工业绿色发展纲要》提出，到2025年，复合塑料软包装行业单位工业增加值二氧化碳排放降低18%，规上企业单位增加值能耗降低13.5%。

一、塑料复合包装行业概况

2023年，全球通货膨胀高位运行，经济增速普遍放缓；美欧货币政策在紧缩加剧后步入尾声，全球金融市场出现阶段性动荡，新兴经济体和发展中国家资本外流压力明显；发达经济体需求疲弱，叠加逆全球化政策对全球产业链和贸易产生了显著的负面影响。2023年，国内经济恢复缓慢，社会预期偏弱，有效需求不足，居民消费需求不旺盛，我国复合塑料软包装市场发展较平稳，行业销售涨跌互现，利润普遍下降。

据不完全统计，2023年复合塑料软包装行业累计完成产量约661万吨（不含共挤膜），同比增长7%；营收约1256亿元，同比增长2%，发展平稳。

2023 年，中国轻工复合膜行业十强企业的调查数据显示，与 2022 年相比，2023 年行业主营收入下降了 3%，利税总额增加了 1%。

2023 年，复合膜行业持续以单材化、功能化、智能化和生态化为目标，大力推动复合膜单材化技术开发、无溶剂产品的高性能化，助力行业的生态化发展。复合膜行业企业实现了单材化规模化生产；无溶剂胶黏剂的占比有所提升，特别是高性能无溶剂产品的占比实现了增长；油墨清洗技术的推广将拓展复合包装回收料的应用领域。

二、塑料复合包装绿色发展现状

2023 年，受全球性绿色环保政策影响，在塑料软包装材料领域，"功能性单材化"可回收设计助推了许多国家和品牌企业加大对可回收单一材料塑料包装的应用。

行业在塑料复合膜包装回收、循环再利用方面取得了显著的进展。单材化可回收设计取得了令人瞩目的进展：单材化基膜已形成量产，市售 70% 以上的塑料复合膜可通过单材化设计获得可回收性；塑料复合膜 PIR 回收率基本实现全覆盖，PCR 回收率在 10% 以下；下游品牌商对复合膜可回收设计以及"双易"要求日益迫切，高值回收开始起步。行业上下游紧密合作，共同创新，探索和完善塑料包装可持续发展运行模式，为行业规范有序实现生态化转型发展提供了大量解决方案和实施案例。

（一）《塑料复合包装绿色行动计划》引领行业绿色可持续发展

根据国家发展改革委、生态环境部联合印发的《"十四五"塑料污染治理行动方案》，以及中国塑协关于塑料加工各子产业塑料污染治理行动的安排，中国塑协复合膜专委会发布《复合塑料包装绿色发展行动计划》，明确了将生态化转型发展作为专委会的首要任务，对复合软包装绿色发展成果、存在的问题进行梳理，归纳提炼出复合膜行业绿色发展十项主要任务和发展目标；提出要全面开展前沿技术、共性关键技术、重点推广技术、清洁与节能技术以及装备技术 5 个方面的 31 个重点任务，到 2025 年，实现复合塑料软包装行业单位工业增加值二氧化碳排放降低 18%、规上企业单位增加值能耗降低 13.5%、总能耗下降 20% 的可持续发展目标。

（二）塑料复合包装行业绿色发展成果

在塑料污染问题逐渐成为全球关注的热点环境问题的背景下，我国生态文明建设进入了以降碳为重点战略方向、推动减污降碳协同增效、促进经济社会发展全面绿色转型、实现生态环境质量由量变到质变的关键时刻，不断加大塑料污染治理力度，塑料复合包装行业以创新理念培育新质生产力，推进行业高质量发展，坚持以绿色、低碳、可循环为目标，推动复合膜设计、生产、使用、废弃、回收和再生的管理体系建设。

1. 贯彻相关政策，规划"双碳"目标

行业深入贯彻国家碳达峰碳中和工作部署，加强塑料复合包装行业顶层设计和系统谋划，积极引导研发和推广可循环、易回收、可降解的新技术、新产品，推进塑料复合包装制品的单材化、功能化、减量化及综合利用，落实碳达峰、碳中和目标任务，初步构建塑料复合包装全生命周期的碳足迹核算体系。

2. 加快结构调整，促进绿色升级

行业企业积极响应供给侧结构性改革，加快落后产能出清，多措并举加快行业实施绿色化升级改造，优化产业结构。主要企业的技术水平、管理模式、产品质量、生产效率、产业链定位、产品附加值得到提升，行业内形成新的、更高级的产业结构。

3. 提高生产效能，推动节能降耗

企业逐步开发利用光伏、风电等清洁能源，不断加大绿色低碳技术应用范围；积极开发新的节水、节能、节电、节材等关键技术，使低碳新技术、新工艺、新设备、新材料实现推广应用，生产制造工艺节能得到升级改造。

4. 推行清洁生产，减少环境污染

各企业开展油墨印刷工艺和设备改进，降低污染物排放，提升清洁生产水平；从源头设计、过程控制及末端治理全产业链角度，提高塑料制品回收利用率，减少塑料原料使用量，减少有毒有害添加剂使用，减少挥发性有机污染物产生，普及挥发性有机污染物无害化处理方案，采用有利于重复利用的制造技术，减少塑料垃圾和污染。

5. 加强绿色设计，促进持续发展

行业强化源头控制，全面加强无组织排放控制，实现污染减排。推广使用水溶性油墨、单一组分溶剂油墨、无溶剂复合技术、共挤出复合技术、涂层和镀层技术等。鼓励通过减量和使用水性油墨、辐射固化油墨、紫外光固化光油、低（无）挥发和高沸点的清洁剂；VOCs 物料储存、调配、输送、使用等工艺环节实现 VOCs 无组织逸散控制及减排；

积极争取参与国家和行业相关标准的制定。

6.倡导循环，推进回收利用

行业在塑料全生命周期评价基础上，逐步推进从塑料加工、使用和处理等各环节全方位全链条防治废弃塑料污染。坚持源头减量、上游创新，助力塑料软包装真正在经济系统中循环起来，减少环境泄漏。市场上推出的双向拉伸（BO）PE基材膜、单向拉伸（MDO）PE基材膜，以及PE、PP和PO单一材质复合膜结构的整套包装解决方案组合已被包装企业及终端用户广泛认可和接受；包含热封膜和阻隔性的单材化基材膜在内的全套包装解决方案组合，进一步扩大并提升了单一材质可回收设计包装解决方案的应用。

7.全面实施排污许可制

复合膜行业总结塑料软包装污染治理的经验做法、最佳实践和案例等，形成可供行业参考的案例和经验，实施差异化管理；综合考虑企业生产工艺、原辅材料使用情况、无组织排放管控水平、污染治理设施运行效果等，树立行业标杆，引导产业转型升级。

（三）面临的压力

1.绿色低碳发展带来的可持续性发展压力

我国塑料复合包装行业正处在转变发展方式、优化产业结构、转换增长动能的窗口期。绿色发展是全面推进高质量发展、实现碳达峰碳中和目标的必然途径。塑料包装袋在生命周期中的环境影响引起了广泛关注，这一环保压力可能导致其对新技术、替代材料的需求增加。

2.标准化带来的安全发展压力

近年来，相关法律法规在制定过程中往往参照欧盟及FDA的管理方法，各区域标准不统一就产生了标准适用性问题。另外，我国目前新颁布实施的标准对于食品接触材料的安全性要求越来越高。这些都对企业的合规性带来了巨大的挑战。

三、行业可持续发展趋势

2024年，塑料复合膜软包装将持续致力于绿色、环保、低碳、智能等可持续目标，从生产原料供应链绿色化、生产技术低碳化和生产装备智能化、国产化三个层面开展技术创新，推动软包装复合薄膜向单材化、功能化、智能化、生态化方向发展。

（1）持续推进薄型化、功能化、单一材质化膜材的创新研制，为可循环、易回收塑料软包装体系构建提供材料支撑。

塑料软包装设计向落实社会责任的可持续包装设计转型升级。在正确设计理念的指导下，塑料软包装从复合膜的材料选择、适度设计、生产制造、重复使用、废弃物的回收再利用等生命周期全过程出发，进行绿色设计；以单材化包装价值链为核心，构建以"可循环、易回收、高值化闭环"为导向的塑料软包装循环经济体系；积极践行"双碳"目标，全社会协同推进，赋能塑料软包装价值链，促进行业实现高质量绿色低碳创新可持续发展。

（2）持续推进膜材生产技术的创新发展，助力软包装行业绿色提质减碳。

行业将以国家碳达峰碳中和工作部署为引领，推进、引导、助力绿色低碳发展，做好"双碳"相关标准的制定工作；围绕国家"源头减量—清洁生产—智能分类—高效转化—清洁利用—精深加工—精准管控"的可循环发展技术链要求，创新过程控制技术（VOCs治理和清洁生产工艺）、源头控制技术（减量和可回收结构设计）、末端处理技术（废弃物可回收、可利用和可降解技术）这三项关键技术。

（3）食品安全国家标准发布数量持续，助力行业健康发展。

2023年9月和2024年3月，国家卫生健康委、市场监管总局联合发布132项食品安全国家标准，其中19项涉及食品接触材料，包括4项与复合膜行业相关的产品标准和12项方法标准。面对日益严格的法规要求，复合膜行业应正视法规标准，积极参与标准的编制工作，从设计环节开始，利用溯源技术，以确证安全卫生法规标准符合性来实施监管，助力行业健康发展。

（4）建立统一规范的复合膜碳排放统计核算体系。

依据国务院《2030年前碳达峰行动方案》和国家发展改革委、国家统计局、生态环境部联合发布的《关于加快建立统一规范的碳排放统计核算体系实施方案》要求，复合膜行业应以确定产品碳足迹为第一步工作内容，助力企业真正了解产品对气候变化的影响，并由此采取可行的措施减少供应链中的碳排放。协助开展产品碳足迹计算是提高国际竞争力、打破国际碳税壁垒的必由之路。此外，利用碳足迹标识可引导消费者的环保消费行为，指导其选择更为环保的产品。大力推进碳足迹认证、把碳足迹核算清楚，既是顺应国内绿色发展的需求，也是碳足迹核算边界明确化的市场步伐。

2024年是"十四五"的关键之年，复合膜行业以创新为引领，发展新质生产力，在循环经济背景下谋产业发展战略性机遇，持续开展塑料软包装可持续发展研究，是推动实现绿色低碳高质量发展的重要环节，有助于科学认识应用前景及未来趋势、政策体系以及推行方式，有助于建立行业上下游相互促进的塑料循环利用体系，提高废塑料材料回收率，助力行业塑料污染治理和塑料软包装生态化可持续发展。

工 程 塑 料

中国塑协工程塑料专业委员会

一、工程塑料概述

工程塑料是主要应用于工业领域内，可用作工程材料以及替代机械结构零部件等的塑料。工程塑料具有较好的综合性能，包括机械性能、电性能、耐化学性、耐热性、尺寸稳定性等，能够应对较为苛刻的物理、化学应用环境的要求，广泛应用于航空航天、机械制造、电子电器、汽车等工业制造业领域。与通用塑料相比，工程塑料在机械性能、耐热性、耐久性、耐腐蚀性等方面能达到更高的要求，加工更方便并可替代金属材料。

我国工程塑料行业由上游原材料提供商、中游工程塑料提供商以及下游行业应用组成。上游的原材料提供商主要为工程塑料和改性塑料厂商提供生产塑料制品所需的原材料；中游的通用以及特种工程塑料提供商主要负责工程塑料成品的生产、销售、市场服务和提供材料解决方案等；下游行业应用主要包括通用机械、电子电器、建筑、汽车、机械等工业制造业领域（见表1、表2）。

表1 我国工程塑料行业产业链

上游	石化企业	煤化工企业	—	—	—	—
中游	通用工程塑料提供商	特种工程塑料提供商	—	—	—	—
下游	通用机械	电子电器	建筑	汽车	机械	其他

表2 工程塑料行业下游应用情况

应用领域	主要应用
汽车工业	主要用于制作保险杠、燃油箱、仪表板、车身板、车门、车灯罩、燃油管、散热器以及发动机相关零部件等
机械制造	用于轴承、齿轮、丝杠螺母、密封件等机械零件，以及壳体、盖板、手轮、手柄、紧固件和管接头等机械结构件上
电子电器制造	用于电线电缆包覆件、印刷线路板、绝缘薄膜等绝缘材料和电器设备结构件上
家用电器制造	用于电冰箱、洗衣机、空调器、电视机、电风扇、吸尘器、电熨斗、微波炉、电饭煲、收音机、组合音响设备与照明器具上
化工行业	用于热交换器、化工设备衬里、管材及管配件、阀门、泵等化工要素上

资料来源：根据公开资料整理。

二、工程塑料行业产能

我国工程塑料主要生产企业有 60 多家，包括神马集团、中国化工蓝星集团、云天化集团、中石化仪征化纤等一批规上企业。德国科思创、美国英威达、日本帝人、三菱丽阳等国际知名生产商都已在国内投资建厂并不断扩大规模。此外，中石化、中海油下属企业也进入了工程塑料行业，详见表3。

表3　2023 年我国工程塑料主要生产企业产能

产品	生产企业	地点	产能 /（万吨 / 年）	产品	生产企业	地点	产能 /（万吨 / 年）
PC	科思创	上海	55	PA6	岳阳石化	湖南岳阳	16
	帝人	浙江嘉兴	15		弘盛新材	江苏海安	35
	大风江宁	浙江宁波	10		长安高分子	江苏无锡	20
	华盛新材料	海南东方	26		中仑新材	福建厦门	14.5
	燕山石化	北京	6	PA66	神马股份	河南	20
	三菱瓦斯	上海	10		英威达	上海	19
	鲁西化工	山东聊城	30		华峰集团	浙江	12
	万华化学	山东烟台	50		兴家化工	辽宁	4.5
	中蓝国塑	四川泸州	10		江苏华洋	江苏	4
	盛通聚源	河南濮阳	13		新力新材	浙江	1.5
	甘宁石化	湖北宜昌	7		优纤科技	辽宁	2
	利华益维远	山东东营	13		昊源化工	安徽	40
	浙江石化	浙江舟山	52	POM	云天化	云南	9
	中沙（天津）	天津	26		神华宁夏	宁夏	6
	沧州大化	河北沧州	10		兖矿鲁化	山东	8
	平煤神马	河南平顶山	10		中海油天野化工	内蒙古	6
PA6	聚合顺	浙江杭州	46.5		开封龙宇化工	河南	4
	恒逸新材料	广西钦州	60		唐山中浩化工	河北	4
	鲁西化工	山东聊城	40		宝泰菱工程塑料	江苏	6
	海阳科技	江苏泰州	35		内蒙古久泰	内蒙古	6
	锦江科技	福建福州	35		张家港旭化成	江苏	2

产品	生产企业	地点	产能 /（万吨 / 年）	产品	生产企业	地点	产能 /（万吨 / 年）
PBT	长春化学	江苏	18	PPS	铜陵瑞嘉	安徽	1
	营口康辉石化	山东	12		新和成	浙江	2.5
	开祥精细化工	河南	10		滨阳燃化	山东	1
	中石化仪征化纤	江苏	12		重庆聚狮	重庆	1
	兴盛新材料	江苏	8		中泰化学	新疆	1
	和时利	江苏	7	PEEK	中研股份	吉林	1000
	南通星辰合成	江苏	6		吉大特塑	吉林	500
PMMA	镇江奇美	江苏	13		浙江鹏孚隆	浙江	200
	南通丽阳	江苏	8		浩然特塑	山东	300
	赢创上海	上海	8		山东君昊	山东	100
	苏州双象	江苏	8		沃特股份	山东	900
	万华化学	山东	8		吉大赢创	吉林	1250
	璐彩特国际贸易	上海	6		盘锦伟英兴	辽宁	1500
	黑龙江龙新	黑龙江	4		金发科技	广东	300
	惠菱化成	广东	4				
	上海泾奇	上海	2				
	宁波伸春化工	浙江	1				

资料来源：根据（不完全）公开资料整理。

三、我国工程塑料企业介绍

（一）企业分布

我国工程塑料企业分布具有较强的区域性。华东地区经济发达，产业集群优势较为突出，配套产业资源较为丰富，规模化程度较高，因此聚集了我国大部分的工程塑料企业，企业数量以接近 70% 的占比领先中国其他地区；中南地区的工程塑料企业占比为 18.1%，位列第二（图1）。

由于工程塑料属于技术密集型产业，因此外资企业在该领域一直占有较大份额，其次是国有控股型企业。根据统计分析，我国工程塑料生产企业中，外资占 34%、国有占 36%、民营占 21%、台资占 9%

（图2）。另外，从单个企业的规模来看，外资和台资企业的平均生产能力约 13 万吨 / 年，国有企业的平均生产能力约 7 万吨 / 年，民营企业的平均生产能力约 4 万吨 / 年，与先进水平之间存在一定差距（图3）。

（二）主要上市公司业务规划方向

我国工程塑料行业主要上市公司：中国石化（600028）、江天化学（300927）、雅克科技（002409）、金发科技（600143）、普利特（002324）、道恩股份（002838）、国恩股份（002768）、沃特股份（002886）、南京聚隆（300644）等。

上市企业的业务规划方向包括：①加快工程塑

料原材料生产；②实现工程塑料在 LED 照明和显示、电子连接器、燃油车零部件、新能源汽车等领域的批量使用；③推进中高端化工材料以及电子材料等其他新材料业务；④通过材料研发、配方改性等技术研究，生产出低碳、环保高分子材料。

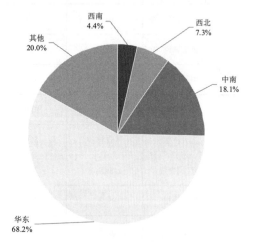

图 1　中国工程塑料企业区域分布情况

资料来源：根据公开资料整理。

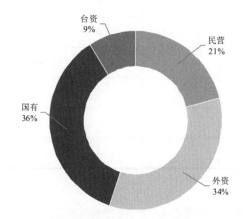

图 2　我国工程塑料生产企业所有制结构

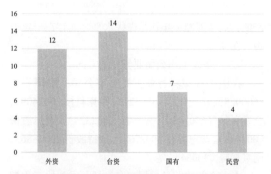

图 3　我国工程塑料不同所有制企业的平均生产规模

（三）截至 2022 年，主要上市公司业务规划

金发科技　在 LED 照明和显示、电子连接器、燃油车零部件等传统应用领域做深做强；在 5G 通信领域，加快年产 200 万平方米 LCP 薄膜产业化设备调试并及时达产；在新能源汽车领域，加速推动耐高温聚酰胺材料在电池包、电驱电控和充电桩等部件上的应用，实现批量使用。

普利特　夯实原有的汽车改性材料基础业务，继续拓展市场深度和保持研发力度；推动公司改性材料在新能源汽车中的研发及应用。

道恩股份　充分把握汽车、家电等行业换代、升级趋势，不断开发改性塑料新产品，满足市场对产品性能不断提升的需求，同时做好改性塑料国内外布局。

国恩股份　重点开发 5G 天线罩材料、低共振高抗冲材料、耐溶剂高光增强阻燃 PCPBT 合金材料、耐刮擦光扩散 PC/PMMA 材料、低介电改性 PPO 材料、耐磨耐高温尼龙 PPA 材料、海底光缆增强增韧 PP 材料等；重点开发低 VOC、低碳挥发材料，高性能增强发泡材料，低蓄热聚丙烯内饰材料，高光免喷涂 PC/ABS 合金材料，免喷涂 PP 材料耐醇解尼龙增强材料，以及新能源汽车方向无卤阻燃耐候聚丙烯材料。

沃特股份　以高技术含量的特种高分子和工程高分子材料为着力点，以技术发展和满足客户需求为出发点，通过持续强化生产、研发、服务、内部管理等方式，为客户提供最具性价比的新材料解决方案。

南京聚隆　进一步提升和巩固高性能尼龙材料系列产品在行业内的优势地位，加大对高性能弹性体、碳纤维复合材料、可降解材料、生物基资源循环材料等产品的研发力度。

同益股份　构建"一体两翼"循环发展生态链，以自有产品的研发、生产、销售为主体，以"中高端化工材料与电子材料销售"和"赋能新材料企业发展"为两翼，坚持中高端化工材料与电子料双轮驱动发展。

三房巷　在夯实现有市场的基础上，继续加大新产品的研发及推广力度，努力拓展产品应用领域，扩大公司市场份额。

顺威股份　聚焦风叶主导产品、汽车产品、智能家居卫浴产品、家电产品，不断延伸材料业务的应用，开发高盈利成长性领域的产品，致力于环境友好、低碳环保新型改性材料的研究和新产品开发。

会通股份　实现老产品升级迭代、新品紧跟市场趋势快速开发、基础研究钻研难点及机理、聚焦新领域快速布局产品线、强化技术开发平台建设等目标。

江苏博云 聚焦客户需求和行业发展趋势，加大研发创新投入，改进生产工艺和生产管理，持续提升公司管理的规范化、科学化水平，专注于高技术含量、高附加值改性塑料产品的研发、生产和销售，对标国内外领先的改性塑料生产企业，将公司打造成为世界级工业客户首选的改性塑料材料供应商。

国立科技 通过材料研发、配方改性等技术研究，生产出符合客户需求的低碳、环保高分子材料；同时，通过回收废旧塑料等材料，再经过材料研发改性，将资源变废为宝，减少环境污染，实现资源的循环再利用。

云天化 推进聚甲醛改性研究，利用募集资金扩大聚甲醛产能，加大聚甲醛进口替代。

四、工程塑料相关政策梳理

我国国民经济发展规划中，与工程塑料行业相关的政策初期重点在新材料领域。梳理我国国民经济"八五"计划至"十四五"规划，可以发现，国家对工程塑料行业的政策经历了从"在生物技术、信息技术、自动化技术、新能源技术、新材料技术、航天航空技术等领域，安排一批专题研究项目"到以"聚焦新一代信息技术、生物技术、新能源、新材料、高端装备、新能源汽车、绿色

环保以及航空航天、海洋装备等战略性新兴产业，加快关键核心技术创新应用，增强要素保障能力，培育壮大产业发展新动能"的变化。具体而言，"八五"计划（1991—1995年）时期，主要发展目标为在新材料技术领域安排一批专题研究项目；"九五"计划（1996—2000年）至"十二五"规划（2011—2015年）时期，主要发展目标为重点开发特种功能材料、纳米材料、高性能结构材料等新材料的相关技术，建立和完善新材料创新体系；"十三五"规划（2016—2020年）至"十四五"规划（2021—2025年）时期，主要发展目标为加快突破新材料技术，聚焦新材料在内的战略性新兴产业，加快关键核心技术创新应用。

2010年以来，国务院、工业和信息化部、国家发展和改革委员会等陆续出台工程塑料行业相关政策，主要政策内容围绕积极发展包括工程塑料在内的先进结构材料、发展包括特种工程塑料制备技术在内的高性能高分子结构材料的制备技术、加强应用研究、大力推进材料生产过程的智能化和绿色化改造、鼓励外商投资工程塑料领域等方面（详见表4）。

从工程塑料行业重点发展领域来看，特种工程塑料制备技术、新型工程塑料与塑料合金、新型特种工程塑料、聚苯硫醚、聚苯醚、芳族酮聚合物工程塑料产品为行业重点发展领域。

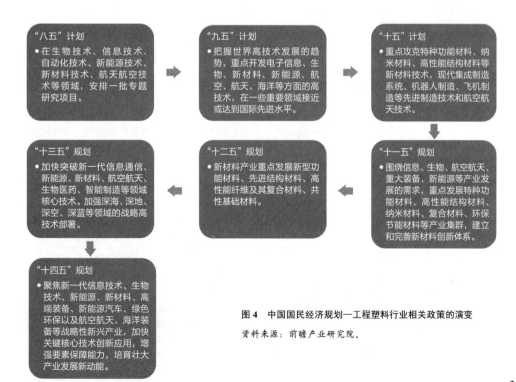

图4 中国国民经济规划—工程塑料行业相关政策的演变

资料来源：前瞻产业研究院。

表 4

时间	机构	政策法规	重点内容解读	政策性质
2011 年 6 月	国家发展和改革委员会,科技部,工业和信息化部,商务部	《关于加快培育和发展战略性新兴产业的决定》	积极发展高品质特殊钢、新型合金材料工程塑料等先进结构材料	支持类
2015 年 3 月	工业和信息化部	《2015 年原材料工业转型发展工作要点》	研究制定促进新材料产业健康发展的指导意见,结合深化科技体制改革的总体部署,推动重点新材料研发和应用重大工程实施方案的编制论证工作	支持类
2015 年 5 月	国务院	《中国制造 2025》	以特种金属功能材料、高性能结构材料、功能性高分子材料、特种无机非金属材料和先进复合材料为发展重点,加快研发先进熔炼凝固成型、气相沉积、型材加工、高效合成等新材料制备关键技术和装备,加强基础研究和体系建设,突破产业化制备瓶颈	支持类
2015 年 10 月	商务部	《国家重点支持的高新技术领域》	包括特种工程塑料制备技术在内的高性能高分子结构材料的制备技术列入重点发展领域	支持类
2016 年 8 月	国务院	《"十三五"国家科技创新规划》	发展先进结构材料技术,重点是高温合金、高品质特殊钢、先进轻合金、特种工程塑料、高性能纤维及复合材料、特种玻璃与陶瓷等技术及其应用	支持类
2016 年 10 月	工业和信息化部	《石化和化学工业发展规划(2016—2020 年)》	围绕航空航天、高端装备、电子信息、新能源汽车、轨道交通、节能环保、医疗健康以及国防军工等领域,适应轻量化、高强度、耐高温、稳定、减振、密封等方面的要求,提升工程塑料工业技术,加快开发高性能碳纤维及复合材料,特种橡胶、石墨烯等高端产品,加强应用研究	支持类
2016 年 11 月	国务院	《关于印发"十三五"国家战略性新兴产业发展规划的通知》	突破钛合金、高强合金钢、高温合金、耐高温高强度工程塑料等增材制造专用材料	支持类
2017 年 1 月	工业和信息化部,国家发展和改革委员会,科技部,财政部	《新材料产业发展指南》	以高端聚烯烃、特种合成橡胶及工程塑料等先进化工材料为重点,大力推进材料生产过程的智能化和绿色化改造,重点突破材料性能及成分控制、生产加工及应用等工艺技术	支持类
2017 年 1 月	国家发展和改革委员会	《战略性新兴产业重点产品和服务指导目录(2016 版)》	先进结构材料产业发展工程塑料及合成树脂,具体包括新型工程塑料与塑料合金,新型特种工程塑料,新型氟塑料、液晶聚合物等	支持类
2018 年 5 月	工业和信息化部,财政部	《国家新材料产业资源共享平台建设方案》	到 2025 年,新材料产业资源共享服务生态体系更加完善,平台集聚资源总段和覆盖领域、共享开放程度、业务范围和服务能力进一步提升。平台网络体系和线下基础设施条件更加完备	支持类
2019 年 6 月	国家发展和改革委员会,商务部	《鼓励外商投资产业目录(2019 版)》	重点提及化学原料和化学制品制造业。其中,工程塑料领域,鼓励 6 万吨 / 年及以上非光气法聚碳酸酯(PC)、聚甲醛、聚苯硫醚、聚醚醚酮、聚酰亚胺、聚砜、聚醚砜、聚芳酯(PAR)、聚苯醚、聚对苯二甲酸丁二醇酯(PBT)、聚酰胺(PA)及其改性材料、液晶聚合物等产品生产	支持类

（续表）

时间	机构	政策法规	重点内容解读	政策性质
2019 年 11 月	国家发展和改革委员会	《产业结构调整指导目录（2019 年本）（修订）》	鼓励液晶聚合物、聚苯硫醚、聚苯醚、芳族酮聚合物、聚芳醚醚腈等工程塑料生产及共混改性、合金化技术开发与应用，高吸水性树脂、导电性树脂和可降解聚合物开发与生产	支持类
2021 年 6 月	中国塑料加工工业协会	《塑料加工业"十四五"科技创新指导意见》	将"功能化、轻量化、精密化、生态化、智能化"（简称"五化"）作为塑料加工行业的技术创新发展方向；提到到 2025 年，部分关键核心技术实现重大突破，塑料加工业主要产品及配件满足高端领域的需求，部分产品和技术达到世界领先水平	支持类
2021 年 12 月	工业和信息化部	《重点新材料首批次应用示范指导目录（2021 年版）》	将 23 种工程塑料、特种橡胶及其他高分子材料产品纳入首批次应用保险补偿试点工作	支持类
2021 年 12 月	工业和信息化部，科学技术部，自然资源部	《"十四五"原材料工业发展规划》	实施大宗基础材料巩固提升行动，引导企业在优化生产工艺的基础上，利用工业互联网等新一代信息技术，提升先进制造基础零部件用钢、高强铝合金、稀有稀贵金属材料、特种工程塑料、高性能膜材料、纤维新材料、复合材料等的综合竞争力	支持类

2021 年，我国有 31 个省（市）相继提出"十四五"期间工程塑料行业方面的发展规划，规划内容主要集中于以下 4 点：

（1）重点突破前沿功能材料、金属材料、无机非金属材料、新型高分子材料、高技术纤维材料、先进结构与复合材料等领域关键技术。

（2）向新能源材料、电子信息材料、聚酯新材料等功能性新材料转型发展。

（3）加快对石化产业链中下游高端精细化工产品和化工新材料的研制。

（4）大力发展包括工程塑料在内的高端产业链。

全国各省市出台的工程塑料行业相关政策内容包括：

（1）做优做专新材料领域工程服务业。

（2）大力发展包括高端工程塑料在内的先进高分子材料。

（3）推进制造业转型升级。

（4）上中游向下游包括特种工程塑料在内的方向延伸。

（5）推进石化产品精深加工等。

五、工程塑料行业发展趋势

（一）提升工程塑料生产水平

采用自主开发或引进技术适度加快 PC 项目建设，提高国内自给率；提高 POM、PBT、PMMA 等已有工程塑料品种的质量水平；提升 PPS、PI、PEEK 等已产业化特种工程塑料的规模化生产；促进一批国内市场目前尚属空白的特种工程塑料实现产业化，如聚芳醚醚腈（PEEN）、聚萘二甲酸乙二醇酯（PEN）、聚对苯二甲酸 1,4 - 环己烷二甲酯（PCT）、特种尼龙。

（二）消除关键配套原料供应瓶颈

完善异丁烯法甲基丙烯酸甲酯（MMA）工业化技术，一体化延伸发展 PMA；开发 1,4 - 环己烷二甲醇（CHDM），加快发展 PCT、PETG 等特种聚酯；推进己二腈技术产业化进程，促进聚酰胺（PA66）工程塑料健康发展；加快 1,3 - 丙二醇、双酚 S、双酚 F 以及特种工程塑料单体等配套生产。

（三）加强塑料改性、塑料合金技术开发

围绕汽车、现代轨道交通、航空航天等领域轻量化、高强度、耐高温、减振、密封等方面的要求，加大创新发展的力度，提高工程塑料对细分市场的适用性和产品性价比。同时，加快开发新型高效助剂，如热稳定剂、抗氧剂、紫外吸收剂、成核剂、抗静电剂、分散剂和阻燃剂等。

线缆材料

中国塑协线缆材料专业委员会

一、行业现状

2023 年，中国电缆料市场作为电线电缆行业的重要组成部分，展现出了积极的发展态势。首先，电线电缆行业市场规模在 2023 年达到了 1.20 万亿元。这一增长趋势表明了整个行业对于电缆料需求的增长。其次，电力、通信、交通等行业的快速发展，也拉动了电线电缆的需求量不断增长，并进一步推动了电缆料市场的发展。电缆料作为电线电缆的原材料之一，其重要性不言而喻。电线电缆行业上游产业主要包括铜、铝、光纤、绝缘塑料、橡胶等原材料生产行业，这些原材料占电线电缆总成本的 80% 以上，因此电缆材料成本的高低对电线电缆行业有着决定性的影响。在行业竞争格局方面，中国电线电缆行业市场集中度相对较低，竞争激烈，市场份额较分散，电缆料市场也面临着类似的竞争环境，各个企业需要通过技术创新和产品升级来提高自身的市场竞争力。随着科技的进步和新兴行业的发展，市场对电线电缆的性能提出越来越高的要求，高端化发展成了电线电缆行业的必然趋势，而这同样适用于电缆料市场，预计未来对高性能电缆料的需求会不断增加。综上所述，在电线电缆行业的推动下，2023 年中国电缆料市场呈现出增长的趋势，同时面临着行业竞争和技术升级的挑战。

二、行业大事记

在各企业的共同努力下，2023 年中国电缆料行业克服各种困难，顶住内外压力，在困境中谋求发展。2023 年中国电缆料市场的发展如下：

（1）市场规模的增长：电线电缆行业市场规模在 2023 年达到了 1.18 万亿元，并预计在 2024 年将达到 1.20 万亿元。

（2）行业市场结构细分：电力电缆市场占比最大，达到 39%，电气装备用电缆占比 22%，而通信电缆占比 8%。

（3）行业产量增长：2023 年电线电缆产量达到 6203 万千米，显示出市场的持续增长。

（4）行业竞争激烈：宝胜股份以 3.65% 的市场占有率排名第一，远东股份和起帆电缆分别以

1.65% 和 1.64% 的市场占有率紧随其后，显示出市场集中度较低且竞争激烈，形成新的竞争格局。

（5）行业创新趋势明显：具体表现为技术创新和新材料应用。尤其是新型材料、制造工艺和技术的不断涌现，为电线电缆行业的发展提供了强大的技术支持，如高纯度材料、纳米复合材料等新型材料的应用。

（6）高端化发展趋势：随着智能家居、电动汽车等新兴行业的发展，其对电线电缆的性能要求较高，推动了行业高端化发展。

（7）国际竞争力增强：优质企业产品竞争力增强，行业发展出口规模不断扩大，进口替代增加。随着全球市场的增长，中国电线电缆行业出口规模稳步扩大，特种线缆进口替代趋势明显。

此外，2023 年中国铁路信号电缆市场展现出广阔的发展前景和巨大的市场潜力，客观上刺激了企业加大研发投入，进而带动产品创新和技术升级。

这些大事记反映了 2023 年电缆料市场在技术创新、市场扩张、政策支持和行业整合等方面的积极进展。

三、专委会活动

（1）成功召开了"中国塑协线缆材料专委会第二届二次会员大会暨 2022 年线缆材料行业技术交流会"。

2023 年 4 月 12—15 日，由中国塑料加工工业协会线缆材料专业委员会主办的"中国塑协线缆材料专委会第二届二次会员大会暨 2022 年线缆材料行业技术交流会"在湖北省枣阳市隆重举行。来自行业的相关领导、嘉宾及全国各地线缆材料上下游企业、科研院所、检测机构等的代表共计 210 人参加了会议。在大会报告环节，共邀请到行业专家、学者及资深企业工程师等 17 位，共做了 17 场不同主题的报告，会后组织企业参会代表参加现场观摩交流活动。通过本次会议的交流，大家进一步了解了我国线缆行业的发展现状、面临的机遇和挑战，预判行业未来发展趋势。本次会议的成功召开，让大家看到了高质量发展的重要性，明确了行业未来发展的方向，见证了实现高

质量发展的关键是创新驱动。

（2）成功组织了走访团淄博之行，拉开2023年走访序幕。

2023年5月24—25日，中国塑协线缆材料专委会走访团开启淄博走访之行。淄博走访活动共走访了淄博洁林塑料制管有限公司、山东文远环保科技股份有限公司、山东乾华塑胶有限公司、山东英科环保再生资源股份有限公司、中铝山东新材料有限公司、淄博正华助剂股份有限公司、齐鲁石化（中国石油化工股份有限公司齐鲁分公司）7家单位。对于此次走访，专委会真正发挥了纽带作用，为企业的深度交流搭建桥梁。专委会抓住经济复苏的大好机遇，深入贯彻落实新发展理念，通过组织著名的行业专家、教授及一线生产技术总工来开展培训活动、研修活动、企业走访活动，促进科研理论研究成果与生产一线实践相结合，聚焦高端技术人才培养、搭建交流与合作平台。专委会以专业水准服务产业经济发展，为行业发展提供新思维、新视野和新对策，在互动交流中推动企业间资源共享，实现产业链协同创新，优化企业高质量发展环境，推动塑料加工行业绿色可持续发展，全面优化行业服务社会的水平。

（3）成功举办了"2023年暨第十一届电缆料配方设计与生产工艺高级研修班"。

2023年6月12—15日，由中国塑料加工工业协会主办、中国塑料加工工业协会线缆材料专业委员会和浙江万马高分子材料集团有限公司联合承办的"2023年暨第十一届电缆料配方设计与生产工艺高级研修班"在浙江杭州顺利开班。本次研修班分别邀请到来自浙江万马高分子材料集团有限公司、苏州希普拉斯新材料有限公司、浙江科技学院材料与化工研究所及杭州捷尔思阻燃化工有限公司等企业单位的资深研发技术工程师们进行现场授课，采用案例研讨、模拟演练等多种方式进行互动式教学，注重实操能力训练和专业技术的传授，研修活动受到学员一致好评。此次研修班为提高我国线缆材料行业的自主创新能力、提升技术与装备水平、优化更新工艺技术提供了一个学习交流的机会，带动了我国线缆材料行业研究成果的推广和应用，推动了企业深度交流，引领产业高质量发展。

（4）成功组织了走访团湖州之行。

为加深会员企业之间的了解，加强会员企业间的交流与合作，促进行业内资源共享，助推行业可持续高质量发展，达到凝聚力量共赢未来的目标，2023年6月16日，中国塑协线缆材料专委会一行走访了浙江太湖远大新材料股份有限公司和太湖远大检测中心、研发中心等单位。参加走访的企业高度赞扬专委会能认真履行职责职能，积极发挥好桥梁纽带作用，为整合会员企业资源、实现会员企业信息共享、实现会员企业之间的合作共赢提供了更加宽阔的平台。

（5）成功召开了"中国塑协线缆材料专委会第二届三次会员大会暨2023年线缆材料行业技术交流会"。

2023年9月11—13日，由中国塑料加工工业协会线缆材料专业委员会主办的"中国塑协线缆材料专委会第二届三次会员大会暨2023年线缆材料行业技术交流会"在广州市隆重举行。会议在承办单位的精心组织和各个参会企业的大力支持下圆满结束。会议邀请了来自行业的相关领导、嘉宾及全国各地线缆材料上下游企业、科研院所、检测机构的代表等共计220人参加。大会报告环节共邀请到行业专家、学者及资深企业工程师等13位，分门别类地做了13场主题报告，会后组织参会代表参观交流。报告覆盖面广，从理论知识到现场实操、从传统工艺到新兴技术与前沿科技，让参会人员真正了解并熟知行业发展动态。专家们的授课涵盖鲜活的案例和丰富的理论知识及精湛的理论阐述，参会代表纷纷表示此行受益匪浅。会议最后，中国塑协线缆材料专委会秘书长苑会林教授代表秘书处总结发言。苑教授指出，交流会议为线缆材料行业相关的生产企业与科研、测试机构搭建了一个面对面交流、沟通和学习的平台，在推广线缆材料新技术和新产品、促进上下游行业交流与合作、拓宽线缆材料行业产品的应用范围等方面起到了积极的推动作用。为进一步提高服务质量，他对提高专委会服务行业水平的水平提出了要求，建议专委会未来继续加强自身建设，提高工作水平，发挥专委会桥梁作用，积极主动地通过举办系列会议、培训活动等引导行业发展，夯实人才建设基础；通过完善线缆行业标准化建设，助力产品品质提升；引导企业树立全球视野，加快国际化发展步伐，不断提升服务水平，提高行业综合竞争力，推动行业转型升级，为实现行业一体化高质量发展谱写新的篇章。

（6）召开理事会会议。

中国塑料加工工业协会线缆材料专业委员会

第二届二次理事会议于 2023 年 11 月 23 日下午在浙江绍兴上虞召开，会议由浙江宏天新材料科技有限公司承办。中国塑料加工工业协会线缆材料专委会 17 位理事和理事单位代表参加了本次会议。新增理事单位代表、专委会秘书处成员、承办单位代表列席了本次会议。参会人员共计 22 名，会议由线缆专委会秘书长苑会林主持。会议内容如下：

①审议了新的会员、理事单位的申请，通过了新增理事单位一家。②各理事单位介绍了 2023 年度企业的生产、经营及销售情况，总结了行业 2023 年运营情况并分析 2024 年的行业发展形势。通过对参会企业的生产经营状况、主要产品类别、同比增长或下降率，以及战略发展方向的比较分析，纵观 2023 年，可以发现：企业在经济复苏中不断进行调整，把改革作为促进发展的手段，强化技术提升，优化管理，以创新驱动发展；企业间加强交流合作保持发展的信心；在整体经济形势下滑、竞争比较激烈的情况下，大家都在积极寻求新的增长点及创新体制，拓展外贸业务；自产自销企业实施"薄利多销"政策，保证利润持平；出口新能源方向的企业以产品 30% 的增长率对国外市场的成功开拓，成为 2023 年行业发展的亮点，为处于困境的企业鼓舞士气，提振信心；同时，产品出口缺少相关资质鉴定的机构，是开拓国外市场的企业需要合力打破的瓶颈。③苑会林秘书长在会上做了《关于 2023 年的工作报告》，对 2024 年工作进行展望；高昕常务副秘书长汇报了专委会 2024 年南京"中国国际塑料展"工作进展情况、专委会 2024 年年会的准备情况、国标《GB/T 8815—2008 电线电缆用软聚氯乙烯塑料》有关工作进展情况；高昕常务副秘书长还介绍了举办技术培训班和走进高校、走进企业活动的工作计划。④中国塑协线缆材料专委会苑会林秘书长对各参会代表的积极分享和交流表示肯定和赞赏。苑秘书长指出，在经济下行压力下，专委会各会员企业要抓住有利时间，严把质量关，不断优化和创新技术和工艺，通过专家指导和企业自身突破，走出具有行业特色的发展道路。

（7）积极开展"2023 中国塑料绿色智造展览会"和"2024 中国国际塑料展"的宣传和招展工作。

专委会为积极开展展会宣传工作，不定期地利用微信平台、朋友圈推广宣传"2023 中国塑料绿色智造展览会"和"2024 中国国际塑料展"，并开展相关展位招商工作。随着市场经济的不断完善，各级政府对行业协会工作的日益重视，为行业企业发展带来越来越好的政策环境和广阔空间。专委会将进一步提升服务水平，提高专委会工作队伍的综合素质，以务实、高效、前瞻的服务精神和工作理念，营造积极阳光、和谐融洽的工作氛围。2024 年，专委会将抓住良好时机，乘势而上，加大步伐，围绕服务拓展工作领域和市场平台，以历史的责任感和使命感，在加强自身建设的基础上，履行职能，扎实有为，积极探索，务实创新，为企业服务，为行业服务，为政府和社会服务，扩大行业影响力，发挥专委会在企业发展和市场经济建设中应有的作用。

降 解 塑 料

中国塑协降解塑料专业委员会

一、生物基及降解塑料现状与进展

"十四五"时期是碳达峰的关键期、窗口期，我国生态文明建设进入了以降碳为重点战略方向、推动减污降碳协同增效、促进经济社会发展全面绿色转型、实现生态环境质量改善由量变到质变的关键时期。生物基材料是收集碳、固定碳和高效利用碳的有效载体，相关产业担负着促进工业和现代农业协调发展、提高经济社会高质量发展、推动乡村振兴等一系列重要使命。

生物基材料，是利用谷物、豆科、秸秆、竹木粉等可再生生物质为原料制造的新型材料和化学品等，包括生物合成、生物加工、生物炼制过程获得的生物醇、有机酸、烷烃、烯烃等基础生物基化学品，也包括生物基塑料、生物基纤维、糖工程产品、生物基橡胶以及生物质热塑性加工得到塑料材料等。生物基材料由于其绿色、环境友好、资源节约等特点，正逐步成为引领当代世界科技创新和经济发展的又一个新的主导产业。随着生物技术革命和产业变革加速推进，生物基材料在全球范围内迅速发展，世界各主要国家都积极推动和鼓励生物基材料替代不可再生的化石材料，扩大生物基材料在生产和生活领域的应用。2023年，全球生物基材料产能已达3500万吨以上，主要的技术创新是发展以高效菌种构建为核心的生物质转化、生物基材料单体制造关键技术，以及生物基材料聚合、性能改进与复合、绿色生物法加工技术等配套的产业技术。

我国的生物基材料产业发展迅猛，关键技术突破不断，产品种类速增，产品经济性增强，初步构建了以聚乳酸、聚酰胺率先产业化，多种生物基材料快速发展的格局。一是产业规模不断扩大，应用领域逐渐增加，行业总产值快速增长。二是技术进步不断加快，功能菌株、蛋白元件、工艺技术等技术创新取得重要突破，产品不断丰富，聚乳酸发酵调控、高效催化等技术国际先进。三是产业体系不断完善，已经涌现出一批重点企业和科研院所积极推进生物基材料开发利用，在一些地区已初步形成产业聚集区。可见，在"双碳"目标下，生物基材料产业正迎来发展机遇。

（一）国外生物基及可降解塑料产业发展现状

全球气候变暖和化石资源日渐耗竭的严峻现实，推动着生物经济的发展。据统计，过去10年，生物基聚合物产能以两位数的年均增长率增长。欧洲生物技术相关领域顶级的独立研究机构NOVA研究所预计，2020年世界生物基聚合物产能达1700万吨，其中，生物基聚对苯二甲酸乙二醇酯（PET）、聚乳酸（PLA）和聚羟基脂肪酸酯（PHA）的市场增长率最高。替代型生物基聚合体在化学结构上与化石基聚合物相同，受到业内广泛重视。目前，使用生物基乙二醇（MEG）单体和化石基对苯二甲酸（TPA）制得的30%生物基PET已进入市场并在包装等领域得到应用。与此同时，替代型生物基PX-TPA单体技术的研究与开发也取得了巨大进展，100%生物基PET有望在未来成为产能最大的生物基聚合物。

（二）我国生物基及降解塑料产业发展现状

我国生物基材料加工技术处于国际先进水平，部分天然生物基材料提取制备技术以及合成生物基材料关键单体生物制备技术与国际水平仍有差距。淀粉、秸秆纤维等天然生物基材料热塑加工技术处于国际先进水平，丙交酯、1,3—丙二醇（PDO）、丁二酸、戊二胺等关键单体的产业化技术仍不成熟，生物基聚酯生产技术基本达到国际先进水平，二氧化碳基脂肪族聚碳酸酯产业技术水平居于国际领先地位。

国际已产业化的生物基可降解树脂品种在国内均有布局，其中，PLA产能落后于美国、泰国位居世界第三，缩聚类聚酯、生物基尼龙产能达到国际先进水平，二氧化碳基脂肪族聚碳酸酯产能居于国际领先地位，生物基纤维、生物基橡胶、生物基涂料、生物基聚氨酯的应用处于国际先进水平，但生物基PET和生物基PE尚未规模化生产，与国际先进水平有较大差距。

（三）我国生物基及可降解塑料生产企业及其产能

我国生物基材料的研究与产业化主要起步于生物可降解材料，主要包括PLA、二元酸二元醇合成聚酯、PHA、PPC等。

PLA的合成主要有3种途径：一是乳酸直接缩合；二是将乳酸合成丙交酯，再催化开环聚合；三是固相聚合。国内PLA的合成路线以第二种途径为主。中国科学院长春应用化学研究所与浙江海正生物材料股份有限公司从2000年开始进行PLA产业化技术探索，于2008年建成了国内第一条PLA中试生产线。经过十余年的发展，浙江海正已成为国内产业化规模最大的PLA企业，覆盖了挤片、注塑、吸塑、纺丝、双向拉伸膜、吹膜等不同加工用途的产品，生产和研发实力达到了国际先进水平。目前，全球PLA产能约为280千吨/年，表观消费量约为160千吨/年。美国NatureWorks公司（原Gargill Dow公司）以发酵玉米中葡萄糖的工艺技术生产PLA，产能已达150千吨/年。荷兰Total Corbion公司是全球最大的乳酸及其衍生物供应商，并已在泰国建成年产75千吨的PLA生产线。目前，PLA在国内的产能约为50千吨/年，表观消费量超过30千吨/年。浙江海正生物材料股份有限公司现有15千吨/年PLA生产能力，且有一条年产60千吨的生产线正在建设中。此外，国内还有多家PLA原料生产企业及正在建设或计划建设 PLA 生产线的企业，如安徽丰原集团从乳酸到丙交酯到聚乳酸的全产业链规模化生产线已经建成；珠三角、长三角集聚的大批制品加工企业也围绕国际市场需求得以快速发展。但高光学纯度旋光性丙交酯产业化技术尚不够成熟，还需依赖进口，国外依存度较高，成为国内 PLA 合成乃至全产业链发展的"卡脖子"技术。

在二元酸二元醇合成聚酯方面，随着 1,4—丁二醇（BDO）生物法制备技术的产业化，德国 BASF 和意大利 NovaMont 正全力推动聚对苯二甲酸—己二酸丁二酯（PBAT）的生物基化，以期在欧盟的市场准入上构筑绿色壁垒。国内 BDO 生物制备技术主要是中国科学院天津工业生物技术研究所的丁二酸加氢技术，通过高效加氢催化剂实现生物制备突破。聚丁二酸丁二醇酯（PBS）是采用生物基丁二酸实现生物基化的生物可降解聚酯。山东兰典通过受让中国科学院天津工业生物技术研究所技术，已建成万吨级生产装置，发酵技术国际领先，产能规模也居世界前列。近年，为了摆脱 PBS 市场应用的暂时困境，发展了加氢技术，已能向市场提供生物基 BDO。国内聚合方法相关研究主要集中在直接酯化法和酯交换法。杭州亿帆鑫富、安庆和兴、珠海万通、新疆蓝山屯河、山西金晖陆续投产了万吨级的 PBAT/PBS 聚合装置。随着国内外对生物可降解制品需求的日渐旺盛，南通华盛、甘肃莫高、仪征化纤等也加快了进入市场的步伐。

聚羟基烷酸酯（PHA）在我国具有很好的科研与产业基础。在基础研究领域，我国已克隆了数十个与生物聚酯 PHA 合成有关的基因，对多株 PHA 工业生产菌进行了全基因测序，合成了数十种非传统的 PHA 材料，开发了 PHA 加工成型的工艺技术，为材料应用奠定了良好的基础。宁波天安生物材料有限公司已实现了 PHA 产业化生产，拥有年产 2 千吨的 PHA 生产线，目前重点突破 PHA 在废水处理、抗菌材料领域的应用；天津国韵生物科技有限公司现有年产 10 千吨的 PHA 生产线，并计划在吉林建设 100 千吨规模的生产线；京蓝晶微生物科技有限公司于 2017 年 12 月宣布完成生物可降解材料 PHA 的中试试生产，2018 年年初，公司在深圳建立了研发中心并投入运行，2019 年其又与清华大学、中化国际轻量化材料事业部署战略合作协议，依据新的菌种技术积极开展产业化生产，使用价格低廉的海水作

为底物，实现 PHA 的产业化，有可能实现低成本的生产技术。

采用废弃二氧化碳与环氧化物共聚制备脂肪族聚碳酸酯是二氧化碳高值化利用的代表性品种。中国科学院长春应用化学研究所针对二氧化碳基高分子材料研究所面临的关键科学问题，以催化剂研究为基础，并通过化学和物理方法改善材料性能。国内企业依据此技术，已形成了高分子量和低分子量脂肪族聚碳酸酯的产业化生产，产品主要用于水性聚氨酯、可降解薄膜材料等领域。浙江台州邦丰塑料有限公司依靠长春应用化学研究所的专利技术建设了产能为 15 千吨 / 年的 PPC 生产线，目前暂时停产。中国科学院长春应用化学研究所与吉林博大东方新材料有限公司合作，在吉林计划建设 30 千吨 / 年规模的生产线。河南天冠集团有限公司自主研发二氧化碳捕获技术和成套装备，拥有 10 余项专利及 5 千吨 / 年的 PPC 生产能力。江苏中科金龙化工股份有限公司也是国内生产 PPC 的代表企业，其产能达 15 千吨 / 年。南通华盛高聚物科技发展有限公司在 PPC 改性和膜加工方面技术领先，产品出口国外。我国是国际上首先实现二氧化碳基塑料产业化的国家，目前德国、美国、韩国在此领域也有布局。

目前，在生物基非降解聚酯领域，Dupont 公司基于生物基 1,3—丙二醇（PDO）推出的 Sorona 纤维产品在纤维领域获得了很好的应用；国内的江苏盛虹也建成了 2 万吨 PDO 装置，但采用的甘油路线与 Dupont 的葡萄糖路线相比在成本上具有明显的劣势，因而面临严峻的市场竞争。BASF 和 DSM 还将生物法 BDO 技术成功地嫁接到已有产品线，推出了生物基聚四氢呋喃和热塑性弹性体聚醚酯，不断增强自身市场竞争优势。

相比生物可降解型生物基材料，非降解型在国际发达国家和地区得到更多的重视。据德国 NOVA 研究所和 European Bioplastics 预测，非降解型在生物基材料中的占比将持续提高。非降解型又可分为嵌入型（drop-in）和创新型。

嵌入型只是将石油基单体变换为生物基单体，因此可以利用现有的聚合、加工与应用产业链，其发展速度取决于生物基单体成本的高低。国内外通常从木质素出发，经过多步化学转化得到生物基单体，从生物乙醇出发，打造乙二醇、乙烯、丙烯等单体产品线，实现 Bio-PET、Bio-PE、Bio-PP 的生产。目前，国际上 Bio-PET 的研究已从生物法乙二

醇的制备扩展到对苯二甲酸的生物法制备。我国作为全球最大 PET 产业基地，Bio-PET 产业化技术尚属空白，应引起足够的重视。

创新型非降解生物基材料则是从石油路线无法制备或制备成本很高的生物基单体出发而得到具有显著功能特性的新材料，是生物基材料未来发展的主导方向。其中，创新型生物基尼龙是受到高度关注的生物基材料，目前国内外已有不同系列生物基尼龙产品问世，且已在汽车、电子、功能纺织品等高端领域得到应用，已成为生物基材料高值化应用开发的典范。珠海万通以蓖麻油为原料开发的尼龙 10T 在耐热性方面具备了与国外同类产品竞争的能力；立足于我国在赖氨酸发酵能力居世界首位的产业优势，上海凯赛、中国科学院天津工业生物技术研究所与中国科学院微生物所分别形成了以赖氨酸为原料的制备戊二胺的技术，并开展了以此为单体的尼龙 5X 聚合与应用技术研究。目前，我国戊二胺生物制备技术与产能居世界领先地位，因此开展以戊二胺为原料的下游尼龙、聚氨酯、聚酯酰胺新型材料的合成与应用，有望形成具有中国特色和优势的生物基材料产业链集群及巨大的应用市场。

二、发展建议

生物基材料的生产过程，指从生物质利用开始，到生物基材料制备和应用，即"原料—制备—制品—流通—用户—处置"的全过程，是生物质的收集、处置、糖化、生物转化、聚合、改性、加工成型、规模化应用、标准与测试、监管、产业服务平台等全链条发展的一个过程。全产业链能否协同发展，决定了生物基材料的成本、性能和应用的可行性，也最终决定了生物基材料低碳减排的绿色属性和生态环境友好性。但目前我国生物基材料产业仍存在诸多薄弱环节，初始原料仍以玉米为主，非粮生物质糖化尚未形成标准化工艺，支撑体系不健全，成本普遍高，市场竞争力不强；同时，产品标准、检测评价方法、标识溯源体系等缺失，检测能力难以满足行业快速增长需要。因此，要加大力度攻克关键技术，推进生物基材料全产业链协同发展。

三、专委会主要活动

（1）积极配合国家政策和产业规划的制定、发布与实施，包括对"十四五"生物基材料规划、国家战略性新兴产业发展规划、国家发展改革委和生态环境部发布《关于进一步加强塑料污染治理的意见》、工业和信息化部绿色制造和绿色生态设计产品认定，生物基发展指南等政策文件进行解读，与中国商业联合会共同组织生产企业与用户之间进行产品对接。

（2）积极配合国家发展改革委塑料污染治理意见实施，配合吉林、海南、河南等省市的塑料污染治理工作。

（3）配合国家邮政局制定邮政快递包装相关标准，与顺丰、菜鸟、京东、淘宝等平台与公司共同推进绿色包装应用。

（4）配合北京市发展和改革委员会，为推动落实《北京市塑料污染治理行动计划（2020—2025年）》，针对市场上一次性不可降解塑料制品替代品品种多而杂、产品质量良莠不齐及如何引导消费者采购到真正绿色塑料制品，建设了企业与市场的供需对接公益平台——绿色塑料制品查询与溯源平台；为广大消费者提供绿色塑料制品的快速鉴别服务，推广性能达标、绿色环保、经济适用的一次性不可降解塑料制品替代产品。

（5）配合北京市发展和改革委员会，开展生物降解塑料制品在生态涵养区应用场景的推广工作；联合行业头部企业，助力密云区、延庆区顺利完成塑料污染治理规范化试点。

（6）持续配合中华环境保护基金会和美团外卖完成"降解塑料外卖包装推荐名录及创新产品孵化项目"工作，为外卖行业绿色供应链建设提供支撑。

（7）联合全国生物基材料及降解制品标准化技术委员会，积极参与国家标准的制定修订工作，推动建立了生物基及降解行业关键技术标准及标准体系，促进了产业规模化生产与应用。

（8）召开第十届生物基与生物分解材料技术和应用国际研讨会，会议规模达 700—800 人，已是比较权威的业内交流大会。

塑 料 鞋

中国塑协塑料鞋专业委员会

一、行业概述

塑料鞋广泛应用于日常生活、劳动密集型行业，以及化工、医疗等领域的一些特殊工作环境。

（一）产业规模

2023年，我国从事塑料鞋生产的企业723家，从事塑料鞋批发贸易批发业务的企业（不含零售企业）357家：塑料凉鞋、塑料拖鞋、防雨橡胶鞋、塑料鞋底跟等主要产品的主营业务收入超过千亿元。广东揭阳市塑料鞋行业总产值为310多亿元，占揭阳市工业总产值的5.8%，其中规上企业182家，产值为151.1亿元；广东吴川市塑料鞋产值为128亿元，其中规上企业产值为26亿元，比2022年增长6.3%；福建晋江市内坑镇塑料鞋总产值为123.1亿元，占全镇规上工业总产值的35.17%，同比增长2.6%，其中规上企业64家。

2023年，我国塑料鞋在国际贸易中，出口依然保持一定规模，但也面临着国际贸易形势的不确定性和市场竞争的压力。2023年1—12月，塑料拖鞋、塑料凉鞋、塑料防水雨鞋等10种类型（不包括真皮、再生皮）的塑料鞋出口353.37万吨，出口额达384.35亿美元。其中，塑料底布艺面料的拖鞋出口13.9万吨（7.79亿双）；塑料鞋底鞋面（包括浴室用）拖鞋（不含塑料雨鞋及塑料底的运动鞋）出口165万吨（超过30亿双），占塑料鞋出口总量的46.69%。

（二）发展特点

从市场规模来看，受益于国内外市场需求的扩大，塑料鞋市场呈现出稳定增长的态势。在产业链方面，上游原材料供应商提供了丰富的塑料及相关助剂，为塑料鞋的生产提供了保障。同时，生产设备供应商的技术进步也推动了塑料鞋生产的效率和质量提升。在政策法规方面，环保政策的加强促使企业更加注重生产过程中的节能减排和废弃物处理。同时，质量标准和安全规范的严格执行，也促使企业不断提升产品质量。随着竞争日益激烈，众多企业纷纷加大研发投入，注重产品创新。一方面，环保材料的应用成为趋势，以满足消费者对环保产品的需求；另一方面，智能化生产逐渐普及，提高了生产过程的自动化程度和精准度。此外，个性化定制也受到了更多关注，使消费者能够获得更符合自身需求和喜好的塑料鞋产品。在技术发展方面，不断有新的注塑工艺和技术涌现，进一步提升了塑料鞋的质量和性能。例如，一些先进的注塑机能够实现更复杂的鞋底设计，增强鞋子的舒适度和稳定性。截至2023年12月，我国塑料鞋专利突破2000多件，其中，塑料拖鞋专利名称100多件，塑料鞋专利名称303件，2023年新增塑料鞋团标2项。

（三）未来预期

近年来，受国内外经济形势影响，塑料鞋行业的经济运行情况远远不如预期。经走访调查研究，发现行业主要存在的问题有：产能过剩、订单量减少、营商环境差、出口业务下降。但是从整体来看，随着人们生活品质的提升和消费观念的变化，越来越多的人开始选择穿着轻便、舒适、耐用、绿色、时尚的塑料鞋。而塑料鞋的成本相对较低、生产效率高、生命周期长，这些特点也让其比传统鞋类更加具有竞争力。目前，全球塑料鞋市场规模不断扩大，尤其是在发展中国家和地区，由于人口众多、消费升级、劳动力成本低等因素的影响，塑料鞋的需求量和市场份额都在波动中盘旋上升。

展望未来，塑料鞋行业有望继续保持稳定增长。随着科技的进步和消费者需求的进一步多样化，塑料鞋将在抑菌防霉功能化、多彩时尚化、设计个性化等方面不断发展和创新。企业将持续引导绿色消费市场，开创国际塑料鞋品牌，通过提升智能制造、绿色制造的核心竞争力，适应国内外绿色消费市场的变化和发展。一部分制鞋企业也都慢慢地在朝国外发展，投资建厂；一些知名的塑料鞋企业通过不断创新和优化产品，赢得了市场信誉。例如，广东思迪嘉鞋业有限公司、上海通盈鞋业有限公司、揭阳市圣路保鞋业有限公司、福建嘉怡塑胶有限公司、南通拓驰鞋业有限公司、晋江市祥泰鞋业有限公司、泉州市福采转印科技有限公司、广东鸿冠鞋业有限公司、福建金彩虹化工有限公司等企业，相继推出的一系列使用新型环保材料且设计独特的塑料鞋，受到了消费者的广泛喜爱。总体而言，行业在面对挑战的同时也充满机遇。行业将继续朝着高品质、多样化、智能化、品牌化和可持续方向迈进。

二、专委会重要活动

（一）组织参展与交流活动

2023年4月、7月，中国塑协塑料鞋专委会先后组织会员企业前往福建晋江、浙江温州，参观"第二十四届中国（晋江）国际鞋业暨第七届国际体育产业博览会""第二十六届中国（温州）国际皮革、鞋材、鞋机展览会"。2023年11月，专委会组织5家塑料鞋企业，以塑料鞋专区的形象亮相并参加"2023年绿色智造展览会"。通过参加、参观展会，会员企业更加了解了塑料鞋行业新材料、新技术、新产品、新装备发展状况，对接新老客户，推动制鞋技术、合作模式实现新的突破，进一步促进制鞋产业的高质量发展。专委会通过组织企业参观展会，使上游展商、设备展商与下游用户开展互动交流，为企业提供了参展服务、参观服务。

（二）开展培训

组织好行业标准《聚氯乙烯（PVC）塑料凉鞋、拖鞋》的宣传推广与培训工作。由广东思迪嘉鞋业有限公司负责牵头起草的行业标准《聚氯乙烯（PVC）塑料凉鞋、拖鞋》于2023年4月正式发布，

2023年11月正式实施。新标准的实施对企业规范发展至关重要。为使广大会员企业更好地理解和实施新颁布的行业标准，帮助企业深入诠释新标准的意义、内容和要求，引导企业正确执行新标准、提高产品质量和技术水平，促进塑料鞋行业的健康发展，专委会分别在广东揭阳、福建晋江等地组织召开行业标准宣传推广会，就新标准和老标准的不同之处，以及新标准实施的注意事项对参会人员进行讲解、分析。揭阳鞋业商会、晋江拖鞋联盟和吴川塑料鞋行业协会分别组织相关会员共计100多人参加宣贯培训。

（三）组织制定绿色标准

本着规范行业发展，为社会提供绿色、健康合格产品，保障消费者切身利益，提高行业绿色可持续发展水平，推动行业标准化建设的初心和原则，专委会协助福建嘉怡塑胶有限公司牵头起草了《绿色设计产品评价技术规范　塑料凉鞋和拖鞋》标准。标准启动会于2023年2月在南京顺利召开。7月，第二次标准讨论会在温州召开。与会者一致认为，制定行业标准、统一产品技术规范是惠及全行业的深谋远虑之举。

塑料再生利用

中国塑协塑料再生利用专业委员会

一、行业基本情况

我国已经成为全球生产、使用塑料再生料最大的国家，多年以来为世界塑料污染治理做出了巨大的贡献。考虑到出口影响，我国现在仍旧处于大规模基础设施建设阶段，人民生活水平的提高、环保意识的增强等因素促使我国再生塑料的回收应用比率已经相当高，与国外发达国家的回收比例相差不大。

塑料再生利用行业近年的运行呈现出"冰火两重天"的状况。受到国际上碳税、发达国家环境政策和产业政策以及塑料公约谈判的影响，旧的行业秩序正在被打破，新的行业秩序还处于百花齐放的状态，行业外的资金正在积极进入这个行业。

2015—2022年，我国合成树脂产量整体呈增长态势，从2015年的7807.7万吨增长至2022年的11 366.9万吨。2023年，中国的初级树脂行业继续保持增长态势，产量累计值为11 901.8万吨，累计增长6.3%，在地区分布上，浙江省、山东省、江苏省的产量位列前3名，2023年3—12月，累计生产分别为1355.87万吨、997.38万吨和964.99万吨。塑料制品行业产量为7488.5万吨，地区分布上，广东省、浙江省、江苏省产量居前3名，分别为1450.69万吨、1295.51万吨和578.17万吨，与初级形态树脂的分布基本一致，但产业聚集程度要明显高于合成树脂行业。2023年，再生塑料行业企业23 000余家，相关企业数量有所减少，其中广东省仍然为相关企业分布最多的省，约有

4000 家，减少了约 300 家；其次依次为江苏省（2100 余家）、山东省（1800 余家）、河北省（1900 余家）。目前，再生塑料企业数量位列前 7 名的省份为广东省、江苏省、山东省、河北省、安徽省、福建省及浙江省，7 个省的企业数量占整个行业企业数量的 60% 以上。

现阶段行业整体产能正处于平台期，主要原因是现阶段的产品仍以物理回收工艺为主，存在回收半径和回收前端能力的限制，回收企业尤其是中小企业获利不足。国际头部企业正在积极推进再生塑料替代计划，国内技术先进的头部再生粒子生产企业现在普遍扩充布点和增加产能；同时，由于受到以 BASF、沙比克为代表的国外企业进入中国、国内炼化树脂企业产能的扩充、国内环保政策限制，以及废塑料价格、运输成本、生产成本和人工费用增长等因素的影响，国内树脂相对于传统的平替再生颗粒的价格差缩小，国内传统的再生颗粒生产企业获利减少，行业中小企业数量减少、利润减少。总体来看，我国塑料再生利用行业的整体技术不强，以中小企业为主，设备设施老化，整体技术水平较低，产品质量不高；但是，我国已培育出一批行业技术先进企业，如金发科技、广西国龙等行业头部企业，这些企业拥有领先世界的再生塑料生产线，所生产的产品符合国际上多数的苛刻认证技术要求，并与国际大公司进行合作，成绩斐然。

二、塑料废弃物总量及再生量估计

塑料制品加工业是我国实现绿色、低碳、可持续发展的重要基础性产业，是实现中国式现代化、工业强国、人民生活幸福的基础保障，是联承石化行业与高精尖行业的关键节点产业，是实现新质生产力的重点产业。塑料制品本身种类非常多，既有直接用于民生的日用塑料，如储物箱、一次性餐具等，也有高新产业的重要组成部分，如塑料零件、电池隔膜、光学组件等；可以是重要基建产品，如塑料保温材料、塑料管道、塑料型材、土工材料等，也可以是重要的农资产品，如地膜、棚膜、节水器材等。各种塑料制品的生命周期、废弃方式、应用时间都不同，如用于基建的产品，其寿命与建筑或工程密切相关，而一次性餐具、包装袋等的生命周期约为一年。因此，精确计算废弃塑料总量是非常困难的。现在，行业普遍根据主要的塑料制品历年产量，采用物质流的方法来预估塑料废弃物的总量。

2023 年，塑料制品细分领域产品产量：塑料薄膜制品 1695.4 万吨，泡沫塑料 266.9 万吨，日用塑料 563.2 万吨，人造革合成革 229.2 万吨，其他塑料制品 4651.7 万吨。由此，全国塑料废弃物总量约为 4103 万吨，全国再生塑料的产量约为 1500 万吨。

三、中国塑料再生利用实践

现阶段，我国回收渠道基本畅通。与国外垃圾分类回收渠道不同，我国现阶段回收渠道以拾荒渠道、工厂废料回收渠道和家电、汽车拆解回收渠道为主。我国所回收的废弃塑料类型也与国外不同，拾荒回收主要覆盖聚对苯二甲酸乙二醇酯（PET）、聚乙烯（PE）、聚丙烯（PP），主要回收线缆材、日用塑料制品、农用棚膜等，部分污染较重的一次性塑料制品回收率较低。

不同材质塑料的回收率不同，如饮料用聚酯吹塑瓶的回收率已经达到 95% 以上，包装用的 EPS 回收率也在 92% 以上。一次性塑料袋，尤其是食品接触的塑料袋，其回收率却非常低。

我国再生塑料的应用也呈现出行业不同则应用不同的特点，部分行业产品（如 PS 相框材料、部分发泡材料、农用节水器材、塑料编织用品、部分日用塑料等）使用大量再生塑料制品；部分行业按照政策、标准要求，不能使用再生塑料作为原料，如与食品接触的塑料制品、医用塑料制品等相关的行业。

国内主要的回收再生产业链模式如下：

1. 田强模式

田强模式是上海田强环保科技股份有限公司在再生塑料行业中探索、创新的一种模式。该模式依托于"物联网＋回收平台"，通过"美家园"爱回收项目，探索适合中国农村垃圾分类的新模式。田强环保成立于 2000 年，是一家以废塑料回收、分类、分解、造粒为基础的加工型高新技术企业，是集塑料改性、研发、制造、销售、服务为一体的创新型企业。

田强模式的核心在于利用 IOT 技术和移动互联网技术，结合中国现状，通过多种技术手段吸引村民参与垃圾分类，同时降低垃圾分类运营企业运作成本，提高工作效率。

田强环保的运营模式包括 3 个业务模块：村民的分类投放、收运企业的分类收集和分类运输、末端垃圾处理厂的分类处理。在每个环节上，田强环保都进行了技术上的改造，如使用公司自主研发的专业 PDA 设备、带有 rfid 电子标签的垃圾桶和配套的蓝牙秤设备，快速记录村民的垃圾分类相关信息，并通过平台自动给予合理的积分奖励，鼓励村民积极参与。

2. 陆海模式

陆海模式指厦门陆海环保股份有限公司在再生塑料行业中创新的一种模式。该模式通过构建一个闭环的循环管理体系，对低值废塑料进行有效的回收和再利用。陆海环保通过与政府、环卫企业协同作业，利用其在废塑料循环管理领域取得的多项发明专利和软件著作权，积极开展低值废塑料的回收、分选、资源化试点项目。

在前端，陆海环保协助政府推动垃圾分类政策的制定，提升居民的源头分类意识；在中端，协同环卫企业进行分类收集和转运工作；在末端，则依托分选中心和资源化利用基地，进行专业分选、加工和高质高值化应用，形成良性循环。

陆海环保的运营模式还包括建立回收网络，联合物流体系，对接利废企业，利用线上工具、互联网技术服务于再生资源行业，深度整合线下资源，以点带面，联合环保资源，区域化精细运作，大范围地带动商户参与到环保回收活动当中，改善再生资源回收体系，形成商户（消费者）、陆海环保、处理中心、加工利用企业、政府"五位一体"的共生共赢模式。

陆海环保的产品包括再生塑料米、再生纸浆、再生铝屑及木塑产品，主要直接销售给下游的产品生产厂商。公司的营销策略以直销和战略联盟销售为主、渠道为辅，实现了销售收入和净利润的增长。

3. 重庆模式

重庆市正在构建一个包括塑料机械制造商、社区回收企业、塑料制品制造商等在内的多层级回收利用体系。这个体系旨在通过提升再生资源加工利用产业的集聚水平，促进资源再生利用企业集聚化、园区化、区域协同化布局。

重庆市计划到2025年建成10个绿色分拣中心、2个交易中心，并发展8500家回收企业，形成覆盖广泛的回收网络。同时，推动智能回收设施的覆盖范围，支持回收企业在社区、商圈、公共机构等场所投放智能回收设施。

四、专委会主要工作

2023—2024 年，再生专委会共计新增会员单位 31 家，其中，副主任单位 8 家、理事单位 5 家、其他会员单位 18 家，壮大了会员队伍，提升了专委会在行业中的影响力。专委会主要工作如下：

（一）秘书处建设

增聘 4 名副秘书长。他们熟悉行业企业及产业链上下游情况，在研发再生相关新技术及对接学研活动、解决企业生产问题、制定再生及"双碳"标准等方面各有特点和优势，且年富力强，增加了秘书处的相关专业能力和对会员单位的服务与履职能力。招聘了 1 名专职人员，负责专委会日常工作及公众平台的运行。

（二）微信公众号的重建

再生专委会重新对微信公众号进行了改版，使之能够进行日常的信息维护和推送行业信息。

（三）组织相关会议

2024 年 2 月 2 日上午，再生专委会在广州金发科技股份有限公司总部召开 2024 塑料再生利用发展第一次讨论会。会议代表认为，塑料再生利用行业是绿色、低碳行业，在国际、国内政策加持下，塑料再生利用行业发展前景广阔。此外，与会者建议再生专委会在 2024 年增加组织会员活动，扩大专委会社会影响力，做好行业各部分的联系工作，为行业内企业争取更多的利益。

2024 年 4 月 12 日，再生专委会以网络会议的方式召开理事会。会议成立了专委会新的领导班子，通报协会对专委会的管理要求、专委会 2024 年工作计划并征求理事意见。

2024 年 8 月 28 日，再生专委会召开第二十三届再生塑料高值化回收利用大会暨中国塑协塑料再生利用专业委员会 2024 年年会。该会议与界首市人民政府合作，在安徽省阜阳市界首市召开。会议邀请了多名院士、专家以及国家部委领导，就塑料再生利用行业的发展前景、技术发展方向进行了研讨和总结，并于同期举办了国家标准《再生塑料物理回收碳排放量核算》讨论会。

2024 年 11 月 2 日，再生专委会召开再生塑料 & 塑料制品应用对接会。该会议与农用薄膜专业委员会、板片材专业委员会、异型材及应用专业委员会、硬质 PVC 发泡制品专业委员会合作举办。该会议以"顺势而为，开启塑料制品绿色、低碳新纪元"为主题，以促进和提高再生塑料在塑料制品中的应用量和技术水平为目的，为大家提供了一个汇集国内循环经济、再生及塑料制品、检测、认证等方面的专家和生产企业，共同了解国内外相关政策、行业趋势及技术发展方向，研讨再生塑料在塑料制品中的应用要求、加工难点，对接再生塑料数量、品质、加工需求等问题的平台。

（四）行业企业调研

2024年调研企业范围包括上海、江苏、浙江、福建、山东等多地，调研企业超过30家。

（五）第五届中国国际塑料展招展

第五届中国国际塑料展于2023年2月25—27日在南京国际博览中心顺利举办，专委会圆满完成了中国塑协规定的招展任务。

五、行业发展趋势

塑料废弃物的治理手段主要是物理回收、化学回收、填埋、焚烧、生物降解以及其他技术路线，最重要的是实现绿色、可持续发展。从长远来看，随着我国经济社会的长足发展，我国塑料制品的废弃量还会持续增加，如何赋能再生塑料产品价值、提升再生塑料的应用场景，使用何种治理手段，值得行业沉思。其中，使用手段需要考虑行业技术推动、政策支持、社会接受等多方面、多条件的支持，单方面的推动是不可持续的，也是不科学的。

低碳、节能、可循环已经成为国际发展的趋势，随着国际政策的推动，塑料再生利用行业将迎来一个技术较快发展的阶段，相当一段时间内将会迎来一个重要的发展机遇期。

我国已在高分子回收体系上积极进行技术性革命，推出了众多具有中国特色的新产品。有的产品已经在国际上取得了良好的应用成果，如塑木产业产品；有的正在蓬勃发展，如塑料托盘、塑料人行步道等。此外，我国煤炭能源行业、交通行业等也都积极参与到我国塑料环境质量当中。

考虑到塑料废弃物的特点，未来我国塑料再生利用行业将会是中心节点产业集群与地方产业独立分布相结合的发展局面。中心节点提供技术密集型的再生塑料产品；地方提供再生塑料原料和处理部分再生塑料。整体来看，产业发展前景广阔。

会　　展

中国塑料加工工业协会
2023 年重要会议活动

一、2023 年中国塑协分支机构工作会议

2023 年 1 月 30 日，中国塑料加工工业协会以"现场＋视频"的方式召开 2023 年分支机构工作会议。会上总结并交流了 2022 年工作经验，谋划了 2023 年工作重点，以期引领推动行业高质量发展。中国轻工业联合会兼职副会长、中国塑料加工工业协会荣誉理事长朱文玮，中国塑料加工工业协会理事长王占杰，副理事长马占峰、王磊光、田岩，秘书长焦红文，监事长江桂兰，副监事长易志龙、刘姝，各分支机构主任、秘书长，及协会秘书处人员 100 余人参加了会议。荣誉理事长朱文玮和理事长王占杰分别进行了讲话与重点工作部署。

朱文玮荣誉理事长表示，本次分支机构会议既是为了总结 2022 年的成绩和经验、反思不足，也是为了凝聚共识、共同推动 2023 年各项工作的顺利开展。2022 年，在王占杰理事长和八届理事会领导班子的带领下，各项工作成效显著，出色地完成了年度重点目标任务。他做出了如下几点建议。

第一，认清形势把握大势，提振行业发展信心。要正确认识新变化、新趋势，提前做好规划布局。2023 年，政府出台的一揽子稳经济政策效应将持续显现，市场信心有望提振，经济增长动力"以内补外"趋势明显。要紧跟国家政策方向，抢抓机遇促发展，增强消费能力，改善消费条件，创新消费场景；要深度研究行业现状，充分认知协会作用，强化科技创新引领，深入行业调研、反映行业诉求，搭建行业对接交流平台，扩大国际国内交流合作，促进行业发展。

第二，笃行实干创佳绩，坚守初心启新程。一要加快实施"十四五"发展规划和科技创新两个指导意见，为构建新发展格局、促进经济社会高质量发展贡献力量；二要宣贯实施《中国塑料加工业绿色发展纲要（2022）》，促进全行业践行绿色可持续发展理念；三要强化科技创新引领，加强技术攻关，促进全产业链共同发展；四要扎实推进行业数智化工作，锚定数字化、智能化战略，加速推进塑料行业的数智化进程。

王占杰理事长作题为《笃行不怠 赓续前行 书写塑料行业高质量发展新篇章》的工作报告，他从

"夯实党建工作根基，筑牢基层政治堡垒；跟踪监测行业运行，保障行业向稳发展；加强团队建设，提升履职水平能力；服务行业发展，推动行业不断进步；加强科技创新引领，促进产业转型升级；全力支持政府工作，主动承接政府项目；服务社会，为人民美好生活做贡献"等七方面对 2022 年协会工作进行了全面总结回顾，从"加强自身建设，提高服务行业水平和能力；坚持科技创新引领，推动行业高质量发展；发挥桥梁纽带作用，做好'四个'服务；搭建沟通交流平台，引领行业发展方向"等四方面部署了 2023 年协会重点工作安排。

江桂兰监事长宣读了《关于表彰 2022 年度标杆分支机构、主任、秘书长和优秀分支机构、主任、秘书长的决定》。为表彰分支机构在行业发展和协会工作中做出的突出成绩，决定授予塑料家居用品、塑料管道、塑料编织制品 3 个分支机构为 2022 年度中国塑料加工工业协会标杆分支机构；宋旭彬、张建均、王学保 3 名同志为标杆分支机构主任；梁家杰、赵艳、赵克武 3 名同志为标杆分支机构秘书长；农用薄膜、双向拉伸聚丙烯薄膜（BOPP）、双向拉伸聚酯薄膜（BOPET）、复合膜制品、降解塑料、中空制品 6 个分支机构为 2022 年度中国塑料加工工业协会优秀分支机构；曹志强、罗维满、易志龙、夏嘉良、黄志刚、宋玉平 6 名同志为优秀分支机构主任；刘敏、范艳、夏冶、高学文、翁云宣、苗丹 6 名同志为优秀分支机构秘书长，王占杰理事长为在场的获奖分支机构及相关人员颁发了证书。

35 个分支机构主任、秘书长在会议中针对 2022 年各子行业现状与趋势、存在的问题与困难、推进协会品牌展会与工作思路、引领行业绿色可持续高质量发展、对秘书处工作建议与意见等方面做了广泛交流。秘书处各部门主任分别就协会财务要求、第五届中国国际塑料展进展情况、2023 年展会安排、会员与会费规范管理、企业信用建设、培训、信息与宣传等有关工作提出安排和要求。

王占杰理事长对会议进行了总结。他表示，本次会议是 2023 年中国塑协召开的首次重要会议，全面梳理了 2022 年各项工作，总结了工作经验，

查找不足；提出 2023 年重点工作安排与计划。会议对大家凝聚共识、对标重点工作、统筹联动形成工作合力、确保各项工作任务高质量并快节奏完成有着重要意义和作用，实现了预期会议目标。从每个人的发言中能体会到大家对行业的热爱、对岗位的责任、对工作的科学执着、对企业发展的热心、对协会重点工作的重视，正是在大家的共同努力以及相关部门、会员单位、产业链相关企业的支持下，协会工作才能取得如此成绩。

王占杰理事长对 2023 年重点工作计划进行了部署。根据 2022 年协会工作总结、各部门工作计划，以及行业发展需求和协会实际情况，2023 年协会初步提出 7 大类 26 项重点工作，他表示，要务实地把国家、社会、行业需要的工作，把企业欢迎的工作，把协会应该做的工作梳理出来，列入协会 2023 年的重点工作目标中。

王占杰理事长对大家关注和反映的问题进行了现场解答。主要集中在标准体系不健全、科技创新能力不足、数字化水平待提高以及第五届中国国际塑料展等方面。他强调，希望协会秘书处和分支机构继续充分发挥资源汇聚优势，为行业搭建更专业的服务平台，当好联系行业企业的桥梁纽带，及时向政府有关部门反映行业诉求，为行业争取合理利益，为企业解决实际问题。

最后，王占杰理事长结合会议情况和协会近期工作安排，提出了 4 点工作意见：一要加强学习，提升工作水平；要打造专职化、专业化的服务团队；要不断学习，学习要刻苦、要积累、要虚心、要致用、要总结。二要围绕重点，做好工作谋划；要理清思路、明晰任务、压实责任。三要规范运作，注意风险防范；要坚持规范运作，严格自律，不触碰"底线"。四要凝心聚力，服务行业发展；要坚守初心使命，搭建服务平台，促进政企沟通、企业间沟通，提振行业企业发展信心，夯实行业高质量发展的基础。

二、中国塑协八届三次常务理事（扩大）会议

2023 年 2 月 24 日晚，中国塑料加工工业协会八届三次常务理事（扩大）会议在南京召开。中国轻工业联合会兼职副会长、中国塑料加工工业协会荣誉理事长朱文玮，中国塑料加工工业协会理事长王占杰，副理事长马占峰、王磊光、田岩，秘书长焦红文，副监事长刘姝，以及来自全国各地的常务理事和代表等 100 余人出席会议。会议由中国塑料加工工业协会王占杰理事长主持。

中国轻工业联合会兼职副会长、中国塑协荣誉理事长朱文玮致辞，他分析了塑料加工行业所面临的国内外经济形势，回顾了中国塑协在服务行业、企业调研、反映企业诉求等方面所做出的努力与取得的成效。他表示，我国塑料加工行业抢抓政策机遇，把握产业方向，精准发力，攻坚克难，展现出了强大的发展韧性和活力，行业的稳健运行离不开业界同人与各位理事单位的奋斗与付出。他提出了 4 点意见：一是各位常务理事要充分发挥"领头雁"作用，为行业发展提供智、人、物、财等支持；二是要专注专业，深挖行业需求，积累技术能量，增强核心技术创新能力；三是在会爱会、在会言会、在会为会，围绕协会重点工作做好谋划，确保工作顺利完成；四是要发挥骨干企业在产业链、供应链关键环节的重要作用，补短板、优长项，不断增强产业链、供应链的韧性和稳定性，促进中国塑业可持续、高质量发展。

刘姝副监事长宣读了增补中国塑协八届理事会理事、八届常务理事会常务理事的议案，会议进行了讨论并获一致同意。马占峰副理事长就中国塑料加工工业协会理事会工作报告（讨论稿）进行了说明。会议对报告进行了讨论。田岩副理事长宣读了拟表彰的中国塑料加工工业协会 2020—2022 年度塑料加工行业"科技创新型优秀会员单位、优秀科技成果、先进科技工作者"议案，会议进行了讨论并获一致同意。王磊光副理事长通报了"第五届中国国际塑料展"筹备情况。焦红文秘书长通报了"第三届中国塑料行业科技大会"筹备情况。会议顺利完成了预定的各项议程。

三、中国塑协塑料管道专委会 2022 年年会暨 2022 年塑料管道行业交流会

2023 年 2 月 24 日，"中国塑协塑料管道专委会 2022 年年会暨 2022 年塑料管道行业交流会"在江苏省南京市召开。本次年会的主题为"应对新局 创新突破 坚定高质量发展"。来自全国塑料管道生产行业、原辅料行业、装备行业、建设行业、水行业、燃气行业以及相关协会、检测机构、设计院、研究院、大学、相关媒体等单位的 510 余位代表参加了本次会议。

中国塑料加工工业协会理事长王占杰，住房和城乡建设部科技与产业化发展中心总工程师高立新，中国建筑设计研究院有限公司副院长、总工程

师赵锂，住房和城乡建设部科技与产业化发展中心评估推广处处长梁洋，中国城市燃气协会秘书长赵梅，中国城镇供热协会常务副秘书长牛小化，北京水协副理事长、北京自来水集团总工程师白迪祺，中国环境保护产业协会城镇污水治理分会执行主任刘达克，北京市市政工程设计研究总院有限公司、中国工程建设标准化协会（CECS）管道结构专委会主任宋奇亘、秘书长代春生，全国塑料制品标准化技术委员会塑料管材、管件及阀门分技术委员会秘书长项爱民，北京市建筑设计研究院（集团）有限公司原副总工程师、教授级高级工程师郑克白，中国塑协团标委塑料管道制品分技术委员会秘书长魏若奇，上海塑料协会副会长兼秘书长陈国康，云南省塑料协会常务副会长韩简吉，山西省塑料协会秘书长王慧凯，上海化建协会管道分会秘书长邵沧伟，杭州市水务集团原副总经理何相之，原杭州水务集团副总经理朱平健，武汉水务集团物管中心主任伍正春，武汉水务集团物管中心主任洪明，石家庄供水集团物资处原处长王星众，中国水协设备委管道办主任宋书燕等领导及专家出席了本次会议。

中国塑料加工工业协会塑料管道专业委员会主任张建均（公元集团董事局主席）、副主任夏成文（天津军星管业集团有限公司董事长）、副主任张克多（武汉金牛经济发展有限公司副总经理）、副主任丁良玉（浙江中财管道科技股份有限公司总经理）、副主任马君（宏岳塑胶集团股份有限公司总裁）、副主任王兴华（成都川路塑胶集团有限公司副总工程师）、副主任邵守富（顾地科技股份有限公司总裁）、副主任李白千（日丰企业集团有限公司副总裁）、副主任鱼江涛（宁夏青龙塑料管材有限公司总经理），以及副主任单位代表陈国南（广东联塑科技实业有限公司副总裁）、柴冈（上海白蝶管业科技股份有限公司常务副总经理）、王志伟（亚大集团公司总监）、景发岐（山东胜邦塑胶有限公司副总经理）、林彦清［南亚塑胶工业（厦门）有限公司技术课课长］、张文霖（康泰塑胶科技集团有限公司副总裁）、马立旺（山东华信塑胶股份有限公司副总经理）、王登勇（浙江伟星新型建材股份有限公司总经理助理）及其他副主任单位代表也参加了会议。

会议开幕式由中国塑料加工工业协会塑料管道专委会秘书长赵艳主持。交流活动分别由住房和城乡建设部科技与产业化发展中心评估推广处处长梁洋、中国工程建设标准化协会（CECS）管道结构专委会秘书长代春生主持，专题访谈由中国塑协团标

委塑料管道制品分技术委员会秘书长魏若奇主持。

本次会议主要包括如下内容。

（1）中国塑料加工工业协会理事长王占杰在会议开幕式上发表讲话，介绍了我国塑料加工业以及塑料管道行业的发展情况，并对塑料管道行业高质量发展提出了建议。2022年，塑料制品行业汇总统计企业累计完成产量7771.6万吨，同比下降4.3%。2022年塑料制品出口1078.1亿美元，同比增长9.3%，顺差881.5亿美元，在全国货物进出口贸易顺差中占比10%。行业表现出了很强的发展韧性，整体发展稳定。塑料管道作为中国塑料加工行业最重要的子行业，具有很大的发展潜力，增幅有所波动，但体量仍然可观，产业结构不断升级，创新驱动达到更高水平，行业集中度加强，智能化水平提高，品质化水平提升，绿色发展日趋明显，行业整体保持着稳健的发展态势。塑料管道行业要深入贯彻党的二十大精神，完整、准确、全面贯彻新发展理念，不断调整适应新局面、新市场，努力实现新的突破，坚定塑料管道高质量发展之路不动摇。

（2）会议审议通过了中国塑料加工工业协会塑料管道专业委员会主任张建均所作的《塑料管道专委会工作总结、工作计划》，介绍了塑料管道行业2021年及2022年的发展情况。2021—2022年，面对严峻复杂的国际形势和接踵而至的巨大风险挑战，塑料管道行业在压力中激发动力，在挑战中抓住机遇、坚定信心、团结奋进、保持定力，战胜了重重考验，通过全行业的共同努力，在加强科技创新、提升产品质量、推动绿色化发展、加速产业升级等方面取得了一定成绩，行业发展虽略有波折，但整体保持着稳健的发展态势。行业发展相对稳定，出口单价显著提高，行业集中度不断增加，行业智能化水平提升，创新能力持续加强，品质化发展步伐稳健，市场认可度显著增强，企业不断彰显社会责任担当。2023年，专委会要多措并举强服务，全面发力促发展；发挥专委会平台作用，加大行业宣传力度；完成专委会换届工作，助力行业可持续发展；积极组织相关活动，引导行业健康发展；加强科技创新引领，推动行业科技进步；加强品牌建设，推动高质量发展；牢固树立绿色发展理念，促进行业可持续发展；参加国际会议，加强国际交流与合作；围绕协会重点目标，做好相关工作。

（3）会议审议通过了中国塑料加工工业协会塑料管道专业委员会副秘书长郭晶作的《塑料管道专委会2022年度财务报告》。

（4）会议宣布了 2021 年 5 月至 2022 年 12 月新增加的会员单位：济宁百优特管业有限公司、南京汇诚仪器仪表有限公司、上海瑞勒化工有限公司、瑞欧刀具（江苏）有限公司、山东淮润塑胶有限公司、中山华明泰科技股份有限公司、成都全员塑胶管业有限公司、营口恒泰科技有限公司、尖刀视智能科技（上海）有限公司、陕西亿海石化集团、金纬机械常州有限公司、山东环海塑业有限公司、江苏赢轩科技有限公司、广西国塑管业集团有限公司、惠州市永涛塑胶科技有限公司、新乡市万宏机械设备有限公司、浙江钧通塑胶有限公司、杭州全茂科技有限公司、张家港市锦越机械有限公司、河北一塑管道制造有限责任公司、山东龙拓新材料有限公司、青岛东丽塑业有限公司、武汉市九牧管业科技有限公司、新疆中恩高科技管业有限公司、张家港新贝机械有限公司、张家港戴恩机械有限公司、中塑环保机械（南通）有限公司、海宁美康环保科技有限公司、江苏金帛环保科技有限公司、湖北伟通管业科技公司、安徽省生宸源材料科技实业发展股份有限公司、太阳雨集团有限公司、上海赛壮化工科技有限公司、山东三诺机电科技股份有限公司、广州润锋科技股份有限公司、江苏瀚能电气有限公司、安徽瑞琦塑胶科技有限公司、麟晟（厦门）建材工业有限公司、全能管业科技（衢州）有限公司、广东新亚光电缆股份有限公司、江西陈氏科技集团股份有限公司、浙江管一管管业有限公司、浙江富华管业有限公司、湖北九衢管道有限公司、巴斯夫（中国）有限公司、江苏华正管业科技有限公司、河南省公驰塑胶有限公司、中国石油独山子石化公司研究院合成树脂应用研究所、米标科技有限公司、湖北畅通管业股份有限公司、安徽万方管业集团有限公司、宁波卡利特新材料有限公司、中科先行工程塑料国家工程研究中心股份有限公司、江西绿动新材料有限公司、山东金诚联创管业股份有限公司、湖北鹏威管业集团有限公司、惠州市艳丽彩塑胶科技有限公司、杭州富阳诚科通信材料有限公司、安源管道实业股份有限公司、韩华道达尔能源化工（上海）有限公司、太仓润海粉体有限公司、济南和立新材料有限公司、东方雨虹管业科技有限公司、福建新胜达新材料科技有限公司、山东永丰液压机械有限公司、南阳森源塑胶有限公司、丰顺东丽精细化工有限公司、台州市卓信塑业有限公司、杭州合丰塑胶有限公司，共 69 家企业。

（5）会议向上海邦中高分子材料股份有限公司、广州鹿山新材料股份有限公司、欣好科技有限公司、河北恒运橡胶制品有限公司、重庆澳彩新材料股份有限公司、亿美特装备（武汉）有限公司 6 家会议支持单位授牌。

（6）会议围绕"应对新局 创新突破 坚定高质量发展"主题内容，安排了塑料管道原辅材料、装备、设计应用、标准检测、质量提升、应用领域以及宏观发展方向等方面共 17 个专题报告。会议还邀请应用领域、检测机构专家进行了现场访谈，与参会代表互动交流，现场解答问题，畅谈行业发展。17 个专题报告具体内容如下。

①中国塑料加工工业协会理事长王占杰做了题为《应对新局 创新突破 坚定不移实现高质量发展》的报告，介绍了我国塑料管道行业发展情况及发展特点：整体稳中求进，应用领域拓展，行业集中度提升，产品质量水平提高，创新驱动加强，智能化工作进步，国际影响力提高。他同时指出了行业发展中存在的问题，并对未来行业发展提出了建议。面对新局面、新挑战，塑料管道行业仍具有强劲的发展韧性及较大的发展潜力，新型城镇化、城市燃气管道更新改造、农村现代化规划、"两重一新"建设、"一带一路"发展规划等都将为行业发展带来新的机遇。

②住房和城乡建设部科技与产业化发展中心总工程师高立新做了题为《基于加快市政管网更新改造背景下塑料管道产业发展策略》的报告，围绕市政管网更新改造大背景下塑料管道产业的发展展开研究，介绍了市政管网更新改造的相关情况、市政管网的现状，指出了市政管网目前存在的一些问题，并针对相关问题提出了市政管网改造更新的相关技术要求，还围绕市政管道更新改造带来的市场空间进行了深入分析，为塑料管道行业发展提出了建议。

③中国建筑设计研究院有限公司副院长、总工程师赵锂做了题为《国家建设行业技术法规实施与塑料管道行业高质量发展》的报告，介绍了国家标准化改革及建设行业技术法规的建立，并分析了各技术法规在高质量发展，特别是对塑料管道行业的发展带来的机遇与挑战。

④中国城市燃气协会秘书长赵梅做了题为《中国城市燃气行业发展及挑战》的报告，介绍了燃气行业发展历程与现状，燃气行业面临的挑战，包括老旧管线改造、燃气安全监管、反垄断以及碳中和背景下开展氢能业务探索等内容。

⑤中国环境保护产业协会城镇污水治理分会执行主任刘达克做了题为《水行业节能降碳的路径与实践》的报告，从4个方面介绍了水行业节能降碳的路径与实践：一是水处理行业情况与碳足迹，二是排水低碳规划实践与案例，三是甲烷控制策略，四是塑料行业低碳发展建议。

⑥中国城镇供热协会常务副秘书长牛小化做了题为《供热行业及供热标准化现状与发展》的报告，介绍了供热行业基本情况并分析了行业热点、痛点问题，还介绍了行业供热标准化现状，包括供热标准化组织基本情况、供热标准化组织的主要任务、供热标准化的作用、供热标准体系，以及中国城镇供热协会供热标准化建设情况。

⑦北京市建筑设计研究院（集团）有限公司原副总工程师、教授级高级工程师郑克白做了题为《国家标准图集〈海绵城市建设设计示例（一）〉介绍》的报告，介绍了国家海绵城市建设试点城市和示范城市的建设情况，以及海绵城市的建设理念、建设工作、技术标准、建设管控，还介绍了国家标准图集《海绵城市建设设计示例》的编制情况及相关内容。

⑧上海邦中高分子材料有限公司研发部高级研发工程师杨少辉围绕"钢丝网管生产中热熔胶使用和工艺控制问题的探讨"主题做了报告，介绍了钢丝网管、钢丝网管生产工艺及热熔胶在相关生产工艺中的应用，以及如何结合钢丝网管的使用环境，引进耐老化试验方法和仪器设备，对热熔胶的粘接性能、粘接持久性、老化性能、耐介质性能和长期使用寿命等进行研究和测试。

⑨杭州市水务集团原副总经理何相之做了题为《塑料管业对城镇水务发展的历史贡献与未来展望》的报告，从塑料管在城镇水务的应用现状、现行标准与水务业对塑料管的确认度、塑料管在给排水中的实际作用、水务对塑料管应用的未来期望等几个方面，介绍了塑料管对城镇水务发展的历史贡献，并对未来发展提出了展望。

⑩广州鹿山新材料股份有限公司研发总监张阳阳做了题为《钢丝网增强聚乙烯热水管用粘接树脂》的报告，介绍了钢丝网增强聚乙烯复合管的特点及应用领域，认为粘接树脂作为连接钢丝和内外层聚乙烯管材的关键原材料，其性能优劣直接影响到钢丝网增强聚乙烯复合管的品质，通过优化聚乙烯、钢丝、生产工艺、管材结构设计等生产要素可以进一步促进钢丝网增强聚乙烯复合管在热水输送

领域的应用可行性。

⑪全国塑料制品标准化技术委员会塑料管材、管件及阀门分技术委员会秘书长项爱民做了题为《标准角度分析当前塑料管道行业的问题与机遇》的报告，从标准角度切入，介绍了我国承压类塑料管道标准工作情况，还介绍了冷热水管、燃气用聚乙烯管相关标准情况，以及我国排水塑料管道标准情况、存在的一些问题和相关原因。还提出了实壁排水管、非开挖更新和修复，以及新管道铺设、消防管的以塑代钢等，都将为行业未来发展带来机遇。

⑫重庆澳彩新材料股份有限公司技术经理易华围绕"管道黑母粒炭黑的选择与加工"主题做了演讲，从原料选择、配方设计、生产设备的选择和生产工艺控制等四方面详细地阐述了管道黑色母粒的生产、炭黑在管道塑料工业中的作用、选择炭黑以及助剂及载体时的注意事项、密炼机工作原理、双螺杆挤出机长径比的选择、螺杆组合及双螺杆挤出各区段的工作原理，以及配方设计时应当注意的事项等。

⑬博禄贸易（上海）有限公司应用市场经理周信围绕"博禄冷热水解决方案助力城市基础设施建设"主题做了报告，介绍了博禄公司在基础设施领域的解决方案，博禄双峰 PE-RT I & II 及 HE3477RT 在区域供热中的应用等内容。

⑭北京市市政工程设计研究总院有限公司专业总工程师宋奇叵做了题为《尊重本性 创新服务——塑料管道的合理应用与繁荣发展》的报告，介绍了城镇给水排水工程管道的结构分类、材料分类，指明了城镇给水排水工程塑料管道的应用误区，并对塑料管道的应用提出了建议。

⑮巴顿菲尔辛辛那提（中国）产品应用经理罗振昌围绕"Fast Dimension Change 快速变径系统：'一键'启动智能制造"主题做了报告，介绍了 FDC（Fast Dimension Change）技术：采用该技术的生产线能在非常短的时间里在线改变管材规格且产生非常少的废料，从而使加工企业能灵活地满足不断变化的市场需求。为了应对越来越多的小批量、多规格订单，可以通过预设定的"配方""一键"轻松启动特定范围内不同管径间的自由切换。

⑯Univation 公司产品技术经理陈峰围绕"Univation Technologies 先进的 UNIPOL™ 聚乙烯产品解决方案满足了中国聚乙烯管材市场不断提升的性能标准"主题做了报告，介绍了 Univation Technologies 推出的聚乙烯管材产品技术，可以满足不

断发展的聚乙烯生产商的需求和中国管材市场的新标准。

⑰中国塑协团标委塑料管道分技术委员会秘书长魏若奇做了题为《2022塑料管道制品分技术委员会工作汇报》的报告，对塑料管道制品分技术委员会的换届及其时任委员情况进行了简要介绍；总结一年来塑料管道团体标准的完成情况以及在研标准的主要进度；分析本分技术委员会需要改进的问题并提出下一步的工作思路。

会议安排了专题访谈，国家农业灌排设备质量监督检验中心常务副主任高本虎，北京水协原副理事长、北京自来水集团原总工程师白迪祺，国家化学建筑材料测试中心（建工测试部）副主任黄家文，国家节水器具产品质量监督检验中心副主任李延军，国家化学建材测试中心（材料测试部）副主任杨化浩，国家塑料制品质量检验检测中心（福州）常务副主任林伟，围绕会议主题，从各自专业的视角对下述问题交流了观点：塑料管道在高标准农田建设与高效节水灌溉中的重要作用；塑料管道在自来水行业的应用现状和前景；扩大塑料管道应用场景，助力行业高质量发展；通过塑料管道绿色建材产品认证，提高企业的核心竞争力；新型塑料管道在保证国家能源安全方面发挥的重要作用；精准检测，保障塑料管道高质量发展。专家们还共同探讨了塑料管道行业现状、发展趋势、问题和短板、市场需求变化以及如何实现高质量发展等问题。

（7）中国塑协塑料管道专委会秘书长赵艳对会议进行了总结，对参会代表致以诚挚的感谢。通过会议交流，与会者对行业面对的新局面、新挑战有了更加清晰的认知，对如何实现创新、如何突破自我、如何实现行业高质量发展有了更加明确的方向。下一步，只有不断坚持创新，坚守品质，坚持产业链协同发展，务实解决行业中存在的各种问题，才能在高质量发展的道路上行稳致远。

（8）2023年2月25日，会议组织参会代表参观了第五届中国国际塑料展览会，参加了第三届中国塑料行业科技大会。

（9）本次会议在第五届中国国际塑料展览会7号馆设立了塑料管道相关产品专业展区，共有48家单位参展：公元股份有限公司、天津军星管业集团有限公司、浙江伟星新型建材股份有限公司、福建亚通新材料科技股份有限公司、浙江庆发管业科技有限公司、安徽万方管业集团有限公司、广东联塑科技实业有限公司、浙江中财型材有限责任公

司、青岛邦尼化工有限公司、宁波方力科技股份有限公司、吉林市松江塑料管道设备有限责任公司、张家港市格雷斯机械有限公司、深圳市丹耐斯机械有限公司、江苏河马井股份有限公司、欣好科技有限公司、康泰塑胶科技集团有限公司、浙江双林环境股份有限公司、华生管道科技有限公司、山东祥生新材料科技股份有限公司、深圳市志海实业股份有限公司、重庆澳彩新材料股份有限公司、广东巴斯特科技股份有限公司、廊坊汇通塑料包装制品有限公司、优联科胶粘剂（浙江）有限公司、泰瑞机器股份有限公司、承德市金建检测仪器有限公司、百尔罗赫新材料科技有限公司、江苏贝尔机械有限公司、苏州伊诺艾克斯智能科技有限公司、杭州富阳诚科通信材料有限公司、河北雄发新材料科技发展有限公司、上海邦中高分子材料股份有限公司、广州鹿山新材料股份有限公司、河北恒运橡胶制品有限公司、张家港市辛巴克机械有限公司、太原亚明管道技术有限公司、绵阳沃思测控技术有限公司、杭州管康塑业有限公司、深圳市联富塑胶科技有限公司、浙江精宏机械有限公司、亿美特装备（武汉）有限公司、辽宁宇铧科技有限公司、临海市吉仕胶粘剂有限公司、瑞欧刀具（江苏）有限公司、江苏宸泽电热材料有限公司、浙江省建德市正发碳酸钙有限公司、四川众佳色母料有限公司、成都盛腾飞扬环保新材料科技有限公司。

通过本次会议的交流，与会者进一步了解了我国塑料管道行业的发展现状，面临的机遇和挑战，以及行业未来发展趋势。本次会议的成功召开，让与会者更加明确了高质量发展的重要性。会议号召塑料管道行业企业面对行业坚定高质量发展不动摇，追求创新、寻求突破，在高质量发展之路上不断前行，破浪前行。

四、中国塑协滚塑专业委员会四届三次理事会

2023年2月26日，中国塑协滚塑专业委员会第四届理事会第三次会议在南京市国际博览中心召开。中国塑协滚塑专业委员会理事单位代表等近30人参加。中国轻工业联合会兼职副会长、中国塑料加工工业协会荣誉理事长朱文玮出席会议并做重要讲话。会议由专委会秘书长史春才主持。

会上，中国轻工业联合会兼职副会长、中国塑协荣誉理事长朱文玮对滚塑专业委员会提出以下3点工作要求。

（1）坚定发展信心决心。过去一年国际环境风

高浪急，改革发展稳定任务艰巨繁重，超预期因素不断冲击。经济发展离不开信心的支撑，站在2023年新起点上，中国塑协滚塑专家委员会应坚定发展信心。长路险夷寻常事，信心定力最可贵。有信心就有勇气，有信心就有力量。

（2）推进实现高质量发展。高质量发展没有终点，追求"高质量"没有尽头，只有在推进高质量发展的道路上坚定信心、驰而不息，才能以不竭动力达到经济社会发展的全新境界。未来，还要坚持"功能化、轻量化、精密化、生态化、智能化"创新发展方向，使塑料制品的技术含量和品质大幅提升。

（3）推动全产业链联动发展。"独行快，众行远。"推动全产业链联动发展，是产业链优化升级的有力手段。希望产业链上各行各业的企业能够携起手来，协同发展，互联共生，共塑行业可持续未来。

常务副秘书长温原长通报了"专委会2022年工作总结和2023年计划""专委会2023年财务情况"及"理事会调整名单"。副秘书长王拴良提出"关于组织参加2023年ARMO波兰年会的议案"，会议对议案进行了讨论。常务副秘书长温原长提出了筹备"IV型储氢瓶内胆技术创新联盟"、征集中国滚塑大奖奖杯设计的议案、开通中国塑协滚塑专业委员会网站的决议及筹备"中国滚塑40年"文献编纂组的议案。会议进行了讨论并获一致同意。会议顺利完成预定的各项议程。

五、中国塑料加工工业协会团体标准化技术委员会2022年年会

2023年2月26日，中国塑料加工工业协会团体标准化技术委员会2022年年会在南京国际博览中心召开。中国塑协领导，中国塑协团标委顾问专家、团标委委员以及相关代表120余人参加了本次会议。

中国塑料加工工业协会荣誉理事长、首届团标委主任委员朱文玮做了题为"强化标准服务创新发展 引领中国塑业由大向强"的讲话。他对团标工作提出：聚力重点，增强团标服务引领支撑行业发展功能；完善体系，加强团标与国、行标的衔接；规范运作，提升团标工作水准。希望中国塑协团标委要加强与企业、行业及上下游相关部门的联动，发挥团体标准的创新引领作用。团标委委员要增强责任感、使命感，要提升能力、勇于担当，为开创团标委工作新局面贡献力量。

中国塑协理事长、团体标准化技术委员会主任委员王占杰做第二届中国塑料加工工业协会2021—2022年度团体标准化技术委员会工作总结。他总结了第二届团体标准化技术委员会2021—2022年度工作。其间，完成标准立项22项，公布实施11项，征求意见10项；与相关协会、学会共同编制《可持续发展（绿色低碳）工厂评价要求塑料制品行业》团体标准，开启行业间标准多编号合作实践；注重"双碳"、绿色标准的编制，主持和牵头《塑料制品碳足迹核算通则》标准，鼓励和推进各子行业相关"双碳"和绿色标准的编制；积极开展技术培训，规范运作、使用团标委经费等情况。他还指出了团标委工作中存在的不足和问题并布置了后续工作。从"加强绿色、环保等标准的编制；推进团体标准向国标、行标转化；加强标准宣贯和实施；督促各工作组完成编制计划；推动团标领跑者工作"五方面，对团标委工作提出了新要求。

为表彰积极参加中国塑协团体标准化工作并在团体标准编制中表现突出的组织、单位和个人，授予金发科技股份有限公司等19家单位"中国塑协团体标准创先奖"；授予上海心尔新材料科技股份有限公司等215家单位"中国塑协团体标准创优奖"，马旭冉等56人荣获"中国塑协团体标准突出贡献奖"，丁习武等246人荣获"中国塑协团体标准贡献奖"，中国塑料加工工业协会管道专业委员会等7个专业委员会荣获"中国塑协团体标准组织奖"。会上为以上单位和人员，以及为增补的第二届团体标准化技术委员会委员代表颁发了证书。

本次会议由协会副理事长、团标委执行主任田岩主持。历时4个小时的会场座无虚席，与会委员学习热情高涨，取得了良好的会议效果。

六、中国塑协BOPP薄膜专委会2022年年会暨双向拉伸薄膜产业链市场与技术发展研讨会

2023年3月29日，由中国塑协主办、中国塑协双向拉伸聚丙烯薄膜专委会和淄博朗达复合材料有限公司共同承办的"中国塑协BOPP薄膜专委会2022年年会暨双向拉伸薄膜产业链市场与技术发展研讨会"在山东淄博齐盛国际宾馆成功召开。来自行业协会的有关领导、薄膜生产企业负责人和代表，原辅材料、装备、备品备件、检测机构、科研院所等薄膜行业相关单位的领导及代表近300人参加了本次会议。

中国塑料加工工业协会王占杰理事长出席了会

议，并结合当前经济形势和行业发展情况提出三点意见与大家共同探讨：一是坚持创新驱动发展，持续推动产品高端化；二是慎重扩充产能，加速产业转型升级；三是坚持全产业链协同发展，推动行业整体水平提升。

中国塑协BOPP薄膜专委会主任、广东德冠薄膜新材料股份有限公司董事长、总裁罗维满做了题为《中国塑协BOPP薄膜专委会2022年工作总结和2023年重点工作计划》的报告，明确了2023年度重点工作目标。

专委会副秘书长付亚宁向大会做了题为《中国塑协BOPP薄膜专委会2022年度财务报告》。秘书长范艳主持会员单位颁发证书、授牌仪式。专委会主任罗维满为新增补的理事单位授牌，并为新会员单位颁发了会员证书。

专委会常务副主任单位、福融新材料股份有限公司高级副总裁毛健全发表了题为《坚持精益生产，助推企业高质量发展》的演讲。

广东德冠薄膜新材料股份有限公司副总裁潘敬洪做了题为《"乌卡（VUCA）时代"中国BOPP行业发展新挑战与可持续发展路径"》的报告。

烟台鸿庆预涂新材料股份有限公司董事长原建松做了题为《薄膜双拉市场和设备技术及服务的最新发展》的报告。

德国布鲁克纳机械有限公司中国区销售代表卢海燕、销售经理刘军波围绕《薄膜双拉市场和设备技术及服务的最新发展》主题分别做了精彩演讲。

德国康甫机械股份公司销售经理帕特里克·司马曼、销售工程师朱成宾做了题为《全新的PS"优越型"黑牌分切机》的精彩演讲。

中石化（北京）化工研究院有限公司高级专家施红伟做了题为《BOPE专用料、BOPE薄膜及新型包装材料》的报告。

佛山佛塑科技集团股份有限公司副总工程师李永鸿做了题为《透明聚酰亚胺（CPI）在柔性OLED及其他方面的应用与发展》的报告。

北京格贝而分切技术有限责任公司销售经理田巍围绕《格贝尔艾玛斯—分切复卷附加值最大化新趋势》主题做了报告。

专委会副主任单位、湛江包装材料企业有限公司研发总监周先进做了题为《BOPP卷烟包装薄膜的市场情况与技术动向》的报告。

上海若祎新材料科技有限公司总经理韦丽明做了题为《外观瑕疵对BOPE薄膜印刷质量的影响及解决方案》的报告。

淄博朗达复合材料有限公司刘鹏董事长做了题为《碳纤维辊轴的应用技术》的报告。

北京市兰台律师事务所高级合伙人陈静做了题为《新型贸易保护主义下的双反应对策略》的报告。

山东文衡科技股份有限公司副总经理于瀚做了题为《优质中小企业梯度培育政策解读与实务操作》的报告。

广东仕诚塑料机械有限公司总经理秦志红为"数字化膜材包装机器人新品发布会"致辞，公司销售经理饶小蛟做了题为《数字化智能膜材包装机器人的研发与发展》的报告。

广州思肯德电子测量设备有限公司销售工程师俞自力做了题为《双拉生产线上的思肯德"X"线测厚仪应用》的报告。

山东卓创资讯股份有限公司高级分析师王晖茹做了题为《中国胶带母卷行业现状》的报告。

当前双向拉伸薄膜行业正处于高质量发展转型的重要时期，面对复杂多变的国际形势和目前国内市场的变化，行业发展面临诸多困难和挑战。本次会议是双向拉伸薄膜行业发展进入新阶段的一次重要会议，行业专家、企业家代表、行业同人齐聚一堂，共同探讨当前经济形势下行业的未来市场与技术发展趋势，研究促进薄膜行业高质量发展的措施，找出解决行业共性问题的技术手段和有效办法，为推动双向拉伸薄膜行业高质量可持续发展注入了新动能。

七、中国塑协八届三次理事（扩大）会议

2023年4月16日下午，中国塑料加工工业协会八届三次理事（扩大）会议在深圳召开。中国轻工业联合会兼职副会长、中国塑料加工工业协会荣誉理事长朱文玮，中国塑料加工工业协会理事长王占杰，副理事长马占峰、王磊光、田岩，秘书长焦红文，监事长江桂兰，副监事长刘姝，以及来自全国各地的理事和代表共170余人出席会议。

中国轻工业联合会兼职副会长、中国塑协荣誉理事长朱文玮致辞，他分析了塑料加工行业所面临的国内外经济形势：全球经济持续下行，通货膨胀仍处高位，外需疲弱；国内经济恢复基础尚不牢固，三重压力仍然较大。2023年一季度，我国主要经济指标企稳回升，消费和投资逐步恢复，塑料行业也迎来新机遇。他提出：一要持续强化团结协作意识，加快完善协会制度、能力、机制建设，创新会员

活动方式和内容；二要继续搭建产业链服务平台，发挥展、会等平台的作用，汇聚产业链上下游企业，推动产业链、创新链、供应链、价值链深度融合；三要提振企业发展信心，激发企业内生动力，帮助中小企业恢复元气，推动行业质和量的稳定增长。

王占杰理事长做了理事会工作报告，从强化行业运行监测、提升服务和行业引领、推动行业创新能力、坚持绿色低碳发展、打造服务平台、推动标准化建设、加强协会自身建设七方面回顾了2022年工作，并对2023年相关工作做了安排。他表示，过去一年，面对国内外多重超预期因素，塑料加工业勠力同心、主动作为、奋楫前行，用实干实绩实效向党和人民交出了一份来之不易的答卷。中国塑协对内不断完善制度，调动人员积极性；对外不断创新服务方式，有效提升服务行业的能力和水平，高站位高标准高效率地服务行业发展，持续推动行业高质量发展。会议对工作报告进行了讨论并获一致同意。

焦红文秘书长做了2022年度财务收支情况报告，会议进行了讨论并获一致同意。

刘姝副监事长宣读了会员单位增减变动，第八届理事会增补兼职副理事长、常务理事、理事的议案，会议进行了讨论并获一致同意。

王磊光副理事长宣读了2023（第四届）中国塑料产业链高峰论坛系列活动及中国塑料绿色智造展览会相关事项议案，会议进行了讨论并获一致同意。

孟庆君副秘书长通报了分支机构变更事项。

田岩副理事长通报了中国塑协开展企业标准领跑者工作事宜。

贾宁副秘书长通报了"2024中国国际塑料展"工作进展情况。

江桂兰监事长做了监事会工作报告。

在主题报告环节，国务院发展研究中心宏观经济研究部研究员张立群做了《加快构建新发展格局——2023年宏观经济形势分析与两会精神解读》报告。

会议由中国塑料加工工业协会副理事长马占峰主持。

八、第十二届功能性薄膜产业链市场与技术发展高峰论坛

由中国塑料加工工业协会主办，中国塑协流延薄膜专委会、镀铝膜专委会、电池薄膜专委会、双

向拉伸聚丙烯薄膜专委会共同承办的"第十二届功能性薄膜产业链市场与技术发展高峰论坛"于2023年4月16日在广东东莞圆满召开。来自全国各地的功能膜生产企业、装备企业、原辅材料企业、科研院所、检测机构及相关媒体等单位的200余位代表参加了本次会议。

中国塑料加工工业协会理事长王占杰出席会议并做重要讲话。结合当前经济形势和行业发展情况，王占杰理事长提出了四方面建议。

一是坚持创新驱动，加快"进口替代"。行业发展要从供给和需求两端发力，加快高端产品研发，加强关键核心技术攻关，着力破解"卡脖子"难题，提升进口替代能力。

二是抢抓"双碳"目标机遇，增添绿色发展新动能。随着绿色包装设计理念的流行，减量化、可回收、可降解将成为行业实现健康良性发展的重中之重，企业要加快低碳化产品技术研发，增加绿色产品供给，推动塑料加工行业绿色转型发展。

三是加强产业链间协作，形成共同发展合力。行业持续向好发展需要全产业链齐心协力，集院士专家才智，集行业力量，合力提升以企业为主体的自主创新能力。

四是搭建综合服务平台，助力行业健康发展。薄膜相关的各专委会要不断强化服务意识，提升服务水平，充分发挥好桥梁纽带作用。定期组织科技创新和市场对接等活动，在搭建合作交流平台和推动产业链协同创新上下功夫。

在主题报告阶段，中国塑协镀铝膜专委会主任、上海永超新材料科技股份有限公司洪晓冬董事长做了题为《中国汽车隔热膜的应用及发展趋势》的报告；东莞市尼嘉斯塑胶机械有限公司唐亚青总经理做了题为《物联网供料系统—膜行业集中多组分称重转盘式配料输送系统》的报告；北京化工大学聚合物工程系主任张胜做了题为《多功能阻燃薄膜的研究进展》的发言；湖北慧师塑业股份有限公司研发工程师朱帅标做了题为《浅谈锂电池封装膜用CPP》的报告；深圳市星源材质科技股份有限公司总工程师肖武华做了题为《锂电池隔膜研究进展》的发言；宁波聚嘉新材料科技有限公司董事长王阳做了题为《高性能LCP材料的产业化应用》的报告；佛山佛塑科技集团股份有限公司项目负责人霍展锋做了题为《透明聚酰亚胺（CPI）在柔性OLED中的应用与发展》的发言；中山博锐斯新材料股份有限公司技术总

监张扬做了题为《TPU薄膜创新应用与发展前景》的发言；佛山市彩龙镀膜包装材料有限公司研发总监陈永群做了题为《浅谈镀膜行业如何助力材质一体化》的发言；佛山市聚兴新材料有限公司销售副经理蔡少博做了题为《功能母粒在功能性薄膜中的应用》的发言；广东鑫晖达机械科技集团有限公司营销总监杨丹做了题为《诚信经营，品质立世》的发言；康辉新材料科技有限公司技术支持经理王培好做了题为《功能性PET基膜的应用》的发言；恒达创联（南京）科技有限公司副总经理赵永宏做了题为《创联塑料生产企业管理系统（MES）V7.0》的发言；浙江精诚模具机械有限公司销售工程师张文康做了题为《流延模头技术创新解决方案》的发言；广州思肯德电子测量设备有限公司销售工程师赵俊强做了题为《思肯德X-线测厚仪在功能膜生产线上的应用》的发言。

九、中国塑协复合膜制品专业委员会八届五次理事会

中国塑料加工工业协会复合膜制品专业委员会八届五次理事会于2023年4月16日在深圳召开。29家理事单位参加会议，12名专家列席会议。

大会审议通过了复合膜专委会《关于进一步落实2023年度工作的报告》《塑料复合包装绿色行动计划》修改稿以及实施方案，发布了《塑料复合包装绿色行动计划》，讨论了2024年第六届中国国际塑料展展会招展方案。会议就当前复合膜行业重点、热点问题展开了讨论。参会代表一致表示，本次会议内容充实，气氛活跃，高效务实。《塑料复合包装绿色行动计划》作为今后复合膜行业绿色发展的纲领性文件，将有序推动行业绿色低碳发展。

八届五次理事会在和谐的气氛中圆满结束。

十、中国塑料加工工业协会召开2023年第二次分支机构工作会议

2023年6月27日，中国塑料加工工业协会2023年第二次分支机构工作会议在广西贺州市成功召开。会议总结了分支机构上半年工作，梳理安排了下半年重点工作计划。中国轻工业联合会兼职副会长、中国塑料加工工业协会荣誉理事长朱文玮，中国塑料加工工业协会理事长王占杰，副理事长马占峰、王磊光、田岩，秘书长焦红文，副监事长刘姝，各分支机构主任、秘书长，协会秘书处人员80余人参加了会议。荣誉理事长朱文玮和理事长王占杰分别讲话并做重点工作部署。本次会议由副理事长马占峰、王磊光分别主持。

朱文玮荣誉理事长表示，本次分支机构会议是为了更好总结分支机构近期工作，科学谋划，聚焦重点，做好下半年重点工作部署，确保全年工作按时保质保量完成。朱会长在讲话中从把握当前经济形势，坚定信心改善预期；笃行实干担当，合力创建新佳绩两个方面，分析了大环境新趋势，提出了要把握新趋势，谋划新布局，抢抓政策机遇，厚植发展势能，充分发挥分支机构作用，着力搭建行业服务平台，聚焦"五化"科技创新方向等方面的工作要求。

会上，协会各组长与分支机构负责人共同签署"2023中国塑料绿色智造展览会"和"2024中国国际塑料展"目标责任书，展会相关工作进入倒计时。

秘书处各部门主任分别就协会办公室相关工作、科技创新引领、标准化建设、2023年绿色智造展览会安排、2024年中国国际塑料展策划、会员服务与动态管理、教育培训、信息与宣传等有关工作提出计划安排。协会班子成员分别就重点工作安排进行点评。

35个分支机构主任、秘书长在会议中针对各子行业现状与趋势、存在问题与主要困难、2023年协会重点工作落实情况及下一步工作计划、对协会工作建议等几方面做深入交流。

王占杰理事长发表了会议总结讲话并部署2023年下半年重点工作。他提出，"在2023年国内外复杂变换的综合环境下，我国塑料加工业既面临较大的压力和挑战，也存在发展机遇。今天每个分支机构都做了很好的工作总结，交流了各子行业运行情况及现存主要问题，分析了行业面临的新形势、新任务。大家的发言有总结、有分析、有目标、有方法，相信会有利于大家工作的更好开展。2023年下半年，协会还将开展2023年专题展组织工作以及做好2024中国国际塑料展筹备工作，积极助力行业优化转型，继续做好产业特色区域的培育共建，开展行业职业技能培训，扩大行业、产品和协会的宣传，搞好标准化体系建设等专项工作"。

王占杰理事长提出五点工作要求：一要坚守初心，履职尽责；二要紧盯目标，抓住重点；三要提振信心，强化服务；四要引领创新，促进发展；五要加强学习，提升水平。他还指出，"2023年是全面贯彻落实党的二十大精神的开局之年，也是推动行业高质量发展的奋进之年，希望各分支机构紧抓党的二十大精神的经济发展政策和机遇。协会将一

如既往地支持各分支机构开展好各项工作，为分支机构履职尽责创造有利条件、提供保障。大家要紧跟市场经济发展的变化，提高相应的工作能力，更好地服务行业发展大局，齐心协力推动行业发展再创新辉煌"。

十一、2023 年全国塑编产业链技术交流与市场对接会

2023 年 7 月 28 日，由中国塑料加工工业协会主办，中国塑协塑编专委会、中共宜黄县委、宜黄县人民政府承办的"2023 全国塑编产业链技术交流与市场对接会"在抚州成功召开。本次会议紧扣"创新引领　数智未来"主题，特邀专家、企业家代表围绕"双碳"形势下塑编产业的科技创新、绿色发展、智能制造、转型升级等方面进行了深入研讨，会聚了来自业内外的 700 余位知名企业家与专家学者，共同探讨塑编行业高质量发展的新思路、新模式、新机遇。

中国轻工业联合会副会长、中国塑料加工工业协会荣誉理事长朱文玮为大会致开幕词。

朱文玮荣誉理事长对宜黄政府及塑编企业对本次会议提供的支持与帮助表示感谢，同时介绍了 2023 年塑料行业的发展状况。他提到，2023 年，国际经济形势仍然复杂，内需缓慢恢复；塑编行业作为传统产业，基础稳固、技术成熟，近几年在国外市场挤压、内需减弱等压力下负重前行，对塑编行业在技术创新、节能降耗等方面取得的成绩表示赞同，同时指出了塑编行业存在的问题。朱理事长建议：

第一，要坚持科技创新，加快产业转型升级。中国塑协制定的"十四五"发展规划和科技创新两个指导意见，指出塑料加工业功能化、轻量化、精密化、生态化、智能化的科技创新发展方向，塑编行业要以此为指导，实施创新发展战略，依靠产业链协同创新，政产学研金用集成创新，加大新材料、新技术、新装备研发力度，为应用领域提供优质新材料。

第二，要抢抓"双碳"发展机遇，推进产业绿色发展。塑编行业要坚持"资源节约型、环境友好型、科技创新型"的产业发展方向，大力实施"绿色、低碳、循环、生态"的发展方略，依靠科技进步，不断提高废塑料资源利用水平。

第三，要深化"三品"行动，促进行业高质量发展。为不断扩大应用领域，增强行业核心竞争力，

要大力实施"提品质、增品种、创品牌"行动，持续提升优质产品的供给能力，结合塑编行业发展特点，认真宣贯标准，在原料、生产、应用等方面严格要求，增强优质产品供给能力。

第四，要坚持服务宗旨，促进全产业链融合发展。塑编专委会有很好的工作基础，要坚持以服务企业为宗旨，定期组织科技创新和市场对接等活动，形成协同发展合力，促进产业基础高级化，产业链现代化。

本次会议总结发展经验，探讨未来趋势，交流产品信息，研讨下游需求，是中国塑协塑编专委会根据当前行业发展状况、企业关注热点话题，精心准备的一次行业视听交流会，是推动行业创新发展的重要举措，为提高我国塑编生产企业的核心竞争力，实现塑编行业碳中和目标，构建双循环新发展格局，为推动塑编产业转型提升起到了很好的推动作用，将有力促进江西省乃至全国塑编产业高质量发展。

十二、中国塑料节水器材发展交流会

2023 年 8 月 3—4 日，"中国塑料节水器材发展交流会暨中国塑料加工工业协会塑料节水器材专业委员会 2023 年年会"在新疆石河子市成功举办。

本届交流会以"智能节水装备助力规模化现代农业高质量发展"为主题，旨在总结我国塑料节水器材行业发展现状，深入研究塑料节水器材发展中遇到的相关技术问题，探讨塑料节水器材发展方向。大会还邀请了 3 位中国工程院院士和 15 位国内相关行业专家从国家"十四五"节水农业政策、高效节水灌溉塑料产品研发关键技术及应用、新疆农业节水发展现状及问题思考等不同研究方向进行交流分享。

中国塑料加工工业协会理事长王占杰出席开幕式并致辞。王占杰理事长介绍了我国塑料加工行业基本情况和塑料节水器材发展情况，并对中国塑料节水器材创新发展寄予厚望与支持。他提出，在行业发展中，一要坚持功能化、轻量化、精密化、生态化、智能化"五化"创新方向，推动行业创新发展；二要进一步完善标准体系，引导行业健康发展；三要搭建好平台，服务好行业可持续发展；四要深化三品战略，带动应用需求高品质发展；五要产业链联动，促进行业高质量发展。

塑料节水器材生产是中国塑料制品行业的重要组成部分之一，在农业、水利部门等支持下，近年

有较大发展，产品技术水平不断提升，生产设备、制造技术、产品研发配套能力及应用等各方面都取得了长足进步。据相关统计，2022年新增高效节水灌溉面积2415万亩，农用塑料节水器材使用量新增16.90万吨，总量超过70万吨。2023年将继续加强高标准农田建设，新建4500万亩、改造提升3500万亩，预计农用塑料节水器材使用量将增加30万吨以上，为全方位夯实粮食安全根基、加快建设农业强国创造更多有利条件。2025年、2030年中远期规划也为行业发展提供了更好预期。

十三、中国塑协专家委员会2023年年会暨塑料新材料、新技术、新成果交流会

2023年8月10日，"中国塑协专家委员会2023年年会暨塑料新材料、新技术、新成果交流会"在山东省烟台市成功召开。

本次会议由中国塑料加工工业协会主办，中国塑料加工工业协会专家委员会、道恩集团承办。中国轻工业联合会兼职副会长、中国塑料加工工业协会荣誉理事长朱文玮，中国塑料加工工业协会理事长王占杰，龙口市委书记李万平，道恩集团董事长、总裁于晓宁出席会议，中国工程院院士、四川大学教授王玉忠，中国工程院院士、四川大学教授王琪，中国工程院院士、华南理工大学校长张立群，中国塑料加工工业协会专家委员会主任、副主任以及来自全国各地相关生产企业、高校和研究院所的170余位专家、代表参加了会议，40位专家和代表做了技术交流及创新成果报告。

中国轻工业联合会兼职副会长、中国塑料加工工业协会荣誉理事长朱文玮出席会议并做了题为《全面提升高水平创新能力，引领推动中国塑料产业升级高质量发展》的讲话。

朱文玮荣誉理事长指出，当今世界科技创新成为国际战略博弈、大国激烈竞争的主要战场，围绕科技制高点的竞争空前激烈。因此，科技创新必将贯穿塑料产业转型升级的全过程。朱文玮荣誉理事长结合塑料行业科技创新，提出了3点意见：正确认识我国塑料行业科技创新的紧迫性、必要性；凝聚力量，踔厉奋发，全面提升塑料行业高水平科技创新能力；充分发挥专家委员会推动行业科技创新的引领和支撑作用。朱文玮荣誉理事长还对专家委员会工作提出了四点期望：一要树立远大抱负，坚定科技报国信念；二要具备国际化视野；三要在科技创新中发挥关键中枢作用；四要不负专家委员会

的崇高荣誉，对行业和协会工作，要勇于担当，履职尽责。

中国塑料加工工业协会理事长王占杰出席会议并做《中国塑料加工行业现状及技术创新建议》主题报告。

王占杰理事长在报告中介绍了中国塑料加工业行业情况，分析了行业存在的主要问题、机遇与挑战，并对行业科技创新、技术进步及协会开展科技创新工作提出了工作要求和建议。他强调，专家委员会要发挥专家优势，继续致力于行业服务与技术创新引领，做好企业与行业技术转型升级的"催化剂"，有针对性地解决好行业存在的技术难题，为行业高质量发展做出贡献。他还对专家委员会下一步工作提出了具体意见：应用导向，以市场化牵引科技发展；满足需求，以解决问题为目标开展技术研究；创造市场，使科技成果能转化成为生产力；不断创新，推动行业科技进步与转型升级；扩大宣传，加大力度宣传展示创新成果和行业专家的智慧。

会议上，专家委员会主任杨卫民公布了"2023年（第二批）聘任专家名单"，并为到会新聘专家颁发了聘书。会议由中国塑协秘书长兼专家委员会秘书长焦红文主持。

本次塑料新材料、新技术、新成果交流会由主论坛及3个平行分论坛组成。其中，第一分论坛主题为"塑料加工与制造新技术"，第二分论坛主题为"塑料新材料与应用新技术"。

主论坛由中国工程院院士、四川大学教授王琪院士和中国塑料加工工业协会副理事长田岩主持。中国工程院院士、华南理工大学校长张立群，中国工程院院士、四川大学教授王玉忠，中国塑协专家委员会主任、北京化工大学教授杨卫民，俄罗斯工程院外籍院士、金发科技首席科学家李建军（吴博总经理代讲）分别做了题为《面向"双碳"目标的新型生物基橡胶材料及塑料改性研究》《本征阻燃尼龙弹性体的设计合成及其在塑料改性中的应用》《塑料加工低碳绿色制造技术》《高质量可持续发展的塑料工业》的报告。

本次交流会的40场报告内容丰富且精彩，汇集了院士、资深专家以及青年科学家的创新成果，充分反映了中国塑协专家队伍的高水平专业素质以及他们在各个领域的深耕成果，对于谋划行业科技发展、推动行业技术进步具有重要意义。

十四、2023 年全国塑料行业协（商）会工作交流会

2023 年 8 月 18 日，中国塑料加工工业协会在山西省长治市召开"2023 年全国塑料行业协（商）会工作交流会"，中国塑协荣誉理事长朱文玮、理事长王占杰、副理事长田岩、秘书长焦红文、驻会副监事长刘姝以及秘书处工作人员，再加上全国 29 家省、市及地区等行业协会、商会的代表共 50 余人参加了交流会议。上下午会议分别由田岩、刘姝主持。本次会议旨在交流全国和各地塑料行业运行情况及协（商）会工作经验，研究新形势下协会如何努力为行业发展做好服务工作。

中国塑协荣誉理事长朱文玮在致辞中讲道："2023 年以来，国民经济持续恢复、总体回升向好，高质量发展扎实推进，产业升级厚积薄发，长期向好的基本面没有改变。同时，全国经济发展面临出口贸易下行、全球工业增长乏力等挑战，内生动力仍然不足，对塑料行业企业影响明显加大。对此，行业一要把握大势，坚定信心；二要凝心聚力，团结协作；三要创新引领，数字赋能；四要践行绿色生态发展。"

中国塑协理事长王占杰在我国上半年经济运行分析报告中提到，2023 年上半年，我国塑料加工业运行在多种不利因素和下游需求不振的影响下，呈现出较强的韧性，总体运行平稳，长期向好的基本面没有变。

山西省塑料行业协会会长、山西中德投资集团董事长程田青在致辞中表示，本次会议共同探讨行业发展中的问题，研究解决问题的方法措施，为产业发展带来新的启发与思考。

中国塑协秘书长焦红文介绍了中国塑协 2023 年上半年 7 类 27 项重点工作情况。上海塑料行业协会会长陈铭、秘书长陈国康，广东省塑料工业协会执行会长符岸，安徽省塑料协会会长韦明，河南省塑料行业协会会长段同生，江西省塑料工业协会会长吴旅良，广西塑料行业协会会长黄可晟，贵州省塑料工业协会会长王晓红，云南省塑料行业协会常务副会长韩简吉，山东省塑料工业协会副会长兼秘书长潘庆功，天津市塑料行业协会秘书长郑天禄，江苏省塑料加工工业协会秘书长周开庆，山西省塑料行业协会秘书长王慧凯，湖南省塑料行业协会秘书长汤丽春，海南省塑料行业协会秘书长周鸿勋，重庆市塑料行业协会副秘书长郭华，贵州高分

子产业协会秘书长任龙华，陕西省塑料工业协会副秘书长卢璐，福建省塑料行业协会副秘书长董雨虹，常州市塑化产业商会会长朱义华，汕头市塑胶行业商会会长吴伟杰，厦门市塑胶橡胶同业商会副会长黄祥勇，温州市塑料行业协会秘书长宋若梅，揭阳市鞋业商会副秘书长林佳丽现场参加会议的 23 家协会代表各自介绍了本地行业运行以及协会、商会的工作情况。北京塑料工业协会、浙江省塑料行业协会、辽宁省塑料工业协会、广东省塑胶行业协会、新疆维吾尔自治区塑料协会、台州市塑料行业协会因故不能现场参会，提前准备了视频或书面材料。各位与会者还就行业协会如何发挥桥梁纽带的作用，如何通过科技创新为产业提供技术支撑、解决行业面临的问题和企业诉求，以及协会合作模式、未来行业发展趋势等，分享了经验和做法，纷纷提出要进一步加强合作、凝聚共识、提振信心，共同推动创新驱动产业升级，助力中国塑料行业可持续高质量发展。

王占杰理事长在总结讲话中表示："在经济运行面临新的困难挑战、国内需求不足、一些企业经营困难、外部环境复杂严峻的大环境下，在行业发展仍承受着较大压力的情况下，大家讨论协会如何应对变化、加强协会间交流合作，如何更好地为国家、社会、行业和企业服务，如何共同促进我国塑料行业稳定发展，十分必要且有意义。大家的发言中有总结、有分析、有分享、有体会、有建议，针对下一步协会工作者如何做好行业服务、促进行业高质量发展都提出了真知灼见。"针对下一步工作，王占杰理事长提出了 5 点建议。

一要加强交流与合作，共同为行业发展做出新贡献。在今后的工作中要围绕行业发展，加强协（商）会之间的合作，共同努力促进塑料行业进步。

二要贯彻落实国家相关政策，提振行业发展信心。塑料行业的发展空间较大，应用潜力和市场韧性较足，行业协会要贯彻落实国家相关政策，助力企业解决问题，坚定发展信心。

三要强化创新引领，促进行业高质量发展。要强化技术创新，继续做好"五化"推进，推动"三品"行动，加强标准化建设等工作，推动产业转型升级。

四要适应行业企业需求，为行业发展做好服务。把握行业重点、难点、热点问题，把企业需求摆在工作第一要位，以求真务实的态度为企业解决发展中遇到的各种难题。

五要促进行业绿色发展，做好科学宣传等工作。协会应协同、务实开展好废旧塑料污染治理工作，宣传塑料的特点和科学应用、废弃物处置等方法，在可循环易回收可降解基础上，推动单材化、减量化绿色设计，配合好"联合国公约"相关工作；积极沟通、推动解决塑料加工领域 VOC 指标不科学问题。

会上，中国塑协副秘书长兼经济合作部主任贾宁还介绍道，中国塑协将于2023年11月24—26日，在浙江省绍兴市召开2023（第四届）中国塑料产业链高峰论坛，同期举办以"绿色数智、循环经济引领塑业高质量发展"为主题的中国塑料绿色智造展览会，2024年11月1—3日则将继续在南京国际博览中心举办2024年第六届中国国际塑料展，同期召开第四届中国塑料行业科技大会的情况。

与会代表们还集体前往本次会议承办单位——山西中德投资集团的长治基地，参观了国内首家门窗博物馆、中德管业 CNAS 实验室、中德型材挤出生产车间等。山西中德投资集团公司创建于2001年11月，总公司辖属长治市城区机械工业园、长治县科工贸园两个园区，占地面积20余万平方米，拥有型材、管材、铝材三大产业，是一家集生产、科研、销售为一体的现代化民族民营企业。中德集团公司下辖山西中德塑钢型材有限公司、四川中德塑钢型材有限公司、山西中德管业有限公司和山西中德科技有限公司4个全资子公司，500余家营销分公司遍布全国各地，形成了集团化管理、区域化运作的经营管理新格局。山西中德投资集团还是中国塑料加工工业协会副理事长单位。

十五、中国塑协塑料管道专委会 2023 年年会暨 2023 年塑料管道行业交流会

2023年9月7—8日，"中国塑协塑料管道专委会2023年年会暨2023年塑料管道行业交流会"在山东省临朐县召开。会议围绕"坚定信心，提升竞争力，促进行业高质量发展"主题内容，安排了塑料管道原辅材料、设计应用、标准检测、质量提升、应用领域以及宏观发展方向等方面共21个专题报告。来自全国塑料管道生产行业、原辅料行业、装备行业、建设行业、水行业、燃气行业以及相关协会、检测机构、设计院、研究院、大学、相关媒体等单位的430余位代表参加了本次会议。

中国塑协理事长王占杰在大会开幕式上发表讲话并做总结发言，他介绍了当前我国塑料加工业以

及塑料管道行业发展情况。王占杰理事长指出，本次会议的召开具有两方面重要的意义。

一是承前启后、继往开来。2023年是专委会的换届之年，将圆满完成第十届理事会光荣使命，选举第十一届新的领导班子，清晰定位第十一届理事会的工作重点。

"回顾第十届期间，塑料管道行业克服了多重困难，迈入高质量发展新阶段，在产业升级、科技创新、质量提升、智能制造、绿色发展等方面取得了较好的成绩。在张建均主任的带领下，专委会充分发挥桥梁、纽带作用，围绕服务行业发展宗旨，开展多项工作及活动，引领企业加强自律，号召企业维护行业利益，推动产业链、创新链协同发展，积极做好'行业代表'。多年来连续被评为中国塑协标杆分支机构，张建均主任被评为标杆分支机构主任，赵艳秘书长被评为标杆秘书长光荣称号，这些荣誉的取得是全行业共同努力的结果。在此，要特别感谢张建均主任在第十届期间带领理事会做出的积极贡献。同时，也要充分肯定专委会秘书处秘书长赵艳，以及郭晶、范艳菊、唐维等几位同志的兢兢业业，尽职尽责，各位兼职副秘书长的积极奉献、努力付出，使秘书处工作效率及履职水平都有很大的提高。更要感谢专委会的全体会员，这些成绩是所有塑料管道人共同努力拼搏的果实，还要感谢相关部门、机构、协会以及上下游产业链给予我们的支持。在此，我代表中国塑协，感谢大家坚守初心，砥砺前行；感谢大家肩承重任，不负使命；感谢大家在逆境中前行，在压力中奋进。今天，我们不仅要总结过去，还要展望未来，迎来新的开始，在新的发展阶段缔造新的辉煌。相信新一届理事会将在新任主任的带领下，紧跟中国塑协脚步，围绕协会7类27项重点工作目标，继续做好'四个服务'，带领塑料管道行业在高质量发展道路上行稳致远，不断为中国塑料加工业发展添砖加瓦。"

二是提振信心，共谋发展。2023年是挑战与机遇并存的一年，行业发展面临诸多困难，为此更要鼓足干劲，提振信心，全力以赴提升自身综合竞争力；更要凝心聚力，众志成城，坚定不移走向高质量发展道路。

王占杰理事长对塑料管道行业发展及专委会下一步工作提出了5点意见。

1. 把握经济大势，提振发展信心

要深入贯彻"党的二十大"精神，完整、准

确、全面贯彻落实新发展理念，正确认识和科学把握当前经济形势，切实增强发展的信心和决心，锚定目标任务，努力推动塑料管道行业质的有效提升和量的合理增长。要紧扣高质量发展首要任务，抓住重点关键；要提振发展信心，凝聚行业力量；要制定好规划，统筹好当前和长远。

2. 坚持创新驱动，增强发展动能

要以科技创新培育新动能，拓宽新应用领域，培育高附加值新项目、新产业。在科技引领方面，要紧密结合市场需求，以数字经济为驱动力，推动塑料管道行业在传统应用领域的优化升级，加强新技术、新模式、新业态开发应用，拓展产业链条，推进创新链、产业链和价值链高度融合发展，提升产品在国际市场的竞争力和占有率。

3. 适应市场变化，提升行业竞争力

要积极适应市场的发展变化，满足不断变化的新需求；要坚守初心，保障产品质量，为用户行业提供满意的产品和服务；要提升管理水平，提高生产效率，提升智能化水平，降低企业的运营成本。要强化"四化"引领，坚定"功能化、系统化、高端化、智慧化"发展，提升行业及企业的综合竞争力。

4. 践行新发展理念，促进行业高质量发展

要努力构建"双循环"新发展格局，着眼世界新发展形势，立足我国新发展阶段，将新发展理念落实到行业高质量发展过程当中。当然，行业高质量发展不会一蹴而就，需要坚持新发展理念，牢牢抓住发展新机遇，迎接发展新挑战。要坚持稳字当头，巩固好市场状态，为高质量发展打下坚实基础；要提升技术水平，激发高质量发展的内在动力；要满足应用需求，为高质量发展提供充足空间。

5. 提高履职能力，发挥行业协会平台作用

要不断提高专委会履职能力，提升服务水平。第十届理事会已圆满完成使命，新一届理事会将会以更加昂扬的精神状态、更加扎实的工作作风、更加有力的工作举措，助力行业高质量发展。在新主任的带领下，笃定前行，砥砺深耕，开启新的篇章。路虽远，行则将至；事虽难，做则必成。不断夯实发展基础，务实克服行业发展中存在的各种问题，才能更好地突破自我，在高质量发展的道路上破浪前行。

会议审议通过了《中国塑协塑料管道专委会第十届工作报告》《中国塑协塑料管道专委会第十财务报告》《中国塑协塑料管道专委会工作条例修改说明》，公布了第十一届理事会选举办法及工作过程，宣读了中国塑协《关于推荐高立新等同志为中国塑料加工工业协会塑料管道专委会第十一届理事会成员的批复》。会议选举产生了中国塑协塑料管道专委会第十一届理事会成员及理事单位。

会议对第十届先进工作者、优秀会员单位、优秀展商以及本次会议的赞助单位进行了表彰和授牌。

本次会议进一步明确了行业未来的发展方向，虽然面临重重压力，但塑料管道行业韧性强、潜力大、活力足，长期向好的基本面没有变，新发展格局正在加快构建，高质量发展正在全面推进。

十六、阻燃材料及应用专委会 2023 年年会

2023 年 9 月 20—22 日，中国塑料加工工业协会阻燃材料及应用专业委员会换届会议、2023 年年会暨第四届中国阻燃塑料技术创新与市场应用研讨会在山东潍坊圆满召开。会议共同探讨了阻燃塑料技术创新发展的新核心、新起点和新方法，分析阻燃材料行业面临的新形势、新机遇与新挑战，共同规划阻燃塑料行业发展未来。参加会议的有众多行业专家、企业家、产业链同人和企业代表等近400 人。

中国塑料加工工业协会理事长王占杰在大会开幕式上发表讲话，介绍了当前我国塑料加工业的发展情况，简要回顾了我国阻燃行业的发展历程、阻燃塑料在民用以及尖端科技领域的广泛应用和发展要求。王占杰理事长对第一届理事会取得的工作成绩给予肯定，对大家做出的贡献表示感谢。他还对第二届理事会和阻燃材料及应用专委会下一步工作提出了 4 点意见。

1. 坚定信心，促进行业高质量发展

党的二十大报告中对"十四五"规划发展提出了新的要求和目标。阻燃材料行业面对世界发展的新阶段，面对经济复苏乏力、产能恢复缓慢、劳动力市场和消费市场低迷等客观因素，阻燃材料及应用专委会坚持服务行业、服务会员的宗旨，克服重重困难，进一步明确自身定位，发挥带头作用，在服务企业、服务政府、服务人民上履职尽责、勇于作为，恪守"服务至上"的初心，为行业发展注入了新活力。专委会也要继续为企业构建高品质服务平台，创建沟通桥梁，带动上下游产业链的合作；推广工业技术，促进产品加快走向国内外市场；争取政策支持，促进企业提品质、增品种、创品牌。

2. 持续创新，不断推动行业技术进步

创新是一个民族传承绵延的不朽灵魂，是一个国家兴旺发达的不竭动力，更是一个企业蓬勃生长的强力引擎。对标阻燃材料行业，要继续坚定中国塑料加工工业协会制定的《塑料加工业"十四五"科技创新指导意见》提出的"五化"科技创新发展方向，专注主业，攻克高端阻燃剂、高性能阻燃材料以及绿色阻燃材料依赖进口的难题，通过科技进步和创新，认识自我，认识世界，让阻燃科技为人民的生活谋求福祉；精益求精不断提高阻燃产品创新和人才培养，促进产学研一体化模式扎根企业，在创新中发展自我、完善自我，拓展国内市场，稳定国际市场，增强市场竞争力。

3. 搭建平台，推进产业链协同发展

随着社会的不断进步和人民生活水平的日益提高，阻燃塑料已经广泛应用到民用以及尖端科技领域。阻燃行业的各科研机构、一线企业、全体成员，需要全面、全员、全方位的高度协调、互通有无，同时在此基础上特别要加强政产学研金用集成协力创新发展。专委会要勇挑重任、敢于作为，合理高效利用自身优势发掘资源，搭建产业合作创新驱动平台，促进精准对接，实现取长补短、相互交流、高效合作；推进行业规范和行业标准；在企业发展、科研创新上促进交流共同进步；在市场开发、产品推广等方面做学问务实推动，进一步增强行业的凝聚力和向心力。

4. 砥砺前行，携手共创行业辉煌

目前我国已经建立了包括技术研发、产品设计、工艺生产和市场营销的完整阻燃产业链。回顾往昔，我们取得的成绩和收获是喜人的，面对未来，我们要继续传承行业自信、企业自信和品牌自信，继续在服务行业和服务社会的道路上开创出高质量的产品和高精尖的技术。未来，应该继续坚持以新发展理念为指导，以科技创新为动力，坚定行业自信，攻坚技术难题，优化产业模式，加大人才培养力度，加强企业之间的沟通交流，携手共筑中国阻燃材料行业的新篇章。

会议审议通过了《中国塑协阻燃材料及应用专委会工作条例（修订稿）》和阻燃材料及应用专委会选举办法。中国塑料加工工业协会副监事长刘姝宣读了中国塑协《关于同意推荐于晓宁等同志为中国塑协阻燃材料及应用专委会第二届理事会成员的批复》。会议选举了中国塑协阻燃材料及应用专委会第二届理事会及第二届理事会主任、副主任、秘书长，审议了增补中国塑协阻燃材料及应用专委会特聘专家名单及专委会副秘书长聘任议案。会议还进行了 2023 年中国阻燃行业优秀企业颁奖典礼。

在第四届中国阻燃塑料技术创新与市场应用研讨会上，四川大学王琪院士、青岛大学夏延致教授、中国科学技术大学胡源教授等 23 位资深技术专家做了精彩报告。报告内容涵盖了阻燃剂、阻燃材料、阻燃制品和终端应用等整个产业链，从阻燃科学理论、生产工艺技术、产品对燃烧和整体性能需求等多个视角进行了高水平的专业分享。

此次会议面向企业管理、技术、生产和销售负责人，为高校、科研机构和企业公司搭建了一个深度合作与交流的平台。会议上，阻燃行业产业链上下游同人就产业技术转化和供应合作进行了深入交流。

十七、2023 中国集装袋行业创新发展对接会

2023 年 9 月 23 日上午，由中国塑料加工工业协会主办，中国塑协塑编专委会、沂源县人民政府、山东鲁创产业发展集团有限公司承办，山东鲁创自动化有限公司协办的"2023 中国集装袋行业创新发展对接会"在山东沂源隆重开幕。会议由中国塑协塑编专委会秘书长赵克武主持，中国塑料加工工业协会副理事长王磊光、中国塑协塑编专委会主任王学保、淄博市人民政府副市长胡晓鸿、沂源县委书记边江风、沂源县县长张涛、沂源县副县长刘政君以及塑编产业链代表共 500 余人参加会议。

本次会议得到了沂源县人民政府、山东鲁创产业发展集团有限公司、山东鲁创自动化有限公司、史太林格塑胶机械（太仓）有限公司、常州市腾诚机械制造有限公司、汕头市邦德机械有限公司、洛阳市鑫丰塑业有限公司、上海链接者集团有限公司、河南晴赢软件科技有限公司、泰州名诚缝纫机有限公司等组织与单位的大力支持。

大会分为 4 个阶段进行，分别为 2023 中国集装袋行业创新发展论坛、嘉宾访谈、签约仪式、参观交流。

本次会议以"创新发展 智造共赢"为主题，特邀集装袋专家、企业家代表围绕国内外集装袋行业发展现状、集装袋未来发展方向、集装袋国际市场状况、集装袋绿色低碳道路、集装袋智物联技术、集装袋标准化进程等方面进行了研讨。整场会议深

入契合当下集装袋行业发展热点、难点问题，为与会代表提供了充分的互动交流平台，展示了行业自动化创新设备，为集装袋自动化发展指明方向。

会议总结了集装袋行业发展经验及方向，探讨了未来智能化发展趋势，交流产品信息，研讨行业标准，促进集装袋行业智能化、规范化、功能化、可持续发展。本次会议将有力推动我国乃至世界集装袋缝制自动化、智能化发展进程，从而促进我国集装袋行业高质量可持续创新发展。

十八、2023 塑木材料质量保障公约暨塑木地板团体标准研讨会

"2023 年塑木材料质量保障公约暨塑木地板团体标准研讨会"于 2023 年 9 月 26 日在江苏宜兴召开。此次研讨会由中国塑料加工工业协会主办、中国塑协塑木制品专业委员会承办，由中国塑协塑木制品专委会秘书长王玉梅主持，主任吴劲松致开幕词。

塑木专委会表示，本届研讨会在提高塑木产品质量为保障的前提下，针对目前我国塑木产业日新月异的发展，国内塑木市场近年来需求日益增大，同时劣质产品大量涌入冲击国内市场，对国内市场的发展带来严重隐患并影响行业声誉等情况，共邀塑木行业品质企业签约并承诺保障塑木产品质量，同时塑木专委会将公示签约企业名单，供消费者参考，塑木产业企业一致赞成，共同维护塑木产业的健康发展。

同时，会议中塑木产业的各专家和与会代表共同讨论与草拟《户外塑木地板应用技术规范》。该户外塑木地板团体标准的制定不仅为塑木企业出厂塑木产品提供了基本参照数据，更为消费者对塑木地板的选购提供了参考标准，保障消费者的权益。

十九、中国塑协硬质 PVC 发泡制品专委会2023 年年会

2023 年 10 月 19—21 日，中国塑料加工工业协会硬质 PVC 发泡制品专业委员会六届十一次理事会、2023 年年会暨技术与市场交流会在山东高密成功举行。中国轻工业联合会原副会长钱桂敬，中国塑料加工工业协会理事长王占杰，山东省高密市委书记王文琦，山东省塑料协会副会长兼秘书长潘庆功，行业专家、中国塑协硬质 PVC 发泡制品专委会主任孙峰和行业专家、专委会理事会成员、会员单位代表，以及来自全国各地 PVC 发泡制品生产企业、相关产业链企业、科研院校等单位的代

表近 400 人参加了会议。

中国塑料加工工业协会理事长王占杰在大会讲话中，介绍了当前我国塑料加工业的发展整体情况以及面临的挑战与机遇，分析了我国硬质 PVC 发泡制品行业的发展情况并提出发展建议。他还对硬质 PVC 发泡制品专委会下一步工作提出了具体意见。

一要积极落实国家相关政策。要围绕稳增长、科技创新、促进民营经济发展等内容，找到行业痛点，分析行业焦点，共同解决问题，促进行业更好发展。

二要推动"三品"战略的提升。在优质行业企业不断进步提升产品品质的同时，行业还存在一些产品质量参差不齐的现象，因此行业更要做好"三品"战略的提升工作，增加品种，提升品质，争创品牌，促进行业发展。

三要坚持产业链上下游联动发展。要继续坚持产业链创新发展、精准对接，联合上下游企业，关注原料、助剂、装备、模具等相关行业的技术进步，全面推动全产业链发展升级。

四要推动行业转型升级。要着力推进技术创新，促进行业向"五化"方向不断前进，推动行业转方式、调结构、增动能，提升行业整体竞争能力。

五要加强自身建设。硬质 PVC 发泡制品专委会在孙锋主任及理事会的领导下，在周家华秘书长和秘书处同事的服务下，特别是在会员单位的共同努力下，行业不断发展，专委会的工作不断进步。在下一步工作中专委会更要努力提升服务水平和能力，为行业的不断发展做出更大的努力。

二十、2023 年全国塑料异型材及门窗行业年会

2023 年 10 月 24—26 日，2023 年全国塑料异型材及门窗行业年会在浙江绍兴召开。本次会议由中国塑料加工工业协会主办，中国塑协异型材及门窗制品专业委员会、浙江宏天新材料科技有限公司承办。年会以"紧抓时代新机遇　推动行业新升级"为主题，中国塑料加工工业协会理事长王占杰，中国塑协异型材及门窗制品专业委员会主任、山西中德投资集团有限公司总裁程杰，浙江省塑料行业协会会长、浙江省塑料工程学会理事长、浙江工业大学教授王旭，陆军军事交通学院教授陈希真，中国塑料加工工业协会专家施珣若，建研国检国家化学建筑材料测试中心总院专业副总工黄家文等行业领导和专家参加了本次会议，100 余家行业上下游企业齐聚一堂，共同探讨在当前经济环境

下，行业与企业面临的新机遇、新升级。

王占杰理事长在开幕式讲话中就当前宏观经济形势、行业和企业面临的问题、塑料异型材发展对策建议等进行了阐述："三季度宏观经济逐步稳定复苏向好，塑料加工业也出现了一些新的变化和机会。塑料异型材门窗行业作为塑料加工业的重要子行业之一，目前正处在行业调整周期，下游房地产市场的下滑对行业造成了一定的影响，低碳发展的时代呼应又增加了行业发展的契机，当前最重要的应是'看清形势、搞懂问题、想好对策'。"王占杰理事长站在当前的发展节点，对行业和企业提出了发展建议：一要坚定发展信念，用好国家促发展的政策；二要把握当前新基建的趋势，稳住企业发展的基本盘；三要紧抓技术创新突破，推动行业在应用端的务实创新；四要积极开展交流与合作，促进国际市场的拓展。

程杰主任围绕行业发展情况，做了以"紧抓时代新机遇 推动行业新升级"为主题的专委会工作汇报。他指出，2023 年以来，以家装为主的产品成为异型材及门窗行业创新的重点，门窗附框技术日趋成熟，行业数字化、智能化水平明显提高，行业龙头企业创新能力不断增强。在经济发展的不同阶段，在行业发展的不同周期，需要行业和企业做出渐进式调整，看准时代变化中的新机遇，大力度进行行业新升级，推动行业绿色发展和高质量发展。

开幕式后的大会专题报告环节，中国塑料加工工业协会王占杰理事长做了题为《中国塑料加工行业现状及发展建议》的报告，系统介绍了行业目前的状况，以及国际、国内塑料加工业的发展趋势；中国塑料加工工业协会专家、异型材及门窗专委会专家组副组长施珣若讲解了《塑料建材对"双碳"国策的贡献》，从国内外塑料建材发展历史的角度，对塑料建材能在"双碳"中发挥的作用进行了系统讲解；浙江工业大学材料科学与工程学院院长王旭教授讲解了《环保高效 PVC 热稳定剂制备及其应用》，分享了稳定剂领域最新的科研成果，从产学研角度指导行业发展；北京化工大学火安全材料研究中心主任、中国塑协阻燃材料及应用专委会副主任兼秘书长张胜教授讲解了《阻燃抗老化聚丙烯材料的研究进展》，介绍了在阻燃领域所做出的努力，以及在产品应用上的具体指导。此外，天津科彩塑料科技有限公司总经理助理王如意做了《型材专用 PVC 色母生产工艺及其应用》报告，杭州羽维数字科技有限公司副总经理张伟荣做了《智能工厂

（BEMS）正向技术在离散型制造业中前瞻性及突破性的效能提升浅析》报告，苏州洛瑞卡新材料科技有限公司总经理张宗梅做了《高品质 UPVC 门窗彩色化方式及其发展》报告，Intertek 天祥集团技术副经理谢凌云做了《"双碳"背景下产品碳足迹和 EPD 解读》报告，分别从多个领域进行了专业内容讲解。

会上还对"2023 年中国塑料异型材及门窗制品行业十强企业""2023 年度优秀会员单位""2023 年度行业优秀工作者"进行了表彰。

在思想碰撞中看清趋势，在面对面交流探讨中理清思路，本次年会进一步明确了行业发展共识，确定了行业要升级的方向——开放、交流、探讨、务实。2023 年全国塑料异型材及门窗行业年会取得圆满成功。

二十一、中国塑协八届四次常务理事（扩大）会议

2023 年 11 月 23 日晚，中国塑料加工工业协会八届四次常务理事（扩大）会议在浙江绍兴召开。中国轻工业联合会兼职副会长、中国塑料加工工业协会荣誉理事长朱文玮，中国塑料加工工业协会理事长王占杰，副理事长王磊光、田岩，秘书长焦红文，监事长江桂兰，驻会副监事长刘姝，以及中国塑协副理事长、常务理事和代表 120 余人出席会议。会议由中国塑料加工工业协会王占杰理事长主持。

中国轻工业联合会兼职副会长、中国塑协荣誉理事长朱文玮致辞，他分析了塑料加工行业所面临的国内外经济形势："目前，在世界经济复苏艰难背景下，我国经济整体运行在疫后效应、政策效应、缺口效应、转型效应四大效应的助力下总体回升向好，整体宏观经济形势谨慎乐观。随着国家一系列政策措施效果持续显现，全国塑料工业生产继续恢复，新动能行业较快增长，塑料行业经济运行总体平稳，对国民经济和社会稳定发展提供了重要支撑。但发展仍面临需求不足和出口下滑、盈利下降等困难，塑料工业仍呈修复态势，经济回升基础尚不牢固，中国塑业正处在经济恢复和产业升级的关键期。"对此，他提出：一要把握国家政策；二要提升产业链高水平创新能力；三要促进产业链高端化；四要充分发挥常务理事会作用。

刘姝副监事长在会上报告会员单位增减变动、分支机构名称变更议案，会议进行审议并一致通过。她还向会议报告了部分分支机构变更的相关事项。

田岩副理事长报告了《中国塑料加工业绿色发展报告（2023）（审议稿）》的编制情况，会议通过了审议稿。

焦红文秘书长报告了"2023（第四届）中国塑料产业链高峰论坛"的筹备情况以及"中国塑料加工工业协会科技创新成就奖"申报工作的有关情况。

王磊光副理事长报告了"2023中国塑料绿色智造展览会"的筹备情况。

二十二、中国塑料加工工业协会科技咨询委员会第六次委员会议

2023年11月24日上午，中国塑料加工工业协会科技咨询委员会第六次会议于绍兴国际会展中心召开，40多名科技咨询委委员以"现场＋线上"的方式参加会议。会议由中国轻工业联合会兼职副会长、中国塑料加工工业协会荣誉理事长朱文玮主持。

会上，首先由协会副理事长、科技咨询委秘书长田岩宣读"关于中国塑协科技咨询委调整委员的通知"并做说明。为现场的新聘专家颁发聘书后，咨询委原主任委员现特聘专家朱文玮、新任主任委员王占杰及新聘委员代表解孝林做了感言讲话。

会议审议了《中国塑协科技咨询委员会管理办法》（2023年修订征求意见稿）、《中国塑料加工业绿色发展报告》（2023年征求意见稿）等材料。协会副秘书长孟庆君、秘书长焦红文、副理事长田岩分别就中国塑协及塑料加工行业的绿色发展、科技创新以及标准化相关工作情况做了汇报说明。协会理事长、科技咨询委现主任王占杰做了"关于成立中国塑料加工工业协会发展战略研究委员会"动议的说明。

在委员座谈、研讨环节，院士、专家们结合各自研究领域和专长，围绕塑料加工行业现状以及协会今后重点工作在现场和线上充分发表了意见建议。

段雪院士、陈学庚院士、王琪院士分别在现场及线上做了发言。石碧院士、李景虹院士、朱美芳院士线上参会。

由王占杰理事长做会议总结。他感谢院士、专家、委员不辞辛苦拨冗参会，为协会及塑料加工业的科技发展提出了很多宝贵意见建议；感谢并希望专家群体能为塑料加工行业发声并继续提供支持帮助；希望科技咨询委在解决塑料加工业"卡脖子"技术、进口替代及科技规划、行业发展战略、国家政策建议方面发挥更大的作用。

王占杰理事长还表示，作为现任科技咨询委主任，深感责任重大、压力和动力更大，他将传承创新、学习老会长们的优点，接好担子，倾力奉献，和委员们一道引领推进中国塑业可持续、高质量发展。

二十三、中国塑协板片材专业委员会2023年年会暨技术交流会

中国塑协板片材专业委员会2023年年会暨技术交流会，于2023年11月21—23日，在浙江台州举行。这次会议由中国塑料加工工业协会主办，中国塑协板片材专业委员会、精诚时代集团有限公司承办。中轻联合会原副会长、中国塑料加工工业协会原理事长钱桂敬先生，中轻联合会兼职副会长、中国塑料加工工业协会荣誉理事长朱文玮先生，黄岩区政府张鹏副区长，浙江省塑料协会常务副会长兼秘书长汪建萍女士，台州市塑料协会会长江桂兰女士，中国塑协板片材专委会主任朱山宝先生，精诚时代集团总经理寿晓冬先生，中国塑协副秘书长、板片专委会秘书长周家华先生，深圳市高分子行业协会、常务副会长兼秘书长王文广先生，中国氯碱工业协会信息部李琼主任，中南财经政法大学过文俊教授，北京大学战略研究所张锐研究员，北京化工大学杨卫民教授，陆军军事交通学院陈希真教授，湖北工业大学陈绪煌教授等领导及专家学者出席了会议。来自中国塑协板片材专委会副主任单位、理事单位、会员单位，以及来自全国各地塑料板片材制品生产企业，以及与之相关的原料企业、模具及设备企业、科研院校等单位的代表共近300人参加了这次会议。年会由周家华秘书长主持。

首先由朱文玮荣誉理事长做重要讲话，他介绍了塑料板片材行业和全国塑料行业的经济指标，分析了世界经济形势、国内塑料行业状况，指出行业企业发展出现了新消费需求迫切与创新能力不足、中低档产品过剩与高品质产品供应不足、制造大国体量与品牌影响力不足、高质量发展与标准老化滞后等矛盾，需要行业和企业协同发力，认真研究解决，并提出了3点意见：一要学好用好政策；二要坚持创新发展；三要引领行业发展。

台州市黄岩区张鹏副区长致辞，他对台州的整体情况、投资环境等做了详细说明，邀请与会代表在台州多看看，多走走，更好地了解台州，来台州投资创业，并祝本次会议圆满成功。随后，浙江省

塑料协会汪建萍常务副会长兼秘书长致辞,她热烈欢迎全国各地的朋友来到浙江台州参加这次会议,介绍了浙江省塑料行业的整体情况,表示"浙江是塑料大省,产业链完整,黄岩是著名的模具之都,为塑料行业发展做出了很大贡献,欢迎代表和浙江企业合作交流"。

精诚时代集团寿晓冬总经理致辞,他代表精诚集团热烈欢迎大家的到来,也感谢大家对精诚集团和年会的支持和帮助,介绍了精诚集团践行精密制造与工业美学,经过20多年深耕,已成为行业细分领域的冠军,中国挤出平模头中高端市场占有率超过70%,产品遍布全球40多个国家,为10 000多家塑料企业提供贴心的品牌服务。

中国塑协板片材专业委员会,第三届理事会朱山宝主任,代表板片材专委会做"工作报告"。介绍了行业近一年来运营情况,深入分析了塑料板片材需求情况的变化,认真总结行业面临的问题,并给出了应对策略供参考,还提出了行业的发展建议,强调了专委会要加强会员服务工作、专委会建设工作、开好行业会议,以及明确了2024年的几项重点工作。周家华秘书长向大会做了"板片材专委会财务报告""新增会员"报告。

为了开好本次会议,根据塑料板片材行业特点,以及行业内企业面临的共性问题,会议筹备组做了精心准备,邀请行业领导、相关专家及教授对板片材行业的运行情况、"双碳"目标下塑料行业企业实现可持续发展的 DEGS 模式、企业利用创投和多层资本市场促进企业高质量发展、民营企业参加军事装备科研生产的途径与方法等方面做了较为详细的介绍,同时也对 PVC 原料情况、相关助剂、相关新产品、新技术等进行了分享,此外还安排了参观环节,会议内容总体上较为丰富。

二十四、2023 第十二届电池与薄膜产业链发展高峰论坛

2023 年 12 月 7 日,由中国塑料加工工业协会主办、中国塑协电池薄膜专委会和合肥经济技术开发区管委会共同承办的"2023 第十二届电池与薄膜产业链发展高峰论坛"在安徽合肥成功召开。中国塑料加工工业协会副理事长王磊光,中国电池工业协会理事长刘宝生,国家级合肥经济技术开发区投资促进局装备处副主任周祥,中国塑协电池薄膜专委会主任、深圳市星源材质科技股份有限公司隔膜技术研究院院长高东波,电池薄膜专委会常务

副主任单位、深圳中兴新材技术股份有限公司副总经理张辉,电池薄膜专委会副主任单位、中材锂膜有限公司涂覆开发主管高飞飞,科倍隆(南京)机械有限公司经理刘在峰,北京理工大学副教授孙立清,东华大学教授徐桂银,合肥工业大学教授项宏发,合肥经开区投资促进局汽车产业处副处长陈娜娜,中国电池工业协会综合部主任宋翊,中国塑协质量标准部主任兼团体标准化技术委员会秘书长田辉,电池薄膜专委会理事会单位、会员企业,还有为本次会议提供赞助支持的单位负责人,以及来自国内外的锂电关键膜材料上下游产业链企业代表等近 450 人参加了本次会议。

中国塑料加工工业协会副理事长王磊光为此次会议开幕式致辞。他对行业发展和电池薄膜专委会今后的工作提了 4 点意见。

第一,行业发展要适应新能源快速发展需要,通过上下游产业链通力合作,统筹资源进行技术攻关,走协同创新发展之路。

第二,抓住"双碳"发展机遇,继续推进产业绿色发展,要做好市场调研、抢抓机遇、科学规划,加快产业绿色低碳技术的全面应用。

第三,面对复杂多变的国际国内经济形势,企业要坚持以"高质量发展"为引领,不断提高国内隔膜生产水平,共同推动行业可持续发展。

第四,电池薄膜专委会继续做好"四个服务",通过加强行业服务,引导行业自律和创新发展,合力推动行业在高质量发展的道路上行稳致远。

中国电池工业协会刘宝生理事长对本次大会的成功召开表示热烈祝贺,他介绍了电池产业在发展快速的同时面临的几方面挑战,希望隔膜与电池企业共同携手,推动产业数字化创新,绿色化转型;希望继续与中国塑料加工工业协会,以及行业专家学者、企业家携手,共同研判和展望电池产业发展的新思路和新趋势,应对电池行业面临的新机遇和新挑战,助力我国新能源产业的发展和"双碳"目标的实现。

王磊光副理事长为电池薄膜专委会新增补的理事会成员单位授牌。本次新增补的理事单位有:威海海朝机械有限公司、江西通塑亿达新材料有限公司、新乡市平原航空环控系统有限公司、中科微至科技股份有限公司、桂林格莱斯科技有限公司。大会上举行了《钠离子电池隔膜》《电池隔膜工厂建设指南》等 5 项团体标准制定启动仪式,正式启动五项标准的研制工作。

合肥经开区投资促进局汽车产业处副处长陈娜娜女士做了主题为"打造世界级新能源和智能网联汽车产业基地"的经开区投资环境推介。合肥被誉为中国的科技之城，拥有众多高等院校和科研机构，培养了一批批科技精英，合肥经开区更是吸引了大量的科技企业和创业者，成为我国创新、创业的重要基地。陈处长表示，希望有更多的企业家走进合肥，走进合肥经开区，进一步考察交流，探讨合作机遇，实现共赢发展。

中国塑协电池薄膜专委会主任、深圳市星源材质科技股份有限公司隔膜技术研究院院长高东波、深圳中兴新材技术股份有限公司副总经理张辉、电池薄膜专委会秘书长范艳分别主持了论坛报告阶段。

合肥星源新能源材料有限公司产品总监田如辉、合肥工业大学项宏发教授、北京理工大学孙立清副教授、上海孚遆技术有限公司总经理邹迪、合肥国轩高科动力能源有限公司经理徐立洋、东华大学教授徐桂银、桂林格莱斯科技有限公司副总经理马云华、合肥东昇智能装备股份有限公司总经理张圣安、科倍隆（南京）机械有限公司销售经理蒋建杰、威海海朝机械有限公司副总经理郁锡平、广州思肯德电子测量设备有限公司销售工程师俞自力、泰和新材集团股份有限公司研发工程师陈琪、合肥华致能源科技有限公司市场总监徐冬，分别做了"2022—2023隔膜发展趋势及星源材质隔膜开发进展""高安全锂电池隔膜功能化研究进展""动力电池与储能技术的进展""锂膜配料工艺与应用""隔膜对电池安全性能影响分析""高安全锂／钠／锌电池隔膜材料""国产锂电池隔膜生产线新技术发展和应用""新型复合集流体材料的关键设备""科倍隆应对湿法锂电池隔膜发展的解决方案""绕不开的相遇——海朝过滤和EDI模头""思肯德测厚仪在电池隔膜（涂布）生产中的卓越应用""芳纶涂覆隔膜产业化现状及应用""高品质工商业储能系统，助力隔膜行业降本增效"主题报告。大会期间还成功召开了中国塑协电池薄膜专委会二届二次理事（扩大）会议、《钠离子电池隔膜》团体标准启动会暨第一次工作会议。

本次论坛是电池关键膜材料行业在新经济背景下召开的一次重要会议。行业专家、大学院所、企业家代表、上下游产业链同人齐聚一堂，共同探讨当前经济形势下电池关键膜材料产业的未来市场与技术发展趋势，交流原辅材料和备品备件市场信息，探索行业绿色低碳可持续发展新路径，共同推动我国电池与电池关键膜材料产业高质量发展。

二十五、中国塑协XPS专委会2023年年会

2023年12月6—7日，中国塑协聚苯乙烯发泡板材（XPS）专委会2023年年会暨换届大会在广州圆满召开。中国塑料加工工业协会理事长王占杰，中国塑料加工工业协会秘书长焦红文，XPS专委会理事单位、会员单位以及XPS上下游企业代表近100人参加了此次会议。

中国塑料加工工业协会王占杰理事长在大会开幕式上发表讲话，介绍了当前我国塑料加工业的发展情况，并针对XPS行业现状提出了4点意见。

一要发挥优势，坚定发展信心。要发挥产品节能减排的特征，支撑自身行业的韧性优势。在实现国家"双碳"目标的国策下，积极发挥自身优势，坚定信心，在建筑行业中发挥作用，做出贡献。生产符合标准的产品，加大科研创新技术的研究，实现不断创新、差异化水平提升，创造新的发展商机。

二要加强创新，拓展市场应用。要坚持科技创新引领，在发挥产品优点的同时认识自身的不足，加大技术研发力度，提高产品稳定性和阻燃性能。要注重维护企业形象，坚守底线、保障产品质量，同时通过技术能力的提升，提高市场竞争能力和市场占有率。

三要打造品牌，提高产品竞争力。积极挖掘市场机遇，提升影响力，打造附加值产品，加速产品创新发展。争取与国外企业进行合作，提高产品技术及影响力，加强技术国际化。

四要提升能力，发挥专委会作用。感谢第一届理事会开展的工作，希望下一届XPS专委会理事会、会员单位与上下游企业共同努力，提升行业发展水平，加快步伐调整结构，推动产业链协同发展。

换届大会由中国塑料加工工业协会秘书长焦红文主持。

会议审议通过了中国塑协聚苯乙烯挤出发泡板材（XPS）专委会第一届理事会工作报告、《中国塑协XPS专委会工作条例（修订稿）》和XPS专委会选举办法。中国塑料加工工业协会会员部主任宋悦宣读了中国塑协《关于同意推荐田松等同志为中国塑协XPS专委会第二届理事会成员的批复》。会议选举了中国塑协XPS专委会第二届理事会及第二届理事会主任、副主任、秘书长，审议了增补中国塑协XPS专委会理事单位及专委会秘书长聘任议案。会议还为"中国塑协XPS专委会专家小组""中国塑协XPS专委会专家小组"专家颁发了聘书。

主题报告环节由欧文斯科宁（中国）投资有限公司规范与技术总监张智主持。8 位资深技术专家做了精彩报告。报告内容涵盖了 XPS 制品、助剂材料和终端应用等整个产业链，从科学理论、生产工艺技术、产品性能需求等多个视角进行了高水平的专业分享。

本次会议的召开，搭建了 XPS 行业交流与合作平台，进一步探讨了行业发展共识，确定了行业要升级的方向，对促进行业进步、提升行业高质量发展水平具有重大意义。

2023（第四届）中国塑料产业链高峰论坛暨中国塑料绿色智造展览会

2023 年 11 月 26 日，在各相关单位、各地方协（商）会、产业集群、行业企业、展商及社会各界的积极参与和大力支持下，2023（第四届）中国塑料产业链高峰论坛暨中国塑料绿色智造展览会，以及相关系列活动圆满落下帷幕。本次系列活动从 2023 年 11 月 22 日开始至 26 日结束，为期 5 天，以"绿色数智、循环经济引领塑业高质量发展"为主题，围绕"分享""研讨""展示"3 个方面，探索"会""展"融合新模式，汇集了来自全国各地 265 家参展商集中展示新产品、新技术、新装备、新成果，同期举办系列会议 29 场，展览会总面积超过 11 000 平方米，累计入场观众 26 346 人次。

主论坛和展会开幕当日，十二届全国人大监察和司法委员会委员、中央编办原副主任、中国轻工业联合会党委书记 / 会长张崇和部长宣布开幕。张崇和部长，中国轻工业联合会原副会长、中国塑料加工工业协会原理事长钱桂敬，中国轻工业联合会兼职副会长、中国塑料加工工业协会荣誉理事长朱文玮，中国塑料加工工业协会王占杰理事长及各位嘉宾，共同参观了展会现场并与展商进行交流。张崇和部长指出，塑料加工业是我国轻工业的重要组成部分，是支撑国民经济发展的基础工业，下一步要加大研发投入，坚持科技创新，坚持绿色低碳，促进产业转型升级，不断推进塑料加工行业可持续高质量发展。

在出席相关活动的间隙，中国塑协王占杰理事长连续两日走访展商，了解企业生产情况、经营过程中遇到的问题、行业面临的痛点难点，了解产品和工艺的技术优势、产品质量、关键技术及专利技术、标准化工作等。王占杰理事长表示，"在行业共同努力下，随着宏观政策逐步落地，中国塑料加工业总体延续稳步恢复态势。下一步工作中行业企业要找准定位精准发力，用好用足相关政策，提质降本增效，不断创新，促进塑料加工业可持续高质量发展"。

11 月 24 日下午，600 名代表参加了 2023（第四届）中国塑料产业链高峰论坛，会场座无虚席，取得了圆满成功。本届论坛以"绿色数智 共塑发展"为主题，围绕产业链上下游技术创新与合作、塑料加工业绿色、低碳可持续及数字化转型、智能化发展等话题开展。现场专家报告"干货满满"，为行业发展提供了新思路、新方向。

在主题报告环节，中国石油和化学工业联合会副会长傅向生做《合成树脂现状与石化行业发展展望》报告，介绍了我国及世界合成树脂发展情况，分析了"十三五"我国先进高分子取得的成绩、存在的差距和"十四五"的创新发展方向。

中国塑料加工工业协会王占杰理事长做《中国塑料加工行业现状及技术创新建议》报告，介绍了目前我国塑料加工业现状和经济运行情况、面临的挑战与机遇，以及行业发展前景。

中国工程院院士、华南理工大学教授、华中科技大学教授瞿金平做《面向新型工业化的高分子绿色智能制造》报告。瞿院士的报告不仅在学术上具有很高的水平和价值，而且在行业实践中也具有重要的应用性。

在以"聚智聚力 共谋产业链低碳发展"为主题的高峰对话环节，参会人员共同探讨了产业链低碳发展的未来，为与会者提供了交流和学习的平台，也为产业链低碳发展指明了方向。

大会期间，29 场系列活动顺利举行，近百名行业专家、学者、企业家代表围绕行业挑战与机遇、产业链协同创新、"双碳"目标、绿色发展、循环经济、数字经济等热门话题，就塑料加工业各子行业创新技术、研发成果、市场应用等方面进行了分享和研讨，为行业高质量发展提出建议。

中国塑料绿色智造展览会以"绿色数智、循环经济引领塑业高质量发展"为主题，云集265家优秀科研单位和产业链企业，聚焦塑料行业绿色、低碳、环保、生态化的新材料和新产品，展示前沿科技及智能制造技术、装备和数字经济发展成果，不少展商纷纷表示取得了预期效果，在现场挖掘到客户新需求，促成新订单，收获新伙伴。

系列活动还得到了浙江省塑料行业协会等全国各地塑料行业协（商）会的大力支持，由全国塑料行业协（商）会、高校院所、中国塑协各分支机构组织的专业观众参观团纷至沓来，数千人精准对接区域合作，分享科研项目转化落地成果，联系产业链上下游洽谈合作，共同推进我国塑料加工业可持续高质量发展。

本次系列活动是中国塑料加工工业协会为做好"四个服务"，促进塑料产业链精准对接，引领行业"五化"创新方向，推动行业绿色低碳、数字化转型和智能化发展而搭建的宣传交流合作平台。为继续贯彻落实科技创新、绿色低碳等新发展理念，研讨中国塑料加工业的优势与未来发展方向，积极推进行业可持续高质量发展，中国塑协将一如既往搭建平台、做好服务工作。

塑料标准化

2023 年发布的塑料制品相关国家标准

序号	原序号	标准代号	标准名称	代替标准号	实施日期	公布号
1	75	GB/T 34436—2023	玩具材料中甲酰胺的测定 高效液相色谱－质谱法	GB/T 34436—2017	2023-10-1	2023年第1号国家标准公告
2	127	GB/T 42390—2023	快递包装分类与代码	—	2023-10-1	2023年第1号国家标准公告
3	89	GB/T 42469—2023	纳米技术 抗菌银纳米颗粒 特性及测量方法通则	—	2023-10-1	2023年第1号国家标准公告
4	90	GB/T 42471—2023	纳米技术 柔性纳米储能器件弯曲测试方法	—	2023-10-1	2023年第1号国家标准公告
5	208	GB/T 24721.1—2023	公路用玻璃纤维增强塑料产品 第 1 部分：通则	GB/T 24721.1—2009	2023-7-1	2023年第1号国家标准公告
6	222	GB/T 17271—2023	集装箱运输术语	GB/T 17271—1998	2023-7-1	2023年第1号国家标准公告
7	224	GB/T 1413—2023	系列 1 集装箱 分类、尺寸和额定质量	GB/T 1413—2008	2023-7-1	2023年第1号国家标准公告
8	237	GB/T 1992—2023	集装箱术语	GB/T 1992—2006	2023-7-1	2023年第1号国家标准公告
9	256	GB/T 24721.5—2023	公路用玻璃纤维增强塑料产品 第 5 部分：标志底板	GB/T 24721.5—2009	2023-7-1	2023年第1号国家标准公告
10	257	GB/T 24721.2—2023	公路用玻璃纤维增强塑料产品 第 2 部分：管箱	GB/T 24721.2—2009	2023-7-1	2023年第1号国家标准公告
11	258	GB/T 24721.3—2023	公路用玻璃纤维增强塑料产品 第 3 部分：管道	GB/T 24721.3—2009	2023-7-1	2023年第1号国家标准公告
12	272	GB/T 24721.4—2023	公路用玻璃纤维增强塑料产品 第 4 部分：非承压通信井盖	GB/T 24721.4—2009	2023-7-1	2023年第1号国家标准公告
13	306	GB/T 19390—2023	轮胎用聚酯帘浸胶帘子布	GB/T 19390—2014	2023-10-1	2023年第1号国家标准公告
14	345	GB/T 20042.2—2023	质子交换膜燃料电池 第 2 部分：电池堆通用技术条件	GB/T 20042.2—2008	2023-10-1	2023年第1号国家标准公告
15	4	GB/T 33636—2023	气动 用于塑料管的插入式管接头	GB/T 33636—2017	2023-5-23	2023年第2号国家标准公告
16	8	GB/T 5338.1—2023	系列 1 集装箱 技术要求和试验方法 第 1 部分：通用集装箱	GB/T 5338—2002	2023-9-1	2023年第2号国家标准公告
17	11	GB/T 18433—2023	航空货运保温集装箱热性能要求	GB/T 18433—2001	2023-9-1	2023年第2号国家标准公告
18	71	GB/T 42610—2023	高压氢气瓶塑料内胆和氢气相容性试验方法	—	2024-6-1	2023年第2号国家标准公告
19	72	GB/T 42612—2023	车用压缩氢气塑料内胆碳纤维全缠绕气瓶	—	2024-6-1	2023年第2号国家标准公告
20	80	GB/T 26747—2023	水处理装置用复合材料罐	GB/T 26747—2011	2023-12-1	2023年第2号国家标准公告
21	81	GB/T 42542—2023	纤维增强复合材料 密封压力容器加速吸湿及过饱和状态调节方法	—	2023-12-1	2023年第2号国家标准公告

序号	原序号	标准代号	标准名称	代替标准号	实施日期	公布号
22	96	GB/T 42733—2023	电工用挤出 PTFE 软管	—	2023-12-1	2023年第2号国家标准公告
23	97	GB/T 42734—2023	中厚壁非阻燃双壁聚烯烃热收缩管	—	2023-12-1	2023年第2号国家标准公告
24	98	GB/T 42735—2023	应力控制聚烯烃热收缩管	—	2023-12-1	2023年第2号国家标准公告
25	99	GB/T 42736—2023	半导电聚烯烃热收缩管	—	2023-12-1	2023年第2号国家标准公告
26	232	GB/T 5989—2023	耐火材料 荷重软化温度试验方法（示差升温法）	GB/T 5989—2008	2023-12-1	2023年第2号国家标准公告
27	248	GB/T 17639—2023	土工合成材料 长丝纺粘针刺非织造土工布	GB/T 17639—2008	2023-12-1	2023年第2号国家标准公告
28	256	GB/T 42697—2023	非织造布 孔隙率测试方法	—	2023-12-1	2023年第2号国家标准公告
29	264	GB/T 17001.7—2023	防伪油墨 第 7 部分：光学可变防伪油墨	—	2023-12-1	2023年第2号国家标准公告
30	302	GB/T 42514—2023	铝及铝合金阳极氧化膜及有机聚合物膜的腐蚀评定 图表法	—	2023-12-1	2023年第2号国家标准公告
31	305	GB/T 42544—2023	铝及铝合金阳极氧化膜及有机聚合物膜的腐蚀评定 栅格法	—	2023-12-1	2023年第2号国家标准公告
32	348	GB/T 24747—2023	有机热载体安全技术条件	GB/T 24747—2009	2023-5-23	2023年第2号国家标准公告
33	426	GB/T 41638.2—2023	塑料 生物基塑料的碳足迹和环境足迹 第 2 部分：材料碳足迹 由空气中并入到聚合物分子中 CO_2 的量（质量）	—	2023-12-1	2023年第2号国家标准公告
34	427	GB/T 41638.3—2023	塑料 生物基塑料的碳足迹和环境足迹 第 3 部分：过程碳足迹 量化要求与准则	—	2023-12-1	2023年第2号国家标准公告
35	428	GB/T 42764—2023	塑料 在实验室中温条件下暴露于海洋接种物的材料固有需氧生物分解能力评估 试验方法与要求	—	2023-12-1	2023年第2号国家标准公告
36	430	GB/T 42525—2023	微滤膜除菌过滤系统技术规范	—	2023-12-1	2023年第2号国家标准公告
37	440	GB/T 42550—2023	农业废弃物资源化利用 农业生产废料包装废弃物处置和回收利用	—	2023-9-1	2023年第2号国家标准公告
38	443	GB/T 22077—2023	架空导线蠕变试验方法	GB/T 22077—2008	2023-12-1	2023年第2号国家标准公告
39	496	GB/T 42618—2023	增材制造 设计 高分子材料激光粉末熔融	—	2023-12-1	2023年第2号国家标准公告
40	498	GB/T 42620—2023	增材制造 材料挤出成形用丙烯腈－丁二烯－苯乙烯（ABS）丝材	—	2023-12-1	2023年第2号国家标准公告
41	505	GB/T 42801—2023	婴童用品 日常运动防护器具通用技术要求	—	2024-6-1	2023年第2号国家标准公告
42	506	GB/T 42802—2023	婴童用品 洗浴器具通用技术要求	—	2024-6-1	2023年第2号国家标准公告

序号	原序号	标准代号	标准名称	代替标准号	实施日期	公布号
43	509	GB/T 42805—2023	婴童用品　居家防护用品通用技术要求	—	2024-6-1	2023年第2号国家标准公告
44	510	GB/T 42806—2023	婴童用品　餐具与喂食器具通用技术要求	—	2024-6-1	2023年第2号国家标准公告
45	535	GB/Z 42692—2023	庭院凉篷	—	2023-12-1	2023年第2号国家标准公告
46	20	GB/T 10671—2023	固体材料产烟的比光密度试验方法	GB/T 10671—2008	2024-3-1	2023年第7号国家标准公告
47	22	GB/T 7139—2023	塑料　氯乙烯均聚物和共聚物　氯含量的测定	GB/T 7139—2002	2024-3-1	2023年第7号国家标准公告
48	23	GB/T 33061.4—2023	塑料　动态力学性能的测定　第4部分：非共振拉伸振动法	—	2024-3-1	2023年第7号国家标准公告
49	24	GB/T 33061.5—2023	塑料　动态力学性能的测定　第5部分：非共振弯曲振动法	—	2024-3-1	2023年第7号国家标准公告
50	25	GB/T 33061.6—2023	塑料　动态力学性能的测定　第6部分：非共振剪切振动法	—	2024-3-1	2023年第7号国家标准公告
51	26	GB/T 33061.7—2023	塑料　动态力学性能的测定　第7部分：非共振扭转振动法	—	2024-3-1	2023年第7号国家标准公告
52	27	GB/T 42790—2023	丙烯酸共聚氯乙烯树脂	—	2024-3-1	2023年第7号国家标准公告
53	28	GB/T 42917—2023	消光制品用聚氯乙烯树脂	—	2024-3-1	2023年第7号国家标准公告
54	29	GB/T 42918.1—2023	塑料　模塑和挤出用热塑性聚氨酯　第1部分：命名系统和分类基础	—	2024-3-1	2023年第7号国家标准公告
55	30	GB/T 42919.1—2023	塑料　导热系数和热扩散系数的测定　第1部分：通则	—	2024-3-1	2023年第7号国家标准公告
56	31	GB/T 42919.3—2023	塑料　导热系数和热扩散系数的测定　第3部分：温度波分析法	—	2024-3-1	2023年第7号国家标准公告
57	32	GB/T 42919.4—2023	塑料　导热系数和热扩散系数的测定　第4部分：激光闪光法	—	2024-3-1	2023年第7号国家标准公告
58	33	GB/T 42919.6—2023	塑料　导热系数和热扩散系数的测定　第6部分：基于温度调制技术的比较法	—	2024-3-1	2023年第7号国家标准公告
59	34	GB/T 42920—2023	纤维增强塑料复合材料耐火特性和防火性能的评定	—	2024-3-1	2023年第7号国家标准公告
60	35	GB/T 42922—2023	塑料　有机溶剂可萃取物的测定　化学方法	—	2024-3-1	2023年第7号国家标准公告
61	36	GB/T 42924.1—2023	塑料　烟雾产生　燃烧流腐蚀性的测定　第1部分：通用　术语和应用	—	2024-3-1	2023年第7号国家标准公告
62	37	GB/T 42924.4—2023	塑料　烟雾产生　燃烧流腐蚀性的测定　第4部分：使用锥形腐蚀计的动态分解法	—	2024-3-1	2023年第7号国家标准公告

序号	原序号	标准代号	标准名称	代替标准号	实施日期	公布号
63	49	GB/T 42923—2023	玻璃纤维增强塑料制品 纤维长度的测定	—	2024-3-1	2023年第7号国家标准公告
64	53	GB/T 13021—2023	聚烯烃管材和管件 炭黑含量的测定 煅烧和热解法	GB/T 13021-1991	2024-3-1	2023年第7号国家标准公告
65	54	GB/T 42948—2023	日用防护聚乙烯手套	—	2024-3-1	2023年第7号国家标准公告
66	55	GB/T 42952.1—2023	流体输送用热塑性塑料管材 尺寸和公差 第1部分：公制系列	—	2024-3-1	2023年第7号国家标准公告
67	56	GB/T 42894—2023	应急药材包装要求	—	2023-8-6	2023年第7号国家标准公告
68	59	GB/T 42870—2023	无损检测 纤维增强聚合物的声发射检测方法和评价准则	—	2023-8-6	2023年第7号国家标准公告
69	116	GB/T 13217.7—2023	油墨附着力检验方法	GB/T 13217.7—2009	2024-3-1	2023年第7号国家标准公告
70	135	GB/T 24437—2023	假肢、矫形器配置机构的等级划分与评定	GB/T 24437—2009	2024-3-1	2023年第7号国家标准公告
71	136	GB/T 41170.1—2023	造口辅助器具的皮肤保护用品 试验方法 第1部分：尺寸、表面pH值和吸水性	—	2024-3-1	2023年第7号国家标准公告
72	230	GB/T 2910.12—2023	纺织品 定量化学分析 第12部分：聚丙烯腈纤维、某些改性聚丙烯腈纤维或某些含氯纤维或某些弹性纤维与某些其他纤维的混合物（二甲基甲酰胺法）	GB/T 2910.12—2009	2024-3-1	2023年第7号国家标准公告
73	231	GB/T 17640—2023	土工合成材料 长丝机织土工布	GB/T 17640—2008	2024-3-1	2023年第7号国家标准公告
74	232	GB/T 18887—2023	土工合成材料 机织/非织造复合土工布	GB/T 18887—2002	2024-3-1	2023年第7号国家标准公告
75	272	GB/T 22648—2023	铝塑复合软管	GB/T 22648—2008	2024-3-1	2023年第7号国家标准公告
76	325	GB/T 42847.2—2023	储能系统用可逆模式燃料电池模块 第2部分：可逆模式质子交换膜单电池与电堆性能测试方法	—	2024-3-1	2023年第7号国家标准公告
77	333	GB/T 42762—2023	杯壶类产品通用技术要求	—	2024-3-1	2023年第7号国家标准公告
78	340	GB/T 42674—2023	光学功能薄膜 微结构厚度测试方法	—	2024-3-1	2023年第7号国家标准公告
79	341	GB/T 42921—2023	光学功能薄膜 聚对苯二甲酸乙二醇酯（PET）薄膜 保护膜黏着力测定方法	—	2024-3-1	2023年第7号国家标准公告
80	393	GB/T 42911—2023	碳纤维增强复合材料 密封压力容器加速吸湿和过饱和调节方法	—	2024-3-1	2023年第7号国家标准公告
81	2	GB/T 10002.1—2023	给水用硬聚氯乙烯（PVC-U）管材	GB/T 10002.1—2006	2024-4-1	2023年第9号国家标准公告

序号	原序号	标准代号	标准名称	代替标准号	实施日期	公布号
82	3	GB/T 10002.2—2023	给水用硬聚氯乙烯（PVC-U）管件	—	2024-4-1	2023年第9号国家标准公告
83	14	GB/T 10802—2023	通用软质聚氨酯泡沫塑料	GB/T 10802—2006	2024-4-1	2023年第9号国家标准公告
84	23	GB/T 12598—2023	塑料 离子交换树脂 渗磨圆球率和磨后圆球率的测定	GB/T 12598—2001	2024-4-1	2023年第9号国家标准公告
85	28	GB/T 13217.5—2023	油墨干燥检验方法	GB/T 13217.5—2008 GB/T 14624.4—2008	2024-4-1	2023年第9号国家标准公告
86	32	GB/T 13664—2023	低压灌溉用硬聚氯乙烯（PVC-U）管材	GB/T 13664—2006	2024-4-1	2023年第9号国家标准公告
87	35	GB/T 1458—2023	纤维缠绕增强复合材料环形试样力学性能试验方法	GB/T 1458—2008	2024-4-1	2023年第9号国家标准公告
88	48	GB/T 1630.2—2023	塑料 环氧树脂 第2部分：试样制备和交联环氧树脂的性能测定	—	2024-4-1	2023年第9号国家标准公告
89	70	GB/T 18950—2023	橡胶和塑料软管 实验室光源暴露试验法 颜色、外观和其他物理性能变化的测定	GB/T 18424—2001 GB/T 18950—2003	2024-4-1	2023年第9号国家标准公告
90	78	GB/T 19590—2023	纳米碳酸钙	GB/T 19590—2011	2024-4-1	2023年第9号国家标准公告
91	79	GB/T 19591—2023	纳米二氧化钛	GB/T 19591—2004	2024-4-1	2023年第9号国家标准公告
92	89	GB/T 20221—2023	无压埋地排污、排水用硬聚氯乙烯（PVC-U）管材	GB/T 20221—2006	2024-4-1	2023年第9号国家标准公告
93	116	GB/T 22789.1—2023	塑料制品 硬质聚氯乙烯（片）材 第1部分：厚度1mm及以上板材的分类、尺寸和性能	GB/T 22789.1—2008	2024-4-1	2023年第9号国家标准公告
94	117	GB/T 22789.2—2023	塑料制品 硬质聚氯乙烯（片）材 第2部分：厚度1mm以下片材的分类、尺寸和性能	—	2024-4-1	2023年第9号国家标准公告
95	127	GB/T 23451—2023	建筑用轻质隔墙条板	GB/T 23451—2009	2024-4-1	2023年第9号国家标准公告
96	161	GB/T 26518—2023	高分子增强复合防水片材	GB/T 26518—2011	2024-4-1	2023年第9号国家标准公告
97	198	GB/T 30200—2023	橡胶塑料注射成型机能耗检测方法	GB/T 30200—2013	2024-4-1	2023年第9号国家标准公告
98	206	GB/T 32023—2023	鞋类 整鞋试验方法 屈挠部位刚度	GB/T 32023—2015	2024-4-1	2023年第9号国家标准公告
99	224	GB/T 3780.30—2023	炭黑 第30部分：高温发挥物的测定 热重法	—	2024-4-1	2023年第9号国家标准公告
100	241	GB/T 4132—2023	绝热 术语	GB/T 4132—2015	2024-1-1	2023年第9号国家标准公告
101	274	GB/T 42985—2023	生物质基泡沫材料中生物基含量检测方法	—	2024-4-1	2023年第9号国家标准公告

序号	原序号	标准代号	标准名称	代替标准号	实施日期	公布号
102	284	GB/T 42996.2—2023	家具产品中重点化学物质管控指南 第2部分：软体家具	—	2024-4-1	2023年第9号国家标准公告
103	285	GB/T 42997—2023	家具中挥发性有机化合物释放量标识	—	2024-4-1	2023年第9号国家标准公告
104	290	GB/T 43002—2023	儿童家具质量检验及质量判定	—	2024-4-1	2023年第9号国家标准公告
105	293	GB/T 43005—2023	给水用连续玻纤带缠绕增强聚乙烯复合管	—	2024-4-1	2023年第9号国家标准公告
106	294	GB/T 43006—2023	皮革和毛皮 微生物降解性的测定	—	2024-4-1	2023年第9号国家标准公告
107	295	GB/T 43007—2023	床垫硬度等级分布测试与评价方法	—	2024-4-1	2023年第9号国家标准公告
108	296	GB/T 43008—2023	皮革 化学试验 关键化学物质的测试指南	—	2024-4-1	2023年第9号国家标准公告
109	304	GB/T 43016—2023	人造革合成革试验方法 表面褶皱的测定和评价	—	2024-4-1	2023年第9号国家标准公告
110	307	GB/T 43019.5—2023	塑料 薄膜和薄片水蒸气透过率的测定 第5部分：压力传感器法	—	2024-4-1	2023年第9号国家标准公告
111	308	GB/T 43019.7—2023	塑料 薄膜和薄片水蒸气透过率的测定 第7部分：钙腐蚀法	—	2024-4-1	2023年第9号国家标准公告
112	347	GB/T 43064.1—2023	智能工厂 建设导则 第1部分：物理工厂/智能化系统	—	2024-1-1	2023年第9号国家标准公告
113	359	GB/T 43084.1—2023	塑料 含氟聚合物分散体、模塑和挤出材料 第1部分：命名系统和分类基础	—	2024-4-1	2023年第9号国家标准公告
114	360	GB/T 43084.2—2023	塑料 含氟聚合物分散体、模塑和挤出材料 第2部分：试样制备和性能测定	—	2024-4-1	2023年第9号国家标准公告
115	361	GB/T 43085—2023	塑料 聚合物分散体 游离甲醛含量的测定	—	2024-4-1	2023年第9号国家标准公告
116	362	GB/T 43086—2023	塑料 聚合物分散体 筛余物的测定	—	2024-4-1	2023年第9号国家标准公告
117	389	GB/T 43113—2023	碳纤维增强复合材料耐湿热性能评价方法	—	2024-4-1	2023年第9号国家标准公告
118	392	GB/T 43116—2023	纤维增强塑料复合材料 包括缩减和扩展认证的复合材料认证方案	—	2024-4-1	2023年第9号国家标准公告
119	393	GB/T 43117—2023	玻璃纤维增强热固性塑料（GRP）管 湿态或干态条件下环蠕变性能的测定	—	2024-4-1	2023年第9号国家标准公告
120	404	GB/T 43128—2023	航空航天 塑料 可重复使用的塑料周转箱	—	2024-4-1	2023年第9号国家标准公告
121	409	GB/T 43133.1—2023	运输包装 聚氨酯弹性体中间膜通用技术规范 第1部分：通用要求	—	2023-9-7	2023年第9号国家标准公告

序号	原序号	标准代号	标准名称	代替标准号	实施日期	公布号
122	471	GB/T 43198—2023	食品包装用聚乙烯吹塑容器	—	2024-4-1	2023年第9号国家标准公告
123	19	GB 43069—2023	矿用电缆安全技术要求	—	2025-4-1	2023年第10号国家标准公告
124	21	GB 43284—2023	限制商品过度包装要求 生鲜食用农产品	—	2024-4-1	2023年第10号国家标准公告
125	8	GB 19082—2023	医用一次性防护服	GB 19082—2009	2025-12-1	2023年第12号国家标准公告
126	9	GB 19083—2023	医用防护口罩	GB 19083—2010	2025-12-1	2023年第12号国家标准公告
127	15	GB 43352—2023	快递包装重金属与特定物质限量	—	2024-6-1	2023年第12号国家标准公告
128	10	GB/T 21461.1—2023	塑料 超高分子量聚乙烯(PE-UHMW)模塑和挤出材料 第1部分:命名系统和分类基础	GB/T 21461.1—2008	2024-6-1	2023年第13号国家标准公告
129	11	GB/T 21461.2—2023	塑料 超高分子量聚乙烯(PE-UHMW)模塑和挤出材料 第2部分:试样制备和性能测定	GB/T 21461.2—2008	2024-6-1	2023年第13号国家标准公告
130	12	GB/T 31402—2023	塑料 其他无孔材料表面抗菌活性的测定	GB/T 31402—2015	2024-6-1	2023年第13号国家标准公告
131	13	GB/T 42918.2—2023	塑料 模塑和挤出用热塑性聚氨酯 第2部分:试样制备和性能测定	—	2024-6-1	2023年第13号国家标准公告
132	14	GB/T 43297—2023	塑料 聚合物光老化性能评估方法 傅里叶红外光谱和紫外/可见光谱法	—	2024-6-1	2023年第13号国家标准公告
133	15	GB/T 43316.1—2023	塑料 耐环境应力开裂(ESC)的测定 第1部分:通则	—	2024-6-1	2023年第13号国家标准公告
134	16	GB/T 43316.2—2023	塑料 耐环境应力开裂(ESC)的测定 第2部分:恒定拉伸负荷法	—	2024-6-1	2023年第13号国家标准公告
135	17	GB/T 43316.3—2023	塑料 耐环境应力开裂(ESC)的测定 第3部分:弯曲法	—	2024-6-1	2023年第13号国家标准公告
136	18	GB/T 43316.4—2023	塑料 耐环境应力开裂(ESC)的测定 第4部分:球压或针压法	—	2024-6-1	2023年第13号国家标准公告
137	19	GB/T 43316.5—2023	塑料 耐环境应力开裂(ESC)的测定 第5部分:恒定拉伸变形法	—	2024-6-1	2023年第13号国家标准公告
138	20	GB/T 43316.6—2023	塑料 耐环境应力开裂(ESC)的测定 第6部分:慢应变速率法	—	2024-6-1	2023年第13号国家标准公告
139	21	GB/T 43355—2023	塑料和其他无孔材料表面抗病毒活性的测定	—	2024-6-1	2023年第13号国家标准公告

序号	原序号	标准代号	标准名称	代替标准号	实施日期	公布号
140	45	GB/T 13871.3—2023	密封元件为弹性体材料的旋转轴唇形密封圈 第 3 部分：贮存、搬运和安装	GB/T 13871.3—2008	2024-6-1	2023年第13号国家标准公告
141	46	GB/T 13871.4—2023	密封元件为弹性体材料的旋转轴唇形密封圈 第 4 部分：性能试验程序	GB/T 13871.4—2007	2024-6-1	2023年第13号国家标准公告
142	59	GB/T 15558.1—2023	燃气用埋地聚乙烯（PE）管道系统 第 1 部分：总则	—	2024-6-1	2023年第13号国家标准公告
143	60	GB/T 15558.2—2023	燃气用埋地聚乙烯（PE）管道系统 第 2 部分：管材	GB/T 15558.1—2015	2024-6-1	2023年第13号国家标准公告
144	61	GB/T 15558.3—2023	燃气用埋地聚乙烯（PE）管道系统 第 3 部分：管件	GB/T 15558.2—2005	2024-6-1	2023年第13号国家标准公告
145	62	GB/T 15558.4—2023	燃气用埋地聚乙烯（PE）管道系统 第 4 部分：阀门	GB/T 15558.3—2008	2024-6-1	2023年第13号国家标准公告
146	63	GB/T 15558.5—2023	燃气用埋地聚乙烯（PE）管道系统 第 5 部分：系统适用性	—	2024-6-1	2023年第13号国家标准公告
147	198	GB/T 20405.1—2023	失禁者用尿液吸收剂 聚丙烯酸酯高吸水性粉末 第 1 部分：pH 值的测定方法	GB/T 20405.1—2006	2024-6-1	2023年第13号国家标准公告
148	200	GB/T 43350—2023	假肢 踝足装置和足部组件物理参数的量化	—	2024-3-1	2023年第13号国家标准公告
149	202	GB/T 43386—2023	用于支撑使用者的个人卫生辅助器具 要求和试验方法	—	2023-11-27	2023年第13号国家标准公告
150	203	GB/T 43416—2023	矫形鞋 要求与测试方法	—	2024-6-1	2023年第13号国家标准公告
151	215	GB/T 41312.2—2023	化工用设备渗透性检测方法 第 2 部分：纤维增强固性塑料设备	—	2024-6-1	2023年第13号国家标准公告
152	216	GB/T 41312.3—2023	化工用设备渗透性检测方法 第 3 部分：塑料及其衬里设备	—	2024-6-1	2023年第13号国家标准公告
153	247	GB/T 29418—2023	塑木复合材料挤出型材性能测试方法	GB/T 29418—2012	2024-6-1	2023年第13号国家标准公告
154	248	GB/T 29419—2023	塑木复合材料铺板、护栏和围栏系统性能	GB/T 29419—2012	2024-6-1	2023年第13号国家标准公告
155	270	GB/T 43285—2023	绿色外卖管理规范	—	2023-11-27	2023年第13号国家标准公告
156	315	GB/T 43308—2023	玻璃纤维增强塑料热塑性单向预浸料	—	2024-6-1	2023年第13号国家标准公告
157	324	GB/T 43275—2023	玩具塑料中锑、砷、钡、镉、铬、铅、汞、硒元素的筛选测定 能量色散 X 射线荧光光谱法	—	2023-11-27	2023年第13号国家标准公告
158	325	GB/T 43276—2023	玩具材料中甲酰胺释放量的测定	—	2023-11-27	2023年第13号国家标准公告
159	331	GB/T 3716—2023	托盘 术语	GB/T 3716—2000	2023-11-27	2023年第13号国家标准公告
160	382	GB/T 29165.3—2023	石油天然气工业 玻璃纤维增强塑料管 第 3 部分：系统设计	GB/T 29165.3—2015	2024-3-1	2023年第13号国家标准公告

序号	原序号	标准代号	标准名称	代替标准号	实施日期	公布号
161	383	GB/T 29165.4—2023	石油天然气工业 玻璃纤维增强塑料管 第4部分：装配、安装与运行	GB/T 29165.4—2015	2024-3-1	2023年第13号国家标准公告
162	385	GB/T 43282.1—2023	塑料 暴露于海水中塑料材料需氧生物分解的测定 第1部分：采用分析释放的二氧化碳的方法	—	2024-6-1	2023年第13号国家标准公告
163	386	GB/T 43282.2—2023	塑料 暴露于海水中塑料材料需氧生物分解的测定 第2部分：采用密闭呼吸计内需氧量的方法	—	2024-6-1	2023年第13号国家标准公告
164	387	GB/T 43287—2023	塑料 任实际野外条件下海洋环境中塑料材料崩解度的测定	—	2024-6-1	2023年第13号国家标准公告
165	388	GB/T 43288—2023	塑料 农业和园艺用地膜用土壤生物降解性能、生态毒性和成分控制的要求和试验方法	—	2024-6-1	2023年第13号国家标准公告
166	389	GB/T 43289—2023	塑料 实验室条件下测定暴露于海洋基质中塑料材料分解率和崩解程度的试验方法	—	2024-6-1	2023年第13号国家标准公告
167	8	GB/T 1677—2023	增塑剂环氧值的测定	GB/T 1677—2008	2024-7-1	2023年第20号国家标准公告
168	23	GB/T 5072—2023	耐火材料 常温耐压强度试验方法	GB/T 5072—2008	2024-7-1	2023年第20号国家标准公告
169	100	GB/T 15022.10—2023	电气绝缘用树脂基活性复合物 第10部分：聚酯亚胺树脂复合物	—	2024-7-1	2023年第20号国家标准公告
170	134	GB/T 20186.3—2023	光纤用二次被覆材料 第3部分：改性聚碳酸酯	—	2024-4-1	2023年第20号国家标准公告
171	192	GB/T 28886—2023	建筑用塑料门窗	GB/T 28886—2012 GB/T 28887—2012	2024-7-1	2023年第20号国家标准公告
172	194	GB/T 29043—2023	建筑幕墙保温性能检测方法	GB/T 29043—2012	2024-7-1	2023年第20号国家标准公告
173	197	GB/T 29627.3—2023	电气用聚芳酰胺纤维纸板 第3部分：单项材料规范	—	2024-7-1	2023年第20号国家标准公告
174	220	GB/T 32234.2—2023	个人浮力设备 第2部分：救生衣性能等级275 安全要求	—	2024-4-1	2023年第20号国家标准公告
175	221	GB/T 32234.9—2023	个人浮力设备 第9部分：试验方法	—	2024-4-1	2023年第20号国家标准公告
176	222	GB/T 32440.1—2023	鞋类 化学试验方法 第1部分：邻苯二甲酸酯的测定 溶剂萃取法	GB/T 32440—2015	2024-7-1	2023年第20号国家标准公告
177	224	GB/T 33393—2023	鞋类 整鞋试验方法 热阻和湿阻的测定	GB/T 33393—2016	2024-7-1	2023年第20号国家标准公告
178	234	GB/T 36276—2023	电力储能用锂离子电池	GB/T 36276—2018	2024-7-1	2023年第20号国家标准公告

序号	原序号	标准代号	标准名称	代替标准号	实施日期	公布号
179	252	GB/T 43397—2023	婴儿救生衣	—	2024-4-1	2023年第20号国家标准公告
180	344	GB/T 43549—2023	鞋类 鞋垫试验方法 静态压缩变形	—	2024-7-1	2023年第20号国家标准公告
181	352	GB/T 43556.1—2023	光纤光缆线路维护技术 第1部分：基于泄漏光的光纤识别	—	2024-4-1	2023年第20号国家标准公告
182	353	GB/T 43556.2—2023	光纤光缆线路维护技术 第2部分：使用光学监测系统的地埋接头盒浸水监测	—	2024-4-1	2023年第20号国家标准公告
183	361	GB/T 43564—2023	中小学合成材料面层田径场地	—	2024-7-1	2023年第20号国家标准公告
184	362	GB/T 43565—2023	中小学合成材料面层篮球场地	—	2024-7-1	2023年第20号国家标准公告
185	363	GB/T 43566—2023	中小学人造草面层足球场地	—	2024-7-1	2023年第20号国家标准公告
186	368	GB/T 43571—2023	玩具材料中可迁移有机锡的测定 气相色谱-气相色谱-串联质谱法	—	2023-12-28	2023年第20号国家标准公告
187	382	GB/T 43585—2023	一次性卫生棉条	—	2024-7-1	2023年第20号国家标准公告
188	383	GB/T 43586.2—2023	聚烯烃经冷拉伸套管膜	—	2024-7-1	2023年第20号国家标准公告
189	384	GB/T 43587—2023	老人鞋	—	2024-7-1	2023年第20号国家标准公告
190	3	GB 6220—2023	呼吸防护 长管呼吸器	GB 6220—2009	2025-1-1	2023年第21号国家标准公告
191	6	GB 14866—2023	眼面防护具通用技术规范	GB 14866—2006 GB 32166.1—2016	2025-1-1	2023年第21号国家标准公告
192	10	GB 23864—2023	防火封堵材料	GB 23864—2009	2024-7-1	2023年第21号国家标准公告
193	13	GB 2881—2023	手部防护 化学品及微生物防护手套	GB 2881—2012	2025-1-1	2023年第21号国家标准公告
194	15	GB 37219—2023	充气式游乐设施安全规范	GB/T 37219—2018	2024-7-1	2023年第21号国家标准公告

2023 年发布的相关国家标准

序号	原序号	标准代号	标准名称	代替标准号	实施日期	公布号
1	123	GB/T 42388—2023	消费品安全监测指南	—	2023-10-1	2023年第1号国家标准公告
2	262	GB/T 42509—2023	质量管理 顾客体验管理指南	—	2023-3-17	2023年第1号国家标准公告
3	330	GB/T 23794—2023	企业信用评价指标	GB/T 23794—2015	2023-3-17	2023年第1号国家标准公告

序号	原序号	标准代号	标准名称	代替标准号	实施日期	公布号
4	366	GB/T 31950—2023	企业诚信管理体系 要求	GB/T 31950—2015	2023-3-17	2023年第1号国家标准公告
5	179	GB/T 28612—2023	绿色制造 术语	GB/T 28612—2012	2024-1-1	2023年第9号国家标准公告
6	180	GB/T 28616—2023	绿色制造 属性	GB/T 28616—2012	2024-1-1	2023年第9号国家标准公告
7	421	GB/T 43145—2023	绿色制造 制造企业绿色供应链管理 逆向物流	—	2024-1-1	2023年第9号国家标准公告
8	582	GB/Z 43194—2023	团体标准涉及及专利处置指南	—	2023-9-7	2023年第9号国家标准公告
9	266	GB/T 43329—2023	清洁生产评价指标体系编制通则	—	2024-3-1	2023年第13号国家标准公告
10	267	GB/T 43385—2023	环境管理体系 采取灵活方法分阶段实施的指南	—	2024-3-1	2023年第13号国家标准公告
11	350	GB/T 20001.8—2023	标准起草规则 第8部分：评价标准	—	2024-6-1	2023年第13号国家标准公告
12	373	GB/T 43500—2023	安全管理体系 要求	—	2024-6-1	2023年第13号国家标准公告
13	218	GB/T 32151.17—2023	碳排放核算与报告要求 第17部分：氟化工企业	—	2024-7-1	2023年第20号国家标准公告
14	349	GB/T 43553.1—2023	智能工厂数字化交付 第1部分：通用要求	—	2024-7-1	2023年第20号国家标准公告
15	350	GB/T 43554—2023	智能制造服务 通用要求	—	2024-7-1	2023年第20号国家标准公告
16	351	GB/T 43555—2023	智能服务 预测性维护 算法测评方法	—	2024-7-1	2023年第20号国家标准公告
17	414	GB/T 43620—2023	环境管理 生命周期评价 数据文件格式	—	2024-4-1	2023年第20号国家标准公告

2023年发布的塑料制品相关国家标准修改单

序号	原序号	标准代号	标准修改单名称	代替标准号	实施日期	公布号
1	6	GB/T 39248—2020	输送液化石油气和液化天然气用热塑性塑料多层（非硫化）软管及软管组合件 规范（含2023年第1号修改单）	—	2023-3-17	2023年第1号国家标准公告
2	3	GB 18671—2009	一次性使用静脉输液针（含第1号修改单）	GB/T 18761—2002	2025-6-1	2023年第3号国家标准公告
3	1	GB/T 38880—2020	儿童口罩技术规范（含第1号修改单）	—	2023-8-6	2023年第7号国家标准公告

序号	原序号	标准代号	标准名称	代替标准号	实施日期	公布号
4	3	GB/T 11416—2021	日用保温容器（含第1号修改单）	GB/T 11416—2002	2023-9-7	2023年第9号国家标准公告

2023年批准的国家标准样品及其延长有效期

序号	原序号	国家标准样品编号	国家标准样品名称	研制/复制/延长有效期	研制单位	有效期	公布号
1	20	GSB 16-4100—2023	玩具聚氯乙烯塑料中3种磷酸酯阻燃剂标准样品	研制	广州海关技术中心	2.5年	2023年第8号国家标准公告
2	40	GSB 08-3908—2021	模塑聚苯乙烯泡沫塑料板号热系数标准样品	延长有效期	中国检测测试控股集团股份有限公司	2.5年	2023年第8号国家标准公告

2023年塑料制品相关国家标准复审结论

序号	原序号	标准代号	标准名称	归口单位	主管部门	复审结论	标准废止过渡期	公布号
1	9	GB/T 13947—1992	电子元器件塑料封装设备通用技术条件	—	—	废止	公告即废止	2023年第16号国家标准公告
2	25	GB/T 7594.11—1987	电线电缆橡皮绝缘和橡皮护套 第11部分：180℃橡皮绝缘或护套	—	—	废止	公告后12个月废止	2023年第16号国家标准公告
3	26	GB/T 7594.9—1987	电线电缆橡皮绝缘和橡皮护套 第9部分：85℃一般不延燃橡皮护套	—	—	废止	公告后12个月废止	2023年第16号国家标准公告
4	27	GB/T 7594.7—1987	电线电缆橡皮绝缘和橡皮护套 第7部分：65℃重型不延燃橡皮护套	—	—	废止	公告后12个月废止	2023年第16号国家标准公告
5	28	GB/T 7594.4—1987	电线电缆橡皮绝缘和橡皮护套 第4部分：65℃一般橡皮绝缘和橡皮护套	—	—	废止	公告后12个月废止	2023年第16号国家标准公告

序号	原序号	标准代号	标准名称	归口单位	主管部门	复审结论	标准废止过渡期	公布号
6	29	GB/T 7594.1—1987	电线电缆橡皮绝缘和橡皮护套 第1部分：一般规定	—	—	废止	公告后12个月废止	2023年第16号国家标准公告
7	30	GB/T 7594.5—1987	电线电缆橡皮绝缘和橡皮护套 第5部分：65℃一般不延燃橡皮护套	—	—	废止	公告后12个月废止	2023年第16号国家标准公告
8	31	GB/T 7594.6—1987	电线电缆橡皮绝缘和橡皮护套 第6部分：65℃重型橡皮护套	—	—	废止	公告后12个月废止	2023年第16号国家标准公告
9	111	GB/T 11998—1989	塑料玻璃化温度测定方法 热机械分析法	—	—	废止	公告后6个月废止	2023年第16号国家标准公告
10	141	GB/T 16928—1997	包装材料试验方法 透湿率	—	—	废止	公告后3个月废止	2023年第16号国家标准公告
11	222	GB/T 7594.3—1987	电线电缆橡皮绝缘和橡皮护套 第3部分：70℃橡皮绝缘	—	—	废止	公告后12个月废止	2023年第16号国家标准公告
12	223	GB/T 7594.8—1987	电线电缆橡皮绝缘和橡皮护套 第8部分：90℃橡皮绝缘	—	—	废止	公告后12个月废止	2023年第16号国家标准公告
13	224	GB/T 7594.10—1987	电线电缆橡皮绝缘和橡皮护套 第10部分：90℃一般不延燃橡皮护套	—	—	废止	公告后12个月废止	2023年第16号国家标准公告
14	225	GB/T 7594.2—1987	电线电缆橡皮绝缘和橡皮护套 第2部分：65℃橡皮绝缘	—	—	废止	公告后12个月废止	2023年第16号国家标准公告
15	229	GB/Z 28818—2012	高电压下户外用聚合物材料的选用导则	—	—	废止	公告即废止	2023年第16号国家标准公告
16	19	GB/T 20644.2—2006	特殊环境条件 选用导则 第2部分：高分子材料	中国电器工业协会	中国电器工业协会	修订	—	2023年第17号国家标准公告
17	80	GB/T 13146—1991	气垫船术语	全国海洋船标准化技术委员会	国家标准化管理委员会	修订	—	2023年第17号国家标准公告
18	85	GB/T 32679—2016	超高分子量聚乙烯（PE-UHMW）树脂	全国塑料标准化技术委员会	中国石油和化学工业联合会	修订	—	2023年第17号国家标准公告
19	86	GB/T 30924.1—2016	塑料 乙烯-乙酸乙烯酯（EVAC）模塑和挤出材料 第1部分：命名系统和分类基础	全国塑料标准化技术委员会	中国石油和化学工业联合会	修订	—	2023年第17号国家标准公告

序号	原序号	标准代号	标准名称	归口单位	主管部门	复审结论	标准废止过渡期	公布号
20	87	GB/T 32682—2016	塑料 聚乙烯环境应力开裂(ESC)的测定 全缺口蠕变试验(FNCT)	全国塑料标准化技术委员会	中国石油和化学工业联合会	修订	—	2023年第17号国家标准公告
21	88	GB/T 33319—2016	聚乙烯(PE)透气膜专用料	全国塑料标准化技术委员会	中国石油和化学工业联合会	修订	—	2023年第17号国家标准公告
22	89	GB/T 19466.4—2016	塑料 差示扫描量热法(DSC) 第4部分: 比热容的测定	全国塑料标准化技术委员会	中国石油和化学工业联合会	修订	—	2023年第17号国家标准公告
23	90	GB/T 33061.1—2016	塑料 动态力学性能的测定 第1部分: 通则	全国塑料标准化技术委员会	中国石油和化学工业联合会	修订	—	2023年第17号国家标准公告
24	91	GB/T 33047.1—2016	塑料 聚合物热重法(TG) 第1部分: 通则	全国塑料标准化技术委员会	中国石油和化学工业联合会	修订	—	2023年第17号国家标准公告
25	92	GB/T 33061.10—2016	塑料 动态力学性能的测定 第10部分: 使用平行平板振荡流变仪测定复数剪切黏度	全国塑料标准化技术委员会	中国石油和化学工业联合会	修订	—	2023年第17号国家标准公告
26	93	GB/T 1633—2000	热塑性塑料维卡软化温度(VST)的测定	全国塑料标准化技术委员会	中国石油和化学工业联合会	修订	—	2023年第17号国家标准公告
27	94	GB/T 2913—1982	塑料白度试验方法	全国塑料标准化技术委员会	中国石油和化学工业联合会	修订	—	2023年第17号国家标准公告
28	95	GB/T 1634.3—2004	塑料 负荷变形温度的测定 第3部分: 高温度热固性层压材料	全国塑料标准化技术委员会	中国石油和化学工业联合会	修订	—	2023年第17号国家标准公告
29	96	GB/T 12005.1—1989	聚丙烯酰胺特性粘数测定方法	全国塑料标准化技术委员会	中国石油和化学工业联合会	修订	—	2023年第17号国家标准公告
30	98	GB/T 19467.1—2004	塑料 可比单点数据的获得和表示 第1部分: 模塑材料	全国塑料标准化技术委员会	中国石油和化学工业联合会	修订	—	2023年第17号国家标准公告
31	99	GB/T 19466.1—2004	塑料 差示扫描量热法(DSC) 第1部分: 通则	全国塑料标准化技术委员会	中国石油和化学工业联合会	修订	—	2023年第17号国家标准公告
32	100	GB/T 8325—1987	聚合物共散体水分散体pH值测定方法	全国塑料标准化技术委员会	中国石油和化学工业联合会	修订	—	2023年第17号国家标准公告

序号	原序号	标准代号	标准名称	归口单位	主管部门	复审结论	标准废止过渡期	公布号
33	101	GB/T 13940—1992	聚丙烯酰胺	全国塑料标准化技术委员会	中国石油和化学工业联合会	修订	—	2023年第17号国家标准公告
34	102	GB/T 12005.10—1992	聚丙烯酰胺分子量测定 粘度法	全国塑料标准化技术委员会	中国石油和化学工业联合会	修订	—	2023年第17号国家标准公告
35	103	GB/T 19467.2—2004	塑料 可比单点数据获得和表示 第2部分：长纤维增强材料	全国塑料标准化技术委员会	中国石油和化学工业联合会	修订	—	2023年第17号国家标准公告
36	104	GB/T 12005.8—1989	粉状聚丙烯酰胺溶解速度测定方法	全国塑料标准化技术委员会	中国石油和化学工业联合会	修订	—	2023年第17号国家标准公告
37	105	GB/T 12005.6—1989	部分水解聚丙烯酰胺水解度测定方法	全国塑料标准化技术委员会	中国石油和化学工业联合会	修订	—	2023年第17号国家标准公告
38	107	GB/T 12005.2—1989	聚丙烯酰胺固含量测定方法	全国塑料标准化技术委员会	中国石油和化学工业联合会	修订	—	2023年第17号国家标准公告
39	108	GB/T 7131—1986	裂解气相色谱法鉴定聚合物	全国塑料标准化技术委员会	中国石油和化学工业联合会	修订	—	2023年第17号国家标准公告
40	109	GB/T 19466.2—2004	塑料 差示扫描量热法（DSC） 第2部分：玻璃化转变温度的测定	全国塑料标准化技术委员会	中国石油和化学工业联合会	修订	—	2023年第17号国家标准公告
41	110	GB/T 12005.7—1989	粉状聚丙烯酰胺粒度的测定方法	全国塑料标准化技术委员会	中国石油和化学工业联合会	修订	—	2023年第17号国家标准公告
42	111	GB/T 19466.3—2004	塑料 差示扫描量热法（DSC） 第3部分：熔融和结晶温度及热焓的测定	全国塑料标准化技术委员会	中国石油和化学工业联合会	修订	—	2023年第17号国家标准公告
43	112	GB/T 1040.3—2006	塑料 拉伸性能的测定 第3部分：薄膜和薄片的试验条件	全国塑料标准化技术委员会	中国石油和化学工业联合会	修订	—	2023年第17号国家标准公告
44	113	GB/T 1040.4—2006	塑料 拉伸性能的测定 第4部分：各向同性和正交各向异性纤维增强复合材料的试验条件	全国塑料标准化技术委员会	中国石油和化学工业联合会	修订	—	2023年第17号国家标准公告
45	114	GB/T 12002—1989	塑料门窗用密封条	全国塑料标准化技术委员会	中国石油和化学工业联合会	修订	—	2023年第17号国家标准公告

序号	原序号	标准代号	标准名称	归口单位	主管部门	复审结论	标准废止过渡期	公布号
46	115	GB/T 7142—2002	塑料长期热暴露后时间—温度极限的测定	全国塑料标准化技术委员会	中国石油和化学工业联合会	修订	—	2023年第17号国家标准公告
47	116	GB/T 9347—1988	氯乙烯—乙酸乙烯酯共聚物中乙酸乙烯酯的测定方法	全国塑料标准化技术委员会	中国石油和化学工业联合会	修订	—	2023年第17号国家标准公告
48	117	GB/T 12006.4—1989	聚酰胺均聚物 沸腾甲醇可提取物测定方法	全国塑料标准化技术委员会	中国石油和化学工业联合会	修订	—	2023年第17号国家标准公告
49	118	GB/T 33317—2016	塑料 酚醛树脂 六次甲基四胺含量的测定 凯氏定氮法、高氯酸法和盐酸法	全国塑料标准化技术委员会	中国石油和化学工业联合会	修订		2023年第17号国家标准公告
50	119	GB/T 32684—2016	塑料 酚醛树脂 游离甲醛含量的测定	全国塑料标准化技术委员会	中国石油和化学工业联合会	修订	—	2023年第17号国家标准公告
51	122	GB/T 14520—1993	气相色谱分析测定法不饱和聚酯树脂增强塑料中的残留苯乙烯单体含量	全国塑料标准化技术委员会	中国石油和化学工业联合会	修订	—	2023年第17号国家标准公告
52	192	GB/T 8834—2016	纤维绳索 有关物理和机械性能的测定	全国水产标准化技术委员会	农业农村部	修订	—	2023年第17号国家标准公告
53	193	GB/T 21032—2007	聚酰胺单丝	全国水产标准化技术委员会	农业农村部	修订	—	2023年第17号国家标准公告
54	206	GB/T 15903—1995	压敏胶粘带耐燃性试验方法 悬挂法	全国胶粘剂标准化技术委员会	中国石油和化学工业联合会	修订	—	2023年第17号国家标准公告
55	207	GB/T 7752—1987	绝缘胶粘带工频击穿强度试验方法	全国胶粘剂标准化技术委员会	中国石油和化学工业联合会	修订	—	2023年第17号国家标准公告
56	210	GB/T 2999—2016	耐火材料 颗粒体积密度试验方法	全国耐火材料标准化技术委员会	国家标准化管理委员会	修订	—	2023年第17号国家标准公告
57	211	GB/T 16763—2012	定形隔热耐火制品分类	全国耐火材料标准化技术委员会	国家标准化管理委员会	修订	—	2023年第17号国家标准公告
58	222	GB/T 19796—2005	农业灌溉设备 聚乙烯承压管用塑料鞍座	全国农业机械化标准化技术委员会	中国机械工业联合会	修订	—	2023年第17号国家标准公告

序号	原序号	标准代号	标准名称	归口单位	主管部门	复审结论	标准废止过渡期	公布号
59	229	GB/T 6109.11—2008	漆包圆绕组线 第11部分：155级聚酰胺复合直焊聚氨酯漆包铜圆线	全国电线电缆标准化技术委员会	中国电器工业协会	修订	—	2023年第17号国家标准公告
60	234	GB/T 6109.17—2008	漆包圆绕组线 第17部分：180自粘性直焊聚酰亚胺漆包铜圆线	全国电线电缆标准化技术委员会	中国电器工业协会	修订	—	2023年第17号国家标准公告
61	235	GB/T 6109.5—2008	漆包圆绕组线 第5部分：180级聚酯亚胺漆包铜圆线	全国电线电缆标准化技术委员会	中国电器工业协会	修订	—	2023年第17号国家标准公告
62	236	GB/T 6109.22—2008	漆包圆绕组线 第22部分：240级芳族聚酰亚胺漆包铜圆线	全国电线电缆标准化技术委员会	中国电器工业协会	修订	—	2023年第17号国家标准公告
63	237	GB/T 6109.23—2008	漆包圆绕组线 第23部分：180直焊聚氨酯漆包铜圆线	全国电线电缆标准化技术委员会	中国电器工业协会	修订	—	2023年第17号国家标准公告
64	297	GB/T 18052—2000	套管、油管和管螺纹的测量和检验方法	全国石油天然气标准化技术委员会	国家标准化管理委员会	修订	—	2023年第17号国家标准公告
65	317	GB/T 7424.4—2003	光缆 第4-1部分：分规范 光纤复合架空地线	工业和信息化部（电子）	工业和信息化部（电子）	修订	—	2023年第17号国家标准公告
66	349	GB/T 13412—1992	赛艇、皮艇、划艇及其附件技术条件	全国海洋船舶标准化技术委员会	国家标准化管理委员会	修订	—	2023年第17号国家标准公告
67	433	GB/T 28427—2012	电气化铁路27.5kV单相交流交联聚乙烯绝缘电缆及附件	国家铁路局	国家铁路局	修订	—	2023年第17号国家标准公告
68	434	GB/T 28429—2012	轨道交通1500V及以下直流牵引电力电缆及附件	国家铁路局	国家铁路局	修订	—	2023年第17号国家标准公告
69	456	GB/T 18706—2008	液体食品保鲜包装用纸基复合材料	全国包装标准化技术委员会	国家标准化管理委员会	修订	—	2023年第17号国家标准公告
70	458	GB/T 16265—2008	包装材料试验方法 相容性	全国包装标准化技术委员会	国家标准化管理委员会	修订	—	2023年第17号国家标准公告
71	460	GB/T 16267—2008	包装材料试验方法 气相缓蚀能力	全国包装标准化技术委员会	国家标准化管理委员会	修订	—	2023年第17号国家标准公告

序号	原序号	标准代号	标准名称	归口单位	主管部门	复审结论	标准废止过渡期	公布号
72	462	GB/T 15233—2008	包装 单元货物尺寸	全国包装标准化技术委员会	国家标准化管理委员会	修订	—	2023 年第 17 号国家标准公告
73	463	GB/T 10454—2000	集装袋	全国包装标准化技术委员会	国家标准化管理委员会	修订	—	2023 年第 17 号国家标准公告
74	465	GB/T 14447—1993	塑料薄膜静电性测试方法 半衰期法	全国包装标准化技术委员会	国家标准化管理委员会	修订	—	2023 年第 17 号国家标准公告
75	466	GB/T 17344—1998	包装 包装容器 气密试验方法	全国包装标准化技术委员会	国家标准化管理委员会	修订	—	2023 年第 17 号国家标准公告
76	468	GB/T 15171—1994	软包装件密封性能试验方法	全国包装标准化技术委员会	国家标准化管理委员会	修订	—	2023 年第 17 号国家标准公告
77	469	GB/T 19787—2005	包装材料 聚烯烃热收缩薄膜	全国包装标准化技术委员会	国家标准化管理委员会	修订	—	2023 年第 17 号国家标准公告
78	470	GB/T 16929—1997	包装材料试验方法 透油性	全国包装标准化技术委员会	国家标准化管理委员会	修订	—	2023 年第 17 号国家标准公告
79	759	GB/T 21666—2008	尿吸收辅助器具 评价的一般指南	全国残疾人康复和专用设备标准化技术委员会	民政部	修订	—	2023 年第 17 号国家标准公告
80	760	GB/T 20405.5—2006	失禁者用尿液吸收剂 聚合物基质吸液材料特性的测试方法 第 5 部分：在生理盐水中用称重法测定吸水率	全国残疾人康复和专用设备标准化技术委员会	民政部	修订	—	2023 年第 17 号国家标准公告
81	761	GB/T 20405.4—2006	失禁者用尿液吸收剂 聚合物基质吸液材料特性的测试方法 第 4 部分：加热失重法对水分含量的测定	全国残疾人康复和专用设备标准化技术委员会	民政部	修订	—	2023 年第 17 号国家标准公告
82	762	GB/T 20405.2—2006	失禁者用尿液吸收剂 聚合物基质吸液材料特性的测试方法 第 2 部分：单体残留的测定	全国残疾人康复和专用设备标准化技术委员会	民政部	修订	—	2023 年第 17 号国家标准公告
83	765	GB/T 20405.3—2006	失禁者用尿液吸收剂 聚合物基质吸液材料特性的测试方法 第 3 部分：筛分法对粒径分布的测定	全国残疾人康复和专用设备标准化技术委员会	民政部	修订	—	2023 年第 17 号国家标准公告

序号	原序号	标准代号	标准名称	归口单位	主管部门	复审结论	标准废止过渡期	公布号
84	829	GB/T 21526—2008	结构胶粘剂 粘接前金属和塑料表面处理导则	全国胶粘剂标准化技术委员会	中国石油和化学工业联合会	修订	—	2023年第17号国家标准公告
85	899	GB/T 3048.11—2007	电线电缆电性能试验方法 第11部分：介质损耗角正切试验	全国电线电缆标准化技术委员会	中国电器工业协会	修订	—	2023年第17号国家标准公告
86	906	GB/T 3048.13—2007	电线电缆电性能试验方法 第13部分：冲击电压试验	全国电线电缆标准化技术委员会	中国电器工业协会	修订	—	2023年第17号国家标准公告
87	907	GB/T 3048.8—2007	电线电缆电性能试验方法 第8部分：交流电压试验	全国电线电缆标准化技术委员会	中国电器工业协会	修订	—	2023年第17号国家标准公告
88	908	GB/T 20637—2006	船舶电气装置 船用电力电缆 一般结构和试验要求	全国电线电缆标准化技术委员会	中国电器工业协会	修订	—	2023年第17号国家标准公告
89	909	GB/T 3048.4—2007	电线电缆电性能试验方法 第4部分：导体直流电阻试验	全国电线电缆标准化技术委员会	中国电器工业协会	修订	—	2023年第17号国家标准公告
90	910	GB/T 3048.12—2007	电线电缆电性能试验方法 第12部分：局部放电试验	全国电线电缆标准化技术委员会	中国电器工业协会	修订	—	2023年第17号国家标准公告
91	911	GB/T 18015.3—2007	数字通信用对绞或星绞多芯对称电缆 第3部分：工作区布线电缆 分规范	全国电线电缆标准化技术委员会	中国电器工业协会	修订	—	2023年第17号国家标准公告
92	912	GB/T 20841—2007	额定电压 300/500V 生活设施加热和防结冰用加热电缆	全国电线电缆标准化技术委员会	中国电器工业协会	修订	—	2023年第17号国家标准公告
93	934	GB/T 22040—2008	公路沿线设施塑料制品耐候性要求及测试方法	全国交通工程设施（公路）标准化技术委员会	国家标准化管理委员会	修订	—	2023年第17号国家标准公告
94	1015	GB/T 22236—2008	塑料制品的粉碎 检验用塑料制品的粉碎	全国危险化学品管理标准化技术委员会	国家标准化管理委员会	修订	—	2023年第17号国家标准公告
95	1030	GB/T 5296.6—2004	消费品使用说明 第6部分：家具	全国服务标准化技术委员会	国家标准化管理委员会	修订	—	2023年第17号国家标准公告

序号	原序号	标准代号	标准名称	归口单位	主管部门	复审结论	标准废止过渡期	公布号
96	1033	GB/T 5296.5—2006	消费品使用说明 第5部分:玩具	全国服务标准化技术委员会	国家标准化管理委员会	修订	—	2023年第17号国家标准公告
97	1173	GB/T 32366—2015	生物降解聚对苯二甲酸-己二酸丁二酯(PBAT)	全国生物基材料及降解制品标准化技术委员会	国家标准化管理委员会	修订	—	2023年第17号国家标准公告
98	1174	GB/T 33798—2017	生物聚酯连卷袋	全国生物基材料及降解制品标准化技术委员会	国家标准化管理委员会	修订	—	2023年第17号国家标准公告
99	1178	GB/T 33383—2016	耐蚀改性聚氯乙烯(HFVC)结构胶及胶泥防腐技术规范	全国腐蚀控制标准化技术委员会	中国石油和化学工业联合会	修订	—	2023年第17号国家标准公告
100	1214	GB/T 32064—2015	建筑用材料导热系数和热扩散系数热态平面热源测试法	全国建筑配件标准化技术委员会	住房和城乡建设部	修订	—	2023年第17号国家标准公告
101	1217	GB/T 30593—2014	外墙内保温复合板系统	全国建筑配件标准化技术委员会	住房和城乡建设部	修订	—	2023年第17号国家标准公告
102	1218	GB/T 30595—2014	挤塑聚苯板(XPS)薄抹灰外墙外保温系统材料	全国建筑配件标准化技术委员会	住房和城乡建设部	修订	—	2023年第17号国家标准公告
103	24	GB/T 12900—1991	船舶通用术语 船舶材料	全国海洋船舶标准化技术委员会	国家标准化管理委员会	整合修订	—	2023年第18号国家标准公告
104	32	GB/T 13849.1—2013	聚烯烃绝缘聚烯烃护套市内通信电缆 第1部分:总则	全国电线电缆标准化技术委员会	中国电器工业协会	整合修订	—	2023年第18号国家标准公告
105	33	GB/T 13849.2—1993	聚烯烃绝缘聚烯烃护套市内通信电缆 第2部分:铜芯、实心或泡沫(带皮泡沫)、实心皮绝缘 非填充式、挡潮层聚乙烯护套市内通信电缆	全国电线电缆标准化技术委员会	中国电器工业协会	整合修订	—	2023年第18号国家标准公告

序号	原序号	标准代号	标准名称	归口单位	主管部门	复审结论	标准废止过渡期	公布号
106	34	GB/T 13849.3—1993	聚烯烃绝缘聚烯烃护套市内通信电缆 第3部分：铜芯、实心或泡沫、填充式、挡潮层聚乙烯护套市内通信电缆	全国电线电缆标准化技术委员会	中国电器工业协会	整合修订	—	2023年第18号国家标准公告
107	35	GB/T 13849.4—1993	聚烯烃绝缘聚烯烃护套市内通信电缆 第4部分：铜芯、实心聚烯烃绝缘（非填充、自承式、挡潮层聚乙烯护套市内通信电缆	全国电线电缆标准化技术委员会	中国电器工业协会	整合修订	—	2023年第18号国家标准公告
108	36	GB/T 13849.5—1993	聚烯烃绝缘聚烯烃护套市内通信电缆 第5部分：铜芯、实心或泡沫、隔离式（内屏蔽）、挡潮层聚乙烯护套市内通信电缆	全国电线电缆标准化技术委员会	中国电器工业协会	整合修订	—	2023年第18号国家标准公告
109	56	GB/T 16867—1997	聚苯乙烯和丙烯腈－丁二烯－苯乙烯树脂中残留苯乙烯单体的测定 气相色谱法	全国塑料标准化技术委员会	中国石油和化学工业联合会	整合修订	—	2023年第18号国家标准公告
110	184	GB/T 33069—2016	工业用聚N－乙烯基吡咯烷酮检测方法	全国塑料标准化技术委员会	中国石油和化学工业联合会	整合修订	—	2023年第18号国家标准公告
111	185	GB/T 33070—2016	工业用聚N－乙烯基吡咯烷酮	全国塑料标准化技术委员会	中国石油和化学工业联合会	整合修订	—	2023年第18号国家标准公告
112	216	GB/T 8242.4—1987	船体设备 救生设备	全国海洋船标准化技术委员会	国家标准管理委员会	整合修订	—	2023年第18号国家标准公告
113	190	GB/T 1845.1—2016	塑料 聚乙烯（PE）模塑和挤出材料 第1部分：命名系统和分类基础	全国塑料标准化技术委员会	中国石油和化学工业联合会	继续有效	—	2023年第19号国家标准公告
114	191	GB/T 3960—2016	塑料 滑动摩擦磨损试验方法	全国塑料标准化技术委员会	中国石油和化学工业联合会	继续有效	—	2023年第19号国家标准公告
115	193	GB/T 3399—1982	塑料导热系数试验方法 护热平板法	全国塑料标准化技术委员会	中国石油和化学工业联合会	继续有效	—	2023年第19号国家标准公告

序号	原序号	标准代号	标准名称	归口单位	主管部门	复审结论	标准废止过渡期	公布号
116	194	GB/T 14234—1993	塑料件表面粗糙度	全国塑料标准化技术委员会	中国石油和化学工业联合会	继续有效	—	2023 年第 19 号国家标准公告
117	195	GB/T 12005.9—1992	聚丙烯酰胺命名	全国塑料标准化技术委员会	中国石油和化学工业联合会	继续有效	—	2023 年第 19 号国家标准公告
118	196	GB/T 22271.3—2016	塑料 聚甲醛(POM) 模塑和挤塑材料 第 3 部分: 通用产品要求	全国塑料标准化技术委员会	中国石油和化学工业联合会	继续有效	—	2023 年第 19 号国家标准公告
119	197	GB/T 33094—2016	塑料 抗冲击聚苯乙烯防静电材料	全国塑料标准化技术委员会	中国石油和化学工业联合会	继续有效	—	2023 年第 19 号国家标准公告
120	198	GB/T 33315—2016	塑料 酚醛树脂 凝胶时间的测定	全国塑料标准化技术委员会	中国石油和化学工业联合会	继续有效	—	2023 年第 19 号国家标准公告
121	199	GB/T 33316—2016	塑料 酚醛树脂 在乙阶转变试板上反应活性的测定	全国塑料标准化技术委员会	中国石油和化学工业联合会	继续有效	—	2023 年第 19 号国家标准公告
122	200	GB/T 33323—2016	塑料 液体酚醛树脂 水溶性的测定	全国塑料标准化技术委员会	中国石油和化学工业联合会	继续有效	—	2023 年第 19 号国家标准公告
123	201	GB/T 5473—2016	塑料 酚醛模塑制品 游离氨的测定	全国塑料标准化技术委员会	中国石油和化学工业联合会	继续有效	—	2023 年第 19 号国家标准公告
124	202	GB/T 5474—2016	塑料 酚醛模塑制品 游离氨和铵化合物的测定 比色法	全国塑料标准化技术委员会	中国石油和化学工业联合会	继续有效	—	2023 年第 19 号国家标准公告
125	203	GB/T 7130—2016	塑料 酚醛模塑制品 游离酚的测定 碘量法	全国塑料标准化技术委员会	中国石油和化学工业联合会	继续有效	—	2023 年第 19 号国家标准公告
126	204	GB/T 32675—2016	塑料 酚醛树脂 液体甲阶酚醛树脂在酸性条件下固化时假绝热温升的测定	全国塑料标准化技术委员会	中国石油和化学工业联合会	继续有效	—	2023 年第 19 号国家标准公告
127	205	GB/T 32681—2016	塑料 酚醛树脂 用差示扫描量热法测定反应热和反应温度	全国塑料标准化技术委员会	中国石油和化学工业联合会	继续有效	—	2023 年第 19 号国家标准公告
128	206	GB/T 32683.1—2016	塑料 酚醛树脂 用落球黏度计测定黏度 第 1 部分: 斜管法	全国塑料标准化技术委员会	中国石油和化学工业联合会	继续有效	—	2023 年第 19 号国家标准公告

序号	原序号	标准代号	标准名称	归口单位	主管部门	复审结论	标准废止过渡期	公布号
129	207	GB/T 32688—2016	塑料 酚醛树脂 在加热玻璃板上流动距离的测定	全国塑料标准化技术委员会	中国石油和化学工业联合会	继续有效	—	2023 年第 19 号国家标准公告
130	208	GB/T 32697—2016	塑料 酚醛树脂 苯取液电导率的测定	全国塑料标准化技术委员会	中国石油和化学工业联合会	继续有效	—	2023 年第 19 号国家标准公告
131	210	GB/T 13455—1992	氨基模塑料挥发物测定方法	全国塑料标准化技术委员会	中国石油和化学工业联合会	继续有效	—	2023 年第 19 号国家标准公告
132	211	GB/T 33388—2016	塑料 酚醛树脂组分的测定 液相色谱法	全国塑料标准化技术委员会	中国石油和化学工业联合会	继续有效	—	2023 年第 19 号国家标准公告
133	212	GB/T 32364—2015	塑料 酚醛树脂 pH 值的测定	全国塑料标准化技术委员会	中国石油和化学工业联合会	继续有效	—	2023 年第 19 号国家标准公告
134	414	GB/T 21511.2—2008	纳米磷灰石／聚酰胺复合材料 第 2 部分：技术要求	全国纳米技术标准化技术委员会	中国科学院	继续有效	—	2023 年第 19 号国家标准公告
135	419	GB/T 21511.1—2008	纳米磷灰石／聚酰胺复合材料 第 1 部分：命名	全国纳米技术标准化技术委员会	中国科学院	继续有效	—	2023 年第 19 号国家标准公告
136	566	GB/T 32882—2016	电子电气产品包装物的材料声明	全国电工电子产品与系统的环境标准化技术委员会	国家标准化管理委员会	继续有效	—	2023 年第 19 号国家标准公告
137	711	GB/T 7424.1—2003	光缆总规范 第 1 部分：总则	工业和信息化部（电子）	工业和信息化部（电子）	继续有效	—	2023 年第 19 号国家标准公告
138	712	GB/T 15875—1995	漏泄电缆无线通信系统总规范	工业和信息化部（电子）	工业和信息化部（电子）	继续有效	—	2023 年第 19 号国家标准公告
139	838	GB/T 1725—2007	色漆、清漆和塑料 不挥发物含量的测定	全国涂料和颜料标准化技术委员会	中国石油和化学工业联合会	继续有效	—	2023 年第 19 号国家标准公告
140	901	GB/T 9267—2008	涂料用乳液和涂料、塑料用聚合物分散体 白点温度和最低成膜温度的测定	全国涂料和颜料标准化技术委员会	中国石油和化学工业联合会	继续有效	—	2023 年第 19 号国家标准公告

序号	原序号	标准代号	标准名称	归口单位	主管部门	复审结论	标准废止过渡期	公布号
141	902	GB/T 6743—2008	塑料用聚酯树脂、色漆和清漆用漆基 部分酸值和总酸值的测定	全国涂料和颜料标准化技术委员会	中国石油和化学工业联合会	继续有效		2023 年第 19 号国家标准公告
142	975	GB/T 33487—2017	船舶与海上技术 船舶水下用气囊	全国海洋船标准化技术委员会	国家标准化管理委员会	继续有效	—	2023 年第 19 号国家标准公告
143	1015	GB/T 18022.2—2000	声学 1—10 MHz 频率范围内橡胶和塑料纵波声速与衰减系数的测量方法	全国声学标准化技术委员会	中国科学院	继续有效		2023 年第 19 号国家标准公告
144	1059	GB/T 31004.1—2014	声学 建筑和建筑构件隔声声强法测量 第 1 部分：实验室测量	全国声学标准化技术委员会	中国科学院	继续有效	—	2023 年第 19 号国家标准公告
145	1061	GB/T 25516—2010	声学 管道消声器和风道末端单元的实验室测量方法 插入损失、气流噪声和全压损失	全国声学标准化技术委员会	中国科学院	继续有效	—	2023 年第 19 号国家标准公告
146	1245	GB/T 14709—2017	挠性印制电路用涂胶聚酰亚胺薄膜	全国印制电路标准化技术委员会	工业和信息化部（电子）	继续有效	—	2023 年第 19 号国家标准公告
147	1256	GB/T 20860—2007	包装 热塑性软质薄膜袋 折边处撕裂扩展试验方法	全国包装标准化技术委员会	国家标准化管理委员会	继续有效		2023 年第 19 号国家标准公告
148	1257	GB/T 20859—2007	包装 袋 满装袋摩擦力的测定	全国包装标准化技术委员会	国家标准化管理委员会	继续有效		2023 年第 19 号国家标准公告
149	1258	GB/T 18192—2008	液体食品无菌包装用纸基复合材料	全国包装标准化技术委员会	国家标准化管理委员会	继续有效		2023 年第 19 号国家标准公告
150	1260	GB/T 4857.2—2005	包装 运输包装件基本试验 第 2 部分：温湿度调节处理	全国包装标准化技术委员会	国家标准化管理委员会	继续有效		2023 年第 19 号国家标准公告
151	1261	GB/T 19784—2005	收缩包装	全国包装标准化技术委员会	国家标准化管理委员会	继续有效	—	2023 年第 19 号国家标准公告
152	1263	GB/T 21529—2008	塑料薄膜和薄片水蒸气透过率的测定 电解传感器法	全国包装标准化技术委员会	国家标准化管理委员会	继续有效		2023 年第 19 号国家标准公告
153	1264	GB/T 16471—2008	运输包装件尺寸与质量界限	全国包装标准化技术委员会	国家标准化管理委员会	继续有效	—	2023 年第 19 号国家标准公告

序号	原序号	标准代号	标准名称	归口单位	主管部门	复审结论	标准废止过渡期	公布号
154	1267	GB/T 6982—2003	软包装容器透湿度试验方法	全国包装标准化技术委员会	国家标准化管理委员会	继续有效	—	2023 年第 19 号国家标准公告
155	1268	GB/T 4857.14—1999	包装 运输包装件 倾翻试验方法	全国包装标准化技术委员会	国家标准化管理委员会	继续有效	—	2023 年第 19 号国家标准公告
156	1269	GB/T 19785—2005	拉伸缠绕包装	全国包装标准化技术委员会	国家标准化管理委员会	继续有效	—	2023 年第 19 号国家标准公告
157	1277	GB/T 17448—1998	集装袋运输包装尺寸系列	全国包装标准化技术委员会	国家标准化管理委员会	继续有效	—	2023 年第 19 号国家标准公告
158	1278	GB/T 7350—1999	防水包装	全国包装标准化技术委员会	国家标准化管理委员会	继续有效	—	2023 年第 19 号国家标准公告
159	1338	GB/T 12600—2005	金属覆盖层 塑料上镍＋铬电镀层	全国金属与非金属覆盖层标准技术委员会	中国机械工业联合会	继续有效	—	2023 年第 19 号国家标准公告
160	1447	GB/T 33580—2017	橡胶塑料挤出机能耗检测方法	全国橡胶塑料机械标准化技术委员会	中国石油和化学工业联合会	继续有效	—	2023 年第 19 号国家标准公告
161	1448	GB/T 12784—2017	橡胶塑料加压式塑炼机	全国橡胶塑料机械标准化技术委员会	中国石油和化学工业联合会	继续有效	—	2023 年第 19 号国家标准公告
162	1544	GB/T 33986—2017	电子商务交易产品信息描述 食品接触塑料制品	全国电子业务标准化技术委员会	国家标准化管理委员会	继续有效	—	2023 年第 19 号国家标准公告
163	2030	GB/T 15270—2001	烟草和烟草制品 聚丙烯丝束滤棒	全国烟草标准化技术委员会	国家烟草专卖局	继续有效	—	2023 年第 19 号国家标准公告
164	2073	GB/T 21665—2008	尿吸收辅助器具 从使用者和护理者的角度评价一次性成人失禁用尿吸收辅助器具的基本原则	全国残疾人康复和专用设备标准化技术委员会	民政部	继续有效	—	2023 年第 19 号国家标准公告
165	2074	GB/T 20407.2—2006	造口袋 第 2 部分：要求和测试方法	全国残疾人康复和专用设备标准化技术委员会	民政部	继续有效	—	2023 年第 19 号国家标准公告

序号	原序号	标准代号	标准名称	归口单位	主管部门	复审结论	标准废止过渡期	公布号
166	2075	GB/T 20407.3—2006	造口袋 第3部分：结肠造口袋和回肠造口袋气味弥散测定	全国残疾人康复和专用设备标准化技术委员会	民政部	继续有效	—	2023年第19号国家标准公告
167	2076	GB/T 20407.1—2006	造口袋 第1部分：词汇	全国残疾人康复和专用设备标准化技术委员会	民政部	继续有效	—	2023年第19号国家标准公告
168	2103	GB/T 33488.1—2017	化工用塑料焊接制承压设备检验方法 第1部分：总则	全国非金属化工设备标准化技术委员会	中国石油和化学工业联合会	继续有效	—	2023年第19号国家标准公告
169	2104	GB/T 33488.4—2017	化工用塑料焊接制承压设备检验方法 第4部分：超声检测	全国非金属化工设备标准化技术委员会	中国石油和化学工业联合会	继续有效	—	2023年第19号国家标准公告
170	2105	GB/T 33488.3—2017	化工用塑料焊接制承压设备检验方法 第3部分：射线检测	全国非金属化工设备标准化技术委员会	中国石油和化学工业联合会	继续有效	—	2023年第19号国家标准公告
171	2106	GB/T 33488.2—2017	化工用塑料焊接制承压设备检验方法 第2部分：外观检测	全国非金属化工设备标准化技术委员会	中国石油和化学工业联合会	继续有效	—	2023年第19号国家标准公告
172	2208	GB/T 33254—2016	包装印刷材料分类	全国印刷标准化技术委员会	国家新闻出版署（国家版权局）	继续有效	—	2023年第19号国家标准公告
173	2210	GB/T 33255—2016	包装印刷产品分类	全国印刷标准化技术委员会	国家新闻出版署（国家版权局）	继续有效	—	2023年第19号国家标准公告
174	2264	GB/T 33799—2017	工程塑料用胶粘剂对接强度的测定	全国胶粘剂标准化技术委员会	中国石油和化学工业联合会	继续有效	—	2023年第19号国家标准公告
175	2266	GB/T 33320—2016	食品包装材料和容器用胶粘剂	全国胶粘剂标准化技术委员会	中国石油和化学工业联合会	继续有效	—	2023年第19号国家标准公告
176	2352	GB/T 33343—2016	航空绝缘电线电缆试验方法	全国电线电缆标准化技术委员会	中国电器工业协会	继续有效	—	2023年第19号国家标准公告
177	2353	GB/T 13033.2—2007	额定电压750V及以下矿物绝缘电缆及终端 第2部分：终端	全国电线电缆标准化技术委员会	中国电器工业协会	继续有效	—	2023年第19号国家标准公告

序号	原序号	标准代号	标准名称	归口单位	主管部门	复审结论	标准废止过渡期	公布号
178	2413	GB/T 19314.1—2003	小艇 艇体结构构件尺寸 第 1 部分：材料：热固性树脂 玻璃纤维增强塑料、基准层合板	全国小艇标准化技术委员会	国家标准化管理委员会	继续有效	—	2023 年第 19 号国家标准公告
179	2541	GB/T 21864—2008	聚苯乙烯的平均分子量和分子量分布的检测标准方法 高效体积排阻色谱法	全国危险化学品管理标准化技术委员会	国家标准化管理委员会	继续有效	—	2023 年第 19 号国家标准公告
180	2564	GB/T 19856.1—2005	雷电电防护 通信线路 第 1 部分：光缆	全国雷电防护标准化技术委员会	国家标准化管理委员会	继续有效	—	2023 年第 19 号国家标准公告
181	3008	GB/T 23257—2017	埋地钢质管道聚乙烯防腐层	全国石油天然气标准化技术委员会	国家标准化管理委员会	继续有效	—	2023 年第 19 号国家标准公告
182	3069	GB/T 33466.1—2016	硬聚氯乙烯管材 差示扫描量热法（DSC） 第 1 部分：加工温度的测量	全国质量监督检验检测点产品标准化技术委员会	国家标准化管理委员会	继续有效	—	2023 年第 19 号国家标准公告
183	3079	GB/T 33797—2017	塑料 在高固体份堆肥条件下最终厌氧生物分解能力的测定 采用分析测定释放气体的方法	全国生物基材料及降解制品标准化技术委员会	国家标准化管理委员会	继续有效	—	2023 年第 19 号国家标准公告
184	3132	GB/T 33399—2016	光学功能薄膜 聚对苯二甲酸乙二醇酯（PET）薄膜 厚度测定方法	全国光学功能薄膜材料标准化技术委员会	中国石油和化学工业联合会	继续有效	—	2023 年第 19 号国家标准公告
185	3133	GB/T 33398—2016	光学功能薄膜 聚对苯二甲酸乙二醇酯（PET）薄膜 表面电阻测定方法	全国光学功能薄膜材料标准化技术委员会	中国石油和化学工业联合会	继续有效	—	2023 年第 19 号国家标准公告
186	3134	GB/T 33052—2016	微孔功能薄膜 孔隙率测定方法 十六烷率吸收法	全国光学功能薄膜材料标准化技术委员会	中国石油和化学工业联合会	继续有效	—	2023 年第 19 号国家标准公告
187	3136	GB/T 33376—2016	光学功能薄膜术语及其定义	全国光学功能薄膜材料标准化技术委员会	中国石油和化学工业联合会	继续有效	—	2023 年第 19 号国家标准公告

序号	原序号	标准代号	标准名称	归口单位	主管部门	复审结论	标准废止过渡期	公布号
188	3138	GB/T 33051—2016	光学功能薄膜 表面硬化薄膜 硬化层厚度测定方法	全国光学功能薄膜材料标准化技术委员会	中国石油和化学工业联合会	继续有效	—	2023年第19号国家标准公告
189	3140	GB/T 33049—2016	偏光片用光学薄膜 涂层附着力的测定方法	全国光学功能薄膜材料标准化技术委员会	中国石油和化学工业联合会	继续有效	—	2023年第19号国家标准公告
190	3534	GB/T 19647—2005	农田排水用塑料单壁波纹管	水利部	水利部	继续有效	—	2023年第19号国家标准公告
191	3538	GB/T 29906—2013	模塑聚苯板薄抹灰外墙外保温系统材料	住房和城乡建设部	住房和城乡建设部	继续有效	—	2023年第19号国家标准公告
192	3623	GB/T 20502—2006	膜组件及装置型号命名	中国标准化协会	国家市场监督管理总局	继续有效	—	2023年第19号国家标准公告

2023年相关国家标准复审结论

序号	原序号	标准代号	标准名称	归口单位	主管部门	复审结论	标准废止过渡期	公布号
1	90	GB/T 14436—1993	工业产品保证文件 总则	—	—	废止	公告后3个月废止	2023年第16号国家标准公告
2	91	GB/T 16760—1997	制定消费品性能测试标准方法的总则	—	—	废止	公告后3个月废止	2023年第16号国家标准公告
3	30	GB/T 22120—2008	企业信用数据项规范	全国社会信用标准化技术委员会	国家标准化管理委员会	修订	—	2023年第17号国家标准公告
4	31	GB/T 22118—2008	企业信用信息采集、处理和提供规范	全国社会信用标准化技术委员会	国家标准化管理委员会	修订	—	2023年第17号国家标准公告
5	767	GB/Z 19027—2005	GB/T19001—2000的统计技术指南	全国质量管理和质量保证标准化技术委员会	国家标准化管理委员会	修订	—	2023年第17号国家标准公告

序号	原序号	标准代号	标准名称	归口单位	主管部门	复审结论	标准废止过渡期	公布号
6	768	GB/T 19023—2003	质量管理体系文件指南	全国质量管理和质量保证标准化技术委员会	国家标准化管理委员会	修订	—	2023 年第 17 号国家标准公告
7	1191	GB/T 33761—2017	绿色产品评价通则	国家绿色产品评价标准化总体组	国家标准化管理委员会	修订	—	2023 年第 17 号国家标准公告
8	1252	GB/T 28803—2012	消费品安全风险管理导则	全国消费品安全标准化技术委员会	国家标准化管理委员会	修订	—	2023 年第 17 号国家标准公告
9	1253	GB/T 29289—2012	消费品安全设计通则	全国消费品安全标准化技术委员会	国家标准化管理委员会	修订	—	2023 年第 17 号国家标准公告
10	1465	GB/T 20861—2007	废弃产品回收利用术语	中国标准化研究院	国家市场监督管理总局	修订	—	2023 年第 17 号国家标准公告
11	1330	GB/T 14465—1993	材料阻尼特性术语	全国机械振动、冲击与状态监测标准化技术委员会	国家标准化管理委员会	继续有效	—	2023 年第 19 号国家标准公告
12	2079	GB/T 19001—2016	质量管理体系要求	全国质量管理和质量保证标准化技术委员会	国家标准化管理委员会	继续有效	—	2023 年第 19 号国家标准公告
13	2080	GB/T 19000—2016	质量管理体系基础和术语	全国质量管理和质量保证标准化技术委员会	国家标准化管理委员会	继续有效	—	2023 年第 19 号国家标准公告
14	2081	GB/T 33456—2016	工业企业供应商管理评价准则	全国质量管理和质量保证标准化技术委员会	国家标准化管理委员会	继续有效	—	2023 年第 19 号国家标准公告
15	2333	GB/T 24001—2016	环境管理体系要求及使用指南	全国环境管理标准化技术委员会	国家标准化管理委员会	继续有效	—	2023 年第 19 号国家标准公告
16	2334	GB/T 33859—2017	环境管理 水足迹 原则、要求与指南	全国环境管理标准化技术委员会	国家标准化管理委员会	继续有效	—	2023 年第 19 号国家标准公告

序号	原序号	标准代号	标准名称	归口单位	主管部门	复审结论	标准废止过渡期	公布号
17	3148	GB/T 33749—2017	工业企业水效对标指南	全国节水标准化技术委员会	国家标准化管理委员会	继续有效	—	2023年第19号国家标准公告
18	3273	GB/T 30135—2013	消费品质量安全风险信息描述规范	全国消费品安全标准化技术委员会	国家标准化管理委员会	继续有效	—	2023年第19号国家标准公告
19	3274	GB/T 30136—2013	消费品质量安全风险信息采集和处理指南	全国消费品安全标准化技术委员会	国家标准化管理委员会	继续有效	—	2023年第19号国家标准公告
20	3505	GB/T 32716—2016	用水定额编制技术导则	水利部	水利部	继续有效	—	2023年第19号国家标准公告
21	3662	GB/T 4754—2017	国民经济行业分类	中国标准化研究院	国家市场监督管理总局	继续有效	—	2023年第19号国家标准公告

2023年发布的塑料制品相关国家标准制修订计划

序号	原序号	计划编号	项目名称	标准性质	制修订	代替标准号	采用国际标准	项目周期（月）	主管部门	归口单位	副归口单位	起草单位	公布号
1	8	20230325-T-606	塑料 聚氯醋生产用聚醚多元醇碱性物质含量的测定	推荐	制定	—	ISO/FDIS 14899—2022	16	中国石油和化学工业联合会	全国塑料标准化技术委员会	—	上海东大化学有限公司、黎明化工研究设计院有限责任公司	2023年第一批推荐性国家标准计划及相关标准外文版计划
2	38	20230287-T-607	土工合成材料 聚乙烯土工膜	推荐	修订	GB/T 17643—2011	—	16	中国轻工业联合会	全国塑料制品标准化技术委员会	—	北京华盾雪花塑料集团有限责任公司、中石化（北京）化工研究院有限公司、山东新天鹤塑胶有限公司、山东路德新材料股份有限公司、江西施普特新材料有限公司、青岛旭域土工材料股份有限公司	2023年第一批推荐性国家标准计划及相关标准外文版计划

序号	原序号	计划编号	项目名称	标准性质	制修订	代替标准号	采用国际标准	项目周期(月)	主管部门	归口单位	副归口单位	起草单位	公布号
3	89	20230331-T-606	塑料中空成型机安全要求	推荐	制定	—	—	18	中国石油和化学工业联合会	全国橡胶塑料机械标准化技术委员会	—	国家塑料机械产品质量监督检验中心，苏州同大机械有限公司，江苏维达机械有限公司，北京橡胶工业研究设计院，大连塑料机械研究所，中国塑料机械工业协会	2023年第一批推荐性国家标准计划及相关标准外文版计划
4	98	20230276-T-607	船用塑料管道系统 聚乙烯管	推荐	制定	—	—	18	中国轻工业联合会	全国塑料制品标准化技术委员会	—	浙江伟星新型建材股份有限公司，江苏星河集团有限公司，亚大塑料制品有限公司，山东胜邦塑胶有限公司，北京工商大学，沙特基础工业	2023年第一批推荐性国家标准计划及相关标准外文版计划
5	110	20230323-T-606	塑料 热机械分析法(TMA) 第3部分：穿透温度的测定	推荐	制定	—	ISO 11359.3—2019	16	中国石油和化学工业联合会	全国塑料标准化技术委员会	—	金发科技股份有限公司，中蓝晨光成都检测技术有限公司等	2023年第一批推荐性国家标准计划及相关标准外文版计划
6	125	20230324-T-606	塑料 熔融状态下热塑性塑料拉伸性能的测定	推荐	制定	—	ISO 16790—2021	16	中国石油和化学工业联合会	全国塑料标准化技术委员会	—	北京燕山石化高科技术有限责任公司，中蓝晨光成都检测技术有限公司等	2023年第一批推荐性国家标准计划及相关标准外文版计划
7	151	20230275-T-607	热塑性塑料检查井 抗地面和交通负荷性能试验方法	推荐	制定	—	ISO 13266—2022	16	中国轻工业联合会	全国塑料制品标准化技术委员会	全国城镇给水排水标准化技术委员会	江苏河马井股份有限公司，山东信塑胶科技有限公司，浙江中财管道科技股份有限公司，福建纳川管材科技股份有限公司，沙特基础工业，河北鑫鹏通信设备有限公司，河北双龙盛光电科技有限公司	2023年第一批推荐性国家标准计划及相关标准外文版计划
8	179	20230111-T-608	纺织吊索 一般用途超高分子量聚乙烯(HMPE)纤维吊索	推荐	制定	—	ISO 18264—2016	16	中国纺织工业联合会	全国纺织品标准化技术委员会	—	巨力索具股份有限公司，纺织工业标准化研究所等	2023年第一批推荐性国家标准计划及相关标准外文版计划

序号	原序号	计划编号	项目名称	标准性质	制修订	代替标准号	采用国际标准	项目周期（月）	主管部门	归口单位	副归口单位	起草单位	公布号
9	318	20230178-T-469	碳纤维复合材料标准试验件加强片选用及粘接方法	推荐	制定	—	—	18	国家标准化管理委员会	全国碳纤维标准化技术委员会	—	上海飞机制造有限公司、南京玻璃纤维研究设计院有限公司	2023年第一批推荐性国家标准计划及相关标准外文版计划
10	320	20230295-T-607	日用真空吸盘类产品通用技术要求	推荐	制定	—	—	18	中国轻工业联合会	全国日用杂品标准化技术委员会	—	广东太力科技集团股份有限公司、广东省中山市质量技术监督标准与编码所、中山简居家庭用品制造有限公司、北京市塑料研究所有限公司、华南理工大学、湖北太力家庭用品制造有限公司、北京市轻工产品质量监督检验一站等	2023年第一批推荐性国家标准计划及相关标准外文版计划
11	399	20230274-T-607	冰箱、冰柜用硬质聚氨酯泡沫塑料	推荐	修订	GB/T 26689—2011	—	12	中国轻工业联合会	全国塑料制品标准化技术委员会	—	北京工商大学、海信容声（广东）冰箱有限公司、国家塑料制品质量监督检验中心（北京）、江苏江化聚氨酯产品质量检测有限公司	2023年第一批推荐性国家标准计划及相关标准外文版计划
12	14	20230489-T-464	心血管植入器械 人工心脏瓣膜 第3部分：经导管植入式人工心脏瓣膜	推荐	制定	—	ISO 5840.3—2021	16	国家药品监督管理局	全国外科植入物和矫形器械标准化技术委员会	—	中国食品药品检定研究院	2023年第二批推荐性国家标准计划及相关标准外文版计划
13	103	20230578-T-604	聚合物增材制造 激光粉末床熔融试样的一般原则和制备 鉴定原则	推荐	制定	—	ISO/ASTM 52936.1—2023	16	中国机械工业联合会	全国增材制造标准化技术委员会	—	中机生产力促进中心有限公司等	2023年第二批推荐性国家标准计划及相关标准外文版计划

序号	原序号	计划编号	项目名称	标准性质	制修订	代替标准号	采用国际标准	项目周期（月）	主管部门	归口单位	副归口单位	起草单位	公布号
14	152	20230627-T-604	电气绝缘用薄膜 第4部分：聚酯薄膜	推荐	修订	GB/T 13542.4—2009	IEC 60674.3.2—2019	16	中国电器工业协会	全国绝缘材料标准化技术委员会	—	桂林赛盟检测技术有限公司、四川东方绝缘材料股份有限公司、浙江南洋薄膜科技有限公司、江苏格兴薄膜科技股份有限公司、桂林格莱斯科技有限公司、安徽铜峰电子股份有限公司、全球能源互联网研究院有限公司、哈尔滨理工大学、桂林电器科学研究院有限公司、桂林嘉德利电子材料有限公司、泉州嘉德利电子材料有限公司、桂林电力电容器有限责任公司、中车株洲电机有限公司、北京金风科创风电设备有限公司、中车永济风电机有限公司、泰州钰明新材料有限公司、东方电气集团东方电机有限公司、中国南方电网有限责任公司超高压输电公司、厦门法拉电子股份有限公司、哈尔滨电气动力装备有限公司、卧龙电气股份有限公司、湘潭电机股份有限公司、上海电气集团上海电机厂有限公司、山东齐鲁电机制造有限公司、南京汽轮电机长风新能源股份有限公司等	2023年第二批推荐性国家标准计划及相关标准外文版计划

序号	原序号	计划编号	项目名称	标准性质	制修订	代替标准号	采用国际标准	项目周期(月)	主管部门	归口单位	副归口单位	起草单位	公布号
15	153	20230628-T-604	电气用热固性树脂工业硬质圆形层压管和棒 第3部分：圆形层压卷制管	推荐	制定	—	IEC 61212.3.1—2013	16	中国电器工业协会	全国绝缘材料标准化技术委员会		深圳供电局有限公司、桂林赛盟检测技术有限公司、厦门弘诚复合材料有限公司、西安西电电工材料有限公司、许绝电工股份有限公司、桂林电器科学研究院有限公司、中车株洲电机有限公司、北京金风科创风电设备有限公司、东方电气集团东方电机有限公司、中国南方电网有限责任公司超高压输电公司、哈尔滨电气动力装备有限公司、卧龙电气股份有限公司、上海电气集团上海电机厂有限公司、山东齐鲁电机制造有限公司、南京汽轮电机长风新能源股份有限公司、四川东材科技集团股份有限公司、湘潭电机股份有限公司、保定天威保变电气股份有限公司、西安西电变压器有限责任公司、特变电工股份有限公司、明珠电气股份有限公司等	2023年第二批推荐性国家标准计划及相关标准外文版计划
16	164	20230639-T-609	建筑用绝热制品 压缩蠕变性能的测定	推荐	修订	GB/T 32983—2016	ISO 16534—2020	12	中国建筑材料联合会	全国绝热材料标准化技术委员会	—	南京玻璃纤维研究设计院有限公司	2024年第二批推荐性国家标准计划及相关标准外文版计划
17	165	20230640-T-609	建筑用绝热制品 浸泡法测定长期吸水性	推荐	修订	GB/T 30807—2014	ISO 16535—2019	12	中国建筑材料联合会	全国绝热材料标准化技术委员会	—	南京玻璃纤维研究设计院有限公司	2025年第二批推荐性国家标准计划及相关标准外文版计划

序号	原序号	计划编号	项目名称	标准性质	制修订	代替标准号	采用国际标准	项目周期(月)	主管部门	归口单位	副归口单位	起草单位	公布号
18	169	20230644-T-609	绿色产品评价 墙体材料	推荐	修订	GB/T 35605—2017	—	16	中国建筑材料联合会	全国墙体屋面及道路用建筑材料标准化委员会	—	中国国检测试控股集团西安有限公司	2023年第二批推荐性国家标准计划及相关标准外文版计划
19	187	20230662-T-339	半导体器件 柔性可拉伸半导体器件 第6部分:柔性导电薄膜的薄膜电阻测试方法	推荐	制定	—	IEC 62951.6—2019	16	工业和信息化部(电子)	全国半导体器件标准化技术委员会	—	中国电子科技集团有限公司第五十五研究所、中国电子技术标准化研究院	2023年第二批推荐性国家标准计划及相关标准外文版计划
20	227	20230702-T-469	复合材料和增强纤维 碳纤维增强塑料(CFRP)和金属组件 十字拉伸强度的测定	推荐	制定	—	ISO 24360—2022	16	国家标准化管理委员会	全国碳纤维标准化技术委员会	—	南京玻璃纤维研究设计院有限公司	2023年第二批推荐性国家标准计划及相关标准外文版计划
21	270	20230745-T-469	新能源汽车电池包上盖复合材料成型模	推荐	制定	—	—	18	国家标准化管理委员会	全国模具标准化技术委员会	—	中机精密成型产业技术研究院(安徽)股份有限公司、北京机电研究所有限公司、桂林电器科学研究院有限公司等	2023年第二批推荐性国家标准计划及相关标准外文版计划
22	276	20230751-T-469	包装 塑料桶 第2部分:公称容量为208.2升至220升的不可拆盖(闭口)桶	推荐	制定	—	ISO 20848.2-2006	16	国家标准化管理委员会	全国包装标准化技术委员会	—	厦门市产品质量监督检验院[国家物流包装产品质量检验检测中心(福建)]	2023年第二批推荐性国家标准计划及相关标准外文版计划
23	277	20230752-T-469	包装 塑料桶 第1部分:公称容量为113.6升至220升的可拆盖(开口)桶	推荐	制定	—	ISO 20848.1—2006	16	国家标准化管理委员会	全国包装标准化技术委员会	—	厦门市产品质量监督检验院、浙江蔚柏包装有限公司、中包装研究院有限公司等	2023年第二批推荐性国家标准计划及相关标准外文版计划

序号	原序号	计划编号	项目名称	标准性质	制修订	代替标准号	采用国际标准	项目周期(月)	主管部门	归口单位	副归口单位	起草单位	公布号
24	322	20230797-T-469	合格评定 第三方产品认证制度应用指南	推荐	修订	GB/T 27028—2008	—	16	国家标准化管理委员会	全国认证认可标准化技术委员会	—	中国质量认证中心	2023年第二批推荐性国家标准计划及相关标准外文版计划
25	377	20230852-T-607	鞋类 化学试验方法 短链氯化石蜡(SCCP)的测定	推荐	制定	—	—	18	中国轻工业联合会	全国制鞋标准化技术委员会	—	中国皮革制鞋研究院有限公司、中轻检验认证有限公司等	2023年第二批推荐性国家标准计划及相关标准外文版计划
26	398	20230873-T-606	塑料 差示扫描量热法(DSC) 第7部分:结晶动力学的测定	推荐	制定	—	ISO 11357.7—2022	16	中国石油和化学工业联合会	全国塑料标准化技术委员会	—	中蓝晨光成都检测技术有限公司等	2023年第二批推荐性国家标准计划及相关标准外文版计划
27	399	20230874-T-606	塑料 聚醚醚酮(PEEK)模塑和挤出材料 第2部分:试样制备和性能测定	推荐	制定	—	ISO 23153.2—2020	16	中国石油和化学工业联合会	全国塑料标准化技术委员会	—	吉林省中研高分子材料股份有限公司、中蓝晨光成都检测技术有限公司等	2023年第二批推荐性国家标准计划及相关标准外文版计划
28	410	20230885-Z-314	躺卧保护组织或整体的辅助器具 第7部分:泡沫的属性、特征和性能	指导	制定	—	ISO/TR 20342.7—2021	12	民政部	全国残疾人康复专用设备标准化技术委员会	—	中国残疾人辅助器具中心、浙江世佳科技股份有限公司、沧州伊梦园高分子科技有限公司等	2023年第二批推荐性国家标准计划及相关标准外文版计划
29	2	20230960-T-606	塑料软管及软管组合件 液压用 织物增强型 规范	推荐	修订	GB/T 15908—2009	ISO 3949 2020	16	中国石油和化学工业联合会	全国橡胶标准化技术委员会	—	蓬莱市临阁橡塑制品有限公司、沈阳橡胶研究设计院有限公司	2023年第三批推荐性国家标准计划及相关标准外文版计划
30	6	20230964-T-606	石油化工用聚乙烯管道焊接接头X射线数字成像检测方法	推荐	制定	—	—	18	中国石油和化学工业联合会	全国非金属化工设备标准化技术委员会	—	中国石油集团工程材料研究院有限公司、江苏省特种设备安全监督检验研究院、重庆鹏程无损检测股份有限公司	2023年第三批推荐性国家标准计划及相关标准外文版计划

序号	原序号	计划编号	项目名称	标准性质	制修订	代替标准号	采用国际标准	项目周期(月)	主管部门	归口单位	副归口单位	起草单位	公布号
31	7	20230965-T-333	城镇供热直埋保温阀门技术要求	推荐	修订	GB/T 35842—2018	—	16	住房和城乡建设部	全国城镇供热标准化技术委员会	—	北京热力装备制造有限公司等	2023年第三批推荐性国家标准计划及相关标准外文版计划
32	19	20230977-T-607	可盘绕式增强塑料管 第3部分：钢增强塑热塑性塑料连续管	推荐	制定		—	18	中国轻工业联合会	全国塑料制品标准化技术委员会	—	江苏赛弗道管道股份有限公司、江苏正道海洋科技有限公司、河北宇通特种胶管有限公司等	2023年第三批推荐性国家标准计划及相关标准外文版计划
33	84	20231042-T-333	外墙外保温系统材料安全性评价方法	推荐	修订	GB/T 31435—2015	—	16	住房和城乡建设部		—	中国建筑科学研究院有限公司等	2023年第三批推荐性国家标准计划及相关标准外文版计划
34	88	20231046-T-606	橡胶或塑料涂覆制品 绝缘带	推荐	修订	GB 20415—2006	—	16	中国石油和化学工业联合会	全国橡胶与橡胶制品标准化技术委员会	—	舒氏集团有限公司、沈阳橡胶研究设计院有限公司	2023年第三批推荐性国家标准计划及相关标准外文版计划
35	90	20231048-T-606	橡胶或塑料涂覆织物 破裂强度的测定 第1部分：钢球法	推荐	修订	GB/T 20027.1—2016	ISO 3303.1—2020	16	中国石油和化学工业联合会	全国橡胶与橡胶制品标准化技术委员会	—	福州大学、沈阳橡胶研究设计院有限公司	2023年第三批推荐性国家标准计划及相关标准外文版计划
36	91	20231049-T-606	硫化橡胶或热塑性橡胶 硬度的测定 第1部分：介绍与指南	推荐	修订	GB/T 23651—2009	ISO 48.1—2018	16	中国石油和化学工业联合会	全国橡胶与橡胶制品标准化技术委员会	—	北京橡胶工业研究设计院有限公司等	2023年第三批推荐性国家标准计划及相关标准外文版计划
37	94	20231052-T-606	橡胶或塑料涂覆织物 破裂强度的测定 第2部分：液压法	推荐	修订	GB/T 20027.2—2017	ISO 3303.2—2020	16	中国石油和化学工业联合会	全国橡胶与橡胶制品标准化技术委员会	—	福州大学、沈阳橡胶研究设计院有限公司	2023年第三批推荐性国家标准计划及相关标准外文版计划

序号	原序号	计划编号	项目名称	标准性质	制修订	代替标准号	采用国际标准	项目周期（月）	主管部门	归口单位	副归口单位	起草单位	公布号
38	97	20231055-T-606	橡胶和塑料软管及软管组合件 术语	推荐	修订	GB/T 7528—2019	ISO 8330—2022	16	中国石油和化学工业联合会	全国橡胶与橡胶制品标准化技术委员会	—	沈阳橡胶研究设计院有限公司	2023年第三批推荐性国家标准计划及相关标准外文版计划
39	99	20231057-T-606	汽车空调用橡胶和塑料软管及软管组合件 规范 第3部分：制冷剂1234yf	推荐	制定	—	ISO 8066.3—2020	16	中国石油和化学工业联合会	全国橡胶与橡胶制品标准化技术委员会	—	南京利德东方橡塑科技有限公司、天津鹏翎橡胶集团股份有限公司、沈阳橡胶研究设计院有限公司	2023年第三批推荐性国家标准计划及相关标准外文版计划
40	100	20231058-T-606	热塑性弹性体 命名和缩略语	推荐	修订	GB/T 22027—2008	ISO 18064 2022	16	中国石油和化学工业联合会	全国橡胶与橡胶制品标准化技术委员会	—	中国石油天然气股份有限公司 石油化工研究院	2023年第三批推荐性国家标准计划及相关标准外文版计划
41	101	20231059-T-606	汽车用热塑性非增强软管 第1部分：非燃油用	推荐	修订	GB/T 20462.1—2006	ISO 13775.1—2021	16	中国石油和化学工业联合会	全国橡胶与橡胶制品标准化技术委员会	—	天津鹏翎橡胶集团股份有限公司、沈阳橡胶研究设计院有限公司	2023年第三批推荐性国家标准计划及相关标准外文版计划
42	141	20231099-T-469	膜生物反应器有机平板膜组器	推荐	制定	—	—	18	国家标准化管理委员会	全国分离膜标准化技术委员会	—	同济大学、上海子征环保科技有限公司、上海斯纳普膜分离科技有限公司、中节能国祯环保科技股份有限公司	2023年第三批推荐性国家标准计划及相关标准外文版计划
43	147	20231105-T-469	反渗透膜测试方法	推荐	修订	GB/T 32373—2015	—	16	国家标准化管理委员会	全国分离膜标准化技术委员会	—	沃顿科技股份有限公司、天津工业大学、自然资源部天津海水淡化与综合利用研究所、杭州市水处理技术开发中心、中国海洋大学、贵阳市质量技术监督局、贵阳市乌当区质量发展局、航膜科技发展集团有限公司	2023年第三批推荐性国家标准计划及相关标准外文版计划
44	162	20231120-T-606	橡胶或塑料涂覆织物 物理和机械试验 弯曲力的测定	推荐	制定	—	ISO 22751—2020	16	中国石油和化学工业联合会	全国橡胶与橡胶制品标准化技术委员会	—	福州大学、沈阳橡胶研究设计院有限公司	2023年第三批推荐性国家标准计划及相关标准外文版计划

序号	原序号	计划编号	项目名称	标准性质	制修订	代替标准号	采用国际标准	项目周期（月）	主管部门	归口单位	副归口单位	起草单位	公布号
45	178	20231136-T-606	橡胶和塑料软管及软管组合件静液压试验方法	推荐	修订	GB/T 5563—2013	ISO 1402—2021	16	中国石油和化学工业联合会	全国橡胶与橡胶制品标准化技术委员会	—	沈阳橡胶研究设计院有限公司	2023年第三批推荐性国家标准计划及相关标准外文版计划
46	186	20231144-T-606	压裂用柔性软管和软管组合件规范	推荐	制定	—	—	18	中国石油和化学工业联合会	全国橡胶与橡胶制品标准化技术委员会	—	烟台泰悦流体科技有限公司、沈阳橡胶研究设计院有限公司	2023年第三批推荐性国家标准计划及相关标准外文版计划
47	187	20231145-T-606	柔性多孔聚合物材料 层压板用聚氨酯泡沫规范	推荐	制定	—	ISO 6915—2019	16	中国石油和化学工业联合会	全国橡胶与橡胶制品标准化技术委员会	—	陕西长美科技有限责任公司、北京华腾检测认证有限公司等	2023年第三批推荐性国家标准计划及相关标准外文版计划
48	189	20231147-T-606	聚酯浸胶帘子布 技术条件和评价方法	推荐	修订	GB/T 32105—2015	—	16	中国石油和化学工业联合会	全国橡胶与橡胶制品标准化技术委员会	—	骏马化纤股份有限公司、青岛科技大学、山东海龙博莱特化纤有限公司、青岛晟科材料有限公司、浙江尤夫高新纤维股份有限公司、青岛中化新材料实验室	2023年第三批推荐性国家标准计划及相关标准外文版计划
49	200	20231158-T-606	洁净室用丁腈手套	推荐	制定	—	ISO 23464—2020	16	中国石油和化学工业联合会	全国橡胶与橡胶制品标准化技术委员会	—	蓝帆医疗股份有限公司、广东汇通乳胶制品集团有限公司、上海科邦医用乳胶器材有限公司、大连星宇手套有限公司、山东星宇手套有限公司、苏州嘉乐威新材料股份有限公司、国家卫生健康委科学技术研究所、北京市医疗器械检验研究院、中国化工株洲橡胶研究设计院有限公司、上海市质量监督检验技术研究院	2023年第三批推荐性国家标准计划及相关标准外文版计划

序号	原序号	计划编号	项目名称	标准性质	制修订	代替标准号	采用国际标准	项目周期(月)	主管部门	归口单位	副归口单位	起草单位	公布号
50	203	20231161-T-606	橡胶或塑料涂覆织物 导风筒	推荐	修订	GB/T 9900—2008	—	16	中国石油和化学工业联合会	全国橡胶与橡胶制品标准化技术委员会	—	中煤科工集团重庆研究院有限公司、重庆安标检测研究院有限责任公司、淮南东辰橡塑集团橡胶制品有限公司、济南鲁联集团塑一通风设备有限公司、沈阳橡胶研究设计院有限公司	2023年第三批推荐性国家标准计划及相关标准外文版计划
51	223	20231181-T-469	光伏组件封装用共挤胶膜	推荐	制定	—	—	18	国家标准化管理委员会	全国半导体设备和材料标准化技术委员会	—	杭州福斯特应用材料股份有限公司、国家太阳能光伏产品质量监督检验中心、中国电子化标准化研究院、常州天合光能股份有限公司	2023年第三批推荐性国家标准计划及相关标准外文版计划
52	254	20231212-T-339	废弃电子电气产品拆解处理要求 电视机及显示设备	推荐	修订	GB/T 31375—2015, GB/T 31376—2015, GB/T 31377—2015	—	16	工业和信息化部(电子)	工业和信息化部(电子)	—	中国电子技术标准化研究院、江西格林循环产业股份有限公司、海信视像科技股份有限公司、中国家用电器研究院、中国物资再生协会等	2023年第三批推荐性国家标准计划及相关标准外文版计划
53	255	20231213-T-339	废弃电子电气产品拆解处理要求 复印机、打印机及多功能一体机	推荐	修订	GB/T 31373—2015, GB/T 31374—2015	—	16	工业和信息化部(电子)	工业和信息化部(电子)	—	中国电子技术标准化研究院、江西格林循环产业股份有限公司、中国家用电器研究院、中国文化办公设备制造行业协会、中国物资再生协会等	2023年第三批推荐性国家标准计划及相关标准外文版计划
54	256	20231214-T-339	废弃电子电气产品拆解处理要求 微型计算机	推荐	修订	GB/T 31371—2015, GB/T 31372—2015	—	16	工业和信息化部(电子)	工业和信息化部(电子)	—	中国电子技术标准化研究院、江西格林循环产业股份有限公司、联想(北京)公司、中国家用电器研究院、中国物资再生协会等	2023年第三批推荐性国家标准计划及相关标准外文版计划
55	269	20231227-T-607	土工合成材料 氧化诱导时间的测定 高压差示扫描量热法	推荐	制定	—	—	18	中国轻工业联合会	全国塑料制品标准化技术委员会	—	中石化(北京)化工研究院有限公司、北京工商大学、轻工业塑料加工应用研究所	2023年第三批推荐性国家标准计划及相关标准外文版计划

序号	原序号	计划编号	项目名称	标准性质	制修订	代替标准号	采用国际标准	项目周期（月）	主管部门	归口单位	副归口单位	起草单位	公布号
56	299	20231257-T-469	压力管道规范 长输管管道	推荐	修订	GB/T 34275—2017	—	16	国家标准化管理委员会	全国锅炉压力容器标准化技术委员会	—	国家石油天然气管网集团有限公司、中国石油管道局工程有限公司等	2023年第三批推荐性国家标准计划及相关标准外文版标准计划
57	307	20231265-T-333	城镇排水管网数字化通用技术要求	推荐	制定	—	—	18	住房和城乡建设部	全国城镇给水排水标准化技术委员会	—	浙江大学、北京中科德弘生态科技有限公司等	2023年第三批推荐性国家标准计划及相关标准外文版标准计划
58	325	20231283-T-606	塑料 模塑和挤出用热塑性聚氨酯 第3部分：用于区分聚醚型和聚酯型聚氨酯的测定方法	推荐	制定	—	ISO 16365.3—2014	16	中国石油和化学工业联合会	全国塑料标准化技术委员会	—	美瑞新材料股份有限公司，黎明化工研究设计院有限责任公司	2023年第三批推荐性国家标准计划及相关标准外文版标准计划
59	327	20231285-T-606	塑料 燃烧试验 标准点火源	推荐	制定	—	ISO 10093—2020	16	中国石油和化学工业联合会	全国塑料标准化技术委员会	—	中蓝晨光成都检测技术有限公司等	2023年第三批推荐性国家标准计划及相关标准外文版标准计划
60	328	20231286-T-606	塑料 苯乙烯-丙烯腈（SAN）模塑和挤出材料 第1部分：命名系统和分类基础	推荐	修订	GB/T 21460.1—2008	ISO 19064.1—2015	16	中国石油和化学工业联合会	全国塑料标准化技术委员会	—	中国石油天然气股份有限公司石油化工研究院等	2023年第三批推荐性国家标准计划及相关标准外文版标准计划
61	329	20231287-T-606	塑料 对火反应 垂直方向试样的火焰蔓延和燃烧产物释放的试验方法	推荐	制定	—	ISO 21367—2007	16	中国石油和化学工业联合会	全国塑料标准化技术委员会	—	中蓝晨光化工有限公司等	2023年第三批推荐性国家标准计划及相关标准外文版标准计划

序号	原序号	计划编号	项目名称	标准性质	制修订	代替标准号	采用国际标准	项目周期（月）	主管部门	归口单位	副归口单位	起草单位	公布号
62	334	20231292-T-606	塑料 丙烯腈－丁二烯－苯乙烯（ABS）模塑和挤出材料 第2部分：试样制备和性能测定	推荐	修订	GB/T 20417.2—2006	ISO 19062.2 2019	16	中国石油和化学工业联合会	全国塑料标准化技术委员会	—	中国石油天然气股份有限公司石油化工研究院等	2023年第三批推荐性国家标准计划及相关标准外文版计划
63	372	20231330-T-606	废弃电池化学品处理处置术语	推荐	修订	GB/T 34695—2017	—	16	中国石油和化学工业联合会	全国废弃化学品处置标准化技术委员会	—	广东邦普循环科技有限公司、江门市长优实业有限公司、浙江华友钴业股份有限公司、格林美股份有限公司、厦门市豪鹏科技有限公司、多氟多化工股份有限公司、湖南邦普循环科技有限公司、嘉善绿野环保材料厂、中海油天津化工研究设计院有限公司	2023年第三批推荐性国家标准计划及相关标准外文版计划
64	377	20231335-T-609	纤维增强塑料复合材料 厚度方向性能的测定 第1部分：直接拉伸和压缩试验	推荐	制定	—	ISO 20975.1—2023	16	中国建筑材料联合会	全国纤维增强塑料标准化技术委员会	—	北京玻璃钢研究设计院有限公司	2023年第三批推荐性国家标准计划及相关标准外文版计划
65	378	20231336-T-606	塑料 导热系数和热扩散系数的测定 第2部分：瞬时平面热源（发热盘）法	推荐	制定	—	ISO 22007.2—2022	16	中国石油和化学工业联合会	全国塑料标准化技术委员会	—	中石化（北京）化工研究院有限公司、中蓝晨光成都检测技术有限公司等	2023年第三批推荐性国家标准计划及相关标准外文版计划
66	382	20231340-T-606	塑料 胺类环氧固化剂 伯、仲、叔胺基氮含量的测定	推荐	制定	—	ISO 9702—1996	16	中国石油和化学工业联合会	全国塑料标准化技术委员会	—	北京玻璃钢研究设计院有限公司、中蓝晨光成都检测技术有限公司等	2023年第三批推荐性国家标准计划及相关标准外文版计划

序号	原序号	计划编号	项目名称	标准性质	制修订	代替标准号	采用国际标准	项目周期（月）	主管部门	归口单位	副归口单位	起草单位	公布号
67	383	20231341-T-606	塑料 甲基丙烯酸甲酯-丙烯腈-丁二烯-苯乙烯（MABS）模塑和挤出材料 第1部分：命名系统和分类基础	推荐	制定	—	ISO 19066.1—2014	16	中国石油和化学工业联合会	全国塑料标准化技术委员会	—	北京燕山石化高科技有限责任公司等	2023年第三批推荐性国家标准计划及相关标准外文版计划
68	384	20231342-T-469	微束分析 透射电子显微镜 聚合物复合材料超薄切片制备方法	推荐	制定	—	—	18	国家标准化管理委员会	全国微束分析标准化技术委员会	—	浙江大学等	2023年第三批推荐性国家标准计划及相关标准外文版计划
69	385	20231343-T-606	塑料 液体环氧树脂 结晶倾向的测定	推荐	制定	—	ISO 4895—2014	16	中国石油和化学工业联合会	全国塑料标准化技术委员会	—	浙江晨诺高分子材料有限公司、上海科欣易普材料有限公司、中蓝晨光成都检测技术有限公司等	2023年第三批推荐性国家标准计划及相关标准外文版计划
70	386	20231344-T-606	塑料 环氧树脂用硬化剂和促进剂 第1部分：命名	推荐	制定	—	ISO 4597.1—2005	16	中国石油和化学工业联合会	全国塑料标准化技术委员会	—	上海富晨新材料有限公司、上海科欣易普材料有限公司、中蓝晨光成都检测技术有限公司等	2023年第三批推荐性国家标准计划及相关标准外文版计划
71	387	20231345-T-606	塑料 生产质量控制 采用单次测量的统计方法	推荐	制定	—	ISO 25337—2010	16	中国石油和化学工业联合会	全国塑料标准化技术委员会	—	中蓝晨光成都检测技术有限公司等	2023年第三批推荐性国家标准计划及相关标准外文版计划
72	388	20231346-T-606	塑料 中高加载速率（1m/s）下断裂韧性（GIC和KIC）的测定	推荐	制定	—	ISO 17281—2018	16	中国石油和化学工业联合会	全国塑料标准化技术委员会	—	中石化（北京）化工研究院有限公司、中蓝晨光成都检测技术有限公司等	2023年第三批推荐性国家标准计划及相关标准外文版计划
73	389	20231347-T-606	塑料 聚丙烯（PP）等规指数的测定 低分辨率核磁共振光谱法	推荐	制定	—	ISO 24076—2021	16	中国石油和化学工业联合会	全国塑料标准化技术委员会	—	中国石油天然气股份有限公司、中国石油化工研究院等	2023年第三批推荐性国家标准计划及相关标准外文版计划

序号	原序号	计划编号	项目名称	标准性质	制修订	代替标准号	采用国际标准	项目周期（月）	主管部门	归口单位	副归口单位	起草单位	公布号
74	390	20231348-T-606	塑料 磨料磨损性能的测定 往复线性滑动法	推荐		—	ISO 20329—2020	16	中国石油和化学工业联合会	全国塑料标准化技术委员会		中石化（北京）化工研究院有限公司、中蓝晨光成都检测技术有限公司等	2023年第三批推荐性国家标准计划及相关标准外文版计划
75	391	20231349-T-606	塑料 丙烯腈-苯乙烯-丙烯酸酯（ASA）、丙烯腈-（乙烯-丙烯-二烯径）-苯乙烯（AEPDS）、丙烯腈-（氯化聚乙烯）-苯乙烯（ACS）模塑和挤出材料 第2部分：试样制备和性能测定	推荐	制定	—	ISO 19065.2—2019	16	中国石油和化学工业联合会	全国塑料标准化技术委员会	—	中国石油天然气股份有限公司、石油化工研究院等	2023年第三批推荐性国家标准计划及相关标准外文版计划
76	392	20231350-T-606	塑料 酚醛树脂 分类和试验方法	推荐	制定	—	ISO 10082—1999	16	中国石油和化学工业联合会	全国塑料标准化技术委员会	—	山东圣泉集团股份有限公司、中蓝晨光成都检测技术有限公司等	2023年第三批推荐性国家标准计划及相关标准外文版计划
77	393	20231351-T-606	塑料 透明材料总透光率的测定 第2部分：双光束仪器	推荐	制定	—	ISO 13468.2-2021	16	中国石油和化学工业联合会	全国塑料标准化技术委员会	—	中蓝晨光化工研究设计院有限公司等	2023年第三批推荐性国家标准计划及相关标准外文版计划
78	394	20231352-T-606	塑料 总透光率和反射率的测定	推荐	制定	—	ISO 26723-2020	16	中国石油和化学工业联合会	全国塑料标准化技术委员会	—	中蓝晨光化工有限公司等	2023年第三批推荐性国家标准计划及相关标准外文版计划
79	395	20231353-T-606	塑料 动态力学性能的测定 第2部分：扭摆法	推荐	制定	—	ISO 6721.2-2019	16	中国石油和化学工业联合会	全国塑料标准化技术委员会	—	中蓝晨光成都检测技术有限公司等	2023年第三批推荐性国家标准计划及相关标准外文版计划

序号	原序号	计划编号	项目名称	标准性质	制订修订	代替标准号	采用国际标准	项目周期(月)	主管部门	归口单位	副归口单位	起草单位	公布号
80	397	20231355-T-606	塑料/橡胶 聚合物分散体和橡胶胶乳(天然和合成)测试方法	推荐	制定	—	ISO 12000—2014	16	中国石油化学工业联合会	全国塑料标准化技术委员会	—	中蓝晨光化工研究设计院有限公司等	2023年第三批推荐性国家标准计划及相关标准外文版计划
81	398	20231356-T-606	塑料 酚醛树脂 游离甲醛含量的测定	推荐	修订	GB/T 32684—2016	ISO 11402—2004	16	中国石油化学工业联合会	全国塑料标准化技术委员会	—	山东圣泉新材料股份有限公司、中蓝晨光成都检测技术有限公司等	2023年第三批推荐性国家标准计划及相关标准外文版计划
82	399	20231357-T-606	塑料 动态力学性能的测定 第3部分:共振弯曲振动法	推荐	制定	—	ISO 6721.3—2021	16	中国石油化学工业联合会	全国塑料标准化技术委员会	—	工业和信息化部电子第五研究所等	2023年第三批推荐性国家标准计划及相关标准外文版计划
83	400	20231358-T-606	塑料 粉状不饱和聚酯模塑料(UP-PMCs) 第3部分:选定模塑料的要求	推荐	制定	—	ISO 14530.3—1999	16	中国石油化学工业联合会	全国塑料标准化技术委员会	—	常熟东南塑料有限公司、中蓝晨光成都检测技术有限公司等	2023年第三批推荐性国家标准计划及相关标准外文版计划
84	401	20231359-T-606	塑料 甲基丙烯酸甲酯-丙烯腈-丁二烯-苯乙烯(MABS)模塑和挤出材料 第2部分:试样制备和性能测定	推荐	制定	—	ISO 19066.2—2020	16	中国石油化学工业联合会	全国塑料标准化技术委员会	—	中国石油天然气股份有限公司石油化工研究院等	2023年第三批推荐性国家标准计划及相关标准外文版计划
85	402	20231360-T-606	塑料 动态力学性能的测定 第12部分:非共振压缩振动法	推荐	制定	—	ISO 6721.12—2022	16	中国石油化学工业联合会	全国塑料标准化技术委员会	—	工业和信息化部电子第五研究所、中蓝晨光成都检测技术有限公司等	2023年第三批推荐性国家标准计划及相关标准外文版计划
86	403	20231361-T-606	塑料 粉状不饱和聚酯模塑料(UP-PMCs) 第1部分:命名系统和分类基础	推荐	制定	—	ISO 14530.1—1999	16	中国石油化学工业联合会	全国塑料标准化技术委员会	—	常熟东南塑料有限公司、中蓝晨光成都检测技术有限公司等	2023年第三批推荐性国家标准计划及相关标准外文版计划

序号	原序号	计划编号	项目名称	标准性质	制修订	代替标准号	采用国际标准	项目周期（月）	主管部门	归口单位	副归口单位	起草单位	公布号
87	404	20231362-T-606	塑料 粉状不饱和聚酯模塑料（UP-PMCs） 第2部分：试样制备和性能测定	推荐	制定	—	ISO 14530.2—1999	16	中国石油和化学工业联合会	全国塑料标准化技术委员会	—	常熟东南塑料有限公司、中蓝晨光成都检测技术有限公司等	2023年第三批推荐性国家标准计划及相关标准外文版计划
88	405	20231363-T-606	塑料 热固性粉末模塑料（PMCs） 第1部分：一般原理及多用途试样的制备	推荐	制定	—	ISO 10724.1—1998	16	中国石油和化学工业联合会	全国塑料标准化技术委员会	—	山东圣泉集团股份有限公司、中蓝晨光成都检测技术有限公司等	2023年第三批推荐性国家标准计划及相关标准外文版计划
89	406	20231364-T-606	塑料 丙烯腈-苯乙烯-丙烯酸酯（ASA）、丙烯腈-（乙烯-丙烯-二烯烃）-苯乙烯（AEPDS）、丙烯腈-（氯化聚乙烯）-苯乙烯（ACS）模塑和挤出材料 第1部分：命名系统和分类基础	推荐	制定	—	ISO 19065.1—2014	16	中国石油和化学工业联合会	全国塑料标准化技术委员会	—	中石化（北京）化工研究院有限公司等	2023年第三批推荐性国家标准计划及相关标准外文版计划
90	407	20231365-T-606	塑料 粉状三聚氰胺/酚醛模塑料（MP-PMCs） 第2部分：试样制备和性能测定	推荐	制定	—	ISO 14529.2—1999	16	中国石油和化学工业联合会	全国塑料标准化技术委员会	—	常熟东南塑料有限公司、中蓝晨光成都检测技术有限公司等	2023年第三批推荐性国家标准计划及相关标准外文版计划
91	408	20231366-T-606	塑料 环氧树脂 硬化剂和促进剂硬化剂中游离酸酐中游离酸的测定	推荐	制定	—	ISO 7327—1994	16	中国石油和化学工业联合会	全国塑料标准化技术委员会	—	上海科欣易普材料有限公司、上海富晨新材料有限公司、中蓝晨光成都检测技术有限公司等	2023年第三批推荐性国家标准计划及相关标准外文版计划

序号	原序号	计划编号	项目名称	标准性质	制修订	代替标准号	采用国际标准	项目周期（月）	主管部门	归口单位	副归口单位	起草单位	公布号
92	409	20231367-T-606	塑料 差示扫描量热法（DSC）第8部分：导热系数的测定	推荐	制定	—	ISO 11357.8—2021	16	中国石油和化学工业联合会	全国塑料标准化技术委员会	—	中蓝晨光成都检测技术有限公司等	2023年第三批推荐性国家标准计划及相关标准外文版计划
93	410	20231368-T-606	塑料模塑件 公差和验收条件	推荐	制定	—	ISO 20457—2018	16	中国石油和化学工业联合会	全国塑料标准化技术委员会	—	中蓝晨光成都检测技术有限公司等	2023年第三批推荐性国家标准计划及相关标准外文版计划
94	411	20231369-T-606	塑料 热固性粉末模塑料（PMCs）试样的制备 第2部分：小板	推荐	制定	—	ISO 10724.2—1998	16	中国石油和化学工业联合会	全国塑料标准化技术委员会	—	山东圣泉集团股份有限公司，中蓝晨光成都检测技术有限公司等	2023年第三批推荐性国家标准计划及相关标准外文版计划
95	412	20231370-T-606	塑料 粉状三聚氰胺/酚醛模塑料（MP-PMCs）第3部分：选定模塑料的要求	推荐	制定	—	ISO 14529.3—1999	16	中国石油和化学工业联合会	全国塑料标准化技术委员会	—	常熟东南塑料有限公司，中蓝晨光成都检测技术有限公司等	2023年第三批推荐性国家标准计划及相关标准外文版计划
96	413	20231371-T-606	塑料 酚醛树脂 六次甲基四胺含量的测定 凯式定氮法、高氯酸法和盐酸法	推荐	修订	GB/T 33317—2016	ISO 8988—2006	16	中国石油和化学工业联合会	全国塑料标准化技术委员会	—	山东圣泉新材料股份有限公司，中蓝晨光化工研究设计院有限公司等	2023年第三批推荐性国家标准计划及相关标准外文版计划
97	414	20231372-T-606	塑料 粉状三聚氰胺/酚醛模塑料（MP-PMCs）第1部分：命名系统和分类基础	推荐	制定	—	ISO 14529.1—1999	16	中国石油和化学工业联合会	全国塑料标准化技术委员会	—	常熟东南塑料有限公司，中蓝晨光成都检测技术有限公司等	2023年第三批推荐性国家标准计划及相关标准外文版计划
98	415	20231373-T-606	塑料 滑动摩擦和磨损试验参数的确定	推荐	制定	—	ISO 6601—2002	16	中国石油和化学工业联合会	全国塑料标准化技术委员会	—	中蓝晨光成都检测技术有限公司等	2023年第三批推荐性国家标准计划及相关标准外文版计划

序号	原序号	计划编号	项目名称	标准性质	制修订	代替标准号	采用国际标准	项目周期（月）	主管部门	归口单位	副归口单位	起草单位	公布号
99	416	20231374-T-606	塑料 用氧指数法测定燃烧行为 第4部分：高气体流速试验	推荐	制定	—	ISO 4589.4—2021	16	中国石油和化学工业联合会	全国塑料标准化技术委员会	—	中蓝晨光化工研究设计院有限公司等	2023年第三批推荐性国家标准计划及相关标准外文版计划
100	417	20231375-T-606	塑料 苯乙烯-丙烯腈（SAN）模塑和挤出材料 第2部分：试样制备和性能测定	推荐	修订	GB/T 21460.2—2008	ISO 19064.2—2020	16	中国石油和化学工业联合会	全国塑料标准化技术委员会	—	中国石油天然气股份有限公司 石油化工研究院等	2023年第三批推荐性国家标准计划及相关标准外文版计划
101	418	20231376-T-606	塑料 成像清晰度的测定	推荐	制定	—	ISO 17221—2014	16	中国石油和化学工业联合会	全国塑料标准化技术委员会	—	中蓝晨光化工研究设计院有限公司等	2023年第三批推荐性国家标准计划及相关标准外文版计划
102	419	20231377-T-606	塑料 弹性指数 熔体弹性性能的测定	推荐	制定	—	ISO 23673—2021	16	中国石油和化学工业联合会	全国塑料标准化技术委员会	—	中蓝晨光化工研究设计院有限公司等	2023年第三批推荐性国家标准计划及相关标准外文版计划
103	420	20231378-T-606	塑料 标准气候老化试验方法中性能变化的表观活化能测定	推荐	制定	—	ISO 23706—2020	16	中国石油和化学工业联合会	全国塑料标准化技术委员会	—	广州合成材料研究院有限公司等	2023年第三批推荐性国家标准计划及相关标准外文版计划
104	421	20231379-T-609	纤维增强塑料复合材料I型疲劳分层扩展起始的试验方法	推荐	制定	—	—	18	中国建筑材料联合会	全国纤维增强塑料标准化技术委员会	—	重庆大学、河北工业大学、中国航发北京航空材料研究院、北京航空航天大学、北京玻璃钢研究设计院检测中心有限公司、天津爱思达新材料科技有限公司	2023年第三批推荐性国家标准计划及相关标准外文版计划

序号	原序号	计划编号	项目名称	标准性质	制修订	代替标准号	采用国际标准	项目周期（月）	主管部门	归口单位	副归口单位	起草单位	公布号
105	422	20231380-T-609	纤维增强塑料复合材料Ⅲ型层间断裂韧性的测定	推荐	制定	—	—	18	中国建筑材料联合会	全国纤维增强塑料标准化技术委员会	—	河北工业大学、北京航空航天大学、中国航发北京航空材料研究院、重庆大学、北京玻璃钢研究设计院、天津爱思达新材料科技有限公司、中国飞机强度研究所	2023年第三批推荐性国家标准计划及相关标准外文版计划
106	423	20231381-T-606	塑料 透明材料总透光率的测定 第1部分：单光束仪器	推荐	制定	—	ISO 13468.1—2019	16	中国石油和化学工业联合会	全国塑料标准化技术委员会	—	中蓝晨光化工研究设计院有限公司等	2023年第三批推荐性国家标准计划及相关标准外文版计划
107	425	20231383-T-609	纤维增强塑料用液体不饱和聚酯树脂	推荐	修订	GB/T 8237—2005	—	16	中国建筑材料联合会	全国纤维增强塑料标准化技术委员会	—	常州天马集团有限公司（原建材二五三厂）、北京玻璃钢研究设计院有限公司、上海玻璃钢研究院有限公司、中国兵器工业集团第五三研究所	2023年第三批推荐性国家标准计划及相关标准外文版计划
108	426	20231384-T-609	纤维增强塑料复合材料Ⅰ型一Ⅲ型混合层间断裂韧性的测定	推荐	制定	—	—	18	中国建筑材料联合会	全国纤维增强塑料标准化技术委员会	—	河北工业大学、北京航空航天大学、中国航发北京航空材料研究院、重庆大学、北京玻璃钢研究设计院有限公司、航天特种材料及工艺技术研究所	2023年第三批推荐性国家标准计划及相关标准外文版计划
109	427	20231385-T-606	塑料 聚氨酯生产用多元醇 近红外光谱法测定羟值	推荐	制定	—	ISO 15063—2011	16	中国石油和化学工业联合会	全国塑料标准化技术委员会	—	黎明化工研究设计院有限责任公司、旭川化学（苏州）有限公司	2023年第三批推荐性国家标准计划及相关标准外文版计划
110	442	20231400-T-606	水处理剂 阳离子型聚丙烯酰胺	推荐	修订	GB/T 31246—2014	—	16	中国石油和化学工业联合会	全国化学标准化技术委员会	—	中海油天津化工研究设计院有限公司、重庆大学、江苏富淼科技股份有限公司、爱森(中国)絮凝剂有限公司、安徽天润化学工业股份有限公司、安徽恒巨成精细化工有限责任公司、北京恒聚化工集团有限责任公司、东营宝莫环境工程有限公司、天津正达科技有限责任公司等	2023年第三批推荐性国家标准计划及相关标准外文版计划

序号	原序号	计划编号	项目名称	标准性质	制定修订	代替标准号	采用国际标准	项目周期(月)	主管部门	归口单位	副归口单位	起草单位	公布号
111	443	20231401-T-606	塑料 使用毛细管黏度计测定聚合物稀溶液黏度 第2部分：聚氯乙烯树脂	推荐	修订	GB/T 3401—2007	ISO 1628.2—2020	16	中国石油和化学工业联合会	全国塑料标准化技术委员会	—	锦西化工研究院有限公司、内蒙古君正能源化工集团股份有限公司、新疆中泰（集团）有限责任公司等	2023年第三批推荐性国家标准计划及相关标准外文版计划
112	447	20231405-T-609	聚合物基压电复合材料电离辐射效应试验方法	推荐	制定	—	—	18	中国建筑材料联合会	全国纤维增强塑料标准化技术委员会	—	武汉理工大学、清华大学、中南大学、中国空间技术研究院	2023年第三批推荐性国家标准计划及相关标准外文版计划
113	449	20231407-T-609	纤维增强聚合物基复合材料超低温线膨胀系数的测定	推荐	制定	—	—	18	中国建筑材料联合会	全国纤维增强塑料标准化技术委员会	—	中国科学院理化技术研究所、北京玻璃钢研究设计院技术有限公司等	2023年第三批推荐性国家标准计划及相关标准外文版计划
114	517	20231475-T-604	全自动旋转式PET瓶吹瓶机	推荐	修订	GB/T 29648—2013	—	16	中国机械工业联合会	全国食品包装机械标准化技术委员会	—	广州达意隆包装机械股份有限公司、合肥通用机电产品检测院有限公司、合肥通用机械研究院有限公司等	2023年第三批推荐性国家标准计划及相关标准外文版计划
115	578	20231536-T-604	核电站用1E级电缆 通用要求	推荐	修订	GB/T 22577—2008	—	16	中国电器工业协会	全国电线电缆标准化技术委员会	—	江苏上上电缆集团有限公司、上海电缆研究所有限公司、清华大学核能与新能源技术研究院、上海电缆检测股份有限公司等	2023年第三批推荐性国家标准计划及相关标准外文版计划
116	588	20231546-T-606	塑料 丙烯腈-丁二烯-苯乙烯（ABS）模塑和挤出材料 第1部分：命名系统和分类基础	推荐	修订	GB/T 20417.1—2008	ISO 19062.1—2015	16	中国石油和化学工业联合会	全国塑料标准化技术委员会	—	北京燕山石化高科技有限责任公司等	2023年第三批推荐性国家标准计划及相关标准外文版计划
117	594	20231552-T-606	塑料 聚醚醚酮（PEEK）模塑和挤出材料 第1部分：命名系统和分类基础	推荐	制定	—	ISO 23153.1—2020	16	中国石油和化学工业联合会	全国塑料标准化技术委员会	—	中蓝晨光成都检测技术有限公司、吉林省中研中高分子材料股份有限公司、金发科技股份有限公司等	2023年第三批推荐性国家标准计划及相关标准外文版计划

序号	原序号	计划编号	项目名称	标准性质	制修订	代替标准号	采用国际标准	项目周期(月)	主管部门	归口单位	副归口单位	起草单位	公布号
118	599	20231557-T-609	预铺防水卷材	推荐	修订	GB/T 23457—2017	—	16	中国建筑材料联合会	全国轻质与装饰装修建筑材料标准化技术委员会	—	中国建材检验认证集团苏州有限公司、中国建筑防水技术协会、建筑材料工业技术监督研究中心、北京东方雨虹防水技术股份有限公司	2023年第三批推荐性国家标准计划及相关标准外文版计划
119	615	20231573-T-339	半导体器件 柔性可拉伸半导体器件 第4部分：柔性半导体器件基板上柔性电薄膜的疲劳评价	推荐	制定	—	IEC 62951.4—2019	16	工业和信息化部（电子）	全国半导体器件标准化技术委员会	—	中国电子科技集团有限公司 第五十五研究所、中国电子技术标准化研究院	2023年第三批推荐性国家标准计划及相关标准外文版计划
120	633	20231591-T-469	非金属材料的聚光加速户外暴露试验方法	推荐	修订	GB/T 20236—2015	—	12	国家标准化管理委员会	全国电工电子产品环境条件与环境试验标准化技术委员会	—	中国电器科学研究院股份有限公司	2023年第三批推荐性国家标准计划及相关标准外文版计划
121	656	20231614-T-608	纺织品 来源于纺织品的微塑料 第1部分：织物经水洗后收集物质量的测定	推荐	制定	—	ISO 4484.1—2023	22	中国纺织工业联合会	全国纺织品标准化技术委员会	—	宁波海关技术中心、中纺标检验认证股份有限公司等	2023年第三批推荐性国家标准计划及相关标准外文版计划
122	666	20231624-T-608	纺织品 来源于纺织品的微塑料 第3部分：纺织品经家庭洗涤后收集物质量的测定	推荐	制定	—	ISO 4484.3—2023	22	中国纺织工业联合会	全国纺织品标准化技术委员会	—	中纺标检验认证股份有限公司等	2023年第三批推荐性国家标准计划及相关标准外文版计划

序号	原序号	计划编号	项目名称	标准性质	制修订	代替标准号	采用国际标准	项目周期（月）	主管部门	归口单位	副归口单位	起草单位	公布号
123	53	20231771-T-339	电子和电气设备用连接器 产品要求 第8—105部分：电源连接器 2芯额定电流63A、额定电压400V 塑料外壳块锁矩形连接器详细规范	推荐	制定	—	IEC 61076.8.105—2023	12	工业和信息化部（电子）	全国电子设备用电子元件标准化技术委员会	—	上海航天科工电气器研究院有限公司、中国电子技术标准化研究院、贵州航天电器股份有限公司、四川华丰科技股份有限公司、浪潮电子信息产业股份有限公司	2023年第四批推荐性国家标准计划及相关标准外文版计划
124	59	20231777-T-339	半导体器件 微电子机械器件 第21部分：MEMS 薄膜材料泊松比测试方法	推荐	制定	—	IEC 62047.21—2014	16	工业和信息化部（电子）	全国集成电路标准化技术委员会	全国微机电技术标准化技术委员会	中国电子技术标准化研究院、北京大学、工业和信息化部第五研究所、上海烨映微电子科技股份有限公司、东南大学等	2023年第四批推荐性国家标准计划及相关标准外文版计划
125	61	20231779-T-339	半导体器件 微电子机械器件 第12部分：采用MEMS 结构谐振法的薄膜材料疲劳试验方法	推荐	制定	—	IEC 62047.12—2011	16	工业和信息化部（电子）	全国集成电路标准化技术委员会	全国微机电技术标准化技术委员会	杭州大立微电子有限公司、中国电子技术标准化研究院、中国科学院微电子研究所、中科院上海微系统与信息技术研究所、工业和信息化部电子第五研究所、浙江大立科技股份有限公司等	2023年第四批推荐性国家标准计划及相关标准外文版计划
126	64	20231782-T-339	半导体器件 微电子机械器件 第22部分：柔性衬底导电薄膜机电拉伸测试方法	推荐	制定	—	IEC 62047.22—2014	16	工业和信息化部（电子）	全国集成电路标准化技术委员会	全国微机电技术标准化技术委员会	中国电子技术标准化研究院、上海烨映微电子科技股份有限公司、工业和信息化部第五研究所、北京大学等	2023年第四批推荐性国家标准计划及相关标准外文版计划
127	69	20231787-T-339	半导体器件 微电子机械器件 第8部分：薄膜拉伸特性测量的常材弯曲测试方法	推荐	制定	—	IEC 62047.8—2011	16	工业和信息化部（电子）	全国集成电路标准化技术委员会	全国微机电技术标准化技术委员会	浙江大立科技股份有限公司、中国电子技术标准化研究院、中国科学院微电子研究所、中科院上海微系统与信息技术研究所、工业和信息化部电子第五研究所、杭州大立微电子有限公司等	2023年第四批推荐性国家标准计划及相关标准外文版计划

序号	原序号	计划编号	项目名称	标准性质	制修订	代替标准号	采用国际标准	项目周期（月）	主管部门	归口单位	副归口单位	起草单位	公布号
128	112	20231830-T-608	遮阳篷和野营帐篷用织物	推荐	修订	GB/T 33272—2016	—	16	中国纺织工业联合会	全国纺织品标准化技术委员会	—	广州纤维产品检测研究院，中国产业用纺织品行业协会，浙江锦达膜材料科技有限公司，浙江宇立新材料有限公司等	2023年第四批推荐性国家标准计划及相关标准外文版计划
129	128	20231846-T-469	塑料 聚对苯二甲酸-己二酸丁二酯（PBAT）模塑和挤出材料 第1部分：命名系统和分类基础	推荐	制定	—	—	18	国家标准化管理委员会	全国生物基材料及降解制品标准化技术委员会	—	金发科技股份有限公司，北京工商大学，山西华阳生物降解新材料科技有限责任公司，金晖兆隆高新科技股份有限公司，彤程化学（上海）有限公司，甘肃莫高实业发展股份有限公司等	2023年第四批推荐性国家标准计划及相关标准外文版计划
130	129	20231847-T-469	受控堆肥条件下材料最终需氧生物分解能力的测定 采用测定释放的二氧化碳的方法 第1部分：通用方法	推荐	修订	GB/T 19277.1—2011	ISO 14855.1—2012	12	国家标准化管理委员会	全国生物基材料及降解制品标准化技术委员会	—	北京工商大学，浙江海正生物材料股份有限公司，合肥恒鑫生活科技股份有限公司，山西华阳生物降解新材料科技有限责任公司，宁波家联科技股份有限公司，安徽丰原生物技术股份有限公司，广东崇熙环保科技有限公司，重庆市联发塑料科技股份有限公司，四川大学，安徽惠驰华塑业有限公司，扬州惠通新材料有限公司，北京丰德通用装包技术有限公司，清华大学，惠通北工生物科技（北京）有限公司，深圳万洁杰环保新材料股份有限公司，彤程化学（中国）有限公司，江西省萍乡市轩品塑胶制品有限公司，深圳市正旺环保新材料有限公司，北京永华晴天科技发展有限公司，安徽省鑫晴天新材料有限公司，国家塑料制品质量监督检验中心（北京）等	2023年第四批推荐性国家标准计划及相关标准外文版计划

序号	原序号	计划编号	项目名称	标准性质	制订修订	代替标准号	采用国际标准	项目周期（月）	主管部门	归口单位	副归口单位	起草单位	公布号
131	133	20231851-T-469	塑料 聚对苯二甲酸-己二酸丁二酯（PBAT）模塑和挤出材料 第2部分：试样制备和性能测定	推荐	制定	—	—	18	国家标准化管理委员会	全国生物基材料及降解制品标准化技术委员会	—	江苏金发科技新材料股份有限公司、金发科技股份有限公司、北京工商大学、山西华阳生物降解新材料有限责任公司、金晖兆隆高新科技股份有限公司、彤程化学（上海）有限公司、甘肃莫高实业发展股份有限公司等	2023年第四批推荐性国家标准计划及相关标准外文版计划
132	160	20231878-T-339	半导体器件 柔性可拉伸半导体器件 第7部分：柔性有机半导体封装薄膜阻挡特性测试方法	推荐	制定	—	IEC 62951.7—2019	16	工业和信息化部（电子）	全国半导体器件标准化技术委员会	—	工业和信息化部电子第五研究所、浙江清华柔性电子研究院、中国科学院深圳先进技术研究院	2023年第四批推荐性国家标准计划及相关标准外文版计划
133	163	20231881-T-339	半导体器件 柔性可拉伸半导体器件 第3部分：柔性基板在凸起状态下的薄膜晶体管性能评价	推荐	制定	—	IEC 62951.3—2018	16	工业和信息化部（电子）	全国半导体器件标准化技术委员会	—	工业和信息化部电子第五研究所、浙江清华柔性电子研究院、厦门大学	2023年第四批推荐性国家标准计划及相关标准外文版计划
134	171	20231889-T-339	海底光缆总规范	推荐	修订	GB/T 18480—2001	—	16	工业和信息化部（电子）	工业和信息化部（电子）	—	中国电子科技集团第八研究所	2023年第四批推荐性国家标准计划及相关标准外文版计划
135	172	20231890-T-339	光缆 第4部分：分规范 沿行线路架空设的光缆	推荐	修订	GB/T 7424.4—2003	IEC 60794.4—2018	16	工业和信息化部（电子）	工业和信息化部（电子）	—	中国电子科技集团第八研究所、中国电子技术标准化研究院、中国电力科学研究院、上海电缆研究所有限公司	2023年第四批推荐性国家标准计划及相关标准外文版计划
136	221	20231939-T-469	油气输送用非金属管道完整性管理	推荐	制定	—	—	18	国家标准化管理委员会	全国石油天然气标准化技术委员会	—	中国石油集团工程材料研究院、中国石油天然气股份有限公司塔里木油田分公司、中国石油天然气股份有限公司长庆油田分公司	2023年第四批推荐性国家标准计划及相关标准外文版计划

序号	原序号	计划编号	项目名称	标准性质	制修订	代替标准号	采用国际标准	项目周期（月）	主管部门	归口单位	副归口单位	起草单位	公布号
137	267	20231985-T-339	纤维光学互连器件和无源器件基本试验和测量程序 第2-4部分：试验 光纤/光缆保持力	推荐	修订	GB/T 18310.4—2001	IEC 61300-2-4:2019	16	工业和信息化部（电子）	工业和信息化部（电子）	—	中航光电科技股份有限公司、中国电子技术标准化研究院、中国电子科技集团公司第二十三研究所	2023年第四批推荐性国家标准计划及相关标准外文版计划
138	323	20232041-T-607	塑料 薄膜和薄片水蒸气透过率的测定 第4部分：气相色谱法	推荐	制定	—	ISO 15106-4:2008	16	中国轻工业联合会	全国塑料制品标准化技术委员会	—	浙江省产品质量安全科学研究院、绍兴市质量技术监督检测院、广州标际包装设备有限公司、大连塑料研究所有限公司	2023年第四批推荐性国家标准计划及相关标准外文版计划
139	324	20232042-T-607	皮革 沾污性能的测定 第2部分：马丁代尔摩擦法	推荐	制定	—	ISO 26082-1:2019	16	中国轻工业联合会	全国皮革工业标准化技术委员会	—	中轻检验认证有限公司、中国皮革制鞋研究院有限公司等	2023年第四批推荐性国家标准计划及相关标准外文版计划
140	365	20232083-T-607	皮革 物理和机械试验 抗张强度和伸长率的测定	推荐	制定	—	ISO 3376:2020	16	中国轻工业联合会	全国皮革工业标准化技术委员会	—	中国皮革制鞋研究院有限公司、浙江盛汇化工有限公司等	2023年第四批推荐性国家标准计划及相关标准外文版计划
141	366	20232084-T-607	皮革 色牢度试验 颜色迁移到聚合物上的色牢度	推荐	制定	—	ISO 15701:2022	16	中国轻工业联合会	全国皮革工业标准化技术委员会	—	中轻检验认证有限公司、中国皮革制鞋研究院有限公司、浙江通天星集团股份有限公司等	2023年第四批推荐性国家标准计划及相关标准外文版计划
142	367	20232085-T-607	皮革 色牢度试验 试验通则	推荐	制定	—	ISO 7906:2022	16	中国轻工业联合会	全国皮革工业标准化技术委员会	—	中国皮革制鞋研究院有限公司、中轻检验认证有限公司等	2023年第四批推荐性国家标准计划及相关标准外文版计划

序号	原序号	计划编号	项目名称	标准性质	制修订	代替标准号	采用国际标准	项目周期（月）	主管部门	归口单位	副归口单位	起草单位	公布号
143	373	20232091-T-469	绿色产品评价 生物基材料及制品	推荐	制定	—	—	18	国家标准化管理委员会	全国生物基材料及降解制品标准化技术委员会	全国环境管理标准化技术委员会	中国标准化研究院、北京工商大学、安徽丰原生物技术股份有限公司、合肥恒鑫生活科技股份有限公司、宁波家联科技股份有限公司、浙江海正生物材料股份有限公司、扬州惠通新材料有限公司、山西华阳生物降解新材料有限责任公司、广东崇熙环保科技有限公司、安徽华驰塑业有限公司、重庆市联发塑料股份有限公司、彤程化学（中国）有限公司、扬州市杰塑胶制品有限公司、深圳市轩品塑胶制品有限公司、惠通北工生物科技股份有限公司、深圳市万达杰环保新材料股份有限公司、上海北工包装制品有限公司、安徽中成华道可降解材料科技有限公司、上海大觉化工有限公司、四川正旺环保新材料有限公司、深圳市清华大学研究院、北京永华晴天科技发展有限公司、安徽恒鑫环保新材料有限公司、国家塑料制品质量监督检验中心（北京）、宁波工程学院、上海盒马网络科技有限公司	2023年第四批推荐性国家标准制修订计划及相关标准外文版计划
144	404	20232122-T-604	聚合物增材制造原材料 激光粉末床熔融用材料的鉴定	推荐	制定	—	ISO/ASTM 52925:2022	16	中国机械工业联合会	全国增材制造标准化技术委员会	—	中机生产力促进中心有限公司等	
145	543	20232261-T-605	工业管道用浸塑复合钢管	推荐	制定	—	—	18	中国钢铁工业协会	全国钢标准化技术委员会	—	山东尚核电力科技有限公司、青岛迪恩特尚新材料科技有限公司、中核核电运行管理有限公司、冶金工业信息标准研究院等	2023年第四批推荐性国家标准制修订计划及相关标准外文版计划

序号	原序号	计划编号	项目名称	标准性质	制修订	代替标准号	采用国际标准	项目周期（月）	主管部门	归口单位	副归口单位	起草单位	公布号
146	679	20232397-T-339	电子和电气设备用连接器 产品要求 第8—102部分：电源连接器 2芯、3芯150A 功率加2芯信号塑料外壳屏蔽密封连接器详细规范	推荐	制定	—	IEC 61076.8.102—2020	12	工业和信息化部（电子）	全国电子设备用机电元件标准化技术委员会	—	中航光电科技股份有限公司、中国电子技术标准化研究院、奇瑞新能源汽车技术有限公司、安徽江淮汽车集团股份有限公司	2023年第四批推荐性国家标准计划及相关标准外文版计划
147	680	20232398-T-339	同轴通信电缆 第1—215部分：环境试验方法 电缆的高温老化	推荐	制定	—	IEC 61196.1.215—2016	16	工业和信息化部（电子）	全国电子设备用高频电缆及连接器标准化技术委员会	—	天津六〇九电缆有限公司、中国电子技术标准化研究所、中国电子科技集团公司第二十三研究所、深圳金信诺高新技术股份有限公司、上海国缆检测股份有限公司	2023年第四批推荐性国家标准计划及相关标准外文版计划
148	681	20232399-T-339	同轴通信电缆 第1—209部分：环境试验方法 热循环	推荐	制定	—	IEC 61196.1.209—2016	16	工业和信息化部（电子）	全国电子设备用高频电缆及连接器标准化技术委员会	—	天津六〇九电缆有限公司、中国电子技术标准化研究所、中国电子科技集团公司第二十三研究所、深圳金信诺高新技术股份有限公司、上海国缆检测股份有限公司	2023年第四批推荐性国家标准计划及相关标准外文版计划
149	682	20232400-T-339	同轴通信电缆 第1—125部分：电气试验方法 等效相对介电常数和等效介质损耗因数试验	推荐	制定	—	IEC 61196.1.125—2022	16	工业和信息化部（电子）	全国电子设备用高频电缆及连接器标准化技术委员会	—	中国电子科技集团公司第二十三研究所、中国电子技术标准化研究院、广东中安拓普聚合物材料股份有限公司、芜湖佳宏新材料股份有限公司、中国石油大学、宏安集团有限公司、深圳金信诺高新技术股份有限公司、昆山安胜达微波科技有限公司	2023年第四批推荐性国家标准计划及相关标准外文版计划

序号	原序号	计划编号	项目名称	标准性质	制修订	代替标准号	采用国际标准	项目周期（月）	主管部门	归口单位	副归口单位	起草单位	公布号
150	701	20232419-T-602	一次性托盘	推荐	修订	GB/T 20077—2006	—	16	中国物流与采购联合会	全国物流标准化技术委员会	—	安徽繁盛木业包装有限公司、山东中浩塑业有限公司、中国物流与采购联合会等	2023年第四批推荐性国家标准计划及相关标准外文版计划
151	702	20232420-T-602	塑料平托盘	推荐	修订	GB/T 15234—1994	—	16	中国物流与采购联合会	全国物流标准化技术委员会	—	山东腾博塑料制品有限公司、上海派瑞特塑业有限公司、中国物流与采购联合会等	2023年第四批推荐性国家标准计划及相关标准外文版计划
152	718	20232436-T-469	液化石油气高密度聚乙烯内胆玻璃纤维全缠绕气瓶	推荐	制定	—	—	18	国家标准化管理委员会	全国气瓶标准化技术委员会	—	浙江大学、艾赛斯（杭州）复合材料有限公司、天津安易达复合气瓶有限公司、大连锅炉压力容器检验检测研究院有限公司等	2023年第四批推荐性国家标准计划及相关标准外文版计划
153	729	20232447-T-469	包装机械 PET瓶碳减排技术规范 低压吹瓶系统	推荐	制定	—	—	18	国家标准化管理委员会	全国包装机械标准化技术委员会	—	广东星联精密机械有限公司、合肥通用机械研究院有限公司、合肥通用机电产品检测有限公司等	2023年第四批推荐性国家标准计划及相关标准外文版计划
154	735	20232453-T-602	平托盘 试验方法	推荐	修订	GB/T 4996—2014	ISO 8611.1 2021	16	中国物流与采购联合会	全国物流标准化技术委员会	—	北京科技大学、中国物流与采购联合会等	2023年第四批推荐性国家标准计划及相关标准外文版计划
155	736	20232454-T-602	平托盘 性能要求和试验选择	推荐	修订	GB/T 4995—2014	ISO 8611.2 2021	16	中国物流与采购联合会	全国物流标准化技术委员会	—	北京科技大学、中国物流与采购联合会等	2023年第四批推荐性国家标准计划及相关标准外文版计划
156	741	20232459-T-606	塑料 再生塑料色差的测定	推荐	制定	—	—	18	中国石油和化学工业联合会	全国塑料标准化技术委员会	—	中蓝晨光成都检测技术有限公司等	2023年第四批推荐性国家标准计划及相关标准外文版计划

序号	原序号	计划编号	项目名称	标准性质	制修订	代替标准号	采用国际标准	项目周期（月）	主管部门	归口单位	副归口单位	起草单位	公布号
157	743	20232461-T-606	塑料 再生塑料 第10部分：聚对苯二甲酸丁二醇酯（PBT）材料	推荐	制定	—	—	18	中国石油和化学工业联合会	全国塑料标准化技术委员会		宁波坚锋新材料有限公司、中蓝晨光成都检测技术有限公司、宁波海关技术中心、福建华塑新材料有限公司、同驰科技成都有限公司等	2023年第四批推荐性国家标准计划及相关标准外文版计划
158	13	20230426-T-606	老年人沐浴鞋	推荐	制定	—	—	18	中国石油和化学工业联合会	全国橡胶与橡胶制品标准化技术委员会	—	泉州市标准化研究所、莆田市标龙设备有限公司、福建省鞋类产品质量监督检验中心	适老化改造推荐性国家标准专项计划项目
159	110	20232582-T-607	再生塑料 物理回收碳排放量的核算	推荐	制定	—	—	18	中国轻工业联合会	全国塑料制品标准化技术委员会	全国碳排放管理标准化技术委员会	国高材高分子材料产业创新中心有限公司、金发科技股份有限公司、中国塑料加工工业协会、中国再生资源回收利用协会等	碳达峰、碳中和国家标准专项计划项目

2023年发布的相关国家标准制修订计划

序号	原序号	计划编号	项目名称	标准性质	制修订	代替标准号	采用国际标准	项目周期（月）	主管部门	归口单位	副归口单位	起草单位	公布号
1	300	20230775-T-469	质量管理 理解、评价和改进组织的质量文化指南	推荐	制定	—	ISO 10010—2022	12	国家标准化管理委员会	全国质量管理和质量保证标准化技术委员会	—	中国标准化研究院	2022年第二批推荐性国家标准计划及相关标准外文版计划
2	301	20230776-T-469	绿色产品评价通则	推荐	修订	GB/T 33761—2017	—	16	国家标准化管理委员会	全国环境管理标准化技术委员会	—	中国标准化研究院等	2023年第二批推荐性国家标准计划及相关标准外文版计划

序号	原序号	计划编号	项目名称	标准性质	制修订	代替标准号	一采用国际标准	项目周期（月）	主管部门	归口单位	副归口单位	起草单位	公布号
3	302	20230777-T-469	温室气体 产品碳足迹 量化要求和指南	推荐	制定	—	ISO 14067—2018	16	国家标准化管理委员会	全国环境管理标准化技术委员会	—	中国标准化研究院	2023年第二批推荐性国家标准计划及相关标准外文版计划
4	321	20230796-T-469	认证机构远程审核指南	推荐	制定	—	—	12	国家标准化管理委员会	全国认证认可标准化技术委员会	—	中国认证认可协会、广州赛宝认证中心服务有限公司等	2022年第二批推荐性国家标准计划及相关标准外文版计划
5	322	20230797-T-469	合格评定 第三方产品认证制度应用指南	推荐	修订	GB/T 27028—2008	—	16	国家标准化管理委员会	全国认证认可标准化技术委员会	—	中国质量认证中心	2023年第二批推荐性国家标准计划及相关标准外文版计划
6	26	20230984-T-467	碳排放核算与报告要求 第X部分：生活污水处理企业	推荐	制定	—	—	18	生态环境部	全国碳排放管理标准化技术委员会	—	中国环境科学研究院、中国标准化研究院、北控水务（中国）投资有限公司等	2023年第三批推荐性国家标准计划及相关标准外文版计划
7	116	20231074-T-469	绿色工厂评价通则	推荐	修订	GB/T 36132—2018	—	16	国家标准化管理委员会	全国环境管理标准化技术委员会	—	中国电子技术标准化研究院、中国标准化研究院、北京赛西认证有限责任公司、冶金工业规划研究院、中机生产力促进中心有限公司等	2023年第三批推荐性国家标准计划及相关标准外文版计划
8	250	20231208-T-339	智能制造系统解决方案供应商评价规范	推荐	制定	—	—	18	工业和信息化部（电子）	工业和信息化部（电子）		中国电子技术标准化研究院、机械工业第六设计研究院有限公司、东风设计研究院有限公司、中国航空规划设计研究总院有限公司、新松机器人自动化股份有限公司、浙江中控技术股份有限公司、沈阳机床股份有限公司、广东盘古信息科技有限公司、和利时智能软件股份有限责任公司、石化盈科信息技术有限责任公司、中国汽车技术研究中心有限公司、中国信息通信研究院咨询有限公司、江苏赛西科技发展有限公司、鼎捷数码科技有限公司、波瑞管理咨询有限公司	2023年第三批推荐性国家标准计划及相关标准外文版计划

序号	原序号	计划编号	项目名称	标准性质	制修订	代替标准号	一采用国际标准	项目周期(月)	主管部门	归口单位	副归口单位	起草单位	公布号
9	271	20231229-T-469	碳中和-原则、要求及指南	推荐	制定	—	—	18	生态环境部	全国环境管理标准化技术委员会	—	中国标准化研究院等	2023年第三批推荐性国家标准计划及相关标准外文版计划
10	306	20231264-T-333	民用建筑节约材料评价标准	推荐	修订	GB/T 34909—2018	—	22	住房和城乡建设部	住房和城乡建设部	—	中国国检测试控股集团股份有限公司、北京清华同衡规划设计研究院有限公司等	2023年第三批推荐性国家标准计划及相关标准外文版计划
11	556	20231514-T-339	工业互联网平台园区服务规范	推荐	制定	—	—	18	工业和信息化部	全国信息化和工业化融合管理标准化技术委员会	—	国家工业信息安全发展研究中心、中国电子信息产业发展研究院、中国信息通信研究院、中国电子技术标准化研究院、海尔卡奥斯股份有限公司等	2023年第三批推荐性国家标准计划及相关标准外文版计划
12	214	20231932-T-469	节能技术评价导则	推荐	修订	GB/T 40064—2021	—	16	国家标准化管理委员会	全国能源基础与管理标准化技术委员会	—	中国标准化研究院等	2023年第四批推荐性国家标准计划及相关标准外文版计划
13	225	20231943-T-469	温室气体管理体系要求	推荐	制定	—	—	18	国家标准化管理委员会	全国环境管理标准化技术委员会	—	中国标准化研究院	2023年第四批推荐性国家标准计划及相关标准外文版计划
14	257	20231975-T-469	低碳产业园区建设导则	推荐	制定	—	—	18	国家标准化管理委员会	全国环境管理标准化技术委员会	—	中国标准化研究院等	2023年第四批推荐性国家标准计划及相关标准外文版计划

2023 年发布的塑料制品相关国家标准外文版编制计划

序号	原序号	外文版项目计划编号	国家标准/计划编号	拟翻译国家标准中文名称	语种	主管部门	归口单位	翻译单位	完成周期	公告号
1	11	W20233118	20230287-T-607	土工合成材料 聚乙烯土工膜	英语	中国轻工业联合会	全国塑制品标准化技术委员会	北京华盾雪花塑料集团有限责任公司	与中文标准同步	2023 年第一批推荐性国家标准计划及相关标准外文版计划
2	12	W20233130	20230276-T-607	船用塑料管道系统 聚乙烯（PE）管材及管件	英语	中国轻工业联合会	全国塑制品标准化技术委员会	浙江伟星新型建材股份有限公司、江苏星河集团有限公司、亚大塑料制品有限公司、山东胜邦塑胶有限公司、北京工商大学、沙特基础（中国）研发有限公司	与中文标准同步	2023 年第一批推荐性国家标准计划及相关标准外文版计划
3	11	W20233273	20230744-T-469	纤维增强复合材料板材拉挤成型模	英语	国家标准化管理委员会	全国模具标准化技术委员会	桂林电器科学研究院有限公司等	促进对外贸易	2023 年第二批推荐性国家标准计划及相关标准外文版计划
4	13	W20233272	20230745-T-469	新能源汽车电池包上盖复合材料成型模	英语	国家标准化管理委员会	全国模具标准化技术委员会	桂林电器科学研究院有限公司等	促进对外贸易	2023 年第二批推荐性国家标准计划及相关标准外文版计划
5	7	W20233498	20231257-T-469	压力管道规范 长输管道	英语	国家标准化管理委员会	全国锅炉压力容器标准化技术委员会	国家石油天然气管网集团有限公司等	支持对外承包工程	2023 年第三批推荐性国家标准计划及相关标准外文版计划
6	19	W20233510	20231105-T-469	反渗透膜测试方法	英语	国家标准化管理委员会	全国分离膜标准化技术委员会	沃顿科技股份有限公司等	服务国际合作交流	2023 年第三批推荐性国家标准计划及相关标准外文版计划
7	20	W20233511	20231099-T-469	膜生物反应器有机膜平板膜组器	英语	国家标准化管理委员会	全国分离膜标准化技术委员会	同济大学等	促进对外贸易	2023 年第三批推荐性国家标准计划及相关标准外文版计划
8	51	W20233542	20231475-T-604	全自动旋转式 PET 瓶吹瓶机	英语	中国机械工业联合会	全国食品包装机械标准化技术委员会	广州达意隆包装机械股份有限公司、合肥通用机电产品检测院有限公司、合肥通用机械研究院有限公司等	促进对外贸易	2023 年第三批推荐性国家标准计划及相关标准外文版计划

序号	原序号	外文版项目计划编号	国家标准/计划编号	拟翻译国家标准中文名称	语种	主管部门	归口单位	翻译单位	完成周期	公告号
9	66	W20233557	20231405-T-609	聚合物基压电复合材料电离辐射效应试验方法	英语	中国建筑材料联合会	全国纤维增强塑料标准化技术委员会	武汉理工大学	服务国际合作交流	2023年第三批推荐性国家标准计划及相关标准外文版计划
10	67	W20233558	20231557-T-609	预铺防水卷材	英语	中国建筑材料联合会	全国轻质与装饰装修建筑材料标准化技术委员会	中国建材检验认证集团苏州有限公司	服务对外承包工程	2023年第三批推荐性国家标准计划及相关标准外文版计划
11	74	W20233565	20231227-T-607	土工合成材料 氧化诱导时间的测定 高压差示扫描量热法	英语	中国轻工业联合会	全国塑料制品标准化技术委员会	中石化（北京）化工研究院有限公司	促进外贸易	2023年第三批推荐性国家标准计划及相关标准外文版计划
12	75	W20233566	20231400-T-606	水处理剂 阳离子型聚丙烯酰胺	英语	中国石油和化学工业联合会	全国化学标准化技术委员会	中海油天津化工研究设计院有限公司	服务国际合作交流	2023年第三批推荐性国家标准计划及相关标准外文版计划
13	81	W20233572	20231144-T-606	酸化压裂用高压柔性软管和软管组合件 规范	英语	中国石油和化学工业联合会	全国橡胶与橡胶制品标准化技术委员会	沈阳橡胶研究设计院有限公司	服务国际合作交流	2024年第三批推荐性国家标准计划及相关标准外文版计划
14	89	W20233580	20231042-T-333	外墙外保温系统材料安全性评价方法	英语	住房和城乡建设部	住房和城乡建设部	中国建筑科学研究院有限公司	服务对外承包工程	2023年第三批推荐性国家标准计划及相关标准外文版计划
15	2	W20233688	20232447-T-469	包装机械 PET瓶碳减排技术规范 低压吹瓶系统	英语	国家标准化管理委员会	全国包装机械标准化技术委员会	广东星联精密机械有限公司、合肥通用机电产品检测院有限公司、合肥通用机械研究院有限公司	与中文标准同步	2023年第四批推荐性国家标准计划及相关标准外文版计划
16	25	W20233721	20232582-T-607	再生塑料 物理回收碳排放量的核算	英语	中国轻工业联合会	全国塑料制品标准化技术委员会	国高材高分子材料产业创新中心有限公司	与中文标准同步	碳达峰、碳中和国家标准专项计划项目

序号	原序号	外文版项目计划编号	国家标准/计划编号	拟翻译国家标准中文名称	语种	主管部门	归口单位	翻译单位	完成周期	公告号
17	26	W20233720	20232585-T-607	温室气体 产品碳足迹量化方法与要求 塑料制品	英语	中国轻工业联合会	全国塑料制品标准化技术委员会	中国塑料加工工业协会	与中文标准同步	碳达峰、碳中和国家标准专项计划项目

2023 年塑料制品相关国家标准复审修订计划项目

序号	原序号	计划号	国家标准计划名称	标准性质	制修订	代替标准号	采用国际标准	项目周期	主管部门	归口单位	起草单位
1	113	20232678-T-469	气垫船术语	推荐	修订	GB/T 13146—1991	—	16	国家标准化管理委员会	全国海洋船标准化技术委员会	中国船舶工业集团公司第七〇八研究所
2	122	20232687-T-314	失禁者用尿液吸收剂 聚丙烯酸酯高吸水性粉末 第 5 部分：在盐溶液中用标准重量法测定吸水率	推荐	修订	GB/T 20405.5—2006	ISO 17190.5—2020	12	民政部	全国残疾人康复和专用设备标准化技术委员会	中国残疾人辅助器具中心
3	129	20232694-T-314	失禁者用尿液吸收剂 聚丙烯酸酯高吸水性粉末 第 4 部分：加热失重法对水分含量的测定	推荐	修订	GB/T 20405.4—2006	ISO 17190.4—2020	16	民政部	全国残疾人康复和专用设备标准化技术委员会	中国残疾人辅助器具中心
4	132	20232697-T-469	塑料的检验 检验用塑料制品的粉碎	推荐	修订	GB/T 22236—2008	—	16	国家标准化管理委员会	全国危险化学品管理标准化技术委员会	广州海关技术中心

序号	原序号	计划号	国家标准计划名称	标准性质	制修订	代替标准号	采用国际标准	项目周期	主管部门	归口单位	起草单位
5	224	20232789-T-469	生物聚酯连卷袋	推荐	修订	GB/T 33798—2017	—	12	国家标准化管理委员会	全国生物基材料及降解制品标准化技术委员会	扬州惠通新材料有限公司、深圳万达杰环保新材料股份有限公司、重庆市联发塑料科技股份有限公司、山西华阳生物降解新材料有限责任公司、上海大觉包装制品有限公司、安徽丰原生物技术股份有限公司、合肥恒鑫生活科技股份有限公司、安徽中成华道可降解材料科技有限公司、宁波家联科技股份有限公司、彤程化学(中国)有限公司、扬州惠通新材料有限公司、安徽华驰塑业有限公司、深圳正旺塑胶制品有限公司、北京工商大学、宁波天安生物材料有限公司、武汉华丽环保科技有限公司、广东崇熙环保科技有限公司、富岭科技股份有限公司、北京恒鑫宜可科技有限公司、大觉北工生物科技有限公司、浙江北彩新材料科技有限公司、深圳市虹彩新材料科技有限公司、北京南益生物科技有限公司、山东天野生物降解新材料科技有限公司等
6	245	20232810-T-604	电线电缆电性能试验方法 第13部分：冲击电压试验	推荐	修订	GB/T 3048.13—2007	—	16	中国电器工业协会	全国电线电缆标准化技术委员会	上海国缆检测股份有限公司等
7	246	20232811-T-604	漆包圆绕组线 第5部分：180级聚酯亚胺漆包铜圆线	推荐	修订	GB/T 6109.5—2008	IEC 60317.8—2010	16	中国电器工业协会	全国电线电缆标准化技术委员会	上海电缆研究所有限公司、大通(福建)新材料有限公司、铜陵精达特种电磁线股份有限公司、浙江长城电工科技股份有限公司、先登高科电气有限公司、无锡电工科技有限公司、无锡统力电工有限公司、烟台洛姆电子有限公司、无锡华达电工机械有限公司、河南华洋铜业集团有限公司、无锡格力一同创科技有限公司、珠海格力电工有限公司、无锡巨一同创科技有限公司、宁波金田新材料有限公司、佛山市广意永雄机械有限公司等
8	248	20232813-T-604	额定电压300/500V及以下生活设施加热和防结冰用加热电缆	推荐	修订	GB/T 20841—2007	IEC 60800—2021	16	中国电器工业协会	全国电线电缆标准化技术委员会	上海电缆研究所有限公司等

序号	原序号	计划号	国家标准计划名称	标准性质	制订修订	代替标准号	采用国际标准	项目周期	主管部门	归口单位	起草单位
9	249	20232814-T-604	数字通信用对绞或星绞多芯对称电缆 第2部分：具有100MHz及以下传输特性的对绞或星绞对称电缆 水平层布线电缆 分规范	推荐		GB/T 18015.2—2007	IEC 61156.2—2010	16	中国电器工业协会	全国电线电缆标准化技术委员会	上海电缆研究所有限公司、上海赛克力光电技术有限责任公司等
10	257	20232823-T-604	漆包圆线组线 第23部分：180级直焊聚氨酯漆包铜圆线	推荐	修订	GB/T 6109.23—2008	IEC 60317.51—2014	16	中国电器工业协会	全国电线电缆标准化技术委员会	上海电缆研究所有限公司、大通（福建）新材料有限公司、铜陵精达特种电磁线股份有限公司、浙江长城电工科技股份有限公司、先登高科电气有限公司、无锡统力电工有限公司、烟台洛姆电子有限公司、无锡华达电工有限公司、河南华洋铜业集团有限公司、珠海格力电工有限公司、宁波金田新材料有限公司、无锡巨一同创科技有限公司、广意永雄机械有限公司、佛山市等
11	284	20232850-T-606	塑料 差示扫描量热法(DSC) 第4部分：比热容的测定	推荐	修订	GB/T 19466.4—2016	ISO 11357.4—2021	16	中国石油和化工业联合会	全国塑料标准化技术委员会	中国石化北京燕山分公司树脂应用研究所、中国石油集团石油化工研究院、中国石化齐鲁分公司研究院、中蓝晨光化工研究设计院有限公司等
12	287	20232853-T-606	塑料 动态力学性能的测定 第1部分：通则	推荐	修订	GB/T 33061.1—2016	ISO 6721.1—2019	16	中国石油和化工业联合会	全国塑料标准化技术委员会	中蓝晨光成都检测技术有限公司等
13	293	20232859-T-606	塑料 聚合物分散体 pH值的测定	推荐	修订	GB/T 8325—1987	ISO 976—2013	16	中国石油和化工业联合会	全国塑料标准化技术委员会	中蓝晨光成都检测技术有限公司等
14	295	20232861-T-606	塑料 聚合物热重法(TG) 第1部分：通则	推荐	修订	GB/T 33047.1—2016	ISO 11358.1—2022	16	中国石油和化工业联合会	全国塑料标准化技术委员会	北京燕山石化高科技有限责任公司、中国石化集团石油化工科学研究院、中国石油集团石油化工研究院、中蓝晨光成都检测技术有限公司等

序号	原序号	计划号	国家标准计划名称	标准性质	制修订	代替标准号	采用国际标准	项目周期	主管部门	归口单位	起草单位
15	351	20232917-T-604	漆包圆绕组线 第17部分: 180级自粘性直焊聚酯亚胺漆包铜圆线	推荐	修订	GB/T 6109.17—2008	IEC 60317.36—2013 + AMD1: 2019 CSV	16	中国电器工业协会	全国电线电缆标准化技术委员会	上海电缆研究所有限公司、大通（福建）新材料有限公司、铜陵精达特种电磁线股份有限公司、浙江长城电工科技股份有限公司、先登高科电气有限公司、烟台科姆电子有限公司、无锡统力电工有限公司、无锡市梅达电工机械有限公司、河南华洋铜业集团有限公司、珠海格力电工有限公司、无锡巨一创科技有限公司、宁波金田新材料有限公司、广意永雄机械有限公司、佛山市
16	365	20232931-T-604	农业灌溉设备 鞍座 第1部分: 聚乙烯承压管	推荐	修订	GB/T 19796—2005	ISO 13460.1—2015	16	中国机械工业联合会	全国农业机械标准化技术委员会	中国农业机械化科学研究院集团有限公司、江苏大学流体机械工程技术研究中心等
17	370	20232936-T-469	液体食品保鲜包装用纸基复合材料	推荐	修订	GB/T 18706—2008	—	16	国家标准化管理委员会	全国包装标准化技术委员会	中国包装联合会、济南泉华包装制品有限公司、利乐中国有限公司、唯绿包装（上海）有限公司、厦门市产品质量监督检验院等
18	434	20233000-T-326	聚酰胺单丝	推荐	修订	GB/T 21032—2007	—	12	农业农村部	全国水产标准化技术委员会	农业农村部绳索网具产品质量监督检验测试中心、国家渔具质量检验检测中心等
19	461	20233027-T-606	塑料 差示扫描量热（DSC）法 第2部分: 玻璃化转变温度的测定	推荐	修订	GB/T 19466.2—2004	ISO 11357.2—2020	16	中国石油和化学工业联合会	全国塑料标准化技术委员会	中蓝晨光成都检测技术有限公司
20	464	20233030-T-606	塑料 差示扫描量热（DSC）法 第3部分: 熔融和结晶温度及热焓的测定	推荐	修订	GB/T 19466.3—2004	ISO 11357.3—2018	16	中国石油和化学工业联合会	全国塑料标准化技术委员会	中蓝晨光成都检测技术有限公司等
21	480	20233046-T-606	塑料 长期热暴露后时间—温度极限的测定	推荐	修订	GB/T 7142—2002	ISO 2578—1993	16	中国石油和化学工业联合会	全国塑料标准化技术委员会	广州合成材料研究院有限公司

序号	原序号	计划号	国家标准计划名称	标准性质	制修订	代替标准号	采用国际标准	项目周期	主管部门	归口单位	起草单位
22	482	20233048-T-606	塑料 可比单点数据的获得和表示 第1部分：模塑材料	推荐	修订	GB/T 19467.1—2004	ISO 10350.1—2025	16	中国石油和化学工业联合会	全国塑料标准化技术委员会	北京华塑晨光科技有限责任公司等
23	485	20233051-T-606	塑料 可比单点数据的获得和表示 第2部分：长纤维增强材料	推荐	修订	GB/T 19467.2—2004	ISO 10350.2—2020	16	中国石油和化学工业联合会	全国塑料标准化技术委员会	中蓝晨光成都检测技术有限公司等
24	486	20233052-T-606	塑料 热塑性塑料维卡软化温度(VST)的测定	推荐	修订	GB/T 1633—2000	ISO 306—2013	16	中国石油和化学工业联合会	全国塑料标准化技术委员会	中蓝晨光成都检测技术有限公司等
25	490	20233056-T-606	塑料 负荷变形温度的测定 第3部分：高强度热固性层压材料和长纤维增强塑料	推荐	修订	GB/T 1634.3—2004	ISO 75.3—2004	16	中国石油和化学工业联合会	全国塑料标准化技术委员会	中蓝晨光成都检测技术有限公司等
26	504	20233070-T-326	浸水保温服	推荐	修订	GB/T 9953—1999	—	16	农业农村部	全国渔船标准化技术委员会	中国水产科学研究院渔业机械仪器研究所、江苏华燕船舶装备有限公司、国家渔业质量监督检验中心、中国船级社武汉规范研究所、中国船级社实业公司等
27	570	20233137-T-606	结构胶粘剂 粘接前金属和塑料表面处理指南	推荐	修订	GB/T 21526—2008	ISO 17212—2012	16	中国石油和化学工业联合会	全国胶粘剂标准化技术委员会	康达新材料（集团）股份有限公司、上海橡胶制品研究所有限公司等
28	571	20233138-T-606	氯乙烯—乙酸乙烯酯共聚物中乙酸乙烯酯的测定方法	推荐	修订	GB/T 9347—1988	—	16	中国石油和化学工业联合会	全国塑料标准化技术委员会	锦西化工研究院有限公司等
29	574	20233141-T-606	气相色谱分析法测定不饱和聚酯树脂增强塑料中残留苯乙烯单体及其他挥发性芳烃含量	推荐	修订	GB/T 14520—1993	ISO 4901—2011	16	中国石油和化学工业联合会	全国塑料标准化技术委员会	上海富晨新材料有限公司、浙江晨诺高分子材料股份有限公司等
30	576	20233143-T-469	包装材料 聚烯烃热收缩薄膜	推荐	修订	GB/T 19787—2005	—	16	国家标准化管理委员会	全国包装标准化技术委员会	国家包装产品质量监督检验中心（济南）等

序号	原序号	计划号	国家标准计划名称	标准性质	制修订	代替标准号	采用国际标准	项目周期	主管部门	归口单位	起草单位
31	600	20233167-T-606	塑料 聚乙烯环境应力开裂（ESC）的测定全缺口蠕变试验（FNCT）	推荐	修订	GB/T 32682—2016	ISO 16770—2019	16	中国石油和化学工业联合会	全国塑料标准化技术委员会	北京燕山石化高科技有限责任公司等
32	627	20233194-T-606	塑料 白度试验方法	推荐	修订	GB/T 2913—1982	—	16	中国石油和化学工业联合会	全国塑料标准化技术委员会	北京华塑晨光科技有限责任公司等
33	628	20233195-T-606	聚丙烯酰胺 第3部分:通用产品要求	推荐	修订	GB/T 13940—1992	—	16	中国石油和化学工业联合会	全国塑料标准化技术委员会	中国石油天然气股份有限公司大庆炼化分公司、中蓝晨光成都检测技术有限公司等
34	629	20233196-T-606	聚丙烯酰胺 第2部分:性能测定	推荐	修订	GB/T 12005.1—1989	—	16	中国石油和化学工业联合会	全国塑料标准化技术委员会	中国石油天然气股份有限公司大庆炼化分公司、中蓝晨光成都检测技术有限公司等
35	630	20233197-T-606	塑料 聚合物鉴定 裂解气相色谱法	推荐	修订	GB/T 7131—1986	—	16	中国石油和化学工业联合会	全国塑料标准化技术委员会	中国石油天然气股份有限公司石油化工研究院、中蓝晨光成都检测技术有限公司等
36	632	20233199-T-606	塑料门窗用密封条	推荐	修订	GB/T 12002—1989	—	16	中国石油和化学工业联合会	全国塑料标准化技术委员会	中石化（北京）化工研究院有限公司、中蓝晨光成都检测技术有限公司等
37	679	20233246-T-604	电动汽车充电用电缆	推荐	修订	GB/T 33594—2017	—	16	中国电器工业协会	全国电线电缆标准化技术委员会	上海国缆检测股份有限公司、无锡鑫宝业特种线缆有限公司、上海电缆研究所有限公司、广东奥美格传导科技股份有限公司、衡阳恒飞电缆有限责任公司、中天科技装备电缆有限公司、深圳宝兴电线电缆制造有限公司等
38	698	20233265-T-604	电线电缆电性能试验方法 第4部分:号体直流电阻试验	推荐	修订	GB/T 3048.4—2007	—	16	中国电器工业协会	全国电线电缆标准化技术委员会	上海国缆检测股份有限公司等
39	724	20233291-T-469	集装袋	推荐	修订	GB/T 10454—2000	—	16	国家标准化管理委员会	全国包装标准化技术委员会	中国包装联合会等

序号	原序号	计划号	国家标准计划名称	标准性质	制订修订	代替标准号	采用国际标准	项目周期	主管部门	归口单位	起草单位
40	828	20233397-T-604	1MHz及以下聚稀烃绝缘挡潮层聚稀烃护套通信电缆	推荐	修订	GB/T 13849.1—2013,GB/T 13849.2—1993,GB/T 13849.3—1993,GB/T 13849.4—1993,GB/T 13849.5—1993	—	16	中国电器工业协会	全国电线电缆标准化技术委员会	上海电缆研究所有限公司等
41	834	20233403-T-606	塑料 拉伸性能的测定 第3部分:薄膜和薄片的试验条件	推荐	修订	GB/T 1040.3—2006	ISO 527.3—2018	16	中国石油和化学工业联合会	全国塑料标准化技术委员会	中蓝晨光成都检测技术有限公司等
42	848	20233417-T-606	塑料 差式扫描量热(DSC)法 第1部分:通则	推荐	修订	GB/T 19466.1—2004	ISO 11357.1—2023	16	中国石油和化学工业联合会	全国塑料标准化技术委员会	中蓝晨光成都检测技术有限公司等
43	849	20233418-T-606	塑料 动态机械性能的测定 第10部分:使用平行平板振荡流变仪测定复数剪切黏度	推荐	修订	GB/T 33061.10—2016	ISO 6721.10—2015	16	中国石油和化学工业联合会	全国塑料标准化技术委员会	北京燕山石化高科技术有限责任公司等
44	906	20233475-T-604	数字通信用对绞或星绞多芯对称电缆 第6部分:具有1000MHz及以下传输特性的对绞或星绞星绞布线电缆工作区布线电缆分规范	推荐	修订	GB/T 18015.6—2007	IEC 61156.6—2020	16	中国电器工业协会	全国电线电缆标准化技术委员会	上海电缆研究所有限公司、上海赛克力光电技术有限责任公司等
45	942	20233511-T-469	消费品使用说明 第6部分:家具	推荐	修订	GB/T 5296.6—2004	—	16	国家标准化管理委员会	全国服务标准化技术委员会	中国标准化研究院长三角（嘉兴）分院、中国标准化研究院等

序号	原序号	计划号	国家标准计划名称	标准性质	制修订	代替标准号	采用国际标准	项目周期	主管部门	归口单位	起草单位
46	957	20233526-T-469	集装箱 空/陆/水(联运)通用集装箱 技术要求和试验方法	推荐	修订	GB/T 17770—1999	ISO 8323—1985	16	国家标准化管理委员会	全国集装箱标准化技术委员会	中集集团集装箱控股有限公司、交通运输部水运科学研究所等
47	966	20233535-T-604	数字通信用对绞或星绞多芯对称电缆 第5部分:具有1000MHz及以下传输特性的对绞或星绞对称电缆 水平层布线电缆 分规范	推荐	修订	GB/T 18015.5—2007	IEC 61156.5—2020	16	中国电器工业协会	全国电线电缆标准化技术委员会	上海电缆研究所有限公司、上海赛克力光电技术有限责任公司等
48	970	20233539-T-469	包装 包装容器 气密试验方法	推荐	修订	GB/T 17344—1998	—	16	国家标准化管理委员会	全国包装标准化技术委员会	中国包装科研测试中心等
49	1037	20233606-T-606	塑料 聚苯乙烯(PS)、抗冲击聚苯乙烯(PS-I)、丙烯腈-丁二烯-苯乙烯(ABS)及苯乙烯-丙烯腈(SAN)树脂中残留苯乙烯单体含量的测定 气相色谱法	推荐	修订	GB/T 38271—2019, GB/T 16867—1997	ISO 2561—2012	16	中国石油和化学工业联合会	全国塑料标准化技术委员会	中国石油天然气股份有限公司石油化工研究院等
50	1039	20233608-T-606	塑料 乙烯-乙酸乙烯酯(EVAC)模塑和挤出材料 第1部分:命名系统和分类基础	推荐	修订	GB/T 30924.1—2016	ISO 21301.1—2019	16	中国石油和化学工业联合会	全国塑料标准化技术委员会	北京燕山石化高科技有限责任公司等
51	1040	20233609-T-606	塑料 聚乙烯(PE)透气膜专用料	推荐	修订	GB/T 33319—2016	—	16	中国石油和化学工业联合会	全国塑料标准化技术委员会	金发科技股份有限公司等
52	1041	20233610-T-606	超高分子量聚乙烯(PE-UHMW)树脂	推荐	修订	GB/T 32679—2016	—	16	中国石油和化学工业联合会	全国塑料标准化技术委员会	北京燕山石化高科技有限责任公司等

序号	原序号	计划号	国家标准计划名称	标准性质	制修订	代替标准号	采用国际标准	项目周期	主管部门	归口单位	起草单位
53	1076	20233645-T-347	电气化铁路接触网线缆 交流牵引电力电缆及附件	推荐	修订	GB/T 28427—2012	—	16	国家铁路局	国家铁路局	中铁电气化勘测设计研究院有限公司、中铁电气化局集团有限公司、河北晶辉电工有限公司、浙江晨光电缆股份有限公司、信承瑞技术有限公司、广东吉熙安电缆附件有限公司、长缆电工科技股份有限公司、中铁第六勘察设计院集团有限公司
54	1077	20233646-T-469	包装材料试验方法透油性	推荐	修订	GB/T 16929—1997	—	16	国家标准化管理委员会	全国包装标准化技术委员会	国家包装产品质量监督检验中心(济南)等
55	1079	20233648-T-469	包装材料试验方法气相缓蚀能力	推荐	修订	GB/T 16267—2008	—	16	国家标准化管理委员会	全国包装标准化技术委员会	沈阳防锈包装材料有限责任公司等
56	1080	20233649-T-469	包装材料试验方法相容性	推荐	修订	GB/T 16265—2008	—	16	国家标准化管理委员会	全国包装标准化技术委员会	沈阳防锈包装材料有限责任公司等
57	1081	20233650-T-469	塑料薄膜静电性测试方法 半衰期法	推荐	修订	GB/T 14447—1993	—	16	国家标准化管理委员会	全国包装标准化技术委员会	国家包装产品质量监督检验中心(济南)等
58	1082	20233651-T-347	电气化铁路电缆1500V及以下直流牵引电力电缆及附件	推荐	修订	GB/T 28429—2012	—	16	国家铁路局	国家铁路局	中铁电气化勘测设计研究院有限公司、中铁电气化局集团有限公司、河北晶辉电工有限公司、宝胜电工科技股份有限公司
59	1236	20233805-T-469	消费品使用说明 第5部分:玩具	推荐	修订	GB/T 5296.5—2006	—	16	国家标准化管理委员会	全国服务标准化技术委员会	中国标准化研究院长三角(嘉兴)分院、中国标准化研究院等

序号	原序号	计划号	国家标准计划名称	标准性质	制修订	代替标准号	采用国际标准	项目周期	主管部门	归口单位	起草单位
60	1314	20233883-T-469	生物降解聚对苯二甲酸–己二酸丁二酯（PBAT）	推荐	修订	GB/T 32366—2015	—	12	国家标准化管理委员会	全国生物基材料及降解制品标准化技术委员会	北京工商大学、彤程化学（中国）有限公司、扬州惠通科技股份有限公司、山西华阳生物降解新材料有限责任公司、亿帆鑫富药业股份有限公司、金晖兆隆高新科技股份有限公司、宁波家联科技股份有限公司、新疆蓝山屯河化工股份有限公司、金发科技股份有限公司（珠海）、万通化工有限公司、甘肃莫高实业发展股份有限公司、安徽雪郎即生物科技股份有限公司、清华大学、四川大学、上海聚友量化工科技有限公司、中国石化集团有限公司、万华化学集团股份有限公司、华峰集团有限公司、杭州新当量化工科技有限公司、康辉新材料科技有限公司、湖北道恩降解新材料有限公司、山东睿安生物科技有限公司、河南金丹乳酸科技股份有限公司、扬州惠通新材料科技有限公司、会通新材料股份有限公司、江苏龙骏环保实业发展有限公司、合肥恒鑫生活科技股份有限公司、上海弘睿化工有限公司、湖南轩品新材料有限公司、龙都天仁生物材料有限公司、无锡华辰机电工业化学有限公司、山东清泉生物科技有限公司、南京立汉化学有限公司、浙江华发生态科技有限公司、深圳华轩新材料科技有限公司、浙江绿禾生态科技股份有限公司、国家塑料制品质量检测中心（北京）、江南大学、国家塑料制品质量监督检验中心（北京）
61	1320	20233889-T-469	热塑性淀粉通用技术要求	推荐	修订	GB/T 33796—2017	—	12	国家标准化管理委员会	全国生物基材料及降解制品标准化技术委员会	武汉华丽环保产业有限公司、深圳市虹彩新材料科技有限公司、浙江华发生态科技有限公司、常州龙骏天纯环保科技有限公司、北京工商大学轻工业塑料加工研究所、浙江天禾生态科技有限公司、苏州汉丰新材料股份有限公司、四川大学、深圳市中京材环保塑料制品技术有限公司、国家塑料制品质量监督检验中心（北京）等
62	1340	20233909-T-606	塑料 拉伸性能的测定 第4部分：各向同性和正交各向异性纤维增强复合材料的试验条件	推荐	修订	GB/T 1040.4—2006	ISO 527-4:2021	16	中国石油和化学工业联合会	全国塑料标准化技术委员会	中蓝晨光成都检测技术有限公司等

序号	原序号	国家标准计划名称	标准性质	制修订	代替标准号	采用国际标准	项目周期	主管部门	归口单位	起草单位
63	1359	公路沿线设施塑料制品耐候性要求及测试方法	推荐	修订	GB/T 22040—2008	—	12	国家标准化管理委员会	全国交通工程设施（公路）标准化技术委员会	中路高科交通检测检验认证有限公司、交通运输部公路科学研究所、国家交通安全设施质量检验检测中心

2023年相关国家标准复审修订计划项目

序号	原序号	计划号	国家标准计划名称	标准性质	制修订	代替标准号	采用国际标准	项目周期	主管部门	归口单位	起草单位
1	375	20232941-T-469	消费品安全 第1部分：导则 风险管理	推荐	修订	GB/T 28803—2012	—	12	国家标准化管理委员会	全国消费品安全标准化技术委员会	中国标准化研究院
2	583	20233150-T-469	消费品生命周期安全 第2部分：设计	推荐	修订	GB/T 29289—2012	—	12	国家标准化管理委员会	全国消费品安全标准化技术委员会	中国标准化研究院
3	1088	20233657-T-469	质量管理体系 面向质量结果的组织 管理 实现财务和经济效益的指南	推荐	修订	GB/T 19024—2008	ISO 10014 2021	12	国家标准化管理委员会	全国质量管理和质量保证标准化技术委员会	中国标准化研究院

2023年发布的塑料制品相关行业标准

序号	原序号	标准编号	备案号	标准名称	标准发布部门	批准日期	实施日期	代替标准号	公布号
1	81	SY/T 6662.1—2022	88018-2023	石油天然气工业用非金属复合管 第1部分：钢骨架增强聚乙烯复合管	国家能源局	2022-11-4	2023-5-4	SY/T 6662.1—2012 部分代替：SY/T 6662.1—2012	2023年第1号
2	113	HJ 1265—2022	88050-2023	快递包装废物污染控制技术指南	生态环境部	2022-11-25	2023-11-28	—	2023年第1号

序号	原序号	备案号	标准编号	标准名称	标准发布部门	批准日期	实施日期	代替标准号	公布号
3	114	88051-2023	HJ 1266—2022	生物质废物堆肥污染控制技术规范	生态环境部	2022-11-25	2023-11-28		2023 年第 1 号
4	9	88072-2023	CB/T 4523—2022	集装箱制造业绿色工厂评价要求	工业和信息化部	2022-9-30	2023-4-1	—	2023 年第 2 号
5	14	88077-2023	GH/T 1378—2022	农田地膜喷膜塑料残留量的测定	中华全国供销合作总社	2022-11-24	2023-1-1	—	2023 年第 2 号
6	17	88080-2023	GH/T 1381—2022	再生资源绿色回收体系评价准则	中华全国供销合作总社	2022-11-24	2023-1-1	—	2023 年第 2 号
7	33	88096-2023	HG/T 4185—2022	聚乙烯醇光学薄膜	工业和信息化部	2022-9-30	2023-4-1	HG/T 4185—2011	2023 年第 2 号
8	44	88107-2023	HG/T 6038—2022	聚乙烯蜡蜡微粉	工业和信息化部	2022-9-30	2023-4-1	—	2023 年第 2 号
9	45	88108-2023	HG/T 6039—2022	塑料水上浮体用改性高密度聚乙烯（PE-HD）材料	工业和信息化部	2022-9-30	2023-4-1	—	2023 年第 2 号
10	46	88109-2023	HG/T 6040—2022	服装合成革用无溶剂聚氨酯树脂	工业和信息化部	2022-9-30	2023-4-1	—	2023 年第 2 号
11	47	88110-2023	HG/T 6041—2022	塑料低压电器用壳外阻燃聚酰胺	工业和信息化部	2022-9-30	2023-4-1	—	2023 年第 2 号
12	52	88115-2023	HG/T 2821.2—2022	V 带和多楔带用浸胶聚酯线绳 第 2 部分：软线绳	工业和信息化部	2022-9-30	2023-4-1	HG/T 2821.2—2012	2023 年第 2 号
13	53	88116-2023	HG/T 2581.1—2022	橡胶或塑料涂覆织物 撕裂性能的测定 第 1 部分：恒速撕裂法	工业和信息化部	2022-9-30	2023-4-1	HG/T 2581.1—2009	2023 年第 2 号
14	54	88117-2023	HG/T 3052—2022	橡胶或塑料涂覆织物涂覆层粘合强度的测定	工业和信息化部	2022-9-30	2023-4-1	HG/T 3052—2008	2023 年第 2 号
15	61	88124-2023	HG/T 2503—2022	聚碳酸酯树脂	工业和信息化部	2022-9-30	2023-4-1	HG/T 2503—1993	2023 年第 2 号
16	94	88157-2023	HG/T 6045—2022	化工承压设备用聚氯乙烯（PVC）塑料板	工业和信息化部	2022-9-30	2023-4-1	—	2023 年第 2 号
17	95	88158-2023	HG/T 6046—2022	注塑级超高分子量聚乙烯树脂制耐磨制品通用要求	工业和信息化部	2022-9-30	2023-4-1	—	2023 年第 2 号
18	96	88159-2023	HG/T 4093—2022	塑料衬里设备 衬里耐负压试验方法	工业和信息化部	2022-9-30	2023-4-1	HG/T 4093—2009，部分代替	2023 年第 2 号
19	97	88160-2023	HG/T 4090—2022	塑料衬里设备 电火花试验方法	工业和信息化部	2022-9-30	2023-4-1	HG/T 4090—2009，部分代替	2023 年第 2 号

序号	原序号	备案号	标准编号	标准名称	标准发布部门	批准日期	实施日期	代替标准号	公布号
20	98	88161-2023	HG/T 4091—2022	塑料衬里设备 耐温试验方法	工业和信息化部	2022-9-30	2023-4-1	HG/T 4091—2009,部分代替	2023 年第 2 号
21	99	88162-2023	HG/T 4092—2022	塑料衬里设备 热胀冷缩试验方法	工业和信息化部	2022-9-30	2023-4-1	HG/T 4092—2009,部分代替	2023 年第 2 号
22	100	88163-2023	HG/T 4089—2022	塑料衬里设备 水压试验方法	工业和信息化部	2022-9-30	2023-4-1	HG/T 4089—2009,部分代替	2023 年第 2 号
23	101	88164-2023	HG/T 2580—2022	橡胶或塑料涂覆织物拉伸强度和拉断伸长率率的测定	工业和信息化部	2022-9-30	2023-4-1	HG/T 2580—2008	2023 年第 2 号
24	102	88165-2023	HG/T 2582—2022	橡胶或塑料涂覆织物耐水渗透性能的测定	工业和信息化部	2022-9-30	2023-4-1	HG/T 2582—2008	2023 年第 2 号
25	103	88166-2023	HG/T 3690—2022	工业用钢骨架聚乙烯塑料复合管	工业和信息化部	2022-9-30	2023-4-1	HG/T 3690—2012,部分代替	2023 年第 2 号
26	104	88167-2023	HG/T 3691—2022	工业用钢骨架聚乙烯塑料复合管件	工业和信息化部	2022-9-30	2023-4-1	HG/T 3691—2012,部分代替	2023 年第 2 号
27	112	88175-2023	HG/T 6047—2022	胶片用聚乙烯醇缩丁醛树脂	工业和信息化部	2022-9-30	2023-4-1	—	2023 年第 2 号
28	122	88185-2023	HG/T 2709—2022	塑料 用于生产聚氨酯的聚酯多元醇羟值的测定	工业和信息化部	2022-9-30	2023-4-1	HG/T 2709—1995	2023 年第 2 号
29	135	88198-2023	HG/T 4309—2022	聚丙二醇	工业和信息化部	2022-9-30	2023-4-1	HG/T 4309—2012	2023 年第 2 号
30	143	88206-2023	HG/T 2006—2022	热固性和热塑性粉末涂料	工业和信息化部	2022-9-30	2023-4-1	HG/T 2006—2006	2023 年第 2 号
31	146	88209-2023	HG/T 6093—2022	双极膜	工业和信息化部	2022-9-30	2023-4-1	—	2023 年第 2 号
32	147	8R210-2023	HG/T 6094—2022	微生物分析用格栅膜	工业和信息化部	2022-9-30	2023-4-1	—	2023 年第 2 号
33	148	8R211-2023	HG/T 6095—2022	液体过滤用平板过滤膜 过滤器微生物截留试验方法	工业和信息化部	2022-9-30	2023-4-1	—	2023 年第 2 号
34	155	88218-2023	HG/T 6129—2022	聚乳酸基复合材料用挤出机	工业和信息化部	2022-9-30	2023-4-1	—	2023 年第 2 号
35	160	88223-2023	HG/T 6134—2022	聚丙烯蒸汽蒸器	工业和信息化部	2022-9-30	2023-4-1	—	2023 年第 2 号

序号	原序号	备案号	标准编号	标准名称	标准发布部门	批准日期	实施日期	代替标准号	公布号
36	161	88224-2023	HG/T 6135—2022	非金属化工设备 玄武岩纤维增强塑料管道及管件	工业和信息化部	2022-9-30	2023-4-1	—	2023年第2号
37	162	88225-2023	HG/T 6136—2022	非金属化工设备 玄武岩纤维增强塑料贮罐	工业和信息化部	2022-9-30	2023-4-1	—	2023年第2号
38	168	88231-2023	HG/T 6065—2022	乙烯法工业用氯乙烯	工业和信息化部	2022-9-30	2023-4-1	—	2023年第2号
39	170	88233-2023	HG/T 2019—2022	黑色雨靴（鞋）	工业和信息化部	2022-9-30	2023-4-1	HG/T 2019—2011	2023年第2号
40	176	88239-2023	HG/T 4134—2022	工业聚乙二醇（PEG）	工业和信息化部	2022-9-30	2023-4-1	HG/T 4314—2010	2023年第2号
41	191	88254-2023	HG/T 6102—2022	通用型双向拉伸聚丙烯膜压敏胶粘带	工业和信息化部	2022-9-30	2023-4-1	—	2023年第2号
42	226	88289-2023	HG/T 6059—2022	聚氨酯树脂行业绿色工厂评价要求	工业和信息化部	2022-9-30	2023-4-1	—	2023年第2号
43	227	88290-2023	HG/T 6060—2022	聚己内酰胺（PA6）行业绿色工厂评价要求	工业和信息化部	2022-9-30	2023-4-1	—	2023年第2号
44	256	88319-2023	SJ/T 11799—2022	光伏组件背板用氟塑料薄膜	工业和信息化部	2022-4-24	2022-7-1	—	2023年第2号
45	262	88325-2023	QC/T 929—2022	一端固定式塑料管线夹	工业和信息化部	2022-4-24	2022-10-1	QC/T 929—2013	2023年第2号
46	263	88326-2023	QC/T 928—2022	中间固定式塑料管线夹	工业和信息化部	2022-4-24	2022-10-1	QC/T 928—2013	2023年第2号
47	268	88331-2023	QC/T 80—2022	道路车辆 气制动系统用尼龙（聚酰胺）管	工业和信息化部	2022-4-24	2022-10-1	QC/T 80—2011	2023年第2号
48	273	88336-2023	QC/T 618—2022	嵌装塑料螺母技术条件	工业和信息化部	2022-4-24	2022-10-1	QC/T 618—2013	2023年第2号
49	291	88354-2023	QC/T 1171—2022	汽车漆面保护膜	工业和信息化部	2022-4-24	2022-10-1	—	2023年第2号
50	292	88355-2023	QC/T 1170—2022	汽车玻璃用功能膜	工业和信息化部	2022-4-24	2022-10-1	—	2023年第2号
51	334	88397-2023	JC/T 2704—2022	聚酯纤维装饰吸声板	工业和信息化部	2022-9-30	2023-4-1	—	2023年第2号
52	344	88407-2023	YY/T 0720—2023	一次性使用产包 通用要求	国家药监局	2023-1-13	2024-1-15	YY/T 0720—2009	2023年第2号
53	345	88408-2023	YY/T 0730—2023	心血管外科植入物和人工器官 心肺旁路和体外膜肺氧合（ECMO）使用的一次性使用管道套包的要求	国家药监局	2023-1-13	2024-1-15	YY/T 0730—2009	2023年第2号
54	352	88415-2023	YY/T 1850—2023	男用避孕套 聚氨酯避孕套的技术要求与试验方法	国家药监局	2023-1-13	2024-1-15	—	2023年第2号

序号	原序号	备案号	标准编号	标准名称	标准发布部门	批准日期	实施日期	代替标准号	公布号
55	360	88423-2023	YY/T 1871—2023	医用隔离衣	国家药监局	2023-1-13	2024-1-15	—	2023年第2号
56	368	8B431-2023	JC/T 2659—2022	建筑材料及构件室外加速暴露试验方法	工业和信息化部	2022-9-30	2023-4-1	—	2023年第2号
57	369	88432-2023	JC/T 2660—2022	建筑材料及构件盐雾/干/湿/光老化耦合循环暴露加速试验方法	工业和信息化部	2022-9-30	2023-4-1	—	2023年第2号
58	370	8B433-2023	JC/T 2661—2022	建筑材料及构件盐雾/干/湿循环暴露加速试验方法	工业和信息化部	2022-9-30	2023-4-1	—	2023年第2号
59	371	88434-2023	JC/T 2662—2022	室内装饰材料自然环境暴露试验方法	工业和信息化部	2022-9-30	2023-4-1	—	2023年第2号
60	381	88444-2023	HJ 1284—2023	医疗废物消毒处理设施运行管理技术规范	生态环境部	2023-2-1	2023-5-1	—	2023年第2号
61	27	88518-2023	JC/T 60016—2022	建筑用免拆复合保温模板应用技术规程	工业和信息化部	2022-9-30	2023-4-1	—	2023年第3号
62	99	88590-2023	NY/T 4203—2022	塑料育苗穴盘	农业农村部	2022-11-11	2023-3-1	—	2023年第3号
63	145	88873-2023	YS/T 729—2022	铝塑复合型材	工业和信息化部	2022-9-30	2023-4-1	YS/T 729—2010	2023年第4号
64	193	88921-2023	BB/T 0089—2022	包装用镀氧化铝薄膜	工业和信息化部	2022-4-8	2022-10-1	—	2023年第4号
65	195	88902-2023	BL/T 0091—2022	一次性集装箱内衬袋	工业和信息化部	2022-4-8	2022-10-1	—	2023年第4号
66	196	88924-2023	BE/T 0092—2022	一次性液体集装袋	工业和信息化部	2022-4-8	2022-10-1	—	2023年第4号
67	420	89148-2023	FZ/T 63020—2022	混合聚烯烃纤维绳索	工业和信息化部	2022-4-8	2022-10-1	FZ/T 63020—2013	2023年第4号
68	451	89179-2023	FZ/T 50057—2022	聚对苯二甲酸乙二醇酯（PET）纤维中总锑含量的测定	工业和信息化部	2022-4-8	2022-10-1	—	2023年第4号
69	456	89184-2023	FZ/T 51022—2022	纤维级无锑聚对苯二甲酸乙二醇酯（PET）切片	工业和信息化部	2022-4-8	2022-10-1	—	2023年第4号
70	464	89192-2023	FZ/T 54137—2022	聚对苯二甲酸丁二醇酯（PBT）牵伸丝	工业和信息化部	2022-4-8	2022-10-1	—	2023年第4号
71	465	89193-2023	FZ/T 54138—2022	导电聚乙烯单丝	工业和信息化部	2022-4-8	2022-10-1	—	2023年第4号
72	466	89194-2023	FZ/T 54027—2022	超高分子量聚乙烯长丝	工业和信息化部	2022-4-8	2022-10-1	FZ/T 54027—2010	2023年第4号

序号	原序号	标准编号	备案号	标准名称	标准发布部门	批准日期	实施日期	代替标准号	公布号
73	467	FZ/T 54139—2022	89195-2023	聚乳酸（PLA）低弹丝	工业和信息化部	2022-4-8	2022-10-1	—	2023年第4号
74	470	FZ/T 64088—2022	89198-2023	农业保温复合织物	工业和信息化部	2022-4-8	2022-10-1	—	2023年第4号
75	471	FZ/T 64089—2022	89199-2023	植被种植用土工布	工业和信息化部	2022-4-8	2022-10-1	—	2023年第4号
76	479	FZ/T 64094—2022	89207-2023	废旧纺织品再生托盘	工业和信息化部	2022-4-8	2022-10-1	—	2023年第4号
77	544	QB/T 5676—2022	89272-2023	农用薄膜单位产品能耗限额	工业和信息化部	2022-9-30	2023-4-1	—	2023年第4号
78	545	QB/T 5677—2022	89273-2023	聚氨酯超细纤维合成革单位产品能耗限额	工业和信息化部	2022-9-30	2023-4-1	—	2023年第4号
79	550	QB/T 5704—2022	89278-2023	家具行业绿色工厂评价导则	工业和信息化部	2022-9-30	2023-4-1	—	2023年第4号
80	553	QB/T 5707—2022	89281-2023	箱包皮具行业绿色工厂评价要求	工业和信息化部	2022-9-30	2023-4-1	—	2023年第4号
81	565	QB/T 5754—2022	89293-2023	水性／无溶剂聚氨酯复合人造革	工业和信息化部	2022-9-30	2023-4-1	—	2023年第4号
82	576	QB/T 5767—2022	89304-2023	制鞋机械 移动注射鞋底成型机	工业和信息化部	2022-9-30	2023-4-1	—	2023年第4号
83	586	QB/T 5777—2022	89314-2023	宠物用品 猫狗用储运箱	工业和信息化部	2022-9-30	2023-4-1	—	2023年第4号
84	591	QB/T 5785—2022	89319-2023	塑料除水母料	工业和信息化部	2022-9-30	2023-4-1	—	2023年第4号
85	592	QB/T 5786—2022	89230-2023	包装用聚乙烯醇薄膜	工业和信息化部	2022-9-30	2023-4-1	—	2023年第4号
86	593	QB/T 5787—2022	89231-2023	塑料薄膜耐揉搓性能试验方法	工业和信息化部	2022-9-30	2023-4-1	—	2023年第4号
87	598	QB/T 5792—2022	89326-2023	皮革和毛皮服饰加工行业绿色工厂评价要求	工业和信息化部	2022-9-30	2023-4-1	—	2023年第4号
88	600	JC/T 482—2022	89328-2023	聚氨酯建筑密封胶	工业和信息化部	2022-9-30	2023-4-1	JC/T 482—2003	2023年第4号
89	621	JC/T 2654—2022	89349-2023	共挤木塑型材	工业和信息化部	2022-9-30	2023-4-1	—	2023年第4号
90	625	JC/T 2663—2022	89353-2023	建筑防水涂料涂膜吸水性试验方法	工业和信息化部	2022-9-30	2023-4-1	—	2023年第4号
91	637	JC/T 2679—2022	89365-2023	坡屋面用防水材料 高分子泛水材料	工业和信息化部	2022-9-30	2023-4-1	—	2023年第4号
92	657	JC/T 2700—2022	89385-2023	建筑防水材料行业绿色工厂评价要求	工业和信息化部	2022-9-30	2023-4-1	—	2023年第4号
93	659	JC/T 2705—2022	89387-2023	建筑室内外用遮阳天蓬膜	工业和信息化部	2022-10-20	2023-4-1	—	2023年第4号
94	683	JC/T 2740—2022	89411-2023	墙体板材行业绿色工厂评价要求	工业和信息化部	2022-9-30	2023-4-1	—	2023年第4号

序号	原序号	备案号	标准编号	标准名称	标准发布部门	批准日期	实施日期	代替标准号	公布号
95	685	89413-2023	JC/T 2742—2022	工业固体废物资源综合利用评价 墙体材料生产企业	工业和信息化部	2022-9-30	2023-4-1	—	2023年第4号
96	750	89478-2023	NB/T 10758—2021	织物增强排水软管及软管组合件	国家能源局	2021-11-16	2022-2-16	—	2023年第4号
97	29	89511-2023	HJ 1286—2023	固定污染源废气 非甲烷总烃连续检测技术规范	生态环境部	2023-2-9	2023-8-1	—	2023年第5号
98	35	89517-2023	HJ 1276—2022	危险废物识别标志设置技术规范	生态环境部	2021-12-30	2023-7-1	—	2023年第5号
99	63	89545-2023	LY/T 1860—2022	非甲醛塑性树脂胶合板	国家林业和草原局	2022-9-7	2023-1-1	—	2023年第5号
100	66	89548-2023	LY/T 3303—2022	石木塑复合地板	国家林业和草原局	2022-9-7	2023-1-1	—	2023年第5号
101	239	89851-2023	YD/T 1151.1—2023	通信电缆光缆用阻水材料 第1部分:阻水带	工业和信息化部	2023-5-22	2023-8-1	YD/T 1151.1—2001	2023年第6号
102	377	89989-2023	SN/T 2249—2023	塑料原料及其制品中34种增塑剂的测定 气相色谱-质谱法	海关总署	2023-5-5	2023-12-1	SN/T 2249—2009 SN/T 2250—2009	2023年第6号
103	389	90001-2023	SN/T 5492—2023	电子电气产品聚合物材料中多溴联苯、多溴二苯醚的测定 裂解-气相色谱-质谱定性筛选法	海关总署	2023-5-5	2023-12-1	—	2023年第6号
104	400	90012-2023	SN/T 5501.2—2023	进口机器人检验技术要求 第2部分:工业机器人用柔性电缆	海关总署	2023-5-5	2023-12-1	—	2023年第6号
105	446	90058-2023	SN/T 5581—2023	再生丙烯腈-丁二烯-苯乙烯共聚物中单体含量的测定元素分析法	海关总署	2023-5-5	2023-12-1	—	2023年第6号
106	447	90059-2023	SN/T 5582—2023	再生聚酰胺共混物中聚酰胺66含量的测定 裂解/气相色谱-质谱法	海关总署	2023-5-5	2023-12-1	—	2023年第6号
107	64	90129-2023	YY 1887—2023	医用正压防护服	国家药监局	2023-6-20	2025-7-1	—	2023年第7号
108	42	90330-2023	HB 8632—2022	航空复合材料成型用隔离膜规范	工业和信息化部	2022-4-24	2022-10-1	—	2023年第8号
109	45	90333-2023	HB 8635—2022	航空复合材料成型用真空袋薄膜规范	工业和信息化部	2022-4-24	2022-10-1	—	2023年第8号
110	70	90358-2023	TB/T 3360.1—2023	铁路隧道防水材料 第1部分:防水板和排水板	国家铁路局	2023-2-27	2023-9-1	TB/T 3360.1—2014 TB/T 3354—2014	2023年第8号

序号	原序号	备案号	标准编号	标准名称	标准发布部门	批准日期	实施日期	代替标准号	公布号
111	71	90359-2023	TB/T 3360.2—2014	铁路隧道防排水材料 第2部分：止水带	国家铁路局	2023-2-27	2023-9-1	TB/T 3354—2014	2023年第8号
112	12	90443-2023	HG/T 4666—2023	胶乳海绵	工业和信息化部	2023-7-28	2024-2-1	HG/T 4666—2014	2023年第9号
113	20	90451-2023	HG/T 3084—2023	注塑鞋	工业和信息化部	2023-7-28	2024-2-1	HG/T 3084—2010	2023年第9号
114	26	90457-2023	HG/T 4615—2023	增塑剂柠檬酸三丁酯（TBC）	工业和信息化部	2023-7-28	2024-2-1	HG/T 4615—2014	2023年第9号
115	27	90458-2023	HG/T 4616—2023	增塑剂 乙酰柠檬酸三丁酯（ATBC）	工业和信息化部	2023-7-28	2024-2-1	HG/T 4616—2014	2023年第9号
116	48	90479-2023	HG/T 2737—2023	非金属化工设备 丙烯腈－丁二烯－苯乙烯、聚氯乙烯、均聚聚丙烯、聚偏氟乙烯和玻璃纤维增强聚丙烯球阀	工业和信息化部	2023-7-28	2024-2-1	HG/T 2737—2004	2023年第9号
117	49	90480-2023	HG/T 2643—2023	非金属化工设备 丙烯腈－丁二烯－苯乙烯、聚氯乙烯、均聚聚丙烯、聚偏氟乙烯和玻璃纤维增强聚丙烯隔膜阀	工业和信息化部	2023-7-28	2024-2-1	HG/T 2643—1994	2023年第9号
118	50	90481-2023	HG/T 3731—2023	非金属化工设备 玻璃纤维增强聚氯乙烯复合管和管件	工业和信息化部	2023-7-28	2024-2-1	HG/T 3731—2004	2023年第9号
119	168	90599-2023	YY/T 0698.5—2023	最终灭菌医疗器械包装材料 第5部分：透气材料与塑料膜组成的可密封组合袋和卷材 要求和试验方法	国家药监局	2023-9-5	2024-9-15	YY/T 0698.5—2009	2023年第9号
120	174	0605-2023	YY 0852—2023	一次性使用无菌手术膜	国家药监局	2023-9-5	2024-9-15	YY 0852—2011	2023年第9号
121	213	90644-2023	XF/T 91—2023	阻燃篷布	应急管理部	2023-7-19	2023-10-19	XF 91—1995	2023年第9号
122	149	90798-2023	MD/T 4379—2023	光纤寿命预测模型	工业和信息化部	2023-7-28	2023-11-1	—	2023年第10号
123	150	90799-2023	YD/T 1770—2023	接入网用室内外光缆	工业和信息化部	2023-7-28	2023-11-1	YD/T 1770—2008	2023年第10号
124	151	90800-2023	YD/T 2488.2—2023	柔性钢管铠装光缆 第2部分：蝶形光缆	工业和信息化部	2023-7-28	2023-11-1	—	2023年第10号
125	152	90801-2023	YD/T 1019—2023	数字通信用聚烯烃绝缘水平对绞电缆	工业和信息化部	2023-7-28	2023-11-1	YD/T 1019—2013	2023年第10号
126	153	90802-2023	YD/T 1092—2023	通信电缆 无线通信用500Ω泡沫聚烯烃绝缘纵纹铜管外导体辐射频同轴电缆	工业和信息化部	2023-7-28	2023-11-1	YD/T 1092—2013	2023年第10号

序号	原序号	备案号	标准编号	标准名称	标准发布部门	批准日期	实施日期	代替标准号	公布号
127	154	90803-2023	YD/T 2491.1—2023	通信电缆 物理发泡聚乙烯绝缘纵包铜带外导体辐射型漏泄同轴电缆	工业和信息化部	2023-7-28	2023-11-01	YD/T 2491—2013	2023年第10号
128	155	90804-2023	YD/T 760—2023	通信电缆用聚烯烃绝缘料	工业和信息化部	2023-7-28	2023-11-1	YD/T 760—1995	2023年第10号
129	156	90805-2023	YD/T 1485—2023	通信光缆护套用聚乙烯材料	工业和信息化部	2023-7-28	2023-11-1	YD/T 1485—2006	2023年第10号
130	157	90806-2023	YD/T 2289.1—2023	无线射频拉远单元用线缆 第1部分：光缆	工业和信息化部	2023-7-28	2023-11-1	YD/T 2289.1—2011	2023年第10号
131	242	90891-2023	WB/T 1136—2023	新能源汽车废旧动力蓄电池物流追溯信息管理要求	国家发展和改革委员会	2023-7-7	2023-8-1	—	2023年第10号
132	7	90900-2023	DL/T 802.1—2023	电力电缆导管技术条件 第1部分：总则	国家能源局	2023-5-26	2023-11-26	DL/T 802.1—2007	2023年第11号
133	8	90901-2023	DL/T 802.3—2023	电力电缆导管技术条件 第3部分：实壁类塑料电缆导管	国家能源局	2023-5-26	2023-11-26	DL/T 802.3—2007	2023年第11号
134	9	90902-2023	DL/T 802.4—2023	电力电缆导管技术条件 第4部分：波纹类塑料电缆导管	国家能源局	2023-5-26	2023-11-26	DL/T 802.4—2007 DL/T 802.8—2014	2023年第11号
135	10	90903-2023	DL/T 802.7—2023	电力电缆导管技术条件 第7部分：非开挖用塑料电缆导管	国家能源局	2023-5-26	2023-11-26	DL/T 802.7—2010	2023年第11号
136	11	90904-2023	DL/T 802.8—2023	电力电缆导管技术条件 第8部分：塑钢复合电缆导管	国家能源局	2023-5-26	2023-11-26	DL/T 802.8—2014	2023年第11号
137	149	91042-2023	QB/T 1653—2023	聚氯乙烯（PVC）注塑凉鞋、拖鞋	工业和信息化部	2023-4-21	2023-11-1	QB/T 1653—1992	2023年第11号
138	170	91063-2023	QB/T 2367—2023	制革机械 辊印涂饰机	工业和信息化部	2023-4-21	2023-11-1	QB/T 2367—2010	2023年第11号
139	182	91075-2023	QB/T 2738—2023	日化产品抗菌抑菌效果的评价方法	工业和信息化部	2023-4-21	2023-11-1	QB/T 2738—2012	2023年第11号
140	222	91115-2023	QB/T 5813—2023	软质聚氯乙烯板（带）材	工业和信息化部	2023-4-21	2023-11-1	—	2023年第11号
141	223	91116-2023	QB/T 5814—2023	散热淋水用聚氯乙烯（PVC）片材	工业和信息化部	2023-4-21	2023-11-1	—	2023年第11号
142	224	91117-2023	QB/T 5815—2023	塑料保温盒	工业和信息化部	2023-4-21	2023-11-1	—	2023年第11号
143	225	91118-2023	QB/T 5816—2023	生物降解聚丙烯复合织物膜材蓄水池	工业和信息化部	2023-4-21	2023-11-1	—	2023年第11号
144	226	91119-2023	QB/T 5817—2023	聚氯乙烯压延薄膜和片材	工业和信息化部	2023-4-21	2023-11-1	—	2023年第11号
145	227	91120-2023	QB/T 5818—2023	电子产品包装用生物降解塑料内衬	工业和信息化部	2023-4-21	2023-11-1	—	2023年第11号

序号	原序号	备案号	标准编号	标准名称	标准发布部门	批准日期	实施日期	代替标准号	公布号
146	228	91121-2023	QB/T 5819—2023	片状模塑料制农村生活污水处理池池体	工业和信息化部	2023-4-21	2023-11-1	—	2023 年第 11 号
147	265	91158-2023	QB/T 5856—2023	真空压缩收纳袋	工业和信息化部	2023-4-21	2023-11-1	—	2023 年第 11 号
148	274	91167-2023	QB/T 5865—2023	充气沙发	工业和信息化部	2023-4-21	2023-11-1	—	2023 年第 11 号
149	275	91168-2023	QB/T 5866—2023	婴幼儿用床边围栏	工业和信息化部	2023-4-21	2023-11-1	—	2023 年第 11 号
150	277	91170-2023	QB/T 5868—2023	儿童座椅 稳定性、强度和耐久性 测试方法	工业和信息化部	2023-4-21	2023-11-1	—	2023 年第 11 号
151	850	91743-2023	DL/T 1209.1—2023	电力登高作业及防护器具技术要求 第 4 部分：复合材料装装脚手架	国家能源局	2023-10-11	2024-1-11	DL/T 1209.4—2014	2023 年第 11 号
152	916	91809-2023	DL/T 2677—2023	电力用绝缘隔板技术规范	国家能源局	2023-10-11	2024-4-11	—	2023 年第 11 号
153	925	91818-2023	NB/T 11295—2023	核电厂用玻璃纤维增强塑料外包钢筋混凝土管道技术规程	国家能源局	2023-10-11	2024-4-11	—	2023 年第 11 号
154	18	91858-2023	JB/T 10941—2023	合成薄膜绝缘电流互感器	工业和信息化部	2023-8-16	2024-2-1	JB/T 10941—2010	2023 年第 12 号
155	36	91876-2023	JB/T 14421—2023	内燃机 塑料膨胀水箱技术规范	工业和信息化部	2023-8-16	2024-2-1	—	2023 年第 12 号
156	57	91897-2023	JB/T 14213—2023	汽车保险杠塑料注射模 技术规范	工业和信息化部	2023-5-22	2023-11-1	—	2023 年第 12 号
157	58	91898-2023	JB/T 14214—2023	汽车门板塑料注射模 技术规范	工业和信息化部	2023-5-22	2023-11-1	—	2023 年第 12 号
158	69	91909-2023	JB/T 14505—2023	氟塑料换热管束设备	工业和信息化部	2023-5-22	2023-11-1	—	2023 年第 12 号
159	70	91910-2023	JB/T 14506—2023	氟塑料气气换热器	工业和信息化部	2023-5-22	2023-11-1	—	2023 年第 12 号
160	71	91911-2023	JB/T 14507—2023	氟塑料气水换热器	工业和信息化部	2023-5-22	2023-11-1	—	2023 年第 12 号
161	85	91925-2023	JB/T 14535—2023	塑料注射模 试模方法	工业和信息化部	2023-5-22	2023-11-1	—	2023 年第 12 号
162	260	92100-2023	YY 0469—2023	医用外科口罩	国家药监局	2023-11-22	2026-12-1	YY 0469—2011	2023 年第 12 号
163	264	92104-2023	YY/T 0969—2023	一次性使用医用口罩	国家药监局	2023-11-22	2025-12-1	YY/T 0969—2013	2023 年第 12 号
164	267	92107-2023	YY/T 1904—2023	医用防护眼（面）罩	国家药监局	2023-11-22	2025-12-1	—	2023 年第 12 号
165	297	92137-2023	JT/T 1172.2—2023	系列 2 集装箱 技术要求和试验方法 第 2 部分：保温集装箱	交通运输部	2023-11-24	2024-3-1	—	2023 年第 12 号

2023年发布的相关行业标准

序号	原序号	备案号	标准编号	标准名称	标准发布部门	批准日期	实施日期	代替标准号	公布号
1	17	88080-2023	GH/T 1381—2022	再生资源绿色回收体系评价准则	中华全国供销合作总社	2022-11-24	2023-1-1	—	2023年第2号
2	438	90050-2023	SN/T 5571—2023	固体废物鉴别抽样导则	海关总署	2023-5-5	2023-12-1	—	2023年第6号
3	210	91103-2023	QB/T 5799—2023	轻工业企业社会责任指南	工业和信息化部	2023-4-21	2023-11-1	—	2023年第11号
4	211	91104-2023	QB/T 5800—2023	轻工业企业知识产权管理指南	工业和信息化部	2023-4-21	2023-11-1	—	2023年第11号
5	116	91956-2023	RB/T 121—2023	能源管理体系　建材企业认证要求（不含水泥、玻璃、陶瓷）	国家认证认可监督管理委员会	2021-10-16	2023-12-1	RB/T 121—2016	2023年第12号

2023年塑料制品相关废止行业标准

序号	原序号	备案号	标准编号	标准名称	标准发布部门	批准日期	实施日期	废止日期	公布号
1	19	49475-2015	QX/T 261—2015	设施农业小气候观测规范　日光温室和塑料大棚	中国气象局	2015-1-25	2015-5-1	2023-6-1	2023年第6号

2023 年发布的塑料制品相关行业标准制修订计划

序号	原序号	计划编号	项目名称	标准性质	标准类别	制修订	代替标准	完成周期（月）	主管部门	技术委员会或技术归口单位	主要起草单位	公告号
1	63	HG/T 2023—0063	塑料银锌系抗菌聚烯烃母料	推荐	产品	制定	—	24	原材料工业司	全国塑料标准化技术委员会改性塑料分技术委员会	江苏万纳普新材料科技有限公司、富冶科技股份有限公司、富冶化工（上海）有限公司	2023 年第一批行业标准制修订计划和外文版项目计划
2	97	HG/T 2023—0097	锂离子电池用隔膜剥离强度测试方法	推荐	方法	制定	—	24	电子信息司	中国电子技术标准化研究院	合肥国轩高科动力能源有限公司、中国电子技术标准化研究院、宁德新能源科技有限公司、欣旺达电子股份有限公司、深圳市比亚迪锂电池有限公司	2023 年第一批行业标准制定项目计划
3	207	HG/T 2023—0207	塑料 阻燃聚苯醚专用料	推荐	产品	修订	HG/T 2232—1991	18	原材料工业司	全国塑料标准化技术委员会改性塑料分技术委员会	金发科技股份有限公司、深圳市华潜新材料有限公司	2023 年第一批行业标准制修订计划和外文版项目计划
4	208	HG/T 2023—0208	动力锂电池用聚偏二氟乙烯（PVDF）树脂	推荐	产品	制定	—	24	原材料工业司	全国塑料标准化技术委员会工程塑料分技术委员会	浙江省化工研究院有限公司、中化蓝天氟材料有限公司、山东华夏神舟新材料有限公司、内蒙三爱富万豪氟化工有限公司	2023 年第一批行业标准制定项目计划
5	212	HG/T 2023—0212	水性聚偏二氯乙烯树脂（PVDC）涂料	推荐	产品	制定	—	24	原材料工业司	全国涂料和颜料标准化技术委员会	浙江衢州巨塑化工有限公司、中航百慕新材料技术工程股份有限公司	2023 年第一批行业标准制定项目计划
6	216	HG/T 2023—0216	塑料屏蔽料用导电炭黑	推荐	产品	制定	—	24	原材料工业司	全国橡胶与橡胶制品标准化技术委员会炭黑分技术委员会、中国石油和化学工业联合会	中昊黑元化工研究设计院有限公司、山东联科新材料有限公司、山西永东化工股份有限公司、江西黑猫炭黑股份有限公司、龙星化工股份有限公司、金能科技股份有限公司	2023 年第一批行业标准制定项目计划
7	236	YB/T 2023—0236	铝硅质耐火可塑料	推荐	产品	修订	YB/T 5115—2014	18	原材料工业司	全国耐火材料标准化技术委员会	中冶检测认证有限公司、中钢集团洛阳耐火材料研究院有限公司、艾杰旭派力固（大连）工业有限公司、杰瑞华技丽火材料有限公司、淄博华技丽耐火材料有限公司	2023 年第一批行业标准制修订计划和外文版项目计划

序号	原序号	计划编号	项目名称	标准性质	标准类别	制修订	代替标准	完成周期（月）	主管部门	技术委员会或技术归口单位	主要起草单位	公告号
8	281	QB/T 2023—0281	母婴用品质量追溯体系规范	推荐	管理	制定	—	24	消费品工业司	中国轻工业联合会	中国轻工业信息中心、中国电子技术标准化研究院、中国轻工业企业管理协会、北京东世纪经贸信息技术有限公司（京东商城）、上海寻梦信息技术有限公司（拼多多）、上海识装信息科技有限公司（得物）、中国标准化研究院、青岛海尔智能集团有限公司、好孩子儿童用品有限公司、珠海伊斯佳科技股份有限公司	2023年第一批行业标准制定修订项目计划和外文版项目计划
9	284	QB/T 2023—0284	日用化学用品质量追溯体系规范	推荐	管理	制定	—	24	消费品工业司	中国轻工业联合会	中国轻工业信息中心、中国电子技术标准化研究院、中国轻工业企业管理协会、北京东世纪经贸信息技术有限公司（京东商城）、上海寻梦信息技术有限公司（拼多多）、上海识装信息科技有限公司（得物）、中国标准化研究院、云南白药集团健康产品有限公司、重庆登康口腔护理用品股份有限公司、珠海伊斯佳科技股份有限公司	2023年第一批行业标准制定修订项目计划和外文版项目计划
10	306	QB/T 2023—0306	鞋里用皮革	推荐	产品	修订	QB/T 2680—2004	18	消费品工业司	全国皮革工业标准化技术委员会	中轻检验认证有限公司、中国皮革制鞋研究院有限公司、玉林市富英制革有限公司	2023年第一批行业标准制定修订项目计划和外文版项目计划
11	333	BB/T 2023—0333	包装容器 聚对苯二甲酸乙二醇酯（PET）瓶坯	推荐	产品	修订	BB/T 0060—2012	18	消费品工业司	全国包装标准化技术委员会	广州质量监督检测研究院、国家包装产品质量监督检验中心（广州）	2023年第一批行业标准制定修订项目计划和外文版项目计划

序号	原序号	计划编号	项目名称	标准性质	标准类别	制修订	代替标准	完成周期（月）	主管部门	技术委员会或技术归口单位	主要起草单位	公告号
12	344	SJ/T 2023—0344	智能制造 电子信息行业应用 光纤及预制棒智能工厂建设指南	推荐	管理	制定	—	24	电子信息司	中国电子技术标准化研究院	长飞光纤光缆股份有限公司、中国电子技术标准化研究院、长飞光纤潜江有限公司、江苏东松大金智能信息系统有限公司、汕头高新区自动化股份有限公司、新松机器人自动化股份有限公司、深圳特发信息光纤股份有限公司、江苏永鼎软件股份有限公司、长飞光纤光缆（天津）有限公司、东南大学、杭州富通通信技术股份有限公司、江苏亨通光电股份有限公司	2023年第一批行业标准制定修订和外文版项目计划
13	345	SJ/T 2023—0345	智能制造 电子信息行业应用 光纤及预制棒智能工厂设计要求	推荐	管理	制定	—	24	电子信息司	中国电子技术标准化研究院	长飞光纤光缆股份有限公司、中国电子技术标准化研究院、长飞光纤潜江有限公司、江苏东松大金智能信息系统有限公司、汕头高新区自动化股份有限公司、新松机器人自动化股份有限公司、深圳特发信息光纤股份有限公司、江苏永鼎软件股份有限公司、长飞光纤光缆（天津）有限公司、东南大学、杭州富通通信技术股份有限公司、江苏亨通光电股份有限公司	2023年第一批行业标准制定修订和外文版项目计划
14	346	SJ/T 2023—0346	智能制造 电子信息行业应用 光纤及预制棒智能工厂装备互联互通要求	推荐	管理	制定	—	24	电子信息司	中国电子技术标准化研究院	长飞光纤光缆股份有限公司、中国电子技术标准化研究院、长飞光纤潜江有限公司、江苏东松大金智能信息系统有限公司、汕头高新区自动化股份有限公司、新松机器人自动化股份有限公司、深圳特发信息光纤股份有限公司、江苏永鼎软件股份有限公司、长飞光纤光缆（天津）有限公司、东南大学、杭州富通通信技术股份有限公司、江苏亨通光电股份有限公司	2023年第一批行业标准制定修订和外文版项目计划

序号	原序号	计划编号	项目名称	标准性质	标准类别	制修订	代替标准	完成周期（月）	主管部门	技术委员会或技术归口单位	主要起草单位	公告号
15	350	SJ/T 2023—0350	数字化供应链供应商管理 第4部分：建材行业	推荐	管理	制定	—	24	信息技术发展司	全国信息化和工业化融合管理标准化技术委员会	建筑材料工业信息中心、国家工业信息安全发展研究中心、成都飞机工业（集团）有限责任公司、美的集团股份有限公司、用友网络科技股份有限公司	2023年第一批行业标准制定修订计划和外文版项目计划
16	354	FZ/T 2023—0354	循环再利用纤维分类及含量标识	推荐	资源综合利用	制定	—	24	消费品工业司	中国纺织工业联合会	纺织工业科学技术发展中心、中纺标检验认证股份有限公司	2023年第一批行业标准制定修订计划和外文版项目计划
17	431	JC/T 2023—0431	夏热冬冷地区集成保温外墙板应用技术规范	推荐	工程建设	制定	—	24	规划司	建材工业综合标准化技术委员会	建筑材料工业技术情报研究所、上海中森建筑与工程设计顾问有限公司、上海圣奎塑业有限公司	2023年第一批行业标准制定修订计划和外文版项目计划
18	460	QB/T 2023—0460	皮革 气味的测定	推荐	方法	修订	QB/T 2725—2005	18	消费品工业司	全国皮革工业标准化技术委员会	中轻检验认证有限公司、浙江方圆皮革产品检测认证有限公司	2023年第一批行业标准制定修订计划和外文版项目计划
19	457	QB/T 2023—0457	聚甲醛四合扣	推荐	产品	制定	—	24	消费品工业司	全国日用杂品标准化技术委员会纽扣分技术委员会	福建省石狮市华联服装配件企业有限公司、浙江伟星实业发展股份有限公司	2023年第一批行业标准制定修订计划和外文版项目计划
20	458	QB/T 2023—0458	脲醛树脂纽扣	推荐	产品	制定	—	24	消费品工业司	全国日用杂品标准化技术委员会纽扣分技术委员会	浙江伟星实业发展股份有限公司、东莞添成纽扣有限公司	2023年第一批行业标准制定修订计划和外文版项目计划
21	461	QB/T 2023—0461	皮革物理和机械试验 透气性的测定	推荐	方法	修订	QB/T 2799—2006	18	消费品工业司	全国皮革工业标准化技术委员会	中轻检验认证有限公司、浙江方圆皮革产品检测认证有限公司	2023年第一批行业标准制定修订计划和外文版项目计划
22	463	QB/T 2023—0463	海洋取排水工程用缠绕结构壁管材	推荐	产品	制定	—	24	消费品工业司	全国塑料制品标准化技术委员会	公元股份有限公司、北京市建设工程物资协会管道与水环境分会、河北亚明塑管有限公司	2023年第一批行业标准制定修订计划和外文版项目计划
23	464	QB/T 2023—0464	建筑排水用承压硬氯乙烯（PVC-U）管材及管件	推荐	产品	制定	—	24	消费品工业司	全国塑料制品标准化技术委员会	浙江伟星新型建材股份有限公司、捷流技术工程（广州）有限公司、捷流虹吸系统（上海）有限公司	2023年第一批行业标准制定修订计划和外文版项目计划

序号	原序号	计划编号	项目名称	标准性质	标准类别	制修订	代替标准	完成周期（月）	主管部门	技术委员会或技术归口单位	主要起草单位	公告号
24	480	QB/T 2023—0480	单一溶剂型凹版通用塑料复合油墨	推荐	产品	制定	—	24	消费品工业司	全国油墨标准化技术委员会	黄山新力油墨科技有限公司、上海牡丹油墨有限公司	2023年第一批行业标准制定修订项目计划和外文版项目计划
25	539	QB/T 2023—0539	可微波食品接触用复合膜、袋	推荐	产品	制定	—	24	消费品工业司	全国食品直接接触材料及制品标准化技术委员会	深圳市计量质量检测研究院（集团）有限责任公司、暨南大学、迅成包装（深圳）有限公司、深圳市集团（浙江）质量技术服务有限公司	2023年第一批行业标准制定修订项目计划和外文版项目计划
26	540	QB/T 2023—0540	食品包装用聚烯烃阻隔复合膜、袋	推荐	产品	制定	—	24	消费品工业司	全国食品直接接触材料及制品标准化技术委员会	江苏彩华包装集团有限公司、中国塑协复合膜专业委员会	2023年第一批行业标准制定修订项目计划和外文版项目计划
27	541	QB/T 2023—0541	食品包装用流延聚苯乙烯多层复合片	推荐	产品	制定	—	24	消费品工业司	全国食品直接接触材料及制品标准化技术委员会	上海艾录包装股份有限公司、安徽省中智科标标准化研究院有限公司、上海妙可蓝多食品科技股份有限公司、合肥工业大学	2023年第一批行业标准制定修订项目计划和外文版项目计划
28	543	2023—0543T-AH	高分子复合板桩	推荐	产品	制定	—	24	消费品工业司、安徽省信息厅	全国塑料制品标准化技术委员会	合肥产品质量监督检验研究院、安徽海丰新材料科技有限公司、浙江海盐祥和新型建材有限公司	2023年第一批行业标准制定修订项目计划和外文版项目计划
29	544	FZ/T 2023—0544	碳纤维工厂设计规范	推荐	工程建设	制定	—	24	规划司	中国纺织工业联合会	江苏阳光集团有限公司、国家纺织产品质量监督检验中心（江阴）、华芳集团毛纺织染有限公司	2023年第一批行业标准制定修订项目计划和外文版项目计划
30	549	FZ/T 2023—0549	聚对苯二甲酸乙二醇酯（PET）中钛含量的测定紫外可见分光光度法	推荐	方法	制定	—	24	消费品工业司	全国化学纤维标准化技术委员会	绍兴惠群新材料科技有限公司、上海慧翌塑新材料科技有限公司、浙江佳人新材料有限公司、东华大学、青岛大学、上海市纺织工业技术监督所、中国化学纤维工业协会、杭州华成聚酯纤维有限公司	2023年第一批行业标准制定修订项目计划和外文版项目计划

序号	原序号	计划编号	项目名称	标准性质	标准类别	制修订	代替标准	完成周期（月）	主管部门	技术委员会或技术归口单位	主要起草单位	公告号
31	553	BB/T 2023—0553	热收缩标签	推荐	产品	制定	—	24	消费品工业司	全国包装标准化技术委员会	松格印刷包装有限公司、河南银金达新材料股份有限公司、苏州上海紫泉印股份有限公司、河南银金达彩印股份有限公司、杭州油墨股份有限公司、苏州雅利印刷有限公司、浙江诚信包装有限公司、苏州丽宝包装有限公司、福瑞森图像技术（上海）有限公司、科佩（苏州）特种材料有限公司、凌云光技术集团有限责任公司、粤港（广州）智能印刷有限公司、北京印刷学院	2023年第一批行业标准制定修订项目计划和外文版项目计划
32	53	HG/T 2023—0627	塑料 溶剂型氟乙烯—乙烯基醚（酯）共聚物（FEVE）树脂	推荐	产品	制定	—	24	原材料工业司	全国塑料标准化技术委员会工程塑料分技术委员会	上海华谊三爱富新材料有限公司、常熟三爱富中昊化工新材料有限公司、中蓝晨光成都检测技术有限公司	2023年第二批行业标准制定修订项目计划和外文版项目计划
33	93	YD/T 2023—0667	光缆接头盒 第1部分：室外光缆接头盒	推荐	产品	修订	YD/T 814.1—2013	18	信息通信发展司	中国通信标准化协会	武汉网锐检测科技有限公司、中国信息通信科技集团有限公司、杭州光泛通信技术有限公司、成都泰瑞通信设备检测有限公司、江苏亨通光电股份有限公司、江苏中天科技股份有限公司、中天宽带技术有限公司、中国信息通信研究院、浙江超前通信科技股份有限公司、长飞光纤光缆股份有限公司、江苏永鼎通信科技股份有限公司、苏州苏驼通信科技股份有限公司	2023年第二批行业标准制定修订项目计划和外文版项目计划

序号	原序号	计划编号	项目名称	标准性质	标准类别	制修订	代替标准	完成周期（月）	主管部门	技术委员会或技术归口单位	主要起草单位	公告号
34	94	YD/T 2023—0668	光缆接头盒 第4部分：微型光缆接头盒	推荐	产品	修订	YD/T 814.4—2007	18	信息通信发展司	中国通信标准化协会	江苏中天科技股份有限公司、中天宽带技术有限公司、成都泰瑞通信设备检测有限公司、中国信息通信研究院、杭州光泛通信技术有限公司、中国信息通信科技集团有限公司、长飞光纤光缆股份有限公司	2023年第二批行业标准制定项目计划和外文版项目计划
35	95	YD/T 2023—0669	光纤插座盒	推荐	产品	修订	YD/T 2281—2011	18	信息通信发展司	中国通信标准化协会	杭州光泛通信技术有限公司、中国信息通信研究院、中国信息通信科技集团有限公司、江苏中天科技股份有限公司、武汉网锐检测科技有限公司、成都泰瑞通信设备检测有限公司、中国联合网络通信集团有限公司、中天宽带技术有限公司、华为技术有限公司	2023年第二批行业标准制定项目计划和外文版项目计划
36	96	YD/T 2023—0670	光纤配线架	推荐	产品	修订	YD/T 778—2011	18	信息通信发展司	中国通信标准化协会	中国信息通信研究院、常州太平通讯科技有限公司、南京华脉科技股份有限公司、杭州光泛通信技术有限公司、中国信息通信科技集团有限公司、中国联合网络通信集团有限公司、中通服咨询设计研究院有限公司、江苏亨通光电股份有限公司、江苏中天科技股份有限公司、长飞光纤光缆股份有限公司、中天宽带技术有限公司、浙江一舟电子科技股份有限公司、武汉睿特富连技术有限公司、苏州苏驼通信科技股份有限公司、深圳市特发信息光网科技股份有限公司、宁波展通电信设备股份有限公司、宁波余大通信技术有限公司、江苏通鼎宽带有限公司	2023年第二批行业标准制定项目计划和外文版项目计划

序号	原序号	计划编号	项目名称	标准性质	标准类别	制修订	代替标准	完成周期（月）	主管部门	技术委员会或技术归口单位	主要起草单位	公告号
37	97	YD/T 2023—0671	室内光缆 第1部分：总则	推荐	产品	修订	YD/T 1258.1—2015	18	信息通信发展司	中国通信标准化协会	中国信息通信科技集团有限公司，成都泰瑞通信设备检测有限公司，成都大唐通信线缆有限公司，长飞光纤光缆股份有限公司，成都康宁光电线缆股份有限公司，江苏亨通光电股份有限公司，中国信息通信研究院，南京华信藤仓光通信有限公司，广东中德电缆有限公司	2023年第二批行业标准制定修订和外文版项目计划
38	98	YD/T 2023—0672	室内光缆 第2部分：终端组伴用单芯和双芯光缆	推荐	产品	修订	YD/T 1258.2—2009	18	信息通信发展司	中国通信标准化协会	成都泰瑞通信设备检测有限公司，中国信息通信科技集团有限公司，江苏中天科技股份有限公司，武汉网锐检测科技有限公司，长飞光纤光缆股份有限公司，深圳市特发信息光网络电缆有限公司，广东中佳信息科技股份有限公司，河南仕佳光子科技股份有限公司，成都康宁光缆有限公司	2023年第二批行业标准制定修订和外文版项目计划
39	99	YD/T 2023—0673	室内光缆 第3部分：房屋布线用单芯和双芯光缆	推荐	产品	修订	YD/T 1258.3—2009	18	信息通信发展司	中国通信标准化协会	成都泰瑞通信设备检测有限公司，中国信息通信科技集团有限公司，江苏中天科技股份有限公司，武汉网锐光缆股份有限公司，长飞光纤光缆检测科技有限公司，深圳市特发信息光网络电缆有限公司，广东中佳信息科技股份有限公司，河南仕佳光子科技股份有限公司，成都康宁光缆有限公司	2023年第二批行业标准制定修订和外文版项目计划

序号	原序号	计划编号	项目名称	标准性质	标准类别	制修订	代替标准	完成周期（月）	主管部门	技术委员会或技术归口单位	主要起草单位	公告号
40	100	YD/T 2023—0674	室内光缆 第7部分：隐形光缆	推荐	产品	修订	YD/T 1258.7—2019	18	信息通信发展司	中国通信标准化协会	中国信息通信科技集团有限公司、华为技术有限公司、中通服咨询设计研究院有限公司、中讯邮电咨询设计院有限公司、中国移动通信集团设计院有限公司、成都泰瑞通信设备检测有限公司、中国联合网络通信集团有限公司、长飞光纤光缆股份有限公司、中通维易科技服务有限公司、上海邮电设计咨询研究院有限公司、武汉网锐检测科技有限公司、中国信息通信研究院	2023 年第二批行业标准制定修订项目计划和外文版项目计划
41	197	HG/T 2023—0771	低压注塑封装用热熔胶粘剂	推荐	产品	修订	HG/T 5051—2016	18	原材料工业司	全国胶粘剂标准化技术委员会	山东凯恩新材料科技有限公司、上海橡胶制品研究所有限公司	2023 年第二批行业标准制定修订项目计划和外文版项目计划
42	231	JC/T 2023—0805	建筑材料电磁屏蔽效能测试方法	推荐	方法	制定	—	24	原材料工业司	建材行业环境友好与有益健康建筑材料标准化技术委员会、中国建筑材料联合会	中国建筑材料科学研究总院有限公司、河北万瑞远达科技开发有限公司、大连理工大学	2023 年第二批行业标准制定修订项目计划和外文版项目计划
43	278	FZ/T 2023—0852	聚乙烯/聚对苯二甲酸乙二醇酯（PE/PET）复合短纤维	推荐	产品	修订	FZ/T 52034—2014	18	消费品工业司	全国化学纤维标准化技术委员会	江苏江南高纤股份有限公司、浙江新传狮合纤股份有限公司、福建瑞新合纤股份有限公司、嘉兴富达化纤有限公司、上海市纺织工业技术监督所	2023 年第二批行业标准制定修订项目计划和外文版项目计划
44	288	FZ/T 2023—0862	塑料粗纱筒管	推荐	产品	修订	FZ/T 93029—2016	18	消费品工业司	全国纺织机械与附件标准化技术委员会纺织器材分技术委员会	浙江三友塑业股份有限公司、河南广岐塑纺器材有限公司、安徽华茂纺织股份有限公司、陕西纺织器材研究所有限责任公司、晋中市综合检验检测中心、文登市金某纺织器材厂、常熟市纱管厂、常熟祥盛纱管有限公司	2023 年第二批行业标准制定修订项目计划和外文版项目计划

序号	原序号	计划编号	项目名称	标准性质	标准类别	制定修订	代替标准	完成周期（月）	主管部门	技术委员会或技术归口单位	主要起草单位	公告号
45	290	FZ/T 2023—0864	防护服用可降解聚乙烯醇复合面料	推荐	产品	制定	—	24	消费品工业司	全国纺织品标准化技术委员会产业用纺织品分技术委员会	世源科技（嘉兴）医疗电子有限公司、浙江省轻工业品质量检验研究院、嘉兴学院、中纺标检验认证股份有限公司	2023年第二批行业标准制定修订和外文版项目计划
46	292	FZ/T 2023—0866	汽车内饰复合用非织造热熔胶网膜	推荐	产品	制定	—	24	消费品工业司	全国纺织品标准化技术委员会产业用纺织品分技术委员会	江苏惠洋环保科技有限公司、中国产业用纺织品行业协会、广州检验检测认证集团有限公司	2023年第二批行业标准制定修订和外文版项目计划
47	293	FZ/T 2023—0867	自润滑轴承用聚四氟乙烯粘贴衬	推荐	产品	制定	—	25	消费品工业司	全国纺织品标准化技术委员会产业用纺织品分技术委员会	陕西元丰纺织技术研究有限公司、清华大学高端装备界面科学与技术全国重点实验室、山东森荣新材料股份有限公司、福建龙溪轴承（集团）股份有限公司、中纺标检验认证股份有限公司	2024年第二批行业标准制定修订和外文版项目计划
48	327	HG/T 2023—0901	塑料产品可回收再生设计通用要求	推荐	资源综合利用	制定	—	24	原材料工业司	全国塑料标准化技术委员会	安徽省生宸源材料科技实业发展股份有限公司、爱索尔（广州）包装有限公司	2023年第二批行业标准制定修订和外文版项目计划
49	406	FZ/T 2023—0980	超高分子量聚乙烯柔性钯扣	推荐	产品	制定	—	24	消费品工业司	全国家用纺织品标准化技术委员会棉线带分技术委员会	山东鲁普科技有限公司、上海市纺织工业技术监督所、青岛鲁普耐特绳网研究院有限公司	2023年第二批行业标准制定修订和外文版项目计划
50	418	YD/T 2023—0992	光缆通信工程网管系统技术规范	推荐	工程建设	修订	YD/T 5080—2005,YD/T 5113—2018,YD/T 5179—2009	18	信息通信发展司	中国通信标准化协会	中讯邮电咨询设计院有限公司、广东省电信规划设计院有限公司、华信咨询设计研究院有限公司、中国移动通信集团设计院有限公司、中通服咨询设计研究院有限公司、中国信息通信建设集团设计院有限公司、广州中网华通信科技股份有限公司、北京杰赛科技股份有限公司、普天信息工程设计服务有限公司	2023年第二批行业标准制定修订和外文版项目计划

序号	原号	计划编号	项目名称	标准性质	标准类别	制订修订	代替标准	完成周期（月）	主管部门	技术委员会或技术归口单位	主要起草单位	公告号
51	430	YD/T 2023-1004	通信电缆 聚四氟乙烯绝缘射频同轴电缆 实芯绝缘编织浸锡外导体型	推荐	产品	修订	YD/T 2651-2013	18	信息通信发展司	中国通信标准化协会	珠海汉胜科技股份有限公司、成都泰瑞通信设备检测有限公司、华为技术有限公司、江苏俊知技术有限公司、江苏中天科技股份有限公司、武汉网锐检测科技有限公司、中国信息通信研究院	2023年第二批行业标准制定修订计划和外文版项目计划
52	431	YD/T 2023-1005	通信电缆 无线通信用 50Ω 泡沫聚烯烃绝缘光滑（辊纹）铜（铝）管外导体射频同轴电缆	推荐	产品	修订	YD/T 1667-2007	18	信息通信管理局	中国通信标准化协会	江苏俊知技术有限公司、成都泰瑞通信设备检测有限公司、江苏中天科技股份有限公司、珠海汉胜科技股份有限公司、长飞纤缆线有限公司、中国信息通信研究院、成都大唐线缆有限公司、中国网锐检测科技有限公司、武汉网锐检测科技集团有限公司、北京邮电大学、江苏俊知光电通信有限公司	2023年第二批行业标准制定修订计划和外文版项目计划
53	432	YD/T 2023-1006	通信电缆 光缆用无卤低烟阻燃材料	推荐	产品	修订	YD/T 1113-2015	18	信息通信发展司	中国通信标准化协会	武汉网锐检测科技有限公司、中国信息通信研究院、长飞光纤光缆股份有限公司、成都泰瑞通信设备检测有限公司、江苏中天科技股份有限公司、江苏亨通光电股份有限公司、苏州中利集团股份有限公司、江苏俊知技术有限公司、江苏永鼎股份有限公司、广东中德电缆有限公司	2023年第二批行业标准制定修订计划和外文版项目计划
54	58	HG/T 2023-1079	塑料 全生物降解吸管专用料	推荐	产品	制定	—	24	原材料工业司	全国塑料标准化技术委员会改性塑料分技术委员会	珠海金发生物材料有限公司、金发科技股份有限公司、中船工鹏力（南京）塑造科技有限公司	2023年第三批行业标准制定修订计划和外文版项目计划
55	59	HG/T 2023-1080	液晶取向剂用聚酰亚胺	推荐	产品	制定	—	24	原材料工业司	全国塑料标准化技术委员会热固性塑料分技术委员会	中节能万润股份有限公司、烟台三月科技有限责任公司	2023年第三批行业标准制定修订计划和外文版项目计划

序号	原序号	计划编号	项目名称	标准性质	标准类别	制修订	代替标准	完成周期（月）	主管部门	技术委员会或技术归口单位	主要起草单位	公告号
56	60	SH/T 2023—1081	热塑性弹性体苯乙烯—丁二烯嵌段共聚物（SBS）微观结构的测定	推荐	方法	制定	—	24	原材料工业司	全国橡胶与橡胶制品标准化技术委员会合成橡胶分技术委员会	中国石油天然气股份有限公司石油化工研究院、中国石油化工股份有限公司北京化工研究院燕山分院、北京燕山分公司、中国石油天然气股份有限公司独山子石化分公司、怡维怡橡胶研究院有限公司、镇江奇美化工有限公司	2023 年第三批行业标准制定修订和外文版项目计划
57	224	YD/T 2023—1245	接入网用预成端室外光缆组	推荐	产品	制定	—	24	信息通信发展司	中国通信标准化协会	中国信息通信研究院、华为技术有限公司、长飞光纤光缆股份有限公司、中国信息通信科技集团有限公司、成都泰瑞通信设备检测有限公司、江苏亨通光电股份有限公司、江苏中天科技股份有限公司、中讯邮电咨询设计院有限公司、中通服咨询设计研究院有限公司、中国移动通信集团设计院有限公司、中国联合网络通信集团有限公司、中国信息通信藤仓光通信有限公司、南京华信藤仓光通信有限公司、江苏永鼎股份有限公司、江苏南方通信科技有限公司、杭州富通通信技术股份有限公司、中天宽带技术有限公司、南京华脉科技股份有限公司、常州太平洋通讯科技有限公司、西安西古光通信有限公司、通鼎互联信息股份有限公司、深圳市特发信息光网科技股份有限公司、武汉睿信息股份有限公司、北京邮电大学、宁波余大通电信设备股份有限公司、宁波展迪通信技术有限公司、广东中德电缆有限公司、汕头高新区奥星光通信设备有限公司、武汉网锐检测科技有限公司、四川乐飞光电科技有限公司	2023 年第三批行业标准制定修订和外文版项目计划

序号	原号	计划编号	项目名称	标准性质	标准类别	制修订	代替标准	完成周期（月）	主管部门	技术委员会或技术归口单位	主要起草单位	公告号
58	226	YD/T 2023—1247	通信用紧套光纤	推荐	产品	制定	—	24	信息通信发展司	中国通信标准化协会	长飞光纤光缆股份有限公司、成都泰端通信设备有限公司、中国信息通信科技集团有限公司、中国电信集团有限公司、中讯邮电咨询设计院有限公司、北京邮电大学、武汉网锐检测科技有限公司、苏州市吴江区检验检测中心、汕头高新区奥星光电科技有限公司、四川东飞光电有限公司、江苏永鼎股份有限公司、江苏俊知技术有限公司	2023 年第三批行业标准制定修订和外文版项目计划
59	389	HG/T 2023—1410	聚氯乙烯行业节能监察技术规范	推荐	节能	制定	—	24	节能与综合利用司	中国石油和化学工业联合会	山东省标准化研究院、山东省高端化工产业发展促进会	2023 年第三批行业标准制定修订和外文版项目计划
60	419	JC/T 2023—1440	高分子材料填充用石膏	推荐	资源综合利用	制定	—	24	节能与综合利用司	建材工业综合标准化技术委员会	建筑材料工业技术情报研究所、江苏一夫科技股份有限公司、天下四方检测有限公司	2023 年第三批行业标准制定修订和外文版项目计划
61	463	HG/T 2023—1484	化工流体输送用热塑性塑料止回阀	推荐	产品	制定	—	24	原材料工业司	全国非金属化工设备标准化技术委员会	宁波宝蒂塑胶阀门有限公司、嘉兴南艺管业有限公司、佑利控股集团有限公司、天华化工机械及自动化研究设计院有限公司	2023 年第三批行业标准制定修订和外文版项目计划
62	477	SH/T 2023—1498	塑料 聚丁烯(PB)等规度的测定 碳-13 核磁共振波谱法	推荐	方法	制定	—	24	原材料工业司	全国塑料标准化技术委员会石化塑料树脂产品分技术委员会	中石化（北京）化工研究院有限公司、北京燕山石化高科技有限责任公司、中国石油化工股份有限公司镇海炼化分公司、中国石油天然气股份有限公司石油化工研究院、中国石油青岛海天然气股份有限公司北京化工研究院燕山分院、青岛科技大学、中华人民共和国青岛海关、中国石油化工股份有限公司北京化工研究院、青岛科技大学	2023 年第三批行业标准制定修订和外文版项目计划

序号	原序号	计划编号	项目名称	标准性质	标准类别	制修订	代替标准	完成周期（月）	主管部门	技术委员会或技术归口单位	主要起草单位	公告号
63	478	SH/T 2023—1499	塑料 聚丁烯（PB）等规指数的测定 化学法	推荐	方法	制定	—	24	原材料工业司	全国塑料标准化技术委员会石化塑料树脂产品分技术委员会	山东京博石油化工有限公司、北京燕山石化高科技术有限责任公司	2023年第三批行业标准制定修订计划和外文版项目计划
64	479	SH/T 2023—1500	塑料 聚对苯二甲酸乙二酯（PET）中间苯二甲酸（IPA）含量的测定	推荐	方法	制定	—	24	原材料工业司	全国塑料标准化技术委员会石化塑料树脂产品分技术委员会	中华人民共和国青岛海关、青岛科技大学、中国石化仪征化纤有限责任公司	2023年第三批行业标准制定修订计划和外文版项目计划
65	480	SH/T 2023—1501	塑料 颗粒外观试验方法 第2部分：仪器法	推荐	方法	制定	—	24	原材料工业司	全国塑料标准化技术委员会石化塑料树脂产品分技术委员会	中国石油化工股份有限公司北京燕山分公司、中国石油化工股份有限公司北京化院燕山分院、中国石油天然气股份有限公司石油化工研究院	2023年第三批行业标准制定修订计划和外文版项目计划
66	631	JB/T 2023—1652	电气绝缘用低温固化玻璃纤维增强热固材料	推荐	产品	制定	—	24	装备工业二司	全国绝缘材料标准化技术委员会	无锡新宏泰电器科技股份有限公司、桂林赛盟检测技术有限公司、河南东海复合材料有限公司、浙江南方塑胶制造有限公司、常熟东南塑料有限公司	2023年第三批行业标准制定修订计划和外文版项目计划
67	640	JB/T 2023—1661	阀控式铅酸蓄电池安全阀 第2部分：塑料壳体	推荐	产品	修订	JB/T 11340.2—2012	18	装备工业二司	全国铅酸蓄电池标准化技术委员会	浙江虹达特种橡胶制品有限公司、山东久力新能源集团有限公司、沈阳蓄电池研究所有限责任公司	2023年第三批行业标准制定修订计划和外文版项目计划
68	647	JB/T 2023—1668	全自动真空吸塑机	推荐	产品	制定	—	24	装备工业一司	全国橡胶塑料机械标准化技术委员会塑料机械分技术委员会	浩锋（天津）智能制造有限公司、汕头市盟星包装制品有限公司、东莞市龙睿机械工程有限公司、香港电智能机械科技有限公司、东莞市宏浩自动工程有限公司、瑞安市宏丰机械有限公司、杭州康发塑料机械有限公司、浙江宏华机械塑胶有限公司、布鲁克纳机械（中国）有限公司	2023年第三批行业标准制定修订计划和外文版项目计划

序号	原序号	计划编号	项目名称	标准性质	标准类别	制修订	代替标准	完成周期（月）	主管部门	技术委员会或技术归口单位	主要起草单位	公告号
69	648	JB/T 2023—1669	塑料滚塑成型机	推荐	产品	制定	—	24	装备工业一司	全国橡胶塑料机械标准化技术委员会塑料机械分技术委员会	浙江瑞堂塑料科技股份有限公司、温岭市旭日滚塑科技有限公司、北京化工大学、河北金后盾塑胶有限公司	2023年第三批行业标准制定项目计划和外文版项目计划
70	651	JB/T 2023—1672	往复活塞压缩机用工程塑料阀片	推荐	产品	修订	JB/T 12952—2016	18	装备工业二司	全国压缩机标准化技术委员会	台州天科技股份有限公司、贺尔碧格（上海）有限公司、浙江鹏孚隆科技股份有限公司、行业	2023年第三批行业标准制定项目计划和外文版项目计划
71	682	QB/T 2023—1703	家具包装通用技术要求	推荐	基础	修订	QB/T 4465—2013	18	消费品工业司	全国家具标准化技术委员会	赣州数智咨询有限公司、江西省质量和标准化研究院、上海市质量监督检验技术研究院、广东产品质量监督检验研究院	2023年第三批行业标准制定项目计划和外文版项目计划
72	704	QB/T 2023—1725	聚氯乙烯（PVC）塑料管道系统用溶剂型胶粘剂	推荐	产品	修订	QB/T 2568—2002	18	消费品工业司	全国塑料制品标准化技术委员会	福建亚通新材料科技股份有限公司、成都川路塑胶集团公司、北京工商大学	2023年第三批行业标准制定项目计划和外文版项目计划
73	705	QB/T 2023—1726	聚醚醚酮（PEEK）板材	推荐	产品	制定	—	24	消费品工业司	全国塑料制品标准化技术委员会	江苏君华特种工程塑料制品有限公司、长春吉大特塑工程研究有限公司、苏州聚泰新材料有限公司、南京首塑特种工程塑料制品有限公司	2023年第三批行业标准制定项目计划和外文版项目计划
74	706	QB/T 2023—1727	聚乙烯中空板	推荐	产品	修订	QB/T 1651—1992	18	消费品工业司	全国塑料制品标准化技术委员会	宁波一象吹塑家具有限公司、山东华旭包装制品有限公司、北京市塑料研究所有限公司	2023年第三批行业标准制定项目计划和外文版项目计划
75	707	QB/T 2023—1728	软聚氯乙烯复合膜	推荐	产品	修订	QB/T 1260—1991	18	消费品工业司	全国塑料制品标准化技术委员会	佛山威明塑胶有限公司、佛山市塑料制品行业协会、广东天进新材料有限公司、佛山市高明区高分子材料产业协会	2023年第三批行业标准制定项目计划和外文版项目计划

序号	原序号	计划编号	项目名称	标准性质	标准类别	制修订	代替标准	完成周期（月）	主管部门	技术委员会或技术归口单位	主要起草单位	公告号
76	708	QB/T 2023—1729	塑料薄膜和薄片镀铝层附着力测定方法乙烯—丙烯酸共聚物（EAA）膜拉伸法	推荐	方法	制定	—	24	消费品工业司	全国塑料制品标准化技术委员会	上海若祈新材料科技有限公司、北京工商大学、广东华通新材料科技有限公司、广东铭丰包装材料有限公司	2023年第三批行业标准制定项目计划和外文版项目计划
77	735	SJ/T 2023—1756	SYWLY-75-12型电缆分配系统用物理发泡聚乙烯绝缘同轴电缆	推荐	产品	修订	SJ/T 11138.4—1997	18	电子信息司	全国电子设备用高频电缆及连接器标准化技术委员会	中国电子科技集团公司第二十三研究所、浙江正导电缆有限公司、通鼎互联信息股份有限公司、深圳市秋叶原实业有限公司、广东安拓普聚合物科技有限公司	2023年第三批行业标准制定项目计划和外文版项目计划
78	736	SJ/T 2023—1757	SYWV-75-5型电缆分配系统用物理发泡聚乙烯绝缘同轴电缆	推荐	产品	修订	SJ/T 11138.1—1997	18	电子信息司	全国电子设备用高频电缆及连接器标准化技术委员会	浙江盛洋科技股份有限公司、中国电子科技集团公司第二十三研究所、通鼎互联信息股份有限公司、深圳市秋叶原实业有限公司、广东安拓普聚合物科技有限公司	2023年第三批行业标准制定项目计划和外文版项目计划
79	737	SJ/T 2023—1758	SYWV-75-7、SYWY-75-7型电缆分配系统用物理发泡聚乙烯绝缘同轴电缆	推荐	产品	修订	SJ/T 11138.2—1997	18	电子信息司	全国电子设备用高频电缆及连接器标准化技术委员会	浙江盛洋科技股份有限公司、中国电子科技集团公司第二十三研究所、江苏亨鑫科技有限公司、深圳市秋叶原实业有限公司、广东安拓普聚合物科技有限公司	2023年第三批行业标准制定项目计划和外文版项目计划
80	738	SJ/T 2023—1759	SYWV-75-9、SYWY-75-9、SYWLY-75-9型电缆分配系统用物理发泡聚乙烯绝缘同轴电缆	推荐	产品	修订	SJ/T 11138.3—1997	18	电子信息司	全国电子设备用高频电缆及连接器标准化技术委员会	中国电子科技集团公司第二十三研究所、江苏永鼎股份有限公司、浙江一舟电子科技股份有限公司、深圳市秋叶原实业有限公司、盛洋电缆股份有限公司	2023年第三批行业标准制定项目计划和外文版项目计划
81	771	YD/T 2023—1792	通信电缆 物理发泡聚乙烯绝缘纵包铝带外导体辐射型漏泄同轴电缆	推荐	产品	制定	—	24	信息通信发展司	中国通信标准化协会	江苏中天科技股份有限公司、中国信息通信科技集团有限公司、中国铁塔股份有限公司、成都泰瑞通信设备检测有限公司	2023年第三批行业标准制定项目计划和外文版项目计划

2023 年发布的相关行业标准制修订计划

序号	原序号	计划编号	项目名称	标准性质	标准类别	制修订	完成周期（月）	主管部门	技术委员会或技术归口单位	主要起草单位	公告号
1	133	QB/T 2023—0133	轻工行业工业互联网企业网络安全分类分级防护要求	推荐	基础	制定	24	消费品工业司	中国轻工业联合会	中国轻工业信息中心、中国信息通信研究院、中国电子技术标准化研究院、中国轻工业企业管理协会	2023 年第一批行业标准制定修订和外文版项目计划
2	282	QB/T 2023—0282	轻工企业数字化供应链管理通则	推荐	管理	制定	24	消费品工业司	中国轻工业联合会	中国轻工业信息中心、中国电子技术标准化研究院、中国电子信息产业发展研究院、中国国家具协会、中国标准化研究院、青岛海尔智能技术研发有限公司、北京京东世纪贸易有限公司（京东商城）、上海寻梦信息技术有限公司（拼多多）、上海识装信息科技有限公司（得物）	2023 年第一批行业标准制定修订和外文版项目计划
3	283	QB/T 2023—0283	轻工智慧园区评价通则	推荐	管理	制定	24	消费品工业司	中国轻工业联合会	中国轻工业发展研究中心、中国家用电器研究院、中国轻工业信息中心、中轻食品工业管理中心	2023 年第一批行业标准制定修订和外文版项目计划
4	347	SJ/T 2023—0347	产业集群数字化转型评估规范	推荐	管理	制定	24	信息技术发展司	全国信息化和工业化融合管理标准化技术委员会	国家工业信息安全发展研究中心、中国电子商会、华为技术有限公司、海尔卡奥斯物联生态科技有限公司、阿里云计算有限公司、杭州海康威视数字技术股份有限公司、中国开发区协会	2023 年第一批行业标准制定修订和外文版项目计划
5	348	SJ/T 2023—0348	工业园区数字化转型评估规范	推荐	管理	制定	24	信息技术发展司	全国信息化和工业化融合管理标准化技术委员会	国家工业信息安全发展研究中心、中国电子商会、华为技术有限公司、海尔卡奥斯物联生态科技有限公司、阿里云计算有限公司、杭州海康威视数字技术股份有限公司、中国开发区协会	2023 年第一批行业标准制定修订和外文版项目计划

序号	原序号	计划编号	项目名称	标准性质	标准类别	制修订	完成周期（月）	主管部门	技术委员会或技术归口单位	主要起草单位	公告号
6	352	HG/T 2023-0926	化工园区智慧化评价导则	推荐	管理	制定	24	原材料工业司	全国危险化学品管理标准化技术委员会	中国化学工程集团有限公司、中国工业互联网研究院、中国化工经济技术发展中心、中国天辰工程有限公司、赛鼎工程有限公司、东华工程科技股份有限公司、华陆工程科技有限责任公司	2023年第二批行业标准制定修订项目计划
7	330	YD/T 2023-1351	工业领域重要数据识别指南	推荐	基础	制定	24	网络安全管理局	中国通信标准化协会	国家工业信息安全发展研究中心、新华三技术有限公司、华为技术有限公司、郑州信大捷安信息技术股份有限公司	2023年第三批行业标准制定修订项目计划
8	331	YD/T 2023-1352	工业企业数据安全防护要求	推荐	方法	制定	24	网络安全管理局	中国通信标准化协会	国家工业信息安全发展研究中心、上海观安信息技术股份有限公司、北京天融信网络安全技术有限公司、深信服科技股份有限公司	2023年第三批行业标准制定修订项目计划
9	388	HG/T 2023-1409	低浓度二氧化碳捕集技术规范	推荐	低碳	制定	24	节能与综合利用司	中国石油和化学工业联合会	新疆敦华绿碳技术股份有限公司、大连理工大学、中海油天津化工研究设计院有限公司、中石化南京化工研究院有限公司	2023年第三批行业标准制定修订项目计划
10	420	JC/T 2023-1441	建材行业绿色产业园区评价要求	推荐	绿色制造	制定	24	节能与综合利用司	建材工业综合标准化技术委员会	中国建筑材料企业管理协会、北京国建联信认证中心有限公司	2023年第三批行业标准制定修订项目计划

2023年发布的塑料制品相关行业标准外文版制修订计划

序号	原序号	外文版计划号	标准名称（中文）	标准号/计划号	项目类别	翻译语种	项目周期	部内主管司局	技术委员会或技术归口单位	项目承担单位	公告号
1	810	2023-W033-JC	建材产品生命周期评价技术通则	JC/T 2019-1681	中文/外文标准同步研制	英语	中文版标准发布后90天	节能与综合利用司	建材工业综合标准化技术委员会	北京国建联信认证中心有限公司、北京工业大学	2023年第三批行业标准制定和外文版项目计划